Riyâd-us-Sâlihîn

(Gärten der Tugendhaften)

رياض الصالحين باللغة الألمانية

Band II

zusammengestellt von

Imâm Abu Zakarîyâ Yahyâ ibn Scharaf an-Nawawi

Die deutsche Bibliothek - CIP - Einheitsaufnahme
Imam A-Nawawi, Riyad-us-Salihin (Gärten der Tugendhaften) BandII.
Zusammengestellt von Imam Abu Zakariya Yahya ibn Scharaf An-nawawi
1.Auflage, München. SKD Bavaria Verlag & Handels GmbH-Deutschland

Herausgegeben von:
SKD Bavaria Verlag & Handels GmbH
Triebstr. 13
80993 München

Tel.: 089 / 333 567
Fax: 089 / 340 14 11
E-Mail: skd@skdbavaria.de
Internet: www.skdbavaria.de

Übersetzt : Dr. Gharieb M. Gharieb
Nadeem Gharieb

bearbeitet: Manfred Kh. Röhner

© 2002 Alle Rechte vorbehalten
SKD Bavaria Verlag - München
Alle Rechte, auch die des auszugsweisen Nachdrucks,
der fotomechanischen Wiedergabe und der Übersetzung, vorbehalten

1. Auflage 2002

ISBN: 3-926575-63-8 (Band II)

Band I: 3-926575-44-1
Band II: 3-926575-63-8
Band I &II: 3-926575-86-7

Inhaltsverzeichnis

Buch IV	Der Krankenbesuch, die Teilnahme am Begräbniszeremoniell und das Verweilen am Grab nach der Beerdigung des Verstorbenen	333
Kapitel 144	Der Besuch bei dem Kranken	333
Kapitel 145	Was man für den Kranken betet	335
Kapitel 146	Es empfiehlt sich, die Familienangehörigen eines Kranken nach dessen Zustand zu fragen	337
Kapitel 147	Bittgebete für denjenigen, der keine Hoffnung mehr auf ein Weiterleben hat	338
Kapitel 148	Es ist erwünscht, den Angehörigen und Pflegern des Kranken und der auf die Todesstrafe wartenden Personen ans Herz zu legen, diese freundlich und barmherzig zu behandeln und sie anzuhalten, ihr Los mit Geduld zu ertragen	338
Kapitel 149	Der Kranke darf sagen: Ich habe Schmerzen. Ich bin leidend. O, mein Kopf, usw., solange er keinen Zorn oder Ungeduld zeigt	339
Kapitel 150	Die sanfte Unterweisung der Sterbenden, „La Ilaha illallāh" zu sprechen	339
Kapitel 151	Was man nach dem Schließen der Augen des Toten sagt	340
Kapitel 152	Was man beim Toten sagt und was die Hinterbliebenen sagen	340
Kapitel 153	Man darf den Toten beweinen, jedoch ohne Wehklagen und ohne Totenklage	342
Kapitel 154	Die Schweigepflicht über die körperlichen Unvollkommenheiten des Toten	343
Kapitel 155	Das Bestattungsgebet, die Teilnahme am Trauerzug und an der Beerdigung des Toten. Die Teilnahme der Frauen am Trauerzug ist unerwünscht	343
Kapitel 156	Empfehlenswert ist das Verrichten des Totengebetes durch viele Teilnehmer in drei Reihen oder mehr (hinter dem Imam)	344
Kapitel 157	Das Totengebet und die überlieferten Bittgebete	345
Kapitel 158	Das Beeilen mit dem Trauerzug	347
Kapitel 159	Die sofortige Begleichung der Schulden des Verstorbenen und die sofortige Bestattung nach dem Sicherstellen des Todes	348
Kapitel 160	Die Ermahnung am Grab	348
Kapitel 161	Die Bittgebete nach der Beerdigung des Verstorbenen und das Verweilen an dessen Grab, um für ihn zu beten und Qur'an zu rezitieren	349

Kapitel 162	Die Almosenspenden und Bittgebete für den Verstorbenen	350
Kapitel 163	Das Lob des Verstorbenen	350
Kapitel 164	Der Lohn Allāhs für den, dessen kleine Kinder starben	351
Kapitel 165	Weinen und Furcht beim Vorbeigehen an den Gräbern der Tyrannen und Gedenken Allāhs und Ermahnung bei dessen Unterlassung	352
Buch V	**Die Etikette des Reisens**	**353**
Kapitel 166	Das Reisen am Donnerstag und der Vorzug des Reisens am frühen Morgen	353
Kapitel 167	Das Reisen in Begleitung und unter Leitung eines gewählten Führers ist wünschenswert	353
Kapitel 168	Die Etikette des Reitens, des Absteigens, des Übernachtens und des Schlafens während der Reise. Der Vorzug des Reisens bei Nacht und der Vorzug der guten Behandlung des Reittieres und dessen gerechte Versorgung und die Erlaubnis, einen Mitreiter mitzunehmen, wenn das Reittier kräftig genug ist	354
Kapitel 169	Die Unterstützung der Mitreisenden	356
Kapitel 170	Das Bittgebet beim Antritt der Reise (z.B.beim Besteigen des Reittieres)	357
Kapitel 171	Takbir-Lobpreisung beim Aufstieg (Berg etc.) und Tasbih-Lobpreisung beim Abstieg	359
Kapitel 172	Das Bittgebet beim Reisen ist wünschenswert	360
Kapitel 173	Das Bittgebet bei Angst vor Personen	360
Kapitel 174	Das Bittgebet bei der Reiseunterkunft	361
Kapitel 175	Die Beschleunigung der Heimkehr nach vollendeter Mission ist erwünscht	361
Kapitel 176	Es wird bevorzugt, die Heimreise am Tage anzutreten	362
Kapitel 177	Die Lobpreisung, wenn der Heimatort in Sicht ist	362
Kapitel 178	Es ist wünschenswert, dass der Heimkehrende in der nächstgelegenen Moschee zwei Rak'as als Dankgebet verrichtet	362
Kapitel 179	Das Verbot der Frau, allein zu reisen	363
	Die tugendhaften Taten	**364**
Buch VI		
Kapitel 180	Die Vorzüge des Qur'anlesens	364
Kapitel 181	Das Gebot, den Qur'an zu pflegen und die Warnung vor seiner Vernachlässigung	366

Kapitel 182	Der Wunsch, den Qur'an mit schöner Stimme zu lesen und das Streben, die Rezitation der Leser mit schönen Stimmen zu hören und zu genießen	367
Kapitel 183	Der Ansporn, bestimmte Suren und Verse zu lesen	368
Kapitel 184	Die Versammlung zum Qur'an -rezitieren ist wünschenswert	372
Kapitel 185	Die Vorzüge der Waschung zum Gebet	373
Kapitel 186	Die Vorzüge des Gebetsrufes	375
Kapitel 187	Die Vorzüge der Gebete	378
Kapitel 188	Die Vorzüge der Morgen-und Nachmittagsgebete	379
Kapitel 189	Der Vorzug der Moscheen	380
Kapitel 190	Der Vorzug des Wartens auf das Gebet in der Moschee	382
Kapitel 191	Der Vorzug des Gemeinschaftsgebets	383
Kapitel 192	Das Anspornen, das Gemeinschaftsgebet in der Morgendämmerung und in der Nacht zu verrichten	385
Kapitel 193	Das Wachen über die Pflichtgebete und das ausdrückliche Verbot, sie zu vernachlässigen	386
Kapitel 194	Der Vorzug der ersten Reihe und die Anordnung, die Reihen gerade zu halten und lückenlos zu füllen	389
Kapitel 195	Die Vorzüge der neben den vorgeschriebenen Gebeten freiwillig verrichteten zusätzlichen Gebete und deren Anzahl	392
Kapitel 196	Das Unterstreichen der Wichtigkeit der zwei Rak'as vor dem Morgengebet	393
Kapitel 197	Die zwei kurzen Rak'as vor dem Fadschr-Gebet: Was man dabei rezitiert und wann sie verrichtet werden	394
Kapitel 198	Die Empfehlung, sich nach dem Verrichten der zwei Rak'as vor dem Fadschr-Gebet auf die rechte Seite zu legen, egal ob nachts das Tahadschud-Gebet verrichtet worden ist oder nicht	396
Kapitel 199	Die Sunna-Rak'as des Mittagsgebetes	396
Kapitel 200	Die Sunna-Rak'as des Nachmittagsgebetes	398
Kapitel 201	Die Sunna-Rak'as vor und nach dem Abendgebet	398
Kapitel 202	Die Sunna-Rak'as vor und nach dem Nachtgebet	399
Kapitel 203	Die Sunna-Rak'as beim Freitagsgebet	399
Kapitel 204	Es ist zu empfehlen, die freiwilligen Gebete zu Hause zu verrichten und den Platz nach jedem obligatorischen Gebet zu wechseln oder beide Gebete durch Sprechen zu trennen	400

Kapitel 205	Das Anspornen, das Witr-Gebet (Spätnachtgebet) als sichere Sunna zu verrichten und dessen überlieferte Zeit	401
Kapitel 206	Die Vorzüge des Vormittagsgebetes, Anzahl seiner Rak'as und das Anspornen, es regelmäßig zu verrichten	402
Kapitel 207	Die Zulässigkeit, das Vormittagsgebet in der Zeit vom Sonnenaufgang bis zum späten Vormittag zu verrichten; besser wäre allerdings dessen Verrichten in der größten Hitze, bevor die Sonne ihren Höchststand erreicht hat	403
Kapitel 208	Der Ansporn, beim Betreten der Moschee zu irgendeiner Zeit, zwei Rak'as noch vor dem Hinsetzen zu beten, egal ob es sich jetzt um die Begrüßung der Moschee, das Pflichtgebet, die Sunna oder etwas anderes handelt	404
Kapitel 209	Das Gutheißen, zwei Rak'as nach der Waschung zu beten	404
Kapitel 210	Die Vortrefflichkeit des Freitags(gebets): Obligatorische Teilnahme, Baden, Parfüm benutzen, rechtzeitig in der Moschee zu sein, Bittgebet, Lobpreisen des Propheten(s), Stunde des Erhörens und häufiges Gedenken Allāhs nach Beendigung des Freitagsgebets	405
Kapitel 211	Das Gutheißen, sich vor Allāh für sichtbare Gaben oder das Abwenden von Unheil niederzuwerfen	407
Kapitel 212	Der Vorrang des freiwilligen Gebetes in der Nacht (Tahadschud)	408
Kapitel 213	Das Gutheißen des (besonderen) Gebetes im Ramadan; gemeint ist das Tarawih-Gebet	414
Kapitel 214	Der Vorrang des Qiam-Gebetes in der Lailatul-Qadr (Nacht der Bestimmung)	415
Kapitel 215	Der Vorzug des Benutzens eines Miswaks (oder Zahnbürste)	416
Kapitel 216	Die gesetzliche Pflichtabgabe (Zakat) deren Vorrang und diesbezügliche Bestimmungen	418
Kapitel 217	Die Pflicht des Fastens im Ramadan. Der Vorrang des Fastens und dessen Bestimmungen	423
Kapitel 218	Das großzügige Spenden und das Verrichten von Wohltaten während des Ramadans mehr als sonst und die nochmalige Steigerung in seinen letzten zehn Tagen	426

Kapitel 219	Das Verbot, unmittelbar vor dem Ramadan bzw. ab Mitte Scha'ban zu fasten, mit Ausnahme von Fastenden, die zwei Tage hintereinander fasten oder von Fastenden, deren Gewohnheit ist, montags und donnerstags zu fasten	427
Kapitel 220	Das Bittgebet beim Erblicken des Neumondes	428
Kapitel 221	Die Vortrefflichkeit des Sahur-Frühstücks und dessen Späteinnehmen, solange man sicher ist, dass dies vor dem Tagesanbruch geschieht	428
Kapitel 222	Die Vortrefflichkeit, das Fasten rechtzeitig zu brechen; was man zum Fastenbrechen einnimmt und was man nach dem Fastenbrechen sagt	429
Kapitel 223	Die Ermahnung des Fastenden, seine Zunge zu hüten, seine Glieder von Übertretungen fernzuhalten und sich nicht an Streitereien u.ä. zu beteiligen	431
Kapitel 224	Fragen bezüglich des Fastens	431
Kapitel 225	Die Vortrefflichkeit des Fastens in den Monaten Al-Muharram, Scha'ban und in den heiligen Monaten	432
Kapitel 226	Die Vortrefflichkeit, in den ersten Tagen des 12. Monats Dhul-Hidscha zu fasten und gute Taten zu verrichten	433
Kapitel 227	Die Vortrefflichkeit des Fastens am Tag von Arafat, sowie am 9. und am 10. des Monats Al-Muharram	433
Kapitel 228	Die Vorzüglichkeit, sechs Tage im Schauwal (10. Monat des islamischen Kalenders) zu fasten	434
Kapitel 229	Die Vorzüglichkeit des Fastens am Montag und am Donnerstag	434
Kapitel 230	Die Vorzüglichkeit, in jedem Monat drei Tage zu fasten	435
Kapitel 231	Die Vortrefflichkeit desjenigen, der einen Fastenden mit Essen für das Fastenbrechen versorgt und die Vortrefflichkeit des Fastenden als Gastgeber und die Fürbitte des Gastes für den einladenden Gastgeber	437
Buch VII	**Das I'tikaf (Zurückziehen in die Moschee zum Gottesdienst)**	438
Kapitel 232	Der Vorrang des I'tikafs	438
		439
Buch VIII	**Die große Wallfahrt (Al-Hadsch)**	
Kapitel 233	Die Pflicht der Wallfahrt und deren Vorrang	439

Buch IX	**Der Dschihad (der Einsatz für die Sache Allāhs)**	443
Kapitel 234	Der Vorzug des Dschihads	443
Kapitel 235	Es gibt Märtyrer, die gewaschen werden und für die das Totengebet gesprochen wird, wogegen andere, die im Krieg gegen die Ungläubigen gefallen sind, ohne Waschung und ohne Gebet begraben werden	461
Kapitel 236	Die Vortrefflichkeit der Sklavenbefreiung	463
Kapitel 237	Der Vorrang der guten Behandlung der Sklaven	463
Kapitel 238	Der Vorrang des Sklaven, der seine Pflichten Allāh und seinem Herrn gegenüber erfüllt	464
Kapitel 239	Der Vorrang, Allāh allein zu dienen, wenn Chaos herrscht- gemeint sind die Verwirrung, der Zwiespalt, die Versuchung usw.	465
Kapitel 240	Der Vorrang der Güte beim Kauf und Verkauf, sowie beim Einfordern der Schulden, ebenso beim Messen und Wiegen mit Verbot des Betruges, und der Vorrang des wohlhabenden Gläubigers, der dem nichtwohlhabenden Schuldner Aufschub und Schuldenerlass gewährt	465
Buch X	**Das Wissen**	469
Kapitel 241	Der Vorrang des Wissens	469
Buch XI	**Der Lobpreis und der Dank Allāhs, dem Erhabenen**	474
Kapitel 242	Die Vorzüglichkeit des Lobpreises und des Dankes	474
Buch XII	**Der Segnungen auf den Propheten Allāh segne ihn und schenke ihm Heil**	476
Kapitel 243	Die Vortrefflichkeit des Bittgebetes für die Segnung des Propheten(s)	476
Buch XIII	**Das Gedenken an Allāh**	480
Kapitel 244	Der Vorrang des Gedenkens an Allāh	480
Kapitel 245	Das Gedenken Allāhs im Stehen, im Sitzen, im Liegen und im Zustand der Verunreinigung und während der monatlichen Periode. Ausgenommen ist das Berühren des Qur'ans für den, der sich in der größeren Verunreinigung befindet und die, die ihre monatliche Periode hat	492
Kapitel 246	Was der Prophet (s) gewöhnlich vor dem Schlaf und nach dem Aufwachen zu sagen pflegte	492

Kapitel 247	Die Vorzüglichkeit der Versammlungen, in denen Allāhs gedacht wird und die ausdrückliche Empfehlung, immer daran teilzunehmen und das Verwehren, sie ohne triftigen Grund zu verlassen	493
Kapitel 248	Das Gedenken Allāhs morgens und abends	496
Kapitel 249	Was man zu erbitten pflegt, wenn man ins Bett geht	499

Buch XIV	**Die Bittgebete**	502
Kapitel 250	Der Vorrang der Bittgebete	502
Kapitel 251	Die Vortrefflichkeit, für Abwesende zu bitten	509
Kapitel 252	Einige Betrachtungen bezüglich des Bittgebetes	510
Kapitel 253	Die segensreichen Wunder und die Vortrefflichkeit der Freunde Allāhs	511

Buch XV	**Die verbotenen Dinge**	519
Kapitel 254	Das Verbot der Verleumdung und der üblen Nachrede	519
Kapitel 255	Das Verbot, üble Nachrede zu hören und die Anweisung an jeden, der so etwas hört, es zurückzuweisen und den Verleumder zu tadeln. Falls dies nicht möglich ist, sollte man eine derartige Sitzung verlassen	524
Kapitel 256	Wenn Nachrede zulässig ist	525
Kapitel 257	Das Verbot, Gehörtes aus niederen Beweggründen weiterzugeben	529
Kapitel 258	Die Untersagung, Gehörtes den Behörden zuzutragen, wenn es dafür keinen zwingenden Grund gibt, wie z.B. die Angst vor möglichen Unruhen oder Korruption	530
Kapitel 259	Das Verabscheuen des Doppelzüngigen	530
Kapitel 260	Die Untersagung des Lügens	531
Kapitel 261	Das erlaubte Lügen	536
Kapitel 262	Sich ernsthaft von dem vergewissern, was man hört und was man weitererzählt	537
Kapitel 263	Das strenge Verbot, ein falsches Zeugnis abzulegen	539
Kapitel 264	Das ausdrückliche Verbot, einen bestimmten Menschen oder ein Tier zu verfluchen	539
Kapitel 265	Die Zulässigkeit, Sünder zu verfluchen, jedoch ohne Namensnennung	541
Kapitel 266	Das Verbot, Muslime ohne Grund zu beleidigen	542
Kapitel 267	Das Verbot, Verstorbene ungerechterweise und ohne legitimen Grund zu beleidigen	544

Kapitel 268	Das Verbot des Verletzens	544
Kapitel 269	Das Verbot, sich gegenseitig zu hassen, zu boykottieren und sich einander den Rücken zuzukehren	545
Kapitel 270	Das Verbot des Neides	546
Kapitel 271	Das Verbot des Spionierens und des Abhörens	546
Kapitel 272	Das Verbot der unbegründeten Verdächtigung	548
Kapitel 273	Das Verbot, die Muslime zu verabscheuen	548
Kapitel 274	Das Verbot, Schadenfreude gegenüber den Muslimen zu zeigen	549
Kapitel 275	Das Verbot, legitime Abstammung zu schmähen und zu verleugnen	550
Kapitel 276	Das Verbot des Betruges und des Schwindelns	550
Kapitel 277	Das Verbot der Untreue	551
Kapitel 278	Das Verbot des Vorhaltens von Geschenken, Spenden und ähnlichen Gaben	553
Kapitel 279	Das Verbot der Arroganz und der Ungerechtigkeit	553
Kapitel 280	Das Verbot, die Verbindung untereinander für mehr als drei Tage abzubrechen, außer im Falle von Ketzerei und Unsittlichkeit	555
Kapitel 281	Es ist nicht zulässig, dass zwei Leute in Anwesenheit einer dritten Person vertraulich miteinander reden, indem sie flüstern oder dies in einer für die dritte Person unverständlichen Sprache tun, außer wenn es erforderlich ist	557
Kapitel 282	Das Verbot der Grausamkeit dem Sklaven, dem Reittier, der Frau und dem Kind gegenüber	558
Kapitel 283	Das Verbot, ein anderes Lebewesen mit Feuer zu züchtigen, und sei es eine Ameise oder ähnliches Getier	560
Kapitel 284	Es ist unzulässig, dass der verschuldete Reiche die Zahlung seiner Schulden an den fordernden Gläubiger aufschiebt	561
Kapitel 285	Es ist unerwünscht, dass man das versprochene, nicht ausgehändigte Geschenk zurückbehält und dass man das schon als Gabe-, Almosen- oder Bußegespendete wieder ankauft, außer wenn man dies einem neuen Besitzer abkauft	562
Kapitel 286	Die Unantastbarkeit des Vermögens der Waise	562
Kapitel 287	Das ausdrückliche Verbot der Wucherei	563
Kapitel 288	Das Verbot der Scheinheiligkeit	564
Kapitel 289	Was man irrtümlicherweise für Heuchelei hält	567

Kapitel 290	Es ist unzulässig, eine fremde Frau oder einen schönen Knaben zu betrachten, ohne einen legitimen, triftigen Grund	567
Kapitel 291	Es ist unzulässig, mit einer fremden Frau (ungesehen) allein zu sein	569
Kapitel 292	Es ist unzulässig, dass Männer Frauen nachahmen und dass Frauen Männer nachahmen in Kleidung, Bewegung usw.	570
Kapitel 293	Das Verbot, Satan oder die Ungläubigen nachzuahmen	571
Kapitel 294	Männer und Frauen sollen ihre Haare nicht schwarz färben	571
Kapitel 295	Das Verbot des Qaza', d.h. des Rasierens eines Teiles des Kopfes, wobei einige Haarbüschel stehen gelassen werden und die Erlaubnis für Männer, nicht aber für Frauen, sich den Kopf zu rasieren	572
Kapitel 296	Die Unzulässigkeit der Verlängerung der Haare (durch anderes Haar) und des Feilens der Zähne	573
Kapitel 297	Es ist verboten, graues Haar vom Bart und Kopf beim Erwachsenen, sowie die ersten Barthaare eines jungen Mannes auszuzupfen	574
Kapitel 298	Das Reinigen nach Verrichten der Notdurft mit der rechten Hand und das Berühren der Genitalien mit derselben ist unerwünscht	575
Kapitel 299	Es ist unerwünscht, mit nur einem Schuh oder einer Socke zu laufen, sowie es unerwünscht ist, Schuhe oder Socken im Stehen anzuziehen, es sei denn für beides gibt es einen plausiblen Grund	575
Kapitel 300	Das Verbot, ins Bett zu gehen, wenn offenes Feuer bzw. eine Öllampe usw. in der Wohnung brennt	576
Kapitel 301	Das Verbot der Affektiertheit, d.h. das Nutzlose mit Mühe verrichten	576
Kapitel 302	Die Unzulässigkeit der Totenklage, des Sich-selbst-ins-Gesicht-Schlagens, des Kleiderzerreißens, des Auszupfens oder des Abrasierens der Haare und des Wehklagens	577
Kapitel 303	Die Unzulässigkeit der Befragung der Wahrsager und der Astrologen und der Geomantie; sei es Wahrsagerei auf Grund des Malens von Linien im Sand, des Werfens von Kieseln und Gerstekörnern o.ä.	579
Kapitel 304	Die Unzulässigkeit, an schlechte Vorboten zu glauben	581

Kapitel 305	Das Verbot der Abbildung von Tieren auf Teppichen, Steinen, Kleidung, Münzen, Kissen usw. und das Gebot, derartige Bilder zu zerstören	582
Kapitel 306	Die Verwerflichkeit, Hunde zu halten, außer für Jagdzwecke oder für Bewachung von Vieh und Hof	584
Kapitel 307	Das Verabscheuen, einem Kamel oder einem anderen Tier eine Glocke um den Hals zu hängen und den Hund (dessen Haltung verboten ist) und die Glocke auf Reisen mitzunehmen	585
Kapitel 308	Die Unerwünschtheit, ein kotfressendes Kamel zu reiten. Frisst dieses dann sauberes Futter, bis sein Fleisch wieder genießbar ist, ist diese Abscheu aufgehoben	585
Kapitel 309	Das Verbot, in der Moschee zu spucken und das Gebot, vorhandene Spucke zu beseitigen, mit dem Hinweis, die Würde der Moschee vor Schmutz zu bewahren	586
Kapitel 310	Das Verabscheuen, in der Moschee zu streiten, laut zu sprechen, nach Verlorenem zu fragen, Kauf und Verkauf zu tätigen, etwas vermieten o.ä.	587
Kapitel 311	Die Untersagung des Moscheenbesuches für den der Knoblauch, Zwiebeln, Lauch o.ä. gegessen hat, außer wenn es unumgänglich ist	588
Kapitel 312	Das Verabscheuen, während der Freitagsansprache mit angewinkelten Beinen dazusitzen, denn dies kann zum Einschlafen führen und somit zum Verpassen der Freitagsansprache und ebenfalls zum Brechen des Wudus	589
Kapitel 313	Das Verbot des Schneidens von Haaren und Nägeln während der ersten zehn Tage von Dhul-Hidscha, für denjenigen, der ein Opfertier schlachten will, bevor er es geopfert hat	589
Kapitel 314	Die Untersagung des Schwörens beim Propheten, der Ka'ba, den Engeln, dem Himmel, den Eltern, der Seele, dem Kopf, den Gaben des Sultans, dem Grabe von Soundso und bei der Amana (der Verantwortung Allāh gegenüber), wobei die Amana zu den schwersten diesbezüglich zählt	590
Kapitel 315	Das schwere Ausmaß des absichtlich falsch geleisteten Eides	591
Kapitel 316	Die Rechtfertigung einer Person, ihren Eid zu missachten, wenn sie eine bessere Alternative dazu gefunden hat und das Sühnen dafür	592

Kapitel 317	Keine Rechenschaft und keine Sühne für den Eid, den man unabsichtlich und aus Gewohnheit spricht, wie z.B. nein, bei Allāh oder ja, bei Allāh	593
Kapitel 318	Das Verabscheuen, beim Kauf zu schwören, auch wenn der Eid wahrhaftig ist	594
Kapitel 319	Das Verabscheuen, beim Namen Allāhs um etwas anderes als das Paradies zu bitten und das Verabscheuen der Zurückweisung des bei Allāh Bittenden	594
Kapitel 320	Das Verbot, jemanden mit König der Könige anzureden, denn dieser Titel gebührt allein Allāh	595
Kapitel 321	Die Untersagung, einen Abtrünnigen oder Frevler u.ä. mit "Herr" oder anderen ehrenhaften Titeln anzureden	595
Kapitel 322	Das Verabscheuen, den Fieber zu verfluchen	595
Kapitel 323	Die Untersagung, den Wind zu verfluchen und was bei dessen starkem Wehen zu sagen ist	596
Kapitel 324	Die Missbilligung, einen Hahn zu verfluchen	597
Kapitel 325	Die Untersagung der Aussage: Wir verdanken dem Stern soundso (diesen) Regen	597
Kapitel 326	Die Unzulässigkeit, einen Muslim mit „O Ungläubiger" anzureden	597
Kapitel 327	Die Untersagung der Unanständigkeit und der Unzüchtigkeit der Zunge	598
Kapitel 328	Das Missfallen von Schwülstigkeit und Großsprecherei im Reden, von Vorspiegelung der Sprachgewandtheit und von Verwendung komplizierter Ausdrücke im Sprechen mit der Allgemeinheit	598
Kapitel 329	Das Verabscheuen der Selbstverdammung mit dem groben Satz: Meine Seele ist verdorben	599
Kapitel 330	Es ist unerwünscht, die Weinrebe „Karm" zu nennen	599
Kapitel 331	Es ist untersagt, einem Mann die Schönheit einer Frau zu beschreiben, außer im Falle eines legitimen Zwecks, wie Eheschließung u.ä.	600
Kapitel 332	Das Missfallen des Bittgebetes: „O Allāh, vergib mir, wenn Du willst!" Stattdessen soll man entschieden um Vergebung bitten	600
Kapitel 333	Es ist unerwünscht zu sagen: So Allāh will und Soundso will!	601
Kapitel 334	Das Missfallen der Unterhaltung nach dem Verrichten des Nachtgebetes (in der Moschee)	601

Kapitel 335	Die Untersagung der Ehefrau, sich ihrem Gatten zu verweigern, wenn sie dafür keinen legitimen Grund hat	602
Kapitel 336	Die Untersagung des (freiwilligen) Fastens der Ehefrau in Anwesenheit ihres Mannes ohne seine Erlaubnis	603
Kapitel 337	Die Untersagung, den Kopf noch vor dem Imam nach dem Ruku' (Beugen) und dem Sudschud (Niederwerfung) zu heben	603
Kapitel 338	Das Missfallen, die Hände während des Gebetes in die Seite (Hüfte) zu stützen	603
Kapitel 339	Die Verabscheuung, das Gebet abzuhalten, wenn bereits das Essen bereit steht und man hungrig ist oder wenn man dringend seine Notdurft verrichten muss	604
Kapitel 340	Es ist untersagt, während des Gebetes gen Himmel zu blicken	604
Kapitel 341	Es ist unerwünscht, sich während des Gebetes ohne zwingenden Grund nach rechts oder links zu wenden	604
Kapitel 342	Die Untersagung des Gebetes in Richtung von Gräbern	605
Kapitel 343	Die Untersagung des Passierens vor dem Betenden	605
Kapitel 344	Das Missfallen des Beginnens eines freiwilligen Gebetes (Nafila) nach der Iqama, auch wenn diese (Nafila) zu diesem Gebet oder zu einem anderen Gebet gehören sollte	605
Kapitel 345	Es ist unerwünscht, freiwilliges Fasten auf den Freitag und freiwillige lange Gebete auf die Nacht zum Freitag festzusetzen	606
Kapitel 346	Die Untersagung des Dauerfastens, indem man zwei Tage oder mehr fastet, ohne dazwischen zu essen oder zu trinken	606
Kapitel 347	Das Verbot, auf einem Grab zu sitzen	608
Kapitel 348	Die Untersagung der Überziehung des Grabes mit Gips bzw. Putzkalk und des Errichtens von Bauten darüber	608
Kapitel 349	Das ausdrückliche Verbot der Flucht des Sklaven vor seinem Herrn	608
Kapitel 350	Die Unterlassung der Fürbitte im Falle der Bestrafung für die Übertretung eines qur'anischen Verbotes	609

Kapitel 351	Die Untersagung des Verrichtens der Notdurft an Stellen, wo Menschen verkehren bzw. sich aufhalten, wie an Wasserquellen u.ä.	610
Kapitel 352	Das Verbot, in stille Gewässer zu urinieren	610
Kapitel 353	Es ist unerwünscht, ein Kind den anderen bei Schenkungen vorzuziehen	610
Kapitel 354	Das Verbot der Trauer einer Frau um einen Mann, außer ihrem Ehemann, für mehr als drei Tage. Die Trauer um den Ehemann dauert vier Monate und zehn Tage	611
Kapitel 355	Es ist nicht erlaubt, dass der Stadtbewohner an einen Nomaden Ware verkauft und dass er einer Karawane entgegenreitet, um den Kauf derselben Ware anzustreben, die ein Bruder zu kaufen beabsichtigt hat. Ebenso ist es nicht erlaubt, um die Hand einer Frau anzuhalten, wenn ein Bruder dies bereits beabsichtigt hat, außer wenn der andere dies erlaubt oder im Falle dass die Verlobung zuvor aufgelöst wurde	612
Kapitel 356	Es ist untersagt, Gelder für Zwecke, die in der Schari'a (dem islamischen Recht) nicht erlaubt sind, auszugeben	614
Kapitel 357	Die Untersagung, auf einen Muslim mit einer Waffe u.ä. im Spaß wie im Ernst zu zeigen und des Übergebens des gezückten Schwertes	615
Kapitel 358	Das Missfallen des Verlassens der Moschee nach dem Gebetsruf vor dem Verrichten des Pflichtgebetes ohne triftigen Grund	615
Kapitel 359	Das Missfallen der Zurückweisung des Basilikums ohne Grund	616
Kapitel 360	Das Missfallen der Lobpreisung einer anwesenden Person, die dadurch verdorben oder eingebildet werden könnte und die Erlaubnis desgleichen, wenn diese Gefahr nicht besteht	616
Kapitel 361	Das Missfallen der Flucht aus einem Ort, an dem eine Epidemie herrscht und das Missfallen des Betretens eines solchen	618
Kapitel 362	Das absolute Verbot der Zauberei	619
Kapitel 363	Die Untersagung des Mitnehmens des Mushafs beim Reisen in die Länder der Ungläubigen, wenn befürchtet wird, dass er in die Hände des Feindes fallen könnte	620

Kapitel 364	Das Verbot des Gebrauchs von Gold- und Silbergefäßen für Essen, Trinken, rituelle Reinigung und Waschung usw.	620
Kapitel 365	Das Verbot für Männer, mit Safran gefärbte Kleidung zu tragen	621
Kapitel 366	Es ist untersagt, tagsüber Stillschweigen zu geloben	622
Kapitel 367	Das Verbot der Angabe von falscher Abstammung und falschem Schutzverhältnis	622
Kapitel 368	Die Warnung davor, etwas zu begehen, was Allāh oder Sein Gesandter (s) verboten hat	624
Kapitel 369	Die Belehrung über das, was der Sünder zu sagen und zu tun hat	624
Kapitel 370	Anekdoten und wahre Erzählungen	625
Buch XVI	**Das Bitten um Vergebung**	653
Kapitel 371	Das Bitten um Vergebung	653
Kapitel 372	Was Allah im Paradies für die Gläubigen vorbereitet	656
	Anmerkungen	665

Abkürzungen und Begriffe:

-(s): Allahs Segen und Heil auf ihm: صلَّى الله عليه وسلَّم/ عليه الصَّلاةُ والسَّلام

-(r): Allahs Wohlgefallen auf ihm, ihr, ihnen (m)/(w) رضي الله عنه، عنها، عنهما، عنهم، عنهنَّ

-(ra): Allah erbarme sich seiner, ihrer usw. رحمه الله، رحمها الله ......الخ

-Ein gesunder *H*adith (sa*h*īh): Seine Überliefererkette hat keine Mängel حديث صحيح

Ein guter *H*adith (*h*assan): Seine Überliefererkette kann einen zuverlässigen Überlieferer enthalten, der aber mit schwachem حديث حسن Gedächtnis gilt, oder über den nur wenig bekannt ist. Daher sollten zusätzliche Berichte existieren, die den matn (Text) bestätigen. Ein schwacher *H*adith: Ein *H*adith mit größeren Mängeln حديث ضعيف
Orthographische Hilfszeichen: ā, ī, ū werden für die langen Vokale aa, ie und uu, außer in "Allah" verwendet. Al-Buchāri wird Al-Bukhari geschrieben. Umschrift und Aussprache arabischer Buchstaben: Glottisöffnungslaut (Hamz); wie *a, i, u* in *am, ist, unten*ء stimmhafter pharyngaler Reibelaut; in Verbindung mit a, i, u: 'a, 'i, 'u عُ /عِ /عَ wird wie folgt geschrieben: 'a, 'i, 'u .

ذ d	stimmhaftes *th* wie englisch *this*	
dh	emphatisches d wie *dh* in *Riyadh*	ض
j od. dsch	stimmhafter Verschluß-Reibelaut wie englisch *journey*	ج
gh	Zäpfchen-r wie französisches *r*	غ
h	stimmloser Reibelaut wie arabisch A*h*mad, *H*assan	ح
kh	stimmloser velarer Reibelaut wie *ch* in *Dach, Buch*	خ
s	stimmloses, emphatisches, dunkles scharfes *ss*	ص
*t*h	stimmloser interdentaler Reibelaut, wie in eng. *thank*	ث
z	stimmhafter präpalataler Reibelaut wie *s* in *Sand, sind, Sund*	ز
zh	stimmhaftes emphatisches *z*, dunkler als engl. *th* in *this*	ظ

عيادة المريض وتشييع الميت والصلاة عليه وحضور دفنه والمكث عند قبره بعد دفنه

١٤٤ – باب عيادة المريض

٨٩٤ – عن البَرَاءِ بن عازِبٍ رضي الله عنهما قال : أَمَرَنَا رسولُ الله ﷺ بِعِيادَةِ المَرِيضِ ، واتِّبَاعِ الجَنَازَةِ ، وتَشْمِيتِ العَاطِسِ ، وإِبْرَارِ المُقْسِمِ ، ونَصْرِ المَظْلُومِ ، وإجابَةِ الدَّاعِي ، وإفْشَاءِ السَّلامِ . متفقٌ عليه .

٨٩٥ – وعن أبي هريرةَ رضي الله عنه أن رسولَ الله ﷺ قال : « حَقُّ المُسْلِمِ على المُسْلِمِ خَمْسٌ : رَدُّ السَّلامِ ، وعِيَادَةُ المَرِيضِ ، واتِّبَاعُ الجَنَائِزِ ، وإجَابَةُ الدَّعْوَةِ ، وتَشْمِيتُ العَاطِسِ » متفقٌ عليه .

٨٩٦ – وعنه قال : قال رسولُ الله ﷺ : « إنَّ اللهَ عزَّ وجلَّ يَقُولُ يوْمَ القِيامَةِ : يا بْنَ آدَمَ مَرِضْتُ فَلَمْ تَعُدْنِي ! قال : يارَبِّ كيْفَ أَعُودُكَ وأنْتَ رَبُّ العَالَمِينَ ؟ ! قال : أَمَا عَلِمْتَ أنَّ عَبْدِي فُلاناً مَرِضَ فَلَمْ تَعُدْهُ ؟ أَمَا عَلِمْتَ أنَّكَ لَوْ عُدْتَهُ لَوَجَدْتَنِي عِنْدَهُ ؟ يا بْنَ آدَمَ اسْتَطْعَمْتُكَ فَلَمْ تُطْعِمْنِي ! قال : يارَبِّ كيْفَ أُطْعِمُكَ وأنْتَ رَبُّ العَالَمِينَ ؟ ! قال : أَمَا عَلِمْتَ أنه اسْتَطْعَمَكَ عَبْدِي فُلانٌ فَلَمْ تُطْعِمْهُ ، أَمَا عَلِمْتَ أَنَّكَ لَوْ أَطْعَمْتَهُ لَوَجَدْتَ ذلِكَ عِنْدِي ؟ يَابْنَ آدَمَ اسْتَسْقَيْتُكَ فَلَمْ تَسْقِنِي ! قال : يَارَبِّ كيْفَ أَسْقِيكَ وأنْتَ رَبُّ العَالَمِينَ ؟ ! قــال : اسْتَسْقَاكَ عَبْدِي فُلانٌ فَلَمْ تَسْقِهِ ! أَمَا عَلِمْتَ أَنَّكَ لَوْ سَقَيْتَهُ لَوَجَدْتَ ذلِكَ عِنْدِي ؟ » رواه مسلم .

Der Krankenbesuch, die Teilnahme am Begräbniszeremoniell und das Verweilen am Grab nach der Beerdigung des Verstorbenen

144
Der Besuch bei dem Kranken

Hadith 894 Al-Barrāu ibn 'Āzib(r) berichtete: Der Gesandte Allāhs(s) hat aufgetragen, den Kranken zu besuchen, am Begräbniszeremoniell teilzunehmen, dem Nießenden Gottes Erbarmen zu wünschen[1], des Schwörers Gelübde zu erfüllen, den Unschuldigen zu unterstützen, der Einladung nachzukommen und den Friedensgruß zu verbreiten.
(Al-Bukhari und Muslim)

Hadith 895 Abu Huraira(r) berichtete: Der Gesandte Allāhs(s) hat gesagt: "Fünf Pflichten hat der Muslim gegenüber seinem Glaubensbruder: Er ist verpflichtet, den Gruß zu erwidern, den Kranken zu besuchen, und dem Begräbniszug zu folgen, der Einladung nachzukommen und dem Nießenden Gottes Erbarmen zu wünschen."
(Al-Bukhari und Muslim)

Hadith 896 Abu Huraira(r) berichtete: Der Gesandte Allāhs(s) hat gesagt: "Allāh, der Mächtige und Erhabene, wird am Tage der Auferstehung dem Menschen vorhalten: "O Kind Adams! Ich erkrankte, doch Du besuchtest Mich nicht!" Er wird antworten: "O mein Herr! Wie hätte ich Dich besuchen können, wo Du doch der Herr der Welten bist?" Allāh wird erklären: "Hast du denn nicht erfahren, dass mein Diener Soundso krank war, und du ihn nicht besuchtest? Hast du denn nicht gewusst, wenn du ihn besucht hättest, hättest du Mich bei ihm gefunden! O Kind Adams! Ich bat Dich um etwas zu essen, doch Mir gabst du nichts zu essen!" Er wird antworten: "O mein Herr! Wie hätte ich Dir etwas zu essen geben können, wo Du doch der Herr der Welten bist?" Allāh wird erkären: "Hast du etwa

٨٩٧ - وعن أبى موسى رضى الله عنه قال : قال رسولُ الله ﷺ : « عُودُوا المَريضَ ، وأطعِمُوا الجَائِعَ ، وفُكُّوا العَانِى » رواه البخارى .

٨٩٨ - وعن ثَوْبَانَ ، رضى اللهُ عنه ، عن النبى ﷺ قال : « إنَّ المُسْلِمَ إذا عَادَ أخَاهُ المسْلِمَ لَمْ يَزَلْ فِى خُرْفَةِ الجَنَّةِ حتَّى يَرْجِعَ » قِيلَ : يا رسولَ الله وَمَا خُرْفَةُ الجَنَّةِ ؟ قال : « جَنَاهَا » رواه مسلم .

٨٩٩ - وعن عَلِىٍّ ، رضى الله عنه ، قال : سَمِعْتُ رسولَ الله ﷺ يقول : « مَا مِنْ مُسْلِمٍ يَعُودُ مُسْلِماً غُدْوَةً إلا صَلَّى عَلَيْهِ سَبْعُونَ ألفَ مَلَكٍ حتَّى يُمْسِى ، وإنْ عَادَهُ عَشِيَّةً إلا صَلَّى عَلَيْهِ سَبْعُونَ ألفَ مَلَكٍ حتَّى يُصْبِحَ ، وكَانَ لَهُ خَرِيفٌ فى الجَنَّةِ » رواه الترمذى وقال : حديث حسن .

« الخَرِيفُ » : الثَّمَرُ المَخروفُ ، أى : المُجتَنَى .

٩٠٠ - وعن أنس ، رضى اللهُ عنه ، قال : كَانَ غُلامٌ يَهُودِىٌّ يَخْدُمُ النَّبِىَّ ﷺ ، فَمَرِضَ ، فَأتَاهُ النبىُّ يَعُودُهُ ، فَقَعَدَ عِنْدَ رَأسِهِ فقال لَهُ : « أسْلِمْ » فَنَظَرَ إلى أبيهِ وَهُوَ عِنْدَهُ ؟ فـقال : أطِعْ أبَا القَاسِمِ ، فَأسْلَمَ ، فَخَرَجَ النَّبىُّ ﷺ وَهُوَ يقولُ : « الحَمْدُ لله الَّذِى أنْقَذَهُ مِنَ النَّارِ » رواه البخارى .

nicht gewusst, dass Mein Diener Soundso dich um etwas zu essen bat? Hast du denn nicht gewußt, wenn du ihm etwas zu essen gegeben hättest, du sicherlich dafür Meine Belohnung erhalten hättest! O Kind Adams! Ich bat dich, Mir (Wasser) zu trinken zu geben, aber du gabst mir nichts zu trinken!" Er wird sagen: "O mein Herr! Wie hätte ich Dir zu trinken geben können, wo Du doch der Herr der Welten bist?" Allāh wird erklären: "Mein Diener Soundso bat dich um Wasser, doch du gabst ihm nichts zu trinken! Hast du denn nicht gewusst, wenn du ihm zu trinken gegeben hättest, du deinen Lohn dafür bei Mir gefunden hättest?"
(Muslim)

Hadith 897 Abu Mūsa(r) berichtete: Der Gesandte Allāhs(s) hat gesagt: "Besucht den Kranken, speist den Hungrigen und befreit den Kriegsgefangenen!"

Hadith 898 Thaubān(r) berichtete: Der Prophet(s) hat gesagt: "Solange ein Muslim beim Besuch seines kranken Glaubensbruders ist, genießt er die Paradies-Khurfa[2] bis er heimkehrt. "Man fragte ihn: "O Gesandter Allāhs! Was ist die Khurfa des Paradieses?" Er antwortete: "Seine vollreifen Früchte."
(Muslim)

Hadith 899 'Ali(r) berichtete: Ich hörte den Gesandten Allāhs(s) sagen: "Es gibt keinen Muslim, der seinen kranken Glaubensbruder morgens besucht, ohne dass siebzigtausend Engel ihn bis zum Abend segnen. Besucht er ihn abends, so segnen ihn siebzigtausend Engel bis zum Morgen, und er wird vollreife Früchte im Paradies haben."
(At-Tirmi<u>d</u>i, mit dem Kommentar: ein guter *H*adith) Erklärende Bemerkung des Verfassers: Kharīf bedeutet geerntete Früchte.

Hadith 900 Anas(r) berichtete: Ein Junge jüdischen Glaubens war einige Zeit lang Diener des Propheten(s). Als er krank wurde, besuchte der Prophet ihn. Er setzte sich an seinen Kopf und sagte: "Werde Muslim!" Mit

اشفِ أنتَ الشَّافي ، لا شفاءَ إلا شفاؤكَ ، شفاءً لا يُغادرُ سقَماً » متفقٌ عليه .

١٤٥ ــ باب ما يدعى به للمريض

٩٠١ ــ عن عائشة ، رضي الله عنها ، أنَّ النبيَّ ﷺ كان إذا اشتكى الإنسانُ الشيءَ منهُ ، أو كانتْ بِه قَرحةٌ أو جُرحٌ ، قال النبيُّ ﷺ بأصبعِه هكذا ، ووضعَ سفيانُ ابنُ عُيَيْنةَ الرَّاوي سبَّابَتَهُ بالأرضِ ثمَّ رَفَعَها وقال : « بسمِ اللهِ ، تُربةُ أرضِنا، بريقةِ بعضِنا، يُشفَى به سقيمُنا ، بإذنِ ربِّنا » متفقٌ عليه .

٩٠٢ ــ وعنها أن النبيَّ ﷺ كانَ يعودُ بعضَ أهلِه يمسحُ بيدِه اليُمنى ويقولُ: «اللَّهمَّ ربَّ النَّاسِ أذهِب البأسَ ،

٩٠٣ ــ وعن أنسٍ ، رضي الله عنه ، أنه قال لثابتٍ رحمه الله : ألا أرقيكَ برُقْيةِ رسولِ الله ﷺ ؟ قال : بلى ، قال : اللَّهمَّ ربَّ النَّاسِ ، مُذهِبَ البأسِ ، اشفِ أنتَ الشَّافي ، لا شافيَ إلا أنتَ ، شفاءً لا يُغادر سقَماً . رواه البخاري .

٩٠٤ ــ وعن سعدِ بنِ أبي وقَّاصٍ ، رضي الله عنه ، قال : عادَني رسولُ اللهِ ﷺ ، فقال: « اللَّهمَّ اشفِ سعداً، اللَّهمَّ اشفِ سعداً، اللَّهمَّ اشفِ سعداً » رواه مسلم.

fragendem Blick schaute der Junge zu seinem bei ihm anwesenden Vater hin, und der sagte: "Gehorche Abul-Qāsim"³ und so nahm der Junge den Islam an. Als der Prophet(s) hinausging, sagte er: "Ich dankeAllāh, Der ihn vor dem Feuer bewahrt hat."
(Al-Bukhari)A

Kapitel 145
Was man für den Kranken betet

Hadit 901 'Āischa(r) berichtete: Wenn jemand beim Propheten(s) über Schmerzen klagte oder wegen eines Geschwürs oder einer Verletzung litt, berührte dieser die Erde mit seinem Zeigefinger so - erklärte der Gewährsmann Sufyān ibn 'Uyayna - dann erhob er ihn und sprach: "Im Namen Allāhs! Staub unserer Erde, vermischt mit unserem Speichel, heilt unseren Kranken, mit dem Willen unseres Herrn!"
(Al-Bukhari und Muslim)

Hadith 902 'Āischa(r) berichtete: Der Prophet(s) besuchte ein krankes Mitglied seiner Familie. Er streichelte die Person und sprach: "O Allāh! Herr aller Menschen! Beseitige das Übel und heile, denn allein Du bist der Heiler. Außer Deiner Heilung gibt es keine. Ich bitte Dich, um eine Heilung, die keine Spuren der Krankheit hinterlässt."
(Al-Bukhari und Muslim)

Hadith 903 Anas(r) erzählte, er habe zu Thābit(ra) gesagt: "Willst du etwa nicht, dass ich dich durch ein heilsames Bittgebet des Gesandten Allāhs(s) behandle?" Er sagte: "Doch!" So bat Anas: "O Allāh! Herr aller Menschen! Beseitiger des Übels! Bitte heile (ihn), denn Du allein bist der Heiler. Außer Dir gibt es keinen Heiler. Ich bitte Dich, um eine Heilung, die keine Spuren der Krankheit hinterlässt."
(Al-Bukhari)

Hadith 904 Sa'd ibn Abi Waqqās(r) berichtete: Als ich erkrankte

٩٠٥ ـ وعن أبى عبد الله عثمان بن أبى العاص ، رضى الله عنه ، أنه شكا إلى رسول الله ﷺ ، وجعاً يجدُهُ فى جسده ، فقال له رسول الله ﷺ : « ضَعْ يَدَكَ على الذى يَألَمُ من جَسَدِكَ وقُلْ : بسم الله ـ ثلاثاً ـ وقُلْ سَبْعَ مَرَّاتٍ : أعوذُ بِعزَّةِ اللهِ وقُدْرتِه من شَرِّ ما أجِدُ وأُحاذِرُ » رواه مسلم .

٩٠٦ ـ وعن ابن عباس ، رضى الله عنهما ، عن النبى ﷺ قال : « مَنْ عادَ مَريضاً لَمْ يَحْضُرْهُ أجَلُهُ ، فقالَ عندَهُ سَبْعَ مَرَّاتٍ : أسألُ اللهَ العظيمَ ربَّ العَرْشِ العظيمِ أنْ يَشْفِيَكَ ، إلا عافاهُ اللهُ مِنْ ذلكَ المَرَضِ » رواه أبو داود والترمذى وقال : حديث حسن ، وقال الحاكم : حديث صحيح على شرطِ البخارى .

٩٠٧ ـ وعنه أن النبى ﷺ دخلَ على أعرابىّ يعودُهُ ، وكان إذا دخلَ على مَنْ يعودُهُ قال : « لا بَأسَ ، طَهُورٌ إنْ شَاءَ اللهُ » رواه البخارى .

٩٠٨ ـ وعن أبى سعيدٍ الخُدْرىّ رضى الله عنه أن جبريلَ أتى النبىَّ ﷺ ، فقال : يَا مُحمَّدُ اشْتَكيْتَ ؟ قال : « نَعَمْ »

قال : بِسْمِ اللهِ أرْقيكَ ، مِنْ كُلِّ شَىءٍ يُؤذيكَ، مِنْ شَرِّ كُلِّ نَفْسٍ أو عَيْنِ حَاسِدٍ ، اللهُ يَشْفيكَ ، بِسْمِ اللهِ أرْقِيكَ . رواه مسلم .

besuchte mich der Gesandte Allāhs(s) und bat: "O Allāh! Bitte, heile Sa'd! Bitte, heile Sa'd! Bitte, heile Sa'd!"
(Muslim)

Hadith 905 Abu 'Abdullāh 'Uthmān ibn Abul-'Ās(r) erzählte, er habe über einen Schmerz in seinem Leib bei dem Gesandten Allāhs(s) geklagt, der daraufhin zu ihm sagte: "Lege deine Hand auf die leidende Stelle und sage dreimal "Bissmillāh", dann sage siebenmal "A'ūd u bi 'Izzatillāhi, wa Qudratihi, min Scharri mā adschidu wa uhādiru" (d.h.: Im Namen Allāhs! Ich suche Zuflucht in der Macht und Allmächtigkeit Allāhs vor dem Übel dessen, was ich empfinde und befürchte)
(Muslim)

Hadith 906 Ibn 'Abbās(r) berichtete: Der Prophet(s) hat gesagt: "Wenn man einen Kranken, dessen Stunde noch nicht geschlagen hat, besucht und siebenmal bei ihm spricht: "Ass alul- Lāhal- 'Azīm, Rabbal- 'Arschil-'Azīm, an yaschfiya*ka*" (d.h. Ich bitte Allāh, Den Allmächtigen, Den Herrn des Allmachtthrons, dich zu heilen", so wird Allāh ihn von dieser (seiner) Krankheit heilen."
(Abu Dāwud und At-Tirmi*d*i. At-Tirmi*d*i sagt: Ein guter *H*adith. Al-*H*akim sagt: Ein starker *H*adith gemäß der Regel von Al-Bukhari)

Hadith 907 Er berichtete auch: Der Prophet(s) besuchte einen kranken Beduinen. Er pflegte beim Eintritt immer zu sagen: "Lā Ba sa! Tahūrun, in schā al-Lāh (d.h. Gute Besserung! Es ist eine reine Sühne, so Allāh will!)
(Al-Bukhari)

Hadith 908 Abu Sa'īd Al-Khudri(r) erzählte, dass Gabriel zum Propheten(s) kam und ihn fragte: "O Muhammad! Bist du an einem bestimmten Leiden erkrankt?" Er sagte: "Ja!" Daraufhin sagte Gabriel: "Bissmillāhi arqīka, min Kulli Schai in yu *d*īka, min Scharri Kulli Nafssin au 'Aini- *H*āsid, Allahu yaschfīka, Bissmillāhi arqīka[4] (d.h.: Durch den heilsamen Namen Allāhs behandle ich dich, um sämtliches Übel, das dir

٩٠٩ ـ وعن أبى سعيد الخُدْرىّ وأبى هريرة ، رضىَ اللّهُ عنهما ، أنَّهُما شهِدَا على رسولِ اللّهِ ﷺ ، أنه قال : « مَنْ قال : لا إلهَ إلا اللّهُ واللّهُ أكبرُ ، صدَّقَهُ ربُّهُ ، فقال : لا إلهَ إلا أنا وأنَا أكبَرُ ، وإذا قال : لا إله إلا اللّهُ وَحْدَهُ لا شريكَ لَهُ ، قال : يقول : لا إلهَ إلا أنَا وحْدى لا شَريكَ لى ، وإذا قـال : لا إلهَ إلا اللّهُ لَهُ الملْكُ ولَهُ الحَمْدُ ، قـالَ : لا إلهَ إلا أنَا لِىَ الحَمْدُ ، وَلِىَ المُلْكُ ، وإذا قال : لا إلهَ إلا اللّهُ ولا حَوْلَ ولا قُوَّةَ إلا باللّهِ ، قالَ : لا إلهَ إلا أنَا ولا حَوْلَ ولا قُوَّةَ إلا بى » وكانَ يقول : « مَنْ قالَها فى مَرَضِهِ ثُمَّ ماتَ لَمْ تَطْعَمْهُ النَّارُ » .

رواه الترمذى وقال : حديث حسن .

١٤٦ ـ باب استحباب سؤال أهل المريض عن حاله

٩١٠ ـ عن ابن عباس ، رضىَ اللّهُ عنهما ، أنَّ علىَّ بن أبى طالب ، رضىَ اللّهُ عنهُ ، خرج مِن عِنـدِ رسولِ اللّهِ ﷺ فى وَجَعِهِ الذى تُوُفِّىَ فيه ، فقالَ النَّاسُ : يا أبا الحسَنِ ، كَيفَ أصْبَحَ رسولُ اللّهِ ﷺ ؟ قال : أصْبَحَ بحَمْدِ اللّهِ بارئاً .

رواه البخارى .

schadet, zu entfernen! Allāh heile dich vom Übel jeder bösen Seele oder vom bösen Blick des Neiders! Mit dem Namen Allāhs behandle ich dich."

Hadith 909 Abu Sa'īd Al-Khudri und Abu Huraira(r) bezeugten, dass der Gesandte Allahs(s) gesagt hat: "Wenn man sagt: "Lā Ilāha illal-lah, wal-lahu Akbar" (d.h.: Es gibt keinen Gott außer Allāh, und Allāh ist unvergleichlich groß", gibt Allāh Seine Zustimmung dazu , in dem Er sagt: "Es gibt keine Gottheit außer Mir, und Ich bin unvergleichlich groß." Sagt man: "Lā Ilāha illal- lah Wahdahu lā Scharieka lah" (d.h. Es gibt keinen Gott außer Allāh, dem Einzigen, ohne Teilhaber an Seiner Gottheit), stimmt Allāh zu: "Es gibt keinen Gott außer Mir allein, und es gibt keinen Teilhaber an Meiner Gottheit." Sagt man: "Lā Ilāha illal- lah, lahul-Mulku, walahul-Hamdu" (d.h. Es gibt keinen Gott außer Allāh, Sein ist das Königreich und Sein ist das Lob), so bestätigt Allāh dies mit den Worten: "Es gibt keinen Gott außer Mir, Mein ist das Königreich und Mein ist das Lob." Sagt man: "Lā Ilāha illal-lah walā Haula, walā Quwata illā bil-lah" (d.h.: Es gibt keinen Gott außer Allāh, und es gibt weder Kraft noch Macht außer bei Allāh), bezeugt Allāh: "Es gibt keinen Gott außer Mir, und es gibt weder Kraft noch Macht außer bei Mir." Immer wieder sagte der Prophet(s): "Wer dies während seiner Krankheit bezeugt und danach stirbt, den verzehrt das Höllenfeuer nicht."
(At-Tirmidi, mit dem Vermerk: guter Hadith)

Kapitel 146
Es empfiehlt sich, die Familienangehörigen eines Kranken nach dessen Zustand zu fragen

Hadith 910 Ibn 'Abbās(r) erzählte: Als 'Ali ibn Abī Tālib(r) aus der Kammer des im Sterbebett erkrankten Gesandten Allāhs(s) herauskam, fragten die Leute ihn: "O Abul- Hassan! Wie geht es dem Gesandten Allāhs(s) heute?" Er antwortete: "Heute morgen fühlte er sich- Allāh sei Dank - wohl."
(Al-Bukhari)

١٤٧ — باب ما يقوله من أيس من حياته

٩١١ — عن عائشة رضى الله عنها قالت : سَمِعْتُ النبى ﷺ وَهُوَ مُسْتَنِدٌ إلىَّ يَقُولُ : « اللَّهُمَّ اغْفِرْ لى وَارْحَمْنى ، وَأَلْحِقْنى بِالرَّفِيقِ الأعْلَى » متفقٌ عليه .

٩١٢ — وعنها قالت : رَأَيْتُ رسولَ الله ﷺ وَهُوَ بالموتِ ، عنده قَدَحٌ فيه مَاءٌ ، وَهُوَ يُدْخِلُ يَدَهُ فى القَدَحِ ، ثم يَمْسَحُ وَجْهَهُ بالماءِ ، ثم يقولُ : « اللَّهُمَّ أعِنِّى عَلَى غَمَراتِ المَوْتِ وَسَكَرَاتِ المَوْتِ » رواه الترمذى .

١٤٨ — باب استحباب وصية أهل المريض ومن يخدمه بالإحسان إليه واحتماله والصبر على ما يشق من أمره وكذلك الوصية بمن قرب سبب موته بحد أو قصاص ونحوهما

٩١٣ — عن عمرانَ بن الحُصَيْنِ رضى الله عنهما أن امرأةً من جُهَيْنَةَ أتت النبىَّ ﷺ وهى حُبْلى من الزِّنا ، فقالت : يا رسولَ اللهِ ، أصِبْتُ حَدًّا فَأقِمْهُ عَلَىَّ ، فَدَعا رسولُ اللهِ ﷺ وليَّها ، فقال : « أحْسِنْ إلَيْهَا ، فإذا وضَعَتْ فَأتِنى بها » فَفَعَلَ ، فأمَرَ بها النبىُّ ﷺ ، فَشُدَّتْ عَلَيها ثِيابُها ، ثُمَّ أمَرَ بها فَرُجِمَتْ ، ثم صَلَّى عَلَيها . رواه مسلم .

Kapitel 147
Bittgebete für denjenigen, der keine Hoffnung mehr auf ein Weiterleben hat

Hadith 911 'Āischa(r) überlieferte: Ich hörte den Propheten(s) sagen, während er sich an mich lehnte: "Allahumma-ghfir lī! Warhamnī! Wa alhiqnī birrafiqil-A'lā!" (d.h. O Allāh! Gewähre mir Vergebung, habe Erbarmen mit mir und vereine mich mit den auserwählten Gefährten bei Dir!) (Al-Bukhari und Muslim)

Hadith 912 'Āischa(r) überlieferte: Ich sah den Gesandten Allāhs(s) auf dem Sterbebett. Er hatte einen Becher Wasser bei sich. Wiederholt tat er seine Hand in den Becher, befeuchtete sein Gesicht mit dem Wasser und sagte: "Allaahumma a'innī 'alā Ghamarātil-Maut, wa Sakarātil-Maut!" (d.h. O Allāh! Hilf mir, gegen die Abgründe und die Pein des Todes) (At-Tirmidi)

Kapitel 148
Es ist erwünscht, den Angehörigen und Pflegern des Kranken und der auf die Todesstrafe wartenden Personen ans Herz zu legen, diese freundlich und barmherzig zu behandeln und sie anzuhalten, ihr Los mit Geduld zu ertragen

Hadith 913 'Imrān ibn Al-Husain(r) erzählte: Eine aus dem Stamm Dschuhaina durch Ehebruch schwangere Frau kam zum Propheten(s) und sagte zu ihm: "O Gesandter Allāhs! Ich habe ein Gebot Gottes übertreten, nun halte du es ein!" Der Prophet(s) ließ ihren Nahestehenden zu sich kommen, und sagte zu ihm: "Du sollst sie liebevoll behandeln, doch nachdem sie entbunden hat, bringe sie wieder zu mir!" Nach der Geburt brachte er sie zum Propheten(s). Er befahl, ihre Kleider um ihren Körper zu binden, dann wurde sie zu Tode gesteinigt. Danach verrichtete er(s) das Todesgebet."[5] (Muslim)

١٤٩ ـ باب جواز قول المريض : أنا وجع ، أو شديد الوجع أو موعوك ، أو وا رأساه ونحو ذلك ، وبيان أنه لا كراهة فى ذلك إذا لم يكن على سبيل التسخط وإظهار الجزع

٩١٤ ـ عن ابن مسعود رضى الله عنه قال : دَخَلْتُ عَلَى النَّبيِّ ﷺ وَهُوَ يُوعَكُ، فَمَسَسْتُهُ، فقُلْتُ : إنَّكَ لَتُوعَكُ وَعْكاً شَديداً ، فقال : « أجَلْ إنِّى أُوعَكُ كما يُوعَكُ رَجُلان مِنكُمْ » متفقٌ عليه .

٩١٥ ـ وعن سعدِ بن أبى وَقَّاص رضىَ اللَّهُ عنه قال : جاءَنى رسولُ اللَّه ﷺ يَعُودُنى مِنْ وَجَعٍ اشْتَدَّ بى ، فَقُلْتُ : بَلَغَ بى ما تَرَى ، وأنا ذُو مَالٍ ، ولا يَرِثُنى إلا ابنَتى، وذكر الحديث . متفقٌ عليه .

٩١٦ ـ وعن القاسم بن محمدٍ قال : قالَتْ عَائشةُ رضى اللَّهُ عنها : وَارَأساهُ فقال النَّبىُّ ﷺ : « بَلْ أنَا وَارَأساهُ » وذكر الحديث . رواه البخارى .

١٥٠ ـ باب تلقين المحتضر لا إله إلا اللَّه

٩١٧ ـ عن معاذٍ رضىَ اللَّه عنه قالَ : قالَ رسُولُ اللَّه ﷺ : « مَنْ كانَ آخِرُ كَلامِهِ لا إلهَ إلا اللَّهُ دَخَلَ الجَنَّةَ » . رواه أبو داود والحاكم وقال : صحيح الإسناد .

Kapitel 149

Der Kranke darf sagen: Ich habe Schmerzen. Ich bin leidend. O, mein Kopf! usw., solange er keinen Zorn oder Ungeduld zeigt

Hadith 914 Ibn Mass'ūd(r) berichtete: Ich besuchte den Propheten(s), als er mit hohem Fieber erschöpft im Bett lag. Ich sagte zu ihm: "O Gesandter Allāhs, dich hat die Heftigkeit des Fiebers richtig erwischt." Er sagte: "Aber ja! Ich leide soviel wie zwei Männer von Euch."[6]
(Al-Bukhari und Muslim)

Hadith 915 Sa'd ibn Abi Waqqās(r) berichtete: "Im Jahr der Abschiedswallfahrt besuchte mich der Gesandte Allāhs(s), da ich sehr starke Schmerzen hatte. Ich sagte zu ihm: "O Gesandter Allāhs, mir ist sehr schlecht, wie du siehst. Ich habe einiges Vermögen, aber ich habe keine Erben außer einer Tochter"[7]
(Al-Bukhari und Muslim)

Hadith 916 Qāsim ibn Muhammad(r) berichtete: "Āischa(r) sagte: "O mein Kopf!", daraufhin sagte der Prophet(s): " Ich erst recht kann sagen: "O mein Kopf!....[8]"
(Al-Bukhari)

Kapitel 150

Sanfte Unterweisung der Sterbenden, "Lā Ilāha illal-Lāh" zu sprechen

Hadith 917 Mu'ād(r) berichtete: Der Gesandte Allāhs(s) hat gesagt: "Ein Sterbender, dessen letzte Worte "Lā Ilāha illal-Lāh" sind, wird ins Paradies kommen."
(Abu Dāwud. Al-Hākim fügt hinzu: "Seine Überlieferungskette hat keine Mängel.")

٩١٨ ـ وعن أبى سعيد الخُدرى رضى اللهُ عنهُ قال : قال رَسولُ اللهِ ﷺ : «لَقِّنُوا مَوْتاكُمْ لا إلهَ إلا اللهُ » رواه مسلم .

١٥١ ـ باب ما يقوله بعد تغميض الميت

٩١٩ ـ عن أم سَلَمَة رضى اللهُ عنها قالت : دَخَلَ رسولُ اللهِ ﷺ على أبى سَلَمَة وقد شَقَّ بَصَرُهُ ، فَأغمضَهُ ، ثمَّ قال : « إنَّ الرُّوحَ إذا قُبِضَ ، تَبِعَهُ البَصَرُ » فَضَجَّ ناسٌ من أهلِهِ ، فقال : « لا تَدعُوا على أنفُسِكُمْ إلا بخَيرٍ فإنَّ المَلائكَةَ يؤمِّنُونَ على ما تقُولُونَ » ثمَّ قالَ : « اللَّهُمَّ اغْفِرْ لَنا وَلَهُ يا رَبَّ العالَمينَ ، وافْسَحْ لَهُ فى قَبرِهِ ، ونَوِّرْ لَهُ فيه » رواه مسلم .

١٥٢ ـ باب ما يقال عند الميت وما يقوله من مات له ميت

٩٢٠ ـ عن أم سَلَمَة رضى اللهُ عنها قالت : قال رَسولُ اللهِ ﷺ : « إذا حَضَرْتُمُ المَرِيضَ ، أو المَيِّتَ ، فَقُولوا خَيراً ؛ فإنَّ المَلائكَةَ يؤمِّنُونَ على ما تَقُولُونَ » قالت: فَلَمَّا ماتَ أبو سَلَمَة ، أتَيتُ النَّبىَّ ﷺ فَقُلْتُ : يا رسولَ اللهِ ، إنَّ أبا سَلَمَة قَدْ ماتَ ، قالَ : « قُولى : اللَّهُمَّ اغْفِرْ لى ولَهُ ، وأَعْقِبْنى مِنْهُ عُقْبى حَسَنَةً » فقلتُ . فَأعْقَبَنى اللهُ مَنْ هُوَ خَيرٌ لى مِنهُ : مُحَمَّداً ﷺ . رواه مسلم هكذا : « إذا حَضَرْتُمُ المَرِيضَ » أو «المَيِّتَ » عَلى الشَّكِّ ، ورواه أبو داود وغيره : « المَيِّتَ » بلا شَكٍّ .

٩٢١ ـ وعنها قالت : سمعتُ رسولَ اللهِ ﷺ يقول : « ما مِنْ عَبدٍ تُصيبُهُ مُصيبَةٌ ، فيقولُ : إنَّا للهِ وإنَّا إليهِ راجِعُونَ ، اللهُمَّ أوجُرْنى فى مُصيبَتى ، وأَخْلِفْ لى خَيراً مِنْها ، إلا أجَرَهُ اللهُ تَعالى فى مُصيبَتِهِ وأَخْلَفَ له خَيراً مِنها » قالت : فَلَمَّا تُوُفِّىَ أبو سَلَمَةَ ، قلتُ كما أمَرَنى رسولُ اللهِ ﷺ ، فَأَخْلَفَ اللهُ لى خَيراً مِنهُ رسولَ اللهِ ﷺ . رواه مسلم .

Hadith 918 Abu Saīd Al-Khudri(r) berichtete: Der Prophet(s) hat gesagt: "Veranlaßt eure Sterbenden"Lā Ilāha illal-Lāh" zu sagen." (Muslim)

Kapitel 151
Was man nach dem Schließen der Augen des Toten sagt

Hadith 919 Umm Salama(r) berichtete: Der Gesandte Allāhs(s) kam zu Abu Salama, als er gerade verstarb und seine Augen starr wurden. Er schloss sie und sagte: "Wenn der Mensch stirbt, so folgt der Blick der Seele". Da klagten einige seiner Angehörigen. Daraufhin sagte er zu ihnen: "Erbittet nur das Gute für euch, denn die Engel sagen zu euren Gebeten "Amen!"; dann bat er: "O Allāh! Vergib uns und ihm, o Herr der Welten, und mache sein Grab weit und hell für ihn."
(Muslim)

Kapitel 152
Was man beim Toten sagt, und was die Hinterbliebenen sagen

Hadith 920 Umm Salama(r) berichtete: Der Gesandte Allāhs(s) hat gesagt: "Wenn ihr einen Kranken oder einen Toten[9] besucht, so sagt nur Gutes, denn die Engel sagen dazu "Amen"". Als dann (mein Mann) Abu Salama verstarb, kam ich zum Propheten(s) und sagte:"O Gesandter Allāhs, Abu Salama ist gestorben", da sagte er: "Du sollst sagen: "O Allāh! Ich bitte Dich, mir und ihm zu vergeben und mir einen guten Lohn zu vergelten!". So vergalt Allāh es mir mit einem besseren Ehemann als Abu Salama, nämlich mit Muhammad(s).

Hadith 921 Umm Salama(r) berichtete auch: "Ich hörte den Gesandten Allāhs(s) sagen: "Kein Diener Allāhs, der vom Unglück getroffen wird und dazu sagt: "Wahrlich, Allāhs sind wir und zu Ihm kehren wir zurück. O Allāh! Ich bitte um Deine Vergeltung für mein Unglück, und um einen besseren Ersatz des Verlustes!", dem Allah nicht eine Vergeltung und einen

٩٢٢ ــ وعن أبى موسى رضى الله عنه أنَّ رسولَ الله ﷺ قال : « إذا ماتَ وَلدُ العَبدِ ، قال اللهُ تعالى لَملائكتِه : قَبَضْتُمْ وَلَدَ عَبدِى ؟ فيقولونَ : نَعمْ ، فيقولُ : قَبضتمْ ثَمَرةَ فُؤادِه ؟ فيقولونَ : نَعمْ ، فَيَقُولُ : فَماذا قال عَبدِى ؟ فيقولونَ : حَمدَكَ واسترجَعَ ، فَيَقُولُ اللهُ تعالى : ابْنوا لِعَبْدى بَيتاً فى الجنَّةِ وَسَمُّوهُ بيتَ الحَمدِ » رواه الترمذى وقال : حديث حسن .

٩٢٣ ــ وعن أبى هريرةَ رضى الله عنه أنَّ رسولَ الله ﷺ قال : « يقُولُ اللهُ تعالى : ما لِعَبْدى المؤْمنِ عندى جَزاءٌ إذا قَبَضتُ صَفِيَّهُ مِن أهلِ الدُّنيا ، ثُمَّ احتَسَبَهُ إلا الجنَّةَ » رواه البخارى .

٩٢٤ ــ وعن أسامةَ بن زيدٍ رضى الله عنهما قال : أرسلَتْ إحدى بَناتِ النَّبىِّ ﷺ إليه تَدعُوهُ وتُخبِرُهُ أنَّ صَبِيّاً لهَا ــ أو ابناً ــ فى المَوتِ فـقـال للرَّسُولِ : « ارجِعْ إلَيْها ، فَأخْبِرْهَا أنَّ للهِ تَعَالى مَا أخَذَ وَلَهُ مَـا أعطَى ، وَكُلُّ شَىْءٍ عِنْدَهُ بِأجَلٍ مُسَمَّى ، فَمُرْهَا ، فَلْتَصبِرْ وَلْتَحْتَسِبْ » وذكر تمام الحديث متفقٌ عليه .

besseren Ersatz gewähren wird." Als Abu Salama verstarb, bat ich so, wie es der Gesandte Allāhs(s) mir empfohlen hat. So vergalt Allāh es mir mit einem besseren als ihn, nämlich mit dem GesandtenAllāhs(s)."
(Muslim)

Hadith 922 Abu Mūsa(r) berichtete, der Gesandte Allāhs(s) hat gesagt: "Wenn das Kind eines Dieners Allāhs stirbt, sagt Allāh zu Seinen Engeln: "Habt ihr die Seele Meines Dieners Kindes dahingenommen?" Sie antworten: "Ja". Er wird sagen: "Habt ihr (also) seines Herzens Frucht abgepflückt?" Sie antworten: "Ja"". Er wird fragen: "Und was hat Mein Diener gesagt?" Sie sagen: "Er bat: "Preis sei Allāh! Wahrlich zu Allāh gehören wir und zu Ihm kehren wir zurück." Daraufhin wird Allāh sagen: "Errichtet für ihn eine Stätte im Paradies und nennt sie (Stätte der Lobpreisung)!"
(At-Tirmi*d*i, mit dem Vermerk: ein guter *H*adith)

Hadith 923 Abu Huraira(r) berichtete: Der Gesandte Allāhs hat gesagt: "Allāh, erhaben sei Er, sagt: "Es gibt keine andere Vergeltung von Mir für Meinen gläubigen Diener, dessen Liebling auf Erden Ich zu Mir nahm, und er dies geduldig hingenommen hat (und auf Meinen Lohn im Jenseits wartet), ausser dem Paradies."
(Al-Bukhari)

Hadith 924 Usāma ibn Zaid(r) berichtete: Eine Tochter des Propheten(s) schickte ihm einen Boten mit den Worten: "Mein Söhnlein tut den letzten Atemzug, komme bitte zu uns!" Er ließ sie durch den Boten grüßen, und ihr sagen: "Allāh gehört, was Er nimmt und was Er gibt. Jedes Geschöpf hat bei Ihm eine bestimmte Frist. So solle sie sich gedulden, und mit Seinem Lohn im Jenseits rechnen.[10]"

١٥٣ - باب جواز البكاء على الميت بغير ندب ولا نياحة

أمَّا النِّيَاحَةُ فَحَرَامٌ وسيأتي فيها بابٌ في كتاب النَّهْي ؛ إنْ شاءَ اللهُ تعالى ، وأمَّا البُكَاءُ فجاءَتْ أحاديثُ بالنَّهْي عَنْهُ ، وأنَّ المَيْتَ يُعَذَّبُ بِبُكَاءِ أهلهِ ، وهيَ مُتَأوَّلَةٌ ومَحْمُولَةٌ عَلَى مَنْ أوْصَى بِهِ ، والنَّهْيُ إنَّما هُوَ عَنِ البُكَاءِ الَّذِي فِيهِ نَدْبٌ ، أوْ نِيَاحَةٌ والدَّليلُ عَلى جَوازِ البُكَاءِ بِغَيْرِ نَدْبٍ ولا نِيَاحَةٍ أحاديثُ كثيرةٌ ، منها :

٩٢٥ - عن ابن عُمَرَ رضي الله عنهما أنَّ رسُولَ اللهِ ﷺ عاد سَعْدَ بنَ عُبَادَةَ ، ومَعَهُ عَبْدُ الرَّحمنِ بنُ عَوْفٍ ، وسَعْدُ بنُ أبي وقَّاصٍ ، وعَبْدُ اللهِ بنُ مَسْعُودٍ رضي الله عنهم ، فَبَكَى رسُولُ اللهِ ﷺ ، فلمَّا رَأَى القَوْمُ بُكَاءَ رسُولِ اللهِ ﷺ ، بَكَوْا ؛ فقال : «ألا تَسْمَعُونَ ؟ إنَّ اللهَ لا يُعَذِّبُ بِدَمْعِ العَيْنِ ، ولا بِحُزْنِ القَلْبِ ، ولكِنْ يُعَذِّبُ بِهذا أوْ يَرْحَمُ » وأشَارَ إلى لِسَانِهِ . متفقٌ عليه .

٩٢٦ - وعن أسَامَةَ بنِ زَيدٍ رضي الله عنهما أنَّ رسُولَ اللهِ ﷺ رُفِعَ إليْهِ ابنُ ابْنَتِهِ وهُوَ في المَوْتِ ، فَفَاضَتْ عَيْنا رسُولِ اللهِ ﷺ ، فقال له سعدٌ : ما هذا يا رسُولَ اللهِ ؟ قال : «هذه رحمةٌ جَعَلَهَا اللهُ تَعَالى في قُلُوبِ عِبَادِهِ ، وإنَّما يَرْحَمُ اللهُ مِنْ عِبَادِهِ الرُّحَمَاءَ » متفقٌ عليه .

٩٢٧ - وعن أنسٍ رضيَ اللهُ عنه أنَّ رسُولَ اللهِ ﷺ دَخَلَ عَلى ابنِهِ إبراهيمَ رضي الله عنه وهُوَ يَجُودُ بنَفْسِهِ فَجَعَلَتْ عَيْنا رسُولِ اللهِ ﷺ تَذْرِفَانِ ، فقال له عبدُ الرَّحمن بن عوفٍ : وأنتَ يا رسُولَ اللهِ ؟! فقال : «يا بْنَ عَوْفٍ إنَّها رَحْمَةٌ » ثُمَّ أتْبَعَها بأخْرَى ، فقال : «إنَّ العَيْنَ تَدْمَعُ والقَلْبَ يَحْزَنُ ، ولا نَقُولُ إلا ما يُرْضِي رَبَّنا ، وإنَّا لفِرَاقِكَ يا إبْرَاهِيمُ لَمَحْزُونُونَ » . رواه البخاريُّ ، وروى مسلمٌ بعضه .

والأحاديثُ في الباب كثيرةٌ في الصحيح مشهورةٌ ، واللهُ أعلمُ .

Kapitel 153
Man darf den Toten beweinen, jedoch ohne Wehklagen und ohne Totenklage

Vermerk des Verfassers: Die Totenklage ist ein Verbot, das, so Allāh will, später im Buch der Verbote behandelt wird. Was das Beweinen betrifft, so verbieten es einige Hadithe, da der Tote deswegen bestraft würde. Diese *H*adithe werden gedeutet und auf die Personen, die ausdrücklich dies verboten hatten, bezogen. Das Verbotene ist das Beweinen mit lautem Wehklagen oder Klagegeschrei. Viele Hadithe belegen, dass man die Toten ohne Wehklagen beweinen darf, z.B.:

Hadith 925 Ibn 'Umar(r) berichtete: Der Prophet(s) besuchte den erkrankten Sa'd ibn 'Ubāda(r) in Begleitung der Gefährten 'Abdur-Ra*h*mān ibn 'Auf, Sa'd ibn Abi Waqqā*s* und 'Abdul-Lāh ibn Mass'ūd(r), dann weinte der Gesandte Allāhs(s). Als die Gefährten dies (sein Weinen) sahen, weinten sie auch. Da sagte er(s): "Hört bitte gut zu! Allāh bestraft nicht für das Tränenvergießen oder die Herzenstrauer, aber wegen dieser - und er zeigte auf seine Zunge - bestraft Er oder hat Erbarmen."
(Al-Bukhari und Muslim)

Hadith 926 Usāma ibn Zaid(r) berichtete: Eine Tochter des Propheten(s) schickte ihm einen Boten mit den Worten: "Mein Söhnlein tut den letzten Atemzug,, komme bitte zu uns!" Er ließ sie durch den Boten grüßen, und ihr sagen: "Allāh gehört, was Er nimmt und was Er gibt. Jedes Geschöpf hat bei Ihm eine bestimmte Frist. So solle sie sich gedulden, und mit Seinem Lohn im Jenseits rechnen.[11]"

Hadith 927 Anas(r) berichtete: Der Gesandte Allāhs(s) kam zu seinem Sohn Ibrāhīm, während er im Todeskampf war, so dass seine (Muhammads) Tränen flossen. Daraufhin sagte 'Abdur-Ra*h*mān ibn 'Auf zu ihm: "O Gesandter Allāhs! Auch du weinst?!" Er sagte: "O Ibn 'Auf! Es ist eine Barmherzigkeit." Dann fügte er hinzu: "Das Auge tränt, das Herz

١٥٤ – باب الكف عما يرى من الميت من مكروه

٩٢٨/١ – عن أبي رافع مولى رسولِ اللّهِ ﷺ أنَّ رسولَ اللّهِ ﷺ قال : «مَنْ غَسَّلَ مَيِّتاً فكَتَمَ عَلَيْهِ ، غَفَرَ اللّهُ له أرْبعينَ مَرَّةً» رواه الحاكم وقال : صحيح على شرط مسلم .

١٥٥ – باب الصلاة على الميت وتشييعه وحضور دفنه وكراهة اتباع النساء الجنائز

٩٢٩ – عن أبي هُريرةَ رضيَ اللّهُ عنه قال : قال رسولُ اللّهِ ﷺ : «مَنْ شَهِدَ الجنَازةَ حتَّى يُصَلَّى عَلَيها ، فَلَهُ قِيراطٌ ، ومَنْ شَهِدَها حتَّى تُدْفَنَ ، فَلَهُ قِيراطانِ» قيلَ : وما القِيراطانِ ؟ قال : «مِثْلُ الجَبَلَينِ العَظِيمَينِ» متفقٌ عليه .

٩٣٠ – وعنه أنَّ رسولَ اللّهِ ﷺ قال : «مَنِ اتَّبَعَ جَنازَةَ مُسْلِمٍ إيماناً واحتِساباً ، وكانَ مَعَهُ حتَّى يُصَلَّى عَلَيها ويُفرَغَ مِنْ دَفْنِها ، فإنَّهُ يَرْجِعُ مِنَ الأجْرِ بِقيراطَيْنِ كُلُّ قيراطٍ مِثلُ أُحُدٍ ، ومَنْ صلَّى عَلَيْها ، ثم رَجَعَ قَبْلَ أنْ تُدْفَنَ ، فإنَّهُ يَرْجِعُ بِقيراطٍ» رواه البخاري .

trauert und wir sagen nur, was unser Gott billigt, doch sind wir gewiss traurig, o Ibrāhīm, wegen der Trennung."
(Al-Bukhari und zum Teil Muslim)

Kapitel 154
DieSchweigepflicht über die körperlichen Unvollkommenheiten des Toten

Hadith 928 Abu Raāi' Aslam(r) - ein Schutzbefohlener des Propheten (s) -berichtete: Der Gesandte Allāhs(s) sagte: "Wer die Waschung des Toten durchführt und die Mängel, die er sieht, verheimlicht, dem wird Allāh vierzigmal vergeben."
(Al-Hakīm mit dem Vermerk, ein starker Hadith nach der Regel von Muslim)

Kapitel 155
Das Bestattungsgebet, die Teilnahme am Trauerzug und an der Beerdigung des Toten. Die Teilnahme der Frauen am Trauerzug ist unerwünscht

Hadith 929 Abu Huraira(r) berichtete: Der Gesandte Allāhs(s) hat gesagt: "Der dem Leichenzug bis zum Verrichten des Totengebetes folgt, bekommt von Allāh eine Qīrāt (als Belohnung), und wer an der Beerdigung des Leichnams teilnimmt, bekommt zwei Qīrāt." Man fragte ihn: "Was sind zwei Qīrāt?" Er sagte: "Belohnung so viel wie zwei große Berge." [12]
(Al-Bukhari und Muslim)

Hadith 930 Abu Huraira(r) berichtete: Der Gesandte Allāhs(s) hat gesagt: "Wer dem Leichenzug eines Muslims in festem Glauben und in der Hoffnung auf Belohnung folgt, und bei ihm bis zum Verrichten des Totengebetes und der Beerdigung des Leichnams bleibt, der kehrt mit einer zwei Qīrāt-Belohnung heim, jedes Qīrāt so groß wie der Berg Uhud. Wer

٩٣١ ـ وعن أُمّ عَطِيَّةَ رضيَ اللهُ عنها قَالَتْ : نُهِينَا عَنِ اتِّبَاعِ الجَنَائِزِ ، ولم يُعزَمْ عَلَيْنَا عليه . متفقٌ عليه .

ومعناه : ولَمْ يُشَدَّدْ فى النَّهى كما يُشَدَّدْ فى المُحَرَّمَاتِ .

١٥٦ ـ باب استحباب تكثير المصلين على الجنازة وجعل صفوفهم ثلاثة فأكثر

٩٣٢ ـ عَنْ عائشةَ رضيَ اللهُ عنها قَالَتْ : قالَ رسولُ اللهِ ﷺ : « مَا مِنْ مَيِّتٍ يُصَلَّى عَلَيهِ أُمَّةٌ مِنَ المُسْلِمِينَ يَبْلُغُونَ مِائَةً كُلُّهُمْ يَشْفَعُونَ له إلا شُفِّعُوا فِيهِ » . رواه مسلم .

٩٣٣ ـ وعن ابن عباس رضيَ اللهُ عنهما قال : سَمِعْتُ رَسُولَ اللهِ ﷺ يَقُولُ: « مَا مِنْ رَجُلٍ مُسْلِمٍ يَمُوتُ ، فَيَقُومُ عَلَى جِنَازَتِهِ أَرْبَعُونَ رَجُلاً لاَ يُشرِكُونَ بِاللهِ شَيْئاً إلا شَفَّعَهُمُ اللهُ فيه » . رواه مسلم .

٩٣٤ ـ وعن مَرْثَدِ بن عبدِ اللهِ اليَزَنِىّ قال : كانَ مَالِكُ بنُ هُبَيْرَةَ رضي اللهُ عنه إذا صَلَّى عَلَى الجَنَازَةِ ، فَتَقَالَّ النَّاسَ عَلَيها ، جَزَّأَهُمْ عَلَيها ثَلاثَةَ أجْزَاءٍ ، ثم قال : قالَ رسولُ اللهِ ﷺ : « مَنْ صَلَّى عَلَيهِ ثَلاثَةُ صُفُوفٍ ، فَقَدْ أوْجَبَ » . رواه أبو داود ، والتـرمذى وقال : حديث حسن .

aber heimkehrt, bevor der Tote beerdigt wird, bekommt nur ein Qīrāt."
(Al-Bukhari)

Hadith 931 Umm 'Atiyya(r) berichtete: Man hat uns davon abgehalten, dem Leichenzug zu folgen, doch nicht ausdrücklich verboten.
(Al-Bukhari und Muslim) Vermerk des Verfassers: Das bedeutet, dass dies kein strenges Verbot ist, wie es in übrigen Verboten der Fall ist.

Kapitel 156
Empfehlenswert ist das Verrichten des Totengebetes durch viele Teilnehmer in drei Reihen oder mehr (hinter dem Imām)

Hadith 932 'Āischa(r) berichtete: Der Gesandte Allāhs(s) hat gesagt: "Es gibt keinen (guten) Verstorbenen, für welchen eine Gemeinde von hundert (guten) Muslimen das Totengebet verrichtet und Allāh um Vergebung für ihn bittet, deren Fürbitte nicht erhört werden würde."(Muslim)

Hadith 933 Ibn 'Abbās(r) berichtete: Ich hörte den Gesandten Allāhs(s) sagen: "Es gibt keinen (guten) muslimischen Toten, für den vierzig Muslime, die Allāh keinen Teilhaber an Seiner Gottheit beigesellen, das Totengebet verrichten, ohne dass Allāh ihre Fürbitte erhören würde."
(Muslim)

Hadith 934 Marthad ibn 'Abdullāh Al-Yazani(r) berichtete: Mālik ibn Hubaira(r) pflegte beim Verrichten des Totengebetes mit geringer Anzahl der Anwesenden, diese in drei Reihen zu teilen und vermerkte, der Gesandte Allāhs(s) hat gesagt: "Wer es in drei Reihen verrichtet, hat die Pflicht erfüllt."
(Abu Dāwud und At-Tirmidi, mit dem Vermerk: ein guter Hadith)

١٥٧ - باب ما يقرأ في صلاة الجنازة

يكبِّرُ أربعَ تكبيراتٍ : يتعوَّذ بعدَ الأولى ، ثمَّ يقرأ فاتحةَ الكتابِ ، ثمَّ يكبِّرُ الثَّانيةَ ، ثم يصلِّي على النبيِّ ﷺ ، فيقول : اللَّهُمَّ صلِّ على محمَّدٍ ، وعلى آلِ محمَّدٍ ، والأفضلُ أن يُتمِّمَهُ بقوله : كما صلَّيتَ على إبراهيمَ .. إلى قولِهِ : حميدٌ مجيدٌ .

ولا يقولُ ما يَفعلُهُ كثيرٌ من العوامّ من قراءتِهم ﴿ إِنَّ اللَّهَ وَمَلَائِكَتَهُ يُصَلُّونَ عَلَى النَّبِيِّ ﴾ الآية (الأحزاب:٥٦) فإنَّه لا تصحُّ صلاتُهُ إذا اقتصرَ عليه .

ثم يكبِّرُ الثَّالثة ، ويدعُو للميّتِ وللمسلمينَ بما سنذكرُهُ من الأحاديث إن شاء اللهُ تعالى ، ثم يكبِّرُ الرَّابعةَ ويدعُو ، ومن أحسنِهِ : اللَّهُمَّ لا تحرِمنا أجرَهُ ، ولا تفتِنَا بعدَهُ ، واغفِرْ لنا وله .

والمُختارُ أنه يُطوِّلُ الدُّعاءَ في الرَّابعةِ خلافَ ما يَعتادُهُ أكثرُ النَّاسِ ؛ لحديث ابن أبي أوفى الذي سنذكرُهُ إن شاء الله تعالى .

وأمَّا الأدعيةُ المأثورةُ بعدَ التَّكبيرَة الثالثة ، فمنها :

٩٣٥ - عن أبي عبدِ الرحمنِ عوفِ بن مالكٍ رضي الله عنه قال : صلَّى رسولُ اللهِ ﷺ على جنازةٍ ، فحفظتُ من دعائه وهو يقولُ :« اللَّهُمَّ اغفِرْ له ، وارحَمْهُ ، وعافِهِ ، واعفُ عنهُ ، وأكرِمْ نزُلَهُ ، ووسِّعْ مُدخَلَهُ ، واغسِلهُ بالماءِ والثَّلجِ والبَرَدِ ، ونقِّهِ من الخطايا ، كما نقَّيتَ الثَّوبَ الأبيضَ من الدَّنسِ ، وأبدِلهُ داراً خيراً من دارِه ، وأهلاً خيراً من أهلِه ،

Kapitel 157
Das Totengebet und die überlieferten Bittgebete

Das Gebet enthält vier Takbierāt[13]: Nach der ersten Takbiera spricht jeder für sich nach dem Ta'auwu_d_[14] die Al-Fāti_h_a. Nach der zweiten Takbīra erbittet man das Heil und den Segen für den Propheten Mu_h_ammad(s), in dem man spricht: "Allahumma salli 'ala Mu_h_ammadin wa 'ala āli Mu_h_ammadin..." "O Allāh schenke Mu_h_ammad und der Familie Muhammads Heil ", wobei es erwünscht ist, dass man den ganzen zweiten Teil des Taschahhud spricht: " kama sallaita 'ala Ibrahim wa 'ala āli Ibrahim fil ālmina innaka hamidun madschid" "..so wie Du auch Abraham und die Familie Abrahams gesegnet hast, in allen Welten. Du bist gewiss der Preiswürdige, der Ruhmvolle." Man soll nicht beten, wie es heute oft getan wird, indem man sich auf Aya 56 der 33.Sura alleine beschränkt, denn das würde das Gebet ungültig machen. Dann folgt die dritte Takbira, und danach spricht man ein Bittgeget für den Verstorbenen und für die Muslime, anhand der Hadithe, die wir hier später, so Allāh will, erwähnen werden. Nach der vierten Takbīra spricht man (lautlos) ein Bittgebet, wie das folgende empfohlende: "O Allāh! Versage uns nicht seinen Lohn (d.h. des Toten) und suche uns nicht nach ihm (d.h. seinem Tod), und vergib uns und ihm!" Gemäß dem nachstehenden _H_adith des Ibn Abi Aufā(r), ist es bevorzugt, lange Bittgebete nach der vierten Takbīra zu sprechen, im Gegensatz zu dem, was die meisten Leute üblicherweise tun[15]. Zu den bevorzugten Bittgebeten nach der dritten Takbiera zählen folgende Hadithe:

Hadith 935 Abu 'Abdur-Ra_h_mān 'Auf ibn Mālik(r) berichtete: Der Gesandte Allāhs(s) verrichtete ein Totengebet, von dessen Bittgebet ich Folgendes im Gedächtnis festhalte: "O Allāh! Verzeihe dem Toten und habe Erbarmen mit ihm! Gewähre ihm Frieden und Vergebung, eine ehrenvolle Wohnstätte und einen breiten Eingang, und führe seine reinigende Waschung mit Wasser, Schnee und Eis durch, so dass er von all (seinen) Sünden befreit wird, wie Du das weiße Gewand vom Schmutz

وَزَوِّجْـاً خَيْراً مِنْ زَوْجِهِ ، وَأَدْخِلهُ الجَنَّةَ ، وَأَعِذْهُ مِنْ عَذَابِ القَبْرِ ، وَمِنْ عَذَابِ النَّارِ » حَتَّى تَمَنَّيْتُ أَنْ أَكُونَ أَنَا ذَلِكَ المَيِّتَ . رواه مسلم .

٩٣٦ ـ وعن أبى هريرة وأبى قتادة ، وأبى إبراهيمَ الأشهلىِّ عَنْ أبيه ـ وأبُوه صحابىٌّ ـ رضى الله عنهم ، عَنِ النبى ﷺ أنه صَلَّى على جنازة فقال : « اللَّهُمَّ اغْفِرْ لِحَيِّنَا ومَيِّتِنَا ، وصَغِيرِنَا وكبيرِنا ، وذَكَرِنَا وأُنْثَانَا ، وشَاهدِنَا وغَائِبِنَا ، اللَّهُمَّ مَنْ أحْيَيْتَهُ مِنَّا ، فَأحْيِهِ عَلى الإسلام ، وَمَنْ تَوَفَّيْتَهُ مِنَّا ، فَتَوَفَّهُ عَلى الإيمَانِ ؛ اللَّهُمَّ لا تَحْرِمْنَا أجْرَهُ ، وَلا تَفْتِنَّا بَعْدَهُ » رواه الترمذى من رواية أبى هُرَيْرَةَ والأشهلى ، ورواه أبو داود من رواية أبى هريرة وأبى قتادة . قال الحاكم : حديث أبى هريرة صحيحٌ على شَرْطِ البُخَارى ومُسْلِم ، قال الترمذىُّ : قال البخارىُّ : أصَحُّ روايات هذا الحديث روايةُ الأشهلىِّ. قال البخارى : وأصَحُّ شىءٍ فى الباب حديث عَوْفِ بن مالكٍ .

٩٣٧ ـ وعن أبى هُرَيْرَةَ رضى الله عنه قَالَ : سَمِعْتُ رَسُولَ اللهِ ﷺ يقول : «إذا صَلَّيْتُمْ عَلى المَيِّتِ ، فَأخْلِصُوا لَهُ الدُّعاءَ » رواه أبو داود .

٩٣٨ ـ وعنْهُ عَنِ النَّبى ﷺ فى الصَّلاة عَلى الجِنَازَة : « اللَّهُمَّ أَنْتَ رَبُّهَا ، وأَنْتَ خَلَقْتَهَا ، وأَنْتَ هَدَيْتَهَا للإسلامِ ، وأَنْتَ قَبَضْتَ روحَهَا ، وأَنْتَ أَعْلَمُ بِسِرِّهَا وعَلانيتِها ، جِئْنَاكَ شُفَعَاءَ لَهُ ، فاغْفِرْ لَهُ » رواه أبو داود .

٩٣٩ ـ وعن وَاثِلَةَ بنِ الأسْقَع رضى اللهُ عنه قال : صَلَّى بِنَا رسولُ اللهِ ﷺ على

gereinigt hast! Gewähre ihm eine bessere Wohnstätte als seine irdische, eine bessere Familie als seine bisherige, eine bessere Gattin als seine auf Erden, und führe ihn ins Paradies und beschütze ihn vor den Qualen des Grabes und des Höllenfeuers!" Ich wünschte sogar, ich wäre jener Tote.[16]

Hadith 936 Es berichteten Abu Huraira(r), Abu Qatāda(r) und Abu Ibrāhīm Al-Aschhaliy(r), der von seinem Vater(r) - einem Gefährten des Propheten(s) - hörte, dass der Prophet(s) ein Totengebet leitetet und Folgendes gesagt hat: "O Allāh! Vergib unseren Lebenden und Toten, unseren Jungen und Alten, unseren Männern und Frauen, den Anwesenden von uns und den Abwesenden! O Allāh! Wen von uns Du am Leben lässt, den lasse als (guten) Muslim leben! Und wen von uns Du dahinscheiden läßt, den lasse als Gläubigen hinscheiden! O Allāh! Versage uns nicht seinen Lohn und suche uns nicht nach ihm (seinem Tod) heim!"
(Al-Hākim vermerkt: Die Überlieferung von Abu Huraira ist ein starker Hadith nach den Regeln von Bukhari und Muslim. At-Tirmidi vermerkte: Bukhari sagt, die beste Überlieferung dieses Hadiths ist die von Al-Aschhaliy. Al-Bukhari vermerkt: Die beste Überlieferung in diesem Kapitel ist der Hadith von Ibn 'Auf.)

Hadith 937 Abu Huraira berichtete: Ich hörte den Gesandten Allāhs(s) sagen: "Wenn ihr das Totengebet verrichtet, so soll euer Bittgebet für den Toten aufrichtig sein."
(Abu Dawud)

Hadith 938 Abu Huraira(r) berichtete: Der Prophet(s) hat in einem Totengebet gesagt: "O Allāh! Du bist der Herr dieses Toten, ihn hast Du geschaffen, zum Islam geleitet, seine Seele zu Dir genommen, und Du weisst am Besten, was er verbarg und was er kundtat, dennoch sind wir hier bei Dir als Fürsprecher für ihn. Wir bitten Dich, ihm zu vergeben."
(Abu Dawud)

Hadith 939 Wāthila ibn Al-Asqa'(r) berichtete: Der Gesandte Allāhs(s)

رجلٍ مِنَ المسلمينَ ، فسَمِعْتُهُ يقول : « اللّهُمَّ إنَّ فُلانَ ابْنَ فُلانٍ فى ذِمَّتِكَ وَحَبْلِ جوارِكَ ، فَقِهِ فِتْنَةَ القَبْرِ ، وَعَذابَ النّارِ ، وأنْتَ أهْلُ الوفاءِ والحَمْدِ ؛ اللّهُمَّ فاغفِرْ لَهُ وَارْحَمْهُ ، إنك أنْتَ الغَفُورُ الرَّحِيمُ » رواه أبو داود .

٩٤٠ ـ وعن عبد الله بن أبى أوفى رضى الله عنهما أنَّهُ كَبَّرَ عَلى جَنازَةِ ابْنَةٍ لَهُ أرْبَعَ تكبيراتٍ ، فَقامَ بَعْدَ الرّابِعَةِ كَقَدْرِ ما بَيْنَ التَّكْبِيرَتَيْنِ يَسْتَغْفِرُ لها وَيَدْعُو ، ثُمَّ قال : كانَ رَسُولُ اللهِ ﷺ يَصْنَعُ هكَذا .

وفى رواية : كَبَّرَ أرْبَعاً ، فَمَكَثَ ساعةً حتى ظَنَنْتُ أنَّهُ سَيُكَبِّرُ خَمْساً ، ثُمَّ سَلَّمَ عَنْ يَمِينِهِ وَعَنْ شِمالهِ ، فَلَمّا انْصَرَفَ قُلْنا لَهُ : ما هذا ؟ فقال : إنِّى لا أزِيدُكُمْ عَلى ما رأيْتُ رَسُولَ اللهِ ﷺ يَصْنَعُ ، أو : هكذا صَنَعَ رسولُ اللهِ ﷺ . رواه الحاكم وقال : حديث صحيح .

١٥٨ ـ باب الإسراع بالجنازة

٩٤١ ـ عن أبى هريرةَ رضى اللهُ عنهُ عَنِ النَّبىِّ ﷺ قال : « أسْرِعُوا بالجَنازةِ ، فَإنْ تَكُ صَالحةً ، فَخَيرٌ تُقَدِّمُونَها إلَيْهِ ، وَإنْ تَكُ سِوى ذلكَ ، فَشَرٌّ تَضَعُونَهُ عَنْ رِقابِكُمْ » . متفقٌ عليه .

وفى رواية لمسلم : « فَخَيرٌ تُقَدِّمُونَها عَليه » .

٩٤٢ ـ وعن أبى سعيدٍ الخُدْرىِّ رضى اللهُ عنه قال : كانَ النَّبىُّ ﷺ يَقُولُ : «إذا وُضِعَتِ الجَنازَةُ ، فاحْتَمَلَها الرِّجالُ عَلى أعْناقِهِمْ ، فَإنْ كانَتْ صالحةً ، قالَتْ : قَدِّمُونى ، وَإنْ

leitete ein Totengebet, da hörte ich ihn bitten: "O Allāh! Dein Diener Soundso, Sohn des Soundso, ist unter Deiner Obhut und im Schutz Deiner beschützenden Nachbarschaft, so bitte ich Dich, ihn vor des Grabes Heimsuchung und der Höllenqual zu bewahren, denn Du bist es, dem die Erfüllung und die Lobpreisung gehört! O Allāh! Vergib ihm und habe mit ihm Erbarmen, denn Du bist der Vergebungsreiche, der Barmherzige."
(Abu Dāwud)

Hadith 940 'Abdullah ibn Abi Aufā(r) berichtete, dass er das Totengebet für eine Tochter von ihm verrichtete, indem er die vier Takbīrat sprach. Nach der vierten Takbīra sprach er lange Bittgebete für sie, so lang wie die Zeit zwischen zwei Takbīrat sonst beträgt. Danach vermerkte er: "So pflegte der Gesandte Allāhs(s) es zu tun."
In einer anderen Version heißt es: Nachdem er vier Takbīrat sprach, schwieg er lange, so dass ich dachte, er würde eine fünfte Takbīra sprechen, doch er beendete das Gebet mit zwei Taslīmat nach der rechten und dann nach der linken Seite. Als er wegging, fragten wir ihn: "Was hast du getan?" Er sagte: "Ich würde nichts mehr tun, als was ich den Gesandten Allāhs(s) tun sah", oder: "So tat es auch der Gesandte Allāhs(s)".
(Al-*H*ākim, mit dem Vermerk: Ein starker *H*adith)

Kapitel 158
Das Beeilen mit dem Trauerzug

Hadith 941 Abu Huraira(r) berichtete: Der Prophet(s) hat gesagt: "Beeilt euch mit dem Trauerzug. Ihr macht es zum Besten des Verstorbenen wenn er ein guter Mensch war, und wenn nicht, macht ihr es, um euch vom Bösen zu befreien."
(Al-Bukhari und Muslim)

Hadith 942 Abu Sa'īd Al-Khudriy(r) berichtete: Der Gesandte Allāhs(s) hat gesagt: "Wenn die Totenbahre fertig und von Leuten auf ihre Schulter

كَانَتْ غَيْرَ صَالِحَةٍ ، قَالَتْ لِأَهْلِهَا : يَا وَيْلَهَا أَيْنَ تَذْهَبُونَ بِهَــــا ؟ يَسْمَعُ صَوْتَهَا كُلُّ شَىْءٍ إِلَّا الْإِنْسَانَ ، وَلَوْ سَمِعَ الْإِنْسَانُ لَصَعِقَ » رواه البخارى .

159 – باب تعجيل قضاء الدين عن الميت والمبادرة إلى تجهيزه إلا أن يموت فجأة فيترك حتى يتيقن موته

943 – عن أبى هريرة رضى الله عنه ، عن النبى ﷺ قال : « نَفْسُ الْمُؤْمِنِ مُعَلَّقَةٌ بِدَيْنِهِ حَتَّى يُقْضَى عَنْهُ » رواه الترمذى وقال : حديث حسن .

944 – وعن الحصين بن وحوح رضى الله عنه أنّ طَلْحَةَ بن البَرَاءِ رضى الله عنهما مَرِضَ ، فَأَتَاهُ النَّبِىُّ ﷺ يَعُودُهُ فَقَالَ : « إنِّى لا أرى طَلْحَةَ إلا قَدْ حَدَثَ فِيهِ الْمَوْتُ فَآذِنُونِى بِهِ وَعَجِّلُوا بِهِ ، فَإِنَّهُ لا يَنْبَغِى لِجِيفَةِ مُسْلِمٍ أَنْ تُحْبَسَ بَيْنَ ظَهْرَانَىْ أَهْلِهِ » . رواه أبو داود .

160 – باب الموعظة عند القبر

945 – عن علىٍّ رضى اللهُ عنه قال : كُنَّا فى جَنَازَةٍ فى بَقِيعِ الْغَرْقَدِ فَأَتَانَا رَسُولُ اللهِ ﷺ فَقَعَدَ ، وَقَعَدْنَا حَوْلَهُ وَمَعَهُ مِخْصَرَةٌ فَنَكَسَ وَجَعَلَ يَنْكُتُ بِمِخْصَرَتِهِ ، ثم قال : « ما مِنْكُمْ مِنْ أَحَدٍ إلا وَقَدْ كُتِبَ مَقْعَدُهُ مِنَ النَّارِ ومَقْعَدُهُ مِنَ الجَنَّةِ » فقالوا: يا رسولَ اللهِ ، أَفَلا نَتَّكِلُ عَلَى كِتَابِنَا ؟ فقال : « فَكُلٌّ مُيَسَّرٌ لِمَا خُلِقَ لَهُ » وذكَرَ تمامَ الحديث . متفق عليه .

genommen worden ist, dann spricht der Verstorbene, wenn er ein guter Mensch war: "Voran mit mir! Voran mit mir!". War er jedoch schlecht, so spricht er: "Wehe mir! Wohin mit mir!" Seine Klage wird von jedem Geschöpf außer den Menschen gehört. Würde der Mensch sie hören können, fiele er tot um."
(Al-Bukhari)

Kapitel 159
Das sofortige Begleichen der Schulden des Verstorbenen und die sofortige Bestattung nach dem Sicherstellen des Todes

Hadith 943 Abu Huraira(r) berichtete: Der Prophet(s) hat gesagt: "Des Gläubigen Seele bleibt in der Schwebe (= findet keinen Frieden), bis man seine Schulden beglichen hat."
(At-Tirmidi, mit dem Vermerk: ein guter Hadith)

Hadith 944 Al-Husain ibn Wahwah(r) berichtete: Talha ibn Al-Barrā(r) erkrankte schwer, daraufhin besuchte ihn der Prophet(s) und sagte: "Ich sehe, dass er im Sterben liegt. Wenn er tot ist, benachrichtigt mich und beeilt euch mit der Bestattung, denn der Leichnam eines Muslims soll nicht lange zu Hause unter den Lebenden bleiben."
(Abu Dāwud)

Kapitel 160
Die Ermahnung am Grab

Hadith 945 'Ali(r) berichtete: Bei einer Beerdigung in Baqī' Al-Gharqad erschien der Gesandte Allāhs(s) und setzte sich nieder, und so saßen wir um ihn herum. Er senkte seinen Kopf und kratzte mit seinem Spazierstock in der Erde, dann sagte er zu uns: "Niemand ist unter euch, dessen Sitz in der Hölle oder im Paradies nicht vorbestimmt worden ist. So ist es geschrieben, ob eine Seele glücklich oder unglücklich wird." Daraufhin

١٦١ – باب الدعاء للميت بعد دفنه والقعود عند قبره ساعة للدعاء له والاستغفار والقراءة

٩٤٦ – عن أبى عَمرو – وقيل : أبو عبد الله ، وقيل : أبو لَيلى – عُثمانَ بنِ عَفّانَ رضى الله عنه قال : كان النَّبىُّ ﷺ إذا فَرَغَ مِنْ دَفنِ الميتِ وقَفَ عَلَيهِ ، وقال : «استغفِروا لأخيكُم وسَلُوا له التَّثبيتَ ، فَإنَّهُ الآنَ يُسألُ» رواه أبو داود .

٩٤٧ – وعن عَمرو بن العاص رضى الله عنه قال : إذا دَفنتمُونى ، فأقيمُوا حَوْلَ قَبرى قَدْرَ ما تُنحَرُ جَزورٌ ، ويُقَسَّمُ لَحمُها حَتى أستَأنِسَ بِكم ، وأعلمَ ماذا أُراجعُ بِه رُسُلَ رَبِّى . رواه مسلم . وقد سبق بطوله .

قال الشَّافعىُّ رَحِمهُ الله : ويُسْتَحَبُّ أن يُقرَأ عِندَهُ شَىءٌ مِنَ القرآنِ ، وإن خَتَمُوا القرآنَ كُلَّه كان حَسَنًا .

sagte ein Mann: "O Gesandter Allāhs! Sollten wir uns dann nicht auf unsere Vorbestimmung verlassen und aufhören zu handeln, denn diejenigen von uns, die zu den Glücklichen gehören, werden (automatisch) mit den Glücklichen versammelt, und diejenigen, die zu den Unglücklichen gehören, werden mit den Unglücklichen versammelt?" Er(s) sagte: "Jedem Geschöpf ist es leichtgemacht worden, den Sinn seiner Schöpfung zu erfüllen. So werden diejenigen, die zu den Glücklichen gehören, rechtgeleitet, dass sie derer Werke auch verrichten, und diejenigen, die den Unglücklichen angehören, werden mit den Unglücklichen versammelt", dann las er: "Wer also gibt und gottesfürchtig ist und das Beste für wahrhaftig hält, dem werden Wir den Weg zum Heil leicht begehbar machen. Wer aber geizig ist und sich selbst genug ist und das Beste als Lüge verwirft, dem werden Wir (den Weg ins) Unheil leicht machen"[17].
(Al-Bukhari und Muslim)

Kapitel 161
Die Bittgebete nach der Beerdigung des Verstorbenen und das Verweilen an dessen Grab, um für ihn zu beten und Qurʾān zu rezitieren

Hadith 946 Abu 'Amr (oder Abu 'Abdullah oder Abu Lailā) 'Uthmān ibn 'Affān(r) berichtete: Nach der Beerdigung des Toten pflegte der Prophet(s) an dessen Grab im Stehen zu sagen: "Bittet Allāh um Vergebung für euren Bruder und bittet Ihn, ihn (mit dem festen Wort) zu befestigen, denn er wird jetzt gefragt (d.h. um Rechenschaft abzulegen)."
(Abu Dāwud)

Hadith 947 'Amr ibnul-'Āß(r) wies im Sterbebett an: "Wenn ihr mich beerdigt habt, bleibt an meinem Grab so lange wie man benötigt, um ein Schlachtkamel zu schlachten und dessen Fleisch zu verteilen, so dass ich durch eure Anwesenheit gesellig werde und überlege, was ich den Abgesandten meines Herrn (im Grabe) zu sagen habe."

١٦٢ - باب الصدقة عن الميت والدعاء له

قال الله تعالى : ﴿ وَالَّذِينَ جَاءُوا مِنْ بَعْدِهِمْ يَقُولُونَ رَبَّنَا اغْفِرْ لَنَا وَلِإِخْوَانِنَا الَّذِينَ سَبَقُونَا بِالْإِيمَانِ ﴾ (الحشر : ١٠) .

٩٤٨ - وعَنْ عَائِشَةَ رَضِيَ اللهُ عَنْهَا أَنَّ رَجُلاً قال للنَّبِيِّ ﷺ : إنَّ أُمِّي افْتُلِتَتْ نَفْسُهَا وَأَرَاهَا لَوْ تَكَلَّمَتْ ، تَصَدَّقَتْ ، فَهَلْ لَهَا مِنْ أَجْرٍ إِنْ تَصَدَّقْتُ عَنْهَا ؟ قَالَ : « نَعَمْ » متفقٌ عليه .

٩٤٩ - وعن أبي هُرَيْرَةَ رضي اللهُ عَنْهُ أَنَّ رَسُولَ اللهِ ﷺ قالَ : « إذا ماتَ الإنسانُ انقَطَعَ عَمَلُهُ إلا مِنْ ثلاثٍ : صَدقةٍ جاريةٍ ، أوْ عِلمٍ يُنْتَفَعُ بِهِ ، أو ولَدٍ صالحٍ يَدعو له » رواه مسلم .

١٦٣ - باب ثناء الناس على الميت

٩٥٠ - عن أنسٍ رضي الله عنه قال : مَرُّوا بجنازةٍ ، فأَثنوا عَلَيْهَا خيراً ، فـقال النبيُّ ﷺ : « وَجَبَتْ » ، ثم مَرُّوا بأُخرى ، فأَثنوا عَلَيهـا شَرًّا ، فَقَالَ النَّبِيُّ ﷺ : «وَجَبَتْ» فَقَالَ عُمَرُ بن الخطّابِ رضيَ اللهُ عَنْهُ : ما وَجَبَتْ ؟ فقَالَ : « هذا أَثْنَيْتُمْ عَلَيْهِ خيراً فَوَجَبَتْ لَهُ الجَنَّةُ ، وهذا أَثْنَيْتُمْ عليــهِ شَرًّا ، فَوَجَبَتْ لَهُ النّارُ ، أنتم شُهَداءُ اللهِ فى الأرضِ » متفقٌ عليه .

(Muslim) Wiederholung von Nr. 711, Buch I, Kapitel 12
Imam Schaafi'i sagt: "Es ist erwünscht, am Grab des Toten etwas vom Qurān zu lesen, und wenn man den ganzen Qurān liest, ist es gut.

Kapitel 162
Die Almosenspenden und Bittgebete für den Verstorbenen

Allāh, erhaben sei Er, spricht: "Und diejenigen, die nach ihnen gekommen sind, sprechen: "Unser Herr, vergib uns und unseren Brüdern, die uns im Glauben vorausgegangen sind." Sūra 59:10

Hadith 948 'Āischa(r) berichtete: Ein Mann sagte zum Propheten(s): "Meine Mutter verstarb, und ich denke, hätte sie sprechen können, so hätte sie Almosenspenden geben lassen. Gibt es für sie eine Belohnung, wenn ich für sie Almosen gebe?" Er(s) sagte: "Ja".
(Al-Bukhari und Muslim)

Hadith 949 Abu Huraira(r) berichtete: Der Gesandte Allāhs(s) hat gesagt: "Wenn der Mensch stirbt, hört sein Werk auf Erden außer in drei Fällen auf: Anhaltende Wohltätigkeit, nutzbringendes Wissen und aufrichtige Nachkommen, die für ihn beten."
(Muslim)

Kapitel 163
Das Lob des Verstorbenen

Hadith 950 Anas(r) berichtete: Als sie (einige Gefährten(r) des Propheten) an einem Trauerzug vorbeigingen und den Toten lobten, sagte der Prophet(s): "So ist es bestimmt." Als sie an einem anderen vorbeigingen, sprachen sie schlecht von dem Toten, da sagte er(s): "So ist es bestimmt." Daraufhin fragte 'Umar(r) ihn: "Was ist damit gemeint?" Er(s) sagte: "Den

٩٥١ - وعن أبي الأسود قال : قدمتُ المدينةَ ، فجَلَستُ إلى عُمَرَ بنِ الخطَّابِ رضيَ اللهُ عنهُ فمرَّت بهم جنازةٌ ، فأُثنيَ على صاحِبِها خيراً فقال عُمَرُ : وجبَت ، ثم مُرَّ بأخرى، فأُثنيَ على صاحِبِها خيراً ، فقالَ عُمَرُ : وجبَت ، ثمَّ مُرَّ بالثالثةِ ، فأُثنيَ على صاحبِها شرّاً ، فقالَ عُمَرُ : وجبَت . قالَ أبو الأسودِ : فقلتُ : وما وجبَت يا أميرَ المؤمنينَ؟ قال : قلتُ كما قالَ النبيُّ ﷺ : « أيُّما مُسلِمٍ شهِدَ لهُ أربعةٌ بخيرٍ ، أدخلَهُ اللهُ الجنَّةَ ، فقلنا : وثلاثةٌ ؟ قال : « وثلاثةٌ » فقلنا : واثنانِ ؟ قال : « واثنانِ » ثمَّ لم نسألْهُ عنِ الواحدِ . رواه البخاري .

١٦٤ - باب فضل من مات له أولاد صغار

٩٥٢ - عن أنسٍ رضيَ اللهُ عنهُ قالَ : قالَ رسولُ اللهِ ﷺ : « ما مِن مُسلمٍ يموتُ له ثلاثةٌ لم يبلُغوا الحِنْثَ إلا أدخلَهُ اللهُ الجنَّةَ بفضلِ رحمتِهِ إيَّاهُم » متفقٌ عليه .

٩٥٣ - وعن أبي هريرةَ رضيَ اللهُ عنهُ قالَ : قالَ رسولُ اللهِ ﷺ : « لا يموتُ لأحدٍ مِنَ المُسلمينَ ثلاثةٌ مِنَ الوَلَدِ لا تَمَسُّهُ النارُ إلا تَحِلَّةَ القَسَمِ » متفقٌ عليه .

« وَتَحِلَّةُ القَسَمِ » قولُ اللهِ تعالى : ﴿ وإن مِنكُم إلا وارِدُها ﴾ والوُرُودُ : هو العُبُورُ على الصراطِ ، وهو جسرٌ منصوبٌ على ظهرِ جهنَّمَ . عافانا اللهُ مِنها .

einen habt ihr gelobt, und so kommt er ins Paradies. Von dem anderen habt ihr schlecht gesprochen, und er kommt in die Hölle. Ihr seid die Zeugen Allāhs auf Erden."
(Al-Bukhari und Muslim)

Hadith 951 Abul-Aswad(r) berichtete: Als ich nach Medina kam und bei 'Umar ibnul-Khattāb(r) saß, ging ein Trauerzug an uns vorbei, und die Anwesenden lobten den Verstorbenen. 'Umar(r) sagte dazu: "So ist es bestimmt." Dann ging ein zweiter an uns vorbei, und der Verstorbene wurde auch gelobt. 'Umar(r) sagte: "So ist es bestimmt." Als der dritte Trauerzug an uns vorbeiging, und von dem Toten schlecht gesprochen wurde, sagte 'Umar: "So ist es bestimmt." Darafhin fragte ich ihn: "O Gebieter der Gläubigen! Was ist bestimmt?" Er sagte: "Ich sage, was der Prophet(s) sagte, nämlich: "Wenn vier (glaubwürdige) Personen bezeugen, dass irgendein Muslim rechtschaffen ist, wird Allāh ihn ins Paradies kommen lassen. Wir (die anwesenden Gefährten) fragten: "Und drei?" Er(s) sagte: "Und drei!" Wir fragten: "Und zwei?" Er(s) sagte: "Und zwei!" Da fragten wir ihn nicht nach einem Einzelnen."
(Al-Bukhari)

Kapitel 164
Der Lohn Allāhs für den, dessen kleine Kinder starben

Hadit 952 Anas(r) berichtete: Der Gesandte Allāhs(s) hat gesagt: "Wenn einem Muslim drei unschuldige Minderjährige sterben, lässt Allāh ihn ins Paradies kommen, dank seiner Barmherzigkeit ihnen gegenüber."
(Al-Bukhari und Muslim)

Hadith 953 Abu Huraira(r) berichtete: Der Gesandte Allāhs(s) hat gesagt: "Wenn einem muslimischen Elternteil drei Kinder sterben, wird er vom Höllenfeuer unberührt bleiben, bis auf das, was Allāh geschworen hat."
(Al-Bukhari und Muslim)
Der Verfasser erinnert an diesen Erlass (Sūra 19-71) und erklärt: Die

٩٥٤ - وعن أبي سعيدٍ الخُدريّ رَضيَ اللهُ عنهُ قال : جاءَت امرأةٌ إلى رسولِ اللهِ ﷺ ، فقالَت : يا رسولَ اللهِ ، ذَهبَ الرِّجالُ بحديثِكَ ، فاجْعَلْ لَنَا مِنْ نفسِكَ يوماً نأتيكَ فيه تُعلِّمُنَا مِمَّا عَلَّمَكَ اللهُ ، قال : « اجتَمِعْنَ يومَ كذا وكذا » فاجتَمَعْنَ ، فأتاهُنَّ النبيُّ ﷺ فَعَلَّمَهُنَّ مِمَّا عَلَّمَهُ اللهُ ثم قال : « ما مِنكُنَّ مِن امرأةٍ تُقدِّمُ ثلاثةً مِنَ الولدِ إلا كانُوا لها حِجاباً مِنَ النَّارِ » فقالَت امرأةٌ : واثنَينِ ؟ فقالَ رسولُ اللهِ ﷺ : « واثنَينِ » متفقٌ عليه .

١٦٥ - بابُ البُكاءِ والخوفِ عند المرورِ بقبورِ الظالمين ومصارعِهم وإظهارِ الافتقارِ إلى اللهِ تعالى والتحذيرِ من الغفلةِ عن ذلك

٩٥٥ - عَن ابنِ عُمرَ رَضيَ اللهُ عنهُما أنَّ رسولَ اللهِ ﷺ قال لأصحابهِ - يعني لَمَّا وصَلوا الحِجرَ : ديارَ ثمودَ - : « لا تَدخُلُوا على هؤلاءِ المُعذَّبينَ إلا أنْ تَكُونُوا باكينَ ، فإنْ لَم تَكُونُوا باكينَ ، فلا تَدخُلُوا عليهِم ؛ لا يُصيبُكُم ما أصابَهُم » متفقٌ عليه .

وفي روايةٍ قال : لمَّا مَرَّ رسولُ اللهِ ﷺ بالحِجرِ قال : « لا تَدخُلُوا مساكنَ الَّذينَ ظَلَموا أنفُسَهُم أنْ يُصيبَكُم ما أصابَهُم إلا أنْ تَكُونُوا باكينَ » ثم قنَّعَ رسولُ اللهِ ﷺ رأسَهُ ، وأسرَعَ السَّيرَ حتى أجازَ الوادي .

Gläubigen werden den kritischen Pass über der Hölle (möge Allāh uns vor ihr retten) überqueren müssen, ohne in ihr hineinzufallen.[18]

Hadith 954 Abu Saʿīd Al-Khudri(r) berichtete: Eine Frau kam zum Propheten(s) und sagte: "O Gesandter Allāhs! Die Männer haben das Glück, deine Tradition weiter zu überliefern. Bestimme für uns einen Tag, so dass wir zu dir kommen, um etwas von dem Wissen, was Allāh dich gelehrt hat zu lehren." Er(s) sagte: "Versammelt euch an jenem und jenem Tag". Als sie versammelt waren, kam er(s) zu ihnen und lehrte sie von seinem Wissen, dann sagte er: "Wenn eine von euch drei Kinder geopfert hat, werden sie für sie zum Schutz vor dem Höllenfeuer." Draufhin sagte eine Frau: "Und zwei?" Er sagte: "Und zwei."
(Al-Bukhari und Muslim)

Kapitel 165
Weinen und Furcht beim Vorübergehen an den Gräbern der Tyrannen und Gedenken Allāhs und Ermahnung bei dessen Unterlassung

Hadith 955 Ibn ʿUmar(r) berichtete: Als der Gesandte Allāhs(s) und seine Gefährten(r) nach Al-Hijr, Wohnstätte des Volkes Thamūd, kamen, sagte er(s) zu ihnen: "Tretet nicht vor jene Bestraften, es sei denn, ihr vergießt Tränen. Wenn dies euch nicht bewusst ist, dann betretet nicht ihre Wohnstätte, sonst träfe euch, was jene dort getroffen hat."
(Al-Bukhari und Muslim)
Laut anderer Überlieferung hat der Gesandte Allāhs(s) zu ihnen gesagt: "Betretet nicht die Wohnungen derer, die sich selber Unrecht angetan haben, auf dass euch nicht trifft, was sie traf, es sei denn, ihr vergießt (demütig) Tränen." Danach verschleierte der Gesandte Allāhs(s) sein Gesicht und er gab seinem Reittier die Sporen, bis er das Tal mit ihnen passiert hatte.

كتاب آداب السفر

١٦٦ ــ باب استحباب الخروج يوم الخميس واستحباب أول النهار

٩٥٦ ــ عن كعب بن مالك ، رضى الله عنه ، أنَّ النبي ﷺ خرج فى غزوة تبوك يومَ الخميس ، وكانَ يحبُّ أن يخرُجَ يومَ الخميس . متفقٌ عليه .

وفى رواية فى «الصحيحين» : لقلَّما كانَ رسولُ الله ﷺ يخرجُ إلا فى يوم الخميس .

٩٥٧ ــ وعن صخر بن وَدَاعَة الغامدى الصحابى رضى الله عنه ، أنَّ رسولَ الله ﷺ قال : « اللَّهُمَّ بارك لأمتى فى بكورها » وكان إذا بعثَ سريَّةً أو جيشاً بعَثَهم من أوَّل النَّهار ، وكان صخرٌ تاجراً ، فكانَ يبعثُ تجارتَهُ أوَّل النَّهارِ ، فأثرى ، وكثرَ مالُهُ رواه أبو داود والترمذى وقال : حديثٌ حسن .

١٦٧ ــ باب استحباب طلب الرفقة وتأميرهم على أنفسهم واحدا يطيعونه

٩٥٨ ــ عن ابن عمر رضى الله عنهما قال : قال رسولُ الله ﷺ : « لو أنَّ النَّاسَ يعلَمونَ من الوحْدَة ما أعلمُ ما سارَ راكبٌ بلَيْلٍ وحْدَهُ » رواه البخارى .

٩٥٩ ــ وعن عمرو بن شعيب ، عن أبيه ، عن جدِّه رضى اللهُ عنهُ قال : قال رسولُ الله ﷺ :« الرَّاكبُ شيطانٌ ، والراكبان شيطانان ، والثَّلاثةُ ركبٌ » رواه أبوداود ،

Buch V:
Die Etikette des Reisens
Kapitel 166
Das Reisen am Donnerstag und der Vorzug des Reisens am frühen Morgen

Hadith 956 Ka'b ibn Mālik(r) berichtete: Der Prophet(s) brach zum Tabūk-Feldzug an einem Donnerstag auf, denn er bevorzugte die Donnerstage zum Reisen.[19]
In der Version von Bukhari und Muslim steht: "Selten brach der Gesandte Allāhs(s) an einem anderen Tag als dem Donnerstag auf."

Hadith 957 Sakhr ibn Wadā'a Al-Ghāmidi(r) berichtete: "Der Gesandte Allāhs(s) hat gebetet: "O Allāh! Mache den frühen Morgen segensreich für meine Gemeinde!: Allahumma baarik li-Ummati fie Bukuuriha!" Und wenn er(s) eine Kompanie oder Armee zu einem Kriegszug aussandte, ließ er sie am frühen Morgen aufbrechen. Dieser Gefährte Sakhr war Händler, der seine Geschäfte am frühen Morgen zu erledigen pflegte. So wurde er reich, und sein Vermögen wuchs.
(Abu Dāwud und At-Tirmidi mit dem Kommentar: Ein guter Hadith)

Kapitel 167
Das Reisen in Begleitung und unter Leitung eines gewählten Führers ist wünschenswert

Hadith 958 Ibn 'Umar(r) berichtete: Der Gesandte Allāhs(s) hat gesagt: "Wenn die Leute wüssten, was ich über das Reisen ohne Begleiter weiß, würde kein Reiter nachts jemals allein reisen."
(Al-Bukhari)

Hadith 959 Von 'Amr ibn Schu'aib, von seinem Vater, von seinem Großvater(r), der sagte: Der Gesandte Allāhs(s) hat gesagt: "Der reitende Reisende ist ein Teufel, zwei sind zwei Teufel, und drei sind ein

والترمذى ، والنسائى بأسانيد صحيحة ، وقال الترمذى : حديثٌ حسن .

٩٦٠ ــ وعن أبى سعيد وأبى هريرة رضى الله عنهما قالا : قال رسولُ اللهِ ﷺ : « إذا خَرَجَ ثَلاثَةٌ فى سَفَرٍ فَلْيُؤَمِّرُوا أحَدَهُمْ » حديث حسن ، رواه أبو داود بإسناد حسن .

٩٦١ ــ وعَنِ ابنِ عَبَّاسٍ رضى اللهُ عنهما أنَّ النَّبىَّ ﷺ قال : « خيرُ الصَّحَابَةِ أربَعَةٌ ، وَخيرُ السَّرَايَا أربَعُمِائةٍ ، وخيرُ الجُيوشِ أربَعَةُ آلافٍ ، وَلَنْ يُغْلَبَ اثْنَا عَشَرَ ألفاً عَنْ قِلَّةٍ » رواه أبو داود والترمذى وقال : حديث حسن .

١٦٨ ــ باب آداب السير والنزول والمبيت والنوم فى السفر واستحباب السرى والرفق بالدواب ومراعاة مصلحتها وأمر من قصر فى حقها بالقيام بحقها وجواز الإرداف على الدابة إذا كانت تطيق ذلك

٩٦٢ ــ عن أبى هريرة رضى اللـه عنه قال : قال رسولُ اللهِ ﷺ : « إذا سَافَرْتُمْ فى الخِصْبِ فأَعْطُوا الإبلَ حَظَّهَا مِنَ الأرضِ ، وإذا سافَرْتُمْ فى الجَدْبِ ، فأسْرِعُوا عَلَيْهَا السَّيرَ وبادِرُوا بِهَا نِقْيَهَا ، وإذا عَرَّسْتُمْ فاجْتَنِبُوا الطَّريقَ فإنَّها طُرُقُ الدَّوَابِّ ، وَمَأوَى الهَوَامِّ بِاللَّيلِ » رواه مسلم .

معنى : « أعطُوا الإبلَ حظها مِنَ الأرضِ » أىْ : ارفُقوا بها فى السَّيرِ لِتَرْعَى فى حالِ سَيرِهَا . وقوله : « نِقْيَها » هو بكسر النون ، وإسكان القاف ، وبالياء المثناة من تحت وهو المُخُّ ، معناه : أسرِعُوا بها حتى تَصِلُوا المَقصِدَ قَبلَ أنْ يَذهَبَ مُخُّها مِنْ ضَنْكِ السَّيرِ . و « التَّعْرِيسُ » : النزولُ فى الليلِ .

٩٦٣ ــ وعن أبى قتادةَ ، رَضِىَ اللهُ عنهُ ، قالَ : كانَ رسولُ اللهِ ﷺ إذا كانَ فى

Reiterzug."
(Abu Dāwud, An-Nassāʾi und At-Tirmiḏi mit dem Vermerk: Ein guter Hadit*h*)

Hadith 960 Abu Saʿīd und Abu Huraira(r) berichteten: Der Gesandte Allāhs(s) hat gesagt: "Wenn drei Menschen zu einer Reise aufbrechen, sollten sie einen von ihnen als Führer bestimmen."
(Ein guter *H*adith, welchen Abu Dāwud mit guter Überlieferungskette belegt hat)

Hadith 961 Ibn ʿAbbās(r) berichtete: Der Prophet(s) hat gesagt: "Die besten Gefährten sind zu viert, die beste Truppe besteht aus vierhundert Kämpfern und die beste Armee besteht aus viertausend, und zwölftausend werden nie wegen geringer Zahl überwältigt werden."
(Abu Dāwud und At-Tirmiḏi mit dem Vermerk: Ein guter *H*adith)

Kapitel 168

Die Etikette des Reitens, des Absteigens, des Übernachtens und des Schlafens während der Reise. Der Vorzug des Reisens bei Nacht und der Vorzug der guten Behandlung des Reittieres und dessen gerechte Versorgung und die Erlaubnis, einen Mitreiter mitzunehmen, wenn das Reittier kräftig genug ist

Hadith 962 Abu Huraira(r) berichtete: Der Gesandte Allāhs(s) hat gesagt: "Wenn ihr durch fruchtbare Gegenden reist, so gebt den Kamelen ihren bestimmten Anteil[20] am Boden, und wenn ihr durch die Dürre reist, dann eilt damit, und schont ihr Gehirn[21], und wenn ihr übernachtet, meidet die (Land-)Straßen, denn sie sind die Wege der Reittiere und Herberge für Reptilien und Ungeziefer."
(Muslim)

Hadith 963 Abu Qatāda(r) berichtete: Wenn der Gesandte Allāhs(s)

سَفَرٍ ، فعرَّسَ بليلٍ اضطَجَعَ عَلَى يَمينهِ وإذا عـرَّسَ قُبَيْلَ الصُّبْحِ نَصَبَ ذِرَاعَهُ ، وَوَضَعَ رَأْسَهُ عَلَى كَفِّهِ . رواه مسلم .

قـال العلمـاءُ : إنَّمَا نَصَبَ ذِرَاعَهُ لِئلاَّ يَسْتَغْرِقَ فى النَّومِ ، فَتَفُوتَ صلاةُ الصُّبْحِ عَنْ وقْتِهَا أَوْ عَنْ أول وقْتِهَا .

٩٦٤ - عَن أنسٍ ، رضى اللهُ عنه ، قال : قال رسولُ اللهِ ﷺ : « عَلَيكُمْ بالدُّلْجَةِ ، فَإِنَّ الأرضَ تُطوَى بالليلِ » رواه أبو داود بإسنادٍ حسنٍ .

« الدُّلْجَةُ » : السَّيْرُ فى الليْلِ .

٩٦٥ - وعن أبى ثَعْلبَةَ الخُشَنىِّ رضى اللهُ عنه ، قال : كانَ النَّاسُ إذا نَزَلوا مَنْزِلاً تَفرَّقوا فى الشِّعَابِ وَالأَوْدِية . فـقـالَ رسـولُ اللهِ ﷺ : « إنَّ تَفَرُّقَكُمْ فى هذه الشِّعَابِ وَالأَوْدِيةِ إنَّما ذلكُمْ مِنَ الشَّيْطَانِ ! » فَلَمْ يَنْزِلُوا بَعْدَ ذلكَ إلا انضَمَّ بَعْضُهُمْ إلى بعْضٍ . رواه أبو داود بإسناد حسن .

٩٦٦ - وعَنْ سَهْلِ بنِ عمرٍو - وقيلَ : سَهْلُ بنُ الربيعِ بنِ عَمْرٍو الأنصارىُّ المعروف بابنِ الحنْظَليَّةِ ، وهُوَ مِنْ أهل بَيْعَة الرِّضْوان ، رضى اللهُ عنه - قال : مـرَّ رسولُ اللهِ ﷺ ، بَبعيرٍ قَدْ لَحِقَ ظَهْرُهُ بِبَطْنِهِ ؛ فقال : « اتَّقُوا اللهَ فى هذه البهائمِ المُعْجَمَةِ ، فَارْكبُوها صالحةً ، وكُلُوها صَالحةً » رواه أبو داود بإسناد صحيح .

٩٦٧ - وعن أبى جعفرٍ عبدِ اللهِ بن جعفرٍ ، رضى اللهُ عنهما ، قال : أَرْدَفَنى رسولُ اللهِ ﷺ ، ذاتَ يَوْمٍ خَلْفَه ، وأسَرَّ إلىَّ حَديثًا لا أُحَدِّثُ به أحداً مِنَ النَّاسِ ، وكان أحَبَّ ما استَتَرَ به رسُولُ اللهِ ﷺ لِحَاجَتِه هَدَفٌ أَوْ حَائشُ نَخْلٍ . يعنى : حَائِطَ نَخْلٍ . رواه مسلم هكذا مختصراً .

während einer Reise übernachten wollte, schlief er nachts auf seiner rechte Seite. Wenn es aber kurz vor Morgendämmerung war, legte er sich nieder, indem er sich auf seinen Ellbogen stützte und seinen Kopf auf seine Handfläche legte. Die Gelehrten meinen, er stützte sich auf den Ellbogen, um nicht im Schlaf zu versinken, und um zu vermeiden, dass das Morgengebet nicht rechtzeitig oder mit Verspätung verrichtet werden würde.

Hadith 964 Anass(r) berichtete: Der Gesandte Allāhs(s) hat gesagt: "Brecht beim Einbruch der Nacht auf, denn Land läßt sich nachts schneller durcheilen."
(Abu Dāwud mit einer guten Überlieferungskette)

Hadith 965 Abu Tha'laba Al-Khuschaniy(r) berichtete: Die Leute waren gewohnt, sich beim Lagerplatz in den Schluchten und Tälern zu verteilen. Dann sagte der Gesandte Allāhs(s) zu ihnen: "Eure Zerstreuung in diesen Schluchten ist (ein Werk) des Satans." Danach pflegten sie sich in jedem solcher Lager immer fest zusammenzuschließen.
(Abu Dāwud mit einer guten Überlieferungskette)

Hadith 966 Sahl ibn 'Amr, oder ibn Ar-Rabī' ibn 'Amr Al-Anṣāriy, bekannt mit dem Spitznamen Ibn Al-*H*anzaliya, und einer der Gläubigen(r), die dem Propheten(s) die Treue in der Ridwan-Huldigung bei *H*udaibiya gelobten, berichtete: Der Gesandte Allāhs(s) ging an einem abgemagerten Kamel vorbei, da sagte er: "Fürchtet Allāh! Kümmert euch um die Rechte dieser stummen Tiere; so pflegt sie gesund, sodass sie euch als Reit -oder Schlachttiere dienlich sind."
(Abu Dāwud, mit einer guten Überlieferungskette)

Hadith 967 Abu Ja'far 'Abdullah ibn Ja'far(r) berichtete: Eines Tages nahm mich an der Gesandte Allahs(s) hinter sich auf sein Reittier, und er vertraute mir ein Geheimnis an welches ich nicht ausplaudern werde. Es war ihm immer lieber, wenn er seine Notdurft verrichten musste, sich hinter

وزاد فيه البَرْقاني بإسناد مسلم هذا بعد قوله : حَائِشُ نَخْلٍ : حَائِطٌ لِرَجُلٍ مِنَ الأنصَارِ ، فإذا فيه جَمَلٌ ، فَلَمَّا رأى رسولَ اللهِ ﷺ جَرْجَرَ وَذَرَفَتْ عَيْناهُ ، فَأتاهُ النبيُّ ﷺ ، فَمَسَحَ سَرَاتَهُ ـ أيْ : سَنَامَهُ ـ وَذِفْرَاهُ فَسَكَنَ ، فقال : «مَنْ رَبُّ هذا الجَمَلِ ، لِمَنْ هذا الجَمَلُ ؟ » فجَاءَ فَتًى مِنَ الأنصَارِ فقال : هذا لي يا رسولَ اللهِ . فقال : « أفَلا تَتَّقِي اللهَ في هذه البَهيمَةِ التي مَلَّكَكَ اللهُ إياها ؟ فإنَّهُ يَشْكُو إلَيَّ أنَّكَ تُجِيعُهُ وَتُدْئِبُهُ » ورواه أبو داود كروايةِ البرقاني .

قولُهُ : « ذِفْرَاهُ » هو بكسر الذال المعجمة وإسكان الفاء ، وهو لفظٌ مفردٌ مؤنثٌ . قالَ أهلُ اللُّغَةِ : الذِّفْرَى : المَوْضِعُ الذي يَعْرَقُ مِنَ البَعيرِ خَلْفَ الأذنِ ، وقوله: « تُدْئبُهُ » أيْ : تُتعِبُهُ .

٩٦٨ ـ وعن أنسٍ ، رضيَ اللهُ عنهُ ، قال : كُنَّا إذا نَزَلْنَا مَنْزِلاً لا نُسَبِّحُ حَتَّى نَحُلَّ الرِّحالَ . رواه أبو داود بإسناد على شرط مسلم .

١٦٩ ـ باب إعانة الرفيق

٩٦٩ ـ وعن أبي سعيدٍ الخُدْرِيِّ ، رضيَ اللهُ عنهُ ، قال : بَيْنَما نَحْنُ في سَفَرٍ إذْ جَاءَ رَجُلٌ على رَاحِلَةٍ لَهُ ، فَجَعَلَ يَصْرِفُ بَصَرَهُ يَميناً وشِمالاً ، فقالَ رسولُ اللهِ ﷺ: «مَنْ كَانَ معَهُ فَضْلُ ظَهْرٍ ، فَلْيَعُدْ بهِ على مَنْ لا ظَهْرَ له ، ومَنْ كانَ له فَضْلُ زَادٍ ، فَلْيَعُدْ بهِ على مَنْ لا زَادَ له » فَذَكَرَ مِنْ أصنافِ المال ما ذَكَرَهُ ، حَتَّى رَأيْنَا : أنَّهُ لا حَقَّ لأحَدٍ مِنا في فضلٍ . رواه مسلم .

٩٧٠ ـ وعَنْ جابرٍ رضيَ اللهُ عنهُ ، عَنْ رسولِ اللهِ ﷺ ، أنَّه أرَادَ أنْ يَغْزُوَ ، فقال : « يا مَعْشَرَ المُهاجرينَ والأنصارِ ، إنَّ مِنْ إخوَانِكُمْ قوْماً ، لَيْسَ لَهمْ مالٌ ، ولا عَشيرَةٌ ، فَلْيَضُمَّ

einer geeigneten Wand oder einer Palmeneinzäunung zu verbergen (laut der verkürzten Überlieferung Muslims) Al-Barqāni fügt hinzu: Er betrat die Palmeneinzäunung eines Anßāriy). Dort fand er ein Kamel, welches stöhnte und dessen Tränen flossen, als es den Gesandten Allahs(s) erblickte. Der Prophet(s) ging zu ihm, streichelte seinen Höcker und kraulte es hinter den Ohren, bis es sich beruhigte, dann fragte er: "Wem gehört dieses Kamel?" Ein junger Anßaariy trat vor und sagte: "Es ist meins, o Gesandter Allahs." Er(s) sagte: "Fürchtest du Allah nicht ob dieses Tieres, welches Allah dich besitzen ließ? Fürwahr klagt es bei mir, dass du es hungern lässt und es überbeanspruchst."
(Abu Dāwud als Version des Al-Barqāni)

Hadith 968 Anass(r) berichtete: Wenn wir zu einem Lagerplatz kamen, verrichteten wir keine Gebete, ehe wir unseren Tieren die Sättel und die Gestelle abgenommen hatten.
(Abu Dāwud, mit einer Überlieferung nach der Regel von Muslim)

Kapitel 169
Unterstützung der Mitreisenden

Hadith 969 Abu Saīd Al-Khudriy(r) berichtete: Während wir mit dem Propheten(s) auf einer Reise waren, kam ein Reiter und wandte seinen Blick nach rechts und nach links, da sagte der Prophet(s) "Wer auch immer ein Reittier erübrigen kann, sollte es demjenigen, der es nötig hat, schenken, und wer von seiner Wegzehrung etwas erübrigen kann, sollte es demjenigen, der keine hat weitergeben.."Dann fuhr er fort, verschiedene Arten von Vermögen zu erwähnen, bis wir sahen, dass keiner von uns ein Recht auf Überfluß hat.
(Muslim)

Hadith 970 Jābir(r) berichtete: Der Gesandte Allahs(s) beabsichtigte, einen Felzug zu führen, da sagte er zu uns: "O ihr Muhaajirien und Anßār! Einige eurer Brüder haben weder Geld noch Sippe, so soll jeder von euch

أحَدكم إلَيْهِ الرَّجُلَيْن ، أو الثَّلاثَةَ ، فَمـا لأحَدِنَا مِنْ ظَهرٍ يَحْمِلُهُ إلا عُقْبَةٌ كَعُقْبَةِ » يَعْنى أحَدَهم، قال : فَضَمَمْتُ إلى اثْنَينِ أَوْ ثَلاثَةٍ مَا لى إلا عُقْبَةٌ كـعُقْبَةِ أحَدِهم ْ مِنْ جَمَلي . رواه أبو داود .

٩٧١ ـ وعنه قـال : كـانَ رسـولَ اللَّهِ ﷺ ، يَتَخَلَّفُ فى المسيـرِ ، فَيُزجِى الضَّعيـفَ وَيُرْدِفُ وَيَدْعُو له . رواه أبو داود بإسنادٍ حسنٍ .

١٧٠ ـ باب ما يقول إذا ركب الدابة للسفر

قال اللَّه تـعـالى : ﴿ وَجَعَلَ لَكُمْ مِنَ الفُلْكِ وَالأَنْعَامِ مَا تَرْكَبُونَ . لِتَسْتَوُوا عَلَىٰ ظُهُورِهِ ثُمَّ تَذْكُرُوا نِعْمَةَ رَبِّكُمْ إِذَا استَوَيْتُمْ عَلَيْهِ وتَقُولُوا سُبْحَانَ الَّذِي سَخَّرَ لَنَا هَذَا وَمَا كُنَّا لَهُ مُقْرِنِينَ . وَإِنَّا إِلَىٰ رَبِّنَا لَمُنْقَلِبُونَ﴾ (الزخرف: ١٢:١٤) .

٩٧٢ ـ وعن ابن عمرَ ، رَضيَ اللَّهُ عنهما ، أنَّ رسولَ اللَّهِ ﷺ كان إذا استوَى على بعيـرِهِ خَارجـاً إلى سَفَرٍ ؛ كَبَّرَ ثَلاثاً ، ثمّ قـالَ : « سُبْحَانَ الـذى سَخَّرَ لَنَا هذا وَمَا كُنَّا له مُقـرِنينَ ، وإنَّا إلى إلى رَبِّنَا لَمُنْقَلِبُونَ . اللَّهُمَّ إنَّا نَسْألُكَ فى سَفَرِنَا هـذا البِرَّ وَالتَّقـوَى، ومِنَ العَمَلِ مَـا تَرْضى ، اللَّهُمَّ هَوِّنْ عَلَيْنا هـذا وَاطْوِ عَنَّا بُعْدَهُ ، اللَّهُمَّ أنتَ الصَّاحِبُ فى السَّفَرِ ، وَالخَليـفَةُ فى الأَهْلِ ، اللَّهُمَّ إنِّى أعُوذُ بِكَ مِن وَعْثَاءِ السَّفَرِ ، وَكَـآبَةِ المَنْظَرِ ، وَسُوءِ

zwei oder drei Männer mitnehmen, und das Reittier abwechselnd reiten, denn keiner unter uns soll sein eigenes mehr oder weniger reiten als die anderen." Jābir fuhr fort: So nahm ich zwei oder drei Männer mit, und wir wechselten uns ab, wobei ich mein Kamel nur solange ritt wie jeder von ihnen.
(Abu Dāwud)

Hadith 971 Jābir(r) berichtete: Der Gesandte Allahs(s) pflegte in der Nachhut zu weilen, um den Schwachen sanft anzutreiben, ihn auf einem Reittier mitzunehmen und für ihn zu beten.
(Abu Dāwud, mit einer guten Überlieferungskette)

Kapitel 170
Das Bittgebet beim Antritt der Reise (beim Besteigen des Reittiers zum Reisen)

Allah, der Erhabene, spricht:(Und Er hat für euch Schiffe und Herdentiere gemacht, um sie zu besteigen, dann wenn ihr euch fest auf sie gesetzt habt, der Gnade eueres Herrn gedenkt und sagt: Gepriesen sei Der, Der dies uns dienstbar gemacht hat, und wir (selbst) hätten es nicht meistern können, und zu unserem Herrn müssen wir sicherlich zurückkehren.)
Sūra 43: 12-14

Hadith 972 Ibn 'Umar(r) berichtete: Wenn sich der Gesandte Allahs(s) bei Antritt einer Reise auf sein Kamel setzte, pflegte er dreimal "Allahu Akbar" zu sagen, dann bat er: "Gepriesen sei Der, Der uns dies dienstbar gemacht hat, und wir (selbst) hätten es nicht meistern können, und zu unserem Herrn müssen wir wahrlich zurückkehren. O Allah! Wir bitten Dich auf dieser unserer Reise um Rechtschaffenheit und Frömmigkeit, und um Taten, an denen Du Gefallen findest. O Allah! Wir bitten Dich, uns diese Reise leicht zu machen, und lasse uns ihre Länge nicht spüren/oder: verkürze uns den langen Weg. O Allah! Du bist (allein) der Gefährte auf Reisen und der (alleinige) Verwalter in der (zurückgebliebenen) Familie. O

المُنْقَلَبِ فى المالِ والأهلِ والولدِ » وإذا رَجَعَ قالَهُنَّ وزادَ فيهنَّ : « آيبونَ تائبونَ عابدونَ لربّنا حامدونَ » رواه مسلم .

973 — وعن عبد الله بن سَرْجِسَ ، رضى الله عنه قال : كـان رسولُ الله ﷺ إذا سافَرَ يَتَعَوَّذُ مِنْ وَعْثاءِ السَّفَرِ ، وكآبَةِ المُنْقَلَبِ ، والحورِ بَعْدَ الكَوْنِ ، ودَعْوَةِ المَظْلُومِ ، وسُوءِ المنظَرِ فى الأهلِ والمَالِ . رواه مسلم .

974 — وعن عَلى بنِ ربيعَةَ قال : شَهِدْتُ عَلىَّ بن أبى طالب رَضىَ اللهُ عنه أُتى بدابَّةٍ ليَرْكَبها ، فَلَمَّا وَضَعَ رِجْلَهُ فى الرِّكابِ قال : بِسْمِ اللّهِ ، فَلَمَّا استَوى عَلى ظَهْرِها قال : الحَمْدُ لله الذى سَخَّرَ لَنا هـذا ، وما كُنَّا له مُقْرِنينَ ، وإنَّا إلى رَبّنا لَمُنقَلِبـون ، ثم قالَ: الحَمْدُ لله ، ثَلاثَ مَرَّات ، ثم قـال : اللهُ أكْبَرُ ، ثَلاثَ مَرَّات ، ثُمَّ قـال : سُبْحانَكَ إنى ظَلَمْتُ نَفْسى فاغفِرْ لى إنَّهُ لا يَغْفِرُ الذُّنوبَ إلا أنتَ ، ثم ضَحِكَ فقيلَ : يا أميـرَ المؤمنينَ، مِنْ أى شَىءٍ ضَحِكْتَ ؟ قال : رَأيْتُ النبىَّ ﷺ فَعَلَ كَما فَعَلْتُ ، ثُمَّ ضَحِكَ ، فقلتُ : يا رسولَ اللهِ مِنْ أىّ شَىءٍ ضَحِكْتَ ؟ قـال : « إنَّ ربَّكَ سُبْحانَهُ يَعْجَبُ مِنْ عَبْدِهِ إذا قـال : اغفِرْ لـى ذنُوبى ، يَعْلَمُ أنَّهُ لا يَغْفِرُ الـذُّنُوبَ غَيْرى » . رواه أبو داود ، والترمـذى وقال : حديثٌ حسنٌ ، وفى بعضِ النسخِ : حسنٌ صحيحٌ . وهذا لفظ أبى داود .

Allah! Ich nehme Zuflucht zu Dir vor den Mühsalen der Reise, vor dem düsteren Anblick, und vor dem unheilvollen Geschick im Vermögen und in der Familie." Bei der Rückkehr fügte er dazu: "Wir kehren zurück, reumütig und unseren Herrn dienend und Ihn lobend." Muslim

Hadith 973 Abdullah ibn Sarjis(r) berichtete: Der Gesandte Allahs(s) pflegte beim Antritt der Reise Zuflucht bei Allah zu nehmen, vor den (bevorstehenden) Mühsalen der Reise, vor dem Verderben nach dem Leben, vor dem (an Allah) gerichteten Hilferuf der ungerecht behandelten Personen, und vor dem düsteren Anblick in der Familie und im Vermögen. (Muslim)

Hadith 974 'Ali ibn Rabī'a(r) berichtete: Ich schaute zu 'Ali ibn Abi Tālib(r), als ihm ein Reittier zum Reiten gebracht wurde. Als er seinen Fuß in den Steigbügel steckte, sagte er: "Im Namen Allahs!", und als er sich auf dessen Rücken fest gesetzt hat, sprach er: "Gepriesen sei Der, Der uns dies dienstbar gemacht hat, und wir (selbst) hätten es nicht meistern können, und zu unserem Herrn müssen wir wahrlich zurückkehren.", dann sagte er dreimal: "Allah ist (unvergleichlich) groß", dann sagte er: "Gepriesen bist Du! Wahrlich habe ich mir Unrecht angetan, da bitte ich Dich, mir zu vergeben. Es ist keiner außer Dir gewiß, Der die Sünden vergeben kann", dann lachte er. So fragte man ihn: "O Beherrscher der Gläubigen! Weshalb lachst du?" Er sagte: "Ich sah den Propheten(s) das tun, was ich eben getan habe, da sagte ich: "O Gesandter Allahs! Weshalb lachst du?", da sagte er: "Dein Herr, gepriesen sei Er, wundert sich über Seinen Diener, wenn er sagt: "Vergib mir meine Sünden", denn er weiß, dass keiner außer Ihm die Sünden vergeben kann."
(Abu Dāwud, und At-Tirmi*d*i, der sagte: Ein guter Hadith. In einigen Handschriften steht sogar: Ein guter bis starker *H*adith. Dies ist auch der buchstäbliche Wortlaut von Abu Dāwud)

١٧١ - باب تكبير المسافر إذا صعد الثنايا وشبهها وتسبيحه إذا هبط الأودية ونحوها والنهي عن المبالغة برفع الصوت بالتكبير ونحوه

٩٧٥ - عن جابر رضي الله عنه قال : كنا إذا صَعِدنا كبَّرنا ، وإذا نَزَلنا سبَّحنا . رواه البخاري .

٩٧٦ - وعن ابن عمر رضي الله عنهما قال : كان النبي ﷺ وجيوشُه إذا عَلَوا الثنايا كبَّروا ، وإذا هَبَطوا سبَّحوا . رواه أبو داود بإسناد صحيح .

٩٧٧ - وعنه قال : كان النبي ﷺ إذا قَفَلَ مِن الحج أو العُمرة كلَّما أوفى على ثنيَّةٍ أو فَدفدٍ كبَّر ثلاثًا ، ثم قال : « لا إله إلا الله وحدَه لا شريك له ، له الملك وله الحمد ، وهو على كل شيء قدير . آيبون تائبون عابدون ساجدون لربنا حامدون . صدق الله وعده ، ونصر عبده ، وهزم الأحزاب وحده » متفق عليه .

وفي رواية لمسلم : إذا قَفَلَ من الجيوش أو السَّرايا أو الحج أو العُمرة .

قوله : « أوفى » أي : ارتفع ، وقوله : « فَدفَد » هو بفتح الفاءين بينهما دال مهملة ساكنة ، وآخره دال أخرى وهو : الغليظ المرتفع من الأرض .

٩٧٨ - وعن أبي هريرة رضي الله عنه أن رجلاً قال : يا رسول الله ، إني أريد أن أسافر فأوصني ، قال: «عليك بتقوى الله ، والتكبير على كل شَرَف» فلما ولَّى الرجل قال : « اللهم اطو له البعد ، وهوِّن عليه السفر » رواه الترمذي وقال : حديث حسن .

Kapitel 171

Takbīr - Lobpreisung bei Besteigung von Gebirgspässen u.ä. und Tasbīh - Lobpreisung beim Absteigen, und das Verbot, dabei seine Stimme zu erheben

Hadith 975 Jābir(r) berichtete: Wenn wir (einen Höhenzug) aufstiegen, pflegten wir Allah mit Takbīr zu preisen, und wenn wir abstiegen, pflegten wir Allah mit Tassbīh zu preisen.
(Al-Bukhari)

Hadith 976 Ibn 'Umar(r) berichtete: Wenn der Prophet(s) und seine Heere einen Höhenzug hinaufstiegen, priesen sie Allah mit Takbīr, und wenn sie abstiegen priesen sie Ihn mit Tassbīh.
(Abu Dāwud mit einer starken Überlieferungskette)

Hadith 977 Ibn 'Umar(r) berichtete: Der Prophet(s) pflegte bei der Rückkehr von der großen und der kleinen Wallfahrt und wenn er einen Höhenzug bestieg oder ein (gefürchtetes) Ödland betrat, dreimal Takbīr zu rufen und anschließend zu sagen: "Es gibt keinen Gott außer Allah! Er allein ist Gott, Er hat keinen Mitgott. Sein ist die Herrschaft und Sein ist das Lob, und Er hat die Macht über alle Dinge. Wir kehren heim, reumütig, Allah dienend, uns vor Ihm niederwerfend, und Ihn lobpreisend. Allah hat sein Versprechen wahr gemacht und seinen Knecht (Muhammad) geholfen und die verbündeten Feinde allein geschlagen.
(Al-Bukhari und Muslim)
In einer anderen Version von Muslim steht: Wenn er von einem Kriegszug, einer Invasion, der großen oder der kleinen Wallfahrt zurückkam.

Hadith 978 Abu Huraira(r) berichtete: Ein Mann sagte zum Propheten: O Gesandter Allahs! Ich beabsichtige zu reisen, berate mich! Er(s) sagte zu ihm: "Du sollst Allah fürchten, und bei (Besteigung) jeder Höhe Takbier machen." Als sich der Mann enfernte, bat er(s) für ihn :"O Allah! Ich bitte Dich, ihm die Entfernung zu verkürzen und die Reise zu erleichtern!"

٩٧٩ - وعن أبي موسى الأشعري رضي الله عنه قال : كنّا مع النبي ﷺ في سفرٍ ، فكنّا إذا أشرفنا على وادٍ هلّلنا وكبّرنا وارتفعت أصواتنا ، فقال النبي ﷺ : « يأيها الناس اربَعوا على أنفسكم ، فإنّكم لا تدعون أصمَّ ولا غائباً ، إنّه معكم ، إنّه سميعٌ قريبٌ » متفق عليه .

« اربَعوا » بفتح الباء الموحدة أي : ارفُقوا بأنفسكم .

١٧٢ - باب استحباب الدعاء في السفر

٩٨٠ - عن أبي هريرة رضي الله عنه قال : قال رسول الله ﷺ : « ثلاث دعوات مستجابات لا شكَّ فيهن : دعوة المظلوم ، ودعوة المسافر ، ودعوة الوالد على ولده » رواه أبو داود ، والترمذي وقال : حديث حسن . وليس في رواية أبي داود : «على ولده» .

١٧٣ - باب ما يدعو به إذا خاف ناسا أو غيرهم

٩٨١ - عن أبي موسى الأشعري رضي الله عنه أنّ رسول الله ﷺ كان إذا خاف قوماً قال : « اللهم إنا نجعلك في نحورهم ، ونعوذ بك من شرورهم » رواه أبوداود ، والنسائي بإسنادٍ صحيحٍ .

(At-Tirmi*d*i, mit dem Vermerk: Ein guter *H*adith)

Hadith 979 Abu Mussa Al-Asch'ari berichtete: Wir waren mit dem Propheten(s) auf einer Reise, so pflegten wir bei jedem Tal, dem wir nahe kamen, Tahlīl (Lā Ilāha illalāh...) und Takbīr (Allāhu Akbar...) laut zu rufen, da sprach der Prophet(s) :"O Leute! Seid sanft und schont euch, denn ihr ruft weder einen Tauben noch einen Abwesenden. Er ist mit euch, und Er ist wahrlich der Allhörende, der Nahe."
(Al-Bukhari und Muslim)

Kapitel 172
Das Bittgebet beim Reisen ist wünschenswert

Hadith 980 Abu Huraira(r) berichtete: Der Gesandte Allahs(s) hat gesagt: "Drei Bittgebete werden zweifellos erhört: Das Bittgebet eines ungerecht behandelten Menschen, das Bittgebet des Reisenden, und das Bittgebet des Vaters gegen den eigenen Sohn."
(Abu Dāwud, und At-Tirmi*d*i mit dem Vermerk: Ein guter *H*adith. In der Überlieferung des Abu Dāwud steht nicht "gegen seinen Sohn").

Kapitel 173
Das Bittgebet bei Angst vor Personen

Hadith 981 Abu Mussā Al-Asch'ari(r) berichtete: Der Gesandte Allahs(s) pflegte bei Furcht vor Feinden zu beten: "O Allah! Wir setzen Dich gegen sie (wörtlich: in ihre Kehlen) und wir nehmen Zuflucht bei Dir vor ihren Übeltaten."
(Abu Dāwud, und An-Nasāi mit guter Überlieferungskette)

١٧٤ ـ باب ما يقول إذا نزل منزلا

٩٨٢ ـ عن خَوْلةَ بنتِ حكيمٍ رضيَ اللهُ عنها قالتْ : سمعتُ رسولَ اللهِ ﷺ يقول : « مَنْ نَزَلَ مَنزلاً ثمَّ قال : أعوذُ بكلماتِ اللهِ التَّامَّاتِ مِنْ شَرِّ ما خَلَقَ ، لَمْ يَضرَّهُ شَيءٌ حتَّى يَرْتَحلَ مِنْ مَنزِلهِ ذلكَ » رواه مسلم .

٩٨٣ ـ وعنِ ابنِ عمرَ رضيَ اللهُ عنهما قال : كانَ رسولُ اللهِ ﷺ إذا سَافَرَ فَأقْبَلَ اللَّيلُ قال : « يا أرضُ ، ربِّي ورَبُّكِ اللهُ ، أعوذُ باللهِ مِنْ شركِ وشرِّ ما فيكِ ، وشرِّ ما خُلِقَ فيكِ ، وشرِّ ما يدِبُّ عَليكِ ، أعوذُ باللهِ مِنْ شَرِّ أسَدٍ وأسْوَدٍ ، ومِنَ الحَيَّةِ والعَقربِ ، ومِنْ ساكنِ البلَدِ ، ومِنْ والدٍ وما وَلَدَ » رواه أبو داود .

كتاب آداب السفر

١٧٥ ـ باب استحباب تعجيل المسافر الرجوع إلى أهله إذا قضى حاجته

٩٨٤ ـ عن أبي هُريرَةَ رضيَ اللهُ عنهُ أنَّ رسولَ اللهِ ﷺ قال : « السَّفَرُ قِطعةٌ مِنَ العَذَابِ ؛ يَمنعُ أحَدَكم طَعامَهُ ، وشرابَهُ ونَوْمَهُ ، فإذا قضى أحدُكُمْ نَهمَتَهُ مِنْ سَفَرهِ ، فَليُعَجِّلْ إلى أهْلِهِ » متفقٌ عليه .

Kapitel 174
Das Bittgebet bei der Reiseunterkunft

Hadith 982 Khaula bint *H*akīm(r) berichtete: Ich hörte den Gesandten Allahs(s) sagen: "Wenn jemand in einer Unterkunft ankommt, und dann betet: «Ich nehme Zuflucht bei den vollendeten Worten Allahs vor dem Unheil dessen, was Er erschaffen hat», dem wird nichts schaden, bis er jene Unterkunft verlassen hat."
(Muslim)

Hadith 983 Ibn 'Umar(r) berichtete: Wenn der Gesandte Allahs(s) auf Reisen war und die Nacht anbrach, pflegte er zu sagen: "O Erde! Mein Herr und dein Herr ist (nur) Allah. Zu Ihm nehme ich Zuflucht vor deinem Unheil, vor dem Unheil dessen, was in dir ist, vor dem Unheil dessen, was in dir geschaffen ist, und vor dem Unheil dessen, was auf dir kriecht, einherschreitet oder geht[22]. Ich nehme Zuflucht zu Allah vor dem Unheil jedes Löwen, jeder Person, jeder (giftigen) Schlange und Skorpion, und vor dem Unheil der Ortsbewohner, und jedes Vaters und dessen, was er zeugte."[23]
(Abu Dāwud)

Kapitel 175
Die Beschleunigung der Heimkehr nach vollendeter Mission ist erwünscht

Hadit 984 Abu Huraira(r) berichtete: Der Gesandte Allahs(s) hat gesagt: "Reisen ist ein Stückchen Leid, denn es hindert den Reisenden Essen, Trinken und Schlaf zu genießen. Sollte der Reisende den Zweck der Reise erfüllt haben, so sollte er schnellstens zu seiner Familie heimkehren."
(Al-Bukhari und Muslim)

١٧٦ - باب استحباب القدوم على أهله نهارا وكراهته فى الليل لغير حاجة

٩٨٥ - عن جابر رَضِيَ اللهُ عنهُ أنَّ رسولَ اللهِ ﷺ قال : « إذا أطالَ أحَدُكُمْ الغَيْبَةَ فَلا يَطرُقَنَّ أهْلَهُ لَيْلاً » .

وفى رواية : أنَّ رسولَ اللهِ ﷺ نَهَى أنْ يَطْرُقَ الرَّجُلُ أهْلَهُ لَيْلاً . متفقٌ عليه .

٩٨٦ - وعن أنسٍ رَضِيَ اللهُ عنهُ قَالَ : كانَ رسولُ اللهِ ﷺ لا يَطرُقُ أهْلَهُ لَيْلاً، وكانَ يَأتِيهِمْ غُدْوَةً أو عَشِيَّةً . متفقٌ عليه .

« الطُّرُوقُ » : المَجِيءُ فى اللَّيلِ .

١٧٧ - باب ما يقول إذا رجع وإذا رأى بلدته

فيه حديثُ ابنِ عُمَرَ السَّابِقُ فى باب تكبير المسافر إذا صَعِدَ الثنايا .

٩٨٧ - وعن أنسٍ رَضِيَ اللهُ عنهُ قـــال : أقْبَلْنَا مَعَ النَّبِى ﷺ ، حَتَّى إذا كُنَّا بِظَهرِ المدينةِ قال : « آيِبُونَ ، تَائِبُونَ ، عَابِدُونَ ، لِرَبِّنا حَامِدُونَ » فَلَمْ يَزَلْ يَقُولُ ذَلِكَ حَتَّى قَدِمْنـا المدينةَ . رواه مسلم .

١٧٨ - باب استحباب ابتداء القادم بالمسجد الذى فى جواره وصلاته فيه ركعتين

٩٨٨ - عن كعبِ بــنِ مالكٍ رَضِيَ اللهُ عنهُ أنَّ رسولَ اللهِ ﷺ كانَ إذا قَدِمَ مِنْ سَفَرٍ

Kapitel 176
Es wird bevorzugt, die Heimreise am Tage anzutreten

Hadith 985 Jābir(r) berichtete: Der Gesandte Allahs(s) hat gesagt: "Wenn jemand von euch für lange Zeit abwesend war, sollte er seine Familie nachts nicht überraschen."
Laut einer anderen Überlieferung hat der Gesandte Allahs(s) verboten, dass der Mann die eigene Familie nachts überrascht.
(Al-Bukhari und Muslim)

Hadith 986 Anas(r) berichtete: Der Gesandte Allahs(s) pflegte, seine Familie niemals nachts zu überraschen. Er kam immer nach Hause solange es hell war, und vor Anbruch der Nacht.
(Al-Bukhari und Muslim)

Kapitel 177
Die Lobpreisung, wenn der Heimatort in Sicht ist

Wiederholung von Nr. 976

Hadith 987 Anas(r) berichtete: Als wir mit dem Propheten(s) bei einer Heimkehr die hochgelegene Umgebung von Madīna erreichten, sagte er: "Wir kehren zurück, reumütig, unseren Herrn dienend, und Ihn lobend." Dann wiederholte er(s) diesen Satz, bis wir die Stadt Madīna betraten.
(Muslim)

Kapitel 178
Es ist wünschenswert, dass der Heimkehrende in der nächstgelegenen Moschee zwei Rak'as als Dankgebet verrichtet

Hadith 988 Kaʿb ibn Mālik(r) berichtete: Der Gesandte Allahs(s) pflegte bei der Heimkehr von der Reise zuerst zwei Rak'a in der Moschee zu

بَدَأَ بِالْمَسْجِدِ فَرَكَعَ فِيهِ رَكْعَتَيْنِ . متفقٌ عليه .

١٧٩ ــ باب تحريم سفر المرأة وحدها

٩٨٩ ــ عن أبي هريرةَ رضي اللهُ عنه قال : قال رسولُ الله ﷺ : «لا يَحِلُّ لامرأةٍ تُؤمنُ باللّهِ واليَوْمِ الآخِرِ تُسافِرُ مَسِيرةَ يومٍ وليلةٍ إلا مَعَ ذي مَحْرَمٍ عَلَيْها» متفقٌ عليه .

٩٩٠ ــ وعن ابنِ عباسٍ رضي اللهُ عنهما أنَّه سمِعَ النبيَّ ﷺ يقول : «لا يَخْلُونَّ رجلٌ بامرأةٍ إلا ومَعَها ذو مَحْرَمٍ ، ولا تُسافِرُ المرأةُ إلا مَعَ ذي مَحْرَمٍ» ، فقال له رجلٌ : يا رسولَ اللّهِ ، إنَّ امرأتي خَرَجَتْ حاجَّةً ، وإنِّي اكْتُتِبْتُ في غزوةِ كذا وكذا ؟ قال: «انْطَلِقْ فَحُجَّ مَعَ امرأتِكَ» متفقٌ عليه .

verrichten (d.h. dann ging er danach nach Hause)
(Al-Bukhari und Muslim)

Kapitel 179
Das Verbot der Frau, allein zu reisen

Hadith 989 Abu Huraira(r) berichtete: Der Gesandte Allahs(s) hat gesagt: "Es ist der Frau, die an Allah und an den jüngsten Tag glaubt, nicht erlaubt, eine Reise, die mehr als einen Tag und eine Nacht dauert, ohne Begleitung eines Mahram[24], zu unternehmen."
(Al-Bukhari und Muslim)

Hadith 990 Ibn 'Abbās(r) berichtete, dass er den Gesandten Allahs(s) sagen hörte: "Kein Mann darf allein mit einer Frau ohne Anwesenheit eines Mahrams weilen. Die Frau darf auch nicht reisen, ohne Begleitung eines Mahrams." Da sagte ein Mann zu ihm: "O Gesandter Allahs! Meine Frau ist zur Wallfahrt aufgebrochen, und ich habe mich für diese und jene Feldzüge gemeldet", so sagte er(s): "Nun eile, und führe die Wallfahrt mit deiner Frau durch!".
Die Gelehrten interpretierten das so, dass das Reisen damals vielen Gefahren ausgesetzt war, wie Imam Al Ghazali (möge Allah ihm gnädig sein) sagt. Heute dagegen würde die Frau beispielsweise in einer Stunde die gleiche Strecke zurücklegen können, zu der sie damals viele Tage gebraucht hätte.
Anm. des Herausgebers

كتاب الفضائل

١٨٠ ـ باب فضل قراءة القرآن

٩٩١ ـ عن أبى أمامةَ رضى اللهُ عنهُ قالَ : سمعتُ رسولَ اللهِ ﷺ يقولُ : «اقرَؤُوا القرآنَ ، فإنَّهُ يأتى يومَ القيامةِ شفيعاً لأصحابه » رواه مسلم .

٩٩٢ ـ وعن النَّوَّاسِ بنِ سمعانَ رضى اللهُ عنهُ قالَ : سمعتُ رسولَ اللهِ ﷺ يقولُ : « يُؤتَى يومَ القيامَةِ بالقُرآنِ وأهلِهِ الذين كانُوا يَعمَلُونَ بـهِ فى الدُّنيَا تَقدُمُهُ سورةُ البَقَرَةِ وآلِ عِمرانَ ، تحَاجَّانِ عن صَاحِبهما » رواه مسلم .

٩٩٣ ـ وعن عثمانَ بنِ عفانَ رضيَ اللهُ عنهُ قـالَ : قالَ رسولُ اللهِ ﷺ : «خيرُكم مَنْ تَعلَّمَ القرآنَ وَعَلَّمَهُ » رواه البخارى .

٩٩٤ ـ وعن عـائشـةَ رضىَ اللهُ عنهَا قالـتْ : قالَ رسولُ اللهِ ﷺ : « الَّذى يَقرأُ القُرآنَ وَهُوَ ماهِرٌ بِه مع السَّفَرَةِ الكِرامِ البَرَرَةِ ، والذى يَقرأُ القُرآنَ ويَتَتَعتَعُ فيه وهو عليه شاقٌّ له أجران » متفقٌ عليه .

٩٩٥ ـ وعن أبى موسى الأشعَرِى رضىَ اللهُ عنهُ قالَ : قالَ رسولُ اللهِ ﷺ : « مَثَلُ المؤمنِ الَّذى يَقرأُ القُرآنَ مـثلُ الأترجَّةِ : ريحهَا طيِّبٌ وَطعمُها طيِّبٌ ، ومـثلُ المؤمنِ الَّذى لا يَقرأُ القُرآنَ كمَثلِ التَّمرةِ : لا ريح لها وطعمهَا حُلوٌ ، ومثلُ المنَافقِ الـذى يَقرأُ القرآنَ كَمَثَلِ الرَّيحانةِ : ريحها طيِّبٌ وَطعمها مرٌّ ، ومَثَلُ المُنَافقِ الذى لا يَقرأُ القُرآنَ كمثلِ الحَنظَلَةِ: ليسَ لها ريحٌ وطعمُهَا مُرٌّ » متفقٌ عليه .

Buch VI:
Buch der tugendhaften Taten
Kapitel 180
Vorzüge des Qurānlesens

Hadith 991 Abu Umāma(r) berichtete, dass er den Gesandten Allahs(s) sagen hörte: "Lest immer den Qurān (besinnlich), denn er wird am Tage des Gerichts für seine Begleiter als Fürsprecher eintreten."
(Muslim)

Hadith 992 An-Nauwās ibn Sam'ān(r) berichtete, dass er den Gesandten Allahs(s) sagen hörte: "Am Tage der Auferstehung werden der Qurān und seine Anhänger, die nach ihm im Diesseits immer handelten (vor Allah) herbeigebracht werden, wobei die beiden (langen) *Sūren Al-Baqara* und *Āl-'Imrān* hervortreten, um sich für sie einzusetzen."
(Muslim)

Hadith 993 'Uthmān ibn 'Affān(r) berichtete: Der Gesandte Allahs(s) hat gesagt: "Der Beste unter euch ist derjenige, der den Qurān studiert und weiter gelehrt hat."
(Al-Bukhari)

Hadith 994 'Āischa(r) berichtete: Der Gesandte Allahs(s) hat gesagt: "Derjenige, der den Qurān mit Gewandheit liest, ist in der Gesellschaft der rechtschaffenen, edlen Engel, und derjenige, der ihn mit Mühe stotternd liest, bekommt von Allah den doppelten Lohn."
(Al-Bukhari und Muslim).

Hadith 995 Abu Musā Al-Asch'ari(r) berichtete: Der Gesandte Allahs(s) hat gesagt: "Das Gleichnis des Gläubigen, der den Qurān liest, ist das einer Süßzederatzitrone[25], deren Duft und Geschmack wohltuend sind; das Gleichnis des Gläubigen, der den Qurān nicht liest, ist das einer "luftgetrockneten" Dattel, ohne Duft, aber süß schmeckend, das Gleichnis

٩٩٦ ـ وعن عمرَ بنِ الخطابِ رضى اللهُ عنه أنّ النَّبىَّ ﷺ قال : « إنَّ اللهَ يَرفَعُ بهذا الكتابِ أقواماً ويَضَعُ به آخَرينَ » رواه مسلم .

٩٩٧ ـ وعن ابن عمرَ رضى اللهُ عنهما عن النَّبىّ ﷺ قال : « لا حَسَدَ إلا فى اثْنَتَيْن : رَجُلٌ آتاهُ اللهُ القرآنَ ، فهو يقومُ به آناءَ اللَّيلِ وآناءَ النَّهارِ ، ورجلٌ آتاهُ اللهُ مالاً ، فهوَ يُنْفِقُهُ آناءَ اللَّيلِ وآناءَ النهارِ » متفقٌ عليه . و « الآناءُ » : الساعاتُ .

٩٩٨ ـ وعنِ البَراءِ بن عازبٍ رضى اللهُ عنهما قال : كانَ رجلٌ يقرأُ سورةَ الكَهْفِ ، وعندَهُ فرَسٌ مربوطٌ بشطَنَيْنِ ، فتَغَشَّتْهُ سحابةٌ فجعَلَتْ تدنو ، وجَعَلَ فرَسَهُ يَنفِرُ منها ، فلمَّا أصبحَ أتى النَّبىَّ ﷺ ، فذكَرَ ذلك لَهُ فقالَ : « تلك السَّكينةُ تَنَزَّلَتْ للقُرآنِ » متفقٌ عليه .

« الشَّطَنُ » فتح الشينِ المعجمةِ والطاءِ المهملة : الحبلُ .

٩٩٩ ـ وعنِ ابنِ مسعودٍ رضىَ اللهُ عنهُ قالَ : قالَ رسولُ الله ﷺ : « مَنْ قرأ حَرْفاً مِنْ كتابِ الله فَلَهُ حَسَنَةٌ ، والحَسَنَةُ بعَشرِ أمثالِها لا أقولُ آلمّ حَرفٌ ، ولَكِنْ : ألفٌ حَرفٌ ، ولامٌ حَرْفٌ ، وميمٌ حَرفٌ » رواه الترمذى وقال : حديث حسن صحيح .

١٠٠٠ ـ وعن ابن عبَّاسٍ رضىَ اللهُ عنهُما قال : قالَ رسولُ الله ﷺ : «إنَّ الَّذى ليسَ فى جَوفِهِ شَىءٌ مِنَ القرآنِ كالبَيتِ الخَرِبِ » رواه الترمذى وقال : حديث حسن صحيح .

des Heuchlers, der den Qurān liest, ist das einer Basilikumart, deren Duft angenehm und ihr Geschmack bitter ist, und das Gleichnis des Heuchlers, der den Qurān nicht liest, ist das einer Koloquinte, die nicht duftet und gallenbitter schmeckt."
(Al-Bukhari und Muslim)

Hadith 996 Umar ibn Al-Khattab(r) berichtet: Der Prophet(s) hat gesagt: "Wahrlich wird Allah(s), Dank dieses Buches, Völker erhöhen, und andere erniedrigen."
(Muslim)

Hadith 997 Ibn 'Umar(r) berichtete: Der Prophet(s) hat gesagt: "Nur zwei darf man beneiden: Einen, dem Allah (aus Seiner Huld) den Qurān geschenkt hat, so rezitiert er ihn betend Tag und Nacht, und Einen, dem Allah Vermögen geschenkt hat, so spendet er dies Tag und Nacht."
(Al-Bukhari und Muslim)

Hadith 998 Al-Barrā ibn 'Āzib(r) berichtete: Ein Mann las Sūra Al-Kahf, und bei ihm stand sein Pferd mit zwei Seilen angebunden. Als sich eine Wolke näherte und ihn bedeckte, begann das Pferd scheu zu werden. Am folgenden Morgen kam er zum Propheten(s) und erzähle es ihm, woraufhin er(s) sagte: "Dies ist die Ruhe Allahs, die Er wegen des Qurāns senken ließ."
(Al-Bukhari und Muslim)

Hadith 999 Ibn Mas'ūd(r) berichtete: Der Gesandte Allahs(s) hat gesagt: "Wer einen Buchstaben aus dem Buche Allahs liest, hat den Lohn für eine (vollbrachte) gute Tat, und eine gute Tat wird zehnfach vergolten werden. Ich sage nicht, Alif-Lām- Mīm ist ein Buchstabe, sondern: Alif ist ein Buchstabe, Lām ist ein Buchstabe, und Mīm ist ein Buchstabe."
(At-Tirmidi, mit dem Vermerk: Ein guter, starker Hadith)

Hadith 1000 Ibn 'Abbās(r) berichtete: Der Prophet(s) hat gesagt:

١٠٠١ - وعن عبد الله بن عمرو بن العاص رضي الله عنهما عن النبي ﷺ قال : « يُقَالُ لِصَاحِبِ الْقُرْآنِ : اقْرَأْ وَارْتَقِ وَرَتِّلْ كَمَا كُنْتَ تُرَتِّلُ فِي الدُّنْيَا ، فَإِنَّ مَنْزِلَتَكَ عِنْدَ آخِرِ آيَةٍ تَقْرَؤُهَا » رواه أبو داود ، والترمذي وقال : حسن صحيح .

١٨١ - باب الأمر بتعهد القرآن والتحذير من تعريضه للنسيان

١٠٠٢ - عَنْ أَبِي مُوسَى رضي الله عنه عَنِ النَّبِيِّ ﷺ قال : « تَعَاهَدُوا هذا الْقُرْآنَ ، فَوَالَّذِي نَفْسُ مُحَمَّدٍ بِيَدِهِ لَهُوَ أَشَدُّ تَفَلُّتًا مِنَ الإِبِلِ فِي عُقُلِهَا » متفق عليه .

١٠٠٣ - وعن ابن عمر رضي الله عنهما أَنَّ رَسُولَ اللهِ ﷺ قال : « إِنَّمَا مَثَلُ صَاحِبِ الْقُرْآنِ كَمَثَلِ الإِبِلِ الْمُعَقَّلَةِ ، إِنْ عَاهَدَ عَلَيْهَا ، أَمْسَكَهَا ، وَإِنْ أَطْلَقَهَا ، ذَهَبَتْ » متفق عليه .

"Derjenige, in dessen Innern nichts vom Qurān ist, ist wie ein zerstörtes Haus."
(At-Tirmiḏi, mit dem Vermerk: Ein guter, starker Hadith)

Hadith 1001 'Abdullah ibn 'Amr ibnul 'Āß(r) berichtete: Der Prophet(s) hat gesagt: "Am Tag des Gerichtes wird dem Träger des Qurāns gesagt: Lies, steig hinauf, und rezitiere, wie du auf der Erde rezitiert hast, denn dein Rang wird da sein, wo du mit der letzten von dir rezitierten Āya aufgehört hast."
(Abu Dāwud, und At-Tirmiḏi mit dem Vermerk: Ein guter, starker Hadith)

Kapitel 181
Das Gebot, den Qurān zu pflegen und die Warnung vor seiner Vernachlässigung

Hadith 1002 Abu Musā Al-Asch'ari(r) berichtete: Der Prophet(s) hat gesagt: "Pflegt diesen Qurān (durch Auswendiglernen und Studieren), denn wahrlich bei Allah, in Dessen Hand sich die Seele Muhammads befinde, er kann dem Gedächtnis schneller entweichen, als sich die Kamele ihrer Fesseln entledigen."
(Al-Bukhari und Muslim)

Hadith 1003 Ibn 'Umar(r) berichtete: Der Gesandte Allahs(s) hat gesagt: "Das Gleichnis dessen, der den Qurān auswendig kennt, ist wie einer, der gefesselte Kamele aufbewahrt; pflegt und bewacht er sie, so bleiben sie bei ihm. Lässt er sie alleine, so verschwinden sie."
(Al-Bukhari und Muslim)

١٨٢ - باب استحباب تحسين الصوت بالقرآن وطلب القراءة من حسن الصوت والاستماع لها

١٠٠٤ - عَنْ أَبي هُرَيْرَةَ رَضِيَ اللَّهُ عَنْهُ قَالَ : سَمِعْتُ رَسُولَ اللَّهِ ﷺ يَقُولُ : « مَا أَذِنَ اللَّهُ لِشَيءٍ مَا أَذِنَ لِنَبِيٍّ حَسَنِ الصَّوْتِ يَتَغَنَّى بِالقُرْآنِ يَجْهَرُ بِهِ » متفقٌ عليه .

مَعْنَى « أَذِنَ اللَّهُ » : أَيْ اسْتَمَعَ ، وَهُوَ إشَارَةٌ إِلَى الرِّضَا وَالقَبُولِ .

١٠٠٥ - وعن أبي موسى الأشعريِّ رضيَ اللهُ عنهُ أنَّ رسولَ اللهِ ﷺ قالَ لَهُ : « لَقَدْ أُوتِيتَ مِزْمَاراً مِنْ مَزَامِيرِ آلِ دَاوُدَ » متفقٌ عليه .

وفي رواية لمسلم : أنَّ رسولَ اللهِ ﷺ قالَ لَهُ : « لَوْ رَأَيْتَنِي وَأَنَا أَسْتَمِعُ لِقِرَاءَتِكَ البَارِحَةَ » .

١٠٠٦ - وعنِ البَرَاءِ بنِ عازِبٍ رضيَ اللهُ عنهما قالَ : سَمِعْتُ النبيَّ ﷺ قَرَأَ في العِشَاءِ بِالتِّينِ والزَّيْتُونِ ، فَمَا سَمِعْتُ أَحَداً أَحْسَنَ صَوْتاً مِنْهُ . متفقٌ عليه .

١٠٠٧ - وعنْ أبي لُبَابَةَ بَشِيرِ بنِ عبدِ المنذرِ رضيَ اللهُ عنهُ ، أنَّ النبيَّ ﷺ قال: « مَنْ لَمْ يَتَغَنَّ بِالقُرْآنِ فَلَيْسَ مِنَّا » رواه أبو داود بإسنادٍ جيدٍ .

ومعنى « يَتَغَنَّى » : يُحَسِّنُ صَوْتَهُ بِالقُرْآنِ .

١٠٠٨ - وعنِ ابنِ مسعودٍ رضيَ اللهُ عنهُ قَالَ : قَالَ لي النبيُّ ﷺ : « اقْرَأْ عَلَيَّ القُرْآنَ » ، فَقُلْتُ : يا رَسُولَ اللهِ ، أَقْرَأُ عَلَيْكَ وَعَلَيْكَ أُنْزِلَ ؟! قَالَ : « إِنِّي أُحِبُّ أَنْ

Kapitel 182
Der Wunsch, den Qurān mit schöner Stimme zu lesen, und das Streben, die Rezitation der Leser mit schönen Stimmen zu hören und zu genießen

Hadith 1004 Abu Huraira(r) berichtete, dass er den Gesandten Allahs(s) sagen hörte: "Allah hört keinem Geschöpf mit solcher Andacht zu, wie Er einem Propheten mit schöner Stimme zuhört, wenn er den Qurān laut in besinnlichem Gesang rezitiert."
(Al-Bukhari und Muslim)

Hadith 1005 Abu Mussā Al-Asch'ari(r) berichtete, dass der Gesandte Allahs(s) zu ihm gesagt hat: "Dir wurde eine Mizmar (Art Flöte) von den Mazamir des Propheten Davids gegeben."
(Al-Bukhari und Muslim)
Laut einer anderen Version sagte der Gesandte Allahs(s) zu ihm: "Hättest du mich bloß gesehen, während ich gestern deiner Rezitation hingebungsvoll zuhörte."

Hadith 1006 Al-Barrā ibn Āzib(r) berichtete: Ich habe den Propheten im Nachtgebetdie Sūra *(Wat-Tien waz-Zaitun)* rezitieren hören, und niemals hörte ich einen mit einer schöneren Stimme als der seinen."
(Al-Bukhari und Muslim)

Hadith 1007 Abu Lubāba Baschīr ibn 'Abdul-Mundir(r) berichtete, dass der Prophet(s) gesagt hat: „Derjenige, der den Qurān nicht mit schöner Stimme (besinnlich) rezitiert, gehört nicht zu uns."
(Abu Dawūd, mit einer guten Überlieferungskette)

Hadith1008 Ibn Mas'ūd(r) berichtete: Der Prophet(s) sagte zu mir: „Lies mir vom Qur ān vor!" Ich erwiderte: „O Gesandter Allahs! Wie soll ich dir vorlesen, wo er dir offenbart wurde?!„ Er sagte: „Ich höre ihn gern von anderen rezitiert." So begann ich, vor ihm *Sūrat An-Nisā* zu rezitieren. Als

أَسْمَعَهُ مِنْ غَيْرِى » فَقَرَأْتُ عَلَيْهِ سُورَةَ النِّسَاءِ حَتَّى جِئْتُ إِلَى هَذِهِ الْآيَةِ : ﴿ فَكَيْفَ إِذَا جِئْنَا مِنْ كُلِّ أُمَّةٍ بِشَهِيدٍ وَجِئْنَا بِكَ عَلَى هَؤُلَاءِ شَهِيدًا﴾ قَالَ : « حَسْبُكَ الآنَ » فَالْتَفَتُّ إِلَيْهِ ، فَإِذَا عَيْنَاهُ تَذْرِفَانِ . متفقٌ عليه .

١٨٣ ـ باب الحث على سور وآيات مخصوصة

١٠٠٩ ـ عَنْ أَبِى سَعِيدٍ رَافِعِ بْنِ الْمُعَلَّى رَضِىَ اللهُ عَنْهُ قَالَ : قَالَ لِى رَسُولُ اللهِ ﷺ : « أَلَا أُعَلِّمُكَ أَعْظَمَ سُورَةٍ فِى الْقُرْآنِ قَبْلَ أَنْ تَخْرُجَ مِنَ الْمَسْجِدِ ؟ » فَأَخَذَ بِيَدِى، فَلَمَّا أَرَدْنَا أَنْ نَخْرُجَ قُلْتُ : يَا رَسُولَ اللهِ ، إِنَّكَ قُلْتَ : لَأُعَلِّمَنَّكَ أَعْظَمَ سُورَةٍ فِى الْقُرْآنِ؟ قَالَ : « الْحَمْدُ لِلَّهِ رَبِّ الْعَالَمِينَ هِىَ السَّبْعُ الْمَثَانِى وَالْقُرْآنُ الْعَظِيمُ الَّذِى أُوتِيتُهُ » رواه البخارى .

١٠١٠ ـ وعَنْ أَبِى سَعِيدٍ الْخُدْرِىِّ رَضِىَ اللهُ عَنْهُ أَنَّ رَسُولَ اللهِ ﷺ قَالَ فِى : ﴿ قُلْ هُوَ اللَّهُ أَحَدٌ ﴾ : « وَالَّذِى نَفْسِى بِيَدِهِ ، إِنَّهَا لَتَعْدِلُ ثُلُثَ الْقُرْآنِ » .

وفى رواية : أَنَّ رَسُولَ اللهِ ﷺ قَالَ لِأَصْحَابِهِ : « أَيَعْجِزُ أَحَدُكُمْ أَنْ يَقْرَأَ ثُلُثَ الْقُرْآنِ فِى لَيْلَةٍ » فَشَقَّ ذَلِكَ عَلَيْهِمْ ، وَقَالُوا : أَيُّنَا يُطِيقُ ذَلِكَ يَا رَسُولَ اللهِ . فَقَالَ : «﴿قُلْ هُوَ اللَّهُ أَحَدٌ ، اللَّهُ الصَّمَدُ﴾ : ثُلُثُ الْقُرْآنِ » رواه البخارى .

١٠١١ ـ وعَنْهُ أَنَّ رَجُلًا سَمِعَ رَجُلًا يَقْرَأُ : ﴿ قُلْ هُوَ اللَّهُ أَحَدٌ ﴾ يُرَدِّدُهَا ، فَلَمَّا أَصْبَحَ جَاءَ إِلَى رَسُولِ اللهِ ﷺ ، فَذَكَرَ ذَلِكَ لَهُ ، وَكَانَ الرَّجُلُ يَتَقَالُّهَا ، فَقَالَ رَسُولُ اللهِ ﷺ: « وَالَّذِى نَفْسِى بِيَدِهِ ، إِنَّهَا لَتَعْدِلُ ثُلُثَ الْقُرْآنِ » رواه البخارى .

ich diese Āya las: »Und wie (wird es den Ungläubi- gen ergehen,) wenn Wir von jedem Volk einen Zeugen bringen, und dich wider sie zum Zeugen bringen?« - Sūra 4:41- sagte er(s): „Genug jetzt!" Ich schaute zu ihm, da vergossen seine Augen Tränen.
(Al-Bukhari und Muslim)
Siehe Hadith Nr. 446

Kapitel 183
Der Ansporn, bestimmte Suren und Verse zu lesen

Hadith 1009 Abu Sa'īd Rāfi' ibn Al-Mu'allā(r) berichtete: Der Gesandte Allahs(s) sagte zu mir: "Soll ich dir nicht, ehe du aus der Moschee gehst, die bedeutendste Sūra im Qurān lehren?", und er griff meine Hand. Als wir hinausgehen wollten, sagte ich: "O Gesandter Allahs! Du hast gesagt, dass du mir die bedeutendste Sūra lehren wirst! "Er(s) sagte: "Al-Fātiha ist es. Es sind die sieben Mathāni (oft rezitierten Verse) und das Wesentliche des mir offenbarten Qur ān."
(Al-Bukhari)

Hadith 1010 Abu Sa'īd Al-Khudri) berichtete, dass der Gesandte Allahs(s) über die Sūra Al-Ikhlās (Sprich: Er ist Allah, der Einzige...) sagte: "Bei Allah, in Dessen Hand meine Seele ist, sie kommt einem Drittel des Qur ān gleich."
Laut einer anderen Version fragte der Gesandte Allahs(s) seine Gefährten(r): "Seid ihr nicht imstande, ein Drittel des Qurān an einer (=jeder) Nacht zu rezitieren?" Da dies ihnen schwer fiel, erwiderten sie: "O Gesandter Allahs! Wer von uns könnte dies schaffen?", so sagte er(s) :"Diese Sūra - Qul Huwallāhu Ahad.. - kommt einem Drittel des Qurān gleich."
(Al-Bukhari)

Hadith 1011 Abu Sa'īd Al-Khudriy(r) berichtete, dass ein Mann einen anderen die Sūra Al-Ikhlās - Qul Huwallāhu Ahad - nachts oft wiederholen

١٠١٢ ـ وعن أبى هريرة رضى اللهُ عنهُ أنَّ رسولَ اللهِ ﷺ قـال فى : ﴿ قُلْ هُوَ اللَّهُ أَحَدٌ ﴾ : « إنَّها تَعدِلُ ثُلُثَ القُرآنِ » رواه مسلم .

١٠١٣ ـ وعنْ أنسٍ رضى اللَّهُ عنهُ أنَّ رجُلاً قال : يا رسولَ اللهِ إنى أُحِبُّ هذه السُّورَةَ : ﴿ قُلْ هُوَ اللَّهُ أَحَدٌ ﴾ قال : « إنَّ حبَّها أَدْخَلَكَ الجنَّةَ » رواه الترمذى وقال : حديثٌ حسنٌ . ورواه البخارى فى صحيحه تعليقاً .

١٠١٤ ـ وعن عُقبةَ بن عامرٍ رضىَ اللهُ عنهُ أنَّ رسولَ الله ﷺ قال : « أَلَمْ تَرَ آياتٍ أُنزِلَتْ هذه اللَّيْلَةَ لَمْ يُرَ مِثلُهنَّ قط ﴿ قُلْ أَعوذُ بِرَبِّ الفَلَقِ ﴾ ، وَ ﴿ قُلْ أَعوذُ بِرَبِّ النَّاسِ ﴾ » رواه مسلم .

١٠١٥ ـ وعن أبى سعيدٍ الخُدرى رضىَ اللهُ عنهُ قال : كانَ رسولُ اللهِ ﷺ يتَعوَّذُ مِنَ الجانِ ، وعَيْنِ الإنسانِ ، حتَّى نَزلَتِ المُعوذتانِ ، فَلمَّا نَزَلَتَا ، أخذَ بِهِما وتَرَكَ ما سِواهُما . رواه الترمذى وقال : حديث حسن .

١٠١٦ ـ وعن أبى هريرة رضى اللهُ عنهُ أنَّ رسولَ اللهِ ﷺ قالَ : « مِنَ القُرآنِ سُورَةٌ ثَلاثُونَ آيَةً شَفَعَتْ لرَجُلٍ حتَّى غُفِرَ لَهُ ، وَهِىَ : ﴿ تَبارَكَ الَّذى بِيدِهِ الْمُلْكُ ﴾ » رواه أبو داود والترمذى وقال : حديث حسن .

وفى رواية أبى داود : « تَشْفَعُ » .

hörte. Am folgenden Morgen ging er zum Gesandten Allahs(s) und berichtete ihm davon, wobei er diese Sūra allein für zu gering hielt. Daraufhin sagte der Gesandte Allahs(s) zu ihm:"Bei Dem, in Dessen Hand meine Seele ist, sie kommt einem Drittel des Qurān gleich."
(Al-Bukhari)

Hadith 1012 Abu Huraira(r) berichtete: Der Gesandte Allahs(s) hat über die Sūra Al-Ikhlās gesagt: "Qul Huwallāhu Ahad kommt einem Drittel des Qurān gleich."
(Muslim)

Hadith 1013 Anas(r) berichtete: Ein Mann sagte zum Propheten(s):"O Gesandter Allahs! Ich liebe diese Sūra (Qul Huwallāhu Ahad) sehr."Er erwiderte: "Wahrlich wird diese Liebe dich ins Paradies eintreten lassen."
(At-Tirmidi mit dem Vermerk: Ein guter Hadith; Al-Bukhari überlieferte ihn in seinem Ssahih (Buch) kommentierend)

Hadith 1014 'Uqba ibn 'Āmir(r) berichtete: Der Gesandte Allahs(s) hat gesagt: "Hast du nicht von den diese Nacht heilenden, offenbarten Versen, derengleichen es noch nicht gab, gehört?; nämlich: (Sprich: Ich nehme Zuflucht beim Herrn der Morgendämmerung...) und (Sprich: Ich nehme Zuflucht beim Herrn der Menschen..)."Sūren 113, 114
(Muslim)

Hadith 1015 Abu Sa'īd Al-Khudriy(r) berichtete: Bevor die zwei Mu'auwidatān (Sūren 113, 114) offenbart worden sind, pflegte der Gesandte Allahs(s), Allah um Schutz gegen das Übel der Dschinnen und der Menschen bösen Blicken zu bitten. Erst nach Offenbarung dieser beiden pflegte er sich ihnen an Stelle aller (nicht koranischen) Bittgebete (diesbezüglich) zu bedienen.
(At-Tirmidi, mit dem Vermerk: Ein guter Hadith)

Hadith 1016 Abu Huraira(r) berichtete: Der Gesandte Allahs(s) hat

١٠١٧ - وعن أبي مسعودٍ البدريِّ رضي اللهُ عنه عن النبيِّ ﷺ قال : « مَنْ قَرَأَ بالآيتَيْنِ مِنْ آخِرِ سُورَةِ البقَرَةِ في لَيْلَةٍ كَفَتَاهُ » متفقٌ عليه .

قِيلَ : كَفَتَاهُ المَكْرُوهَ تِلْكَ اللَّيْلَةَ ، وقِيلَ : كَفَتَاهُ مِنْ قِيامِ اللَّيْلِ .

١٠١٨ - وعن أبي هريرةَ رضي اللهُ عنه أنَّ رسولَ اللهِ ﷺ قال : « لا تَجْعَلُوا بُيُوتَكُمْ مَقابِرَ ، إنَّ الشَّيْطَانَ يَنْفِرُ مِنَ البَيْتِ الَّذي تُقْرَأُ فيه سُورَةُ البَقَرَةِ » رواه مسلم .

١٠١٩ - وعن أبي بنِ كَعْبٍ رضي اللهُ عنه قال : قال رسولُ اللهِ ﷺ : « يا أبا المُنْذِرِ أتَدْرِي أيُّ آيةٍ مِنْ كِتَابِ اللهِ مَعَكَ أعْظَمُ ؟ » قُلْتُ : ﴿ اللَّهُ لَا إِلَٰهَ إِلَّا هُوَ الْحَيُّ الْقَيُّومُ ﴾ ، فَضَرَبَ في صَدْرِي وَقال : « لِيَهْنِكَ العِلْمُ أبا المُنْذِرِ » رواه مسلم .

١٠٢٠ - وعن أبي هريرة رضي اللهُ عنه قال : وكَّلَني رسولُ اللهِ ﷺ بحفظِ زكاةِ رمضانَ ، فأتاني آتٍ ، فَجَعَلَ يَحْثُو مِنَ الطَّعامِ ، فأَخَذْتُهُ فَقُلْتُ : لأَرْفَعَنَّكَ إلى رسولِ اللهِ ﷺ ، قال : إنِّي مُحْتَاجٌ ، وعَلَيَّ عِيالٌ ، وبي حاجةٌ شديدةٌ ، فَخَلَّيْتُ عَنْهُ ، فأصْبَحْتُ ،

gesagt: "Im Qurān gibt es eine Sūra mit dreißig Versen, welche für einen Mann Fürsprache einlegen, bis ihm vergeben wird; nämlich die Sūra: "Segenreich ist Der, in Dessen Hand die Herrschaft ist)."Sūra 67, Al-Mulk (Abu Dāwūd, und At-Tirmidi mit dem Vermerk: Ein guter Hadith)

Hadith 1017 Abu Mas'ūd Al-Badriy(r) berichtete: Der Prophet(s) hat gesagt: "Wer die zwei letzten Verse der Sūra Al-Baqara in einer Nacht liest, dem werden sie genügen."
(Al-Bukhari und Muslim)
Manche meinen, das Wort »genügen« hier bedeutet »schützen vor dem Unheil in jener Nacht«, während andere meinen, es bedeutet »genügen an Stelle des zusätzlichen Qiyām-Gebetes[26] in jener Nacht«.

Hadith 1018 Abu Huraira(r) berichtete: Der Gesandte Allahs(s) hat gesagt: "Lasst eure Häuser nicht Grabstätten werden. Fürwahr der Satan wendet sich zur Flucht vor dem Haus, in welchem die Sūra Al-Baqara gelesen wird."
(Muslim)

Hadith 1019 Ubaiy ibn Ka'b(r) berichtete: Der Gesandte Allahs(s) fragte mich: "O Abul-Mundir! Weißt du, welches der bedeutenste Verse, den du auswendig kennst im Buch Allahs ist?"Ich sagte: "Allah -es gibt keinen Gott außer Ihm, dem (unvergleichlich) Lebendigen, dem Beständigen..."[27] Er stieß mich beglückwünschend in die Brust und sagte: "O Abul Mundir! Erfreue dich des Wissens!"
(Muslim)

Hadith 1020 Abu Huraira(r) berichtete: Der Gesandte Allahs(s) beauftragte mich, die Ramadan-Zakat-Lebensmittel aufzubewaren, da kam ein Mann zu mir und hörte nicht auf, Nahrung davon zu nehmen. Ich packte ihn und sagte: "Dich werde ich dem Gesandten Allahs(s) vorbringen."Er sagte: "Ich bin wahrlich bedürftig, muss Familienmitgliederernähren, und bin in großer Not."Ich ließ ihn gehen,

فَقَالَ رَسُولُ اللَّهِ ﷺ : « يَا أَبَا هُرَيْرَةَ ، مَا فَعَلَ أَسِيرُكَ الْبَارِحَةَ ؟ » قُلْتُ : يَا رَسُولَ اللَّهِ شَكَا حَاجَةً وَعِيَالًا ، فَرَحِمْتُهُ ، فَخَلَّيْتُ سَبِيلَهُ ، فَقَالَ : « أَمَا إِنَّهُ قَدْ كَذَبَكَ وَسَيَعُودُ » فَعَرَفْتُ أَنَّهُ سَيَعُودُ لِقَوْلِ رَسُولِ اللَّهِ ﷺ فَرَصَدْتُهُ ، فَجَاءَ يَحْثُو مِنَ الطَّعَامِ ، فَقُلْتُ : لَأَرْفَعَنَّكَ إِلَى رَسُولِ اللَّهِ ﷺ ، قَالَ : دَعْنِي فَإِنِّي مُحْتَاجٌ ، وَعَلَيَّ عِيَالٌ ، لَا أَعُودُ ، فَرَحِمْتُهُ فَخَلَّيْتُ سَبِيلَهُ ، فَأَصْبَحْتُ فَقَالَ لِي رَسُولُ اللَّهِ ﷺ : « يَا أَبَا هُرَيْرَةَ ، مَا فَعَلَ أَسِيرُكَ الْبَارِحَةَ ؟ » قُلْتُ : يَا رَسُولَ اللَّهِ شَكَا حَاجَةً وَعِيَالًا فَرَحِمْتُهُ ، فَخَلَّيْتُ سَبِيلَهُ ، فَقَالَ : « إِنَّهُ قَدْ كَذَبَكَ وَسَيَعُودُ » فَرَصَدْتُهُ الثَّالِثَةَ ، فَجَاءَ يَحْثُو مِنَ الطَّعَامِ ، فَأَخَذْتُهُ ، فَقُلْتُ : لَأَرْفَعَنَّكَ إِلَى رَسُولِ اللَّهِ ، وَهَذَا آخِرُ ثَلَاثِ مَرَّاتٍ أَنَّكَ تَزْعُمُ أَنَّكَ لَا تَعُودُ ، ثُمَّ تَعُودُ ! فقال : دَعْنِي فَإِنِّي أُعَلِّمُكَ كَلِمَاتٍ يَنْفَعُكَ اللَّهُ بِهَا ، قلتُ : مَاهُنَّ ؟ قال : إِذَا أَوَيْتَ إِلَى فِرَاشِكَ فَاقْرَأْ آيَةَ الْكُرْسِيِّ ، فَإِنَّهُ لَنْ يَزَالَ عَلَيْكَ مِنَ اللَّهِ حَافِظٌ ، وَلَا يَقْرَبُكَ شَيْطَانٌ حَتَّى تُصْبِحَ ، فَخَلَّيْتُ سَبِيلَهُ فَأَصْبَحْتُ ، فَقَالَ لِي رَسُولُ اللَّهِ ﷺ : « مَا فَعَلَ أَسِيرُكَ الْبَارِحَةَ ؟ » قُلْتُ : يَا رَسُولَ اللَّهِ زَعَمَ أَنَّهُ يُعَلِّمُنِي كَلِمَاتٍ يَنْفَعُنِي اللَّهُ بِهَا ، فَخَلَّيْتُ سَبِيلَهُ ، قَالَ : « مَا هِيَ ؟ » قلت : قَالَ لِي : إِذَا أَوَيْتَ إِلَى فِرَاشِكَ فَاقْرَأْ آيَةَ الْكُرْسِيِّ مِنْ أَوَّلِهَا حَتَّى تَخْتِمَ الْآيَةَ :

﴿ اللَّهُ لَا إِلَهَ إِلَّا هُوَ الْحَيُّ الْقَيُّومُ ﴾ وقالَ لِي : لَا يَزَالُ عَلَيْكَ مِنَ اللَّهِ حَافِظٌ ، وَلَنْ يَقْرَبَكَ شَيْطَانٌ حَتَّى تُصْبِحَ ، فَقَالَ النَّبِيُّ ﷺ : « أَمَا إِنَّهُ قَدْ صَدَقَكَ وَهُوَ كَذُوبٌ ، تَعْلَمُ مَنْ تُخَاطِبُ مُنْذُ ثَلَاثٍ يَا أَبَا هُرَيْرَةَ ؟ » قلتُ : لَا ، قَالَ : « ذَاكَ شَيْطَانٌ » رواه البخاري .

und am folgenden Morgen sagte der Gesandte Allahs(s) zu mir: "O Abu Hzraira! Was hat dein Gefangener gestern gemacht?" Ich sagte: "O Gesandter Allahs, er klagte wegen Not und Familienunterhalt, so bekam ich Mitleid mit ihm und ließ ihn gehen."Er(s) sagte: "Fürwahr hat er dich angelogen, und er wird wiederkommen."Also wusste ich, dass er wiederkommen würde wegen der Aussage des Gesandten Allahs(s), deshalb passte ich auf. Wieder kam er, und begann Nahrung zu nehmen, da sagte ich zu ihm: "Nun werde ich dich dem Gesandten Allahs(s) vorführen!"Er sagte: "Lass mich, weil ich wahrlich bedürftig bin, ich habe Familienmitglieder zu ernähren, und ich komme nicht wieder."Am folgenden Morgen fragte der Gesandte Allahs(s): "O Abu Huraira, was tat dein Gefangner gestern?" Ich sagte: "O Gesandter. Allahs(s), er klagte wegen Not und Familienunterhalt, so bekam ich Mitleid mit ihm und ließ ihn gehen."Er(s) sagte: "Er hat dich angelogen, und er wird wiederkommen."So lauerte ich auf ihn in der dritten Nacht, da kam er und nahm viel Nahrung. Ich packte ihn und sagte: "Ich bringe dich zum Gesandten Allahs(s), denn dies ist das letzte der drei Male, in denen du behauptet hast, nicht wiederzukommen, jedoch kamst du immer wieder!" Er sagte: "Lass mich doch gehen, und ich werde dir Worte verraten, welche dir Allahs Hilfe gewähren."Ich fragte: "Was sind diese?"Er sagte: "Wenn du ins Bett gehst, lies Āyat-ul-Kursi, und somit wird der Schutz Allahs dich umgeben, und kein Teufel wird dich berühren, bis du aufstehst."So ließ ich ihn gehen, und am folgenden Morgen fragte mich der Gesandte Allahs(s): "Was tat dein Gefangner gestern?" Ich sagte: "Er behauptete, er würde mich Worte lehren, die mir Allahs Nutzen gewähren würden. So ließ ich ihn gehen." Er(s) fragte: "Was sind jene Worte?"Ich sagte: "Er sagte zu mir: "Wenn du ins Bett gehst, lies Āyat-ul-Kursi von (Allāhu Lā Ilāha illa Huw-al-Hayy-ul-Qayyūm) bis zum Ende, und somit wird dich der Schutz Allahs umgeben."Daraufhin sagte der Prophet(s): "Damit hat er dir die Wahrheit gesagt, auch wenn er ein verlogener Lügner ist. O Abu Huraira, weißt du mit wem du seit drei Nächten sprichst?"Ich sagte: "Nein!"Er(s) sagte: "Es ist ein Teufel."
(Al-Bukhari)

١٠٢١ ـ وعن أبى الدَّرْداءِ رضىَ اللهُ عنهُ أنَّ رَسُولَ اللهِ ﷺ قال : « مَنْ حفِظَ عَشْرَ آياتٍ مِنْ أوَّلِ سُورَةِ الكهْفِ ، عُصِمَ مِنَ الدَّجَّالِ » . وفى رواية : « مِنْ آخرِ سُورَةِ الكهْفِ » رواهما مسلم .

١٠٢٢ ـ وعَنِ ابنِ عبَّاسٍ رضىَ اللهُ عنهُمَا قال : بَيْنَمَا جِبْريلُ عليـه السَّلامُ قاعِدٌ عِنْدَ النَّبِىِّ ﷺ سَمِعَ نَقِيضاً مِنْ فَوْقِه ، فَرَفَعَ رَأسَهُ فقالَ : هذا بابٌ مِنَ السَّماءِ فُتِحَ اليَوْمَ ، وَلَمْ يُفْتَح قَطُّ إلا اليَوْمَ ، فَنزَلَ مِنه مَلَكٌ فقالَ : هذا مَلَكٌ نَزَلَ إلى الأرضِ لم ينزِلْ قَطُّ إلا اليَوْمَ ، فَسَلَّمَ وقالَ : أبْشِرْ بِنورَيْنِ أوتِيتَهُـمَـا ، لَمْ يُؤْتَهُـمَـا نَبِىٌّ قَبْلَكَ : فَاتِحَةُ الكِتابِ ، وخَوَاتِيمُ سُورَةِ البَقَرَةِ ، لَنْ تَقْرَأ بحَرْفٍ مِنها إلا أعْطِيتَهُ . رواه مسلم .

« النَّقِيضُ » : الصَّوْت .

١٨٤ ـ باب استحباب الاجتماع على القراءة

١٠٢٣ ـ وعَنْ أبى هُرَيْرَةَ رضىَ اللـهُ عنهُ قالَ : قالَ رَسُولُ اللهِ ﷺ : « وما اجْتَمَعَ قَوْمٌ فى بَيْتٍ من بُيوتِ اللهِ يَتْلُونَ كِتـابَ اللهِ ، ويَتَدَارَسُونَه بَيْنَهُمْ ، إلا نَزَلَتْ عَلَيْهِم السَّكِينَةُ ، وغَشِيَتْهُمُ الرَّحْمَةُ ، وَحَفَّتْهُمُ المَلائِكَةُ ، وذَكَرَهُمُ اللهُ فيمَنْ عِنْدَهُ » رواه مسلم .

Hadith 1021 Abu-ad-Dardā(r) berichtete: Der Gesandte Allahs(s) hat gesagt: "Wer die ersten zehn Verse aus Sūrat Al-Kahf auswendig kennt, wird vor dem verlogenen Dajjāl[28] geschützt."
In einer anderen Überlieferung sind dies die letzten zehn Verse.
(Muslim)

Hadith 1022 Ibn 'Abbās(r) berichtete: Während (der Engel) Gabriel beim Propheten(s) saß, hörte er ein äußerst ungewöhnliches Geräusch über sich, da schaute er hinauf und sagte: "Es ist ein Tor im Himmel, das gerade geöffnet wurde; vorher wurde es nie geöffnet."Dann ist ein Engel aus ihm herabgestiegen. Da sprach Gabriel: "Das ist ein Engel, der vor dem heutigen Tag nie zur Erde herabstieg."Der Engel grüßte und sprach zum Propheten: "Freue dich der zwei dir von Allah gegebenen Lichter, die keinem Propheten vor dir gegeben wurden: Al-Fātiha und die letzten Versen der Sūrat Al-Baqara. Für jeden Buchstaben, den du davon rezitierst, wirst du reichlich belohnt."
(Muslim)

Kapitel 184
Die Versammlung zum Qurānrezitieren ist wünschenswert

Hadith 1023 Abu Huraira(r) berichtete: Der Gesandte Allahs(s) hat gesagt: "Immer wenn sich Leute in einer Moschee versammeln, um Allahs Buch zu rezitieren und zu studieren, wird die friedvolle Ruhe Allahs in ihren Herzen einkehren, Seine Gnade wird sie umhüllen, die Engel werden sich um sie scharen, und Allah wird ihrer, die Ihm nahe sind, gedenken."
(Muslim)

١٨٥ - باب فضل الوضوء

قال الله تعالى : ﴿ يَا أَيُّهَا الَّذِينَ آمَنُوا إِذَا قُمْتُمْ إِلَى الصَّلَاةِ فَاغْسِلُوا وُجُوهَكُمْ ﴾ إلى قوله تعالى : ﴿ مَا يُرِيدُ اللَّهُ لِيَجْعَلَ عَلَيْكُم مِّنْ حَرَجٍ وَلَٰكِن يُرِيدُ لِيُطَهِّرَكُمْ وَلِيُتِمَّ نِعْمَتَهُ عَلَيْكُمْ لَعَلَّكُمْ تَشْكُرُونَ ﴾ (المائدة: ٦) .

١٠٢٤ - وعن أبي هريرة رضي الله عنه قال : سمعت رسول الله ﷺ يقول : « إنَّ أمتي يُدعَوْنَ يومَ القيامةِ غُرًّا مُحَجَّلينَ من آثارِ الوضوءِ ، فَمَن استطاع منكم أن يُطيل غُرَّتَهُ ، فليفعل » متفق عليه .

١٠٢٥ - وعنه قال : سمعت خليلي ﷺ يقول : « تَبْلُغُ الحِليَةُ مِنَ المؤمنِ حيثُ يَبْلُغُ الوضوءُ » رواه مسلم .

١٠٢٦ - وعن عثمان بن عفان رضي الله عنه قال : قال رسول الله ﷺ : «مَنْ توضَّأ فأحسنَ الوضوءَ ، خرجت خطاياهُ من جسدِه حتى تخرجَ من تحتِ أظفارِه » رواه مسلم .

١٠٢٧ - وعنه قال : رأيتُ رسولَ الله ﷺ توضأ مثلَ وضوئي هذا ثم قال : «مَنْ توضَّأ هكذا ، غُفِرَ لَهُ ما تَقدَّمَ مِنْ ذنبهِ ، وكانت صلاتُهُ ومَشيُهُ إلى المَسجدِ نافلةً » رواه مسلم .

Kapitel 185
Vorzüge der Waschung zum Gebet

Allah der Erhabene spricht: "Ihr Gläubigen! Wenn ihr euch zum Gebet begebt, dann wascht euch (vorher) das Gesicht und die Hände bis zu den Ellbogen und streicht euch über den Kopf und (wascht) eure Füße bis zu den Knöcheln...Allah will euch nichts auferlegen, was euch in Schwierigkeiten bringt, sondern Er will euch reinigen und Seine Gnade an euch vollenden, auf dass ihr dankbar sein werdet."
(Sūra 5:6)

Hadith 1024 Abu Huraira(r) berichtete: Ich hörte den Gesandten Allahs(s) sagen: "Am Tag der Auferstehung wird meine Gemeinde "Al-Ghurr Al-Muhajjalīn"[29] genannt werden. Dieser (Ehrentitel) erklärt sich aus den Spuren der täglichen Waschungen auf den Körpern der Gläubigen. Wenn ihr diese (eure) Flecken vergrößern könnt, so tut das!"
(Al-Bukhari und Muslim)

Hadith 1025 Abu Huraira(r) berichtete: Ich hörte meinen (auserwählten) Freund(s) sagen: "Die Zierdeflecken (auf dem Körper) des Gläubigen (am Tage der Auferstehung) dehnen sich auf alle durch die Wudū-Waschung gewaschenen Körperteile."
(Muslim)

Hadith 1026 'Uthmān ibn 'Affān(r) berichtete: Der Gesandte Allahs(s) hat gesagt: "Wer auch immer die kleine Waschung gründlich verrichtet, dessen Sünden werden sich von seinem Körper lösen, bis sie unter den Nägeln heraustreten."
(Muslim)

Hadith 1027 'Uthmān ibn 'Affān(r) berichtete: Ich sah, wie der Gesandte Allahs(s) Wudū auf meine diese Weise verrichtete hat, dann sagte er(s): "Wer wie ich das Wudū verrichtet, dem verzeiht Allah seine Verfehlungen,

١٠٢٨ ـ وعن أبي هريرة رضي الله عنه أنَّ رسولَ اللهِ ﷺ قال : « إذا تَوَضَّأ العَبْدُ المُسْلِم ـ أو المُؤْمِنُ ـ فَغَسَلَ وجهه ، خَرَجَ مِن وَجهه كلُّ خَطِيئَة نَظَرَ إِلَيْها بِعَيْنَيْهِ مَعَ الماء ، أوْ مَعَ آخِرِ قَطْرِ المَاءِ ، فإذا غَسَلَ يَدَيه ، خَرَجَ مِنْ يَدَيْهِ كُلُّ خَطِيئَةٍ كَانَ بَطَشَتْها يَداهُ مَعَ الماء ، أوْ مَعَ آخِرِ قَطرِ الماء ، فإذا غَسَلَ رِجْلَيْهِ ، خَرَجَتْ كلُّ خَطِيئةٍ مَشَتْها رِجْلاه مَعَ الماءِ ، أوْ مَعَ آخِرِ قَطرِ الماء ، حتى يَخرُجَ نَقِيّاً مِنَ الذُّنُوبِ » رواه مسلم .

١٠٢٩ ـ وعنهُ أنَّ رسولَ اللهِ ﷺ أتى المقبرةَ فقَالَ : « السَّلامُ عَلَيكُمْ دَارَ قَوْمٍ مُؤْمِنِينَ ، وَإِنَّا إِنْ شَاءَ الـلَّـهُ بِكُمْ لاحِقُونَ ، وَدِدْتُ أنَّا قَدْ رَأَيْنا إِخْوانَنا » قَالُوا : أوَلَسْنَا إِخْوَانَكَ يَا رَسُولَ اللهِ ؟ قَالَ : « أَنْتُمْ أَصْحَابِي ، وَإِخْوَانُنَا الَّذِينَ لَمْ يَأْتُوا بَعْدُ » قَالُوا : كَيْفَ تَعْرِفُ مَنْ لَمْ يَأْتِ بَعْدُ مِنْ أُمَّتِكَ يَا رَسُولَ اللهِ ؟ فَقَالَ : « أَرَأَيْتَ لَوْ أَنَّ رَجُلاً لَهُ خَيْلٌ غُرٌّ مُحَجَّلَةٌ بَيْنَ ظَهْرَى خَيْلٍ دُهْمٍ بُهْمٍ ، ألا يَعْرِفُ خَيْلَهُ ؟ » قَالُوا : بَلَى يَا رَسُولَ اللهِ ، قال : « فَإِنَّهُمْ يَأْتُونَ غُرّاً مُحَجَّلِينَ مِنَ الوُضُوءِ ، وَأَنَا فَرَطُهُمْ عَلَى الحَوْضِ » رواه مسلم .

١٠٣٠ ـ وعَنْهُ أنَّ رسولَ اللهِ ﷺ قَالَ : « ألا أدُلُّكُمْ عَلَى ما يَمْحُو اللهُ بِهِ الخَطَايَا ، وَيَرْفَعُ بِهِ الدَّرَجَاتِ ؟ » قَالُوا : بَلَى يَا رَسُولَ اللهِ ، قَالَ : « إِسْبَاغُ الوُضُوءِ عَلَى المَكَارِهِ ، وَكَثْرَةُ الخُطَا إلى المَسَاجِدِ ، وَانْتِظَارُ الصَّلاةِ بَعْدَ الصَّلاةِ ؛ فَذلِكُمُ الرِّبَاطُ فَذلِكُمُ الرِّبَاطُ » رواه مسلم .

die er sich hat zuschulden kommen lassen, und seine Schritte zur Moschee und das anschließende Gebet werden zusätzlich anerkannt."
(Muslim)

Hadith 1028 Abu Huraira(r) berichtete, dass der Gesandte Allahs(s) sagte: "Wenn ein Muslim oder ein Gläubiger seine rituellen Waschungen (Wudū) vollzieht und sein Gesicht wäscht, spült das Wasser bis zum letzten Tropfen alle Sünden fort, die durch seine Augen begangen wurden; wenn er seine Hände wäscht, spült das Wasser die Sünden fort, die von deinen Händen begangen wurden; und wenn er seine Füße wäscht, wäscht das Wasser alle Sünden weg, zu denen seine Füße ihn gebracht haben, bis er daraus hervorgeht, gereinigt von allen seinen Sünden."
(Muslim)

Hadith 1929 Abu Huraira(r) berichtete: Der Gesandte Allahs(s) besuchte den Friedhof (in Madīna) und sagte: "Assalāmu 'alaikum, o Bewohner dieser Stätte der Gläubigen! Wir werden euch, so Allah will, nachfolgen. Ich wünschte, wir hätten unsere Brüder sehen können!" Man fragte ihn: "O Gesandter Allahs! Sind wir nicht deine Brüder?"Er sagte: "Ihr seid meine Gefährten, denn unsere Brüder sind diejenigen, die noch nicht geboren sind." Sie fragten: "O Gesandter Allahs! Wie wirst du jene aus deiner Gemeinde erkennen, wenn sie noch nicht gekommen sind? Er sagte: "Seht ihr: Wenn jemand weiß gestiefelte Pferde mit hellglänzenden Flecken an der Stirn hätte, würde er sie nicht unter schwarzen erkennen?" Sie antworteten: "Doch, o Gesandter Allahs! "Er(s) sagte: "So werden sie (am Tag der Auferstehung) mit leuchtenden Gesichtern und weißen Gliedmaßen zur (einzigen) Quelle kommen, wobei ich sie führe und ihnen zu trinken gebe."
(Muslim)

Hadith 1030 Abu Huraira(r) berichtete: Der Gesandte Allahs(s) fragte: "Wollt ihr nicht, dass ich euch etwas sage, womit Allah die Sünden tilgt und den Rang (bei Ihm) erhöht?" Sie sagten: "Doch bitte, o Gesandter

١٠٣١ ـ وعَنْ أبي مَالِكٍ الأشْعَرِيَ رَضِيَ اللهُ عنهُ قَالَ : قَالَ رَسُولُ الـلـهِ ﷺ : « الطُّهُورُ شَطْرُ الإيمانِ » رواه مسلم .

وقد سبق بطوله في باب الصبر .

وفي الباب حديثُ عمرو بنِ عَبَسَةَ رضِيَ اللهُ عنهُ السَّابِقُ فى آخر باب الرَّجاء ، وهُو حديثٌ عظيمٌ مُشْتَمِلٌ عَلَى جُمَلٍ مِن الخيرات .

١٠٣٢ ـ وعن عُمَر بنِ الخطَّابِ رضِيَ اللهُ عنهُ عن النبيِّ ﷺ قَالَ : « ما منكم من أحَدٍ يَتَوضَّأُ فيُبْلِغُ ـ أَوْ فيُسْبِغُ الوُضُوءَ ـ ثُمَّ قَالَ : أشْهَدُ أن لا إله إلا اللهُ وحْدَه لا شَرِيكَ لهُ ، وأَشْهَدُ أنَّ محمداً عَبْدُه ورَسُولُه ، إلا فُتِحَتْ له أبْوابُ الجنَّةِ الثَّمانيةُ يَدْخُلُ مِنْ أيِّهَا شَاءَ » رواه مسلم .

وزَادَ الترمذى : « اللَّهُمَّ اجعَلنِي مِنَ التَّوابينَ ، واجعَلنِي مِنَ المُتَطَهِّرينَ » .

١٨٦ ـ باب فضل الأذان

١٠٣٣ ـ عَنْ أبي هُرَيرَةَ رَضِيَ اللهُ عنهُ أنَّ رَسُولَ اللهِ ﷺ قَالَ : « لَوْ يَعْلَمُ النَّاسُ ما في النَّداءِ والصَّفِّ الأوَّلِ ، ثُمَّ لَمْ يَجِدُوا إلا أنْ يَسْتَهِمُوا عَلَيهِ لاسْتَهَمُوا عَلَيهِ ، ولَوْ يَعْلَمُونَ ما فى التَّهجِيرِ لاسْتَبَقُوا إلَيْهِ ، ولَوْ يَعلَمُونَ ما فى العَتَمَةِ والصُّبحِ لأتَوهُمَا ولَوْ حَبواً» متفقٌ عليه .

« الاسْتِهامُ » : الاقتراعُ ، و « التَّهجِيرُ » : التَّبكيرُ إلى الصَّلاةِ .

Allahs!" Er sagte: "Das Verrichten des (vorschriftsmäßig) ausführlichen Wudū trotz Unannehmlichkeiten, das öftere Beten in den Moscheen und das Erwarten, das nächste Gebete nach dem Gebet zu verrichten, denn dies ist gewiss das (bestrebte) Wachen."
(Muslim)

Hadith 1031 Abu Mālik Al-Asch'ari(r) berichtete: Der Gesandte Allahs(s) hat gesagt: "Reinigung (Reinheit) ist die Hälfte des Glaubens."
(Muslim)
Kommentar des Verfassers: Vgl. die *H*adithe 25 und 438 in Teil I !

Hadith 1032 'Ummar ibn Al-Khattāb(r) berichtete: Der Prophet(s) hat gesagt: "Wer das Wudū gut macht und anschließend sagt: "Ich bezeuge, dass es keine Gottheit außer Allah gibt, Der keinen Partner hat, und ich bezeuge, dass Mu*h*ammad Sein Diener und Sein Gesandter ist[30]", dem werden die acht Tore des Paradieses geöffnet. Er tritt durch das (Tor) ein, durch das er will."
(Muslim)

Kapite 186
Vorzüge des Gebetsrufes

Hadith 1033 Abu Huraira(r) berichtete: Der Gesandte Allahs(s) hat gesagt: "Wüssten die Leute, welcher Lohn ihnen zuteil werden wird, wenn sie zum Gebet rufen und das Gebet in der vordersten Reihe verrichten, und gäbe es keine Alternative als dass sie losen, so müssten sie (immer) das Los entscheiden lassen darüber (wer in diesen Genuss kommt!). Würden sie wissen, wie der belohnt wird, der das Gebet in der Tahjīr[31] rechtzeitig verrichtet, sie liefen miteinander um die Wette! Und wüssten sie über das Nacht- und Morgengebet Bescheid, sie würden sicherlich daran teilnehmen, auch wenn sie auf allen Vieren herbeikriechen müssten!"
(Al-Bukhari und Muslim)

١٠٣٤ ـ وعَنْ مُعاوِيَةَ رَضِيَ اللهُ عَنْهُ قَالَ : سَمِعْتُ رَسُولَ اللهِ ﷺ يَقُولُ : «المُؤَذِّنُونَ أَطْوَلُ النَّاسِ أَعْنَاقاً يَوْمَ القِيَامَةِ » رواه مسلم .

١٠٣٥ ـ وعَنْ عَبْدِ اللهِ بنِ عَبْدِ الرَّحْمنِ بنِ أَبِي صَعْصَعَةَ أنَّ أَبَا سَعِيدٍ الخُدْرِيَّ رَضِيَ اللهُ عَنْهُ قَالَ لَهُ: « إنِّي أَرَاكَ تُحِبُّ الغَنَمَ والبَادِيَةَ فَإِذَا كُنْتَ في غَنَمِكَ ـ أَوْ بَادِيَتِكَ ـ فَأَذَّنْتَ للصَّلاةِ ، فَارْفَعْ صَوْتَكَ بِالنِّدَاءِ ، فَإِنَّهُ لا يَسْمَعُ مَدَى صَوْتِ المُؤَذِّنِ جِنٌّ ، وَلا إنْسٌ ، وَلا شَيْءٌ ، إلا شَهِدَ لَهُ يَوْمَ القِيَامَةِ » قَالَ أبو سَعِيدٍ: سَمِعْتُهُ مِنْ رَسُولِ اللهِ ﷺ . رواه البخاري .

١٠٣٦ ـ وعَنْ أَبِي هُرَيْرَةَ رَضِيَ اللهُ عَنْهُ قَالَ : قَالَ رَسُولُ اللهِ ﷺ : « إذا نُودِيَ بِالصَّلاةِ أَدْبَرَ الشَّيْطَانُ ، لَهُ ضُرَاطٌ حَتَّى لا يَسْمَعَ التَّأْذِينَ ، فَإِذَا قُضِيَ النِّدَاءُ أَقْبَلَ ، حَتَّى إذا ثُوِّبَ لِلصَّلاةِ أَدْبَرَ ، حَتَّى إذا قُضِيَ التَّثْوِيبُ أَقْبَلَ ، حَتَّى يَخْطِرَ بَيْنَ المَرْءِ وَنَفْسِهِ يَقُولُ : اذْكُرْ كَذا ، وَاذْكُرْ كَذا ـ لِمَا لَمْ يَذْكُرْ مِنْ قَبْلُ ـ حَتَّى يَظَلَّ الرَّجُلُ ما يَدْرِي كَمْ صَلَّى » متفقٌ عليه .

« التَّثْوِيبُ » : الإقَامَةُ .

١٠٣٧ ـ وعَنْ عَبْدِ اللهِ بنِ عَمْرِو بنِ العَاصِ رَضِيَ اللهُ عَنْهُمَا أنَّهُ سَمِعَ رَسُولَ اللهِ ﷺ يَقُولُ : « إذا سَمِعْتُمُ النِّدَاءَ فَقُولُوا مِثْلَ مَا يَقُولُ ، ثُمَّ صَلُّوا عَلَيَّ ، فَإِنَّهُ مَنْ صَلَّى عَلَيَّ صَلاةً صَلَّى اللهُ عَلَيْهِ بِهَا عَشْراً ، ثُمَّ سَلُوا اللهَ لِيَ الوَسِيلَةَ ، فَإِنَّهَا مَنْزِلَةٌ فِي الجَنَّةِ لا تَنْبَغِي إلا لِعَبْدٍ مِنْ عِبَادِ اللهِ وَأَرْجُو أَنْ أَكُونَ أَنَا هُوَ ، فَمَنْ سَأَلَ لِيَ الوَسِيلَةَ حَلَّتْ لَهُ الشَّفَاعَةُ » رواه مسلم .

Hadith 1034 Mu'āwiya(r) berichtete: Ich hörte den Gesandten Allahs(s) sagen: Die Gebetsrufer werden am Tage der Auferstehung die längsten Hälse haben."
(Muslim)

Hadith 1035 'Abdullāh ibn 'Abdur-Rahmān ibn Abu Sa'sa'a(r) erzählte, dass Abu Sa'īd Al-Khudriy(r) zu ihm sagte: "Ich merke, dass du die Schafe und die Wüste liebst! Wenn du die Schafe hütest oder dich in der Wüste aufhältst und du zum Gebet rufen solltest, dann erhebe dabei deine Stimme, denn Folgendes habe ich vom Gesandten Allahs(s) sagen hören: "Alle unsichtbaren Wesen, alle Menschen und Dinge, die den Ruf des Muezzins (Mu addin) hören, werden darüber am Tage der Auferstehung zu seinen Gunsten Zeugnis ablegen."
(Al-Bukhari)

Hadith 1036 Abu Huraira(r) berichtete: Der Gesandte Allahs(s) hat gesagt: "Wenn zum Gebet gerufen wird, ergreift der Teufel die Flucht, um die Worte des Gebetsrufes nicht hören zu müssen, dabei verursacht er ein Geräusch wie einen Windstoß. Anschließend kehrt er zurück, wenn der Ruf vorbei ist. Wenn die Iqāma (Gebetsbeginn) angesagt wird, entfernt er sich wieder. Darauf kommt er zurück, um den Menschen in seinem Gebet zu stören, so flüstert er ihm zu: Denk an dieses! Denk an jenes!. Er erinnert ihn an Dinge, die ihm vorher nicht bewusst waren, bis der Betende schließlich nicht mehr weiß, wie viele Verbeugungen und Niederwerfungen er verrichtet hat."
(Al-Bukhari und Muslim)

Hadith 1037 'Abdullāh 'Amr ibnul-'Ās(r) berichtete, dass er den Gesandten Allahs(s) sagen hörte: "Wenn ihr den Ruf (zum Gebet) hört, dann sprecht das gleiche, was der Gebetsrufer sagt. Dann sprecht die Segnung Allahs über mich aus, denn derjenige, der diese Segnung spricht, den wird Allah zehnfach dafür segnen. Dann bittet Allah, mir den Wasīla-Zugang zu Ihm zu gewähren, denn er ist jener gepriesene Rang im

١٠٣٨ ـ وَعَنْ أَبِي سَعِيدٍ الْخُدْرِيِّ رَضِيَ اللهُ عَنْهُ أَنَّ رَسُولَ اللهِ ﷺ قَالَ : « إِذَا سَمِعْتُمُ النِّدَاءَ ، فَقُولُوا كَمَا يَقُولُ الْمُؤَذِّنُ » متفقٌ عليه .

١٠٣٩ ـ وَعَنْ جَابِرٍ رَضِيَ اللهُ عَنْهُ أَنَّ رَسُولَ اللهِ ﷺ قَالَ : « مَنْ قَالَ حِينَ يَسْمَعُ النِّدَاءَ : اللَّهُمَّ رَبَّ هَذِهِ الدَّعْوَةِ التَّامَّةِ ، وَالصَّلَاةِ الْقَائِمَةِ ، آتِ مُحَمَّداً الْوَسِيلَةَ ، وَالْفَضِيلَةَ ، وَابْعَثْهُ مَقَاماً مَحْمُوداً الَّذِي وَعَدْتَهُ ، حَلَّتْ لَهُ شَفَاعَتِي يَوْمَ الْقِيَامَةِ » رواه البخاري .

١٠٤٠ ـ وَعَنْ سَعْدِ بْنِ أَبِي وَقَّاصٍ رَضِيَ اللهُ عَنْهُ عَنِ النَّبِيِّ ﷺ أَنَّهُ قَالَ : «مَنْ قَالَ حِينَ يَسْمَعُ الْمُؤَذِّنَ : أَشْهَدُ أَنْ لَا إِلَهَ إِلَّا اللهُ وَحْدَهُ لَا شَرِيكَ لَهُ ، وَأَنَّ مُحَمَّداً عَبْدُهُ وَرَسُولُهُ ، رَضِيتُ بِاللهِ رَبًّا ، وَبِمُحَمَّدٍ رَسُولاً ، وَبِالْإِسْلَامِ دِيناً ، غُفِرَ لَهُ ذَنْبُهُ » رواه مسلم .

١٠٤١ ـ وَعَنْ أَنَسٍ رَضِيَ اللهُ عَنْهُ قَالَ : قَالَ رَسُولُ اللهِ ﷺ : « الدُّعَاءُ لَا يُرَدُّ بَيْنَ الْأَذَانِ وَالْإِقَامَةِ » رواه أبو داود والترمذي وقال : حديث حسن .

Paradies, welcher nur für einen bestimmten Diener Allahs ist, doch hoffe ich, dieser Diener zu sein. Wer diesen Rang für mich erbittet, der wird sich (am Tage der Auferstehung) meiner Fürbitte erfreuen."
(Muslim)

Hadith 1038 Abu Sa'id Al-Khudriy(r) berichtete: Der Gesandte Allahs(s) hat gesagt: "Wenn ihr den Ruf (zum Gebet) hört, dann sprecht das gleiche, was der Gebetsrufer sagt."
(Al-Bukhari und Muslim)

Hadith 1039 Jābir(r) berichtete: Der Gesandte Allahs(s) hat gesagt: "Wer, wenn er den Ruf (zum Gebet) hört, spricht: "O Allah, Herr dieser vollkommenen Aufforderung und des beständigen Gebets, gewähre Muhammad die Wassīla-Rangstellung (im Paradies) und die Fadīla (Gunst der Gnadenfülle), und erhebe ihn (am Tage des Jüngsten Gerichts) zu jenem gepriesenen Rang, den Du ihm zugesprochen hast", der wird sich am Tage der Auferstehung meiner Fürbitte erfreuen."
(Al-Bukhari)

Hadith 1040 Sa'd ibn Abi Waqqās(r) berichtete: Der Prophet(s) hat gesagt: "Wer, wenn er den Gebetsrufer rufen hört, spricht: "Ich bezeuge, dass es keinen Gott gibt außer Allah, und dass Muhammad Sein Diener und Gesandter ist. Ich füge mich der (Gottheit) Allahs als Gott, des (Prophetentums) Muhammads als Allahs Gesandter und der (Botschaft) des Islam als Religion", dem wird seine Schuld vergeben."
(Muslim)

Hadith 1041 Anas(r) berichtete: Der Gesandte Allahs(s) hat gesagt: "Das Bittgebet zwischen Gebetsruf (Adān) und Gebetsbeginn (Iqāma) wird nicht zurückgewiesen."
(Abu Dāwūd und At-Tirmidi, mit dem Vermerk: Ein guter *H*adith.)

١٨٧ – باب فضل الصلوات

قَالَ اللهُ تَعَالَى : ﴿ إِنَّ الصَّلَاةَ تَنْهَى عَنِ الْفَحْشَاءِ وَالْمُنْكَرِ ﴾ (العنكبوت : ٤٥) .

١٠٤٢ – وَعَنْ أَبِي هُرَيْرَةَ رضي الله عنه قَالَ : سَمِعْتُ رَسُولَ اللهِ ﷺ يقول : « أَرَأَيْتُمْ لَوْ أَنَّ نَهْراً بِبَابِ أَحَدِكُمْ يَغْتَسِلُ مِنْهُ كُلَّ يَوْمٍ خَمْسَ مَرَّاتٍ ، هَلْ يَبْقَى مِنْ دَرَنِهِ شَيْءٌ ؟ » قَالُوا : لَا يَبْقَى مِنْ دَرَنِهِ شَيْءٌ ، قَالَ : « فَذلِكَ مَثَلُ الصَّلَوَاتِ الْخَمْسِ ، يَمْحُو اللهُ بِهِنَّ الْخَطَايَا » متفق عليه .

١٠٤٣ – وَعَنْ جَابِرٍ ، رضي الله عنه ، قَالَ : قَالَ رَسُولُ اللهِ ﷺ : « مَثَلُ الصَّلَوَاتِ الْخَمْسِ كَمَثَلِ نَهْرٍ غَمْرٍ جَارٍ عَلَى بَابِ أَحَدِكُمْ يَغْتَسِلُ مِنْهُ كُلَّ يَوْمٍ خَمْسَ مَرَّاتٍ » رواه مسلم .

« الغَمْرُ » بفتح الغين المعجمة : الكثيرُ .

١٠٤٤ – وَعَنِ ابْنِ مَسْعُودٍ رضي الله عنه أَنَّ رَجُلاً أَصَابَ مِنَ امْرَأَةٍ قُبْلَةً ، فَأَتَى النَّبِيَّ ﷺ فَأَخْبَرَهُ فَأَنْزَلَ اللهُ تَعَالَى : ﴿ وَأَقِمِ الصَّلَاةَ طَرَفَيِ النَّهَارِ وَزُلَفاً مِنَ اللَّيْلِ إِنَّ الْحَسَنَاتِ يُذْهِبْنَ السَّيِّئَاتِ ﴾ فقال الرَّجُلُ : إلَى هذا ؟ قال : « لِجَمِيعِ أُمَّتِي كُلِّهِمْ » متفقٌ عليه .

١٠٤٥ – وعن أَبِي هُرَيْرَةَ رضي الله عنه أَنَّ رَسُولَ اللهِ ﷺ قَالَ : « الصَّلَوَاتُ الْخَمْسُ ، وَالْجُمُعَةُ إِلَى الْجُمُعَةِ ، كَفَّارَةٌ لِمَا بَيْنَهُنَّ ، مَا لَمْ تُغْشَ الْكَبَائِرُ » رواه مسلم .

Kapitel 187
Vorzüge der Gebete

Allah, der Erhabene, sagt: "Wahrlich, das Gebet verbietet das Abscheuliche und das Verwerfliche (zu tun).."
Sūra 29:45

Hadith 1042 Abu Huraira(r) berichtete: Ich hörte den Gesandten Allahs(s) sagen: "Was meint ihr, wenn vor der Haustür von einem von euch ein Fluss wäre, von dessen Wasser er sich täglich fünfmal wäscht, würde dann noch von seinem Schmutz etwas (an ihm) haften?" Die Gefährten sagten: "Nichts von seinem Schmutz würde übrigbleiben!" Er(s) sagte: "Genauso ist das Gleichnis der fünf Gebete, mit ihnen tilgt Allah die Verfehlungen."
(Al-Bukhari und Muslim)

Hadith 1043 Jābir(r) berichtete: Der Gesandte Allahs(s) hat gesagt: "Das Gleichnis der fünf (täglichen) Gebete ist das eines strömenden Flusses vor der Haustür eines von euch und dieser jeden Tag fünfmal darin badet."
(Muslim)

Hadith 1044 Ibn Mas'ūd(r) berichtete: (Widerrechtlich) küsste ein Mann eine Frau, so begab er sich zum Propheten(s) und erzählte ihm von seiner Verfehlung. Darauf offenbarte Allah der Erhabene die Verse: "Und verrichte das Gebet an den beiden Enden des Tages, und in den (späteren) Stunden der Nacht. Wahrlich, die guten Taten tilgen die schlechten." (Sūra 11:114). Daraufhin fragte der Mann: "Ist dies für mich offenbart worden?" Er(s) erwiderte: "Für meine gesamte Gemeinde."
(Al-Bukhari und Muslim)

Hadith 1045 Abu Huraira(r) berichtete: Der Gesandte Allahs(s) hat gesagt: "Die (täglichen) fünf Gebete und das Freitagsgebet sind Sühne für die in der Zeit zwischen ihnen und dem vorangegangenen Freitag

١٠٤٦ - وعن عثمان بن عفان رضى الله عنه قال : سمعتُ رسولَ الله ﷺ يقول: «ما من امرئ مسلم تحضره صلاةٌ مكتوبةٌ فيُحسنُ وضوءَها، وخشوعَها، وركوعَها، إلا كانت كفّارةً لما قبلَها من الذنوب ما لم تُؤتَ كبيرةٌ، وذلك الدهرَ كلَّه» رواه مسلم.

١٨٨ - باب فضل صلاة الصبح والعصر

١٠٤٧ - عن أبى موسى رضى الله عنه أن رسولَ الله ﷺ قال : «من صلى البردَينِ دخَلَ الجنةَ» متفقٌ عليه.

«البردان» : الصبح والعصر.

١٠٤٨ - وعن أبى زهير عُمارَةَ بن رُويبة رضى الله عنه قال : سمعتُ رسولَ الله ﷺ يقول : «لن يلجَ النارَ أحدٌ صلى قبلَ طلوع الشمس وقبلَ غروبها» يعنى الفجرَ والعصرَ. رواه مسلم.

١٠٤٩ - وعن جُندُب بن سفيانَ رضى الله عنه قال: قال رسولُ الله ﷺ: «من صلى الصبحَ فهو فى ذمة الله فانظر يا بنَ آدمَ، لا يطلبنَّك اللهُ من ذمَّتِه بشىء» رواه مسلم.

begangenen Verfehlungen, solange man keine großen Sünden begangen hat."
(Muslim)

Hadith 1046 'Uthmāb ibn 'Affān(r) berichtete: Ich hörte den Gesandten Allahs(s) sagen: "Wer immer für das fällige Gebet das sorgfältige Wuḍū durchführt und die Verbeugungen demütig auf die beste Weise (vorschriftsmäßig) tut, dem werden die vorher begangenen Verfehlungen verziehen, solange sie keine große Sünden sind. Dies gilt das ganze Leben."
(Muslim)

Kapitel 188
Vorzüge der Morgen- und Nachmittagsgebete

Hadith 1047 Abu Mūsā(r) berichtete: Der Gesandte Allahs(s) hat gesagt: "Wer immer die beiden kühlen (Gebete[32]) verrichtet, geht in das Paradies ein."
(Muslim)

Hadith 1048 Abu Zuhair 'Umāra ibn Ruwaiba(r) berichtete: Ich hörte den Gesandten Allahs(s) sagen: "Nie wird derjenige, der die beiden Gebete vor dem Sonnenaufgang und vor dem Sonnenuntergang immer verrichtet in die Hölle eingeführt."Kommentar des Verfassers: Gemeint sind das Morgengebet und das Nachmittagsgebet.
(Muslim)

Hadith 1049 Jundub ibn Sufyān(r) berichtete: Der Gesandte Allahs(s) hat gesagt: "Derjenige, der das Morgengebet immer verrichtet hat, ist in Allahs Schuld. So sollst du, Kind Adams, beachten, dass Allah dich nicht nach der von dir noch zu bezahlenden Restschuld fragt."
(Muslim)

١٠٥٠ - وعن أبي هريرة رضي الله عنه قال: قال رسول الله ﷺ: «يَتَعَاقَبُونَ فيكم مَلَائِكَةٌ بِاللَّيْلِ، وَمَلَائِكَةٌ بِالنَّهَارِ، وَيَجْتَمِعُونَ في صلاةِ الصُّبْحِ وصَلاةِ العَصْرِ، ثُمَّ يَعْرُجُ الَّذِينَ بَاتُوا فِيكم، فَيَسْأَلُهُمْ اللهُ - وَهُوَ أَعْلَمُ بِهِمْ - كَيْفَ تَرَكْتُمْ عِبَادِي؟ فَيَقُولُونَ: تَرَكْنَاهُمْ وَهُمْ يُصَلُّونَ، وَأَتَيْنَاهُمْ وَهُمْ يُصَلُّونَ» متفق عليه.

١٠٥١ - وعن جرير بن عبد الله البجلي رضي الله عنه قال: كنا عندَ النبي ﷺ، فَنَظَرَ إلى القَمَرِ لَيْلَةَ البَدْرِ فقال: «إنَّكُمْ سَتَرَوْنَ رَبَّكُمْ كما تَرَوْنَ هذا القَمَرَ، لا تُضَامُّونَ في رُؤْيَتِهِ، فَإِنِ اسْتَطَعْتُمْ أَنْ لا تُغْلَبُوا عَلى صَلاةٍ قَبْلَ طُلُوعِ الشَّمْسِ، وَقَبْلَ غُرُوبِهَا فَافْعَلُوا» متفق عليه.

وفي رواية: «فَنَظَرَ إلى القَمَرِ لَيْلَةَ أَرْبَعَ عَشْرَةَ».

١٠٥٢ - عن أبي هريرة رضي الله عنه قال: قال رسول الله ﷺ: «مَنْ تَرَكَ صَلاةَ العَصْرِ فَقَدْ حَبِطَ عَمَلُهُ» رواه البخاري.

١٨٩ - باب فضل المشي إلى المساجد

١٠٥٣ - عن أبي هريرة رضي الله عنه أن النبي ﷺ قال: «مَنْ غَدَا إلى المَسْجِدِ أَوْ رَاحَ، أَعَدَّ اللهُ لَهُ في الجَنَّةِ نُزُلاً كُلَّمَا غَدَا أَوْ رَاحَ» متفق عليه.

١٠٥٤ - وعنه أن النبي ﷺ قال: «مَنْ تَطَهَّرَ في بَيْتِهِ، ثُمَّ مَضَى إلى بَيْتٍ مِنْ بُيُوتِ اللهِ؛ لِيَقْضِيَ فَرِيضَةً مِنْ فَرَائِضِ اللهِ، كَانَتْ خُطْوَاتُهُ، إِحْدَاهَا تَحُطُّ خَطِيئَةً، وَالأُخْرَى تَرْفَعُ دَرَجَةً» رواه مسلم.

Hadith 1050 Abu Huraira(r) berichtete: Der Gesandte Allahs(s) hat gesagt: "(Die) Engel wechseln sich Tag und Nacht ab, um bei euch zu sein, und sie treffen bei euch zusammen beim Morgengebet und bei dem Nachmittagsgebet. Die Engel, die bei euch übernachtet hatten, steigen zum Himmel auf. Danach fragt Allah sie, obwohl Er es doch am besten weiß: "Wie habt ihr meine Diener gefunden, als ihr sie verlassen habt?" Sie werden antworten: "Als wir sie verlassen haben, waren sie im Gebet, und als wir zuvor zu ihnen kamen waren sie (ebenso) im Gebet."
(Al-Bukhari und Muslim)

Hadith 1051 Jarīr ibn Khālid Al-Bajliy(r) berichtete: Eines Abends waren wir beim Propheten(s), da schaute er zum Mond -es war eine Vollmondnacht- und sagte: "Ihr werdet euren Herrn (deutlich) sehen, so wie ihr diesen Mond seht, ohne Schwierigkeiten. So bemüht euch nach Möglichkeit, kein Gebet vor Sonnenaufgang und Sonnenuntergang zu versäumen."
(Al-Bukhari und Muslim)

Hadith 1052 Abu Huraira(r) berichtete: Der Gesandte Allahs(s) hat gesagt: "Wer das Nachmittagsgebet auslässt, dessen Werk ist zunichte geworden."
(Al-Bukhari)

Kapitel 189
Vorzug der Moscheen

Hadith 1053 Abu Huraira(r) berichtete: Der Prophet(s) hat gesagt: "Wer morgens oder abends zur Moschee kommt, für den lässt Allah ein Festessen[33] im Paradies herrichten, so oft er kommt, morgens oder abends."
(Al-Bukhari und Muslim)

Hadith 1054 Abu Huraira(r) berichtete: Der Prophet(s) hat gesagt: "Wer

١٠٥٥ - وعن أُبيّ بن كعب رضي الله عنه قال : كان رجلٌ من الأنصار لا أعلَم أحداً أبعَدَ من المسجد منه ، وكانت لا تُخطئه صلاةٌ ! فقيل له : لو اشتريتَ حماراً تركبُه في الظَّلماء وفي الرَّمضاء قال : ما يسرُّني أنَّ منزلي إلى جنبِ المسجد ، إني أريد أن يكتبَ لي مَمْشايَ إلى المسجد ، ورجوعي إذا رجعْتُ إلى أهلي ، فقال رسولُ الله ﷺ : « قد جمَعَ اللهُ لك ذلك كلَّه » رواه مسلم .

١٠٥٦ - وعن جابر رضي الله عنه قال : خلَت البقاعُ حولَ المسجد ، فأراد بنو سَلِمَة أن ينتقلوا قُربَ المسجد ، فبلغَ ذلك النبيَّ ﷺ فقال لهم : « بلغَني أنَّكم تريدون أن تنتقلوا قُربَ المسجد ؟! » قالوا : نعم يا رسولَ الله قد أردنا ذلك ، فقال : «بني سَلِمَة دياركُمْ تُكتَبْ آثارُكُمْ ، دياركُمْ تُكتَبْ آثارُكُمْ » فقالوا : ما يسرُّنا أنا كنَّا تحوَّلنا . رواه مسلم، وروى البخاري معناه من رواية أنس .

١٠٥٧ - وعن أبي موسى رضي الله عنه قال : قال رسولُ الله ﷺ : « إن أعظَمَ الناسِ أجراً في الصَّلاة أبعدُهُمْ إليها مَمْشىً ، فأبعدُهُمْ ، والذي ينتظر الصَّلاة حتى يصلِّيها معَ الإمام أعظَمُ أجراً من الذي يصلِّي ثمَّ ينامُ » متفقٌ عليه .

sich zu Hause reinigt und sich darauf zur Moschee begibt, um dort sein Gebet zu verrichten, dem werden seine (zurückgelegten) Schritte belohnt: Für einen Schritt wird ein Vergehen verziehen und für den folgenden wird sein Rang (im Paradies) erhöht."
(Muslim)

Hadith 1055 Ubaiy ibn Ka'b(r) berichtete: Ein Mann aus dem Stamme Al-Ansār wohnte am weitesten von der Moschee entfernt, doch nie hat er ein Gebet mit der Gemeinde versäumt. Man sagte zu ihm: "Wie wäre es, wenn du einen Esel kaufst, um ihn in der Dunkelheit und in der Hitze zu reiten?"Er sagte: "Ich wäre nicht erfreut, wenn mein Haus neben der Moschee liegt, denn ich möchte, dass meine Schritte zur Moschee und meine Rückkehr zu meiner Familie aufgenommen werden."Daraufhin sagte der Gesandte Allahs(s) zu ihm: "All dies hat Allah für dich zusammengerechnet."
(Muslim)

Hadith 1056 Jābir(r) berichtete: Um die Prophetenmoschee wurden Bauplätze frei, da wollte der Stamm Banu Salima in die Nähe der Moschee ziehen. Als dies dem Propheten(s) zu Ohren kam, sagte er zu ihnen: "Ich habe erfahren, dass ihr in die Nähe der Moschee ziehen wollt?!"Sie sagten: "Ja! O Gesandter Allahs, wir wollten es."Daraufhin sagte er: "O Stamm Salima! Bleibt wo ihr wohnt, denn eure Taten werden reichlich belohnt! Bleibt wo ihr wohnt, denn eure Taten werden reichlich belohnt!"Der Stamm Salima pflegte zu sagen: "Es hätte uns nie erfreut, wären wir umgezogen"
(Muslim, und Al-Bukhari sinngemäß nach Anas)

Hadith 1057 Abu Mūsā(r) berichtete: Der Gesandte Allahs(s) hat gesagt: "Die höchste Belohnung eines Betenden bekommt derjenige, der den längsten Weg zur Moschee hat, dann folgt derjenige, der den zweitlängsten Weg hat. Derjenige, der (in der Moschee) auf das (Nacht-) gebet wartet, bis er es zusammen mit dem Imām verrichtet, bekommt eine höhere

١٠٥٨ - وعن بُرَيْدَةَ رضى الله عنه عن النبيّ ﷺ قال : « بشِّروا المشَّائين فى الظُّلَم إلى المَساجِدِ بالنور التامِّ يومَ القيامةِ » رواه أبو داود ، والترمذى .

١٠٥٩ - وعن أبى هريرةَ رضى اللهُ عنه أنَّ رسولَ اللهِ ﷺ قال : « ألا أدُلُّكُمْ على ما يَمْحُو اللهُ به الخَطَايَا ، ويَرفَعُ به الدَّرَجَاتِ ؟ » قَالُوا : بَلَى يا رسولَ اللهِ ، قالَ : « إسباغُ الوُضُوءِ على المَكَارِه ، وكَثْرةُ الخُطَا إلى المَساجِدِ ، وانتظارُ الصَّلاةِ بَعْدَ الصَّلاةِ ؛ فَذلِكُمُ الرِّباطُ ، فَذلِكُمُ الرِّباطُ » رواه مسلم .

١٠٦٠ - وعن أبى سعيدٍ الخدرى رضى اللهُ عنهُ عنِ النبىِّ ﷺ قال : « إذا رأيْتُمْ الرَّجُلَ يَعْتَادُ المَساجِدَ فاشْهَدُوا لهُ بالإيمانِ ، قالَ اللهُ عزَّ وجلَّ : ﴿ إنَّما يَعْمُرُ مَساجِدَ اللهِ مَنْ آمَنَ باللهِ واليَوْمِ الآخِرِ ﴾ » الآية . رواه الترمذى وقال : حديث حسن .

١٩٠ - باب فضل انتظار الصلاة

١٠٦١ - عن أبى هريرةَ رضى اللهُ عنهُ أنَّ رسولَ اللهِ ﷺ قالَ : « لا يَزَالُ أحَدُكُمْ فى صلاةٍ ما دامَتِ الصَّلاةُ تَحْبِسُهُ ، لا يَمْنَعُهُ أنْ يَنْقَلِبَ إلى أهْلِهِ إلا الصلاةُ » متفقٌ عليه .

Belohnung als derjenige, der zu Hause betet und danach schläft."
(Al-Bukhari und Muslim)

Hadith 1058 Buraida(r) berichtete: Der Prophet(s) hat gesagt: "Verkündet den Betenden, die in der Dunkelheit zu den Moscheen gehen, (die frohe Botschaft) dass ihnen das vollkommene Licht am Tage der Auferstehung, zuteil wird."
(Abu Dāwūd und At-Tirmiḏi)

Hadith 1059 Abu Huraira(r) berichtete: Der Gesandte Allahs(s) fragte: "Wollt ihr nicht, dass ich euch etwas sage, womit Allah die Sünden tilgt und euren Rang (bei Ihm) erhöht? "Sie sagten: "Doch bitte, o Gesandter Allahs!"Er sagte: "Das Verrichten des (vorschriftsmäßig) ausführlichen Wudū trotz Unannehmlichkeiten, das öftere Beten in den Moscheen und das Erwarten, das Gebet nach dem Gebet zu verrichten, denn dies ist gewiss das (bestrebte) Wachen, dies ist gewiss das (bestrebte) Wachen."
(Muslim)

Hadith 1060 Abu Sa'īd Al-Khudriy(r) berichtete: Der Prophet(s) hat gesagt: "Wenn ihr einen Menschen seht, dessen Herz an den Moscheen hängt, dann bezeugt auch, das er gläubig ist. Allah, mächtig und erhaben ist Er, sagt: "Wer gewiss die Moscheen Allahs zu erhalten vermag, das ist der, der an Allah und an den Jüngsten Tag glaubt und das Gebet verrichtet..."Sūra 9:18

(At-Tirmiḏi, mit dem Vermerk: Ein guter Hadith)

Kapitel 190
Der Vorzug des Wartens auf das Gebet in der Moschee

Hadith 1061 Abu Huraira(s) berichtete: Der Gesandte Allahs(s) hat gesagt: "Man ist im Gebet, solange man sich in der Moschee aufhält, um nur das Gebet zu verrichten, so dass einzig das Gebet ihn davor zurückhält,

١٠٦٢ - وعنه أن رسول الله ﷺ قال: «الملائكة تُصلي على أحدكم ما دام في مُصَلَّاهُ الذي صلَّى فيه، ما لم يُحْدِث، تقول: اللهُمَّ اغْفِرْ لَهُ، اللَّهُمَّ ارْحَمْهُ» رواه البخاري.

١٠٦٣ - وعن أنس رضي الله عنه أن رسول الله ﷺ أخَّرَ ليلةً صلاةَ العشاءِ إلى شَطْرِ الليلِ ثم أقبلَ علينا بوجهه بعد ما صلَّى فقال: «صلَّى الناسُ ورقدوا ولم تزالوا في صلاةٍ منذ انتظرتموها» رواه البخاري.

١٩١ - باب فضل صلاة الجماعة

١٠٦٤ - عن ابن عمر رضي الله عنهما أن رسول الله ﷺ قال: «صلاةُ الجماعةِ أفضلُ من صلاةِ الفذِّ بسبعٍ وعشرين درجةً» متفق عليه.

١٠٦٥ - وعن أبي هريرة رضي الله عنه قال: قال رسول الله ﷺ: «صلاةُ الرجلِ في جماعةٍ تُضعَّفُ على صلاتِه في بيته وفي سوقِه خمساً وعشرين ضِعفاً، وذلك أنه إذا توضأ فأحسن الوضوء، ثم خرج إلى المسجد، لا يُخرجُه إلا الصلاةُ، لم يخطُ خطوةً إلا رُفعت له بها درجةٌ، وحُطَّت عنه بها خطيئةٌ، فإذا صلَّى لم تزل الملائكةُ تُصلي عليه ما دام في مُصلَّاه، ما لم يُحْدِث، تقول: اللهُمَّ صلِّ عليه، اللهُمَّ ارحمْه، ولا يزال في صلاةٍ ما انتظر الصلاةَ» متفق عليه. وهذا لفظ البخاري.

zu seinen Angehörigen zurückzukehren."
(Al-Bukhari und Muslim)

Hadith 1062 Anas(r) berichtete: Der Gesandte Allahs(s) hat gesagt: "Solange sich der Betende in seiner Gebetstätte aufhält, ohne Sein Wudū zu brechen, beten die Engel für ihn rufend: "O Allah, vergib ihm! O Allah, hab Erbarmen mit ihm!"
(Al-Bukhari)

Hadith 1063 Anas(r) berichtete: Einmal schob der Gesandte Allahs(s) das Nachtgebet bis Mitternacht auf. Nachdem er schließlich mit uns gebetet hatte, sagte er: "Die Menschen haben schon vor einiger Zeit gebetet und schlafen bereits. Ihr aber habt so lange gebetet, wie ihr auf das Nachtgebet gewartet habt."
(Al-Bukhari)

Kapitel 191
Der Vorzug des Gemeinschaftsgebets

Hadith 1064 Ibn 'Umar(r) berichtete: Der Gesandte Allahs(s) hat gesagt: "Das gemeinsame Gebet hat den siebenundzwanzigfachen Wert des allein verrichteten Gebets."
(Al-Bukhari und Muslim)

Hadith 1065 Abu Huraira(r) berichtete: Der Gesandte Allahs(s) hat gesagt: "Der Lohn eines gemeinschaftlich verrichteten Gebetes (in der Moschee) beträgt das fünfundzwanzig- fache des Lohnes für ein Gebet, das allein zu Hause oder im Laden auf dem Markt verrichtet wird, denn wer die kleine Waschung gewissenhaft durchführt und sich darauf zur Moschee begibt, einzig und allein aus dem Wunsch heraus, dort sein Gebet zu verrichten, der legt nicht einen einzigen Schritt dabei zurück, ohne dass er dafür belohnt und ihm eines seiner Vergehen verziehen wird. Und wenn er betet, werden die Engel, solange er sich an der Stätte des Gebets, ohne

١٠٦٦ - وعنهُ قالَ: أتى النبيَّ ﷺ رجلٌ أعمى، فقال: يا رسولَ اللهِ، ليسَ لى قائدٌ يَقودُنى إلى المَسجدِ، فَسأَلَ رسولَ اللهِ ﷺ أن يُرخِّصَ لهُ فَيُصلِّىَ فى بيتهِ؛ فَرخَّصَ لَهُ، فَلمّا ولَّى دَعاهُ فقالَ لهُ: «هل تَسمَعُ النِّداءَ بالصَّلاةِ؟» قال: نَعَم، قال: «فَأجِبْ». رواه مسلم.

١٠٦٧ - وعن عبدِ اللهِ - وقيلَ: عَمرو بنِ قَيسٍ - المَعروفِ بابنِ أمِّ مكتومٍ المؤذِّنِ رضىَ اللهُ عنهُ أنَّهُ قال: يا رسولَ اللهِ إنَّ المدينةَ كثيرةُ الهَوامِّ والسِّباعِ، فقال رسولُ اللهِ ﷺ: «تَسمَعُ حىَّ على الصَّلاةِ، حىَّ على الفلاحِ؛ فَحَيَّهَلا». رواه أبو داود بإسنادٍ حسنٍ.

ومعنى «حَيَّهَلا»: تعالَ.

١٠٦٨ - وعن أبى هريرةَ رضى اللهُ عنهُ أنَّ رسولَ اللهِ ﷺ قالَ: «والَّذى نَفسى بيَدِه، لَقَد هَمَمتُ أن آمرَ بحطبٍ فَيُحتَطَبَ، ثمَّ آمرَ بالصَّلاةِ فيُؤذَّنَ لَها، ثمَّ آمرَ رجلاً فيؤمَّ النَّاسَ، ثمَّ أخالِفَ إلى رجالٍ فأحرِّقَ علَيهم بيوتَهم». متفقٌ عليه.

١٠٦٩ - وعنِ ابنِ مسعودٍ رضىَ اللهُ عنهُ قال: من سرَّهُ أن يَلقى اللهَ تعالى غداً مُسلِماً، فَليُحافِظْ على هؤلاءِ الصَّلواتِ، حيثُ يُنادى بهنَّ، فإنَّ اللهَ شرعَ لنبيِّكم ﷺ سُنَنَ الهُدى، وإنَّهُنَّ من سُننِ الهُدى، ولو أنَّكم صلَّيتُم فى بيوتكم كما يُصلِّى هذا

sein Wudū zu brechen, aufhält, für ihn beten und Allah bitten: "O Allah, segne ihn! O Allah, hab Erbarmen mit ihm." Dabei wird die Zeit, die er in Erwartung des Gebets verbringt, auch als Gebetszeit angerechnet."
(Al-Bukhari und Muslim. Der Text hier ist der Sammlung von Al-Bukhari entnommen.)

Hadith 1066 Abu Huraira(r) berichtete: Ein Blinder kam zum Propheten(s) und sagte: "O Gesandter Allahs! Ich habe keinen Führer, der mich zur Moschee führt. Darf ich zu Hause beten?" Der Gesandte Allahs(s) billigte dies zuerst, dann, als er sich entfernen wollte, rief er(s) ihn und fragte: "Hörst du (aus deiner Wohnung) den Gebetsruf?" Er sagte: "Ja." Daraufhin sagte er(s) zu ihm: "Dann hast du ihm zu folgen!"
(Muslim)

Hadith 1067 'Abdullāh, auch 'Amr ibn Qais genannt - bekannt unter dem Namen Ibn Umm Maktūm, der Gebetsrufer,(r) sagte zum Propheten(s): "O Gesandter Allahs, Madina wimmelt von Reptilien und schädlichen Kriechern."[34] Daraufhin fragte der Gesandte Allahs(s): "Hörst du den Gebetsruf: Kommt zum Gebet! Kommt zum Erfolg! Also komm zur Moschee!"
(Abu Dāwūd überlieferte den Hadith mit einer guten Überlieferungskette)

Hadith 1068 Abu Huraira(r) berichtete: Der Gesandte Allahs(s) hat gesagt: "Bei dem, in dessen Hand meine Seele ist! Ich hatte im Sinn, dass Brennholz gesammelt wird, dann ließe ich zum Gebet rufen und einen Mann (von euch) als Vorbeter bestimmen, dann wäre ich zu gewissen Männern (die zu Hause geblieben sind) gegangen und hätte ihre Häuser in Brand gesetzt."
(Al-Bukhari und Muslim)

Hadith 1069 Ibn Mas'ūd(r) sagte: "Wer sich freut, Allah am Tage der Auferstehung (wörtlich: morgen) als (wahrhaftiger) Muslim zu treffen, der soll über die Pflichtgebete wachen und sie immer verrichten, wo zum

المُتَخَلَّفُ فى بيتهِ لَتركتُم سُنَّةَ نَبيِّكم ، وَلَو تَركتُم سُنَّةَ نَبيِّكم لَضَلَلْتُم ، وَلَقَد رَأيتُنا وما يَتَخَلَّف عَنها إلا مُنافِقٌ مَعلُومُ النِّفَاق ، ولَقَد كانَ الرَّجُلُ يُؤتى بهِ ، يُهادَى بينَ الرَّجُلَينِ حَتى يُقامَ فى الصَّف . رواه مسلم .

وفى روايةٍ له قالَ : إنَّ رَسُولَ اللهِ ﷺ علَّمَنَا سُنَنَ الهُدَى ؛ وإنَّ مِن سُنَنِ الهُدَى الصَّلاةَ فى المَسجِدِ الَّذى يُؤذَّنُ فيه .

١٠٧٠ ــ وعن أبى الدرداءِ رضى الله عنه قال : سَمعت رسولَ اللهِ ﷺ يقول: «ما مِن ثَلاثَةٍ فى قَريةٍ ولا بَدْوٍ لا تُقَامُ فيهمُ الصَّلاةُ إلا قَد استَحوَذَ علَيهِمُ الشَّيطَانُ، فَعَلَيكُم بالجَمَاعَةِ ؛ فَإنَّما يَأكُلُ الذِّئبُ مِنَ الغَنَمِ القَاصِيَة » رواه أبو داود بإسناد حسن .

١٩٢ ــ باب الحث على حضور الجماعة فى الصبح والعشاء

١٠٧١ ــ عَن عُثمانَ بنِ عَفانَ رضىَ اللهُ عنهُ قالَ : سمعتُ رسولَ اللهِ ﷺ يقول: «مَن صَلَّى العِشَاءَ فى جَمَاعَةٍ ، فَكَأنَّمَا قامَ نِصفَ اللَّيلِ ، ومَن صَلَّى الصبحَ فى جَمَاعَةٍ ، فَكَأنَّمَا صَلَّى اللَّيلَ كُلَّهُ » رواه مسلم .

Gebet gerufen wird, denn Allah verordnete für euren Propheten(s) die Wege der Rechtleitung, so sind die Gebete auch ein Bestandteil der Rechtleitung. Wenn ihr aber eure Gebete in euren Häusern verrichtet, wie es jener daheim Sitzende betet, dann habt ihr damit den rechten Weg eures Propheten verlassen. Und wenn ihr vom Weg abkommt, seit ihr verloren. Fürwahr sahen wir (mit dem Propheten), dass nur die wohl bekannten Heuchler daheim sitzen blieben. Es ist wahr, dass derjenige (der vor Krankheit o.a geschwächt war) zum Gebet von zwei Männern begleitet wurde, bis er in der Reihe stehen und mitbeten konnte."
(Muslim)
Laut einer anderen Überlieferung sagte Ibn Mas'ūd: "Der Gesandte Allahs(s) zeigte uns die Wege der Rechtleitung, und das Beten in der Moschee, in welcher zum Gebet gerufen wird, ist ein Bestandteil dieser Wege der Rechtleitung."

Hadith 1070 Abu Ad-Dardā(r) berichtete: Ich hörte den Gesandten Allahs(s) sagen: "Es gibt keine drei (Personen) in einem Dorf oder einem Wüstengebiet, die nicht das Gebet gemeinsam verrichten, ohne dass der Satan sich ihrer bemächtigt. Haltet euch an die Gemeinschaft, denn der Wolf frisst (das Schaf), das sich (von der Herde) entfernt hat."
(Abu Dāwūd mit einer guten Überlieferungskette)

Kapitel 192
Das Anspornen, das Gemeinschaftsgebet in der Morgendämmerung und in der Nacht zu verrichten

Hadith 1071 'Uthmān ibn 'Affān(r) berichtete: Ich hörte den Gesandten Allahs(s) sagen: "Wer beim gemeinschaftlichen Nachtgebet ('Ischā) anwesend ist, dem (wird Lohn zuteil), als ob er die halbe Nacht (im Gebet) stünde, und wer beim Morgengebet (Fajr) anwesend ist, dem wird (Lohn zuteil), als ob er die ganze Nacht (im Gebet) stünde."
(Muslim)
In der Version von At-Tirmidi, dass 'Uthmān Ibn 'Affān(r) berichtete:

وفى رواية الترمذى عن عثمانَ بن عفانَ رضى اللهُ عنه قال : قال رسولُ اللهِ ﷺ «مَنْ شهدَ العِشَاءَ فى جَمَاعَةٍ كانَ له قيامُ نصفِ ليلَةٍ ، ومَنْ صلَّى العشاءَ والفجرَ فى جَمَاعَةٍ، كان لَهُ كَقِيَامِ لَيْلَةٍ » قال التِّرْمذىّ : حديثٌ حسنٌ صحيحٌ .

١٠٧٢ ــ وعن أبى هريرةَ رضىَ اللهُ عنهُ أنَّ رسولَ اللهِ ﷺ قال: « ولَوْ يَعْلَمُونَ مَا فى العَتَمَةِ والصُّبْحِ لأَتَوْهُمَا وَلَوْ حَبْواً » متفقٌ عليه . وقد سبق بطوله .

١٠٧٣ ــ وعنهُ قال : قال رسولُ اللهِ ﷺ : « لَيْسَ صَلَاةٌ أَثْقَلَ على المُنافِقِينَ مِنْ صَلَاةِ الفَجْرِ والعِشَاءِ وَلَوْ يَعْلَمُونَ ما فيهما لأَتَوْهُمَا وَلَوْ حَبْواً » . متفقٌ عليه .

١٩٣ ــ باب الأمر بالمحافظة على الصلوات المكتوبات والنهى الأكيد والوعيد الشديد فى تركهن

قال اللهُ تعالى : ﴿ حَافِظُوا عَلَى الصَّلَوَاتِ وَالصَّلَاةِ الْوُسْطَىٰ ﴾ (البقرة:٢٣٨) ، وقال تعالى : ﴿ فَإِن تَابُوا وَأَقَامُوا الصَّلَاةَ وَآتَوُا الزَّكَاةَ فَخَلُّوا سَبِيلَهُمْ ﴾ (التوبة:٥) .

١٠٧٤ ــ وعن ابن مسعودٍ رضىَ اللهُ عنهُ قال : سَألتُ رسولَ اللهِ ﷺ : أىُّ الأعمَالِ أفضَلُ ؟ قال : « الصَّلاةُ عَلَى وَقْتِهَا » قلتُ : ثمَّ أىُّ ؟ قال : « بِرُّ الوَالِدَيْنِ » قلتُ : ثمَّ أىُّ ؟ قال : « الجهادُ فى سبيلِ اللهِ » متفقٌ عليه .

Allāhs Gesandter(s) hat gesagt: "..und wer beim gemeinschaftlichen Nachtgebet und Morgengebet (Fajr) anwesend ist, dem wird (Lohn zuteil), als ob er die ganze Nacht (im Gebet) stünde."
(At-Tirmiḏi sagt: Ein guter bis starker Hadith)

Hadith 1072 (=1033) Abu Huraira(r) berichtete: Allāhs Gesandter hat gesagt: "Wüssten die Leute, welcher Lohn ihnen zuteil werden würde, wenn sie zum Gebet rufen und das Gebet in der vordersten Reihe verrichten, so müßten sie immer das Los entscheiden lassen, wer in den Genuss dieser Vorrechte kommt! Wüßten sie über das Nacht- und das Morgengebet Bescheid, sie würden unbedingt daran teilnehmen, auch wenn sie auf allen Vieren herbeikriechen müssten!"
(Al-Bukhari und Muslim)

Hadith 1073 Abu Huraira(r) berichtete: Der Gesandte Allahs(s) hat gesagt: "Kein Gebet finden die Heuchler lästiger als das Gebet am frühen Morgen und in der Nacht. Wüssten sie über (den Lohn) in beiden Gebeten Bescheid, sie würden unbedingt daran teilnehmen, auch wenn sie auf allen Vieren herbeikriechen müssten!"
(Al-Bukhari und Muslim)

Kapitel 193
Das Wachen über die Pflichtgebete und das ausdrückliche Verbot, sie zu vernachlässigen

Allah, erhaben ist Er, spricht: "Wacht über die (vorgeschriebenen) Gebete und (vor allem) über das mittlere Gebet, und steht demütig vor Allah."
Sūra 2:238
Er, der Erhabene, spricht: "Wenn sie aber Reue zeigen, das Gebet verrichten und Zakāt zahlen, dann lasst sie ihres Weges ziehen."
Sūra 9:5

Hadith 1074 Ibn Mas'ūd(r) berichtete: Ich fragte den Gesandten

١٠٧٥ ـ وعنِ ابنِ عمرَ رضيَ اللهُ عنهما قالَ : قالَ رسولُ اللهِ ﷺ : « بُنِيَ الإسلامُ على خَمْسٍ : شَهَادَةِ أنْ لا إلهَ إلا اللهُ ، وأنَّ مُحَمَّداً رسولُ اللهِ ، وإقامِ الصَّلاةِ ، وإيتاءِ الزَّكاةِ ، وحَجِّ البَيْتِ ، وصَوْمِ رمضانَ » متفقٌ عليه .

١٠٧٦ ـ وعنهُ قال : قالَ رسولُ اللهِ ﷺ : « أُمِرْتُ أنْ أُقاتِلَ الناسَ حتَّى يَشْهدوا أنْ لا إلهَ إلا اللهُ وأنَّ مُحَمَّداً رسـولُ اللهِ ، ويُقيمُوا الصَّلاةَ ، ويُؤتوا الزَّكـاةَ ، فَإذا فَعَلُوا ذلكَ ، عَصَمُوا مِني دِماءَهُمْ وأموالَهُمْ إلا بحَقِّ الإسلامِ ، وحِسابُهُم على اللهِ » متفقٌ عليه .

١٠٧٧ ـ وعن معـاذٍ رضيَ اللهُ عنهُ قالَ : بعثني رسولُ اللهِ ﷺ إلى اليَمَنِ فـقالَ : « إنَّكَ تَأتي قوماً مِنْ أهلِ الكتابِ ، فادْعُهُمْ إلى شَهَادَةِ أنْ لا إلهَ إلا اللهُ ، وأنَّى رسولُ اللهِ ، فإنْ أطاعوا لذلكَ ، فأعْلِمْهُمْ أنَّ اللهَ تَعَالى افترَضَ عَلَيهم خمسَ صلوات في كل يومٍ وليلةٍ ، فإنْ هُمْ أطَاعوا لذلكَ ، فأعْلِمْهُمْ أنَّ اللهَ تَعَالى افترَضَ عَلَيهم صدَقَةً تُؤْخَذُ مِنْ أغنيائِهِم فَتُرَدُّ على فُقَرَائِهِم ، فـإنْ هُمْ أطَاعوا لذلكَ ، فإيَّاكَ وكرَائمَ أموالِهِمْ واتَّقِ دَعوةَ المظلومِ ، فإنَّهُ ليسَ بَيْنَها وبَيْنَ اللهِ حِجَابٌ » متفقٌ عليه .

Allahs(s): Welche Taten sind die besten? Er(s) sagte: "Das Gebet zur rechten Zeit."Ich fragte, und dann? Er(s) sagte: "Das liebevolle Kümmern um die Eltern."Ich fragte, und dann? Er(s) sagte: "Der Kampf für die Sache Allahs."
(Al-Bukhari und Muslim)

Hadith 1075 Ibn 'Umar(r) berichtete: Der Gesandte Allahs(s) hat gesagt: "Der Islam wurde auf fünf (Säulen) errichtet: dem Zeugnis, dass es keinen Gott außer Allah gibt und dass Muhammad der Gesandte Allahs ist, dem Verrichten der Pflichtgebete, dem Entrichten der Zakāt-Abgabe, der Pilgerfahrt zum Hause[35] und dem Fasten des Monats Ramadān."
(Al-Bukhari und Muslim)

Hadith 1076 Ibn 'Umar(r) berichtete: Der Gesandte Allahs(s) hat gesagt: "Ich wurde angewiesen, die Menschen zu bekämpfen, bis sie bekennen, dass es keinen Gott außer Allah gibt, und dass Muhammad der Gesandte Allahs ist, und bis sie das Gebet verrichten und die Zakāt geben. Wenn sie dies (erst) tun, dann ist ihr Leben und ihr Besitz für mich unverletzlich, sofern sie nicht gegen Recht und Ordnung (des Islam) verstoßen. Und ihre Abrechnung ist bei Allah, dem Allmächtigen.(Und Allah, erhaben ist Er, wird sie dereinst richten.)"
(Al-Bukhari und Muslim)

Hadith 1077 Mu'ād(r) berichtete: Der Gesandte Allahs(s) schickte mich (als Rechtsgelehrten) nach Jemen und belehrte mich: "Du kommst zu einem Volk der Schrift, so rufe sie auf zu bezeugen, dass es keinen Gott gibt außer Allah und dass ich der Gesandte Allahs bin. Wenn sie folgen, dann belehre sie, dass Allah ihnen fünf Gebete am Tag vorgeschrieben hat. Wenn sie folgen, dann belehre sie, dass Allah ihnen eine Abgabe vorschreibt, die von den Reichen unter ihnen entrichtet wird, um unter den Armen unter ihnen verteilt zu werden. Sollten sie folgen, dann hüte dich vor ihren kostbaren Vermögen, und fürchte die Klage des ungerecht Behandelten, denn es gibt zwischen ihr und zwischen Allah keine

١٠٧٨ - وعن جابر رضى الله عنه قال : سمعت رسول الله ﷺ يقول : «إنَّ بَيْنَ الرَّجُلِ وَبَيْنَ الشِّرْكِ والكُفْرِ تَرْكَ الصَّلاةِ» رواه مسلم .

١٠٧٩ - وعن بُرَيْدَةَ رضى الله عنه عن النبى ﷺ قال : «العَهْدُ الَّذى بَيْنَنَا وَبَيْنَهُمُ الصَّلاةُ ، فَمَنْ تَرَكَهَا فَقَدْ كَفَرَ» رواه الترمذى وقال : حديث حسن صحيح .

١٠٨٠ - وعن شقيق بن عبد الله التابعى المتفق على جلالته رحمه الله قال : كان أصحاب محمد ﷺ لا يَرَوْنَ شيئاً مِنَ الأعمالِ تَرْكُهُ كُفْرٌ غَيْرَ الصَّلاةِ . رواه الترمذى فى كتاب الإيمان بإسناد صحيح .

١٠٨١ - وعن أبى هريرة رضى الله عنه قال : قال رسول الله ﷺ : «إنَّ أوَّلَ ما يُحَاسَبُ بِهِ العَبْدُ يَوْمَ القِيَامَةِ مِنْ عَمَلِهِ صَلاتُهُ ، فَإِنْ صَلَحَتْ ، فَقَدْ أفْلَحَ وَأنْجَحَ ، وإنْ فَسَدَتْ ، فَقَدْ خابَ وَخَسِرَ ، فَإِنْ انْتَقَصَ مِنْ فَرِيضَتِهِ شيئاً ، قالَ الربُّ ، عز وجل : انظروا هل لِعَبْدى مِنْ تَطَوُّعٍ ، فَيُكْمَلُ مِنْها ما انْتَقَصَ مِنَ الفَرِيضَةِ ؟ ثُمَّ يَكُونُ سَائِرُ أَعْمالِهِ عَلَى هذا» رواه الترمذى وقال : حديث حسن .

Trennwand."
(Al-Bukhari und Muslim)

Hadith 1078 Jābir(r) berichtete: Ich hörte den Gesandten Allahs(s) sagen: "Das Unterlassen der Pflichtgebete ist das, was zwischen dem Mann und dem Unglauben und der Götzendienerei steht."
(Muslim)

Hadith 1079 Buraida(r) berichtete: Der Prophet(s) hat gesagt: "Der Bund zwischen ihnen (den Gegnern) und uns ist das Verrichten der Pflichtgebete. Derjenige, der dies unterlässt, hat den Bund gebrochen (ist kein Glaubensbruder)."
(At-Tirmidi, mit dem Vermerk: Ein guter bis starker Hadith)

Hadith 1080 Schaqīq ibn 'Abdullāh(r) - ein frühislamischer Gelehrter, dessen Würde unumgestritten ist - sagte: "Die Gefährten des Propheten(s) hielten das Unterlassen einer der Gebote nicht für einen Grund für Unglauben, mit Ausnahme des Unterlassens der Pflichtgebete."
(At-Tirmidi im Kapitel über den Glauben mit einer starken Überlieferungskette)

Hadith 1081 Abu Huraira(r) berichtete: Der Gesandte Allahs(s) hat gesagt: "Das Pflichtgebet des Dieners ist die erste seiner Taten, wonach er am Tage der Auferstehung Rechenschaft ablegen wird. Sind seine Gebete vorschriftsmäßig gültig, so hat er Erfolg und Glück. Sind sie ungültig, dann ist er verloren und wird zuschanden. Fehlen ihm Pflicht- gebete, so sagt der Herr, erhaben und mächtig ist Er: "Überprüft, ob mein Diener freiwillige Gebete verrichtete, dass dadurch die fehlenden Pflichtgebete ergänzt werden!". Der Rest seiner Taten wird dann ebenso auf diese Weise überprüft."
(At-Tirmidi, mit dem Vermerk: Ein guter Hadith)

١٩٤ ـ باب فضل الصف الأول
والأمر بإتمام الصفوف الأول وتسويتها والتراص فيها

١٠٨٢ ـ عَنْ جَابِرِ بْنِ سَمُرَةَ، رضيَ اللهُ عَنْهُمَا قَالَ: خَرَجَ عَلَيْنَا رَسُولُ الله ﷺ، فَقَالَ: «ألا تَصُفُّونَ كما تَصُفُّ الملائكَةُ عِنْدَ رَبِّهَا؟» فَقُلْنَا: يَا رَسُولَ الله وكيفَ تَصُفُّ الملائكةُ عِنْدَ رَبِّهَا؟ قال: «يُتِمُّونَ الصُّفُوفَ الأوَلَ، ويَتَرَاصُّونَ فى الصَّفِّ» رواه مسلم.

١٠٨٣ ـ وعن أبى هريرة، رضيَ اللهُ عنهُ، أنّ رَسُولَ الله ﷺ قَالَ: «لوْ يَعْلَمُ النَّاسُ مَا فى النِّدَاءِ وَالصَّفِّ الأوَّلِ، ثُمَّ لَمْ يَجِدُوا إلا أنْ يَسْتَهِمُوا عَلَيْهِ لاسْتَهَمُوا» متفقٌ عليه.

١٠٨٤ ـ وعَنْهُ قَالَ: قَالَ رَسُولُ اللهِ ﷺ: «خَيْرُ صُفُوفِ الرِّجَالِ أوَّلُهَا، وشرُّهَا آخرُهَا، وخَيْرُ صُفُوفِ النِّسَاءِ آخِرُهَا، وشَرُّهَا أوَّلُهَا» رواه مسلم.

١٠٨٥ ـ وعن أبى سعيدٍ الخُدْرىِّ، رضيَ اللـهُ عنهُ، أنّ رَسُولَ اللهِ ﷺ رَأى فى أصْحَابِهِ تَأخُّراً، فَقَالَ لَهُمْ: «تَقَدَّمُوا فَأتَمُّوا بِى، ولِيَأتَمَّ بِكُمْ مَنْ بَعْدَكُمْ، لا يَزَالُ قَوْمٌ يَتَأخَّرُونَ حَتى يُؤَخِّرَهُمُ اللهُ» رواه مسلم.

Kapitel 194

Vorzug der ersten Reihe und die Anordnung, die vorderen Reihen gerade zu halten und lückenlos zu füllen

Hadith 1082 Jābir ibn Samura(r) berichtete: Der Gesandte Allahs(s) kam zu uns beim Verrichten des Gebets und sagte: "Wollt ihr euch nicht in Reihen aufstellen, wie die Engel bei Ihrem Herrn?" Wir sagten: "O Gesandter Allahs, und wie stellen sich die Engel bei Ihrem Herrn auf?" Er(s) sagte: "Sie füllen die vorderen Reihen, wobei sie sich lückenlos nebeneinander stellen."
(Muslim)

Hadith 1083 Abu Huraira(r) berichtete: Der Gesandte Allahs hat gesagt: "Wüssten die Leute, welcher Lohn ihnen zuteil werden würde, wenn sie zum Gebet rufen und das Gebet in der vordersten Reihe verrichteten, und sie dann nichts anderes wüssten, als darüber zu losen, dann würden sie dies bestimmt tun."
(Al-Bukhari und Muslim)

Hadith 1084 Abu Huraira(r) berichtete: Der Gesandte Allahs(s) hat gesagt: "Die beste Reihe im Gebet der Männer ist die erste und die schlechteste die letzte. Bei den Frauen ist die beste Reihe die letzte und die schlechteste die erste."
(Muslim)

Hadith 1085 Abu Saʿīd Al-Khudriy(r) berichtete: Der Gesandte Allahs(s) sah einmal Zögern bei den Gefährten, da sprach er zu ihnen: "Rückt vor, um hinter mir (dicht) zu beten, und diejenigen, die später kommen, sollen hinter euch beten. Manche Leute verspäten sich so lange, bis Allah sie sich verspäten lässt."
(Muslim)

١٠٨٦ - وعن أبي مسعودٍ، رضي اللهُ عنهُ، قال: كان رسولُ الله ﷺ يمسحُ مناكبَنا في الصَّلاة، ويقولُ: «استَوُوا ولا تختَلِفُوا فتختَلِفَ قلوبُكم، ليلِني منكُم أولُو الأحلامِ والنُّهى، ثمَّ الذين يلُونَهم، ثمَّ الذين يلُونَهم» رواه مسلم.

١٠٨٧ - وعن أنسٍ، رضي اللهُ عنهُ، قال: قال رسولُ الله ﷺ: «سَوُّوا صفوفَكُم؛ فإنَّ تسويةَ الصفِّ مِنْ تمامِ الصَّلاة» متفقٌ عليه.

وفي روايةِ البخاري: «فإنَّ تسويةَ الصفوفِ مِنْ إقامةِ الصَّلاة».

١٠٨٨ - وعنهُ قال: أقيمتِ الصَّلاة، فأقبلَ علينا رسولُ الله ﷺ بوجهِهِ فقال: «أقِيمُوا صفوفَكُم وتراصُّوا، فإني أراكُم مِنْ وراءِ ظهري» رواه البخاري بلفظِهِ، ومسلم بمعناه.

وفي روايةٍ للبخاري: وكان أحدُنا يُلزِقُ منكِبَهُ بمنكِبِ صاحبِهِ وقدمَهُ بقدمِهِ.

١٠٨٩ - وعَنِ النُّعمانِ بنِ بشيرٍ، رضي اللهُ عنهما، قال: سمعتُ رسولَ الله ﷺ يقولُ: «لتُسوُّنَّ صفوفَكُم، أو ليُخالِفَنَّ اللهُ بين وجوهِكُم» متفقٌ عليه.

وفي روايةٍ لمسلم: أنَّ رسولَ الله ﷺ كان يُسوِّي صفوفَنا، حتى كأنَّما يُسوِّي بها القِداحَ، حتى رأى أنا قد عقَلْنا عنهُ، ثمَّ خرجَ يوماً فقامَ حتى كادَ يُكبِّرُ، فرأى رجلاً بادياً صدرُهُ منَ الصفِّ؛ فقال: «عبادَ الله، لتُسوُّنَّ صفوفَكُم، أو ليُخالِفَنَّ اللهُ بين وجوهِكُم».

Hadith 1086 Ibu Mas'ūd(r) berichtete: Der Gesandte Allahs(s) berührte gewöhnlich unsere Schultern beim Aufstellen zum Gebet und sagte: "Richtet euch aus und weicht nicht (von der geraden Linie) ab. Diejenigen von euch, die von Vernunft und volljährig sind, sollen direkt hinter mir stehen, dann diejenigen, die ihnen am nächsten sind, dann diejenigen, die ihnen am nächsten sind."
(Muslim)

Hadith 1087 Anas(r) berichtete: Der Gesandte Allahs(s) hat gesagt: "Richtet eure Reihen (gerade) aus, denn das Ausrichten der Reihen ist ein Bestandteil des Gebetes."
(Al-Bukhari und Muslim)
In der Version von Al-Bukhari steht: "..denn das Ausrichten der Reihen gehört zum Verrichten des Gebetes."

Hadith 1088 Anas(r) berichtete: Als einmal zum Gebet gerufen wurde, schaute der Gesandte Allahs(s) zu uns und sagte: "Richtet eure Reihen gerade und dicht aneinander aus, denn ich sehe euch hinter meinem Rücken."
(Al-Bukhari wörtlich, Muslim sinngemäß).
In einer anderen Version von Al-Bukhari steht: "Wir pflegten hiernach dicht nebeneinander Schulter an Schulter und Fuß an Fuß zu stehen."

Hadith 1089 An-Nu'mān Ibn Baschīr(r) berichtete: Ich hörte den Gesandten Allahs(s) sagen: "Richtet eure Reihen gerade aus, sonst wird Allāh eure Gesichter entstellen."
(Al-Bukhari und Muslim)
Eine andere Version von Muslim lautet: "Immer pflegte er(s) unsere Reihen gerade zu ordnen, als wäre die Reihe ein Pfeilstab, bis er sah, dass wir es begriffen hatten. Eines Tages war er gerade dabei das Gebet zu leiten als er merkte, dass jemand von der Reihe eine Nasenlänge herausragte, so sagte er: "O Diener Allāhs, richtet eure Reihen gerade, sonst wird Allāh eure Gesichter entstellen."

١٠٩٠ – وعَنِ البَراءِ بنِ عازبٍ ، رضِيَ اللهُ عنهما ، قال : كانَ رسولُ الله ﷺ يَتَخَلَّلُ الصفَّ مِنْ ناحِيةٍ إلى ناحِيةٍ ، يَمسَحُ صُدُورَنا ، ومَناكِبنا ، ويقولُ : «لا تَختَلِفُوا فَتَختَلِفَ قُلُوبُكُمْ » وكانَ يَقُولُ : « إنَّ اللهَ ومَلائكتَهُ يصَلُّونَ على الصُّفُوفِ الأوَّلِ » رواه أبو داود بإسنادٍ حسَنٍ .

١٠٩١ – وعَنِ ابنِ عُمَرَ ، رضِيَ اللهُ عنهما ، أنَّ رسولَ الله ﷺ قالَ : «أقِيمُوا الصُّفُوفَ ، وحَاذُوا بَيْنَ المَناكِبِ ، وسُدُّوا الخَلَلَ ، ولينُوا بأيدي إخوانِكُمْ ، ولا تَذَروا فُرجاتٍ للشَّيْطانِ ، مَنْ وصَلَ صَفًّا وصَلَهُ اللهُ ، ومَنْ قَطَعَ صَفًّا قَطَعَهُ اللهُ » رواه أبوداود بإسنادٍ صحيحٍ .

١٠٩٢ – وعَنْ أنسٍ رضِيَ اللهُ عَنْهُ ، أنَّ رسولَ الله ﷺ قالَ : «رُصُّوا صُفُوفَكُمْ ، وقارِبوا بَينَها ، وحاذُوا بالأعْناقِ فَوَ الَّذي نفسي بيَدِه ، إنِّي لأرَى الشيطانَ يَدخُلُ مِنْ خَلَلِ الصفِّ ، كأنَّها الحَذَفُ » حديثٌ صحيحٌ رواه أبو داود بإسنادٍ على شرطِ مسلمٍ .

« الحذَفُ » بحاءٍ مهملَةٍ وذالٍ معجمةٍ ، مفتوحتينِ ، ثمَّ فاءٌ وهي : غنمٌ سُودٌ صغارٌ تكونُ باليَمنِ .

١٠٩٣ – وعَنْهُ ، أنَّ رسولَ الله ﷺ قال : « أتِمُّوا الصفَّ المقدَّمَ ، ثُمَّ الَّذي يَليهِ؛ فَما كانَ مِنْ نَقصٍ فَليكُنْ في الصفِّ المؤخَّرِ » رواه أبو داود بإسنادٍ حسنٍ .

١٠٩٤ – وعن عائشةَ ، رضيَ اللهُ عنها ، قالتْ : قالَ رسولُ الله ﷺ : «إنَّ اللهَ ومَلائكَتَهُ يُصلُّونَ على مَيامِنِ الصفوفِ » رواه أبو داود بإسنادٍ على شَرطِ مُسلمٍ ، وفيه رجلٌ مُختلَفٌ في توثيقهِ .

١٠٩٥ – وعَنِ البَراءِ ، رضيَ الله عَنْهُ ، قالَ : كُنَّا إذا صَلَّيْنا خَلْفَ رسولِ الله ﷺ

Hadith 1090 Al-Barrā Ibn 'Āzib(r) berichtete: Der Gesandte Allāhs(s) pflegte unsere Gebetsreihen durchzusehen, unsere Oberkörper und Schultern sanft zu berühren, (um sie gerade auszurichten) und dabei sagte er :"Steht nicht aus der Reihe, damit eure Herzen nicht verschieden werden." Er(s) pflegte zu sagen :"Allāh und Seine Engel segnen die vordersten Gebetsreihen."
(Abu Dāwūd mit einer guten Überlieferungskette)

Hadith 1091 Ibn 'Umar(r) berichtete: Der Gesandte Allāhs(s) hat gesagt: "Richtet die Reihen ordentlich, Schulter an Schulter aus, schließt ihre Lücken und seid sanft zueinander! Lasset dem Teufel keinen Zugang (durch die Lücken). Wer eine Reihe ergänzt, den wird Allah rechtleiten, und wer eine Reihe zerstört, den wird Allah ausschließen."
(Abu Dāwūd, mit einer starken Überlieferungskette)

Hadith 1092 Anas(r) berichtete: Der Gesandte Allahs(s) hat gesagt: "Richtet eure Reihen ordentlich aus, Kopf an Kopf; denn bei Allah, in Dessen Händen meine Seele ist, ich sehe, wie sich der Satan durch die Lücken der Reihe schleicht, wie *Al-Hadaf*"[36]
(Abu Dāwūd: ein starker Hadith nach der Regel von Muslim)

Hadith 1093 Anas(r) berichtete: Der Gesandte Allahs(s) hat gesagt: "Füllt (erst) die vordere Reihe, dann die nächste, und wenn eine Lücke bleibt, dann soll sie in der letzten Reihe sein."
(Abu Dāwūd mit einer guten Überlieferungskette).

Hadith 1094 'Āischa(r) berichtete: Der Gesandte Allahs(s) hat gesagt: "Allah und Seine Engel segnen die rechten Seiten der Reihen."
(Abu Dāwūd, nach der Regel von Muslim wobei die Überlieferungskette einen Gewährsmann enthält, dessen Glaubwürdigkeit nicht unbestritten ist.)

Hadith 1095 Al-Barrā Ibn 'Āzib(r) berichtete: Wenn wir hinter dem

أحْبَبْنا أنْ نَكونَ عَنْ يَمينِه ؛ يُقْبِلُ عَلَيْنا بِوَجْهِهِ ، فَسَمِعْتُهُ يقول : « رَبِّ قِني عَذابَكَ يَوْمَ تَبْعَثُ ـ أوْ تَجْمَعُ ـ عِبادَكَ » رواه مسلم .

١٠٩٦ ـ وعَنْ أبي هُرَيْرَةَ ، رَضِيَ اللهُ عنهُ ، قال : قَالَ رسولُ الله ﷺ : «وَسِّطُوا الإمَامَ ، وَسُدُّوا الخَلَلَ » رواه أبو داود .

١٩٥ ـ باب فضل السنن الراتبة مع الفرائض وبيان أقلها وأكملها وما بينهما

١٠٩٧ ـ عَنْ أمِّ المؤمنينَ أمِّ حَبيبَةَ رَمْلَةَ بنتِ أبي سُفيانَ ، رضيَ اللهُ عنها ، قالتْ : سَمِعْتُ رسولَ اللهِ ﷺ ، يقولُ : « ما مِنْ عَبْدٍ مُسْلِمٍ يُصَلِّي للهِ تَعَالى كُلَّ يَوْمٍ ثِنْتَيْ عَشْرَةَ رَكْعَةً تَطَوُّعاً غَيْرَ الفَريضَةِ ، إلا بَنَى اللهُ لـهُ بَيْتاً في الجَنَّةِ ! أوْ : إلا بُنِيَ له بَيْتٌ في الجَنَّةِ » رواه مسلم .

١٠٩٨ ـ وعَنْ ابنِ عُمَرَ رضِيَ اللهُ عَنْهُما ، قال : صَلَّيْتُ مَعَ رَسُولِ اللهِ ﷺ رَكْعَتَيْنِ قَبْلَ الظُّهْرِ ، وَرَكْعَتَيْنِ بَعْدَها ، وَرَكْعَتَيْنِ بَعْدَ الجُمُعَةِ ؛ وَرَكْعَتَيْنِ بَعْدَ المَغْرِبِ ، وَرَكْعَتَيْنِ بَعْدَ العِشَاءِ . متفقٌ عليهِ .

١٠٩٩ ـ وعَنْ عبدِ اللهِ بنِ مُغَفَّلٍ ، رَضِيَ اللهُ عنهُ ، قَالَ : قَالَ رسولُ اللهِ ﷺ: « بَيْنَ كلِّ أذَانَيْنِ صَلاةٌ ، بَيْنَ كلِّ أذَانَيْنِ صَلاةٌ ، بَيْنَ كلِّ أذَانَيْنِ صَلاةٌ » قالَ في الثَّالثَةِ : « لِمَنْ شاءَ » متفقٌ عليه .

المرَادُ بالأذَانَيْنِ : الأذانُ والإقامَةُ .

Gesandten Allāhs(s) beteten, zogen wir immer vor an seiner rechten Seite zu beten, so dass er zu uns zuerst (am Ende des Gebetes) schaut. Daraufhin hörte ich ihn sagen: "O mein Herr, bewahre mich vor Deiner Bestrafung am Tage der Auferstehung- oder der Versammlung - Deiner Diener."
(Muslim)

Hadith 1096 Abu Huraira(r) berichtete: Der Gesandte Allāhs(s) hat gesagt: "Nehmt den *Imām* in eure Mitte und schließt die Lücken (in den Reihen)."
(Abu Dāwūd)

Kapitel 195
    Die Vorzüge der neben den vorgeschriebenen Gebeten freiwillig verrichteten zusätzlichen Gebete und deren Anzahl

Hadith 1097 Umm *H*abība Ramla Bint Abī Sufyān(r) berichtete: Ich hörte den Gesandten Allāhs(s) sagen: "Es gibt keinen Muslim, der täglich zwölf Rak'as neben den vorgeschriebenen freiwillig verrichtet, dem Allāh nicht eine Stätte im Paradies errichtet", oder er habe gesagt: "dem eine Stätte im Paradies errichtet wird."
(Muslim)

Hadith 1098 Ibn 'Umar(r) berichtete: "Ich verrichtete zusammen mit dem Gesandten Allāhs(s) zwei Rak'as vor dem Mittagsgebet und zwei Rak'as danach, zwei Rak'as nach dem Freitagsgebet, zwei Rak'as nach dem Abendgebet und zwei Rak'as nach dem Nachtgebet."
(Al-Bukhari und Muslim)

Hadith 1099 'Abdullāh Ibn Mughaffal(r) berichtete: Der Gesandte Allāhs(s) hat betont: "Zwischen dem Gebetsruf und der Ansage des Gebetsbeginns soll (soviel Zeit bleiben, dass) ein Gebet verrichtet kann." Dreimal sagte er das, dann fügte er(s) hinzu: "Falls jemand während dieser

١٩٦ ــ باب تأكيد ركعتى سنة الصبح

١١٠٠ ــ عَنْ عائشةَ ، رضىَ اللهُ عَنْهَا ، أنَّ النَّبىَّ ﷺ كانَ لا يَدَعُ أربَعاً قَبْلَ الظُّهْرِ ، وَرَكْعَتَيْنِ قَبْلَ الغَداةِ . رواه البخارى .

١١٠١ ــ وَعَنْهَا قَالَتْ : لَمْ يكنِ النَّبىُّ ﷺ ، على شيءٍ منَ النَّوافِلِ أشَدَّ تَعَاهُداً منه عَلى رَكْعَتَى الفَجْرِ . متفقٌ عليه .

١١٠٢ ــ وَعَنْهَا عَنِ النبىِّ ﷺ قَالَ : « رَكْعَتَا الفَجْرِ خيرٌ منَ الدُّنْيَا وَمَا فيها » رواه مسلم .

وفى رواية : « لَهُمَا أحَبُّ إِلىَّ مِن الدُّنْيَا جَميعاً » .

١١٠٣ ــ وعَنْ أبى عبدِ اللهِ بلالِ بنِ رَبَاحٍ ، رضىَ اللهُ عَنْهُ ، مُؤَذِّنِ رسولِ اللهِ ﷺ ، أنَّهُ أتى رَسُولَ اللهِ ﷺ لِيُؤْذِنَه بِصَلاةِ الغَداةِ ، فَشَغَلَتْ عَائشةُ بِلالاً بِأمرٍ سَألَتْهُ عَنْهُ ، حتَّى أصبَحَ جِدّاً ، فَقَامَ بلالٌ فآذَنَهُ بِالصَّلاةِ ، وتَابَعَ أذانَهُ ، فَلَمْ يَخْرُجْ رَسُولُ اللهِ ﷺ ، فلمَّا خَرَجَ صلَّى بِالنَّاسِ ، فَأخبَرَهُ أنَّ عَائشةَ شَغَلَتْهُ بِأمرٍ سَألَتْهُ عَنْهُ حتى أصبَحَ جِدّاً ، وأنَّهُ أبطَأَ عَلَيهِ بِالخُرُوجِ ، فَقَالَ ــ يعنى النَّبىَّ ﷺ ــ : « إنِّى كُنْتُ رَكَعْتُ رَكْعَتَى الفَجْرِ » فقال : يا رسولَ اللهِ ، إنَّكَ أصبَحْتَ جِدّاً ! قَالَ : « لو أصبَحْتُ أكثَرَ مِمَّا أصبَحْتُ ، لَرَكَعْتُهُمَا ، وَأحْسَنْتُهُمَا ، وَأجمَلْتُهُمَا » رواه أبو داود بإسناد حسن .

Zeit (Nāfila-) Gebet verrichten möchte."
(Al-Bukhari und Muslim)

Kapitel 196

Das Unterstreichen der Wichtigkeit der zwei Rak'as vor des Morgengebet

Hadith 1100 'Āischa(r) berichtete: Gewöhnlich hat der Prophet(s) niemals die vier Rak'as vor dem Mittagsgebet und zwei Rak'as vor dem Morgengebet ausgelassen."
(Al-Bukhari)

Hadith 1101 'Āischa(r) berichtete: Der Prophet(s) war nie so besorgt um das Verrichten eines freiwilligen Gebetes wie um das der zwei Rak'as vor dem Morgengebet.
(Al-Bukhari und Muslim)

Hadith 1102 'Āischa(r) berichtete: Der Prophet(s) hat gesagt: "Die zwei Rak'as vor dem Morgengebet sind besser als die (vergängliche) Welt und was in ihr ist."
(Muslim)
In einer Version von Muslim steht: "besser als die ganze Welt."

Hadith 1103 Der Gebetsrufer des Propheten Abu 'Abdullāh Bilāl Ibn Rabāh(r) berichtete, dass er einmal zum Propheten(s) ging, um ihn vom Anbruch der Fajrgebetszeit zu benachrichtigen, als 'Āischa Bilāl mit einer Frage beschäftigte, bis es hell wurde. Danach fuhr Bilāl auf seiner Benachrichtigung und dem Verkünden des Gebetsrufes fort, doch der Gesandte Allāhs(s) kam nicht sofort heraus. Als er(s) anschließend erschien und das Gebet leitete, erzählte Bilāl(r) dem Propheten(s) davon, da sagte er: "Ich war mit dem Verrichten der zwei Rak'as vor dem Fajr-Gebet beschäftigt." Bilāl sagte zu ihm: "O Gesandter Allahs! Es ist aber zu hell geworden." Er erwiderte: "Wäre es noch heller gewesen, hätte

١٩٧ ـ باب تخفيف ركعتي الفجر
وبيان ما يقرأ فيهما ، وبيان وقتهما

١١٠٤ ـ عَنْ عائِشَةَ رَضِيَ اللهُ عنها أنَّ النَّبيَّ ﷺ كانَ يُصلِّي رَكعتَينِ خَفيفَتَينِ بَينَ النِّداءِ والإقامةِ منْ صَلاةِ الصُّبحِ . متَّفقٌ عليه .

وفي روايةٍ لهما : يُصلِّي رَكعتَي الفجرِ إذا سَمعَ الأذانَ ويُخَفِّفُهما حتى أقولُ : هل قرأ فيهما بأمِّ القرآن ! .

وفي روايةٍ لمسلم : كان يصلي ركعتي الفجر ، إذا سمع الأذان ويخففهما .

وفي روايةٍ : إذا طَلَعَ الفَجرُ .

١١٠٥ ـ وعَنْ حَفصَةَ رَضِيَ اللهُ عنها أنَّ رسولَ اللهِ ﷺ كانَ إذا أذَّنَ المُؤذِّنُ للصبحِ ، وبَدَا الصُّبحُ ، صلَّى ركعتَينِ خَفيفتَينِ . متفقٌ عليه .

وفي روايةٍ لمسلمٍ : كـانَ رسولُ اللهِ ﷺ إذا طَلَعَ صلَّى الفَجرَ لا يُصلِّي إلا ركعتَينِ خَفيفتَينِ .

١١٠٦ ـ وعَنِ ابنِ عُمَرَ رَضِيَ اللهُ عنهُما قالَ : كانَ رسولُ اللهِ ﷺ يُصلِّي مِنَ الليلِ مَثنى مَثنى ، ويُوترُ بِركعةٍ من آخرِ اللـيلِ ، ويُصلِّي الرَّكـعتَينِ قَبلَ صلاةِ الغَداةِ ، وكـأنَّ الأذانَ بأذنَيهِ . متفقٌ عليه .

ich jene zwei-Rak'as noch vollkommener und schöner verrichtet."
(Abu Dawūd mit einer guten Überlieferungskette)

Kapitel 197
Die zwei kurzen Rak'as vor dem Fadschr-Gebet: Was man dabei rezitiert und wann sie verrichtet werden

Hadith 1104 'Āischa(r) berichtete: Der Prophet(s) pflegte zwei kurze Rak'as zwischen dem Ruf zum Morgengebet und der Iqāma (=Ruf zum Beginn des Gebets) zu beten.
(Al-Bukhari und Muslim)
In einer anderen Version der beiden steht: "Er(s) pflegte, wenn er den Ruf zum Fadschr-Gebet hörte, zwei kurze Rak'as zu verrichten, sodass ich mich fragte, ob er dabei die Al-Fātiha rezitiert hatte!"
In einer Version von Muslim steht: Er pflegte, zwei kurze Rak'as zu verrichten, wenn er den Ruf zum Fadschr-Gebet hörte. In einer anderen Version steht: ..bei Anbruch der Morgendämmerung.

Hadith 1105 *Hafsa*(r) berichtete: Der Gesandte Allahs(s) pflegte, wenn der Gebetsrufer zum Gebet aufgerufen hatte und es hell wurde, zwei kurze Rak'as zu verrichten.
(Al-Bukhari und Muslim)
In einer Version von Muslim steht: Allāhs Gesandter(s) pflegte vor dem Verrichten des Morgengebetes ***nur*** zwei kurze Rak'as zu verrichten.

Hadith 1106 Ibn 'Umar(r) berichtete: Der Gesandte Allāhs(s) pflegte das freiwillige Gebet (Qiyām-Gebet) in der Nacht in Abschnitten von jeweils zwei Rak'as zu verrichten, dann vor der Morgendämmerung verrichtete er eine *witr*-Rak'a und anschließend, vor dem Beginn des Fadschr-Gebetes zwei kurze Rak'as als *sunna*, so kurz, als hätte er gehört, dass man zum Beginn des Gebets aufrufe.
(Al-Bukhari und Muslim)

١١٠٧ ـ وعَنِ ابنِ عبـاسٍ رضىَ اللهُ عَنْهُمَا أنَّ رَسُولَ الله ﷺ كـانَ يَقْرأُ فى ركْعَتَى الفَجْرِ فى الأولى منهما : ﴿ قُولُوا آمَنَّا بِاللَّهِ وَمَا أُنزِلَ إِلَيْنَا ﴾ الآيةُ التى فى البـقرة ، وفى الآخرةِ منهما : ﴿ آمَنَّا بِاللَّهِ وَاشْهَدْ بِأَنَّا مُسْلِمُونَ ﴾ .

وفى روايةٍ : فى الآخرةِ التى فى آلِ عـمرانَ : ﴿ تَعَالَوْا إِلَىٰ كَلِمَةٍ سَوَاءٍ بَيْنَنَا وَبَيْنَكُمْ ﴾ رواهما مسلم .

١١٠٨ ـ وَعَنْ أبى هريرةَ رضىَ اللهُ عَنْهُ أنَّ رسولَ الله ﷺ قرأَ فى ركْعَتَى الفَجْرِ : ﴿ قُلْ يَأَيُّهَا الْكَافِرُونَ ﴾ و ﴿ قُلْ هُوَ اللَّهُ أَحَدٌ ﴾ رواه مسلم .

١١٠٩ ـ وَعَنِ ابنِ عمرَ ، رضىَ اللهُ عنهُمـا ، قال : رَمَقْتُ النَّبىَّ ﷺ شَهْراً ، وكانَ يَقْرأُ فى الرَّكـعَتَيْنِ قَبْلَ الفَجْرِ : ﴿ قُلْ يَأَيُّهَا الْكَافِرُونَ ﴾ و ﴿ قُلْ هُوَ الـلَّهُ أَحَدٌ ﴾ . رواه الترمذى وقال : حديثٌ حسن .

Hadith 1107 Ibn 'Abbās(r) berichtete: Gewöhnlich las der Gesandte Allāhs(s) in der ersten Rak'a des Fadschr-Gebetes die Āya: "Sprecht: "Wir glauben an Allāh und was zu uns herabgesandt worden ist...." (Sura 2:136), und in der zweiten Rak'a las er: "Als Jesus dann ihren Unglauben wahrnahm, sprach er: "..Wir glauben an Allāh, und bezeuge, dass wir Allāh ergeben sind." (Sura 3:52). In einer anderen Version las er in der zweiten Rak'a: "O kommt herbei zu einem gleichen Wort zwischen uns und euch, dass wir Allāh allein dienen und dass wir Ihm keinen Nebenbuhler zur Seite stellen.." (Sura 3:64)
(Muslim)

Hadith 1108 Abu Huraira(r) berichtete: Der Gesandte Allāhs(s) las in den zwei Rak'as des Fadschr: "Sprich: O ihr Ungläubigen..." (Sura 109) und "Sprich: Allāh ist der einzige Gott.." (Sura 112)
(Muslim)

Hadith 1109 Ibn 'Umar(r) berichtete: Ich beobachtete den Propheten(s) beim Verrichten der zwei Rak'as (Sunna) vor dem Fadschr einen Monat lang. Dabei hat er in ihnen "Sprich: O ihr Gläubigen.." und: "Sprich: Allāh ist der einzige Gott.." rezitiert.
(At-Tirmiḏi, mit dem Vermerk: Ein guter Hadith)

١٩٨ – باب استحباب الاضطجاع بعد ركعتي الفجر على جنبه الأيمن والحث عليه سواء كان تهجد بالليل أم لا

١١١٠ – عَنْ عَائِشَةَ رَضِيَ اللهُ عنها قَالَتْ : كَانَ النَّبِيُّ ﷺ إذا صَلَّى رَكْعَتَيِ الفَجْرِ ، اضْطَجَعَ عَلَى شِقِّهِ الأَيْمَنِ . رواه البخاري .

١١١١ – وَعَنْهَا قَالَتْ: كَانَ النَّبِيُّ ﷺ يُصَلِّي فِيمَا بَيْنَ أَنْ يَفْرُغَ مِنْ صَلَاةِ العِشَاءِ إلى الـفَجْرِ إحْدَى عَشْرَةَ رَكْعَةً ، يُسَلِّمُ بَيْنَ كُلِّ رَكْعَتَيْنِ ، وَيُوتِرُ بِوَاحِدَةٍ ، فَإِذا سَكَتَ المُؤَذِّنُ مِنْ صَلَاةِ الفَجْرِ ، وَتَبَيَّنَ لَهُ الفَجْرُ ، وَجَاءهُ المُؤَذِّنُ ، قَامَ فَرَكَعَ رَكْعَتَيْنِ خَفِيفَتَيْنِ ، ثُمَّ اضْطَجَعَ عَلَى شِقِّهِ الأَيْمَنِ ، هكذا حَتَّى يَأْتِيَهُ المُؤَذِّنُ لِلْإِقَامَةِ . رَوَاه مُسْلِمٌ .

قولها : « يُسَلِّمُ بَيْنَ كُلِّ رَكْعَتَيْنِ » هكذا هو في مسلم ومعناه : بَعْدَ كُلِّ رَكْعَتَيْنِ .

١١١٢ – وَعَنْ أبي هُرَيرَةَ ، رَضِيَ اللهُ عنهُ ، قالَ : قالَ رَسُولُ اللهِ ﷺ: « إذا صَلَّى أحَدُكُمْ رَكْعَتَيِ الفَجْرِ ، فَلْيَضْطَجِعْ عَلَى يَمِينِهِ » رواه أبو داود ، والترمذي بأسانيدَ صحيحةٍ. قال الترمذي : حديث حسن صحيح .

١٩٩ – باب سنة الظهر

١١١٣ – عَنِ ابْنِ عُمَرَ ، رَضِيَ اللهُ عنهُمَا ، قالَ : صَلَّيْتُ مَعَ رَسُولِ اللهِ ﷺ رَكْعَتَيْنِ قَبْلَ الظُّهْرِ ، وَرَكْعَتَيْنِ بَعْدَهَا . متفق عليه .

Kapitel 198

Die Empfehlung, sich nach dem Verrichten der zwei Rak'as vor dem Fadschr-Gebet auf die rechte Seite zu legen, egal ob nachts das Tahadschud-Gebet verrichtet worden ist oder nicht.

Hadith 1110 'Āischa(r) berichtete: Nach dem Verrichten der zwei Rak'as (Sunna) vor dem Fadschr-Gebet legte sich der Gesandte Allāhs(s) gewöhnlich auf seine rechte Seite nieder.

Hadith 1111 'Āischa(r) berichtete: Der Prophet(s) hat gewöhnlich nach dem Nachtgebet noch elf Rak'as bis zum Fadschr-Gebetsruf verrichtet, nämlich jeweils zwei und zwei Rak'as, dann eine *witr*-Rak'a. Wenn der Ruf zum Fadschr-Gebet zu Ende war und der Rufer zu ihm kam, verrichtete er zwei kurze Rak'as (Sunna), dann legte er sich auf seine rechte Seite nieder, bis der Muaddhin zu ihm wegen der Leitung des Gebetes kam.
(Muslim)

Hadith 1112 Abu Huraira(r) berichtete: Der Gesandte Allāhs(s) hat gesagt: "Wenn jemand von euch die zwei Rak'as (Sunna) des Fadschrs gebetet hat, soll er sich auf die rechte Seite niederlegen.
(Abu Dawūd, und At-Tirmidi mit guter Überlieferungskette und mit dem Vermerk: Ein guter bis starker Hadith.)

Kapitel 199
Die Sunna-Rak'as des Mittagsgebetes

Hadith 1113 Ibn 'Umar(r) berichtete: Ich habe mit dem Gesandten Allāhs(s) zwei Rak'as vor dem Mittagsgebet und zwei Rak'as danach verrichtet.
(Al-Bukhari und Muslim)

١١١٤ـ وَعَنْ عَائِشَةَ ، رَضِيَ اللهُ عَنْهَا ، أنَّ النَّبيَّ ﷺ كَانَ لا يَدَعُ أرْبَعاً قَبْلَ الظُّهرِ . رواه البخاري .

١١١٥ـ وَعَنْهَا قَالَتْ : كَانَ النَّبيُّ ﷺ يُصَلِّي في بَيتي قَبْلَ الظُّهرِ أرْبَعاً ، ثُمَّ يَخْرُجُ ، فَيُصَلِّي بالنَّاسِ ، ثُمَّ يَدْخُلُ فَيُصَلِّي رَكْعَتَيْنِ ، وَكَـانَ يُصَلِّي بِالنَّاسِ المَغْرِبَ ، ثُمَّ يَدْخُلُ فَيُصَلِّي رَكْعَتَيْنِ ، وَيُصَلِّي بِالنَّاسِ العِشَاءَ ، وَيَدْخُلُ بَيتي ، فَيُصَلِّي رَكْعَتَيْنِ . رواه مسلم .

١١١٦ـ وعن أُمِّ حَبِيبَةَ ، رَضِيَ اللهُ عَنْهَا قَالَتْ : قَالَ رسولُ الله ﷺ : «مَنْ حَافَظَ عَلى أرْبَعِ رَكَعَاتٍ قَبْلَ الظُّهرِ ، وَأرْبَعٍ بَعْدَهَا ، حَرَّمَهُ اللهُ عَلى النَّارِ» رواه أبــو داود ، والترمذي وقال : حديث حسن صحيح .

١١١٧ـ وَعَنْ عبدِ الله بنِ السَّائِبِ ، رَضِيَ اللهُ عَنْهُ ، أنَّ رسولَ الله ﷺ كَانَ يُصَلِّي أرْبَعـاً بَعْدَ أنْ تَزولَ الشَّمسُ قَبْلَ الظُّهرِ ، وقَـالَ : «إنَّهَا سَاعَةٌ تُفْتَحُ فِيهَا أبوابُ السَّمَاءِ ، فَأُحِبُّ أن يَصعَدَ لي فيها عَمَلٌ صَالِحٌ» رواه الترمذي وقال : حديث حسن .

١١١٨ـ وَعَنْ عَائِشَةَ ، رَضِيَ اللهُ عَنْهَا ، أنَّ النَّبيَّ ﷺ كَانَ إذا لَمْ يُصَلِّ أرْبَعـاً قَبْلَ الظُّهرِ ، صَلَّاهُنَّ بَعْدَهَا . رواه الترمذي وقال : حديث حسن .

Hadith 1114 'Āischa(r) berichtete: Der Prophet(s) hat nie auf vier Rak'as (Sunna) vor dem Mittagsgebet verzichtet.
(Al-Bukhari)

Hadith 1115 'Āischa(r) berichtete: Der Prophet(s) pflegte in meiner Wohnung vier Rak'as (Sunna) vor dem Mittagsgebet zu verrichten, dann begab er sich zur Moschee, wo er das Gebet der Gemeinde leitete, danach kehrte er wieder zu mir zurück und verrichtete zwei Rak'as (Sunna). Er leitete das Abendgebet der Gemeinde, dann ging er nach Hause und verrichtete zwei Rak'as (Sunna). Ebenso leitete er das Nachtgebet in der Moschee, dann kehrte er zu mir zurück (wörtl.: trat er bei mir ein) und verrichtete zwei Rak'as (Sunna).
(Muslim)

Hadith 1116 Umm *H*abība(r) berichtete: Der Gesandte Allāhs(s) hat gesagt: "Wer auch immer vier Rak'as vor dem Mittagsgebet und vier Rak'as danach verrichtet hat, dem hat Allāh das Höllenfeuer verwehrt."
(Abu Dawūd, und At-Tirmi*d*i mit dem Vermerk: Ein guter, bis starker Hadith)

Hadith 1117 'Abdullāh Ibn As-Sāib(r) berichtete: Der Gesandte Allāhs(s) pflegte vier Rak'as (Nāfila) zu beten, nachdem die Sonne vor dem Mittagsgebet niederzugehen begann, und er sagte: "Dies ist eine (bestimmte) Stunde, zu der die Himmelstore geöffnet werden, und ich möchte gern, dass in ihr von mir eine gute Tat (zum Himmel) aufsteigen möge."
(At-Tirmi*d*i, mit dem Vermerk: Ein guter Hadith)

Hadith 1118 'Āischa(r) berichtete: "Wenn der Prophet(s) vier Rak'as vor dem Mittagsgebet nicht verrichten konnte, hat er sie nach dem Mittagsgebet verrichtet."
(At-Tirmi*d*i, mit dem Vermerk: Ein guter Hadith)

٢٠٠ - باب سنة العصر

١١١٩ - عَنْ عليِّ بنِ أبي طالبٍ، رضيَ اللهُ عنْهُ، قالَ: كانَ النَّبيُّ ﷺ يُصلِّي قبْلَ العصرِ أربعَ ركعاتٍ، يَفصِلُ بينَهُنَّ بالتَّسليمِ على الملائكةِ المُقرَّبينَ، ومَنْ تبِعَهُمْ منَ المسلمينَ والمؤمنينَ. رواه الترمذي وقالَ: حديثٌ حسنٌ.

١١٢٠ - وعنِ ابنِ عُمَرَ، رضيَ اللهُ عنْهُما، عنِ النَّبيِّ ﷺ، قالَ: «رحِمَ اللهُ امرأً صلَّى قبْلَ العصرِ أربعاً». رواه أبو داود، والترمذي وقال: حديثٌ حسنٌ.

١١٢١ - وعن عليِّ بنِ أبي طالبٍ، رضيَ اللهُ عنه، أنَّ النَّبيَّ ﷺ كان يُصلِّي قبْلَ العصرِ ركعتينِ. رواه أبو داود بإسنادٍ صحيحٍ.

٢٠١ - باب سنة المغرب بعدها وقبلها

تقدَّمَ في هذه الأبوابِ حديثُ ابنِ عُمَرَ، وحديثُ عائشةَ، وهما صحيحانِ أنَّ النَّبيَّ ﷺ كان يُصلِّي بعْدَ المغربِ ركعتينِ.

١١٢٢ - وعنْ عبدِ اللهِ بنِ مُغفَّلٍ، رضيَ اللهُ عنه، عنِ النبيِّ ﷺ، قالَ: «صلُّوا قبْلَ المغربِ» قالَ في الثالثةِ: «لمَنْ شاءَ» رواه البخاري.

١١٢٣ - وعن أنسٍ، رضيَ اللهُ عنْهُ، قالَ: لقدْ رأيْتُ كِبارَ أصحابِ رسولِ اللهِ ﷺ يبتدرُونَ السَّواري عندَ المغربِ. رواه البخاري.

Kapitel 200
Die Sunna-Rak'as des Nachmittagsgebetes

Hadith 1119 'Ali Ibn Abi Talib(r) berichtete: "Der Prophet(s) pflegte, vor dem Nachmittagsgebet vier Rak'as zu beten, wobei er zwischen ihnen (nach zwei Rak'as) eine Trennung macht, mit dem Taslim auf den bevorzugten Engeln, die Allah nahestehen und den Muslimen und den Gläubigen, die ihnen folgen."
(At-Tirmidi, mit dem Vermerk: Ein guter Hadith)

Hadith 1120 Ibn 'Umar(r) berichtete: Der Prophet(s) hat gesagt: "Allah erbarmt Sich dem Diener, der vier Rak'as vor dem Nachmittagsgebet verrichtet."
(Abu Dawud und At-Tirmidi mit dem Vermerk: Ein guter Hadith)

Hadith 1121 'Ali Ibn Abi Talib(r) berichtete: "Der Prophet(s) pflegte, zwei Rak'as vor dem Nachmittagsgebet zu verrichten."
(Abu Dawud, mit einer guten Überlieferungskette)

Kapitel 201
Die Sunna-Rak'as vor und nach dem Abendgebet

Diesbezüglich belegen die beiden starken Hadithe von Ibn 'Umar (Nr. 1098) und 'Aischa (Nr.1115), dass der Prophet(s) immer zwei Rak'as (Sunna) nach dem Abendgebet verrichtet hat.

Hadith 1122 'Abdullah Ibn Mughaffal(r) berichtete: Der Prophet(s) sagte zweimal: "Betet (zwei Rak'as) vor dem Abendgebet!" Beim dritten Mal fügte er(s) hinzu: "Für jeden, der dies vermag."
(Al-Bukhari)

Hadith 1123 Anas(r) berichtete: "Ich sah, wie sich die ältesten Gefährten des Gesandten Allahs(s) vor dem Abendgebet rasch zu den Säulen der

١١٢٤ ــ وعنْهُ قَالَ : كُنَّا نُصَلِّي على عَهْدِ رسولِ اللهِ ﷺ رَكعَتَيْنِ بعدَ غُروبِ الشَّمسِ قبلَ المغربِ ، فقيلَ : أكانَ رسولُ اللهِ ﷺ صَلاهُما ؟ قالَ : كانَ يَرانَا نُصَلِّيهِما فَلَمْ يَأمُرْنَا ولَمْ يَنْهَنَا . رواه مُسْلِمٌ .

١١٢٥ ــ وعنه قالَ : كُنَّا بالمدينةِ فإذا أذَّنَ المُؤَذِّنُ لصلاةِ المغربِ ، ابْتَدَرُوا السَّوَارِيَ، فَرَكَعُوا رَكْعَتَيْنِ ، حتَّى إنَّ الرَّجُلَ الغَريبَ ليَدخُلُ المَسجِدَ فَيَحْسَبُ أنَّ الصَّلاةَ قَد صُلِّيَتْ مِن كَثْرَةِ مَنْ يُصَلِّيهِما . رواه مُسْلِمٌ .

٢٠٢ ــ باب سنة العشاء بعدها وقبلها

فيه حديثُ ابنِ عُمَرَ السَّابقُ : صلَّيْتُ معَ النَّبيِّ ﷺ ركعتينِ بعدَ العشاءِ ، وحديثُ عبدِ اللهِ بنِ مُغَفَّلٍ : « بَيْنَ كلِّ أذَانَيْنِ صَلاةٌ » مُتفقٌ عليه . كما سبق .

٢٠٣ ــ باب سنة الجمعة

فيه حديثُ ابنِ عُمَرَ السَّابقُ أنَّهُ صلَّى معَ النَّبيِّ ﷺ ركعتينِ بعدَ الجُمُعَةِ. متفقٌ عليه .

١١٢٦ ــ وعَنْ أبي هُريرَةَ ، رَضيَ اللهُ عنْهُ قالَ : قالَ رسولُ اللهِ ﷺ : « إذا صلَّى أحدُكُمُ الجُمُعَةَ ، فَلْيُصَلِّ بعدَهَا أرْبَعاً » رواه مسلم .

Moschee begaben, (um zwei Sunna-Rak'as) zu beten."
(Al-Bukhari)

Hadith 1124 Anas(r) berichtete: "Zu Lebenszeiten des Gesandten Allāhs(s) pflegten wir nach Sonnenuntergang, direkt vor dem Abendgebet, zwei Rak'as zu beten." Man fragte ihn: "Hat der Gesandte Allahs(s) dies auch immer verrichtet?" Er erwiderte: "Er sah, dass wir sie beteten, und er hat es uns weder verboten noch darauf hingewiesen, sie zu verrichten."
(Muslim)

Hadith 1125 Anas berichtete: Während wir in Medina waren, sahen wir, wie sich die Anwesenden nach dem Ruf zum Abendgebet rasch zu den Säulen begaben, um zwei Rak'as zu beten. Ein Fremder, der dabei die Moschee betrat, nahm an, dass das Abendgebet schon verrichtet wurde wegen der Vielzahl der Betenden, die jene Rak'as verrichteten.
(Muslim)

Kapitel 202
Die Sunna-Rak'as vor und nach dem Nachtgebet

Diesbezüglich sind die vorherigen Hadithe Nr. 1098 des Ibn 'Umar(r) und Nr. 1099 des Ibn Mughaffal(r) zu beachten.

Kapitel 203
Die Sunna-Rak'as beim Freitagsgebet

Diesbezüglich ist der Hadith Nr. 1098 des Ibn 'Umar(r) zu beachten.

Hadith 1126 Abu Huraira(r) berichtete: Allāhs Gesandter hat gesagt: "Wenn einer von euch Al-Dschum'a (das Freitagsgebet) vollzieht, soll er danach vier Rak'as (Sunna) verrichten."
(Muslim)

١١٢٧ - وَعَنِ ابْنِ عُمَرَ ، رَضِيَ اللهُ عَنْهُمَا ، أنَّ النَّبِيَّ ﷺ ، كَانَ لاَ يُصَلِّي بَعْدَ الجُمُعَةِ حَتَّى يَنْصَرِفَ ، فَيُصَلِّي رَكْعَتَيْنِ فِي بَيْتِهِ ، رواه مسلم .

٢٠٤ - باب استحباب جعل النوافل في البيت
سواء الراتبة وغيرها والأمر بالتحول للنافلة من موضع الفريضة أو الفصل بينهما بكلام

١١٢٨ - عَنْ زَيْدِ بْنِ ثَابِتٍ ، رَضِيَ اللهُ عَنْهُ ، أنَّ النَّبِيَّ ﷺ قَالَ : « صَلُّوا أَيُّهَا النَّاسُ في بُيُوتِكُمْ ؛ فَإِنَّ أَفْضَلَ الصَّلاةِ صَلاةُ المَرْءِ في بَيْتِهِ إِلا المَكْتُوبَةَ » متفق عليه .

١١٢٩ - وَعَنِ ابْنِ عُمَرَ رَضِيَ اللهُ عَنْهُمَا عَنِ النَّبِيِّ ﷺ ، قَالَ : « اجْعَلُوا مِنْ صَلاتِكُمْ في بُيُوتِكُمْ ، وَلا تَتَّخِذُوهَا قُبُوراً » متفق عليه .

١١٣٠ - وَعَنْ جَابِرٍ ، رَضِيَ اللهُ عَنْهُ ، قَالَ : قَالَ رَسُولُ اللهِ ﷺ : « إِذَا قَضَى أَحَدُكُمْ صَلاتَهُ في مَسْجِدِهِ ؛ فَلْيَجْعَلْ لِبَيْتِهِ نَصِيباً مِنْ صَلاتِهِ ؛ فَإِنَّ اللهَ جَاعِلٌ في بَيْتِهِ مِنْ صَلاتِهِ خَيْراً » رواه مسلم .

١١٣١ - وَعَنْ عُمَرَ بْنِ عَطَاءٍ أنَّ نَافِعَ بْنَ جُبَيْرٍ أَرْسَلَهُ إِلى السَّائِبِ ابْنِ أُخْتِ نَمِرٍ يَسْأَلُهُ عَنْ شَيْءٍ رَآهُ مِنْهُ مُعَاوِيَةُ في الصَّلاةِ فَقَالَ : نَعَمْ صَلَّيْتُ مَعَهُ الجُمُعَةَ في المَقْصُورَةِ ، فَلَمَّا

Hadith 1127 Ibn 'Umar(r) berichtete: Gewöhnlich betete der Prophet(s) nach dem Verrichten des Freitagsgebetes keine Rak'as (Sunna) bis er die Moschee verließ, jedoch betete er sie zu Hause."
(Muslim)

Kapitel 204
Es ist zu empfehlen, die freiwilligen Gebete zu Hause zu verrichten und den Platz nach jedem obligatorischen Gebet zu wechseln oder beide Gebete durch Sprechen zu trennen

Hadith 1128 Zaid Ibn Thābit(r) berichtete: Der Prophet(s) hat gesagt: "Ihr Leute! Verrichtet euer Gebet zu Hause, denn das beste Gebet ist das, welches zu Hause verrichtet wird, sofern es sich nicht um ein obligatorisches Gebet handelt!"
(Al-Bukhari und Muslim)

Hadith 1129 Ibn 'Umar(r) berichtete: Der Prophet(s) hat gesagt: "Verrichtet manche eurer Gebete in euren Häusern, und macht sie (die Häuser) nicht zu Gräbern."
(Al-Bukhari und Muslim)

Hadith 1130 Dschābir(r) berichtete: Allāhs Gesandter(s) hat gesagt: "Wenn einer von euch in der Moschee das Gebet verrichtet hat, soll er manche (freiwilligen) Gebete zu Hause beten, denn durch seine Gebete wird Allāh dem Haus Gutes tun."
(Muslim)

Hadith 1131 'Umar Ibn 'Atā(r) berichtete, dass Nāfi' Ibn Dschubair(r) ihn zu As-Sāib, dem Neffen Namirs(r) sandte, um ihn nach einer Anweisung des Mu'āwiya(r) an ihn zu fragen. As-Sāib sagte: "Es stimmt, ich verrichtete das Freitagsgebet mit ihm zusammen in der Nische[37]. Als der Imām das Gebet beendete, erhob ich mich und vollzog die zwei Rak'as

سلَّمَ الإمامُ، قمتُ في مقَامي، فصلَّيتُ، فلمَّا دخلَ أرسلَ إليَّ فقال: لا تَعُدْ لِمَا فعَلتَ: إذا صلَّيتَ الجُمُعَةَ، فلا تَصِلْها بصلاةٍ حتى تتكلَّمَ أو تخرُجَ؛ فإنَّ رسولَ الله ﷺ أمَرَنا بذلكَ، أن لا نُوصلَ صلاةً بصلاةٍ حتَّى نتكلَّمَ أو نَخرُجَ. رواه مسلم.

٢٠٥ - باب الحث على صلاة الوتر
وبيان أنه سنة مؤكدة وبيان وقته

١١٣٢ - عَنْ عَلِيٍّ، رضيَ اللهُ عنهُ قالَ: الوترُ ليسَ بحتمٍ كصلاةِ المكتوبةِ، ولكنْ سَنَّ رسولُ اللهِ ﷺ، قالَ: «إنَّ اللهَ وترٌ يُحبُّ الوترَ، فأوتِروا يا أهلَ القُرآنِ». رواه أبو داود والترمذي وقالَ: حديثٌ حسنٌ.

١١٣٣ - وَعَنْ عَائشةَ، رضيَ اللهُ عنها قالَتْ: مِنْ كلِّ اللَّيلِ قد أوترَ رسولُ اللهِ ﷺ، مِنْ أوَّلِ اللَّيلِ، ومِنْ أوسَطِهِ، ومِنْ آخِرِهِ، وانتَهى وِترُهُ إلى السَّحَرِ. متفقٌ عليه.

١١٣٤ - وعَنِ ابنِ عُمَرَ رضيَ اللهُ عنهُما، عَنِ النَّبيِّ ﷺ قالَ: «اجعَلوا آخِرَ صلاتِكُمْ باللَّيلِ وِتراً». متفقٌ عليه.

١١٣٥ - وعَنْ أبي سَعيدٍ الخُدْريِّ، رضيَ اللهُ عنهُ، أنَّ النَّبيَّ ﷺ قالَ: «أوتِروا قبلَ أنْ تُصبِحُوا». رواه مسلم.

١١٣٦ - وعن عَائشةَ، رضيَ اللهُ عنها، أنَّ النَّبيَّ ﷺ كانَ يُصَلّي صلاتَهُ باللَّيلِ، وهيَ مُعترِضَةٌ بينَ يدَيهِ، فإذا بَقيَ الوِترُ، أيقَظَها فأوتَرتْ. رواه مسلم.

(Sunna). Als sich Mu'āwiya zurückzog, ließ er mich zu sich kommen und sprach: "Tue so etwas nicht wieder! Wenn du das Dschum'a-Gebet vollzogen hast, dann verrichte anschließend kein Gebet, ohne vorher mit jemandem gesprochen zu haben oder dass du die Moschee verlassen hast, denn der Gesandte Allāhs(s) hat uns angewiesen, keine Gebete nacheinander ununterbrochen zu verrichten, ohne zwischen ihnen (mit jemandem) gesprochen oder die Moschee verlassen zu haben."
(Muslim)

Kapitel 205
Das Anspornen, das Witr (Spätnachtgebet) als sichere Sunna zu verrichten und dessen überlieferte Zeit

Hadith 1132 'Ali Ibn Abi Tālib(r) berichtete: Das Witr-Gebet ist nicht obligatorisch wie das Pflichtgebet, aber Allāhs Gesandter hat es immer vollzogen und gesagt: "Allāh ist Witr (=eins) und Er liebt das Witr, also verrichtet das Witr-Gebet, ihr Leute des Qurāns!"
(Abu Dawūd, und At-Tirmidi mit dem Vermerk: Ein guter Hadith)

Hadith 1133 'Āischa(r) berichtete: "Allāhs Gesandter(s) hat das Witr-Gebet sowohl am Anfang der Nacht, in der Mitte als auch am Ende bis zur Morgendämmerung vollzogen."
(Al-Bukhari und Muslim)

Hadith 1134 Ibn 'Umar(r) berichtete: Der Prophet(s) hat gesagt: "Macht das letzte eurer (freiwilligen) Gebete in der Nacht Witr (ungerade, eins)."
(Al-Bukhari und Muslim)

Hadith 1135 Abu Sa'īd Al-Khudriy(r) berichtete: Der Prophet(s) hat gesagt: "Ihr sollt das Witr-Gebet vor dem Morgenanbruch verrichten."
(Muslim)

Hadith 1136 'Āischa(r) berichtete, dass der Prophet(s) die (freiwilligen)

وفى رواية له : فَإِذَا بَقِيَ الوِتْرُ قَالَ : « قُومِي فَأَوْتِرِي يَا عَائِشَةُ » .

١١٣٧ ـ وعنِ ابْنِ عُمَرَ رَضِيَ اللَّـهُ عَنْهُمَا ، أَنَّ النَّبِيَّ ﷺ قَـالَ : « بَادِرُوا الصُّبْحَ بِالوِتْرِ » رَوَاهُ أبو داود ، والترمذى وقالَ : حديثٌ حسن صحيح .

١١٣٨ ـ وعَنْ جَابِرٍ ، رَضِيَ اللَّهُ عَنْهُ ، قَـالَ : قال رسولُ الله ، ﷺ : « مَنْ خَافَ أَنْ لا يَقُومَ مِنْ آخِـرِ اللَّيْلِ ، فَلْيُوتِرْ أَوَّلَهُ ، وَمَنْ طَمِعَ أَنْ يَقُومَ آخِرَهُ فَلْيُوتِـرْ آخِرَ اللَّيْلِ، فَإِنَّ صَلاةَ آخِرِ اللَّيْلِ مَشْهُودَةٌ ، وَذَلِكَ أفْضَلُ » رواه مسلم .

٢٠٦ ـ باب فضل صلاة الضحى وبيان أقلها وأكثرها وأوسطها والحث على المحافظة عليها

١١٣٩ ـ عَنْ أبي هُرَيْرَةَ ، رَضِيَ اللَّهُ عَنْهُ ، قَـالَ : أَوْصَانِي خَلِيلِي ﷺ بِصِيَامِ ثَلاثَةِ أيَّامٍ مِنْ كُلِّ شَهْرٍ ، وَرَكْعَتَي الضُّحَى ، وَأَنْ أُوتِرَ قَبْلَ أَنْ أَرْقُدَ . متفقٌ عليه .

وَالإيتَارُ قَبْلَ النَّوْمِ إنَّمَا يُسْتَحَبُّ لِمَنْ لا يَثِقُ بِالاسْتِيقَاظِ آخِرَ اللَّيْلِ ، فَإِنْ وَثِقَ ، فَـآخِرُ اللَّيْلِ أفْضَلُ .

١١٤٠ ـ وعَنْ أبي ذَرٍّ ، رضي اللَّه عَنْهُ ، عن النَّبِيِّ ﷺ ، قَـالَ : « يُصْبِحُ عَلَى كُلِّ سُلامَى مِنْ أَحَدِكُمْ صَدَقَةٌ : فَكُلُّ تَسْبِيحَةٍ صَدَقَةٌ ، وكُلُّ تَحْمِيدَةٍ صَدَقَةٌ ، وكُلُّ تَهْلِيلَةٍ صَدَقَةٌ وكل تكبيرة صدقة وَيُجْزِئُ مِنْ ذلِكَ رَكْعَتَانِ يَرْكَعُهُمَا مِنَ الضُّحَى » رواه مسلم .

Nachtgebete verrichtete, während sie in seiner Nähe schlief. Wenn es Zeit für das Witr-Gebet war, weckte er sie auf, sodass sie auch das Witr-Gebet verrichten konnte.
(Muslim)
In einer anderen Version von Muslim steht: "Wenn es Zeit für das Witr-Gebet war, sagte er: "Steh auf 'Āischa! Verrichte das Witr-Gebet!"

Hadith 1137 'Abdullāh Ibn 'Umar(r) berichtete: Der Prophet(s) hat gesagt: "Verrichtet das Witr-Gebet kurz vor der Morgendämmerung."
(Abu Dawūd und At-Tirmidi, mit dem Vermerk: Ein guter bis starker Hadith)

Hadith 1138 Jābir(r) berichtete: Allāhs Gesandter(s) hat gesagt: "Wer fürchtet, dass er nicht im späteren Teil der Nacht aufsteht, soll das Witr-Gebet im ersten Teil verrichten, und wer danach trachtet, im späteren Teil aufzustehen, der soll das Witr-Gebet im späteren Teil der Nacht verrichten, denn das Gebet im späteren Teil der Nacht wird bezeugt, und dies ist viel besser."
(Muslim)

Kapitel 206
Die Vorzüge des Vormittagsgebetes, Anzahl seiner Rak'as und das Anspornen, es regelmäßig zu verrichten

Hadith 1139 Abu Huraira(r) berichtete: Mein Freund(s) empfahl mir, drei Tage in jedem Monat zu fasten, die zwei Rak'as des Vormittagssunnagebetes zu beten und das Witr-Gebet vor dem Schlafen[38] zu vollziehen."
(Al-Bukhari und Muslim)

Hadith 1140 Abu Darr(r) berichtete: Der Prophet(s) hat gesagt: "Für jedes (gesunde) Glied des menschlichen Körpers soll jeder von euch eine fromme Gabe (Sadaqa) geben: So zählt jedes Aussprechen des Lobes

١١٤١ - وعَنْ عائشةَ رضِيَ اللهُ عَنْها، قالت: كان رسولُ اللهِ ﷺ يُصلِّي الضُّحَى أربعاً، ويَزيدُ ما شاءَ اللهُ. رواه مسلم.

١١٤٢ - وعَنْ أُمِّ هانئٍ فاختةَ بنتِ أبي طالبٍ، رضيَ اللهُ عنها، قالت: ذهبْتُ إلى رسولِ اللهِ ﷺ، عامَ الفتحِ فوجدتُهُ يغتسلُ، فلمَّا فرغَ من غُسلِهِ، صلَّى ثماني ركعاتٍ، وذلكَ ضُحًى. متفقٌ عليه. وهذا مختصرُ لفظِ إحدى روايات مسلم.

٢٠٧ - باب تجويز صلاة الضحى
من ارتفاع الشمس إلى زوالها
والأفضل أن تصلى عند اشتداد الحر وارتفاع الضحى

١١٤٣ - عن زيدِ بنِ أرقمَ، رضيَ اللهُ عنه، أنَّهُ رأى قوماً يُصلُّونَ مِنَ الضُّحَى، فقال: أما لقد علموا أنَّ الصَّلاةَ في غيرِ هذهِ السَّاعَةِ أفضلُ، إنَّ رسولَ اللهِ ﷺ قال: «صلاةُ الأوَّابينَ حينَ تَرمَضُ الفِصالُ». رواه مسلم.

«تَرمَضُ» بفتح التاء والميم وبالضاد المعجمة، يعني: شدة الحرّ. و «الفِصالُ»: جمعُ فَصيلٍ وهوَ: الصَّغيرُ مِنَ الإبلِ.

Allāhs (Sub*h*anallāīh) als *S*adaqa, jedes Aussprechen Seines Dankes (Al-*H*amdullilāh) als *S*adaqa, jedes Aussprechen, Es gibt keinen Gott außer Allāh (Lā Ilāha illallāh) als *S*adaqa, jedes Aussprechen, dass Allāh unvergleichlich groß ist (Allāhu Akbar) als *S*adaqa, das Gute zu gebieten und das Übel zu verwehren als *S*adaqa, aber gleich alldem ist das Verrichten von zwei Rak'as am Vormittag."
(Muslim)

Hadith 1141 'Āischa(r) berichtete: Allāhs Gesandter(s) pflegte jeden Vormittag, vier Rak'as zu beten, dann würde er soviel dazu hinzufügen, was auch immer Allāh wünschte.
(Muslim)

Hadith 1142 Umm Hāni Fākhita, Tochter des Abu Tālib(r), berichtete: "Ich ging zum Propheten im Jahr des Sieges in Mekka, als er gerade ein Bad nahm. Als er fertig war, verrichtete er acht Rak'as. Das war am frühen Vormittag.
(Al-Bukhari und Muslim)
Dies ist die Zusammenfassung einer Version von Muslim.

Kapitel 207

Die Zulässigkeit, das Vormittagsgebet in der Zeit vom Sonnenaufgang bis zum späten Vormittag zu verrichten, besser wäre allerdings dessen Verrichten in der größten Hitze, bevor die Sonne ihren Höchststand erreicht hat

Hadith 1143 Zaid Ibn Arqam(r) berichtete, dass er Leute das Vormittagsgebet (*am frühen Vormittag*) verrichten sah, da bemerkte er: Sie wissen doch, dass das Gebet später besser wäre, denn Allāhs Gesandter(s) hat gesagt: „Das Beten der sich stets zu Allāh Wendenden verrichtet man, wenn es den jungen Kamelen vor Sonnenglut kochendheiß wird."
(Muslim)

٢٠٨ ـ باب الحث على صلاة تحية المسجد وكراهة الجلوس قبل أن يصلي ركعتين في أي وقت دخل وسواء صلى ركعتين بنية التحية أو صلاة فريضة أو سنة راتبة أو غيرها

١١٤٤ ـ عن أبي قتادةَ ، رضِيَ اللهُ عنْهُ ، قالَ : قالَ رسولُ اللهِ ﷺ : «إذا دَخَلَ أحَدُكُمُ المَسْجِدَ ، فَلا يَجْلِسْ حتَّى يُصَلِّيَ ركْعَتَيْنِ» متفقٌ عليه .

١١٤٥ ـ وعن جابرٍ ، رَضِيَ اللهُ عنْهُ قالَ : أتَيْتُ النَّبيَّ ﷺ ، وهوَ في المَسْجِدِ، فقالَ : «صَلِّ ركْعَتَيْنِ» متفقٌ عليه .

٢٠٩ ـ باب استحباب ركعتين بعد الوضوء

١١٤٦ ـ عن أبي هُرَيْرَةَ ، رَضِيَ اللهُ عنْهُ أنَّ رَسُولَ اللهِ ﷺ ، قالَ لبلالٍ : «يَا بِلالُ حَدِّثْني بأرْجَى عَمَلٍ عَمِلْتَهُ في الإسْلامِ ، فَإنِّي سَمِعْتُ دَفَّ نَعْلَيْكَ بَيْنَ يَدَيَّ في الجَنَّةِ» قالَ : مَا عَمِلْتُ عَمَلاً أرْجَى عِنْدِي مِنْ أنِّي لَمْ أتَطَهَّرْ طُهُوراً في ساعَةٍ مِنْ لَيْلٍ أوْ نَهارٍ إلا صَلَّيْتُ بِذلكَ الطُّهُورِ ما كُتِبَ لي أنْ أُصَلِّيَ . متفقٌ عليه . وهذا لفظُ البخاري .

«الدَّفُّ» بالفاءِ : صَوْتُ النَّعْلِ وحَرَكَتُهُ على الأرضِ ، واللهُ أعلم .

Kapitel 208

Der Ansporn, beim Betreten der Moschee zu irgendeiner Zeit, zwei Rak'as noch vor dem Hinsetzen zu beten, egal ob es sich jetzt um die Begrüßung der Moschee, das Pflichtgebet, die Sunna oder etwas anderes handelt

Hadith 1144 Abu Qatāda(r) berichtete: Allāhs Gesandter hat gesagt: „Wenn einer von euch eine Moschee betritt, soll er zwei Rak'as beten, bevor er sich hinsetzt."
(Al-Bukhari und Muslim)

Hadith 1145 Jābir(r) berichtete: Ich kam zum Propheten(s), als er in der Moschee war, das sagte er zu mir: „Steh auf und bete zwei Rak'as."
(Al-Bukhari und Muslim)

Kapitel 209

Das Gutheißen, zwei Rak'as nach der Waschung zu beten

Hadith 1146 Abu Huraira(r) berichtete: Der Gesandte Allāhs(s) sagte zu Bilāl(r): „O Bilāl, erzähle mir von deiner am besten erhofften Tat nach deiner Annahme des Islams, denn ich hörte das Geräusch deiner Schuhe in meiner Nähe im Paradies." Er antwortete: „Nie verrichtete ich eine erhofftere Tat für mich, als dass ich nach jeder Waschung, am Tage oder in der Nacht, solange betete, wie es mir vorbestimmt war."
(Al-Bukhari und Muslim. Hier handelt es sich um die Version von Al-Bukhari)

٢١٠ – باب فضل يوم الجمعة ووجوبها والاغتسال لها والتطيب والتبكير إليها والدعاء يوم الجمعة والصلاة على النبي صلى الله عليه وسلم فيه وبيان ساعة الإجابة واستحباب إكثار ذكر الله بعد الجمعة

قال اللهُ تعالى : ﴿ فَإِذَا قُضِيَتِ الصَّلَاةُ فَانتَشِرُوا فِي الْأَرْضِ وَابْتَغُوا مِن فَضْلِ اللَّهِ وَاذْكُرُوا اللَّهَ كَثِيرًا لَّعَلَّكُمْ تُفْلِحُونَ ﴾ (الجمعة: ١٠) .

١١٤٧ – وعَنْ أَبِي هُرَيْرَةَ ، رَضِيَ اللهُ عَنْهُ ، قَالَ : قَالَ رسولُ الله ﷺ : «خَيْرُ يَوْمٍ طَلَعَتْ عَلَيْهِ الشَّمْسُ يَوْمُ الجُمُعَةِ : فيهِ خُلِقَ آدمُ ، وفيهِ أُدْخِلَ الجَنَّةَ ، وفيهِ أُخْرِجَ مِنْهَا » رواه مسلم .

١١٤٨ – وعَنْهُ قَالَ : قَالَ رسولُ الله ﷺ : « مَنْ تَوَضَّأَ فَأَحْسَنَ الوُضُوءَ ثُمَّ أَتَى الجُمُعَةَ ، فَاسْتَمَعَ وَأَنْصَتَ ، غُفِرَ لَهُ ما بَيْنَهُ وبَيْنَ الجُمُعَةِ وَزِيَادَةُ ثَلَاثَةِ أَيَّامٍ ، وَمَنْ مَسَّ الحَصَى ، فَقَدْ لَغَا » رواه مسلم .

١١٤٩ – وعَنْهُ عَنِ النَّبِيِّ ﷺ ، قَالَ : « الصَّلَوَاتُ الخَمْسُ ، وَالجُمُعَةُ إلى الجُمُعَةِ ، وَرَمَضَانُ إلى رَمَضَانَ ، مُكَفِّرَاتٌ ما بَيْنَهُنَّ إذا اجْتُنِبَتِ الكَبَائِرُ » رواه مسلم .

١١٥٠ – وعَنْهُ وعَنِ ابنِ عُمَرَ ، رَضِيَ اللهُ عَنْهُما ، أنَّهما سَمِعا رسولَ اللهِ ﷺ يقول

Kapitel 210

Die Vortrefflichkeit des Freitags(-gebetes): Obligatorische Teilnahme, Baden, Parfüm benutzen, rechtzeitig in der Moschee zu sein, Bittgebet, Lobpreisen des Propheten(s), Stunde des Erhörens und häufiges Gedenken Allāhs nach Beendigung des Freitagsgebetes

Allāh - erhaben sei Er - sagt:"Und wenn das Gebet beendet ist, dann geht eure Wege und trachtet nach Allāhs Gnadenfülle und gedenkt Allāhs häufig, dass es euch wohl ergehen werde."
Surat-ul-Jum'a 62:10

Hadith 1147 Abu Huraira(r) berichtete: Allāhs Gesandter(s) hat gesagt: „Der beste Tag, an welchem die Sonne aufgeht ist der Freitag: An einem Freitag erschuf Allāh Adam(r), an einem Freitag wurde er ins Paradies aufgenommen, und an einem Freitag wurde er aus dem Paradies vertrieben."
(Muslim)

Hadith 1148 Abu Huraira(r) berichtete: „Wer sich vorschriftsmäßig ordentlich wäscht und am Freitagsgebet (hingebungsvoll) teilnimmt, der Dschum'a-Predigt aufmerksam zuhört, dem werden seine Verfehlungen vom Freitag zuvor bis zu drei weiteren Tagen getilgt. Wer den Kies berührt[39], ist wie einer der unsinniges Zeug redet."
(Muslim)

Hadith 1149 Abu Huraira(r) berichtete: Der Prophet(s) hat gesagt: „Das Einhalten der obligatorischen fünf Gebete, des Freitagsgebetes und des Ramadāns tilgen die zwischen ihnen begangenen Verfehlungen, solange große Sünden vermieden werden."
(Muslim)

Hadith 1150 Abu Huraira und Ibn 'Umar(r) berichteten, dass sie den

على أعوادِ منبرِه : « لَيَنْتَهِيَنَّ أقْوامٌ عَنْ وَدْعِهِمُ الجُمُعَاتِ ، أوْ لَيَخْتِمَنَّ اللهُ عَلى قُلوبِهمْ ، ثُمَّ لَيَكُونُنَّ مِنَ الغَافِلينَ » رواه مسلم .

١١٥١ - وَعَنِ ابنِ عُمَرَ رضِيَ اللهُ عَنْهُمَا ، أنَّ رَسُولَ اللهِ ﷺ قـالَ : « إِذا جَاءَ أحَدُكُمُ الجُمُعَةَ ، فَلْيَغْتَسِلْ » متفقٌ عليه .

١١٥٢ - وعن أبي سعيدٍ الخُدْرِي ، رَضِيَ اللهُ عَنْهُ ، أنَّ رَسُولَ اللهِ ﷺ قَالَ : « غُسْلُ يَوْمِ الجُمُعَةِ واجِبٌ على كلِّ مُحْتَلِمٍ » متفقٌ عليه .

المرادُ بالمحتَلِمِ : البَالغُ ، والمَرَادُ بالوُجُوبِ : وُجُوبُ اختِيَار ، كقـولِ الرَّجلِ لِصاحِبهِ حقُّكَ وَاجبٌ عَليَّ . واللهُ أعلم .

١١٥٣ - وَعَنْ سَمُرَةَ ، رَضِيَ اللهُ عَنْهُ قَالَ : قـالَ رَسُولُ اللهِ ﷺ : « مَنْ تَوَضَّأ يَوْمَ الجُمُعَةِ ، فَبهَا ونعْمَتْ ، وَمَنْ اغْتَسَلَ فالغُسْلُ أفْضَلُ » رواه أبو داود ، والتـرمذي وقـالَ : حديثٌ حسنٌ .

١١٥٤ - وعَنْ سَلمَانَ ، رَضِيَ اللهُ عَنْهُ ، قـالَ : قَالَ رَسُولُ اللهِ ﷺ : « لا يَغْتَسِلُ رَجُلٌ يَوْمَ الجُمُعَةِ ، ويَتَطَهَّرُ ما استَطَاعَ مِنْ طُهْرٍ ، ويَدَّهِنُ مِنْ دُهْنِهِ ، أو يَمَسُّ مِنْ طِيبِ بَيْتِهِ ، ثُمَّ يَخْرُجُ فَلا يُفَرِّقُ بَيْنَ اثنَيْنِ ، ثمَّ يُصلِّى مَا كُتِبَ لَهُ ، ثمَّ يُنْصِتُ إذا تَكَلَّمَ الإِمَامُ ، إلا غُفِرَ لَهُ ما بَيْنَهُ وبَيْنَ الجُمُعَةِ الأخْرَى » رواه البخاري .

١١٥٥ - وَعَنْ أبِي هُرَيْرَةَ ، رَضِيَ اللهُ عَنْهُ ، أنَّ رسولَ اللهِ ﷺ قَالَ : « مَنِ اغْتَسَلَ يَوْمَ الجُمُعَةِ غُسْلَ الجَنَابةِ ، ثمَّ رَاحَ في السَّاعَةِ الأولى ، فكَـأنَّمَا قَرَّبَ بَدَنَةً ، وَمَنْ رَاحَ في السَّاعَةِ الثانيَةِ ، فكَأنَّمَا قَرَّبَ بَقَرَةً ، وَمَنْ راحَ في السَّاعةِ الثَّالِثةِ ، فَكَـأنَّمَا قَرَّبَ كَبْشاً أقْرَنَ، ومَنْ

Gesandten Allāhs(s) sagen hörten: „Diejenigen, die das Freitagsgebet auslassen, sollen damit aufhören, sonst wird Allāh ihre Herzen versiegeln, und dann werden sie zu den Achtlosen gehören."
(Muslim)

Hadith 1151 Ibn 'Umar(r) berichtete: Allāhs Gesandter(s) hat gesagt: „Wenn jemand von euch zum Freitagsgebet kommt, soll er (vorher) die große Waschung (Ghusl[40]) verrichten."(Al-Bukhari und Muslim)

Hadith 1152 Abu Sa'īd Al-Khudriy(r) berichtete: Allāhs Gesandter(s) hat gesagt: „Die große Waschung am Freitag ist für jeden Muslim, der die Geschlechtsreife erreicht hat, obligatorisch[41]".
(Al-Bukhari und Muslim)

Hadith 1153 Samura(r) berichtete: Allāhs Gesandter(s) hat gesagt: „Die kleine Waschung (Wud̄ū) vor dem Freitagsgebet ist gut, doch die große Waschung (Ghusl) davor ist besser."
(Dawūd und At-Tirmidi, mit dem Vermerk: Ein guter *H*adith)

Hadith 1154 Salmān Al-Fārisi(r) berichtete: Allāhs Gesandter(s) hat gesagt: „Wer am Freitag ein Bad nimmt und sich gründlich reinigt, sich das Haar einölt oder sich parfümiert, dann zum Gebet geht und sich nicht zwischen zwei Betenden, (die bereits vor ihm ihre Plätze eingenommen haben), drängt, anschließend das Gebet vorschriftsmäßig verrichtet und der Predigt aufmerksam zuhört, dem werden die Verfehlungen verziehen, die er sich zwischen diesem Tag und dem vorangegangenen Freitag hat zuschulden kommen lassen."
(Al-Bukhari)

Hadith 1155 Abu Huraira(r) berichtete: Allāhs Gesandter(s) hat gesagt: „Wenn jemand am Freitag die große Waschung gründlich verrichtet und sich sehr früh[42] zum Gebet begibt, ist das so, als hätte er ein Kamel als Opfer dargebracht. Wer noch später zum Gebet kommt, opfert gleichsam

رَاحَ في السَّاعَةِ الرَّابعَةِ، فكَأنَّمَا قَرَّبَ دَجَاجَةً، وَمَنْ رَاحَ في السَّاعَةِ الخَامِسَةِ، فكَأنَّمَا قَرَّبَ بَيْضَةً، فَإذا خَرَجَ الإمَامُ، حَضَرَتِ المَلائِكَةُ يَسْتَمِعُونَ الذِّكْرَ » متفقٌ عليه.

قوله : « غُسلَ الجَنَابَةِ » أى : غُسلاً كغُسْلِ الجَنَابَةِ في الصفة.

١١٥٦ – وعَنْهُ أنَّ رَسُولَ الله ﷺ ذكَرَ يَوْمَ الجُمُعَةِ، فَقَالَ : « فِيهَا سَاعَةٌ لا يُوَافِقُهَا عَبْدٌ مُسْلِمٌ، وَهُوَ قَائمٌ يُصَلِّي يَسْأَلُ اللهَ شَيْئَاً، إلا أعْطَاهُ إيَّاه » وَأشَارَ بِيَدِهِ يُقَلِّلُهَا. متفقٌ عليه.

١١٥٧ – وعَنْ أبي بُرْدَةَ بنِ أبي مُوسَى الأشْعَرِيّ، رَضِيَ اللهُ عَنهُ، قَالَ : قَالَ عَبْدُ اللهِ بنُ عُمَرَ رَضِيَ اللهُ عَنْهُمَا : أسَمِعْتَ أبَاكَ يُحَدِّثُ عَنْ رَسُولِ اللهِ ﷺ، في شَأنِ سَاعَةِ الجُمُعَةِ ؟ قَالَ : قلتُ : نَعَمْ، سَمِعْتُهُ يقولُ : سَمِعْتُ رسولَ الله ﷺ يَقولُ : « هِيَ مَا بَيْنَ أنْ يَجْلِسَ الإمَامُ إلى أنْ تُقْضَى الصَّلاةُ » رواه مسلم.

١١٥٨ – وعَنْ أوسِ بنِ أوْسٍ، رَضِيَ اللهُ عَنْهُ، قَالَ : قَالَ رَسُولُ اللهِ ﷺ : « إنَّ مِنْ أفْضَلِ أيَّامِكُمْ يَوْمَ الجُمُعَةِ ؛ فَأكْثِرُوا عَلَيَّ مِنَ الصَّلاةِ فيهِ ؛ فَإنَّ صَلاتَكُمْ مَعْرُوضَةٌ عَلَيَّ ». رواه أبو داود بإسنادٍ صحيحٌ.

٢١١ – باب استحباب سجود الشكر
عند حصول نعمة ظاهرة أو اندفاع بلية ظاهرة

١١٥٩ – عَنْ سَعْدِ بنِ أبي وقَّاصٍ، رَضِيَ اللهُ عَنْهُ، قَالَ : خَرَجْنَا مَعَ رَسُولِ اللهِ ﷺ، مِنْ مَكَّةَ نُرِيدُ المَدِينَةَ، فَلَمَّا كُنَّا قَرِيبَاً مِنْ عَزْوَرَاءَ نَزَلَ ثُمَّ رَفَعَ يَدَيْهِ، فَدَعَا اللهَ سَاعَةً

eine Kuh. Kommt jemand noch später, so entspricht dies dem Opfer eines Widders. Wer später kommt, gleicht dies dem einer Henne und wer dann noch später kommt, so entspricht dies dem eines Eis. Und wenn der Prediger kommt und seinen Platz einnimmt, sind auch die Engel anwesend, um seinen Worten zuzuhören."
(Al-Bukhari und Muslim)

Hadith 1156 Abu Huraira(r) berichtete, dass der Gesandter Allāhs(s) das Freitagsgebet erwähnte und sagte: „In ihm gibt es eine bestimmte Zeit, in welcher das Bittgebet des betenden Dieners, was auch immer es ist, erhört wird." Dabei zeigte er(s) mit seiner Hand, wie kurz jene Erfüllungszeit ist.
(Al-Bukhari und Muslim)

Hadith 1157 Abu Burda Ibn Abi Mūsa Al-Asch'ariy(r) berichtete, dass 'Abdullāh Ibn 'Umar(r) ihn fragte, ob er seinen Vater Abu Mūsa(r) etwas vom Propheten(s) bezüglich der Erfüllungszeit am Freitagsgebet berichten hörte. Abu Burda(r) antwortete: „Ja, er sagte, dass er den Gesandten Allāhs(s) sagen hörte: «Sie ist in der Zeit zwischen dem Sitzen des Imāms auf der Kanzel und dem Ende des Gebets.»"
(Muslim)

Hadith 1158 Aus Ibn Aus(r) berichtete: Allāhs Gesandter(s) hat gesagt: „Fürwahr ist der Freitag einer eurer besten Tage, so betet für mich am Freitag häufig, denn eure Gebete werden mir[43] vorgeführt."
(Abu Dawūd, mit einer guten Überlieferungskette)

Kapitel 211
Das Gutheißen, sich vor Allāh für sichtbare Gaben oder das Abwenden des Unheils niederzuwerfen

Hadith1159 Sa'd Ibn Abi Waqqās(r) berichtete: Eines Tages begaben wir uns mit dem Propheten(s) von Mekka nach Medina. In der Nähe von 'Azwarā stieg er (von seinem Reittier) ab, erhob die Hände und sprach ein

، ثُمَّ خَرَّ ساجداً فَمَكَثَ طَويلاً ، ثُمَّ قامَ فَرَفَعَ يَدَيْهِ ساعَةً ، ثُمَّ خَرَّ ساجداً ، فَعَلَهُ ثَلاثاً ـ قَالَ : إنِّى سَألْتُ رَبِّى ، وشَفَعْتُ لأُمَّتى ، فَأَعْطَانى ثُلُثَ أُمَّتى ، فَخَرَرْتُ ساجداً لِرَبِّى شُكراً ، ثُمَّ رَفَعْتُ رَأسِى ، فَسَألْتُ رَبِّى لأُمَّتى ، فَأَعْطَانى ثُلُثَ أُمَّتى ، فَخَرَرْتُ ساجداً لِرَبِّى شُكراً ، ثُمَّ رَفَعْتُ رَأسِى ، فَسَألْتُ رَبِّى لأُمَّتى ، فَأَعْطَانى الثُّلُثَ الآخَرَ ، فَخَرَرْتُ ساجداً لِرَبِّى » رَواهُ أبو داودَ .

٢١٢ ـ باب فضل قيام الليل

قال اللهُ تَعَالى : ﴿ وَمِنَ اللَّيْلِ فَتَهَجَّدْ بِهِ نَافِلَةً لَكَ عَسَى أَن يَبْعَثَكَ رَبُّكَ مَقَامًا مَّحْمُودًا ﴾ (الإسراء:٧٩) ، وقال تعالى : ﴿ تَتَجَافَى جُنُوبُهُمْ عَنِ الْمَضَاجِعِ ﴾ (السجدة:١٦) ، وقال تعالى : ﴿ كَانُوا قَلِيلًا مِنَ اللَّيْلِ مَا يَهْجَعُونَ ﴾ (الذاريات:١٧) .

١١٦٠ ـ وَعَنْ عَائِشَةَ ، رَضِىَ اللهُ عَنْهَا ، قَالَتْ : كَانَ النَّبِىُّ ﷺ يَقُومُ مِنَ اللَّيْلِ حَتى تَتَفَطَّرَ قَدَمَاهُ ، فَقلتُ لَهُ : لِمَ تصنَعُ هذا يا رَسُولَ اللهِ ، وَقَـدْ غُفِرَ لَكَ مَـا تقدم مِن ذَنْبِكَ وَمَا تأخَّرَ ؟ قَال : « أَفَلا أكُونُ عَبْداً شكُوراً » متفقٌ عليه . وَعَنِ المغيـرَةِ بن شعبةَ نحوهُ ، متفقٌ عليه .

langes Bittgebet, dann warf er sich eine Zeit lang nieder, dann stand er auf und erhob die Hände und sprach ein langes Bittgebet, dann warf er sich erneut eine Zeit lang nieder. Dies wiederholte er dreimal nacheinander, dann sagte er zu uns: „Ich bat meinen Herrn (für mich) und legte eine Fürsprache (bei Ihm) für meine Gemeinde ein, da ließ Er mich für das Drittel meiner Gemeinde fürbitten, so warf ich mich vor Ihm dankend nieder, dann bat ich Ihn wieder darum, und er ließ mich für ein weiteres Drittel meiner Gemeinde fürbitten, so warf ich mich vor Ihm dankend nieder, dann bat ich Ihn nochmal darum, und Er ließ mich für das übrige Drittel fürbitten, so warf ich mich vor Ihm dankend nieder."
(Abu Dawūd)

Kapitel 212
      Der Vorrang des freiwilligen Gebetes in der Nacht (Tahadschud)

Allāh, der Erhabene, spricht:
"Und verbringe einen Teil der Nacht mit Qurānlesung, als Zusatz für dich, dass dich dein Herr zu einem (besonderen) lobreichen Rang erweckt."
Sūra 17: 79
"Sie (die Gläubigen) vermeiden es, sich (zum Schlafen) auf die Seite zu legen...." Sūra 32:16
"Sie (*die Gottesfürchtigen auf Erden*) pflegten des Nachts, nur wenig zu schlafen." Sūra 51:17

Hadith 1160 'Āischa(r) berichtete: Der Prophet(s) pflegte des Nachts stehend zu beten, bis seine Füße Risse bekamen, so fragte ich ihn: "O Allāhs Gesandter, warum tust du dies, wo doch dir deine vergangenen und künftigen Verfehlungen vergeben wurden?" Er(s) sagte: "Soll ich nicht ein dankbarer Diener sein?"
(Al-Bukhari und Muslim)
Eine ähnliche Version hat Al-Mughīra Ibn Schu'ba(r) überliefert.
(Al-Bukhari und Muslim)

١١٦١ - وَعَنْ عليٍّ، رضيَ اللهُ عنهُ، أنَّ النَّبيَّ ﷺ طَرَقَهُ وفاطمةَ ليلاً، فقال: «ألا تُصَلِّيانِ؟» متفقٌ عليه.

«طَرَقَهُ»: أتاهُ ليلاً.

١١٦٢ - وعن سالمِ بنِ عبدِ اللهِ بنِ عمرَ بنِ الخطَّابِ، رضيَ اللهُ عنهُم، عن أبيهِ: أنَّ رسولَ اللهِ ﷺ، قال: «نِعْمَ الرَّجُلُ عبدُ اللهِ لو كانَ يُصَلِّي مِنَ اللَّيلِ» قال سالمٌ: فكانَ عبدُ اللهِ بعدَ ذلكَ لا ينامُ مِنَ اللَّيلِ إلا قليلاً. متفقٌ عليه.

١١٦٣ - وعن عبدِ اللهِ بنِ عمرو بنِ العاصِ، رضيَ اللهُ عنهُما قال: قال رسولُ اللهِ ﷺ: «يا عبدَ اللهِ، لا تكنْ مثلَ فلانٍ، كانَ يقومُ اللَّيلَ، فتركَ قيامَ اللَّيلِ» متفقٌ عليه.

١١٦٤ - وعن ابنِ مسعودٍ، رضيَ اللهُ عنهُ، قال: ذُكِرَ عندَ النَّبيِّ ﷺ رجلٌ نامَ ليلةً حتَّى أصبَحَ! قال: «ذاكَ رجلٌ بالَ الشَّيطانُ في أُذُنَيهِ - أو قال: في أُذُنِهِ -» متفقٌ عليه.

١١٦٥ - وعن أبي هريرةَ رضيَ اللهُ عنهُ، أنَّ رسولَ اللهِ ﷺ قال: «يَعقِدُ الشَّيطانُ على قافيةِ رأسِ أحدِكُم، إذا هوَ نامَ، ثلاثَ عُقَدٍ، يضربُ على كلِّ عقدةٍ: عليكَ ليلٌ طويلٌ فارقُدْ فإنِ استيقظَ، فذكرَ اللهَ تعالى انحلَّت عُقدةٌ، فإن توضَّأ، انحلَّت عُقدةٌ، فإن صلَّى، انحلَّت عُقدُه، فأصبحَ نشيطًا طيِّبَ النَّفسِ، وإلا أصبحَ خبيثَ النَّفسِ كسلانَ» متفقٌ عليه.

قافيةُ الرَّأسِ: آخِرُهُ.

Hadith 1161 'Ali(r) berichtete, dass der Gesandte Allāhs(s) ihn und Fātima(r) gemeinsam eines Nachts besuchte, da fragte er(s): "Betet ihr etwa nicht zu dieser späten Stunde?"
(Al-Bukhari und Muslim)

Hadith 1162 Sālim, Sohn des 'Abdullāh, Sohn des 'Umar Ibn-ul-Khattāb(r) berichtete, dass sein Vater erzählte, dass Allāhs Gesandter(s) gesagt hat: "Abdullāh wäre ein vortrefflicher Mann, wenn er die freiwilligen Gebete des Nachtes verrichten würde!" Sālim sagte: "Danach pflegte 'Abdullāh nachts nur wenig zu schlafen."
(Al-Bukhari und Muslim)

Hadith 1163 'Abdullāh Ibn 'Amr Ibn-ul-'Ās(r) berichtete: Allāhs Gesandter(s) sagte zu mir: "O 'Abdullāh! Sei nicht wie Soundso, der die freiwilligen Gebete des Nachts zu verrichten pflegte und sie später unterließ."
(Al-Bukhari und Muslim)

Hadith 1164 Ibn Mas'ūd(r) berichtete, dass man vor dem Propheten(s) einen Mann erwähnte, der die Nacht hindurch bis zum Morgen schlief. Daraufhin sagte er(s): "Das ist einer, in dessen Ohren (oder in dessen Ohr) der Satan urinierte."
(Al-Bukhari und Muslim)

Hadith 1165 Abu Huraira(r) berichtete: Der Gesandte Allāhs(s) hat gesagt: "Wenn einer von euch nachts eingeschlafen ist, knüpft der Satan drei Knoten an seinem Nackenwirbel, wobei er bei jedem Knoten spricht: "Du hast eine lange Nacht vor dir, so schlaf weiter!" Wenn der Mensch aufwacht und Allāhs gedenkt, löst sich ein Knoten. Wenn er Wu*dū* (die kleine Waschung) macht, löst sich ein weiterer Knoten. Verrichtet er danach das Gebet, so löst sich der (letzte) Knoten auf, und er beginnt seinen Tag energisch und fröhlich, andernfalls beginnt er seinen Tag launisch und träge." (Al-Bukhari und Muslim)

١١٦٦ - وعن عبد الله بن سلام ، رضي الله عنه، أن النبي ﷺ قال : « أيها الناس أفشوا السلام ، وأطعموا الطعام ، وصلّوا بالليل والناس نيام ، تدخلوا الجنة بسلام » رواه الترمذي وقال : حديث حسن صحيح .

١١٦٧ - وعن أبي هريرة ، رضي الله عنه قال : قال رسول الله ﷺ : « أفضل الصيام بعد رمضان شهر الله المحرّم ، وأفضل الصلاة بعد الفريضة صلاة الليل » رواه مسلم .

١١٦٨ - وعن ابن عمر ، رضي الله عنهما ، أن النبي ﷺ قال : « صلاة الليل مثنى مثنى ، فإذا خفت الصبح فأوتر بواحدة » متفق عليه .

١١٦٩ - وعنه قال : كان النبي ﷺ يصلي من الليل مثنى مثنى ، ويوتر بركعة . متفق عليه .

١١٧٠ - وعن أنس ، رضي الله عنه ، قال : كان رسول الله ﷺ يفطر من الشهر حتى نظنّ أن لا يصوم منه ، ويصوم حتى نظنّ أن لا يفطر منه شيئاً ؛ وكان لا تشاء أن تراه من الليل مصلياً إلا رأيته ، ولا نائماً إلا رأيته . رواه البخاري .

Hadith 1166 'Abdullāh Ibn Sallām(r) berichtete: Der Prophet(s) hat gesagt: "Ihr Leute! Verbreitet den Friedensgruß, spendet Speisen und betet nachts während andere schlafen, damit ihr in Frieden ins Paradies eintreten werdet."
(At-Tirmidi, mit dem Vermerk: Ein guter bis starker Hadith)

Hadith 1167 Abu Huraira(r) berichtete: Allāhs Gesandter(s) hat gesagt: "Das beste Fasten nach dem Pflichtfasten des Monates Ramadān ist das freiwillige Fasten im Monat Muharram, dem Monat Allāhs und das beste Gebet nach den vorgeschriebenen Gebeten ist das freiwillige (Tahadschud-) Gebet mitten in der Nacht."
(Muslim)

Hadith 1168 Ibn 'Umar(r) berichtete: Der Prophet(s) hat gesagt: "Verrichte das (Tahadschud-) Gebet mitten in der Nacht jeweils zwei und zwei Rak'as, und wenn du dich fürchtest, dass die Morgendämmerung eintritt, so bete (noch) ein Rak'a Witr!"
(Al-Bukhari und Muslim)

Hadith 1169 Abu Huraira(r) berichtete: Der Prophet(s) pflegte mitten in der Nacht jeweils zwei und zwei Rak'a zu beten, anschließend beendete er das Gebet mit einem Rak'a als Witr."
(Al-Bukhari und Muslim)

Hadith 1170 Anas(r) berichtete: Allāhs Gesandter(s) hat in manch einem Monat nicht gefastet, so dass wir dachten, in jenem Monat werde er keinen Tag fasten. In manch einem Monat fastete er, sodass wir dachten, er werde nicht einen Tag in jenem Monat ohne Fasten verbringen. Und wenn du ihn mitten in der Nacht beten sehen wolltest, so konntest du ihn beten sehen, und wenn du ihn mitten in der Nacht schlafend sehen wolltest, hättest du ihn auch schlafend gesehen.
(Al-Bukhari)

١١٧١ ــ وَعَنْ عَائِشَةَ ، رَضِيَ اللهُ عَنْهَا ، أنَّ رَسُولَ اللهِ ﷺ كَانَ يُصَلِّى إحْدَى عَشْرَةَ رَكْعَةً ــ تَعْنى فى اللَّيْلِ ــ يَسْجُدُ السَّجْدَةَ مِنْ ذلِكَ قَدْرَ مَا يَقْرَأُ أَحَدُكُمْ خَمْسِينَ آيَةً قَبْلَ أنْ يَرْفَعَ رَأْسَهُ ، وَيَرْكَعُ رَكْعَتَيْنِ قَبْلَ صَلَاةِ الفَجْرِ ، ثُمَّ يَضْطَجِعُ عَلَى شِقِّهِ الأيْمَنِ حَتَّى يَأْتِيَهُ المُنَادِى لِلصَّلَاةِ ، رواه البخارى .

١١٧٢ ــ وَعَنْهَا قَالَتْ : مَا كَانَ رَسُولُ اللهِ ﷺ يَزِيدُ ــ فِى رَمَضَانَ وَلَا فى غَيْرِهِ ــ عَلَى إحْدَى عَشْرَةَ رَكْعَةً : يُصَلِّى أَرْبَعاً فَلَا تَسْأَلْ عَنْ حُسْنِهِنَّ وَطُولِهِنَّ ! ثُمَّ يُصَلِّى أَرْبَعاً فَلَا تَسْأَلْ عَنْ حُسْنِهِنَّ وَطُولِهِنَّ ! ثُمَّ يُصَلِّى ثَلَاثاً ، فَقُلْتُ : يَا رَسُولَ اللهِ أَتَنَامُ قَبْلَ أنْ تُوتِرَ ؟ ! فقال : « يَا عَائِشَةُ ، إنَّ عَيْنَىَّ تَنَامَانِ وَلَا يَنَامُ قَلْبِى » متفقٌ عليه .

١١٧٣ ــ وَعَنها أنَّ النَّبِىَّ ﷺ كَانَ يَنَامُ أوَّلَ اللَّيْلِ ، وَيَقُومُ آخِرَهُ فَيُصَلِّى. متفقٌ عليه .

١١٧٤ ــ وَعَنِ ابنِ مَسْعُودٍ ، رَضِىَ اللهُ عَنْهُ ، قَالَ : صَلَّيْتُ مَعَ النَّبِىِّ ﷺ لَيْلَةً، فَلَمْ يَزَلْ قَائِماً حَتَّى هَمَمْتُ بِأَمْرِ سُوءٍ ، قِيلَ : مَا هَمَمْتَ ؟ قَالَ : هَمَمْتُ أنْ أَجْلِسَ وَأَدَعَهُ . متفقٌ عليه .

١١٧٥ ــ وَعَنْ حُذَيْفَةَ ، رَضِىَ اللهُ عَنْهُ ، قَالَ : صَلَّيْتُ مَعَ النَّبِىِّ ﷺ ذَاتَ لَيْلَةٍ فَافْتَتَحَ البَقَرَةَ ، فَقلتُ : يَرْكَعُ عِنْدَ المِائَةِ ، ثُمَّ مَضَى ، فقلتُ : يُصَلِّى بِهَا فى رَكْعَةٍ ،

Hadith 1171 'Āischa(r) berichtete: Allāhs Gesandter betete gewöhnlich elf Rak'as - gemeint mitten in der Nacht - und er pflegte dabei jede Niederwerfung so lange zu verlängern, dass jeder von euch fünfzig Qurānverse rezitieren könnte, bevor er(s) seinen Kopf wieder erhob. Und er pflegte zwei Rak'as vor dem Morgengebet zu verrichten und sich danach auf seine rechte Seite zu legen, bis der Gebetsrufer wegen des Gebetes zu ihm kam."
(Al-Bukhari)

Hadith 1172 'Āischa(r) berichtete: Allāhs Gesandter(s) verrichtete weder in Ramaḏān noch in einem anderen Monat (nach dem Nachtgebet) mehr als elf Rak'as: Zuerst vier lange Rak'as, und frag nicht, wie unglaublich lang und schön sie waren, dann folgten (ebenso) vier Rak'as, und frag nicht, wie lang und schön sie waren, und schließlich drei Rak'as. Da fragte ich ihn: "O Gesandter Allāhs, schläfst du, bevor du das Witr-Gebet verrichtet hast?" Er sagte: "O 'Āischa, meine Augen schlafen, aber mein Herz schläft nicht."
(Al-Bukhari und Muslim)

Hadith 1173 'Āischa berichtete: Der Prophet(s) pflegte im ersten Teil der Nacht zu schlafen und im späteren Teil der Nacht aufzustehen, um zu beten.
(Al-Bukhari und Muslim)

Hadith 1174 Ibn Mas'ūd(r) berichtete: "Eines Nachts betete ich hinter dem Propheten(s), wobei er im Stehen so lange betete, dass ich beinahe etwas Übles getan hätte." Man fragte ihn: "Was hättest du denn getan?" Er sagte: "Beinah hätte ich mich hingesetzt und ihn (allein im Stehen betend) gelassen."
(Al-Bukhari und Muslim)

Hadith 1175 Huḏaifa(r) berichtete: Eines Nachtes betete ich hinter dem Propheten(s), da begann er (nach Al-Fātiḥa) Al-Baqara zu rezitieren. Ich

فَمَضَى ، فَقُلْتُ : يَرْكَعُ بِهَــا ، ثُمَّ افْتَتَحَ النِّسَاءَ فَقَرَأَهَا ، ثُمَّ افْتَتَحَ آلَ عِمْرَانَ ، فَقَرَأَهَا ، يَقْرَأُ مُتَرَسِّلاً ، إذا مَرَّ بِآيَةٍ فِيهَا تَسْبِيحٌ ، سَبَّحَ ، وَإذَا مَرَّ بِسُؤَالٍ ، سَأَلَ ، وَإذَا مَرَّ بِتَعَوُّذٍ ، تعوَّذ ، ثُمَّ رَكَعَ فَجَعَلَ يَقُولُ : « سُبْحَانَ رَبِّيَ العَظِيمِ » ، فَكَانَ رُكُوعُهُ نَحْواً مِنْ قِيَامِهِ ، ثُمَّ قَالَ : « سَمِعَ اللهُ لِمَنْ حَمِدَهُ ، رَبَّنَا لَكَ الحَمْدُ » ثُمَّ قَامَ طَوِيلاً قَرِيباً مِمَّا رَكَعَ ، ثُمَّ سَجَدَ فَقَالَ : « سُبْحَانَ رَبِّيَ الأَعْلَى » فَكَانَ سُجُودُهُ قَرِيباً مِنْ قِيَامِهِ . رواه مسلم .

١١٧٦ ـ وَعَنْ جَابِرٍ ، رَضِيَ اللهُ عَنْهُ قَـــالَ : سُئِلَ رَسُولُ اللهِ ﷺ : أَيُّ الصَّلاةِ أَفْضَلُ ؟ قَالَ : « طُولُ القُنُوتِ » رواه مسلم .

المرادُ بِالقُنُوتِ : القِيَامُ .

١١٧٧ ـ وَعَنْ عبدِ اللهِ بنِ عَمْرِو بنِ العَاصِ ، رَضِيَ اللهُ عَنْهُمَا ، أنَّ رَسُولَ اللهِ ﷺ قَالَ : « أحَبُّ الصَّلاةِ إلى اللهِ صَلاةُ دَاوُدَ ، وَأَحَبُّ الصِّيَامِ إلى اللهِ صِيَامُ دَاوُدَ ، كَانَ يَنَامُ نِصْفَ اللَّيْلِ ويقُومُ ثُلُثَهُ وَيَنَامُ سُدُسَهُ ، وَيَصُومُ يَوماً ويُفْطِرُ يَوماً » متفقٌ عليه .

١١٧٨ ـ وَعَنْ جَابِرٍ ، رَضِيَ اللهُ عَنْهُ قَالَ : سَمِعْتُ رَسُولَ اللهِ ﷺ يَقُولُ : « إنَّ في اللَّيْلِ لَسَاعَةً ، لا يُوَافِقُهَا رَجُلٌ مُسْلِمٌ يَسْأَلُ اللهَ تَعَالى خَيْراً مِنْ أمْرِ الدُّنْيَا وَالآخِرَةِ ، إلا أعْطَاهُ إيَّاهُ ، وَذلِكَ كُلَّ لَيْلَةٍ » رواه مسلم .

dachte mir, er würde sich nach dem hundertsten Qurānvers verbeugen, doch er fuhr fort. Ich dachte mir, er würde die ganze Sura in der (ersten) Rak'a rezitieren, doch er rezitierte fortlaufend die Suren An-Nissā und Āl 'Imrān, wobei er bei jedem Lobpreisungsvers anhielt und Allāh lobpreiste, bei jedem Bittspruch anhielt und Allāh bat und bei jedem Zufluchtvers anhielt und Zuflucht bei Allāh nahm, danach verbeugte er seinen Oberkörper und wiederholte die Formel "Gepriesen sei mein erhabener Herr", wobei seine Verbeugung beinah so lang wie sein Gebet im Stehen war, dann richtete er sich wieder auf und sagte: "Allāh erhört das Gebet des Lobpreisenden, O unser Herr, Dir (allein) gebührt das Lob", wobei sein Aufrichten beinah solang wie seine Verbeugung war, dann warf er sich nieder und wiederholte dabei "Gepriesen sei mein (unvergleichlich) hoher Herr", und seine Niederwerfung war beinah so lang wie sein Beten im Stehen.
(Muslim)

Hadith 1176 Dschabir(r) berichtete: Allāhs Gesandter(s) wurde gefragt: "Welches Gebet ist am besten?" Er(s) antwortete: "Das lange Qunūt."[44]
(Muslim)

Hadith 1177 'Abdullāh Ibn 'Amr Ibn-ul-'Ās(r) berichtete: Allāhs Gesandter(s) hat gesagt: "Das Allāh liebste Gebet ist das des (Propheten) Dawūd und das Allāh liebste Fasten ist das des Dawūd, denn er pflegte die Hälfte der Nacht zu schlafen, ein Drittel der Nacht im Gebet stehend zu verbringen und ein Sechstel davon zu schlafen, und er fastete einen Tag und fastete nicht am folgenden Tag."
(Al-Bukhari und Muslim)

Hadith 1178 Dschābir(r) berichtete: Ich hörte den Gesandten Allāhs(s) sagen: "In der Nacht gibt es eine bestimmte Stunde, die, wenn der Muslim in ihr aufsteht, um Allāh um etwas Gutes vom Diesseits und vom Jenseits zu erbitten, Allāh ihm dies gewährt; und eine solche Zeit gibt es jede Nacht." (Muslim)

١١٧٩ - وَعَنْ أبي هُرَيْرَةَ، رَضِيَ اللهُ عَنْهُ، أنَّ النَّبيَّ ﷺ قَالَ: «إذا قَامَ أَحَدُكُم مِنَ اللَّيْلِ فَلْيَفْتَتِحِ الصَّلاةَ بِرَكْعَتَيْنِ خَفِيفَتَيْنِ» رواه مُسْلِمٌ.

١١٨٠ - وَعَنْ عَائِشةَ، رَضِيَ اللَّهُ عَنها، قَالَتْ: كَانَ رَسُولُ اللَّهِ ﷺ إذا قامَ مِنَ اللَّيْلِ افْتَتَحَ صَلاتَهُ بِرَكْعَتَيْنِ خَفِيفَتَيْنِ. رواه مسلم.

١١٨١ - وَعَنها، رَضِيَ اللهُ عَنْها، قَالَتْ: كَانَ رَسُولُ اللهِ ﷺ إذا فَاتَتْهُ الصَّلاةُ مِنَ اللَّيْلِ مِنْ وَجَعٍ أوْ غَيْرِهِ، صَلَّى مِنَ النَّهَارِ ثِنْتَي عَشْرَةَ رَكْعَةً. رواه مسلم.

١١٨٢ - وَعَنْ عُمَرَ بنِ الخَطَّابِ، رَضِيَ اللهُ عَنْهُ، قَالَ: قَالَ رَسُولُ اللهِ ﷺ: «مَنْ نَامَ عَنْ حِزْبِهِ، أَوْ عَنْ شَيْءٍ مِنْهُ، فَقَرَأَهُ فيما بَيْنَ صَلاةِ الفَجْرِ وَصَلاةِ الظُّهْرِ، كُتِبَ لَهُ كَأنَّمَا قَرَأَهُ مِنَ اللَّيْلِ» رواهُ مُسْلِم.

١١٨٣ - وعَنْ أبي هُرَيْرَةَ، رَضِيَ اللهُ عَنْهُ، قَالَ: قَالَ رَسُولُ اللهِ ﷺ: «رَحِمَ اللهُ رَجُلاً قَامَ مِنَ اللَّيْلِ، فَصَلَّى وَأَيْقَظَ امْرَأَتَهُ، فَإِنْ أَبَتْ نَضَحَ في وَجْهِهَا الماءَ، ورَحِمَ اللهُ امْرَأَةً قَامَتْ مِنَ اللَّيْلِ فَصَلَّتْ، وَأيْقَظَتْ زَوْجَهَا فَإِن أبى نَضَحَتْ في وَجْهِهِ الماءَ» رواه أبو داود بإسنادٍ صحيح.

١١٨٤ - وَعَنْهُ وَعَنْ أبي سَعيدٍ، رَضِيَ اللَّهُ عَنْهُمَا، قَالا: قَالَ رسولُ اللهِ ﷺ: «

Hadith 1179 Abu Huraira(r) berichtete: Der Prophet(s) hat gesagt: "Wenn jemand von euch das (freiwillige) Stehgebet[45] mitten in der Nacht verrichtet, so soll er das Gebet mit zwei kurzen Rak'as eröffnen."
(Muslim)

Hadith 1180 'Āischa(r) berichtete: Allāhs Gesandter(s) pflegte beim Stehgebet mitten in der Nacht, das Gebet mit zwei kurzen Rak'as zu eröffnen.
(Muslim)

Hadith 1181 'Āischa(r) berichtete: Wenn der Gesandte Allāhs(s) des Nachts kein (zusätzliches) Gebet, wegen Schmerzen o.ä, verrichten konnte, verrichtete er im Laufe des Tages zwölf Rak'as."[46]
(Muslim)

Hadith 1182 'Umar Ibn-ul-Khattāb(r) berichtete: Allāhs Gesandter(s) hat gesagt: "Wer verschlafen hat, so dass er sein Sechzigstel des Qurāns oder einen Teil davon nicht rezitieren konnte und er es in der Zeit zwischen dem Morgen -und dem Mittagsgebet nachholt, dem wird dies angerechnet, als hätte er es mitten in der Nacht rezitiert."
(Muslim)

Hadith 1183 Abu Huraira(r) berichtete: Allāhs Gesandter(s) hat gesagt: "Allāh hat Erbarmen mit dem Mann, der des Nachts aufsteht und das Stehgebet verrichtet und seine Frau (deswegen) aufweckt, auch wenn sie sich dagegen sträubt, dass er ihr Gesicht mit Wasser (sanft) bespritzt. Ebenso hat Allāh Erbarmen mit der Frau, die des Nachts aufsteht und das Stehgebet verrichtet, ihren Mann (deswegen) aufweckt, und sein Gesicht mit Wasser (sanft) bespritzt, auch wenn er sich dagegen sträubt."
(Abu Dawūd, mit einer starken Überlieferungskette)

Hadith 1184 Abu Huraira und Abu Sa'īd(r) berichteten: Allāhs Gesandter(s) hat gesagt: "Wenn ein Mann seine Frau zum Stehgebet mitten

إذا أيقظ الرجلُ أهلَه من الليل فصليا ـ أو صلى ـ ركعتينِ جميعاً ، كتبا في الذاكرينَ والذاكراتِ » رواه أبو داود بإسناد صحيح .

١١٨٥ ـ وعن عائشةَ ، رضيَ اللهُ عنها ، أنَّ النبيَّ ﷺ قالَ : « إذا نعس أحدُكم في الصلاة ، فليرقُد حتى يذهبَ عنه النومُ ، فإنَّ أحدَكم إذا صلى وهو ناعسٌ ، لعلَّه يذهب يستغفرُ فيسبُّ نفسَه » متفق عليه .

١١٨٦ ـ وعنْ أبى هريرةَ ، رضي الله عنه قال : قال رسولُ الله ﷺ : «إذا قام أحدُكم من الليل فاستعجمَ القرآنُ على لسانِه ، فلم يدرِ ما يقولُ ، فليضطجعْ » رواه مسلمٌ .

٢١٣ ـ باب استحباب قيام رمضان وهو التراويح

١١٨٧ ـ عن أبى هريرةَ ، رضي الله عنه ، أنَّ رسولَ الله ﷺ قالَ : « من قامَ رمضانَ إيماناً واحتساباً غُفر له ما تقدَّمَ من ذنبِه » متفق عليه .

١١٨٨ ـ وعنه ، رضي اللهُ عنه ، قالَ : كانَ رسولُ اللهِ ﷺ يرغبُ في قيام رمضانَ من غيرِ أن يأمرَهُم فيه بعزيمةٍ ؛ فيقولُ : « من قامَ رمضانَ إيماناً واحتساباً غُفر له ما تقدَّم من ذنبِه » رواه مسلم .

in der Nacht aufweckt und beide gemeinsam zwei Rak'as verrichten, so werden sie zu den Dienern zählen, die Allāhs wahrhaftig gedenken."[47]
(Abu Dawūd, mit einer starken Überlieferungskette)

Hadith 1185 'Āischa(r) berichtete: Der Prophet(s) hat gesagt: "Wenn jemand von euch während des Betens schläfrig ist, soll er sich hinlegen bis er ausgeschlafen hat; denn wenn er schläfrig betet, dann könnte er statt Allāhs Vergebung zu erbitten, sich selbst verfluchen."
(Al-Bukhari und Muslim)

Hadith 1186 Abu Huraira(r) berichtete: Allāhs Gesandter(s) hat gesagt: "Wenn jemand von euch mitten in der Nacht (zum Stehgebet) aufsteht und merkt, dass ihm das Qurānrezitieren schwer fällt, dass er nicht genau weiß, was er liest, so soll er sich hinlegen.
(Muslim)

Kapitel 213
Das Gutheißen des (besonderen) Gebetes im Ramaḍān; gemeint ist das Tarāwīḥ-Gebet

Hadith 1187 Abu Huraira(r) berichtete: Allāhs Gesandter(s) hat gesagt: "Wer die Nächte des Ramaḍān in (tiefem) Glauben und Hoffen auf Allāhs Lohn betend verbringt, dem werden seine vorangegangenen Verfehlungen vergeben."
(Al-Bukhari und Muslim)

Hadith 1188 Abu Huraira(r) berichtete, dass Allāhs Gesandter(s) den Muslimen empfohlen hatte, das Qiyām-Gebet im Ramaḍān zu verrichten, ohne ihnen dies ausdrücklich zu befehlen; so pflegte er zu sagen: "Wer das Gebet im Ramaḍān in (tiefem) Glauben und Hoffen auf Allāhs Lohn verrichtet, dem werden seine vorangegangenen Verfehlungen vergeben."
(Muslim)

٢١٤ – باب فضل قيام ليلة القدر وبيان أرجى لياليها

قـال اللهُ تَعَالى : ﴿ إِنَّا أَنزَلْنَاهُ فِى لَيْلَةِ الْقَدْرِ ﴾ (القدر:١) إلى آخر السورة ، وقـال تعالى : ﴿ إِنَّا أَنزَلْنَاهُ فِى لَيْلَةٍ مُبَارَكَةٍ ... ﴾ (الدخان:٣) الآيات .

١١٨٩ – وَعَنْ أَبِى هُرَيْرَةَ ، رَضِىَ اللهُ عَنْهُ ، عَنِ النَّبِىِّ ﷺ قَالَ : « مَنْ قَامَ لَيْلَةَ القَدْرِ إِيمَاناً وَاحْتِسَاباً ، غُفِرَ لَهُ مَا تَقَدَّمَ مِنْ ذَنْبِهِ » متفقٌ عليه .

١١٩٠ – وَعَنِ ابنِ عُمَرَ رضىَ اللَّهُ عَنْهُمَا أنَّ رِجالاً مِنْ أصْحَابِ النَّبِىِّ ﷺ أروا لَيْلَةَ القَدْرِ فى المَنَامِ فـى السَّبعِ الأوَاخرِ ، فقَالَ رَسُولُ اللّهِ ﷺ : « أرى رُؤيَاكُمْ قَدْ تَوَاطَأَتْ فى السبعِ الأواخرِ ، فَمَنْ كانَ مُتَحَرِّيها ، فَلْيَتَحَرَّهَا فى السَّبعِ الأوَاخِرِ » متفقٌ عليه.

١١٩١ – وَعَنْ عَائِشَةَ ، رَضِىَ اللّهُ عَنْهَا ، قَالَتْ : كـانَ رَسُولُ اللّهِ ﷺ يُجَاوِرُ فى العَشرِ الأواخِرِ مِنْ رَمَضَانَ ، ويَقُول : « تَحَرَّوْا لَيْلَةَ القَدْرِ فى العَشْرِ الأوَاخِرِ مِنْ رَمَضَانَ » مُتفقٌ عليه .

Kapitel 214
Der Vorrang des Qiyām-Gebetes in der Nacht der Bestimmung (Lailatul-Qadr)

Allāh der Erhabene spricht:
"Wir haben ihn (den Qurān) herabgesandt in der Nacht der Bestimmung. Und was lässt dich wissen, was die Nacht der Bestimmung ist? Die Nacht der Bestimmung ist besser als tausend Monate. In ihr kommen die Engel herab und der Geist, mit Ermächtigung ihres Herrn, zu jeder Bestimmung. Frieden ist sie, bis zum Anbruch der Morgendämmerung."
(Sura 97: 1-5)

"Wir haben ihn (den Qurān) in einer gesegneten Nacht herabgesandt.."
(Sura 44:3)

Hadith 1189 Abu Huraira(r) berichtete: Der Prophet(s) hat gesagt: "Wer die Nacht der Allmacht (der göttlichen Bestimmung) in tiefem Glauben und Hoffen auf den Lohn Allāhs betend verbringt, dem werden seine Verfehlungen vergeben."
(Al-Bukhari und Muslim)

Hadith 1190 Ibn 'Umar(r) berichtete, dass einige Gefährten des Propheten(s) die Nacht der Allmacht in ihrem Traume unter den letzten sieben Nächten des Ramadāns sahen, daraufhin sagte Allāhs Gesandter(s) zu ihnen: "Wie ich sehe, stimmen eure Träume darin überein, dass sie eine der letzten sieben Nächte (des Ramadāns) ist, so soll derjenige, der sie sucht, sie in den letzten sieben (Nächten) suchen."
(Al-Bukhari und Muslim)

Hadith 1191 'Āischa(r) berichtete: Allāhs Gesandter pflegte, sich in den letzten zehn Tagen im Ramadan zurückzuziehen und zu sagen: "Sucht die Nacht der Allmacht (der Bestimmung) in den letzten zehn Nächten des Ramadāns." (Al-Bukhari und Muslim)

١١٩٢ - وَعَنْهَا ، رَضِيَ اللهُ عَنْهَا ، أنَّ رَسُولَ اللهِ ﷺ قَالَ : « تَحَرَّوْا لَيْلَةَ القَدْرِ فِى الوِتْرِ مِنَ العَشْرِ الأوَاخِرِ مِنْ رَمَضَانَ » رواه البخارى .

١١٩٣ - وَعَنْهَا ، رَضِيَ اللهُ عَنْهَا ، قَالَتْ : كَانَ رَسُولُ اللهِ ﷺ إذا دَخَلَ العَشْرُ الأوَاخِرُ مِنْ رَمَضَانَ ، أحْيَا اللَّيْلَ ، وَأيْقَظَ أهْلَهُ ، وَجَدَّ وشَدَّ المِئْزَرَ . متفقٌ عليه .

١١٩٤ - وَعَنْهَا قَالَتْ : كَانَ رَسُولُ اللهِ ﷺ يَجْتَهِدُ فى رمضانَ مَا لَا يَجْتَهِدُ فى غَيْرِهِ ، وفى العَشْرِ الأوَاخِرِ منه ، مَا لَا يَجْتَهِدُ فى غَيْرِهِ . رواه مُسْلِمٌ .

١١٩٥ - وَعَنْهَا قَالَتْ : قُلْتُ : يا رَسُولَ اللهِ ، أرَأيْتَ إنْ عَلِمْتُ أيَّ لَيْلَةٍ لَيْلَةُ القَدْرِ مَا أقُولُ فِيهَا ؟ قَالَ : « قُولِى : اللَّهُمَّ إنَّكَ عَفُوٌّ تُحِبُّ العَفْوَ فَاعْفُ عنى » رواه التِّرْمذىُّ وقَالَ : حديثٌ حسنٌ صحيحٌ .

٢١٥ - باب فضل السواك وخصال الفطرة

١١٩٦ - عَنْ أبى هُرَيْرَةَ ، رَضِيَ اللهُ عَنْهُ ، أنَّ رَسُولَ اللهِ ﷺ قَالَ : «لَوْلَا أنْ أشُقَّ عَلى أمَّتِى - أوْ عَلى النَّاسِ - لَأمَرْتُهُمْ بِالسِّواكِ مَعَ كلِّ صَلاةٍ » متفقٌ عليه .

Hadith 1192 'Āischa(r) berichtete: Allāhs Gesandter(s) hat gesagt: "Sucht die Nacht der Bestimmung in den ungeraden der letzten zehn Nächte im Ramaḏān."
(Al-Bukhari)

Hadith 1193 'Āischa(r) berichtete: Allāhs Gesandter(s) pflegte mit dem Beginn der letzten zehn Tage des Ramadans, die Nacht betend zu verbringen, seine Familie dazu zu wecken, und sich von seinen Frauen fernzuhalten.
(Muslim)

Hadith 1194 'Āischa(r) berichtete, dass sich der Gesandte Allāhs(s) im Ramaḏān mehr als in jedem anderen Monat dem Gebet hingegeben hatte[48] und dass er sich in den letzten zehn Nächten des Ramaḏāns noch mehr angestrengt hatte als zu jeder anderen Zeit.
(Muslim)

Hadith 1195 'Āischa(r) berichtete: Ich fragte den Gesandten Allāhs(s): "Sollte ich erfahren, welche die Bestimmungsnacht ist, was soll ich dann erbitten?" Er sagte: "Sage! O Allāh! Du bist allverzeihend und Du liebst die Vergebung, also vergib mir bitte!"
(At-Tirmiḏi, mit dem Vermerk: Ein guter bis starker Hadith)

Kapitel 215
Der Vorzug des Benutzens eines Miswaks (oder Zahnbürste)[49]

Hadith 1196 Abu Huraira(r) berichtete: Allāhs Gesandter hat gesagt: "Wenn es keine zu große Belastung für meine Gemeinde - oder für die Menschen - wäre, hätte ich angeordnet, die Zähne vor jedem Gebet zu putzen."
(Al-Bukhari und Muslim)

١١٩٧ - وَعَنْ حُذَيْفَةَ ، رَضِيَ اللهُ عَنْهُ ، قَالَ : كَانَ رَسُولُ اللهِ ﷺ إذا قَامَ مِنَ اللَّيْلِ يَشُوصُ فَاهُ بالسِّوَاكِ . متفقٌ عليه .

« الشَّوْصُ » : الدَّلْكُ .

١١٩٨ - وَعَنْ عَائِشَةَ رَضِيَ اللهُ عَنْهَا قَالَتْ : كُنَّا نُعِدُّ لِرَسُولِ اللهِ ﷺ سِوَاكَهُ وَطَهُورَهُ ، فَيَبْعَثُهُ اللهُ ما شَاءَ أَنْ يَبْعَثَهُ مِنَ اللَّيْلِ ، فَيَتَسَوَّكُ ، وَيَتَوَضَّأُ وَيُصَلِّي . رَوَاهُ مُسْلِمٌ .

١١٩٩ - وَعَنْ أَنَسٍ ، رَضِيَ اللهُ عَنْهُ قَالَ : قَالَ رَسُولُ اللهِ ﷺ : «أكْثَرْتُ عَلَيْكُمْ فِي السِّوَاكِ » رَوَاهُ البُخَارِيُّ .

١٢٠٠ - وَعَنْ شُرَيْحِ بنِ هَانِئٍ قَالَ : قُلْتُ لِعَائِشَةَ ، رَضِيَ اللهُ عَنْهَا : بِأَيِّ شَيْءٍ كَانَ يَبْدَأُ النَّبِيُّ ﷺ ، إذا دَخَلَ بَيْتَهُ ؟ قَالَتْ : بِالسِّوَاكِ ، رَوَاهُ مُسْلِمٌ .

١٢٠١ - وَعَنْ أَبِي مُوسَى الأَشْعَرِيِّ ، رَضِيَ اللهُ عَنْهُ ، قَالَ : دَخَلْتُ عَلَى النَّبِيِّ ﷺ ، وَطَرَفُ السِّوَاكِ عَلَى لِسَانِهِ . مُتَّفَقٌ عَلَيْهِ ، وهذا لَفْظُ مُسْلِمٍ .

١٢٠٢ - وَعَنْ عَائِشَةَ ، رَضِيَ اللهُ عَنْهَا ، أَنَّ النَّبِيَّ ﷺ قَالَ : «السِّوَاكُ مَطْهَرَةٌ للفَمِ ، مَرْضَاةٌ لِلرَّبِّ » رَوَاهُ النَّسَائِيُّ ، وابنُ خُزَيْمَةَ في صَحِيحِهِ بِأَسَانِيدَ صَحِيحَةٍ .

١٢٠٣ - وَعَنْ أَبِي هُرَيْرَةَ ، رَضِيَ اللهُ عَنْهُ ، عَنِ النَّبِيِّ ﷺ ، قَالَ : «الفِطْرَةُ خَمْسٌ ، أَوْ خَمْسٌ مِنَ الفِطْرَةِ : الخِتَانُ ، وَالاسْتِحْدَادُ ، وَتَقْلِيمُ الأَظْفَارِ ، وَنَتْفُ الإبْطِ ، وَقَصُّ الشَّارِبِ» مُتَّفَقٌ عَلَيْهِ .

Hadith 1197 *H*u*d*aifa(r) berichtete: Allāhs Gesandter(s) pflegte, wenn er nachts aufstand, sich die Zähne mit dem Miswak zu reinigen.
(Al-Bukhari und Muslim)

Hadith 1198 'Āischa(r) berichtete: Wir pflegten das Miswak und das für die rituelle Waschung bestimmte Wasser für den Gesandten Allāhs(s) bereitzustellen, so konnte er nachts, wann immer Allāh wollte, dass er aufstand, sich die Zähne putzen, die rituelle Waschung vollziehen und beten.
(Muslim)

Hadith 1199 Anas(r) berichtete: Allāhs Gesandter hat gesagt: "Ich fürchte, ich habe euch das Zähneputzen fast zur Pflicht gemacht."
(Al-Bukhari)

Hadith 1200 Schurai*h* Ibn Hāni(r) berichtete: Ich fragte 'Āischa(r): "Womit begann der Prophet(s) sein Tun, wenn er nach Hause kam?" Sie sagte: "Mit dem Zähneputzen."
(Muslim)

Hadith 1201 Abu Mūsa Al-Asch'ari(r) berichtete: Als ich einmal zum Propheten(s) kam, sah ich die Spitze des Miswaks auf seiner Zunge.
(Al-Bukhari und Muslim; hier handelt es sich um die Version Muslims)

Hadith 1202 'Āischa(r) berichtete: Der Prophet(s) hat gesagt: "Zähneputzen ist eine Reinigung für den Mund, und eine Zufriedenstellung des Herrn."
(An-Nassāi und Ibn Khuzaima in seiner *S*ahi*h*-Sammlung mit starker Überlieferungskette)

Hadith 1203 Abu Huraira(r) berichtete: Der Prophet(s) hat gesagt: "Fünf Dinge gehören zur menschlichen Natur: Die Beschneidung, das Rasieren der Schamhaare, das Nägelschneiden, das Entfernen der

الاستحدادُ : حلقُ العانةِ ، وهو حلقُ الشعرِ الذي حولَ الفرج .

١٢٠٤ - وعن عائشةَ رضي اللهُ عنها قالت : قال رسولُ اللهِ ﷺ : «عشرٌ من الفطرةِ : قصُّ الشاربِ ، وإعفاءُ اللحيةِ ، والسواكُ ، واستنشاقُ الماءِ ، وقصُّ الأظفارِ ، وغسلُ البراجمِ ، ونتفُ الإبطِ ، وحلقُ العانةِ ، وانتقاصُ الماءِ» قال الراوي : ونسيتُ العاشرةَ إلا أن تكونَ المضمضةَ ؛ قال وكيعٌ - وهو أحدُ رواتِه - : انتقاصُ الماءِ ؛ يعني : الاستنجاءَ . رواه مسلمٌ .

«البَرَاجمُ» بالباءِ الموحدةِ والجيمِ ، وهي : عُقدُ الأصابع ،و «إعفاءُ اللحيةِ» معناهُ: لا يقصُّ منها شيئاً .

١٢٠٥ - وعن ابنِ عُمرَ رضي اللهُ عنهما ، عن النبيِّ ﷺ ، قال : «أحفُوا الشواربَ ، وأعفُوا اللحى» متفقٌ عليه .

٢١٦ - باب تأكيد وجوب الزكاة وبيان فضلها وما يتعلق بها

قال اللهُ تعالى : ﴿وَأَقِيمُوا الصَّلَاةَ وَآتُوا الزَّكَاةَ﴾ (البقرة: ٤٣) ، وقال اللهُ تعالى : ﴿وَمَا أُمِرُوا إِلَّا لِيَعْبُدُوا اللَّهَ مُخْلِصِينَ لَهُ الدِّينَ حُنَفَاءَ وَيُقِيمُوا الصَّلَاةَ وَيُؤْتُوا الزَّكَاةَ وَذَلِكَ دِينُ الْقَيِّمَةِ﴾ (البينة: ٥) ، وقال تعالى : ﴿خُذْ مِنْ أَمْوَالِهِمْ صَدَقَةً تُطَهِّرُهُمْ وَتُزَكِّيهِمْ بِهَا﴾ (التوبة: ١٠٣) .

١٢٠٦ - وعن ابنِ عُمرَ ، رضي اللهُ عنهما ، أنَّ رسولَ اللهِ ﷺ قال : «بُنيَ الإسلامُ

Achselhöhlenhaare und das Schneiden des Schnurrbarts."
(Al-Bukhari und Muslim)

Hadith 1204 'Āischa(r) berichtete: Allāhs Gesandter(s) hat gesagt: "Zehen Dinge gehören zur menschlichen Natur: Das Schneiden des Schnurrbarts, den Bart wachsen lassen, die Zähne reinigen, die Nase mit Wasser reinigen, die Nägel schneiden, die Zwischenräume der Finger waschen, die Achselhöhlenhaare entfernen, die Schamhaare rasieren und Wasser für dieReinigung (nach dem Verrichten der Notdurft) verwenden." Wakī'- einer der Überlieferer dieses Hadiths - sagte: "Das Zehnte habe ich vergessen, wenn es nicht das Ausspülen des Mundes war."
(Muslim)

Hadith 1205 Ibn 'Umar(r) berichtete: Der Prophet(s) hat gesagt: "Kürzt den Schnurrbart und lasst den (Voll-) Bart wachsen."
(Al-Bukhari und Muslim)

Kapitel 216
Die gesetzliche Pflichtabgabe (Zakāt), deren Vorrang und diesbezügliche Bestimmungen

Allāh, der Erhabene, spricht:
"Und verrichtet das Gebet und bezahlt die gesetzliche Abgabe"
(Sura 2:43)
"Und doch nichts anderes war ihnen geheißen, als Allāh zu dienen, reinen Glaubens und lauter, und das Gebet zu verrichten und die Zakāt-Abgabe zu zahlen; denn das ist derrechte Glauben der Aufrichtigen."
(Sura 98:5)
"Nimm Almosen von ihrem Gut, auf dass du sie dadurch reinigen und läutern mögest."
(Sura 9:103)

Hadith 1206 Ibn 'Umar(r) berichtete: Allāhs Gesandter(s) hat gesagt:

عَلى خَمسٍ : شَهادَةِ أنْ لا إلهَ إلا اللـه ، وأنَّ مُحمَّداً عَبدُهُ ورَسُولُهُ ، وإقامِ الصَّلاةِ ، وإيتاءِ الزَّكاةِ ، وحَجِّ البَيتِ ، وصَومِ رَمَضانَ » متفقٌ عليه .

١٢٠٧ ــ وعن طَلحَةَ بنِ عُبَيدِ الله ، رضيَ اللـهُ عَنهُ ، قال : جاءَ رجُلٌ إلى رَسُولِ الله ﷺ من أهلِ نَجدٍ ثائرُ الرَّأسِ نَسمعُ دَوِيَّ صَوتِه ، ولا نَفقَهُ ما يَقُولُ ، حتى دَنا من رَسُولِ الله ﷺ ، فـــإذا هُـــوَ يسألُ عَنِ الإسلامِ ، فَقَالَ رَسُولُ الله ﷺ : «خمسُ صَلواتٍ في اليَومِ وَاللَّيلَةِ » قَالَ : هَلْ عَلَيَّ غَيرُهُنَّ ؟ قـالَ : « لا ، إلا أنْ تَطَوَّعَ » فَقَالَ رَسُولُ الـلـهِ ﷺ : « وصيامُ شَهرِ رَمَضانَ » قَالَ : هَلْ عَلَيَّ غَيرُهُ ؟ قَالَ : « لا ، إلا أنْ تَطَوَّعَ» قال : وذكر له رسولُ الله ﷺ الزكاة . فقال : هل عليَّ غيرها ؟ قال : «لا ، إلا أن تطوع » فأدبَرَ الرَّجلُ وهُوَ يَقُولُ : واللهِ لا أزيدُ على هذا ولا أنقُصُ مِنْهُ ؛ فَقَالَ رَسُولُ اللهِ ﷺ : « أفلَحَ إنْ صَدَقَ » مُتفقٌ عليه .

١٢٠٨ ــ وعَنِ ابنِ عَبَّاسٍ ، رضيَ اللهُ عَنهُ ، أنَّ النَّبيَّ ﷺ بَعَثَ مُعَاذاً رَضيَ اللـهُ عَنهُ إلى اليَمَنِ فَقَالَ : « ادعُهُمْ إلى شَهَادَةِ أنْ لا إلهَ إلا اللهُ وأنِّي رَسُولُ اللهِ ، فإنْ هُمْ أطَاعُوا لذلكَ ، فأعلِمْهُم أنَّ اللهَ تَعَالى ، افتَرضَ عَلَيهِمْ خَمسَ صَلواتٍ في كُلِّ يَومٍ وَليلةٍ ، فإن هُم أطَاعُوا لِذلكَ فَأعلِمْهُمْ أنَّ اللهَ افترض عَليهم صَدَقَةً تُؤخَذُ مِنْ أغنيَائِهِم ، وتُرَدُّ على فُقَرائِهِم » مُتفقٌ عَليه .

„Der Islam wurde auf fünferlei[50] errichtet: Dem Zeugnis, dass es keinen Gott außer Allāh gibt und dass Muhammad Sein Diener und Gesandter ist, dem Verrichten des Gebetes, dem Entrichten der Zakāt-Abgabe, der Pilgerfahrt zum (heiligen) Hause (in Mekka) und dem Fasten des Monats Ramadān."
(Al-Bukhari und Muslim)

Hadith 1207 Talha Ibn 'Ubaidillāh(r) berichtete: Ein Mann aus Nadschd mit unordentlichem Haar kam zum Gesandten Allāhs(s) wobei wir den Widerhall seiner Stimme hörten, ohne zu verstehen, was er sagte. Erst als er dem Gesandten Allāhs(s) näher kam, war es klar, dass er sich (bei ihm) über den Islam erkundigen wollte. So sagte Allāhs Gesandter(s): „Fünf Gebete täglich". Er fragte: „Muss ich mehr Gebete verrichten?" Er erwiderte: „Nein, es sei denn, du würdest freiwillige Gebete dazu verrichten." Dann sagte Allāhs Gesandter(s): „Und das Fasten des Monates Ramadān." Er fragte: „Muss ich noch mehr fasten?" Er(s) erwiderte: „Nein, es sei denn, du würdest freiwillig mehr fasten." Dann erwähnte er(s) die gesetzliche Zakāt-Abgabe, da fragte er: „Muss ich mehr als das bezahlen?" Er(s) sagte: „Nein, es sei denn, du würdest freiwillig mehr spenden." Da kehrte er den Rücken, während er sagte: „Bei Allāh, ich werde weder mehr noch weniger als dies verrichten." Da sprach Allāhs Gesandter(s): „Bei Allah, Erfolg wird ihn krönen, falls er es erfüllen sollte." (Al-Bukhari und Muslim)

Hadith 1208 Ibn 'Abbās(r) berichtete, dass der Prophet(s) Mu'ad(r) in den Jemen schickte und zu ihm sagte: „Fordere sie auf, das Glaubensbekenntnis abzulegen, dass sie bekennen, dass es keinen Gott außer Allāh gibt und ich der Gesandte Allāhs bin! Wenn sie dir darin gehorchen, so sage ihnen, dass Allāh für jeden Tag fünf Gebete vorgeschrieben hat. Kommen sie dieser Pflicht nach, dann erklär ihnen, dass Allāh eine Zakāt-Abgabe auf ihren Besitz verfügt hat, so dass diese Abgabe von ihren Reichen gefordert und unter ihren Armen verteilt wird."
(Al-Bukhari und Muslim)

١٢٠٩ - وَعَنِ ابْنِ عُمَرَ، رَضِيَ اللَّهُ عَنْهُمَا، قَالَ: قَالَ رَسُولُ اللَّهِ ﷺ: «أُمِرْتُ أَنْ أُقَاتِلَ النَّاسَ حَتَّى يَشْهَدُوا أَنْ لَا إِلَهَ إِلَّا اللَّهُ وَأَنَّ مُحَمَّدًا رَسُولُ اللَّهِ، وَيُقِيمُوا الصَّلَاةَ، وَيُؤْتُوا الزَّكَاةَ، فَإِذَا فَعَلُوا ذَلِكَ، عَصَمُوا مِنِّي دِمَاءَهُمْ وَأَمْوَالَهُمْ إِلَّا بِحَقِّ الْإِسْلَامِ، وَحِسَابُهُمْ عَلَى اللَّهِ». مُتَّفَقٌ عَلَيْهِ.

١٢١٠ - وَعَنْ أَبِي هُرَيْرَةَ، رَضِيَ اللَّهُ عَنْهُ، قَالَ: لَمَّا تُوُفِّيَ رَسُولُ اللَّهِ ﷺ، وَكَانَ أَبُو بَكْرٍ، رَضِيَ اللَّهُ عَنْهُ، وَكَفَرَ مَنْ كَفَرَ مِنَ الْعَرَبِ، فَقَالَ عُمَرُ رَضِيَ اللَّهُ عَنْهُ: كَيْفَ تُقَاتِلُ النَّاسَ وَقَدْ قَالَ رَسُولُ اللَّهِ ﷺ: «أُمِرْتُ أَنْ أُقَاتِلَ النَّاسَ حَتَّى يَقُولُوا: لَا إِلَهَ إِلَّا اللَّهُ، فَمَنْ قَالَهَا، فَقَدْ عَصَمَ مِنِّي مَالَهُ وَنَفْسَهُ إِلَّا بِحَقِّهِ، وَحِسَابُهُ عَلَى اللَّهِ» فَقَالَ أَبُو بَكْرٍ: وَاللَّهِ لَأُقَاتِلَنَّ مَنْ فَرَّقَ بَيْنَ الصَّلَاةِ وَالزَّكَاةِ، فَإِنَّ الزَّكَاةَ حَقُّ الْمَالِ، وَاللَّهِ لَوْ مَنَعُونِي عِقَالًا كَانُوا يُؤَدُّونَهُ إِلَى رَسُولِ اللَّهِ ﷺ، لَقَاتَلْتُهُمْ عَلَى مَنْعِهِ، قَالَ عُمَرُ، رَضِيَ اللَّهُ عَنْهُ: فَوَاللَّهِ مَا هُوَ إِلَّا أَنْ رَأَيْتُ اللَّهَ قَدْ شَرَحَ صَدْرَ أَبِي بَكْرٍ لِلْقِتَالِ، فَعَرَفْتُ أَنَّهُ الْحَقُّ. مُتَّفَقٌ عَلَيْهِ.

١٢١١ - وَعَنْ أَبِي أَيُّوبَ رَضِيَ اللَّهُ عَنْهُ، أَنَّ رَجُلًا قَالَ لِلنَّبِيِّ ﷺ: أَخْبِرْنِي بِعَمَلٍ يُدْخِلُنِي الْجَنَّةَ، قَالَ: «تَعْبُدُ اللَّهَ لَا تُشْرِكُ بِهِ شَيْئًا، وَتُقِيمُ الصَّلَاةَ، وَتُؤْتِي الزَّكَاةَ، وَتَصِلُ الرَّحِمَ». مُتَّفَقٌ عَلَيْهِ.

Hadith 1209 Ibn 'Umar(r) berichtete: Allāhs Gesandter(s) hat gesagt: „Mir wurde befohlen, die Menschen zu bekämpfen, bis sie bekennen, dass es keinen Gott außer Allāh gibt und dass Muhammad der Gesandte Allāhs ist und bis sie die Pflichtgebete verrichten und die Zakāt-Abgabe bezahlen. Wenn sie dies getan haben, haben sie sich dadurch vor mir Schutz für ihr Blut und ihr Gut erworben, es sei denn, (sie begehen Taten, die) nach dem Recht des Islam (strafbar sind), und ihre Abrechnnung ist bei Allāh, dem Allmächtigen."
(Al-Bukhari und Muslim)

Hadith 1210 Abu Huraira(r) berichtete: Als der Gesandte Allāhs(s) gestorben war und Abu Bakr(r) das Kalifenamt übernommen hatte, fielen einige Beduinenstämme vom Islam ab. (Da Abu Bakr(r) beschloß, gegen sie einen Krieg zu führen) sagte 'Umar(r) zu ihm: "Wie kannst du gegen diese Leute in den Krieg ziehen, während Allāhs Gesandter(s) doch gesagt hat: "Mir wurde befohlen, die Menschen zu bekämpfen, bis sie bekennen, dass es keinen Gott außer Allāh gibt. Wenn sie sich dazu bekennen, so ist ihre Habe und ihr Leben vor mir sicher. Sie unterstehen dann einzig dem Gesetz des Islams, und Allāh wird sie richten!" Abu Bakr sagte: "Bei Allāh, ich werde gewiss gegen diese (Menschen) kämpfen, wenn sie einen Unterschied zwischen dem Gebet und der gesetzlichen Zakāt-Abgabe machen! Die Abgabe ist geltendes Recht, genauso wie das Gebet! Sie muss auf Vermögenswerte erhoben werden! Bei Allāh, wenn sie mir auch nur ein einziges Zieglein oder Lämmlein[51] verweigern, das sie dem Gesandten Allāhs(s) seinerzeit gegeben haben, dann werde ich gegen sie Krieg führen!" Später bekannte 'Umar(r): "Bei Allāh! Ich habe eingesehen, dass Allāh Abu Bakr(r) diese Einsicht gegeben hat, und so wusste ich, dass sie die einzig richtige war."
(Al-Bukhari und Muslim)

Hadith 1211 Abu Ayyūb(r) berichtete, dass ein Mann dem Propheten(s) sagte: "O Gesandter Allāhs! Nenne mir Taten, die mich ins Paradies führen!" Er(s) sagte: "Diene allein Allāh und geselle Ihm keine Teilhaber

١٢١٢ - وَعَنْ أَبِى هُرَيْرَةَ ، رَضِىَ اللهُ عَنْهُ ، أَنَّ أَعْرَابِيّاً أَتَى النَّبِىَّ ﷺ فَقَالَ : يَا رَسُولَ اللهِ ، دُلَّنِى عَلَى عَمَلٍ إِذَا عَمِلْتُهُ ، دَخَلْتُ الجَنَّةَ ، قَالَ : « تَعْبُدُ اللهَ لَا تُشْرِكُ بِهِ شَيْئاً ، وَتُقِيمُ الصَّلَاةَ ، وَتُؤْتِى الزَّكَاةَ المَفْرُوضَةَ ، وَتَصُومُ رَمَضَانَ » قَالَ : وَالَّذِى نَفْسِى بِيَدِهِ ، لَا أَزِيدُ عَلَى هَذَا ، فَلَمَّا وَلَّى ، قَالَ النَّبِىُّ ﷺ : « مَنْ سَرَّهُ أَنْ يَنْظُرَ إِلَى رَجُلٍ مِنْ أَهْلِ الجَنَّةِ فَلْيَنْظُرْ إِلَى هَذَا » متفقٌ عليه .

١٢١٣ - وَعَنْ جَرِيرِ بْنِ عَبْدِ اللهِ ، رَضِىَ اللهُ عَنْهُ قَالَ : بَايَعْتُ النَّبِىَّ ﷺ عَلَى إِقَامِ الصَّلَاةِ وَإِيتَاءِ الزَّكَاةِ ، وَالنُّصْحِ لِكُلِّ مُسْلِمٍ . مُتَّفَقٌ عليه .

١٢١٤ - وَعَنْ أَبِى هُرَيْرَةَ رَضِىَ اللهُ عَنْهُ قَالَ : قَالَ رَسُولُ اللهِ ﷺ : « مَا مِنْ صَاحِبِ ذَهَبٍ ، وَلَا فِضَّةٍ ، لَا يُؤَدِّى مِنْهَا حَقَّهَا إِلَّا إِذَا كَانَ يَوْمُ القِيَامَةِ صُفِّحَتْ لَهُ صَفَائِحُ مِنْ نَارٍ ، فَأُحْمِىَ عَلَيْهَا فِى نَارِ جَهَنَّمَ ، فَيُكْوَى بِهَا جَنْبُهُ وَجَبِينُهُ وَظَهْرُهُ ، كُلَّمَا بَرَدَتْ أُعِيدَتْ لَهُ فِى يَوْمٍ كَانَ مِقْدَارُهُ خَمْسِينَ أَلْفَ سَنَةٍ ، حَتَّى يُقْضَى بَيْنَ العِبَادِ فَيُرَى سَبِيلُهُ ، إِمَّا إِلَى الجَنَّةِ ، وَإِمَّا إِلَى النَّارِ » .

bei. Verrichte das vorgeschriebene Gebet, bezahle die Zakāt-Abgabe und pflege die Blutsverwandschaft."
(Al-Bukhari und Muslim)

Hadith 1212 Abu Huraira(r) berichtete: Ein Beduine kam zum Propheten(s) und sagte zu ihm: "O Gesandter Allāhs, sage mir was ich tun soll, um ins Paradies zu kommem!" Er(s) erwiderte: "Du sollst allein Allāh dienen und Ihm nichts zur Seite setzen, das vorgeschriebene Gebet verrichten, die Zakāt-Abgabe bezahlen und den Monat Ramadān fasten!" Der Beduine sagte: "Bei dem, in dessen Hand mein Leben ist, ich werde dies tun, und nichts mehr als das." Als er sich entfernte, sagte der Prophet(s) zu den Gefährten(r): "Wenn es euch freut einen Mann zu sehen, der ins Paradies eingehen wird, dann schaut euch diesen (Beduinen) an!"
(Al-Bukhari und Muslim)

Hadith 1213 Jarīr Ibn 'Abdillāh(r) berichtete: Ich leistete dem Gesandten Allāhs(s) den Treueid, das Gebet zu verrichten, die Zakāt-Abgabe zu entrichten und jedem Muslim gegenüber mit Rat und Tat zur Seite zu stehen."
(Al-Bukhari und Muslim)

Hadith 1214 Abu Huraira(r) berichtete: Der Gesandte Allāhs(s) hat gesagt: "Es gibt keinen Besitzer von Gold oder Silber, der die dafür gesetzlich bestimmte Zakāt-Abgabe nicht entrichtet, dessen Gold und Silber am Tage des Gerichts nicht zu Platten geschmolzen und im Höllenfeuer erhitzt werden, und somit werden seine Seiten, seine Stirn und sein Rücken gebrandmarkt. Kühlen sich jene Platten ab, so werden sie immer wieder erhitzt, und seine Bestrafung dauert einen Tag lang, der Fünfzigtausend Jahre währt (nach unserer Rechnung), bis zwischen den Dienern gerichtet wird, so wird jedem sein Ausgang gezeigt werden: Entweder ins Paradies oder in die Hölle." Man fragte ihn: "O Gesandter Allāhs, und wie ist es bezüglich der Kamele?" Er sagte: "Es gibt auch keinen Kamelbesitzer, der die dafür bestimmte Zakāt-Abgabe nicht

قِيلَ : يَا رَسُولَ اللَّهِ ، فَالإِبلُ ؟ قَالَ : « وَلَا صَاحِبِ إِبلٍ لَا يُؤَدِّي مِنْهَا حَقَّهَا ، وَمِنْ حَقِّهَا حَلْبُهَا يَوْمَ وِرْدِهَا ، إِلَّا إِذَا كَانَ يَوْمُ القِيَامَةِ بُطِحَ لَهَا بِقَاعٍ قَرْقَرٍ أَوْفَرَ مَا كَانَتْ ، لَا يَفْقِدُ مِنْهَا فَصِيلاً وَاحِداً ، تَطَؤُهُ بِأَخْفَافِهَا ، وَتَعَضُّهُ بِأَفْوَاهِهَا ، كُلَّمَا مَرَّ عَلَيْهِ أُولَاهَا ، رُدَّ عَلَيْهِ أُخْرَاهَا ، فِي يَوْمٍ كَانَ مِقْدَارُهُ خَمْسِينَ أَلْفَ سَنَةٍ ، حَتَّى يُقْضَى بَيْنَ العِبَادِ ، فَيَرَى سَبِيلَهُ ، إِمَّا إِلَى الجَنَّةِ وَإِمَّا إِلَى النَّارِ » .

قِيلَ : يَا رَسُولَ اللَّهِ ، فَالبَقَرُ وَالغَنَمُ ؟ قَالَ : « وَلَا صَاحِبِ بَقَرٍ وَلَا غَنَمٍ لَا يُؤَدِّي مِنْهَا حَقَّهَا ، إِلَّا إِذَا كَانَ يَوْمُ القِيَامَةِ ، بُطِحَ لَهَا بِقَاعٍ قَرْقَرٍ ، لَا يَفْقِدُ مِنْهَا شَيْئاً ، لَيْسَ فِيهَا عَقْصَاءُ ، وَلَا جَلْحَاءُ ، وَلَا عَضْبَاءُ ، تَنْطَحُهُ بِقُرُونِهَا وَتَطَؤُهُ بِأَظْلَافِهَا كُلَّمَا مَرَّ عَلَيْهِ أُولَاهَا ، رُدَّ عَلَيْهِ أُخْرَاهَا ، فِي يَوْمٍ كَانَ مِقْدَارُهُ خَمْسِينَ أَلْفَ سَنَةٍ حَتَّى يُقْضَى بَيْنَ العِبَادِ ، فَيَرَى سَبِيلَهُ إِمَّا إِلَى الجَنَّةِ وَإِمَّا إِلَى النَّارِ » .

قِيلَ : يَا رَسُولَ اللَّهِ ، فَالخَيْلُ ؟ قَالَ : « الخَيْلُ ثَلَاثَةٌ : هِيَ لِرَجُلٍ وِزْرٌ ، وَهِيَ لِرَجُلٍ سِتْرٌ ، وَهِيَ لِرَجُلٍ أَجْرٌ ، فَأَمَّا الَّتِي هِيَ لَهُ وِزْرٌ فَرَجُلٌ رَبَطَهَا رِيَاءً وَفَخْراً وَنِوَاءً عَلَى أَهْلِ الإِسْلَامِ ، فَهِيَ لَهُ وِزْرٌ ، وَأَمَّا الَّتِي هِيَ لَهُ سِتْرٌ ، فَرَجُلٌ رَبَطَهَا فِي سَبِيلِ اللَّهِ ، ثُمَّ لَمْ يَنْسَ حَقَّ اللَّهِ فِي ظُهُورِهَا ، وَلَا رِقَابِهَا ، فَهِيَ لَهُ سِتْرٌ ، وَأَمَّا الَّتِي هِيَ لَهُ أَجْرٌ ، فَرَجُلٌ رَبَطَهَا فِي سَبِيلِ اللَّهِ لِأَهْلِ الإِسْلَامِ فِي مَرْجٍ ، أَوْ رَوْضَةٍ ، فَمَا أَكَلَتْ مِنْ ذَلِكَ المَرْجِ أَوِ الرَّوْضَةِ مِنْ شَيْءٍ إِلَّا كُتِبَ لَهُ عَدَدَ مَا أَكَلَتْ حَسَنَاتٌ ، وَكُتِبَ لَهُ عَدَدَ أَرْوَاثِهَا وَأَبْوَالِهَا حَسَنَاتٌ ، وَلَا تَقْطَعُ طِوَلَهَا ،

entrichtet, dazu gehört der Anteil der Armen an der Kamelstutenmilch am Tage ihrer Tränke, dessen Kamele am Tag des Gerichts nicht im besten Zustand und vollzählig wieder kommen, während er auf seinem Bauch vor ihnen in einer ebene Einöde geworfen wird, und sie dann mit ihren Hufen zertrampeln und mit ihren Mäulern zerbeissen. Ist das letzte von ihnen über ihn hingekommen, so wird das erste von ihnen von neuem mit der Bestrafung beginnen. Dies dauert einen Tag lang, der Fünfzigtausend Jahre währt (nach unserer Rechnung), bis zwischen den Dienern gerichtet wird, so wird jedem sein Ausgang gezeigt werden: Entweder ins Paradies oder in die Hölle." Man fragte ihn: "O Gesandter Allāhs, und wie ist es bezüglich Rinder und Schafe?" Er sagte: "Es gibt auch keinen Besitzer von Rindern und Schafen, der die dafür bestimmte Zakāt- Abgabe nicht entrichtet, dessen Rinder und Schafe am Tag des Gerichts nicht im besten Zustand und vollzählig wieder kommen, wobei jedes Vieh von ihnen über scharfe Hörner verfügt, die weder krumm noch beschädigt sind, während er auf seinem Bauch vor ihnen in eine ebenen Einöde geworfen wird, und sie ihn mit ihren Hörnern stoßen und mit ihren Hufen treten werden. Ist das letzte von ihnen über ihn hingekommen, so wird das erste von neuem mit der Bestrafung beginnen. Dies dauert einen Tag lang, der Fünfzigtausend Jahre währt (nach unserer Zeitrechnung), bis zwischen den Dienern gerichtet wird, so wird jedem sein Ausgang gezeigt werden: Entweder ins Paradies oder in die Hölle." Man fragte ihn: "O Gesandter Allāhs, und wie ist es mit den Pferden?" Er sagte: "Die Pferde sind dreierlei: Für den einen Besitzer sind sie eine Bürde, für den zweiten ein Schutz (vor der Hölle) und für den dritten eine Belohnung. Die Pferde als Bürde sind solche, deren Besitzer, angeberisch ist, sie zur Schau stellt und pflegt, und sie als Waffe gegen die Muslime einsetzt. Die Pferde als Schutz sind solche, deren Besitzer sie für Allāhs Sache auf einer Wiese oder in einem Garten anpflockt und für die von Allāh vorge- schriebenen Rechte bezüglich ihrer Pflege aufkommt, so werden sie für ihn ein Schutz (vor der Hölle). Hinsichtlich der Pferde als Belohnung, so sind es solche, deren Besitzer sie für Allāhs Sache, um den Muslimen dienlich zu sein, auf einer Wiese oder in einem Garten anpflockt, so werden dem Besitzer so viele gute Taten angerechnet, wie

فاستنت شـرفـا أو شرفـين إلا كتب الله له عـدد آثـارهـا وأرواثـها حسَنَـات ، ولا مَرَّ بها صاحبُها على نَهَرٍ ، فشَرِبت منه ، ولا يُرِيدُ أن يَسقِيَها إلا كتَب اللهُ له عَدَدَ ما شَرِبت حَسَنَات .

قِيلَ : يا رسولَ اللهِ فالحُمُرُ ؟ قال : « مَا أُنزِلَ عَلَيَّ فِي الحُمُرِ شَيءٌ إلا هذه الآيةُ الفَاذَّةُ الجَامِعَةُ : ﴿ فمن يعمل مثقال ذرة خيراً يره . ومن يَعمل مثقال ذرة شراً يَرَه ﴾ » .

مُتَّفَقٌ عَليه . وهذا لفظُ مُسلِم .

٢١٧ ـ باب وجوب صوم رمضان وبيان فضل الصيام وما يتعلق به

قالَ اللهُ تعالى : ﴿ يَأَيُّهَا الَّذِينَ آمَنُوا كُتِبَ عَلَيْكُمُ الصِّيَامُ كَمَا كُتِبَ عَلَى الَّذِينَ مِنْ قَبْلِكُمْ ﴾ إلى قولِهِ تَعَالى : ﴿ شَهْرُ رَمَضَانَ الَّذِي أُنزِلَ فِيهِ القُرْآنُ هُدًى للنَّاسِ وبَيِّنَاتٍ مِنَ الهُدَى والفُرْقَانِ فَمَنْ شَهِدَ منكُمُ الشَّهْرَ فَلْيَصُمْهُ ومَنْ كَانَ مَرِيضًا أَوْ عَلَى سَفَرٍ فَعِدَّةٌ مِنْ أَيَّامٍ أُخَرَ ﴾ الآية (البقرة : ١٨٣ـ١٨٥) .

١٢١٥ ـ وعَنْ أبي هُريرَةَ رَضِيَ اللهُ عَنْهُ ، قَالَ : قَالَ رَسُولُ اللهِ ﷺ : « قَالَ اللهُ عَزَّ وَجَلَّ : كُلُّ عَمَلِ ابنِ آدَمَ لَهُ إلا الصِّيَامَ ، فَإنَّهُ لِي وأنَا أَجْزِي بِهِ ، الصِّيَامُ جُنَّةٌ ؛ فَإذا كَانَ يَوْمُ صَوْمِ أحَدِكُمْ فَلا يَرْفُثْ ولا يَصْخَبْ ، فَإِنْ سَابَّهُ أحَدٌ أوْ قَاتَلَهُ ، فَلْيَقُلْ : إنِّي صَائِـمٌ ، وَالَّذِي

die Anzahl ihrer Bisse, ihrer Pferdeäpfel und ihres Urins. Und niemals reißt ihre Leine und sie gallopieren ein gutes Stück hin und her sie hinterlassen Spuren und Kot, ohne dass Allāh dem Besitzer entsprechend viele gute Taten anrechnet. Und niemals geht ihr Besitzer mit ihnen an einem Fluss vorbei und lässt sie trinken oder will sie tränken, ohne dass ihm gute Taten gemäß ihrem Trinken angerechnet wird." Man fragte ihn weiter: "O Gesandter Allāhs, und wie ist es mit den Eseln?" Er(s) sagte: "Diesbezüglich ist mir nichts offenbart worden, außer der außerordentlich umfassenden Aya: "Wer auch nur eines Stäubchens Gewicht Gutes tut, wird es (am Tag des Gerichts) sehen, und wer auch nur eines Stäubchens Gewicht Böses tut, wird es sehen." Sura 99:7-8
(Al-Bukhari und Muslim)

Kapitel 217
Die Pflicht des Fastens im Ramadan. Der Vorrang des Fastens und dessen Bestimmungen

Allāh, erhaben ist Er, spricht:
"O die ihr glaubt! Das Fasten ist euch vorgeschrieben, wie es denen vor euch vorgeschrieben war, auf dass ihr (Allāh) fürchten möget"
Sura 2:183
"Der Monat Ramadān ist der, in welchem der Qurān als Rechtleitung für die Menschen herabgesandt worden ist und als klarer Beweis der Rechtleitung und der Unterscheidung. Wer von euch also in dem Monat zugegen ist, der soll in ihm fasten. Und wer krank oder auf Reise ist, so soll er eine (gleiche) Anzahl anderer Tage (fasten)..." Sura 2:185

Hadith 1215 Abu Huraira(r) berichtete, dass der Gesandte Allāhs(s) gesagt hat: "Allāh, erhaben ist Er, sagte: "Jede gute Tat des Sohnes Adams tut er für sich und sie wird entsprechend belohnt, außer dem Fasten, denn es ist für Mich, und Ich gewähre die Belohnung dafür. Das Fasten ist ein Schutz. Wer fastet, soll keine ungehörigen Reden führen und sich nicht ungehalten verhalten. Und wenn jemand gegen einen Fastenden vorgeht

نَفْسُ مُحَمَّدٍ بِيَدِهِ ، لَخُلُوفُ فَمِ الصَّائِمِ أَطْيَبُ عِنْدَ اللّٰهِ مِنْ رِيحِ المِسْكِ ، لِلصَّائِمِ فَرْحَتَانِ يَفْرَحُهُمَا : إِذَا أَفْطَرَ فَرِحَ بِفِطْرِهِ ، وَإِذَا لَقِيَ رَبَّهُ فَرِحَ بِصَوْمِهِ » متفق عليه .

وهذا لفظ رواية البُخارى . وفى رواية له : « يَتْرُكُ طَعَامَهُ ، وَشَرَابَهُ ، وَشَهْوَتَهُ مِنْ أَجْلِى ، الصِّيَامُ لِى وَأَنَا أَجْزِى بِهِ ، وَالحَسَنَةُ بِعَشْرِ أَمْثَالِهَا » .

وفى رواية لمسلم : « كُلُّ عَمَلِ ابْنِ آدَمَ يُضَاعَفُ : الحَسَنَةُ بِعَشْرِ أَمْثَالِهَا إِلَى سَبْعِمِائَةِ ضِعْفٍ ، قَالَ اللّٰهُ تَعَالَى : إِلَّا الصَّوْمَ فَإِنَّهُ لِى وَأَنَا أَجْزِى بِهِ . يَدَعُ شَهْوَتَهُ وَطَعَامَهُ مِنْ أَجْلِى ، لِلصَّائِمِ فَرْحَتَانِ : فَرْحَةٌ عِنْدَ فِطْرِهِ ، وَفَرْحَةٌ عِنْدَ لِقَاءِ رَبِّهِ ، وَلَخُلُوفُ فِيهِ أَطْيَبُ عِنْدَ اللّٰهِ مِنْ رِيحِ المِسْكِ . » .

١٢١٦ ـ وعنه أن رسولَ اللّٰهِ ﷺ قال : « مَنْ أَنْفَقَ زَوْجَيْنِ فِى سَبِيلِ اللّٰهِ نُودِىَ مِنْ أَبْوَابِ الجَنَّةِ : يَا عَبْدَ اللّٰهِ ،هَذَا خَيْرٌ ، فَمَنْ كَانَ مِنْ أَهْلِ الصَّلَاةِ دُعِىَ مِنْ بَابِ الصَّلَاةِ ، وَمَنْ كَانَ مِنْ أَهْلِ الجِهَادِ دُعِىَ مِنْ بَابِ الجِهَادِ ، وَمَنْ كَانَ مِنْ أَهْلِ الصِّيَامِ دُعِىَ مِنْ بَابِ الرَّيَّانِ ، وَمَنْ كَانَ مِنْ أَهْلِ الصَّدَقَةِ دُعِىَ مِنْ بَابِ الصَّدَقَةِ » قَالَ أَبُو بَكْرٍ ، رضى اللّٰهُ عنه : بِأَبِى أَنْتَ وَأُمِّى يَا رَسُولَ اللّٰهِ ! مَا عَلَى مَنْ دُعِىَ مِنْ تِلْكَ الأَبْوَابِ مِنْ ضَرُورَةٍ ، فَهَلْ يُدْعَى أَحَدٌ مِنْ تِلْكَ الأَبْوَابِ كُلِّهَا ؟ قَالَ : « نَعَمْ ، وَأَرْجُو أَنْ تَكُونَ مِنْهُمْ » متفق عليه .

oder ihn beleidigt, soll dieser sagen: "Ich faste!" Bei Dem, in Dessen Hand meine Seele ist! Der Mundgeruch des Fastenden ist Allāh noch angenehmer als der Duft von Moschus. Dem Fastenden stehen zwei Freuden bevor: Wenn er sein Fasten bricht, freut er sich,und wenn er seinem Herrn begegnet, freut er sich über sein Fasten."
(Al-Bukhari und Muslim)
Die *vorstehende* Version ist eine wörtliche Version von Bukhari. In einer *anderen* Version von ihm steht auch: "Denn Mir zuliebe verzichtet er auf Essen und Trinken und auf Begierden. Das Fasten ist für Mich, und Ich werde es vergelten, und die gute Tat wird zehnfach belohnt werden."
Laut einer *Version von Muslim* heißt es: "Jede gute Tat des Sohnes Adams wird zehn- bis siebenhundertmal vervielfacht. Allāh, der Erhabene, sagte: "Mit Ausnahme des Fastens, denn es ist für Mich, und Ich werde es (entsprechend) vergelten. Der Fastende verzichtet Meinetwegen auf seine Begierden und auch auf sein Essen. Dem Fastenden stehen zwei Freuden bevor: Eine Freude beim Fastenbrechen und eine Freude bei der Begegnung mit seinem Herrn, und wahrlich der Mundgeruch des Fastenden ist Allāh angenehmer als der Duft von Moschus."

Hadith 1216 Abu Huraira(r) berichtete: Der Gesandte Allāhs(s) hat gesagt: "Wer um die Sache Allāhs ein Paar spendet (bzw. stiftet)[52], dem wird (am Tage des Jüngsten Gerichts) von den Toren des Paradieses zugerufen: "O Diener Allāhs! Das ist besser (*für dich, willkommen!*). So wird jeder (*nach Leistung*) zum Eintreten aufgerufen: Gehörte er zu den wahren Betenden, so wird er aus dem Tor des Gebetes aufgerufen, zählte er zu den wahren Mudschāhidīn, so wird er aus dem Tor des Dschihāds aufgerufen, zählte er zu den wahren Fastenden, so wird er aus dem Rayyān[53]-Fasten-Tor aufgerufen, und gehörte er zu den wahren Mildtätigen, so wird er aus dem Tor der Mildtätigkeit aufgerufen." Daraufhin sagte Abu Bakr(r): "O Gesandter Allāh! Für mich bist du wichtiger als mein Vater und meine Mutter![54] Es ist keine Notwendigkeit für denjenigen, der aus jenen Toren aufgerufen wird. Wird auch jemand aus all jenen Toren aufgerufen?" Er(s) sagte: "Ja, und ich hoffe, dass du zu

١٢١٧ — وعَن سهلِ بنِ سعدٍ ، رضيَ اللهُ عنهُ ، عنِ النبيِّ ﷺ قالَ : « إنَّ في الجنةِ باباً يقالُ لهُ : الرَّيَّانُ ، يَدخُلُ منهُ الصائمونَ يومَ القيامةِ ، لا يدخلُ منهُ أحدٌ غيرهم ، يقالُ : أينَ الصائمونَ ؟ فَيَقومونَ لا يدخلُ منهُ أحدٌ غيرهم ، فإذا دَخلوا أُغلقَ فَلَم يدخلْ منهُ أحدٌ » . متفقٌ عليه .

١٢١٨ — وعَن أبي سَعيدٍ الخُدريِّ ، رضيَ اللهُ عنهُ ، قالَ : قالَ رسولُ اللهِ ﷺ : « ما مِن عَبدٍ يَصومُ يَوماً في سَبيلِ اللهِ إلا باعَدَ اللهُ بذلكَ اليَومِ وجهَهُ عَنِ النَّارِ سَبعينَ خَريفاً » متفقٌ عليه .

١٢١٩ — وعَن أبي هُريرةَ ، رضيَ اللهُ عنهُ ، عنِ النبيِّ ﷺ ، قالَ : « مَن صامَ رمضانَ إيماناً واحتِساباً ، غُفرَ لهُ ما تقَدَّمَ مِن ذنْبِهِ » متفقٌ عليه .

١٢٢٠ — وعنهُ ، رضيَ الله عنه ، أنَّ رسولَ اللهِ ﷺ قالَ : « إذا جاءَ رمضانُ ، فُتِّحتْ أبوابُ الجنةِ ، وغُلِّقتْ أبوابُ النَّارِ ، وصُفِّدتِ الشياطينُ » متفقٌ عليه .

١٢٢١ — وعنهُ أنَّ رسولَ ﷺ قالَ : « صُومُوا لِرؤيَتهِ ، وأفطِروا لِرؤْيتهِ ، فإن غُبِّيَ عليكم ، فَأكمِلوا عِدَّةَ شعبانَ ثَلاثينَ » متفقٌ عليه ، وهذا لفظ البخاري .

وفي رواية مسلم : « فإن غُمَّ عليكم فصُوموا ثَلاثينَ يوما » .

ihnen zählen wirst!"
(Al-Bukhari und Muslim)

Hadith 1217 Sahl Ibn Sa'd(r) berichtete: Der Prophet(s) hat gesagt: "Eines der Tore des Paradieses heißt *Ar-Rayyān*. Durch dieses Tor werden nur die Menschen, die das Fasten eingehalten haben, am Tage der Auferstehung ins Paradies eintreten dürfen, so wird gefragt werden: "Wo sind diejenigen, die gefastet haben? Die Genannten werden sich erheben, und niemand außer ihnen wird durch dieses Tor ins Paradies eintreten dürfen. Und wenn sie eingetreten sind, wird es verschlossen werden, und niemand wird es mehr passieren können."
(Al-Bukhari und Muslim)

Hadith 1218 Abu Sa'īd Al-Khudriy(r) berichtete: "Der Gesandte Allāhs(s) hat gesagt: "Es gibt keinen Diener, der einen Tag für die Sache Allāhs fastet, dessen Gesicht Allāh nicht vor dem Höllenfeuer siebzig Jahre lang, wegen jenes Tages, fernhält."
(Al-Bukhari und Muslim)

Hadith 1219 Abu Huraira(r) berichtete: Der Prophet(s) hat gesagt: "Wer immer aus tiefem Glauben heraus und in der Hoffnung auf die Belohnung Allāhs den Ramadān fastet, dem werden seine vergangenen Verfehlungen vergeben."
(Al-Bukhari und Muslim)

Hadith 1220 Abu Huaira(r) berichtete: Der Gesandte Allāhs(s) hat gesagt: "Wenn der Monat Ramadān beginnt, werden die Tore des Paradieses geöffnet und die Tore der Hölle verschlossen. Und die Teufel werden in Ketten gelegt."
(Al-Bukhari und Muslim)

Hadith 1221 Abu Huraira(r) berichtete: Der Gesandte Allāhs(s) hat gesagt: "Beginnt und beendet das Fasten, sobald ihr die Mondsichel seht.

٢١٨ — باب الجود وفعل المعروف والإكثار من الخير
فى شهر رمضان
والزيادة من ذلك فى العشر الأواخر منه

١٢٢٢ — وعن ابنِ عباسٍ ، رضِيَ اللهُ عَنْهُمَا ، قـالَ : كـانَ رَسُولُ اللهِ ﷺ أجوَدَ النَّاسِ ، وكَانَ أجوَدَ مـا يكُونُ فى رمضـانَ حينَ يَلقَاهُ جبريلُ ، وكَانَ جبـريلُ يَلقَاهُ فى كل لَيلَةٍ مِنْ رَمَضَانَ فَيُدَارِسُهُ القُرآنَ ، فَلَرَسُولُ اللهِ ﷺ حينَ يلقَاهُ جبريلُ أجوَدُ بالخَيرِ مِن الريحِ المُرسَلَةِ » متفقٌ عليه .

١٢٢٣ — وعَنْ عـائشةَ ، رضِيَ اللهُ عنها ، قـالَتْ : كـانَ رَسُولُ اللهِ ﷺ إذا دَخَلَ العَشرُ أحيا اللَّيلَ وأيقَظَ أهلَهُ ، وشَدَّ المئزرَ . متفقٌ عليه .

Und wenn der Himmel bedeckt und eine Beobachtung des Mondes daher nicht möglich ist, vervollständigt die Anzahl der Tage im Scha'bān auf dreißig!"
(Al-Bukhari und Muslim)
Die *obige* Version ist von Bukhari. Die Version von Muslim lautet: "Und wenn der Himmel bedeckt und eine Beobachtung des Mondes daher nicht möglich ist, vervollständigt die Anzahl der Fastentage (*im Ramadān*) auf dreißig!"

Kapitel 218
Das großzügige Spenden, das Verrichten von Wohltaten während des Monates Ramadān mehr als sonst und die nochmalige Steigerung in seinen letzten zehn Tagen

Hadith 1222 Ibn 'Abbās(r) berichtete: "Der Gesandte Allāhs(s) war der großzügigste aller Menschen. Und im Ramadān, wenn Gabriel zu ihm kam, war er noch großzügiger als sonst. In jeder Nacht des Monates Ramadān kam Gabriel, Friede sei mit ihm, zum Propheten(s), und er rezitierte für ihn den Qur ān. Während der Begegnung mit Gabriel war er(s) großzügiger als der Wind, der die Regenwolken treibt."
(Al-Bukhari und Muslim)

Hadith 1223 'Āischa(r) berichtete: "Der Gesandte Allāhs(s) pflegte mit dem Beginn der letzten zehn Tage des Monates Ramadāns, die Nacht betend zu verbringen, seine Familie dafür zu wecken, und sich von seinen Frauen fern zu halten."
(Al-Bukhari und Muslim)

٢١٩ — باب النهى عن تقدم رمضان بصوم بعد نصف شعبان إلا لمن وصله بما قبله أو وافق عادة له بأن كان عادته صوم الإثنين والخميس فوافقه

١٢٢٤ — عن أبى هريرةَ ، رضى اللهُ عنهُ ، عنِ النبى ﷺ ، قال : « لا يَتَقَدَّمَنَّ أحَدُكُم رمضانَ بِصَومِ يَومٍ أو يَومَيْنِ ، إلا أن يكونَ رَجُلٌ كانَ يَصومُ صَومَهُ . فَلْيَصُمْ ذلكَ اليَومُ » متفقٌ عليه .

١٢٢٥ — وعنِ ابنِ عباسٍ ، رضى اللهُ عنهما ، قال : قال رسولُ اللهِ ﷺ: «لا تَصُومُوا قَبْلَ رَمَضَانَ، صُومُوا لِرُؤْيَتِهِ ، وأفطِرُوا لِرُؤْيَتِهِ ، فإن حَالتْ دُونَهُ غَيَايَةٌ فــاكْمِلُوا ثَلاثِينَ يَوماً » رواه الترمذى ، وقال : حديث حسن صحيح .

« الغياية » بالغين المعجمة وبالياء المثناة من تحتُ المكررة ، وهِيَ : السَّحَابَةُ .

١٢٢٦ — وعن أبى هُرَيْرَةَ ، رضى اللهُ عنهُ ، قال : قال رسولُ اللهِ ﷺ : «إذا بقى نصفٌ مِن شَعْبَانَ فلا تصوموا » رواه الترمذى وقال : حديثٌ حسنٌ صحيحٌ .

١٢٢٧ — وَعَنْ أبى اليَقظَانِ عمارِ بنِ يَاسرٍ ، رضى اللهُ عنهما ، قال : مَن صامَ اليَوْمَ الَّذى يُشَكُّ فيه فَقَدْ عَصَى أبَا القَاسِمِ ﷺ . رواه أبو داود ، والترمذى وقال: حديثٌ حَسَنٌ صحيحٌ .

Kapitel 219

Das Verbot, unmittelbar vor dem Monat Ramadān bzw. ab Mitte Scha'bān zu fasten, mit Ausnahme von Fastenden, die zwei Tage hintereinander fasten oder von Fastenden, deren Gewohnheit ist, montags und donnerstags zu fasten

Hadith 1224 Abu Huraira(r) berichtete: Der Prophet(s) hat gesagt: "Keiner von euch darf vor Beginn des Ramadāns einen Tag oder zwei Tage (*vorsorglich*) fasten, außer einem, dessen (*gewohnter*) Fastentag auf den Tag vor dem Beginn des Monats Ramadān fällt, so soll er diesen einen Tag fasten"
(Al-Bukhari und Muslim)

Hadith 1225 Ibn 'Abbās(r) berichtete: Der Gesandte Allāhs(s) hat gesagt: "Fastet nicht unmittelbar vor Beginn des Monates Ramadān. Beginnt mit dem Fasten (des Ramadāns), sobald ihr dessen (*Neumond*) seht, und brecht das Fasten (des Ramadāns) erst, wenn ihr ihn wieder seht! Sollte (euch) die Sicht wegen Wolken nicht möglich sein, so vervollständigt (die Fastentage im Ramadān) auf dreißig!"
(At-Tirmidi, mit dem Kommentar: Ein guter bis starker Hadith)

Hadith 1226 Abu Huraira(r) berichtete: Der Gesandte Allāhs(s) hat gesagt: "Fastet nicht (während des Monates Scha'bān), wenn nur noch eine Hälfte übrig ist!"
(At-Tirmidi, mit dem Kommentar: Ein guter bis starker Hadith)

Hadith 1227 Abul-Yaqzān 'Ammār Ibn Yāssir(r) sagte: "Wer den Tag des Zweifels[55] wissentlich fastet, hat Abul-Qāßim(s) nicht gehorcht."[56]
(Abu Dawūd, und At-Tirmidi mit dem Vermerk: Ein guter bis starker Hadith)

٢٢٠ – باب ما يقال عند رؤية الهلال

١٢٢٨ – عَنْ طَلْحَةَ بنِ عُبَيْدِ اللهِ ، رَضِيَ اللهُ عنْهُ ، أنَّ النبيَّ ﷺ كانَ إذا رَأى الهِلالَ قال : «اللَّهُمَّ أهِلَّهُ عَلَيْنا بالأمْنِ والإيمانِ ، والسَّلامَةِ والإسْلامِ ، رَبِّى وَرَبُّكَ اللهُ ، هِلالُ رُشْدٍ وخَيْرٍ » رواه الترمذى وقال : حديثٌ حسنٌ .

٢٢١ – باب فضل السحور وتأخيره ما لم يخش طلوع الفجر

١٢٢٩ – عَنْ أنسٍ ، رَضِيَ اللهُ عنْهُ ، قالَ : قالَ رسولُ اللهِ ﷺ : «تَسَحَّرُوا ؛ فَإنَّ فى السُّحُورِ بَرَكَةً » متفقٌ عليه .

١٢٣٠ – وعَنْ زيدِ بنِ ثابتٍ ، رَضِيَ اللهُ عنْهُ ، قالَ : تَسَحَّرْنا مَعَ رسولِ اللهِ ﷺ ، ثُمَّ قُمْنا إلى الصَّلاةِ . قيلَ : كَمْ كانَ بَيْنَهُما ؟ قالَ : قَدْرُ خَمْسِينَ آيَةً . متفقٌ عليه .

١٢٣١ – وَعَنْ ابنِ عُمَرَ رَضِيَ اللهُ عَنْهُمَا ، قالَ : كانَ لرسولِ اللهِ ﷺ مُؤَذِّنانِ : بِلالٌ ، وابنُ أُمِّ مَكتُومٍ ، فقَالَ رسولُ اللهِ ﷺ : « إنَّ بِلالاً يُؤَذِّنُ بِلَيْلٍ ؛ فَكُلُوا واشْرَبُوا حتَّى يُؤَذِّنَ ابنُ أُمِّ مَكتُومٍ » قالَ : ولَمْ يَكُنْ بَيْنَهُما إلا أنْ يَنْزِلَ هذا ويَرْقى هذا . متفقٌ عليه .

Kapitel 220
Das Bittgebet beim Erblicken des Neumondes

Hadith 1228 Talha Ibn 'Ubaidillāh(r) berichtete: Der Prophet(s) pflegte beim Erblicken des Neumondes zu erbitten: "O Allāh! Lass ihn auf uns scheinen: Mit Sicherheit und Glauben, mit Unversehrtheit und in Frieden! O Mondsichel, mein und dein Herr ist Allāh! Ein Unterweiser für vernünftige und gute Taten, (solltest du sein!)"

Kapitel 221
Die Vortrefflichkeit des Sahūr-Frühstücks und dessen Späteinnehmen, solange man sicher ist, dass dies vor dem Tagesanbruch geschieht

Hadith 1229 Anas(r) berichtete: Der Gesandte Allāhs(s) hat gesagt: „Nehmt vor dem Tagesanbruch (*in der Fastenzeit*) die Sahūr-Mahlzeit ein, denn im Sahūr ist ein Segen."
(Al-Bukhari und Muslim)

Hadith 1230 Zaid Ibn Thābit(r) berichtete: „Wir nahmen mit dem Gesandten Allāhs(s) zusammen die Sahūr-Mahlzeit ein, dann standen wir zum Frühgebet auf." Man fragte ihn: „Wieviel Zeit verging zwischen den beiden?"[57] Er sagte: „Ungefähr die für das Rezitieren von fünfzig Āyāt nötige Zeit."[58]
(Al-Bukhari und Muslim)

Hadith 1231 Ibn 'Umar(r) berichtete: Der Gesandte Allāhs(s) hatte zwei Gebetsrufer: Bilāl und Ibn Umm Maktūm(r), da sagte er(s): „Bilāl ruft während der Nacht, so esset und trinkt bis Ibn Umm Maktūm zum Gebet ruft." Ibn 'Umar fügte hinzu: „Und zwischen den beiden war nur (*eine kurze Weile*), sobald der eine (*vom Dach*) absteigt, steigt der andere darauf."
(Al-Bukhari und Muslim)

١٢٣٢ - وعَنْ عَمْرِو بنِ العاصِ ، رَضِيَ اللهُ عَنْهُ ، أنَّ رسولَ اللهِ ﷺ قالَ : «فَصْلُ ما بَيْنَ صِيامِنا وصِيامِ أهْلِ الكتابِ أكْلَةُ السَّحَرِ» رواه مسلم .

٢٢٢ - باب فضل تعجيل الفطر
وما يفطر عليه ، وما يقوله بعد إفطاره

١٢٣٣ - عَنْ سَهْلِ بنِ سَعْدٍ ، رَضِيَ اللهُ عَنْهُ ، أنَّ رَسُولَ اللهِ ﷺ قالَ : «لا يَزالُ النَّاسُ بخيرٍ مَا عَجَّلُوا الفِطْرَ» متفقٌ عليه .

١٢٣٤ - وعَنْ أبي عَطِيَّةَ قالَ : دخلتُ أنا ومسروقٌ على عائشةَ ، رَضِيَ اللهُ عَنْها ، فقالَ لَهَا مَسْرُوقٌ : رَجُلانِ مِنْ أصحابِ مُحَمَّدٍ ﷺ ، كِلاهُمَا لا يَألو عَنِ الخيرِ : أحَدُهُما يُعَجِّلُ المغربَ والإفطارَ ، والآخرُ يُؤخِّرُ المَغربَ والإفطارَ ؟ فقالَتْ : مَنْ يُعَجِّلُ المغربَ والإفطارَ ؟ قالَ : عَبْدُ اللهِ ـ يعني ابنَ مَسْعودٍ ـ فقالَتْ : هكذا كانَ رَسُولُ اللهِ ﷺ يَصْنَعُ . رواه مسلم .

قوله : «لا يَألُو» أيْ : لا يُقَصِّرُ فى الخيرِ .

١٢٣٥ - وَعَنْ أبي هُريرةَ رَضِيَ اللهُ عَنْهُ قالَ : قالَ رسولُ اللهِ ﷺ : «قالَ اللهُ عَزَّ وجَلَّ : أحَبُّ عبادي إليَّ أعْجَلُهُمْ فِطْراً» رواه الترمذى وقالَ : حديثٌ حَسَنٌ .

١٢٣٦ - وَعَنْ عُمَرَ بنِ الخَطَّابِ ، رَضِيَ اللهُ عَنْهُ ، قالَ : قالَ رسولُ اللهِ ﷺ : «إذا

Hadith 1232 Amr Ibn-ul-'Āṣ(r) berichtete: Der Gesandte Allāhs(s) habe gesagt: „Der Unterschied zwischen unserem Fasten und dem Fasten des Volkes der Schrift ist die Mahlzeit vor dem Tagesanbruch."
(Muslim)

Kapitel 222
Die Vortrefflichkeit, das Fasten rechtzeitig zu brechen, was man zum Fastenbrechen einnimmt und was man nach dem Fastenbrechen sagt[59]

Hadith 1233 Sahl Ibn Sa'd(r) berichtete: Der Gesandte Allāhs(s) hat gesagt: „Den Menschen wird es gut gehen, solange sie ihr Fasten rechtzeitig brechen."
(Al-Bukhari und Muslim)

Hadith 1234 Abu 'Atiyya(r) berichtete: Masrūq und ich besuchten 'Āischa(r), da fragte Masrūq sie: „Zwei Gefährten Muhammads(s) vernachlässigen beide nicht, das Gute zu verrichten: Der eine drängt darauf, das Fasten zu brechen und das Abendgebet zu verrichten, während der andere das Gebet und das Fastenbrechen hinauszögert *(Wer von ihnen verhält sich richtig?)* " Sie(r) fragte: „Wer *(von ihnen)* drängt auf das Abendgebet und das Fastenbrechen?" Er antwortete: „'Abdullāh Ibn Mas'ūd." Sie sagte: „Ebenso pflegte der Gesandte Allāhs(s) es zu tun."
(Muslim)

Hadith 1235 Abu Huraira(r) berichtete: Der Gesandte Allāhs(s) hat gesagt: Allāh, der Erhabene, sagt: „Der liebste Meiner *(fastenden)* Diener ist der schnellste mit dem rechtzeitigen Fastenbrechen."
(At-Tirmidi, mit dem Kommentar: Ein guter Hadith.)

Hadith 1236 'Umar Ibn-ul-Khattāb(r) berichtete: Der Gesandte Allāhs (s) hat gesagt: „Wenn die Nacht an dieser Seite *(Osten)* hereinbricht und der

أَقْبَلَ اللَّيْلُ مِنْ هٰهُنَا، وَأَدْبَرَ النَّهَارُ مِنْ هٰهُنَا، وَغَرَبَتِ الشَّمْسُ، فَقَدْ أَفْطَرَ الصَّائِمُ» متفقٌ عليه.

١٢٣٧ ـ وَعَنْ أَبِى إِبْرَاهِيمَ عَبْدِ اللهِ بْنِ أَبِى أَوْفَى، رَضِىَ اللهُ عَنْهُمَا، قَالَ: سِرْنَا مَعَ رَسُولِ اللهِ ﷺ، وَهُوَ صَائِمٌ، فَلَمَّا غَرَبَتِ الشَّمْسُ، قَالَ لِبَعْضِ القَوْمِ: «يَا فُلَانُ انْزِلْ فَاجْدَحْ لَنَا» فَقَالَ: يَا رَسُولَ اللهِ لَوْ أَمْسَيْتَ؟ قَالَ: «انْزِلْ فَاجْدَحْ لَنَا» قَالَ: إِنَّ عَلَيْكَ نَهَاراً، قَالَ: «انْزِلْ فَاجْدَحْ لَنَا»، قَالَ: فَنَزَلَ فَجَدَحَ لَهُمْ فَشَرِبَ رَسُولُ اللهِ ﷺ، ثُمَّ قَالَ: «إِذَا رَأَيْتُمُ اللَّيْلَ قَدْ أَقْبَلَ مِنْ هٰهُنَا، فَقَدْ أَفْطَرَ الصَّائِمُ» وَأَشَارَ بِيَدِهِ قِبَلَ المَشْرِقِ. متفقٌ عليه.

قوله: «اجْدَحْ» بجيم ثُمَّ دال ثُمَّ حَاء مهملتين؛ أى: اخْلِطِ السَّوِيقَ بِالمَاءِ.

١٢٣٨ ـ وَعَنْ سَلْمَانَ بْنِ عَامِرٍ الضَّبِّىِّ الصَّحَابِىِّ، رَضِىَ اللهُ عَنْهُ، عَنِ النَّبِىِّ ﷺ قَالَ: «إِذَا أَفْطَرَ أَحَدُكُمْ، فَلْيُفْطِرْ عَلَى تَمْرٍ، فَإِنْ لَمْ يَجِدْ، فَلْيُفْطِرْ عَلَى مَاءٍ، فَإِنَّهُ طَهُورٌ» رَوَاهُ أَبُو دَاوُدَ، وَالتِّرْمِذِىُّ وَقَالَ: حَدِيثٌ حَسَنٌ صَحِيحٌ.

١٢٣٩ ـ وَعَنْ أَنَسٍ، رَضِىَ اللهُ عَنْهُ، قَالَ: كَانَ رَسُولُ اللهِ ﷺ يُفْطِرُ قَبْلَ أَنْ يُصَلِّىَ عَلَى رُطَبَاتٍ، فَإِنْ لَمْ تَكُنْ رُطَبَاتٌ فَتُمَيْرَاتٌ؛ فَإِنْ لَمْ تَكُنْ تُمَيْرَاتٌ حَسَا حَسَوَاتٍ مِنْ مَاءٍ. رَوَاهُ أَبُو دَاوُدَ، وَالتِّرْمِذِىُّ وَقَالَ: حَدِيثٌ حَسَنٌ.

Tag auf jener Seite (*Westen*) dahinschwindet und die Sonne untergeht, dann bricht der Fastende das Fasten."
(Al-Bukhari und Muslim)

Hadith 1237 Abu Ibrāhīm 'Abdullāh Ibn Abi Aufā(r) berichtete: „Einmal begleiteten wir den Gesandten Allāhs(s) während er gefastet hatte. Als die Sonne unterging, sagte er zu einem von uns: "O Soundso, bitte steig ab (vom Reittier), und bereite uns die Mehlsuppe zu!" Er erwiderte: „O Gesandter Allāhs, es ist noch hell!" Er(s) wiederholte: „Steig ab, und bereite uns die Mehlsuppe zu!" Er stieg ab und bereitete die Mehlsuppe für uns zu. Der Gesandte Allāhs(s) nahm einen Schluck (davon), dann sagte er: „Wenn ihr seht, dass die Nacht an dieser Seite (wobei er mit seiner Hand nach Osten zeigte) hereinbricht, dann bricht der Fastende das Fasten."
(Al-Bukhari und Muslim)

Hadith 1238 Salmān Ibn 'Āmir A*d-D*abbī(r), ein Gefährte des Propheten(s), berichtete: Der Prophet(s) hat gesagt: „Wenn einer von euch sein Fasten bricht, dann soll er es mit einigen Datteln tun, und wenn er keine Dattel findet, dann mit einem Schluck Wasser, denn es ist rein."
(Abu Dawūd und At-Tirmi*d*i, mit dem Kommentar: Ein guter bis starker Hadith)

Hadith 1239 Anas(r) berichtete: „Der Gesandte Allāhs(s) pflegte, bevor er das Abendgebet verrichtet hatte, sein Fasten mit einigen frischen, reifen Datteln zu brechen. War dies nicht vorhanden, dann mit einigen trockenen Datteln und wenn nicht, dann mit einigen Schlucken Wasser."
(Abu Dawūd, und At-Tirmi*d*i mit dem Kommentar: Ein guter Hadith)

٢٢٣ - باب أمر الصائم بحفظ لسانه وجوارحه عن المخالفات والمشاتمة ونحوها

١٢٤٠ - عَنْ أَبِي هُرَيرَةَ رَضِيَ اللهُ عَنْهُ قَالَ : قَالَ رَسُولُ اللهِ ﷺ : «إِذَا كَانَ يَوْمُ صَوْمِ أَحَدِكُمْ ، فَلَا يَرْفُثْ وَلَا يَصْخَبْ ، فَإِنْ سَابَّهُ أَحَدٌ ، أَوْ قَاتَلَهُ ، فَلْيَقُلْ : إِنِّي صَائِمٌ» متفقٌ عليه .

١٢٤١ - وعنه قال : قَالَ النَّبِيُّ ﷺ : «مَنْ لَمْ يَدَعْ قَوْلَ الزُّورِ وَالعَمَلَ بِهِ فَلَيْسَ لِلهِ حَاجَةٌ فِي أَنْ يَدَعَ طَعَامَهُ وَشَرَابَهُ» رواه البخاري .

٢٢٤ - باب في مسائل من الصوم

١٢٤٢ - عَنْ أَبِي هُرَيرَةَ ، رَضِيَ اللهُ عَنْهُ ، عَنِ النَّبِيِّ ﷺ ، قَالَ : «إِذَا نَسِيَ أَحَدُكُمْ ، فَأَكَلَ ، أَوْ شَرِبَ ، فَلْيُتِمَّ صَوْمَهُ ؛ فَإِنَّمَا أَطْعَمَهُ اللهُ وَسَقَاهُ» متفقٌ عليه .

١٢٤٣ - وعَنْ لَقِيطِ بنِ صَبِرَةَ ، رَضِيَ اللهُ عنه ، قَالَ : قلتُ : يا رسولَ اللهِ ، أخْبِرْنِي عن الوضوءِ ؟ قال : «أَسْبِغِ الوضوءَ ، وخَلِّلْ بينَ الأصابعِ ، وبالِغْ في الاسْتِنْشَاقِ ، إلا أَنْ تكونَ صائماً» رواه أبو داودَ ، والترمذيُّ وقال : حديثٌ حسنٌ صحيحٌ .

١٢٤٤ - وعنْ عائشةَ ، رضيَ اللهُ عنها ، قالَتْ : كانَ رَسُولُ اللهِ ﷺ يدركُهُ الفَجْرُ

Kapitel 223
Ermahnung des Fastenden, seine Zunge zu hüten, seine Glieder von Übertretungen fernzuhalten und sich nicht an Streitereien u.ä. zu beteiligen

Hadith 1240 Abu Huraira(r) berichtete: Der Gesandte Allāhs(s) hat gesagt: „Wenn einer von euch einen Fasttag einlegt, so soll er weder sinnliche Begierde noch Trubel treiben. Und wenn jemand ihn beschimpft oder gegen ihn vorgeht, so soll er erwidern: «Ich faste!»"
(Al-Bukhari und Muslim)

Hadith 1241 Abu Huraira(r) berichtete: Der Prophet(s) hat gesagt: „Wer vom falschen Aussagen und Handeln nicht ablässt, von dem braucht Allāh nicht, dass er auf Essen und Trinken (*als Fastender*) verzichtet."
(Al-Bukhari)

Kapitel 224
Fragen bezüglich des Fastens

Hadith 1242 Abu Huraira(r) berichtete: Der Prophet(s) hat gesagt: „Wenn jemand von euch vergisst (dass er fastet) und isst oder trinkt, dann soll er sein Fasten fortsetzen, denn Allāh ließ ihn essen und trinken."
(Al-Bukhari und Muslim)

Hadith 1243 Laqīt Ibn Sabira(r) berichtete: Ich bat den Propheten: „O Gesandter Allāhs, belehre mich über die Gebetswaschung!" Er(s) sagte: „Verrichte die Waschung gründlich, reinige dich zwischen den Fingern und den Zehen, säubere die Nase durch gründliches und sanftes Spülen und Schnauben, außer wenn du fastest."
(Abu Dawūd und At-Tirmidi, mit dem Kommentar: Ein guter bis starker Hadith)

Hadith 1244 'Āischa(r) berichtete: „Es kam vor, dass das Morgengebet

وهُوَ جُنُبٌ مِنْ أهلِهِ ، ثُمَّ يَغْتَسِلُ وَيَصُومُ . متفقٌ عليه .

١٢٤٥ – وعَنْ عَائِشَةَ وأم سَلَمَةَ ، رضيَ الله عَنْهُمَا ، قالَتَا : كانَ رسولُ الله ﷺ يُصْبِحُ جُنُباً مِنْ غَيْرِ حُلْمٍ ، ثُمَّ يَصُومُ . متفقٌ عليه .

٢٢٥ – باب بيان فضل صوم المحرم وشعبان والأشهر الحرم

١٢٤٦ – عَنْ أبي هُرَيْرَةَ ، رضيَ اللهُ عَنْهُ ، قالَ : قالَ رَسُولُ الله ﷺ : «أفْضَلُ الصِّيامِ بَعْدَ رَمَضَانَ شَهْرُ اللهِ المحَرَّمُ ، وأفْضَلُ الصَّلاةِ بَعْدَ الفَرِيضَةِ صَلاةُ اللَّيْلِ» رواه مسلمٌ .

١٢٤٧ – وعَنْ عَائِشَةَ ، رضيَ الله عنها ، قالتْ : لَمْ يكنِ النبيُّ ﷺ يَصُومُ مِنْ شَهْرٍ أكْثَرَ مِنْ شَعْبانَ ، فإنَّه كانَ يَصُومُ شَعْبانَ كُلَّهُ . وفي روايةٍ : كانَ يَصُومُ شَعْبانَ إلا قَلِيلاً . متفقٌ عليه .

١٢٤٨ – وعن مجيبةَ البَاهليَّةَ عَنْ أبيها أو عمِّها ، أنَّهُ أتى رسولَ الله ﷺ ، ثم انطَلَقَ فأتاهُ بعدَ سنةٍ ، وقد تَغيَّرَتْ حالهُ وهَيْئَتُهُ ، فَقالَ : يا رَسُولَ الله أما تَعْرِفُنِي ؟ قالَ : « وَمَنْ أنْتَ ؟ » قالَ : أنَا البَاهِليُّ الذي جِئتُكَ عَامَ الأوَّلِ ، قَالَ : « فَما غَيَّرَكَ ، وَقَد كنتَ حَسَنَ الهَيْئَةِ ؟ » قَالَ : ما أكلتُ طَعَاماً مُنذُ فَارَقْتُكَ إلا بلَيلٍ ، فَقالَ رَسُولُ الله ﷺ: «عَذَّبْتَ

fällig war, wobei der Gesandte Allāhs(s) «dschunub»[60] durch den Geschlechtsverkehr mit einer seiner Ehefrauen war, dann vollzog er die große Waschung (Ghussl), (*betete*), und fastete."[61]
(Al-Bukhari und Muslim)

Hadith 1245 'Āischa und Umm Salama(r) berichteten: Es kam vor, dass der Gesandte Allāhs(s) am Tagesanbruch, nicht auf Grund eines Traumes, «dschunub»aufwachte, dann fastete er.
(Al-Bukhari und Muslim)

Kapitel 225
Die Vortrefflichkeit des Fastens in den Monaten Al-Mu*h*arram, Scha'bān und in den heiligen Monaten[62]

Hadith 1246 Abu Huraira(r) berichtete: Der Gesandte Allāhs(s) hat gesagt: „Das beste Fasten nach dem Pflichtfasten des Monates Rama*d*ān ist das freiwillige Fasten im Monat Mu*h*arram, dem Monat Allāhs und das beste Gebet nach den vorgeschriebenen Gebeten ist das freiwillige (Tahadschud-) Gebet mitten in der Nacht."
(Muslim)

Hadith 1247 'Āischa(r) berichtete: „Der Prophet(s) fastete in keinem Monat[63] häufiger als im Scha'bān, denn er pflegte den ganzen Scha'bān zu fasten." In einer anderen Version steht: «er pflegte den Monat Scha'bān, außer einigen Tagen, zu fasten.»
(Al-Bukhari und Muslim)

Hadith 1248 Mujība Al-Bāhiliyya berichtete, dass ihr Vater - oder ihr Onkel väterlicherseits - den Gesandten Allāhs(s) einst besuchte. Ein Jahr später besuchte er ihn erneut, wobei sich sein gesundheitlicher Zustand und sein Aussehen beträchtlich verändert hatten, so sagte er: „O Gesandter Allāhs, erkennst du mich denn nicht mehr?" Er(s) fragte ihn: „Und wer bist du denn?" Er erwiderte: „Ich bin der Bāhiliyyu, welcher dich im vorigen

نَفْسَكَ! » ثُمَّ قَالَ : « صُمْ شَهْرَ الصَّبْرِ، ويوماً من كلِّ شَهْرٍ » قال : زِدْنِي ، فإنَّ بِي قُوَّةً ، قال : « صُمْ يومَيْنِ » قالَ : زِدْنِي قالَ : « صُمْ ثلاثةَ أيَّامٍ » قالَ : زِدْنِي ، قالَ : « صُمْ مِنَ الحُرُمِ وأتْرُكْ ، صُمْ مِنَ الحُرُمِ وأتْرُكْ ، صُمْ مِنَ الحُرُمِ وأتْرُكْ » وقالَ بأصابعِهِ الثَّلاثِ فَضَمَّهَا ، ثمَّ أرسَلَها . رواه أبو داود .

و « شَهْرُ الصَّبْرِ » : رَمَضَانُ .

٢٢٦ ـ باب فضل الصوم وغيره في العشر الأول من ذي الحجة

١٢٤٩ ـ عن ابن عبَّاسٍ ، رَضِيَ اللهُ عَنْهُمَا ، قالَ : قالَ رسولُ اللهِ ﷺ : «مَا مِنْ أيامٍ العَمَلُ الصَّالِحُ فيها أحَبُّ إلى اللهِ مِنْ هذهِ الأيَّامِ » يعني : أيامَ العَشْرِ ، قالوا : يا رسولَ اللهِ وَلا الجهادُ في سَبِيلِ اللهِ ؟ قالَ : « وَلا الجهادُ في سَبِيلِ اللهِ ، إلا رَجُلٌ خَرَجَ بِنَفْسِهِ ، وَمَالِهِ ، فَلَمْ يَرجِعْ مِنْ ذلكَ بِشَيْءٍ » رواه البخاري .

٢٢٧ ـ باب فضل صوم يوم عرفة وعاشوراء وتاسوعاء

١٢٥٠ ـ عنْ أبي قَتَادَةَ ، رَضِيَ اللهُ عَنْهُ ، قالَ : سُئِلَ رسولُ اللهِ ﷺ : عَنْ صَوْمِ يَوْمِ عَرَفَةَ ؟ قالَ : « يُكَفِّرُ السَّنَةَ المَاضِيَةَ وَالبَاقِيَةَ » رواه مسلم .

Jahr besuchte." Er fragte: „Was hat dich so verändert, wobei du sehr gut ausgesehen hattest?" Er erwiderte: „Seitdem ich dich verlassen hatte, habe ich keine Nahrung außer in der Nacht gegessen." Daraufhin sagte der Gesandte Allāhs(s) zu ihm: „Damit hast du dich gequält!" Dann sagte er(s): „Faste den Monat der Standhaftigkeit (= *den Ramadān*) und einen Tag in jedem anderen Monat!" Er erwiderte: „Bitte noch mehr, denn ich bin stark genug." Er(s) sagte: „Also, faste zwei Tage (*in jedem Monat*)!" Er erwiderte: „Bitte, noch mehr!" Er(s) sagte: „Faste drei Tage!" Er erwiderte: „Noch mehr!" Er(s) sagte *dreimal*: „Faste in den heiligen (Monaten) etwas und lass (*etwas*)", dabei krümmte er(s) drei seiner Finger, dann streckte er sie aus."[64]

Kapitel 226
Die Vortrefflichkeit, in den ersten Tagen des 12. Monats Dul-Hidscha zu fasten und gute Taten zu verrichten

Hadith 1249 Ibn 'Abbās(r) berichtete: Der Gesandte Allāhs (s) hat gesagt: „Es gibt keine Tage, in welchen die guten Taten Allāh lieber als jene Tage." (Er meinte die ersten zehn Tage des ersten Monates Al-Muharram). So fragte man ihn: „O Gesandter Allāhs, sogar nicht der Einsatz für die Sache Allāhs?" Er sagte: „Sogar nicht der Einsatz für die Sache Allāhs, außer einem Mann, der zum Kampf auszieht und sein Leben und Vermögen opfert, so dass er mit nichts davon heimkehrt."
(Al-Bukhari)

Kapitel 227
Die Vortrefflichkeit des Fastens am Tag von 'Arafat, sowie am 9. und am 10. Tag des Monats Al-Muharram

Hadith 1250 Abu Qatāda(r) berichtete: Man fragte den Gesandten Allāhs(s) nach dem Fasten am Tag von 'Arafa. Er(s) sagte: „Es tilgt die Verfehlungen im vorherigen und im laufenden Jahr."
(Muslim)

١٢٥١ – وعَنِ ابنِ عباسٍ رضيَ اللهُ عنهما ، أنَّ رَسولَ اللهِ ﷺ صامَ يومَ عاشوراءَ ، وأمَرَ بِصيامِهِ . متفقٌ عليهِ .

١٢٥٢ – وعنْ أبي قَتادَةَ ، رَضيَ اللهُ عنهُ ، أنَّ رَسولَ اللهِ ﷺ سُئلَ عنْ صيامِ يومِ عاشُوراءَ ، فَقالَ : « يُكَفِّرُ السَّنَةَ الماضِيةَ » رواهُ مُسلِمٌ .

١٢٥٣ – وعنِ ابنِ عبّاسٍ ، رضيَ اللهُ عنهُما ، قالَ : قالَ رسولُ اللهِ ﷺ: «لَئنْ بقيتُ إلى قابلٍ لأصومَنَّ التاسِعَ » رواهُ مُسلِمٌ .

٢٢٨ – باب استحباب صوم ستة أيام من شوال

١٢٥٤ – عَنْ أبي أيوبَ ، رضيَ اللهُ عنهُ ، أنَّ رَسولَ اللهِ ﷺ قالَ : «مَنْ صامَ رَمَضانَ ، ثمَّ أتبَعَهُ ستاً مِنْ شوَّالَ ، كانَ كصيامِ الدَّهرِ » رواهُ مُسلِمٌ .

٢٢٩ – باب استحباب صوم الإثنين والخميس

١٢٥٥ – عنْ أبي قَتادَةَ ، رَضيَ اللهُ عنهُ ،أنَّ رسولَ اللهِ ﷺ سُئلَ عنْ صومِ يومِ الإثنَينِ فقالَ: «ذلكَ يَومٌ وُلِدْتُ فيه، ويَومُ بُعِثْتُ ، أوْ أُنزِلَ عَلَيَّ فيهِ » رواه مسلمٌ .

Hadith 1251 Ibn 'Abbās(r) berichtete, dass der Gesandte Allāhs(s) am 'Āschūrā -Tag fastete, und dass er(s) auch die Muslime dazu angehalten hat.
(Al-Bukhari und Muslim)

Hadith 1252 Abu Qatāda(r) berichtete: Man fragte den Gesandten Allāhs(s) nach dem Fasten am 'Āschūrā -Tag. Er(s) sagte: „Es tilgt die Verfehlungen im vorherigen Jahr."
(Muslim)

Hadith 1253 Ibn 'Abbās(r) berichtete: Der Gesandte Allāhs (s) hat gesagt: „Sollte ich nächstes Jahr am Leben bleibe, so werde ich den 9. Mu*h*arram (Tāssū'ā) fasten."
(Muslim)

Kapitel 228
Die Vorzüglichkeit, sechs Tage im Schauwāl (10. Monat des islamischen Kalenders) zu fasten

Hadith 1254 Abu Ayyūb(r) berichtete: Der Gesandte Allāhs(s) hat gesagt: „Wer (*den ganzen Monat*) Ramadan fastet und noch dazu sechs Tage im Schauwāl (*nach dem Fastenbrechenfest*) fastet, dem wird so angerechnet, als hätte er *immer*[65] gefastet."
(Muslim)

Kapitel 229
Die Vorzüglichkeit des Fastens am Montag und am Donnerstag

Hadith 1255 Abu Qatāda(r) berichtete: Der Gesandte Allāhs (s) wurde nach dem Fasten am Montag gefragt, da sagte er(s): „An einem Montag wurde ich geboren und an einem Montag wurde ich als Prophet gesandt." Der Überlieferer berichtete: oder er(s) habe gesagt: „und an einem

١٢٥٦ - وعن أبي هريرة ، رضي الله عنه ، عن رسول الله ﷺ قال : «تُعْرَضُ الأعمالُ يومَ الإثنينِ والخميسِ ، فأحبُّ أنْ يُعرَضَ عملي وأنا صائمٌ» رواه الترمذي وقال : حديث حسن ، ورواه مسلم بغير ذكر الصوم .

٣/١٢٥٧ - وعن عائشةَ ، رضي الله عنها ، قالتْ : كانَ رسولُ الله ﷺ يتحرَّى صومَ الإثنينِ والخميسِ . رواه الترمذي وقال : حديث حسن .

٢٣٠ - باب استحباب صوم ثلاثة أيام من كل شهر

والأفضلُ صومُها في الأيام البِيضِ ، وهي : الثالثَ عشرَ ، والرابعَ عشرَ ، والخامسَ عشرَ . وقيل : الثاني عشرَ ، والثالثَ عشرَ ، والرابعَ عشرَ . والصحيحُ المشهورُ هو الأوَّلُ .

١٢٥٨ - وعن أبي هريرة ، رضي الله عنه ، قال : أوصاني خليلي ﷺ بثلاثٍ : صيامِ ثلاثةِ أيامٍ من كلِّ شهرٍ ، وركعتي الضحى ، وأنْ أوترَ قبلَ أنْ أنامَ . متفق عليه .

١٢٥٩ - وعن أبي الدرداء ، رضي الله عنه ، قال : أوصاني حبيبي ﷺ بثلاثٍ لنْ أدعَهُنَّ ما عشتُ : بصيامِ ثلاثةِ أيامٍ من كلِّ شهرٍ ، وصلاةِ الضحى ، وبأنْ لا أنامَ حتى أوترَ . رواه مسلم .

(Montag) ist die erste Qur ān-Offenbarung zu mir herabgesandt worden."
(Muslim)

Hadith 1256 Abu Huraira(r) berichtete: Der Gesandte Allāhs(s) hat gesagt: „Jeden Montag und jeden Donnerstag werden die Taten jedes (Menschen) aufgeführt, und ich möchte, dass meine Taten, während ich faste, gezeigt werden."
(At-Tirmi*d*i, mit dem Vermerk: Ein guter Hadith. Muslim hat diesen Hadith ohne das Fasten zu erwähnen überliefert)

Hadith 1257 'Āischa(r) berichtete: Der Gesandte Allāhs(s) pflegte montags und donnerstags zu fasten.
(At-Tirmi*d*i, mit dem Vermerk: Ein guter Hadith)

Kapitel 230
Die Vorzüglichkeit, in jedem Monat drei Tage zu fasten

Es ist am besten, dies während der weißen (*hellen*) Tage des (*islamischen*) Monates zu vollziehen: Es sind der 13., 14. und der 15. Es wird auch behauptet, es seien der 12., der 13. und der 15. Tag des Monates. Richtig und bekannt ist die erste (*Äußerung*).

Hadith 1258 Abu Huraira(r) berichtete: Mein liebster Freund(s) empfahl mir drei Dinge: Drei Tage in jedem Monat (*freiwillig*) zu fasten, zwei (*freiwillige*) *D*uha-Rak'as (*vormittags*) zu verrichten, und das **Witr**-Gebet zu verrichten, bevor ich schlafen gehe.
(Al-Bukhari und Muslim)

Hadith 1259 Abu-d-Dardā(r) berichtete: Mein Liebster (der Prophet)(s) empfahl mir drei Dinge, die ich niemals unterlassen werde solange ich am Leben bin: Drei Tage in jedem Monat (*freiwillig*) zu fasten, zwei (*freiwillige*) *D*uha-Rak'as (*vormittags*) zu verrichten und nicht zu schlafen, ehe ich das Witr-Gebet verrichtet habe. (Muslim)

١٢٦٠ - وعَنْ عَبْدِ اللهِ بنِ عَمْرِو بـنِ العاصِ ، رَضِيَ اللهُ عنهمـا قال : قـالَ رسولُ اللهِ ﷺ : « صومُ ثلاثةِ أيامٍ مِنْ كلِّ شهرٍ صومُ الدهرِ كلُّه » متفقٌ عليهِ .

١٢٦١ - وَعَنْ مُعَاذَةَ العَدَوِيَّةَ أنَّها سَألَتْ عائشةَ ، رضِيَ اللـهُ عنها : أكانَ رَسُولُ اللهِ ﷺ يصومُ مِنْ كلِّ شهرٍ ثلاثةَ أيامٍ ؟ قالَت : نَعم . فقُلتُ : مِنْ أيِّ الشهرِ كانَ يَصومُ ؟ قَالَت : لَمْ يكُنْ يُبَالِى مِنْ أيِّ الشهرِ يَصومُ . رواهُ مسلمٌ .

١٢٦٢ - وعَنْ أبِى ذَرٍّ ، رَضِيَ اللـهُ عنهُ ، قَالَ : قَـالَ رسولُ اللهِ ﷺ : « إذا صُمْتَ مِنَ الـشَّهْرِ ثَلاثاً ، فَصُمْ ثلاثَ عَشْرَةَ ، وأربعَ عَشْرَةَ ، وخَمْسَ عَشْرَةَ » رواهُ الترمذيُّ وقال : حديثٌ حسنٌ .

١٢٦٣ - وعنْ قتادَةَ بنِ مِلحَانَ ، رَضِيَ اللهُ عنهُ ، قالَ : كانَ رَسُولُ اللهِ ﷺ يأمُرُنا بصِيامِ أيّامِ البِيضِ ، ثلاثَ عَشْرَةَ ، وأربعَ عَشْرَةَ ، وخَمْسَ عَشْرَةَ . رواهُ أبو داودَ .

١٢٦٤ - وعن ابنِ عـبّـاسٍ ، رَضِيَ اللهُ عَنْهُمَا ، قَالَ : كانَ رسولُ اللهِ ﷺ لا يُفْطِرُ أيّامَ البِيضِ فى حضرٍ ولا سَفَرٍ . رواهُ النَّسائى بإسنادٍ حَسَنٍ .

Hadith 1260 'Abdullāh Ibn 'Amr Ibn-ul-'Ās(r) berichtete: Der Gesandte Allāhs(s) hat gesagt: „Das *(freiwillige)* Fasten drei Tage monatlich ist ein dauerhaftes Fasten."
(Al-Bukhari und Muslim)

Hadith 1261 Mu'āda Al 'Adawiya(r) berichtete: Ich fragte 'Āischa(r): „Hat der Gesandte Allāhs(s) drei Tage in jedem Monat gefastet?" Sie(r) antwortete: „Ja!" Ich fragte sie: „In welchem *(Teil)* des Monates hat er gefastet?" Sie sagte: „Er hat sich nicht festgelegt, in welchem *(Teil)* des Monates er fastet."
(Muslim)

Hadith 1262 Abu *D*arr(r) berichtete: Der Gesandte Allāhs(s) hat gesagt: „Wenn du drei Tage in einem Monat *(freiwillig)* fastest, dann faste den 13., den 14. und den 15. Tag."
(At-Tirmi*d*i, mit dem Vermerk: Ein guter Hadith)

Hadith 1263 Qatāda Ibn Mil*h*ān(r) berichtete: Der Gesandte Allāhs(s) pflegte uns ans Herz zu legen, die weißen (hellen) Tage in jedem Monat zu fasten, den 13., den 14. und den 15. Tag.
(Abu Dawūd)

Hadith 1264 Ibn 'Abbās(r) berichtete: Der Gesandte Allāhs (s) hat während der weißen Tage nie das Fasten gebrochen, weder zu Hause noch auf Reisen.
(An-Nassā i, mit einer guten Überlieferungskette)

٢٣١ ــ باب فضل من فطر صائماً
وفضل الصائم الذى يؤكل عنده
ودعاء الآكل للمأكول عنده

١٢٦٥ ــ عن زيدِ بنِ خالدٍ الجُهَنِىِّ ، رَضِىَ اللهُ عَنْهُ ، عَنِ النبىِّ ﷺ قالَ : «مَنْ فَطَّرَ صَائِماً، كانَ لهُ مِثلُ أجرِهِ ، غَيرَ أنَّهُ لا يَنْقُصُ مِنْ أجرِ الصَّائِمِ شىءٌ » رواهُ الترمذىُّ وقالَ : حديثٌ حسنٌ صحيحٌ .

١٢٦٦ ــ وعَنْ أُمِّ عُمَارةَ الأنصاريَّةِ ، رَضِىَ اللـهُ عنهـا ،أنَّ النبىَّ ﷺ دَخَلَ عَلَيْهَا، فَقَدَّمَتْ إلَيْهِ طَعَاماً ، فَقَالَ : « كُلِى » فَقَالَتْ : إنِّى صَائِمَةٌ ، فقالَ رسـولُ الله ﷺ : «إنَّ الصَّائِمَ تُصَلِّى عَلَيْهِ المَلائِكَةُ إذا أُكِلَ عِنْدَهُ حَتَّى يَفْرُغُوا » وربَّما قالَ : « حَتَّى يَشْبَعُوا » رواهُ الترمذىُّ وقالَ : حديثٌ حسنٌ .

١٢٦٧ ــ وعَنْ أنسٍ ، رَضِىَ اللهُ عنهُ ، أنَّ النبىَّ ﷺ جاءَ إلى سَعْدِ بنِ عُبَادةَ ، رَضِىَ اللهُ عنـهُ ، فَجاءَ بِخُبْزٍ وزَيْتٍ ، فَأكَلَ ، ثُمَّ قـالَ الـنبىُّ ﷺ : « أفْطَرَ عِنْدَكُمُ الصَّائمونَ ، وَأكَلَ طَعَامَكُمُ الأبْرَارُ ، وَصَلَّتْ عَلَيْكُمُ المَلائِكَةُ » رواهُ أبو داود بإسنادٍ صحيحٍ .

Kapitel 231
Die Vortrefflichkeit desjenigen, der einen Fastenden mit Essen für das Fastenbrechen versorgt und die Vortrefflichkeit des Fastenden als Gastgeber und die Fürbitte des Gastes für den einladenden Gastgeber

Hadith 1265 Zaid Ibn Khālid Al-Juhaniy(r) berichtete: Der Prophet(s) hat gesagt: „Wer einen Fastenden mit Essen zum Fastenbrechen versorgt, dem wird der gleiche Lohn des Fastenden berechnet, ohne jegliche Minderung des Lohnes für den Fastenden."
(At-Tirmidi, mit dem Vermerk: Ein guter bis starker Hadith)

Hadith 1266 Umm 'Umāra Al-Ansariya(r) berichtete, dass der Prophet(s) sie besuchte, da bot sie ihm Essen an. Er sagte zu ihr: „Iss mit!" Sie erwiderte: „Ich faste." Da sagte er(s): „Die Engel beten für den Fastenden, solange man bei ihm isst, bis man mit dem Essen fertig ist." Sie berichtete, er(s) habe vielleicht gesagt: «bis man satt ist.»
(At-Tirmidi, mit dem Vermerk: Ein guter Hadith)

Hadith 1267 Anas(r) berichtete: Der Prophet(s) besuchte Sa'd Ibn 'Ubāda(r), da bot dieser ihm Brot und Olivenöl an. Nachdem der Prophet(s) gegessen hatte, bat er: „Mögen die Fastenden bei euch ihr Fasten brechen und mögen die Rechtschaffenden eure Speisen verzehren und mögen die Engel für euch beten!"
(Abu Dawūd, mit einer guten Überlieferungskette)

كتاب الاعتكاف

٢٣٢ – باب فضل الاعتكاف

١٢٦٨ – عن ابنِ عُمَرَ، رضِيَ اللهُ عَنْهُمَا، قَالَ: كَانَ رسولُ اللهِ ﷺ يَعْتَكِفُ العَشْرَ الأوَاخِرَ مِنْ رَمَضَانَ. مُتفقٌ عليه.

١٢٦٩ – وعنْ عائِشةَ، رضِيَ اللهُ عَنها، أنَّ النبيَّ ﷺ كَانَ يَعْتَكِفُ العَشْرَ الأوَاخِرَ مِنْ رَمَضَانَ، حَتَّى تَوَفَّاهُ اللهُ تعالى، ثُمَّ اعْتَكَفَ أزْوَاجُهُ مِنْ بَعْدِهِ. متفقٌ عَلَيهِ.

١٢٧٠ – وعَنْ أبي هُريرةَ، رَضِيَ اللهُ عَنْهُ، قَالَ: كَانَ النبيُّ ﷺ يَعْتَكِفُ فِي كُلِّ رَمَضَانَ عَشْرَةَ أيَّامٍ، فَلَمَّا كَانَ العَامُ الَّذِي قُبِضَ فِيهِ اعْتَكَفَ عِشْرِينَ يَوْمًا. رواه البخاري.

Buch VII:
I'tikāf (Zurückziehen in die Moschee zum Gottesdienst)

Kapitel 232
Der Vorrang des I'tikāf

Hadith 1268 Ibn 'Umar(r) berichtete: Der Gesandte Allāhs(s) pflegte in den letzten zehn Tagen des (*Monates*) Ramadān, sich (*in der Moschee*) zurückzuziehen *und sich eifrig mit dem Gebet zu beschäftigen.*
(Al-Bukhari und Muslim)

Hadith 1269 'Āischa(r) berichtete: Der Prophet(s) pflegte in den letzten zehn Tagen des (*Monates*) Ramadān, sich (*in der Moschee*) zurückzuziehen, bis Allāh, Erhaben sei Er, ihn sterben ließ. Danach pflegten sich auch seine Witwen zurückzuziehen.
(Al-Bukhari und Muslim)

Hadith 1270 Abu Huraira(r) berichtete: Der Prophet(s) pflegte, sich in jedem Ramadān zehn Tage zurückzuziehen, jedoch im Ramadān des Jahres, in welchem er starb, zog er sich (*in der Moschee*) zwanzig Tage zurück.
(Al-Bukhari)

كتاب الحج

٢٣٣ – باب وجوب الحج وفضله

قَالَ اللهُ تَعَالَى : ﴿ وَلِلَّهِ عَلَى النَّاسِ حِجُّ الْبَيْتِ مَنِ اسْتَطَاعَ إِلَيْهِ سَبِيلاً وَمَنْ كَفَرَ فَإِنَّ اللَّهَ غَنِيٌّ عَنِ الْعَالَمِينَ ﴾ (آل عمران : ٩٧).

١٢٧١ – وَعَنِ ابْنِ عُمَرَ ، رَضِيَ اللهُ عَنْهُمَا ، أَنَّ رَسُولَ اللهِ ﷺ ، قَالَ: « بُنِيَ الإِسْلامُ عَلَى خَمْسٍ : شَهَادَةِ أَنْ لا إِلَهَ إِلا اللهُ وَأَنَّ مُحَمَّداً رسولُ الله ، وإِقَامِ الصَّلاة ، وإِيتَاءِ الزَّكَاةِ ، وَحَجِّ البَيْتِ ، وَصَوْمِ رَمَضَانَ » متفقٌ عليه .

١٢٧٢ – وَعَنْ أَبِي هُرَيْرَةَ ، رَضِيَ اللهُ عنه ، قَالَ : خَطَبَنَا رسولُ اللهِ ﷺ فَقَالَ: « يَأَيُّهَا النَّاسُ قَدْ فَـرَضَ اللهُ عَلَيْكُمُ الحَجَّ فَحُجُّوا » فَقَالَ رَجُلٌ : أكُلَّ عَامٍ يا رسولَ اللهِ ؟ فَسَكَتَ ، حَتَّى قَالَهَا ثلاثاً ، فَقَالَ رَسُولُ اللهِ ﷺ : « لَوْ قُلْتُ نَعَمْ لَوَجَبَتْ ، وَلَما اسْتَطَعْتُمْ » ثُمَّ قَالَ : « ذَرُونِي مَا تَرَكْتُكُمْ فَإِنَّما هَلَكَ مَنْ كَانَ قَبْلَكُمْ بِكَثْرَةِ سُؤَالِهِمْ ، وَاخْتِلافِهِمْ عَلَى أنبيائهم ، فـإذا أمـرتكم بِشَيءٍ فَأْتُوا مِنْهُ مَا استَطَعْتُمْ ، وَإِذا نَهَيْتُكُم عَنْ شَيءٍ فَدَعُوهُ » رواه مسلمٌ .

١٢٧٣ – وَعَنْهُ قَالَ : سُئِلَ النَّبِيُّ ﷺ : أَيُّ العَمَلِ أَفْـضَـلُ ؟ قـال : « إيمَانٌ بِاللَّهِ

Buch VIII:
Buch der großen Wallfahrt (Al-Hadsch)
Kapitel 233
Die Pflicht der Wallfahrt und deren Vorrang

Allāh - erhaben ist Er - spricht: "Und die Wallfahrt zu diesem Haus[67] ist den Menschen eine Pflicht vor Allāh, sofern es ihnen möglich ist. Wer aber Ihm dies verweigert, so ist Allāh auf die Welten nicht angewiesen."
Sura 3:97

Hadith 1271 Ibn 'Umar(r) berichtete: Der Gesandte Allāhs hat gesagt: "Der Islām basiert auf fünf (Grundeckpfeilern): Dem Glaubensbekenntnis -«Es gibt keinen Gott außer Allāh, und Muhammad ist der Gesandte Allāhs»-, dem Verrichten des Gebetes, dem Entrichten der Zakāt (gesetzlichen Abgabe), der Wallfahrt zum Hause, und dem Fasten im Ramadan."
(Al-Bukhari und Muslim)

Hadith 1272 Abu Huraira(r) berichtete: Der Gesandte Allāhs(s) hielt uns eine Predigt, in der er sagte: "Ihr Menschen! Die Hadsch (Wallfahrt) wurde euch vorgeschrieben, also vollzieht sie!" Ein Mann fragte ihn: "O Gesandter Allāhs! In jedem Jahr?" Der Prophet(s) schwieg, bis der Mann dies dreimal fragte, dann sprach er(s): "Wenn ich "ja" gesagt hätte, wäre auch dies euch auferlegt, und diese (Pflicht) hätte man nicht (jährlich) erfüllen können." Dann fuhr er fort: "Bedrängt mich nicht (mit solchen Fragen), solange ich euch (in Ruhe) lasse, denn die (Völker) vor euch gingen zu Grunde wegen ihrer vielen Fragen. Also wenn ich etwas anordne, so sollt ihr davon erfüllen, was euch möglich ist, und wenn ich euch etwas verbiete, dann unterlasst es auch."
(Muslim)

Hadith 1273 Abu Huraira(r) berichtete: Man fragte den Propheten(s): "Welches ist die beste Tat?" Er erwiderte: "Der Glaube an Allāh und

وَرَسُولِهِ » قِيلَ : ثُمَّ مَاذَا ؟ قَالَ : « الْجِهَادُ فِى سَبِيلِ اللهِ » قِيلَ : ثُمَّ مَاذَا ؟ قَالَ : « حَجٌّ مَبْرُورٌ » مُتَّفَقٌ عَلَيْهِ .

« الْمَبْرُور » : هُوَ الَّذِى لَا يَرْتَكِبُ صَاحِبُهُ فِيهِ مَعْصِيَةً .

١٢٧٤ ـ وَعَنْهُ قَالَ : سَمِعْتُ رَسُولَ اللهِ ﷺ يَقُولُ : « مَنْ حَجَّ ، فَلَمْ يَرْفُثْ ، وَلَمْ يَفْسُقْ ، رَجَعَ كَيَوْمِ وَلَدَتْهُ أُمُّهُ » مُتَّفَقٌ عَلَيْهِ .

١٢٧٥ ـ وَعَنْهُ أَنَّ رَسُولَ اللهِ ﷺ قَالَ : « الْعُمْرَةُ إِلَى الْعُمْرَةِ كَفَّارَةٌ لِمَا بَيْنَهُمَا ، وَالْحَجُّ الْمَبْرُورُ لَيْسَ لَهُ جَزَاءٌ إِلَّا الْجَنَّةُ » مُتَّفَقٌ عَلَيْهِ .

١٢٧٦ ـ وَعَنْ عَائِشَةَ رَضِىَ اللهُ عَنْهَا قَالَتْ : قُلْتُ : يَا رَسُولَ اللهِ ، نَرَى الْجِهَادَ أَفْضَلَ الْعَمَلِ ، أَفَلَا نُجَاهِدُ ؟ فَقَالَ : « لَكِنْ أَفْضَلُ الْجِهَادِ حَجٌّ مَبْرُورٌ » رَوَاهُ الْبُخَارِىُّ .

١٢٧٧ ـ وَعَنْهَا أَنَّ رَسُولَ اللهِ ﷺ قَالَ : « مَا مِنْ يَوْمٍ أَكْثَرَ مِنْ أَنْ يَعْتِقَ اللهُ فِيهِ عَبْدًا مِنَ النَّارِ مِنْ يَوْمِ عَرَفَةَ » رَوَاهُ مُسْلِمٌ .

١٢٧٨ ـ وَعَنِ ابْنِ عَبَّاسٍ ، رَضِىَ اللهُ عَنْهُمَا ، أَنَّ النَّبِىَّ ﷺ قَالَ : « عُمْرَةٌ فِى رَمَضَانَ تَعْدِلُ حَجَّةً ـ أَوْ حَجَّةً مَعِى » مُتَّفَقٌ عَلَيْهِ .

Seinen Gesandten." Man fragte weiter: "Und was ist die zweitbeste Tat?" Er sagte: "Der Einsatz für die Sache Allāhs." Man fragte: "Und was kommt danach?" Er sagte: "Die pflichtgemäß verrichtete Wallfahrt (nach Mekka)."
(Al-Bukhari und Muslim)

Hadith 1274 Abu Huraira(r) berichtete: Ich hörte den Gesandten Allāhs(s) sagen: "Wer die Hadsch *vollzieht und (währenddessen)* nichts Anstößiges redet und tut, der kehrt wie neugeboren *(nach Hause)* zurück."
(Al-Bukhari und Muslim)

Hadith 1275 Abu Huraira(r) berichtete: Der Gesandte Allāhs(s) hat gesagt: "Die 'Umra (kleine Wallfahrt) ist eine Sühne für die Vergehen, die zwischen ihr und der vorangegangenen 'Umra begangenen wurden. Und der Lohn für die vollständig und vorschriftsgemäß vollzogene Hadsch (große Wallfahrt) ist nichts Geringeres als *(der Einzug ins)* Paradies."
(Al-Bukhari und Muslim)

Hadith 1276 'Āischa(r) berichtete: Ich sagte zum Gesandten Allāhs(s): "O Gesandter Allāhs, wir dachten, der Einsatz für die Sache Allāhs wäre das beste aller Taten! Sollen wir nicht in diesem Sinne unser Möglichstes tun?" Er erwiderte: "Der beste Einsatz für die Sache Allāhs ist die vorschriftgemäß und vollständig vollzogene Wallfahrt."
(Al-Bukhari)

Hadith 1277 'Āischa(r) berichtete: Der Gesandte Allāhs(s) hat gesagt:"Es gibt keinen Tag, an dem Allāh so viele Seiner Diener von der Hölle befreit, wie am Tag von 'Arafa."
(Muslim)

Hadith 1278 Ibn 'Abbās(r) berichtete: Der Prophet(s) hat gesagt: "Eine 'Umra während des (Monates) Ramadan ist gleichbedeutend mit einer Wallfahrt", oder er(s) habe gesagt: "wie eine Wallfahrt mit mir

١٢٧٩ ــ وَعَنْهُ أَنَّ امْرَأَةً قَالَتْ : يَا رَسُولَ اللهِ ، إِنَّ فَرِيضَةَ اللهِ عَلَى عِبَادِهِ فِى الحَجِّ ، أَدْرَكَتْ أَبِى شَيْخاً كَبِيراً ، لَا يَثْبُتُ عَلَى الرَّاحِلَةِ ، أَفَأَحُجُّ عَنْهُ ؟ قَالَ : « نَعَمْ » . متفق عليه .

١٢٨٠ ــ وعن لَقِيطِ بنِ عَامِرٍ ، رَضِيَ اللهُ عنه ، أنّه أَتَى النَّبِيَّ ﷺ فَقَالَ: إِنَّ أَبِى شَيْخٌ كَبِيرٌ لَا يَسْتَطِيعُ الحَجَّ ، وَلَا العُمْرَةَ ، وَلَا الظَّعْنَ ؟ قَالَ : « حُجَّ عَنْ أَبِيكَ واعتَمِرْ » رواه أبو داودَ ، والترمذيُّ وقال : حديثٌ حسنٌ صحيحٌ .

١٢٨١ ــ وعَنِ السَّائِبِ بنِ يَزِيدَ ، رَضِيَ اللهُ عنه : حُجَّ بِى مَعَ رسولِ اللهِ ﷺ ، فى حَجَّةِ الوَدَاعِ ، وأَنَا ابنُ سَبْعِ سِنِينَ . رواه البخاريُّ .

١٢٨٢ ــ وَعَنِ ابنِ عبَّاسٍ ، رَضِيَ اللهُ عَنْهُمَا ، أنّ النَبِيَّ ﷺ لَقِىَ رَكْباً بالرَوْحَاءِ ، فَقَالَ : « مَنِ القَومُ ؟ » قَالُوا : المسلمونَ ، قَالُوا : مَنْ أنتَ ؟ قَالَ : «رسولُ اللهِ » فَرَفَعَتِ امرأَةٌ صَبِيّاً فَقَالَتْ : أَلِهذَا حَجٌ ؟ قَالَ : « نَعَمْ وَلَكِ أجرٌ » رواهُ مُسلِمٌ .

١٢٨٣ ــ وعنْ أنسٍ ، رَضِيَ اللهُ عنه ، أنّ رسولَ اللهِ ﷺ حَجَّ عَلَى رَحْلٍ ، وكَانَتْ زامِلَتَهُ . رواهُ البخاريُّ .

zusammen."
(Al-Bukhari und Muslim)

Hadith 1279 Ibn 'Abbās(r) berichtete: Eine Frau sagte zum Gesandten Allāhs(s): "Allāhs vorgeschriebene Pflicht bezüglich der Wallfahrt wurde angeordnet, als mein Vater schon ein alter Mann war und nicht mehr fest im Sattel sitzen konnte. Kann ich an seiner Stelle die Wallfahrt verrichten?" Er antwortete: "Ja!"[68]
(Al-Bukhari und Muslim)

Hadith 1280 Laqīt Ibn 'Āmir(r) kam zum Propheten(s) und sagte: "Mein Vater ist ein betagter Mann, und er kann weder die Hadsch noch die 'Umra verrichten, und die Strapazen der Reise kann er nicht aushalten." Er(s) antwortete: "Verrichte für ihn die Hadsch und die 'Umra!"
(Abu Dawūd und At-Tirmidi, mit dem Vermerk: Ein guter bis starker Hadith)

Hadith 1281 As-Sā ib Ibn Yazīd(r) berichtete: "Man nahm mich mit zur Pilgerfahrt mit dem Gesandten Allāhs(s) bei seiner Abschiedspilgerfahrt. Damals war ich sieben Jahre alt."
(Al-Bukhari)

Hadith 1282 Ibn 'Abbās(r) berichtete: Der Prophet(s) begegnete einem Reiterzug in Rauhā, da fragte er: "Was für Leute seid ihr?" Sie erwiderten: "Die Muslime! Wer bist du?" Er(s) sagte: "Der Gesandte Allāhs!" Daraufhin hob eine Frau (von ihnen) einen Jungen hoch und fragte: "Zählt die Pilgerfahrt für diesen auch?" Er entgegnete: "Ja, und du bekommst auch dafür einen Lohn."
(Muslim)

Hadith 1283 Anas(r) berichtete: Der Gesandte Allāhs(s) vollzog die Hadsch auf einem Reittier, welches gleichzeitig mit seinem Proviant beladen war.[69] (Al-Bukhari)

١٢٨٤ - وَعَنِ ابْنِ عَبَّاسٍ ، رَضِيَ اللهُ عَنْهُمَا ، قَالَ : كَانَتْ عُكَاظُ وَمِجَنَّةُ، وَذُو المَجَازِ أَسْوَاقاً فِى الجَاهِلِيَّةِ ، فَتَأَثَّمُوا أَنْ يَتَّجِرُوا فِى المواسمِ ، فَنَزَلَتْ : ﴿ لَيْسَ عَلَيْكُمْ جُنَاحٌ أَنْ تَبْتَغُوا فَضْلاً مِن رَبِّكُمْ ﴾ (البقرة:١٩٨) فِى مَواسِمِ الحجِّ . رواهُ البخارى .

Hadith 1284 Ibn 'Abbās(r) berichtete: "'Ukāz, Mijanna und *D*ul-Majāz[70] waren Handelsmärkte vor dem Islam (in der Jāhiliya). Nach dem Islam fürchtete man, sich schuldig zu machen durch Handelsgeschäfte während der Pilgerzeiten, deshalb wurde offenbart: "Es ist keine Sünde, dass ihr Gewinn von eurem Herrn begehrt..." Sura 2:198
(Al-Bukhari)

كتاب الجهاد
٢٣٤ ــ باب فضل الجهاد

قَالَ اللَّهُ تَعَالَى : ﴿ وَقَاتِلُوا الْمُشْرِكِينَ كَافَّةً كَمَا يُقَاتِلُونَكُمْ كَافَّةً وَاعْلَمُوا أَنَّ اللَّهَ مَعَ الْمُتَّقِينَ ﴾ (التوبة: ٣٦) ، وقَالَ تَعَالَى : ﴿ كُتِبَ عَلَيْكُمُ الْقِتَالُ وَهُوَ كُرْهٌ لَكُمْ وَعَسَى أَن تَكْرَهُوا شَيْئًا وَهُوَ خَيْرٌ لَكُمْ وَعَسَى أَن تُحِبُّوا شَيْئًا وَهُوَ شَرٌّ لَكُمْ وَاللَّهُ يَعْلَمُ وَأَنتُمْ لَا تَعْلَمُونَ ﴾ (البقرة: ٢١٦) ،وقَالَ تَعَالَى : ﴿ انفِرُوا خِفَافًا وَثِقَالًا وَجَاهِدُوا بِأَمْوَالِكُمْ وَأَنفُسِكُمْ فِي سَبِيلِ اللَّهِ ﴾ (التوبة: ٤١) ، وقَالَ تَعَالَى : ﴿ إِنَّ اللَّهَ اشْتَرَى مِنَ الْمُؤْمِنِينَ أَنفُسَهُمْ وَأَمْوَالَهُم بِأَنَّ لَهُمُ الْجَنَّةَ يُقَاتِلُونَ فِي سَبِيلِ اللَّهِ فَيَقْتُلُونَ وَيُقْتَلُونَ وَعْدًا عَلَيْهِ حَقًّا فِي التَّوْرَاةِ وَالْإِنجِيلِ وَالْقُرْآنِ وَمَنْ أَوْفَى بِعَهْدِهِ مِنَ اللَّهِ فَاسْتَبْشِرُوا بِبَيْعِكُمُ الَّذِي بَايَعْتُم بِهِ وَذَلِكَ هُوَ الْفَوْزُ الْعَظِيمُ ﴾(التوبة: ١١١)، وقَالَ اللَّهُ تَعَالَى : ﴿ لَا يَسْتَوِي الْقَاعِدُونَ مِنَ الْمُؤْمِنِينَ غَيْرُ أُولِي الضَّرَرِ وَالْمُجَاهِدُونَ فِي سَبِيلِ اللَّهِ بِأَمْوَالِهِمْ وَأَنفُسِهِمْ فَضَّلَ اللَّهُ الْمُجَاهِدِينَ بِأَمْوَالِهِمْ وَأَنفُسِهِمْ عَلَى الْقَاعِدِينَ دَرَجَةً وَكُلًّا وَعَدَ اللَّهُ الْحُسْنَى وَفَضَّلَ اللَّهُ الْمُجَاهِدِينَ عَلَى الْقَاعِدِينَ أَجْرًا عَظِيمًا . دَرَجَاتٍ مِنْهُ وَمَغْفِرَةً وَرَحْمَةً وَكَانَ اللَّهُ غَفُورًا رَحِيمًا ﴾ (النساء: ٩٥،٩٦) ، وقال تعالى : ﴿ يَأَيُّهَا الَّذِينَ آمَنُوا هَلْ أَدُلُّكُمْ عَلَى تِجَارَةٍ تُنجِيكُم مِّنْ عَذَابٍ أَلِيمٍ . تُؤْمِنُونَ بِاللَّهِ وَرَسُولِهِ وَتُجَاهِدُونَ فِي سَبِيلِ اللَّهِ بِأَمْوَالِكُمْ وَأَنفُسِكُمْ ذَلِكُمْ

Buch IX:
      Buch des Dschihads (des **Einsatzes für die Sache Allāhs**)
Kapitel 234
      Der Vorzug des Dschihads

Allāh, der Erhabene, spricht:
"Und bekämpft die Götzendiener insgesamt, wie sie euch bekämpfen insgesamt, und wisset, dass Allāh mit den Gottesfürchtigen ist."
Sura 9:36
"Vorgeschrieben ist euch der Kampf, doch ist er euch ein Abscheu. Aber vielleicht verabscheut ihr etwas, das gut für euch ist, und vielleicht liebt ihr etwas, das übel für euch ist. Allah weiß, ihr aber wisset nicht."
Sura 2:216
"Zieht aus, leicht und schwer, und streitet mit eurem Gut und Blut für Allāhs Sache..."
Sura 9:41
"Wahrlich, Allāh hat den Gläubigen ihr Leben und ihren Besitz abgekauft und ihnen dafür das Paradies gegeben, (so) kämpfen sie für Allāhs Sache, sie töten und fallen - eine Verheißung, bindend für Ihn, in der Thora und im Evangelium und im Qurān. Und wer hält seine Verheißung getreuer als Allāh? Freut euch also dieses Handels, den ihr abgeschlossen habt; denn dies fürwahr ist die höchste Glückseligkeit."
Sura 9:111
"Nicht gleich sind unter den Gläubigen, die (daheim) Sitzenden - außer den Gebrechlichen - und die, welche für Allāhs Sache ihr Gut und Blut einsetzen. Allāh hat die mit ihrem Gut und Blut Streitenden im Range erhöht über die (daheim) Sitzenden. Allen hat Allah das Gute versprochen; aber den Eiferern hat er vor den (daheim) Sitzenden hohen Lohn verheißen: Rangstufen von Ihm und Vergebung und Barmherzigkeit; denn Allāh ist (allein) allvergebend, barmherzig"
Sura 4:95-96
"O ihr, die ihr glaubt, soll ich euch einen Handel zeigen, der euch vor schmerzlicher Strafe retten wird? Ihr sollt an Allah und an Seinen

خَيْرٌ لَكُمْ إِنْ كُنْتُمْ تَعْلَمُونَ . يَغْفِرْ لَكُمْ ذُنُوبَكُمْ وَيُدْخِلْكُمْ جَنَّاتٍ تَجْرِي مِنْ تَحْتِهَا الْأَنْهَارُ وَمَسَاكِنَ طَيِّبَةً فِي جَنَّاتِ عَدْنٍ ذَلِكَ الْفَوْزُ الْعَظِيمُ . وَأُخْرَى تُحِبُّونَهَا نَصْرٌ مِنَ اللهِ وَفَتْحٌ قَرِيبٌ وَبَشِّرِ الْمُؤْمِنِينَ﴾ (الصف: ١٠: ١٣) والآياتُ في الباب كثيرةٌ مشهورةٌ .

وأما الأحاديثُ في فضلِ الجهادِ فأكثرُ من أن تُحصرَ ، فَمِنْ ذلك :

١٢٨٥ ـ عَنْ أبي هُرَيْرَةَ ، رَضِيَ اللهُ عَنْهُ ، قَالَ : سُئِلَ رسولُ اللهِ ﷺ : أيُّ الأعمالِ أفضلُ ؟ قَالَ : «إيمانٌ باللهِ ورسولهِ» قيلَ : ثمَّ ماذا ؟ قَالَ : «الجهادُ في سبيلِ اللهِ» ، قيلَ : ثمَّ ماذا ؟ قَالَ : «حجٌّ مبرورٌ» متفقٌ عليه .

١٢٨٦ ـ وَعَنِ ابنِ مسعودٍ ، رَضِيَ اللهُ عَنْهُ ، قَالَ : قُلْتُ : يا رسولَ اللهِ ، أيُّ العملِ أحبُّ إلى اللهِ تعالى ؟ قَالَ : «الصلاةُ على وقتِها» قُلْتُ : ثمَّ أيٌّ ؟ قَالَ : «برُّ الوالدينِ» قُلْتُ : ثمَّ أيٌّ ؟ قَالَ : «الجهادُ في سبيلهِ» متفقٌ عليه .

١٢٨٧ ـ وَعَنْ أبي ذرٍّ ، رَضِيَ اللهُ عَنْهُ ، قَالَ : قُلْتُ : يا رسولَ اللهِ ، أيُّ العملِ أفضلُ ؟ قَالَ : «الإيمانُ باللهِ ، والجهادُ في سبيلهِ» متفقٌ عليه .

١٢٨٨ ـ وَعَنْ أنسٍ ، رَضِيَ اللهُ عَنْهُ ، أنَّ رسولَ اللهِ ﷺ قَالَ : «لَغَدْوَةٌ في سبيلِ اللهِ ، أو رَوْحَةٌ ، خيرٌ من الدنيا وما فيها» متفقٌ عليه .

Gesandten glauben und mit eurem Gut und eurem Blut für Allāhs Sache eifern. Das ist besser für euch, wenn ihr es nur wüßtet. Er wird euch eure Sünden verzeihen und euch in Gärten führen, durch die Ströme fließen, und in entzückenden Wohnungen in den Gärten Edens, dies ist die höchste Glückseligkeit. Und noch andere Dinge, die ihr liebt: Hilfe von Allāh und nahen Sieg, so verkünde frohe Botschaft den Gläubigen."
Sura 61:10-13

Diesbezüglich gibt es viele berühmte Verse. Auch Hadithe sind zahlreich; dazu gehören folgende:

Hadith 1285 Abu Huraira(r) berichtete: Man fragte den Gesandten Allāhs(s): "Welches sind die besten Taten?" Er erwiderte: "Der Glaube an Allāh und Seinen Gesandten." Man fragte weiter: "Und was danach?" Er sagte: "Der Einsatz für die Sache Allāhs." Man fragte: "Und was danach?" Er sagte: "Die (von Allāh) gesegnete *H*ajj"
(Al-Bukhari und Muslim)

Hadith 1286 Ibn Mas'ūd(r) berichtete: Ich sagte zum Gesandten Allāhs(s): "O Gesandter Allāhs, welches ist die von Allāh am meisten geliebte Tat?" Er erwiderte: "Das Verrichten des Gebetes zu den festgelegten Zeiten!" Ich fragte: "Und was dann?" Er sagte: "Güte den Eltern gegenüber!" Ich fragte: "Und was folgt dann?" Er erwiderte: "Der Einsatz für die Sache Allāhs!"
(Al-Bukhari und Muslim)

Hadith 1287 Abu *D*arr(r) berichtete: Ich fragte den Gesandten Allāhs(s): "Was ist die beste Tat?" Er sagte: "Der Glaube an Allāh und der Einsatz für Seine Sache!"
(Al-Bukhari und Muslim)

Hadith 1288 Anas(r) berichtete: Der Gesandte Allāhs(s) hat gesagt: "Wahrlich, ein Aufbruch am Morgen oder am Abend für die Sache Allāhs ist besser als diese Welt und was in ihr ist." (Al-Bukhari und Muslim)

١٢٨٩ - وَعَنْ أَبِي سَعِيدٍ الْخُدْرِيِّ، رَضِيَ اللهُ عَنْهُ قَالَ: أتى رَجُلٌ رَسُولَ اللهِ ﷺ، فَقَالَ: أَيُّ النَّاسِ أفْضَلُ؟ قَالَ: « مُؤْمِنٌ يُجَاهِدُ بِنَفْسِهِ وَمَالِهِ فِي سَبِيلِ اللهِ » قَالَ: ثُمَّ مَنْ؟ قَالَ: « مُؤْمِنٌ فِي شِعْبٍ مِنَ الشِّعَابِ يَعْبُدُ اللهَ، وَيَدَعُ النَّاسَ مِنْ شَرِّهِ » متفقٌ عليه.

١٢٩٠ - وَعَنْ سَهْلِ بْنِ سَعْدٍ، رَضِيَ اللهُ عَنْهُ، أَنَّ رَسُولَ اللهِ ﷺ قَالَ: «رِبَاطُ يَوْمٍ فِي سَبِيلِ اللهِ خَيْرٌ مِنَ الدُّنْيَا وَمَا عَلَيْهَا، وَمَوْضِعُ سَوْطِ أَحَدِكُمْ مِنَ الْجَنَّةِ خَيْرٌ مِنَ الدُّنْيَا وَمَا عَلَيْهَا، وَالرَّوْحَةُ يَرُوحُهَا الْعَبْدُ فِي سَبِيلِ اللهِ تَعَالَى، أَوِ الْغَدْوَةُ، خَيْرٌ مِنَ الدُّنْيَا وَمَا عَلَيْهَا » متفقٌ عليه.

١٢٩١ - وَعَنْ سَلْمَانَ، رَضِيَ اللهُ عَنْهُ، قَالَ: سَمِعْتُ رَسُولَ اللهِ ﷺ يَقُولُ: « رِبَاطُ يَوْمٍ وَلَيْلَةٍ خَيْرٌ مِنْ صِيَامِ شَهْرٍ وَقِيَامِهِ، وَإِنْ مَاتَ فِيهِ جَرَى عَلَيْهِ عَمَلُهُ الَّذِي كَانَ يَعْمَلُ، وَأُجْرِيَ عَلَيْهِ رِزْقُهُ، وَأَمِنَ الْفَتَّانَ » رواه مسلم.

١٢٩٢ - وَعَنْ فَضَالَةَ بْنِ عُبَيْدٍ، رَضِيَ اللهُ عَنْهُ، أَنَّ رَسُولَ اللهِ ﷺ قَالَ: «كُلُّ مَيِّتٍ يُخْتَمُ عَلَى عَمَلِهِ إِلَّا الْمُرَابِطَ فِي سَبِيلِ اللهِ؛ فَإِنَّهُ يُنْمَى لَهُ عَمَلُهُ إِلَى يَوْمِ الْقِيَامَةِ وَيُؤْمَنُ مِنْ فِتْنَةِ الْقَبْرِ » رواه أبو داود، والترمذيُّ وقَالَ: حديثٌ حسنٌ صحيحٌ.

Hadith 1289 Abu Sa'īd Al-Khudriy(r) berichtete: Ein Mann kam zum Gesandten Allāhs(s) und fragte ihn: "Welcher ist der beste aller Menschen?" Er sagte: "Ein Gläubiger, der für die Sache Allāhs mit seinem Blut und seinem Gut kämpft." Der Mann fragte: "Und wer folgt als nächster?" Er erwiderte: "Ein Gläubiger, der in einem unbewohnten Bergpfad lebt, um Allāh (*redlich*) zu dienen, und um die Menschen vor seinem Übel zu bewahren."
(Al-Bukhari und Muslim)

Hadith 1290 Sahl Ibn Sa 'd As-Sā 'idiy(r) berichtete: Der Gesandte Allāhs(s) hat gesagt: "Die Überwachung der Grenze (auch) für einen Tag lang auf dem Weg Allāhs ist besser als die Welt und was auf ihr ist, und die kleinste Fläche im Paradies, die die Peitsche eines von euch einnimmt, ist besser als die Welt und was auf ihr ist. Und der Aufbruch des Dieners am Abend oder am Morgen auf dem Weg Allāhs ist besser als die Welt und was auf ihr ist."
(Al-Bukhari und Muslim)

Hadith 1291 Salmān(r) berichtete: Ich hörte den Gesandten Allāhs(s) sagen: "Die Überwachung der Grenze für einen Tag und eine Nacht ist besser als das Fasten und die Gebete (in der Nacht) einen ganzen Monat lang. Stirbt der Diener während seiner Überwachung, so wird sein Werk (auf dem Weg Allāhs) unaufhörlich fortgesetzt (*bis zum Tag der Auferstehung*), sein Unterhalt wird ihm bezahlt, und er wird sicher vor der Versuchung." (Muslim)

Hadith 1292 Fuḍāla Ibn 'Ubaid(r) berichtete: Der Gesandte Allāhs(s) hat gesagt: "Mit dem Tod jedes Menschen wird seine Leistung (auf Erden) beendet und versiegelt, außer dem Grenzenüberwacher auf dem Weg Allāhs: Allāh lässt seine Leistung unaufhörlich bis zum Jüngsten Tag wachsen, und er wird sicher vor der Versuchung im Grabe."[71]
(Abu Dawūd und At-Tirmiḏi, mit dem Vermerk: Ein guter bis starker Hadith)

١٢٩٣ - وعن عثمانَ ، رضيَ اللهُ عنهُ ، قالَ : سمعتُ رسولَ اللهِ ﷺ ، يقولُ : « رِباطُ يومٍ في سبيلِ اللهِ خيرٌ مِنْ ألفِ يومٍ فيما سِواهُ مِنَ المَنازلِ » رواهُ الترمذيُّ وقالَ : حديثٌ حسنٌ صحيحٌ .

١٢٩٤ - وعن أبي هريرةَ ، رضيَ اللهُ عنهُ ، قالَ : قالَ رسولُ اللهِ ﷺ : « تضمَّنَ اللهُ لِمَنْ خرجَ في سبيلِه ، لا يُخرِجُهُ إلا جهادٌ في سبيلي ، وإيمانٌ بي وتصديقٌ بِرُسُلي ؛ فهوَ ضامنٌ عليَّ أنْ أُدخِلَهُ الجنةَ ، أو أرجِعَهُ إلى منزلِه الذي خرجَ منهُ بما نالَ مِنْ أجرٍ ، أو غنيمةٍ ، والذي نفسُ محمدٍ بيدِه ، ما مِنْ كَلْمٍ يُكلَمُ في سبيلِ اللهِ إلا جاءَ يومَ القيامةِ كهيئتِه يومَ كُلِمَ ؛ لونُهُ لونُ دمٍ ، وريحُهُ ريحُ مِسكٍ ، والذي نفسُ محمدٍ بيدِه ، لولا أنْ أشقَّ على المسلمينَ ما قعدتُ خلافَ سريةٍ تغزو في سبيلِ اللهِ أبداً ، ولكنْ لا أجدُ سَعَةً فأحمِلَهُمْ ولا يجدونَ سَعَةً ، ويشُقُّ عليهم أنْ يتخلَّفوا عنّي ، والذي نفسُ محمدٍ بيدِه ، لودِدتُ أني أغزو في سبيلِ اللهِ ، فأُقتَلَ ، ثمَّ أغزو ، فأُقتَلَ ، ثمَّ أغزو ؛ فأُقتَلَ » رواهُ مسلمٌ وروى البخاريُّ بعضَهُ .

« الكَلْمُ » : الجرحُ .

١٢٩٥ - وعنهُ قالَ : قالَ رسولُ اللهِ ﷺ : « ما مِنْ مكلومٍ يُكلَمُ في سبيلِ اللهِ إلا جاءَ يومَ القيامةِ ، وكَلْمُهُ يَدْمى : اللونُ لونُ دمٍ ، والريحُ ريحُ مِسكٍ » متفقٌ عليه .

١٢٩٦ - وعن معاذٍ رضيَ اللهُ عنهُ ، عنِ النبيِّ ﷺ ، قالَ : « مَنْ قاتَلَ في سبيلِ اللهِ

Hadith 1293 'Uthmān(r) berichtete: Ich hörte den Gesandten Allāhs(s) sagen: "Die Grenzenüberwachung für einen Tag auf dem Weg Allāhs ist besser als tausend Tage *(Dienst)* an anderen Orten."
(At-Tirmidi, mit dem Vermerk: Ein guter bis starker Hadith)

Hadith 1294 Abu Huraira(r) berichtete: Der Gesandte Allāhs(s) hat gesagt: "Allāh gewährt demjenigen, der für Seine Sache in den Krieg zieht, und der an Ihn und an Seine Gesandten glaubt, dem gewährt Allāh, dass er ins Paradies kommt *(falls er fällt)*, oder dass er heimkehrt mit der ihm vorbestimmten Belohnung oder Beute. Bei Dem, in Dessen Hand mein Leben ist! Wer verletzt wird, während er für die Sache Allāhs eintritt, dessen Aussehen am Tag der Auferstehung wird sein wie sein Aussehen am Tage seiner Verletzung: seine Farbe ist die Farbe des Blutes, und sein Geruch ist der Duft des Moschus. Bei Dem, in Dessen Hand mein Leben ist! Wenn es nicht den Muslimen *(die nicht in den Kampf mitziehen können)* schwer wäre, würde ich niemals einer Truppe, die auf dem Weg Allāhs kämpft fehlen *(daheimbleiben)*, aber ich finde keine Möglichkeit *(Reittiere)*, um sie zu tragen, und solche haben sie selber nicht, und es fällt ihnen schwer, zurückzubleiben während ich kämpfe. Bei Dem, in Dessen Hand das Leben Muhammads ist, ich wünschte, ich könnte in den Kampf für die Sache Allāhs ziehen, um getötet zu werden, dann nochmal in den Kampf ziehen, um getötet zu werden und wieder in den Kampf ziehen, um getötet zu werden."
(Überliefert von Muslim und zum Teil von Al-Bukhari)

Hadith 1295 Abu Huraira(r) berichtete: Der Gesandte Allāhs(s) hat gesagt: "Es gibt keinen Verletzten, der während des Kampfes für die Sache Allāhs verletzt wird, der nicht am Tage der Auferstehung *(vor Allāh)* eintritt, wobei seine Verletzung die Farbe des Blutes und den Duft des Moschus haben wird."
(Al-Bukhari und Muslim)

Hadith 1296 Mu'ād(r) berichtete: Der Prophet(s) hat gesagt: "Jeder

مِنْ رَجُلٍ مُسْلِمٍ فُوَاقَ نَاقَةٍ وَجَبَتْ لَهُ الجَنَّةُ ، وَمَنْ جُرِحَ جُرْحاً فى سَبِيلِ اللهِ أَوْ نُكِبَ نَكْبَةً ؛ فَإِنَّهَا تَجِىءُ يَوْمَ القِيَامَةِ كَأَغْزَرِ مَا كَانَتْ : لَوْنُهَا الزَّعْفَرَانُ ، وَرِيحُهَا كَالمِسْكِ » .

رَوَاهُ أَبُو دَاوُدَ ، وَالتِّرْمِذِىُّ وَقَالَ : حَدِيثٌ حَسَنٌ صَحِيحٌ .

١٢٩٧ ـ وَعَنْ أَبِى هُرَيْرَةَ ، رَضِيَ اللهُ عَنْهُ ، قَالَ : مَرَّ رَجُلٌ مِنْ أَصْحَابِ رَسُولِ اللهِ ﷺ بِشِعْبٍ فِيهِ عُيَيْنَةٌ مِنْ مَاءٍ عَذْبَةٍ ، فَأَعْجَبَتْهُ ، فَقَالَ : لَوِ اعْتَزَلْتُ النَّاسَ فَأَقَمْتُ فِى هَذَا الشِّعْبِ ، وَلَنْ أَفْعَلَ حَتَّى أَسْتَأْذِنَ رَسُولَ اللهِ ﷺ ، فَذَكَرَ ذَلِكَ لِرَسُولِ اللهِ ﷺ ، فَقَالَ : « لَا تَفْعَلْ ، فَإِنَّ مُقَامَ أَحَدِكُمْ فِى سَبِيلِ اللهِ أَفْضَلُ مِنْ صَلَاتِهِ فِى بَيْتِهِ سَبْعِينَ عَاماً ، أَلَا تُحِبُّونَ أَنْ يَغْفِرَ اللهُ لَكُمْ وَيُدْخِلَكُمُ الجَنَّةَ ؟ اغْزُوا فِى سَبِيلِ اللهِ ، مَنْ قَاتَلَ فِى سَبِيلِ اللهِ فُوَاقَ نَاقَةٍ وَجَبَتْ لَهُ الجَنَّةُ » رَوَاهُ التِّرْمِذِىُّ وَقَالَ : حَدِيثٌ حَسَنٌ .

و « الفُوَاقُ » : مَا بَيْنَ الحَلْبَتَيْنِ .

١٢٩٨ ـ وَعَنْهُ قَالَ : قِيلَ : يَا رَسُولَ اللهِ ، مَا يَعْدِلُ الجِهَادَ فِى سَبِيلِ اللهِ ؟ قَالَ : « لَا تَسْتَطِيعُونَهُ » فَأَعَادُوا عَلَيْهِ مَرَّتَيْنِ أَوْ ثَلَاثاً كُلُّ ذَلِكَ يَقُولُ : « لَا تَسْتَطِيعُونَهُ ! » ثُمَّ قَالَ : « مَثَلُ المُجَاهِدِ فِى سَبِيلِ اللهِ كَمَثَلِ الصَّائِمِ القَائِمِ القَانِتِ بِآيَاتِ اللهِ لَا يَفْتُرُ مِنْ صِيَامٍ ، وَلَا صَلَاةٍ ، حَتَّى يَرْجِعَ المُجَاهِدُ فِى سَبِيلِ اللهِ » مُتَّفَقٌ عَلَيْهِ . وَهَذَا لَفْظُ مُسْلِمٍ .

Muslim, der für die Sache Allāhs (*allein aus Glauben und tiefer Überzeugung*) kämpft, auch wenn sein Kampf nur einen Moment[72] dauert, dem ist das Paradies sicher. Und wer auf dem Weg Allāhs verletzt, oder von einem Unglück heimgesucht wird, dessen Wunde wird am Tag der Auferstehung deutlich und frisch, wie sie auf Erden war, erscheinen, mit der Farbe des Safrans, und dem Duft des Moschus."
(Abu Dawūd und At-Tirmiḏi, mit dem Vermerk: Ein guter bis starker Hadith)

Hadith 1297 Abu Huraira(r) berichtete: Ein Gefährte des Gesandten Allāhs(s) ging an einem Bergpfad vorüber, in welchem sich eine Süßwasserquelle befand. Die Quelle gefiel ihm so sehr, dass er bei sich dachte: "Ich wünschte, ich könnte mich von den Menschen zurückziehen, um auf diesem Bergpfad zu leben. Doch dies werde ich nie tun, bevor ich den Gesandten Allāhs(s) um Erlaubnis gebeten habe." Als er dem Gesandten Allāhs(s) dies erwähnte, sagte dieser zu ihm: "Tu es nicht, denn die Dienstbereitschaft (*Wache*) eines von euch auf dem Weg Allāhs ist besser (*für ihn*), als wenn er in seinem Haus (*allein*) siebzig Jahre betet. Wollt ihr denn nicht, dass Allāh euch verzeiht und ins Paradies führt?" Also, dann zieht in den Kampf für die Sache Allāhs! Wer auf dem Weg Allāhs für einen Moment kämpft, dem ist das Paradies sicher."
(At-Tirmiḏi, mit dem Vermerk: Ein guter Hadith)

Hadith 1298 Abu Huraira(r) berichtete: Der Gesandte Allāhs(s) wurde gefragt: "O Gesandter Allahs! Welche Tat kommt dem Einsatz für die Sache Allāhs (*hinsichtlich des Lohnes Allāhs*) gleich?" Er erwiderte: "Das kann keiner von euch verrichten!" Man wiederholte diese Frage zwei- oder dreimal, dann fügte er hinzu: "Das Gleichnis des Glaubenskämpfers auf dem Weg Allāhs ist wie das Gleichnis eines Fastenden, der gleichzeitig ununterbrochen am Tag und in der Nacht betet, ohne Ermüdung durch Fasten und Beten, und sein Fasten erst nach Heimkehr des Glaubenskämpfers bricht!"
(Al-Bukhari und Muslim; Wortlaut von Muslim)

وفى رواية البخارى : أنَّ رجلاً قال : يا رسولَ اللهِ دُلَّنى على عملٍ يَعدلُ الجهادَ . قالَ : « لا أجدُه » ثمَّ قال : « هَلْ تَستطيعُ إذا خرجَ المجاهدُ أن تدخلَ مسجدَكَ فتقومَ ولا تفترَ ، وتصومَ ولا تفطرَ ؟ » فقالَ : ومن يَستطيعُ ذلك ؟ ! .

١٢٩٩ ـ وعنهُ أنَّ رسولَ اللهِ ﷺ قال : « من خيرِ معاشِ النَّاسِ لهُم رجلٌ ممسكٌ بعنانِ فرسِه فى سبيلِ اللهِ ، يطيرُ على متنِه كلَّما سمعَ هيعةً ، أو فزعةً طارَ عليه ، يبتغى القتلَ والموتَ مظانَّهُ أو رجلٌ فى غنيمةٍ فى رأسِ شعفةٍ من هذه الشِّعفِ أو بطنِ وادٍ من هذه الأوديةِ يُقيمُ الصَّلاةَ ، ويؤتى الزَّكاةَ ، ويعبدُ ربَّهُ حتَّى يأتيهُ اليقينُ ليسَ من النَّاسِ إلا فى خيرٍ » رواه مسلم .

١٣٠٠ ـ وعنهُ ، أنَّ رسولَ اللهِ ﷺ قال : « إنَّ فى الجنَّةِ مائةَ درجةٍ ، أعدَّها اللهُ للمجاهدينَ فى سبيلِ اللهِ ما بينَ الدَّرجتينِ كما بينَ السَّماءِ والأرضِ » رواه البخارى .

١٣٠١ ـ وعن أبى سعيدٍ الخدرىِّ ، رضى اللهُ عنهُ ، أنَّ رسولَ اللهِ ﷺ ، قال : « من رضى باللهِ ربّاً ، وبالإسلامِ ديناً ، وبمحمَّدٍ رسولاً وَجَبَت لهُ الجنَّةُ » فعجبَ لها أبو سعيدٍ ، فقال : أعِدها عَلَىَّ يا رسولَ اللهِ ، فأعادَها عليهِ ، ثمَّ قال : « وأخرى يَرفعُ اللهُ بها العبدَ مائةَ درجةٍ فى الجنَّةِ ، ما بين كلِّ درجتينِ كما بينَ السَّماءِ والأرضِ » قال : وما هى يا رسولَ اللهِ ؟ قال : « الجهادُ فى سبيلِ اللهِ ، الجهادُ فى سبيلِ اللهِ » رواه مسلم .

In der Überlieferung von Al-Bukhari heißt es:
"Ein Mann *(kam zum Gesandten Allāhs(s) und)* sagte: "O Gesandter Allāhs! Nenne mir eine Tat, die dem Einsatz für die Sache Allāhs *(hinsichtlich des Lohnes Allāhs)* gleichkommt!" Er erwiderte: "Ich kenne kein solches Werk!" Dann fügte er dazu: "Oder bist du etwa in der Lage, während der Zeit, in der der Glaubenskämpfer für die Sache Allāhs streitet, in deiner Moschee im Gebet zu verweilen, ohne zu ermüden, und gleichzeitig zu fasten, ohne es zu brechen?" Der Mann sagte: "Wer wäre schon dazu in der Lage?!"

Hadith 1299 Abu Huraira(r) berichtete: Der Gesandte Allāhs(s) hat gesagt: "Das beste Leben eines Menschen ist das eines Glaubenskämpfers, der die Zügel seines Pferdes um Allāhs willen in der Hand *(wachsam in Breitschaft)* hält. Hört er den leisesten Hilferuf oder Schrei, eilt er herbei, mit dem Ziel *(für die Sache Allāhs)* zu töten und zu sterben, oder das Leben eines *(einfachen)* Schäfers, der auf dem Gipfel eines dieser Hügel oder in einem dieser Täler mit seinen Schäfchen zusammen lebt. Er verrichtet das Gebet, zahlt die gesetzliche Zakāt-Abgabe, und dient Allāh redlich bis der Tod zu ihm kommt, ohne mit den Menschen zu schaffen haben, es sei denn Gutes zu tun."
(Muslim)

Hadith 1300 Abu Huraira(r) berichtete: Der Gesandte Allāhs(s) hat gesagt: "Wahrlich, im Paradies gibt es einhundert Rangstufen, die Allāh für die Kämpfer für Seine Sache bestimmt hat. Der Abstand zwischen zwei solchen Stufen entspricht dem zwischen Himmel und Erde."
(Al-Bukhari)

Hadith 1301 Abu Sa'īd Al-Khudriy(r) berichtete: Der Gesandte Allāhs (s) hat gesagt: "Wer aus tiefer Überzeugung an Allāh als einzigen Gott glaubt, den Islam als alleinige Religion annimmt, und Muhammad, als Gesandten Allāhs akzeptiert, dem ist das Paradies sicher." Dies versetzte Abu Sa'īd in Staunen, dass er bat: "O Gesandter Allāhs! Bitte, wiederhole es!" Er(s)

١٣٠٢ - وَعَنْ أَبِي بَكْرِ بْنِ أَبِي مُوسَى الأشْعَرِيّ ، قَالَ : سَمِعْتُ أَبِي ، رَضِيَ اللهُ عَنْهُ ، وَهُوَ بِحَضْرَةِ العَدُوّ ، يقول : قَالَ رَسُولُ اللهِ ﷺ : « إِنَّ أَبْوَابَ الجَنَّةِ تَحْتَ ظِلالِ السُّيُوفِ » فَقَامَ رَجُلٌ رَثُّ الهَيْئَةِ فَقَالَ: يَا أَبَا مُوسَى ، أأَنْتَ سَمِعْتَ رَسُولَ اللهِ ﷺ يقول هذا ؟ قَالَ : نَعَمْ ، فَرَجَعَ إِلَى أَصْحَابِهِ ، فَقَالَ : أَقْرَأُ عَلَيْكُمُ السَّلامَ، ثُمَّ كَسَرَ جَفْنَ سَيْفِهِ فَأَلْقَاهُ ، ثُمَّ مَشَى بِسَيْفِهِ إِلَى العَدُوِّ فَضَرَبَ بِهِ حَتَّى قُتِلَ . رواه مسلم .

١٣٠٣ - وَعَنْ أَبِي عَبْسٍ عَبْدِ الرَّحْمٰنِ بْنِ جَبْرٍ ، رَضِيَ اللهُ عَنْهُ ، قَالَ : قَالَ رَسُولُ اللهِ ﷺ : « مَا اغْبَرَّتْ قَدَمَا عَبْدٍ فِي سَبِيلِ اللهِ فَتَمَسَّهُ النَّارُ » رواهُ البخاري .

١٣٠٤ - وَعَنْ أَبِي هُرَيْرَةَ ، رَضِيَ اللهُ عَنْهُ ، قَالَ : قَالَ رَسُولُ اللهِ ﷺ : « لا يَلِجُ النَّارَ رَجُلٌ بَكَى مِنْ خَشْيَةِ اللهِ حَتَّى يَعُودَ اللَّبَنُ فِي الضَّرْعِ ، وَلاَ يَجْتَمِعُ عَلَى عَبْدٍ غُبَارٌ فِي سَبِيلِ اللهِ وَدُخَانُ جَهَنَّمَ » رواه الترمذيُّ وقَالَ : حديثٌ حسنٌ صحيحٌ .

wiederholte es, dann fügte er hinzu: "Eine andere Sache lässt Allāh den Diener einhundert Rangstufen im Paradies erhöhen, *(der Abstand)* zwischen zwei solchen Stufen entspricht dem zwischen Himmel und Erde." Abu Sa'īd fragte: "Und was ist das, o Gesandter Allāhs?" Er erwiderte: "Der Dschihad um Allāhs Willen! Der Dschihad um Allāhs Willen!"
(Muslim)

Hadith 1302 Abu Bakr Ibn Abi Mūsā Al-Asch'ariy(r) berichtete: Ich hörte meinen Vater(r) bei einer Begegnung mit dem Feind sagen: Der Gesandte Allāhs(s) hat gesagt: "Wahrlich, das Paradies liegt im Schatten der Schwerter." Daraufhin erhob sich ein schäbig gekleideter Mann und sagte: "O Abu Mūsā! Hast du selbst den Gesandten Allāhs(s) dies sagen hören?" Abu Mūsā erwiderte: "Ja." Da kehrte der Mann zu seinen Gefährten zurück und er verabschiedete sich mit "Der Friede Allāhs sei auf euch!", dann zerbrach er die Scheide seines Schwertes und warf sie weg, und ging mit seinem gezückten Schwert auf den Feind zu und schlug und schlug, bis er getötet wurde.
(Muslim)

Hadith 1303 Abu 'Abs 'Abd-ur-Rahmān Ibn Jabr(r) berichtete: Der Gesandte Allāhs(s) hat gesagt: "Nie wird ein Diener Allāhs, dessen Füße für die Sache Allāhs staubig wurden, vom Höllenfeuer berührt."
(Al-Bukhari)

Hadith 1304 Abu Huraira(r) berichtete: Der Gesandte Allāhs(s) hat gesagt: "Ein Mann, dessen Tränen vor Gottesfurcht *(reumütig)* flossen, kommt nicht in die Hölle, es sei denn die schon *(gemolkene)* Milch, könne in die Euter zurückkehren! Ein Diener Allāhs, der durch den Einsatz für die Sache Allāhs den Staub erfuhr, wird nie den Rauch der Hölle erfahren."
(At-Tirmidi, mit dem Vermerk: Ein guter bis starker Hadith)

١٣٠٥ ــ وَعَنِ ابْنِ عَبَّاسٍ ، رَضِيَ الله عَنْهُمَا ، قَالَ : سَمِعْتُ رَسُولَ اللهِ ﷺ يَقُولُ : « عَيْنَانِ لَا تَمَسُّهُمَا النَّارُ : عَيْنٌ بَكَتْ مِنْ خَشْيَةِ اللهِ ، وَعَيْنٌ بَاتَتْ تَحْرُسُ فِى سَبِيلِ اللهِ » رواه الترمذى وقال : حديثٌ حسنٌ .

١٣٠٦ ــ وعن زَيْدِ بنِ خَالِدٍ ، رَضِيَ الله عَنْهُ ، أَنَّ رَسُولَ اللهِ ﷺ قَالَ : «مَنْ جَهَّزَ غَازِياً فِى سَبِيلِ اللهِ فَقَدْ غَزَا ، وَمَنْ خَلَفَ غَازِياً فِى أَهْلِهِ بِخَيْرٍ فَقَدْ غَزَا » متفقٌ عليه .

١٣٠٧ ــ وَعَنْ أَبِى أُمَامَةَ ، رَضِيَ الله عَنْهُ ، قَالَ : قَالَ رَسُولُ اللهِ ﷺ : «أَفْضَلُ الصَّدَقَاتِ ظِلُّ فُسْطَاطٍ فِى سَبِيلِ اللهِ وَمَنِيحَةُ خَادِمٍ فِى سَبِيلِ اللهِ ، أَوْ طَرُوقَةُ فَحْلٍ فِى سَبِيلِ اللهِ » رواه الترمذى وقال : حديثٌ حسنٌ صحيحٌ .

١٣٠٨ ــ وَعَنْ أَنَسٍ ، رَضِيَ الله عَنْهُ ، أَنَّ فَتًى مِنْ أَسْلَمَ قَالَ : يَا رَسُولَ اللهِ إِنِّى أُرِيدُ الغَزْوَ وَلَيْسَ مَعِى مَا أَتَجَهَّزُ بِهِ ، قَالَ : « ائْتِ فُلَاناً ، فَإِنَّهُ قَدْ كَانَ تَجَهَّزَ فَمَرِضَ » فَأَتَاهُ فَقَالَ : إِنَّ رَسُولَ اللهِ ﷺ يُقْرِئُكَ السَّلَامَ وَيقُولُ : أَعْطِنِى الذِى تَجَهَّزْتَ بِهِ ، قَالَ : يَا فُلَانَةُ ، أَعْطِيهِ الذِى كُنْتُ تَجَهَّزْتُ بِهِ ، وَلَا تَحْبِسِى عَنْهُ شَيْئاً ، فَوَاللهِ لَا تَحْبِسِى مِنْهُ شَيْئاً فَيُبَارَكَ لَكِ فِيهِ . رواه مسلمٌ .

١٣٠٩ ــ وَعَنْ أَبِى سَعِيدٍ الخُدْرِىِّ ، رَضِيَ اللهُ عَنْهُ ، أَنَّ رَسُولَ اللهِ ﷺ بَعَثَ إِلَى بَنِى لَحْيَانَ ، فَقَالَ : « لِيَنْبَعِثْ مِنْ كُلِّ رَجُلَيْنِ أَحَدُهُمَا ، وَالأَجْرُ بَيْنَهُمَا » رواه مسلم .

Hadith 1305 Ibn 'Abbās(r) berichtete: Ich hörte den Gesandten Allāhs (s) sagen: "Zwei Augen wird das Höllenfeuer nie berühren: Ein Auge (*eines Reumütigen*), das aus Furcht vor Allāh Tränen vergoss, und ein Auge (eines Glaubenskämpfers), das nachts Wache hielt, auf dem Weg Allāhs."
(At-Tirmidi, mit dem Vermerk: Ein guter Hadith)

Hadith 1306 Zaid Ibn Khalid(r) berichtete: Der Gesandte Allāhs(s) hat gesagt: "Wer einen Glaubenskämpfer für die Sache Allāhs ausgerüstet hat, der hat auch für die Sache Allāhs (*mit ihm gemeinsam*) mitgekämpft, und wer sich redlich um die Familie und die Interessen des Glaubenskämpfer kümmert, der hat auch (*mit ihm gemeinsam*) mitgekämpft."
(Al-Buchari und Muslim)

Hadith 1307 Abu Umāma(r) berichtete: Der Gesandte Allāhs(s) hat gesagt: "Die besten Almosen sind ein Zelt, das den Glaubenskriegern auf dem Wege Allāhs(s) schatten spendet, das Bezahlen des Dieners auf dem Wege Allāhs(s), oder das Bereitstellen eines Kamels auf dem Wege Allāhs(s)."
(At-Tirmidi, mit dem Vermerk: Ein guter bis starker Hadith)

Hadith 1308 Anas(r) berichtete, dass ein junger Mann vom Stamm Aslam fragte: "O Gesandter Allāhs! Ich möchte in den Krieg für die Sache Allāhs ziehen, aber ich habe keine Mittel für die Ausrüstung." Er(s) sagte zu ihm: "Geh zu Soundso, denn er hatte sich für den Krieg ausgerüstet, nun ist er krank geworden." Er kam zu ihm und sagte: "Der Gesandte Allāhs(s) lässt dich grüßen, mit der Bitte, mir deine Ausrüstung zu geben." Da sagte dieser zu seiner Frau: "Gib ihm all das, was ich für meine Ausrüstung vorbereitet hatte, ohne etwas davon zurückzuhalten. Bei Allāh, halte nichts davon zurück, dann wird Allāh dich dafür reichlich segnen."
(Muslim)

Hadith 1309 Abu Sa'īd Al-Khudriy(r) berichtete: Der Gesandte Allāhs(s) sandte einen Melder zum Stamm Lahiān mit der Anordnung: "Von jeweils

وفى رواية له : « لَيَخْرُجْ مِنْ كُلِّ رَجُلَيْنِ رَجُلٌ » ثُمَّ قَالَ لِلْقَاعِدِ : « أَيُّكُمْ خَلَفَ الْخَارِجَ فِى أَهْلِهِ وَمَالِهِ بِخَيْرٍ كَانَ لَهُ مِثْلُ نِصْفِ أَجْرِ الْخَارِجِ » .

١٣١٠ ـ وَعَنِ الْبَرَاءِ رَضِىَ اللهُ عَنْهُ ، قَالَ : أَتَى النَّبِىَّ ﷺ رَجُلٌ مُقَنَّعٌ بِالْحَدِيدِ ، فَقَالَ : يَا رَسُولَ اللهِ أُقَاتِلُ أَوْ أُسْلِمُ ؟ قَالَ : « أَسْلِمْ ، ثُمَّ قَاتِلْ » فَأَسْلَمَ ثُمَّ قَاتَلَ فَقُتِلَ ، فَقَالَ رَسُولُ اللهِ ﷺ : « عَمِلَ قَلِيلاً وَأُجِرَ كَثِيراً » مُتَّفَقٌ عَلَيْهِ . وَهَذَا لَفْظُ الْبُخَارِى .

١٣١١ ـ وَعَنْ أَنَسٍ ، رَضِىَ اللهُ عَنْهُ ، أَنَّ النَّبِىَّ ﷺ قَالَ : « مَا أَحَدٌ يَدْخُلُ الْجَنَّةَ يُحِبُّ أَنْ يَرْجِعَ إِلَى الدُّنْيَا وَلَهُ مَا عَلَى الْأَرْضِ مِنْ شَىْءٍ إِلَّا الشَّهِيدُ ، يَتَمَنَّى أَنْ يَرْجِعَ إِلَى الدُّنْيَا ، فَيُقْتَلَ عَشْرَ مَرَّاتٍ ؛ لِمَا يَرَى مِنَ الْكَرَامَةِ » .

وفى رواية : « لِمَا يَرَى مِنْ فَضْلِ الشَّهَادَةِ » مُتَّفَقٌ عَلَيْهِ .

١٣١٢ ـ عَنْ عَبْدِ اللهِ بْنِ عَمْرِو بْنِ الْعَاصِ ، رَضِىَ اللهُ عَنْهُمَا ، أَنَّ رَسُولَ اللهِ ﷺ قَالَ : « يَغْفِرُ اللهُ لِلشَّهِيدِ كُلَّ ذَنْبٍ إِلَّا الدَّيْنَ » رَوَاهُ مُسْلِمٌ .

وفى رواية له : « الْقَتْلُ فِى سَبِيلِ اللهِ يُكَفِّرُ كُلَّ شَىْءٍ إِلَّا الدَّيْنَ » .

zwei Männern soll einer in den Krieg für die Sache Allāhs ziehen, doch der Lohn Allāhs wird zwischen beiden aufgeteilt."
(Muslim)
Laut einer anderen Version von Muslim heißt es: "Von jeweils zwei Männern soll einer in den Krieg ziehen", dann sagte er: "Derjenige von euch beiden, der daheimbleibt und sich um Familie und Finanzen des Glaubenskämpfers kümmert, erhält die Hälfte von dessen Lohn."

Hadith 1310 Al-Barā(r) berichtete: Ein im Panzereisen vermummter Mann kam zum Propheten(s) und sagte: "O Gesandter Allāhs! Soll ich zuerst kämpfen oder zum Islām übertreten?" Er erwiderte: "Werde Muslim, dann kämpfe!" Er trat zum Islam über, dann zog in den Kampf und er wurde getötet. Daraufhin sagte der Gesandte Allāhs(s) "Er leistete nur wenig, und wurde reichlich belohnt."
(Al-Bukhari und Muslim. mit Wortlaut von Al-Bukhari)

Hadith 1311 Anas(r) berichtete: Der Gesandte Allāhs hat gesagt: "Niemand im Paradies möchte wieder auf die Erde zurückkehren und alles auf ihr haben , mit Ausnahme des Märtyrers, der im Kampf für die Sache Allāhs gefallen ist. Er möchte auf die Erde zurückkehren, um noch zehnmal getötet zu werden, nach all den Ehrenbezeigungen, die ihm im Paradies zuteil wurden." In eineren anderen Version steht: "wegen des hohen Vorranges des Märtyrertums, der ihm (im Paradies) zuteil wurde."
(Al-Bukhari und Muslim)

Hadith 1312 'Abdullāh Ibn 'Amr Ibn-ul-'Ās(r) berichtete: Der Gesandte Allāhs(s) hat gesagt: "Allāh vergibt dem Märtyrer all seine Verfehlungen, mit Ausnahme der Schulden."
(Muslim)
In einer anderen Version von Muslim heißt es: "Der Märtyrertod für die Sache Allāhs ist eine Buße für alle Verfehlungen, mit Ausnahme der Schulden."

١٣١٣ - وعَنْ أبي قَتَادَةَ ، رَضِيَ اللهُ عَنْهُ ، أَنَّ رَسُولَ اللهِ ﷺ قامَ فيهِمْ فَذَكَرَ أَنَّ الجِهادَ في سَبيلِ اللهِ ، والإيمانَ باللهِ ، أفضَلُ الأعمالِ ، فَقامَ رَجُلٌ ، فَقَالَ : يا رَسُولَ اللهِ ، أرَأيْتَ إِنْ قُتِلْتُ في سَبيلِ اللهِ أتُكَفَّرُ عَنِّي خَطَايَايَ ؟ فَقَالَ لَهُ رَسُولُ اللهِ ﷺ : « نَعَمْ إِنْ قُتِلْتَ في سَبيلِ اللهِ وأَنْتَ صَابِرٌ مُحْتَسِبٌ مُقْبِلٌ غَيْرُ مُدْبِرٍ » ثُمَّ قَالَ رَسُولُ اللهِ ﷺ : « كَيْفَ قُلْتَ ؟ » قَالَ : أرَأيْتَ إِنْ قُتِلْتُ في سَبيلِ اللهِ أتُكَفَّرُ عَنِّي خَطَايَايَ ؟ فَقَالَ رَسُولُ اللهِ ﷺ : « نَعَمْ ، وأنْتَ صَابِرٌ مُحْتَسِبٌ ، مُقْبِلٌ غَيْرُ مُدْبِرٍ ، إلا الدَّيْنَ ، فَإِنَّ جِبْريلَ عَلَيْهِ السَّلامُ قَالَ لي ذلكَ » رَواهُ مُسْلِمٌ .

١٣١٤ - وعَنْ جابرٍ ، رَضِيَ اللهُ عَنْهُ ، قَالَ رَجُلٌ : أَيْنَ أَنَا يا رَسُولَ اللهِ إِنْ قُتِلْتُ ؟ قَالَ : « في الجَنَّةِ » فَألقَى تَمَراتٍ كُنَّ في يَدِهِ ، ثُمَّ قاتَلَ حَتَّى قُتِلَ . رواهُ مُسْلِمٌ .

١٣١٥ - وعَنْ أَنَسٍ رَضِيَ اللهُ عَنْهُ ، قَالَ : انْطَلَقَ رَسُولُ اللهِ ﷺ وأصحابُهُ حَتَّى سَبَقُوا المُشْرِكِينَ إلى بَدْرٍ ، وجَاءَ المُشْرِكُونَ ، فقَالَ رَسُولُ اللهِ ﷺ : « لَا يُقْدِمَنَّ أَحَدٌ مِنْكُمْ إلى شَيْءٍ حَتَّى أكُونَ أنا دُونَهُ » فَدَنَا المُشْرِكُونَ ، فقَالَ رَسُولُ اللهِ ﷺ : « قُومُوا إلى جَنَّةٍ عَرْضُهَا السَّمَواتُ والأرْضُ » قَالَ : يَقُولُ عُمَيْرُ بنُ الحُمَامِ الأنصاريُّ رَضِيَ اللهُ عَنْهُ : يا رَسُولَ اللهِ جَنَّةٌ عَرْضُهَا السَّمَواتُ والأرْضُ ؟ قَالَ : « نَعَمْ » قَالَ : بَخٍ بَخٍ ! فقَالَ رَسُولُ اللهِ ﷺ : « ما يَحْمِلُكَ عَلى قَوْلِكَ بَخٍ بَخٍ ؟ » قَالَ : لا واللهِ يا رَسُولَ اللهِ إلا رَجَاءَ أَنْ أكُونَ

Hadith 1313 Abu Qatāda(r) berichtete, dass der Gesandte Allāhs(s) vor den Gefährten (*eine Rede hielt, in der er*) erwähnte, dass der Einsatz für die Sache Allāhs und der Glaube an Allāh die besten aller Werke sind. Daraufhin stand ein Mann auf und fragte ihn: "Meinst du, wenn ich für die Sache Allāhs getötet werden sollte, werden mir meine Sünden vergeben?" Er(s) erwiderte: "Ja, wenn du während des Kampfes getötet wirst, wobei du standhaft, um Allāhs willen und Dessen Lohn, ohne (*dem Feind*) den Rücken zu kehren kämpfst." Dann fragte der Prophet(s): "Wie war deine Frage?" Er sagte: "Meinst du, wenn ich für die Sache Allāhs getötet werden sollte, werden mir meine Sünden vergeben?" Er(s) erwiderte: "Ja, wenn du während des Kampfes getötet wirst, wobei du standhaft, um Allāhs willen und Dessen Lohn, ohne (*dem Feind*) den Rücken zu kehren kämpfst, mit Ausnahme der Schulden; denn Gabriel(s) hat mir das gesagt." (Muslim)

Hadith 1314 Jabir(r) berichtete, dass ein Mann den Propheten(s) fragte: "O Gesandter Allāhs! Wo lande ich, sollte ich (*im Kampf auf dem Weg Allāhs*) fallen?" Er(s) sagte: "Im Paradies!" So warf er die Datteln, die er in seiner Hand hielt weg und kämpfte bis er fiel." (Muslim)

Hadith 1315 Anas(r) berichtete: Der Gesandte Allāhs(s) eilte mit den Gefährten nach Badr[73], da erreichten sie es vor den Götzendienern (*aus Mekka*), dann sagte er: "Keiner von euch darf etwas unternehmen, bevor ich vor ihm stehe!" Als die Götzendiener näher kamen, rief der Gesandte Allāhs(s) auf: "Nun eilt nach einem Paradies, dessen Reichweite die (sieben) Himmel und die Erde ist." Da sagte 'Umair Ibn-ul-*H*umām Al-An*s*āriyu(r): "O Gesandter Allāhs! Ein Paradies, dessen Reichweite die Himmel und die Erde ist?!" Der Gesandte Allāhs(s) sagte: "Ja!" Er erwiderte: "Wie schön! Wie schön!" Der Gesandte Allāhs(s) fragte ihn: "Was veranlasst dich, "Wie schön! Wie schön!" zu sagen?" Er sagte: "O Gesandter Allāhs! Nichts, bei Allāh, außer der Hoffnung zu dessen Bewohnern zu gehören!" Dann holte er einige Datteln aus seiner Tasche[74]

كتاب الجهاد

من أهلها . قال : « فإنك مِنْ أهلها » فأخرجَ تمراتٍ مِنْ قَرَنِهِ، فجعلَ يأكلُ منهُنَّ ، ثم قال لئن أنا حَيِيتُ حتى آكُلَ تَمَراتي هذه إنها لحياةٌ طويلةٌ ! فرمى بما كان معَهُ مِنَ التَّمْرِ ، ثم قاتلَهُم حتى قُتِلَ . رواهُ مسلمٌ .

« القَرَنُ » بفتح القاف والراء : هو جُعْبَةُ النُّشَّابِ .

١٣١٦ ـ وعنه قـال : جاءَ ناسٌ إلى النَّبي ﷺ أن ابعَث مـعَنا رجالاً يُعَلِّمُونا القرآنَ والسُّنَّةَ ، فبعثَ إليهم سبعينَ رجلاً من الأنصار يقالُ لـهُم : القُرَّاءُ ، فيـهم خالي حرامٌ ، يقرؤونَ القرآنَ ، ويتدارَسُونَ بـاللَّيل يتعَلَّمونَ ، وكانوا بالنَّهار يجيئُونَ بالماء ، فيضعُونَهُ في المَسجِد ، ويَحتَطِبُونَ فيَبيعُونَه ، ويَشترُونَ به الطَّعامَ لأهل الصُّفَّةِ ، وللفقـراءِ ، فبعثَهُم النَّبيُّ ﷺ ، فعَرَضُوا لهم فقتلوهُم قَبلَ أن يَبلُغُوا المكانَ ، فقالوا : اللَّهُمَّ بَلِّغ عنَّا نَبِيَّنا أنَّا قد لقِيناكَ فرضينا عنكَ ورَضيتَ عنَّا ، وأتى رجلٌ حَرامـاً خالَ أنسٍ من خَلفِهِ ، فطعنَهُ برمحٍ حتى أنفذَهُ ، فقال حرامٌ : فُزتُ ورَبِّ الكَعبَةِ ، فقالَ رسولُ الله ﷺ : « إنَّ إخوانكم قَد قُتِلُوا وإنَّهم قَالُوا : اللَّهُمَّ بَلِّغ عَنَّا نَبِيَّنا أنَّا قَد لقِيناكَ فَرَضِيناكَ عَنكَ وَرَضيتَ عَنَّا » .

متفقٌ عليه ، وهذا لفظ مسلم .

١٣١٧ ـ وعنه قال : غابَ عَمِّي أنسُ بنُ النَّضرِ رضيَ اللهُ عنهُ عن قِتالِ بَدرٍ، فقال : يا رسولَ الله ، غِبتُ عن أولِ قِتالٍ قاتلتَ المُشركينَ ، لئِن اللهُ أشهَدَني قِتالَ المشركينَ لَيَرَيَنَّ

und begann davon zu essen, dann sagte er: "Sollte ich am Leben bleiben, bis ich diese Datteln aufgegessen habe, dann dauert es sehr lange!" Also warf er seine Datteln weg, und stürzte sich in den Kampf, bis er getötet wurde."
(Muslim)

Hadith 1316 Anas(r) berichtete: Es kamen Leute zum Propheten(s) und baten ihn, einige seiner Gefährten mit ihnen zu schicken, damit sie ihnen den heiligen Qurān und die Sunna unterrichten. Also schickte er(s) mit ihnen (*für diesen Zweck*) siebzig Männer von den Al-Anṣār - es handelte sich um die sogenannten Leser (*bzw. Kenner des Qurāns*), unter ihnen war auch Harām mein Onkel mütterlicherseits. Sie pflegten den Qura̅ ān zu lesen und ihn in der Nacht zu lernen. Am Tage stellten sie Trinkwasser in die Moschee und sammelten Brennholz, dann verkauften sie es, um Essen für die Aṣ-Ṣuffa[75] -Leute und andere Mittellosen zu kaufen-, doch die hinterlistige Gruppe ermordete die siebzig Leser, bevor sie ihr Bestimmungsziel erreicht hatten. Jene (*Märtyrer*) baten vor ihrer Ermordung: "O Allāh! Bitte lass Deinen Propheten wissen, dass wir Dich fanden, und dass wir darüber sehr erfreut sind, und dass Du mit uns zufrieden bist!" Einer der Mörder durchbohrte Harām, den Onkel von Anas, mit seinem Speer von hinten, dabei schrie Harām: "Bei dem Herrn der Ka'ba, ich habe mein Ziel erreicht!" Daraufhin sagte der Gesandte Allāhs(s) (*zu den anwesenden Gefährten*): "Eure Brüder wurden ermordet, und sie sagten dabei: "O Allāh! Bitte lass Deinen Propheten wissen, dass wir Dich fanden, und dass wir darüber sehr erfreut sind, und dass Du mit uns zufrieden bist."
(Al-Bukhari und Muslim. Diese Version ist von Muslim)

Hadith 1317 Anas(r) berichtete: Mein Onkel väterlicherseits, Anas Ibn An-Nadr(r), hatte an der Schlacht von Badr nicht teilnehmen können, da sagte er zum Propheten(s): "O Gesandter Allāhs, ich war abwesend, als du die erste Schlacht gegen die Götzendiener geschlagen hast. Aber wenn Allāh mir die Gelegenheit gibt, gegen die Götzendiener zu kämpfen, so

اللهُ ما أصنَعُ قَلَّمَا كانَ يَوْمُ أَحَدٍ انْكَشَفَ المُسْلِمُونَ ، فقالَ : اللَّهُمَّ إنِّي أعْتذرُ إليْكَ مِمَّا صَنَعَ هَؤلاءِ – يعني أصحابَهُ – وَأبْرَأُ إلَيْكَ مِمَّا صَنَعَ هؤُلاءِ – يعني المشركينَ – ثم تَقَدَّمَ فاستَقبَلهُ سعدُ بنُ مُعَاذٍ فقال : يا سعدَ بنَ مُعاذٍ الجنةَ ورَبِّ النَّضرِ ، إنِّي أجِدُ رِيحَهَا مِنْ دُونِ أُحُدٍ ! قال سعدٌ : فَما استَطعْتُ يا رَسُولَ اللهِ ما صَنَعَ ! قالَ أنسٌ : فوجدناهُ بِبضْعٍ وثمانينَ ضَرْبةً بالسَّيفِ ، أوْ طَعْنَةً برُمْحٍ أوْ رَمْيَةً بسهمٍ ، وَوَجدناهُ قدْ قُتِلَ ومُثِّلَ بهِ المُشرِكونَ ، فَما عرَفَهُ أحدٌ إلا أُختُهُ بِبنَانِهِ ، قال أنسٌ : كُنَّا نُرَى – أوْ نَظُنُّ أنَّ هذهِ الآيةَ نَزَلَتْ فيهِ وفي أشْباهِهِ : ﴿ مِنَ الْمُؤْمِنِينَ رِجَالٌ صَدَقُوا مَا عَاهَدُوا اللَّهَ عَلَيْهِ فَمِنْهُمْ مَنْ قَضَى نَحْبَهُ ﴾ إلى آخرِها (الأحزاب:23) متفقٌ عليه ، وقد سبق في باب المُجَاهَدَةِ .

١٣١٨ – وعنْ سَمُرَةَ رَضِيَ اللهُ عنْهُ قالَ : قالَ رَسولُ اللهِ ﷺ : « رَأيْتُ اللَّيْلَةَ رَجُلَيْنِ أتياني ، فَصَعِدا بي الشَّجرةَ ، فَأدْخَلانِي داراً هيَ أحْسَنُ وأفْضَلُ ، لَمْ أرَ قَطُّ أحْسَنَ مِنها ، قالا : أمَّا هذهِ الدَّارُ فَدَارُ الشُّهَدَاءِ » رواه البخاري وهو بعضٌ من حديثٍ طويلٍ فيه أنواعُ العلمِ . سيأتي في باب تحريم الكذب إنْ شاءَ اللهُ تَعَالى .

١٣١٩ – وعنْ أنسٍ رَضِيَ اللهُ عنْهُ أنَّ أمَّ الرُّبَيِّعِ بنتَ البَرَاءِ وَهيَ أمُّ حَارِثَةَ بنِ سُراقَةَ ، أتتِ النَّبيَّ ﷺ فقالتْ : يا رَسُولَ اللهِ ألا تُحَدِّثُنِي عنْ حَارِثةَ ، وكانَ قُتِلَ يومَ بَدْرٍ ، فإنْ كانَ في الجنَّةِ صبرْتُ ، وإنْ كانَ غَيْرَ ذلكَ اجْتَهَدْتُ عليْهِ في البُكَاءِ ، فقالَ : « يا أمَّ حَارِثةَ

wird Er gewiss sehen, mit welchem Eifer ich für Seine Sache streite!" Am Tag von Uhud, als die Muslime vor ihren Feinden flohen, rief er: "O Allāh! Ich bitte Dich um Vergebung für das, was diese Leute tun!" - Er meinte damit seine fliehenden Gefährten. - "Und ich habe nichts zu tun mit dem, was jene Leute tun!" - Er meinte damit die Götzendiener. - Darauf eilte er den Feinden entgegen. Er traf auf Sa'd Ibn Mu 'ād und sagte: "O Sa'd Ibn Mu'ād! Das Paradies, bei meinem Herrn! Ich rieche seinen Duft vom Uhud her!" Sa'd sagte (*später zum Propheten*): "O Gesandter Allāhs, ich könnte das nicht, was er tat!" Anas(r) berichtete: Wir fanden ihn (*Ibn An-Nadr*) auf dem Schlachtfeld. Sein Körper wies mehr als achtzig Verletzungen auf, die ihm die Schwerter, Lanzen und Pfeile der Feinde beigebracht hatten. Er war tot. Die Götzendiener hatten ihn aufs grausamste verstümmelt. Nur seine Schwester war noch in der Lage, ihn anhand seiner Fingerspitzen zu identifizieren. Wir alle hatten den Eindruck, dass die Āya: "*Unter den Gläubigen gibt es Männer, welche wahr machten, was sie Allāh gelobt hatten. Manche haben ihr Gelübde erfüllt, andere warten noch darauf, ohne aber ihren Vorsatz im geringsten geändert zu haben.*" (Sura 33:23) auf ihn und seinesgleichen herabgesandt wurde.
(Al-Bukhari und Muslim)

Hadith 1318 Samura(r) berichtete: Der Gesandte Allāhs(s) hat gesagt: "Letzte Nacht träumte ich, dass zwei Männer zu mir kamen, mich mitnahmen, und mich mit ihnen auf den Baum klettern ließen. Dann erlaubten sie mir, ein besseres und schöneres Haus zu betreten. Ein schöneres als jenes Haus habe ich noch nie gesehen. Sie sagten zu mir: "Was dieses Haus betrifft, so ist es das Märtyrerhaus...."
Siehe den vollständigen Hadith Nr. 1546

Hadith 1319 Umm Ar-Rubaiyy'i, Tochter des Gefährten Al-Barā und zugleich Mutter von Hāritha Ibn Surāqa(r) kam zum Propheten(s) und sagte: "O Gesandter Allāhs! Würdest du mir bitte von Hāritha berichten!" - "er fiel in der Schlacht von Badr" - "Wenn er im Paradies ist, so werde ich mich mich gedulden, sollte es nicht der Fall sein, so werde ich seinetwegen

إنَّها جنانٌ في الجنَّةِ ، وإنَّ ابنَكَ أصابَ الفردَوسَ الأعلى » رواه البخارى .

١٣٢٠ - وعَنْ جابرِ بنِ عبدِ اللهِ رضيَ اللهُ عنهُما قالَ : جيءَ بأبي إلى النبيِّ ﷺ قَدْ مُثِّلَ به ، فوُضِعَ بينَ يديهِ ، فذَهبتُ أكشِفُ عَنْ وجهِه فنَهانى قَومى فقالَ النبيُّ ﷺ : « ما زالَتِ الملائكةُ تُظِلُّهُ بأجنِحَتِها » متفقٌ عليه .

١٣٢١ - وعَنْ سهلِ بنِ حُنيفٍ رضيَ اللهُ عنه أنَّ رسولَ اللهِ ﷺ قال : «مَنْ سألَ اللهَ تَعالى الشَّهادةَ بصِدقٍ ، بلَّغَهُ اللهُ مَنازلَ الشُّهداءِ وإنْ ماتَ على فراشِه » رواه مسلم .

١٣٢٢ - وعنْ أنسٍ رضيَ اللهُ عنهُ قالَ : قالَ رسولُ اللهِ ﷺ : « مَنْ طَلَبَ الشَّهادةَ صادِقاً أُعطِيَها ولَو لم تُصِبْهُ » رواه مسلم .

١٣٢٣ - وعَنْ أبي هُريرةَ رضيَ اللهُ عنهُ قالَ : قالَ رسولُ اللهِ ﷺ : « ما يَجِدُ الشَّهيدُ مِنْ مَسِّ القتلِ إلا كما يَجِدُ أحدُكُم مِنْ مَسِّ القَرصةِ » رواه الترمذى وقال : حديثٌ حسنٌ صحيحٌ .

١٣٢٤ - وعَنْ عبدِ اللهِ بنِ أبي أوفى رضيَ اللهُ عنهُما أنَّ رسولَ اللهِ ﷺ في بَعضِ أيَّامِهِ الَّتي لقِيَ فيها العَدُوَّ انتظَرَ حتى مالتِ الشَّمسُ ، ثُمَّ قامَ في النَّاسِ فقال : «أيُّها النَّاسُ ، لا تَتَمنَّوا لِقاءَ العَدُوِّ ، وسَلُوا اللهَ العافِيةَ ، فإذا لَقِيتُمُوهُم فاصبِرُوا ، واعلَمُوا أنَّ الجنَّةَ تحتَ ظِلالِ السُّيوفِ » ثم قالَ : « اللَّهُمَّ مُنزِلَ الكتابِ ومُجرِيَ السَّحابِ ، وهازِمَ الأحزابِ اهزِمهُم وانصُرنا عليهِم » متفقٌ عليه .

eifrige Tränen vergießen." Daraufhin sagte er: "O Umm *H*aritha! Es gibt Paradiesgärten innerhalb des Paradieses, und wahrlich dein Sohn hat den höchsten Garten "Firdaus" verdient."

Hadith 1320 Jābir Ibn 'Abdillāh(r) berichtete: Der Leichnam meines Vaters wurde zum Propheten(s) gebracht und vor ihm niedergelegt. Er war völlig verunstaltet. Als ich sein Gesicht aufdecken wollte, ließen meine Leute dies nicht zu..[76] Daraufhin sagte der Gesandte Allāhs(s): "Die Engel spenden ihm mit ihren Flügeln Schatten."
(Al-Bukhari und Muslim)

Hadith 1321 Sahl Ibn Hunaif(r) berichtete: Der Gesandte Allāhs(s) hat gesagt: "Wer Allāh aufrichtig um den Märtyrertod bittet, dem lässt Allah den Rang der Märtyrer genießen, auch wenn er in seinem Bett stirbt."
(Muslim)

Hadith 1322 Anas(r) berichtete: Der Gesandte Allāhs(s) hat gesagt: "Wer Allāh aufrichtig um den Märtyrertod bittet, dessen Bitte wird erfüllt, auch wenn ihn dieser Tod (*auf dem Weg Allāhs*) nicht trift."
(Muslim)

Hadith 1323 Abu Huraira(r) berichtete: Der Gesandte Allāhs(s) hat gesagt: "Was der Märtyrer beim Tod spürt, ist was einer von euch beim Stechen (*eines Insekt*en) spürt."
(At-Tirmi*d*i, mit dem Vermerk: Ein guter bis starker Hadith)

Hadith 1324 'Abdullāh Ibn Aufā(r) berichtete: Vor einer Begegnung mit dem Feind wartete der Gesandte Allāhs(s) bis Sonnenuntergang, dann hielt er eine Rede, in der er(s) sagte: "O Leute! Wünscht nicht die Begegnung mit dem Feind im Kampf, und bittet Allāh um Kraft und Unversehrtheit! Aber wenn ihr dem Feind in der Schlacht gegenübersteht, dann seid standhaft und beharrlich im Kampf und seid euch darüber im klaren, dass das Paradies im Schatten der Schwerter liegt!" Dann sagte er(s): "O Allāh,

١٣٢٥ - وعن سهل بن سعد رضي الله عنه قال: قال رسول الله ﷺ: «ثنتان لا تردان، أو قلما تردان: الدعاء عند النداء وعند البأس حين يلحم بعضهم بعضا». رواه أبو داود بإسناد صحيح.

١٣٢٦ - وعن أنس رضي الله عنه قال: كان رسول الله ﷺ إذا غزا قال: «اللهم أنت عضدي ونصيري، بك أحول، وبك أصول، وبك أقاتل» رواه أبو داود، والترمذي وقال: حديث حسن.

١٣٢٧ - وعن أبي موسى، رضي الله عنه، أن النبي ﷺ، كان إذا خاف قوما قال: «اللهم إنا نجعلك في نحورهم، ونعوذ بك من شرورهم» رواه أبو داود بإسناد صحيح.

١٣٢٨ - وعن ابن عمر، رضي الله عنهما، أن رسول الله ﷺ قال: «الخيل معقود في نواصيها الخير إلى يوم القيامة» متفق عليه.

١٣٢٩ - وعن عروة البارقي، رضي الله عنه، أن النبي ﷺ قال: «الخيل معقود في نواصيها الخير إلى يوم القيامة: الأجر، والمغنم» متفق عليه.

Der den Qurān niedersendet, Der die Wolken niedersendet, Der die verbündeten Feinde schlägt, bitte schlage sie und hilf uns, sie zu besiegen!"
(Al-Bukhari und Muslim)

Hadith 1325 Sahl Ibn Sa'd(r) berichtete: Der Gesandte Allāhs(s) hat gesagt: "Zweierlei (*aufrichtige Bittgebete*) werden nicht, oder werden kaum zurückgewiesen: Das Bittgebet unmittelbar nach dem Gebetsruf und in der Schlacht, wenn sich die Beteiligten gegenseitig zerfleischen."
(Abu Dawūd, mit einer starken Überlieferungskette)

Hadith 1326 Anas(r) berichtete: Wenn der Gesandte Allāhs(s) gegen seine Feinde auszog, pflegte er zu bitten: "O Allāh! Du (allein) bist meine (unentbehrliche) Stütze und mein Verteidiger! Nur mit Deiner (*Kraft*) kann ich mich bewegen, mich durchsetzen und kämpfen."
(At-Tirmidi, mit dem Vermerk: Ein guter Hadith)

Hadith 1327 Wiederholung von Nr. (981) Abu Musā(s) berichtete: Wenn der Gesandte Allāhs(s) Furcht vor Feinden hatte, pflegte er zu beten: "O Allāh! Wir setzen Dich gegen sie (*wörtlich*: in ihre Kehlen) und wir nehmen Zuflucht bei Dir vor ihren Übeltaten."
(Abu Dawūd, mit einer starken Überlieferungskette)

Hadith 1328 Ibn 'Umar(r) berichtete: Der Gesandte Allāhs(s) hat gesagt: "Pferde (*die für die Sache Allāhs gehalten werden*) verheißen Gutes bis zum Tag der Auferstehung."[77]
(Al-Bukhari und Muslim)

Hadith 1329 'Urwa Al-Bāriqiy(r) berichtete: Der Prophet(s) hat gesagt: "Pferde (*die für die Sache Allāhs gehalten werden,*) verheißen Gutes bis zum Tag der Auferstehung: Allāhs Lohn und die Kriegsbeute."
(Al-Bukhari und Muslim)

١٣٣٠ - وعَنْ أبي هُرَيْرَةَ ، رضِيَ اللهُ عنْهُ قال : قالَ رَسُولُ اللهِ ﷺ : «مَنِ احتَبَسَ فَرَساً في سَبيلِ اللهِ ، إيماناً باللهِ ، وتَصْدِيقاً بِوَعْدِهِ ، فإنَّ شِبَعَهُ ، ورِيَّهُ ورَوْثَهُ ، وبَوْلَهُ في مِيزانِهِ يومَ القِيامَةِ » رواه البخاري .

١٣٣١ - وعَنْ أبي مَسْعُودٍ ، رضِيَ اللهُ عنْهُ ، قال : جَاءَ رَجلٌ إلى النَّبي ﷺ بِنَاقَةٍ مَخْطُومَةٍ فقال : هذِهِ في سَبيلِ اللَّهِ ، فقالَ رَسُولُ اللهِ ﷺ : « لكَ بها يومَ القِيامَةِ سَبْعُمِائةِ ناقَةٍ كلُّها مَخْطُومَةٌ » رواه مسلم .

١٣٣٢ - وعن أبي حمَّادٍ - ويُقالُ : أبو سُعادٍ ، ويُقالُ : أبو أسَدٍ ، ويُقالُ : أبو عامِرٍ ، ويقالُ : أبو عَمْرٍو ، ويقالُ : أبو الأسوَدِ ، ويقالُ : أبو عَبْسٍ - عُقْبَةَ بنِ عامِرٍ الجُهَنيَّ ، رَضيَ اللهُ عَنْهُ ، قال : سَمِعْتُ رسُولَ اللهِ ﷺ وهوَ على المِنْبَرِ يقول : «وأعِدُّوا لَهُم ما استَطَعْتُم مِنْ قوَّةٍ ، ألا إنَّ القُوَّةَ الرَّمْيُ ، ألا إنَّ القُوَّةَ الرَّمْيُ ، ألا إنَّ القُوَّةَ الرَّمْيُ » رواه مسلم .

١٣٣٣ - وعَنْهُ قالَ : سمِعْتُ رَسُولَ اللهِ ﷺ ، يقولُ : « سَتُفْتَحُ عَلَيكُمْ أرضُونَ ، ويَكفِيكُمُ اللهُ ، فلا يَعْجِزْ أحَدُكُمْ أنْ يَلْهُوَ بأسْهُمِهِ » رواه مسلم .

١٣٣٤ - وعَنْهُ أنَّهُ قالَ : قالَ رَسُولُ اللهِ ﷺ : « مَنْ عُلِّمَ الرَّمْيَ ، ثم تَرَكَهُ، فَلَيسَ مِنَّا، أوْ فَقَدْ عَصَى » رواه مسلم .

Hadith 1330 Abu Huraira(r) berichtete: Der Gesandte Allāhs(s) hat gesagt: "Wenn jemand sich ein Pferd hält, um es für die Sache Allāhs einzusetzen, beseelt von seinem Glauben an Allāh und der Verheißung Allāhs, so wird am Tag der Auferstehung das Futter sowie der Dung und Urin des Pferdes zu seinen Gunsten angerechnet werden."[78]
(Al-Bukhari)

Hadith 1331 Abu Mas'ūd(r) berichtete: Ein Mann brachte dem Propheten(s) eine fügsame Kamelstute, mit einem Nasenzügel (*bzw. Halfter*) gerüstet, und sagte zu ihm: "Dies ist für die Sache Allāhs!" Der Gesandte Allāhs(s) erwiderte: "Dafür wirst du am Tage der Auferstehung (*den Wert von*) siebenhundert Kamelstuten erhalten, und alle werden ebenso fügsam und mit Nasenzügel und Halfter gerüstet sein."
(Muslim)

Hadith 1332 'Uqba Ibn 'Āmir Al-Jahniyu(r) -bekannt als Abu *H*ammād, Abu Su 'ād, Abu Asad, Abu 'Āmir und Abu-ul-Aswad - berichtete: Ich hörte den Gesandten Allāhs(s), als er einmal auf der Kanzel predigte, sagen: "Und rüstet gegen sie alles was ihr nur vermögt an Streitmacht"[79] Die Streitmacht ist wahrlich Bogenschießen! Die Streitmacht ist wahrlich Bogenschießen! Die Streitmacht ist wahrlich Bogenschießen!"
(Muslim)

Hadith 1333 'Uqba Ibn 'Āmir Al-Jahniyu(r) berichtete: Ich hörte den Gesandten Allāhs(s) sagen: "Es werden Länder (von euch) eingenommen und Allāh wird euch genügenden Lebensunterhalt gewähren. Keiner von euch soll sich dadurch ablenken lassen, das Bogenschießen mit eigenem Bogen und eigenen Pfeilen nicht auszuüben."
(Muslim)

Hadith 1334 'Uqba Ibn 'Āmir Al-Jahniyu(r) berichtete: Ich hörte den Gesandten Allāhs(s) sagen: "Wem (von euch) das Bogenschießen beigebracht wurde und es dann vernachlässigte, der gehört nicht zu uns",

١٣٣٥ ـ وعنهُ ، رضِيَ اللهُ عنهُ ، قالَ : سمِعتُ رسُولَ اللهِ ﷺ يقولُ : « إنَّ اللهَ يُدخِلُ بالسَّهمِ الواحِدِ ثلاثةَ نفرٍ الجنَّةَ : صانِعَهُ يحتَسِبُ في صنعَتِهِ الخيرَ ، والرَّامِيَ بهِ ، ومُنْبِلَهُ ، وارمُوا واركبُوا ، وأنْ ترمُوا أحَبُّ إليَّ مِنْ أنْ تركَبُوا ، ومَنْ تركَ الرَّميَ بعدَ ما عُلِّمَهُ رغبَةً عنهُ ، فإنَّها نِعمَةٌ تركَها » أوْ قالَ : « كفَرَها » رواهُ أبو داود .

١٣٣٦ ـ وعنْ سلَمةَ بنِ الأكوعِ ، رضيَ اللهُ عنهُ ، قالَ : مرَّ النَّبيُّ ﷺ على نفرٍ يتَنَاضَلُونَ ، فقالَ : « ارمُوا بَني إسماعيلَ فإنَّ أباكُم كانَ رامِياً » رواهُ البخاريُّ .

١٣٣٧ ـ وعنْ عمرِو بنِ عبَسَةَ ، رضيَ اللهُ عنهُ ، قالَ : سمِعتُ رسُولَ اللهِ ﷺ يقولُ : « مَنْ رمَى بِسهمٍ في سبيلِ اللهِ فهُوَ لهُ عدْلُ مُحرَّرةٍ » . رواهُ أبو داود ، والترمذيُّ وقال : حديثٌ حسنٌ صحيحٌ .

١٣٣٨ ـ وعنْ أبي يحيى خُريمِ بنِ فاتِكٍ ، رضيَ اللهُ عنهُ ، قالَ : قالَ رسُولُ اللهِ ﷺ : « مَنْ أنفَقَ نفَقَةً في سبيلِ اللهِ كُتِبَ لَهُ سَبعُمائةِ ضِعفٍ » رواهُ الترمذيُّ وقال حديثٌ حسنٌ .

١٣٣٩ ـ وعنْ أبي سَعيدٍ ، رضيَ اللهُ عنهُ ، قالَ : قالَ رسُولُ اللهِ ﷺ : « ما مِنْ عبدٍ يصومُ يوماً في سبيلِ اللهِ إلا باعَدَ اللهُ بذلكَ اليومِ وجهَهُ عنِ النَّارِ سبعينَ خريفاً » متفقٌ عليه .

oder: "der hat (Allāh) nicht gehorcht." (Muslim)

Hadith 1335 'Uqba Ibn 'Āmir Al-Jahniyu(r) berichtet: Ich hörte den Gesandten Allāhs(s) sagen: "Wahrlich Allāh lässt drei Personen ins Paradies eintreten wegen eines einzigen Pfeils: dessen Hersteller, der sich dadurch Gutes erhofft, der Schütze und der Pfeiljunge, der ihn dem Schützen gibt. Ihr sollt reiten und Bogenschießen betreiben, und wenn ihr schießt, ist es mir lieber als wenn ihr reitet. Wer aber das Bogenschießen absichtlich unterlässt, nachdem man ihm dies beibrachte, der hat auf eine (gesegnete) Gnade verzichtet", oder: " der ist einer (gesegneten) Gnade undankbar geworden."[80]
(Abu Dawūd)

Hadith 1336 Salama Ibn-ul-Akwa'(r) berichtete: Der Prophet(s) ging an einigen Personen vorbei, die miteinander im Bogenschießen wetteiferten, da sprach er zu ihnen: "O Söhne Ismails! Schießt weiter, denn euer Vorfahre war gewiss ein Schütze!"[81]
(Al-Bukhari)

Hadith 1337 'Amr Ibn 'Abasa(r) Berichtete: Ich hörte den Gesandten Allāhs(s) sagen: "Wer einen Pfeil für die Sache Allāhs schießt, wird den Lohn für die Befreiung eines Sklaven erhalten."
(Abu Dawūd und At-Tirmidi, mit dem Vermerk: Ein guter bis starker Hadith)

Hadith 1338 Abu Yahia Khuraim Ibn Fātik(r) berichtete: "Der Gesandte Allāhs(s) hat gesagt: "Wer etwas für die Sache Allāhs aufwendet, dem wird dies siebenhundertfach zurückgezahlt."
(At-Tirmidi, mit dem Vermerk: Ein guter Hadith)

Hadith 1339 Abu Sa'īd Al-Khudriy(r) berichtete: Der Gesandte Allāhs(s) hat gesagt: "Es gibt keinen Diener, der einen Tag für die Sache Allāhs fastet, dessen Gesicht Allāh nicht vor dem Höllenfeuer siebzig Jahre lang,

١٣٤٠ - وعَنْ أبى أُمَامَةَ ، رَضِيَ اللهُ عَنْهُ ، عَنِ النَّبِيِّ ﷺ ، قَالَ : « مَنْ صَامَ يَوْماً فى سَبِيلِ اللهِ جَعَلَ اللهُ بَيْنَهُ وَبَيْنَ النَّارِ خَنْدَقاً كَمَا بَيْنَ السَّمَاءِ وَالأرْضِ » رواه الترمذى وقال : حديثٌ حسنٌ صحيحٌ .

١٣٤١ - وعَنْ أبى هُرَيْرَةَ ، رَضِيَ اللهُ عَنْهُ ، قال : قَالَ رَسُولُ اللهِ ﷺ : «من مات ولَمْ يَغْزُ ، ولَمْ يُحَدِّثْ نَفْسَهُ بِغَزْوٍ ، ماتَ على شُعْبَةٍ مِنَ النِّفَاقِ » رواه مسلمٌ .

١٣٤٢ - وعَنْ جابِرٍ ، رَضِيَ اللهُ عَنْهُ ، قال : كُنَّا معَ النَّبِيِّ ﷺ فى غَزَاةٍ فقالَ: « إنَّ بالمدينةِ لَرِجَالاً ما سِرْتُمْ مَسِيراً ، ولا قَطَعْتُمْ وَادِياً إلا كانُوا مَعَكُمْ ، حَبَسَهُمُ المرَضُ » .

وفى روايةٍ : « حَبَسَهُمُ العُذْرُ » . وفى روايةٍ : « إلا شَرَكُوكُمْ فى الأجرِ » رواه البخارى من روايةِ أنسٍ ، ورواه مسلمٌ من روايةِ جابرٍ واللفظُ له .

١٣٤٣ - وعَنْ أبى مُوسى ، رَضِيَ اللهُ عَنْهُ ، أنَّ أعرابيّاً أتى النبىَّ ﷺ فقالَ : يا رسولَ اللهِ ، الرَّجُلُ يُقَاتِلُ للمَغْنَمِ ، والرَّجُلُ يُقَاتِلُ لِيُذْكَرَ ، والرَّجُلُ يُقَاتِلُ لِيُرَى مكانُهُ؟ .

وفى روايةٍ : يُقَاتِلُ شَجَاعَةً ، وَيُقَاتِلُ حَمِيَّةً .

وفى روايةٍ : وَيُقَاتِلُ غَضَباً ، فَمَنْ فى سَبيلِ اللهِ ؟ فَقَالَ رسولُ اللهِ ، ﷺ : « مَنْ قَاتَلَ لِتَكُونَ كَلِمَةُ اللهِ هِىَ العُلْيَا ، فَهُوَ فى سَبِيلِ اللهِ » متفقٌ عليه .

١٣٤٤ - وعَنْ عبدِ اللهِ بنِ عَمرو بنِ العاص ، رَضِيَ اللهُ عَنْهُمَا ، قالَ : قَالَ رسولُ

wegen jenes Tages, fernhält."
(Wiederholung von Nr. 1218) (Al-Bukhari und Muslim)

Hadith 1340 Abu Umāma(r) berichtete: Der Prophet(s) hat gesagt: "Wer einen Tag für die Sache Allāhs gefastet hat, für den wird Allāh zwischen ihm und dem Höllenfeuer einen Graben entstehen lassen, (*so groß*) wie (*die Entfernung*) zwischen Himmel und der Erde."
(At-Tirmi*d*i, mit dem Vermerk: Ein guter bis starker Hadith)

Hadith 1341 Abu Huraira(r) berichtete: Der Gesandte Allāhs(s) hat gesagt: "Wer stirbt, ohne dass er sich für die Sache Allāhs eingesetzt hat, und sich nie darüber Gedanken gemacht hat, der ist nicht frei von Heuchelei gestorben."
(Muslim)

Hadith 1342 Jābir(r) berichtete: Wir waren mit dem Propheten(s) in einem Kriegszug zusammen, als er(s) zu uns sagte: "Wahrlich, einige Männer sind in Medina geblieben, jedoch sind sie mit euch auf Schritt und Tritt, wo auch immer ihr reitet, geht oder ein Tal durchquert (bezüglich der Belohnung), denn die Krankheit hat sie festgehalten."
(Diese obige Version ist von Muslim, nach einer Überlieferung von Jābir(r). Die Versionen von Al-Bukhari beruhen auf Autorität von Anas(r):
Eine lautet: Ein Entschuldigungsgrund hat sie festgehalten.
Eine andere lautet: Sie sind mit euch am Lohn beteiligt.)

Hadith 1343 Abu Mūsa(r) berichtete: Ein Mann kam zum Propheten(s) und sagte: "Manche Menschen ziehen in den Krieg, um Beute zu machen, andere, um Ruhm zu ernten[82]: Welcher (*Kämpfer*) ist aber wirklich auf dem Weg Allāhs?" Der Gesandte Allāhs(s) erwiderte: "Auf dem Weg Allāhs ist der, der für[83] den Sieg von Allās Wort kämpft."

Hadith 1344 'Abdullāh Ibn 'Amr Ibn-ul-'A*s*(r) berichtete: Der Gesandte Allāhs(s) hat gesagt: "Kein Kriegszug oder - Trupp, der in den Krieg (*für*

اللهِ ﷺ : « مَا مِنْ غَازِيَةٍ ، أَوْ سَرِيَّةٍ تَغْزُو ، فَتَغْنَمُ وَتَسْلَمُ ، إِلَّا كَانُوا قَدْ تَعَجَّلُوا ثُلُثَيْ أُجُورِهِمْ ، وَمَا مِنْ غَازِيَةٍ أَوْ سَرِيَّةٍ تُخْفِقُ وَتُصَابُ إِلَّا تَمَّ أُجُورُهُمْ » رواه مسلم .

١٣٤٥ - وَعَنْ أَبِي أُمَامَةَ ، رَضِيَ اللهُ عَنْهُ ، أَنَّ رَجُلًا قَالَ : يَا رَسُولَ اللهِ ، ائْذَنْ لِي فِي السِّيَاحَةِ فَقَالَ النَّبِيُّ ﷺ : « إِنَّ سِيَاحَةَ أُمَّتِي الجِهَادُ فِي سَبِيلِ اللهِ ، عَزَّ وَجَلَّ » رواه أبو داود بإسناد جيد .

١٣٤٦ - وَعَنْ عَبْدِ اللهِ بنِ عَمْرِو بنِ العاصِ ، رَضِيَ اللهُ عَنْهُمَا ، عَنِ النَّبِيِّ ﷺ ، قَالَ : « قَفْلَةٌ كَغَزْوَةٍ » رواه أبو داود بإسناد جيد .

« القَفْلَةُ » : الرُّجُوعُ ، والمرادُ : الرُّجُوعُ مِنَ الغَزْوِ بَعْدَ فَرَاغِهِ ؛ ومعناه : أَنَّهُ يُثَابُ فِي رُجُوعِهِ بَعْدَ فَرَاغِهِ مِنَ الغَزْوِ .

١٣٤٧ - وَعَنِ السَّائِبِ بنِ يَزِيدَ ، رَضِيَ اللهُ عَنْهُ ، قَالَ : لَمَّا قَدِمَ النَّبِيُّ ﷺ مِنْ غَزْوَةِ تَبُوكَ تَلَقَّاهُ النَّاسُ ، فَتَلَقَّيْتُهُ مَعَ الصِّبْيَانِ عَلَى ثَنِيَّةِ الوَدَاعِ . رواه أبو داود بإسناد صحيح بهذا اللفظ ، ورواه البخاري قال : ذَهَبْنَا نَتَلَقَّى رَسُولَ اللهِ ﷺ مَعَ الصِّبْيَانِ إِلَى ثَنِيَّةِ الوَدَاعِ .

١٣٤٨ - وَعَنْ أَبِي أُمَامَةَ ، رَضِيَ اللهُ عَنْهُ ، عَنِ النَّبِيِّ ﷺ ، قَالَ : « مَنْ لَمْ يَغْزُ ، أَوْ يُجَهِّزْ غَازِيًا ، أَوْ يَخْلُفْ غَازِيًا فِي أَهْلِهِ بِخَيْرٍ ، أَصَابَهُ اللهُ بِقَارِعَةٍ قَبْلَ يَوْمِ القِيَامَةِ » رواه أبو داود بإسناد صحيح .

١٣٤٩ - وَعَنْ أَنَسٍ ، رَضِيَ اللهُ عَنْهُ ، أَنَّ النَّبِيَّ ﷺ قَالَ : « جَاهِدُوا المُشْرِكِينَ

die Sache Allāhs) zieht, Beute macht und heil heimkehrt, der nicht schon dadurch zwei Drittel des Lohnes (*auf Erden*) erhalten hat. Und kein Kriegszug oder - Trupp, der in den Krieg (*dafür*) zieht, dann scheitert und Verluste erleidet, der nicht den vollen Lohn (*im Jenseits*) erhalten wird."
(Muslim)

Hadith 1345 Abu Umāma(r) berichtete: Ein Mann sagte: "O Gesandter Allāhs, bitte erlaube mir zu reisen!" Der Prophet(s) erwiderte: "Die Reise meiner Gemeinde ist nur der Kampf auf dem Weg Allāhs, erhaben und allmächtig ist Er."
(Abu Dawūd, mit einer guten Überlieferungskette)

Hadith 1346 'Abdullāh Ibn 'Amr Ibn-ul-'Ās(r) berichtete: Der Prophet (s) hat gesagt: "Eine Rückkehr (*von einem Feldzug*) ist genauso (*verdienstvoll*) wie der Auszug selbst."
(Abu Dawūd, mit einer guten Überlieferungskette)

Hadith 1347 As-Sāib Ibn Zaid(r) berichtete: Als der Prophet(s) vom Tabūkfeldzug heimkehrte, empfingen ihn die Leute (*ausserhalb von Medina*) feierlich, und ich traf ihn mit den Knaben am Empfang in Thaniyyat-ul-Wadā' (Abschieds-Gebirgspfad).
(Abu Dawūd, mit einer starken Überlieferungskette). Die Version von Al-Bukhari lautet:Wir begaben uns mit den Knaben zusammen nach Thaniyat-ul-Wadā', um den Propheten(s) feierlich zu empfangen.

Hadith 1348 Abu Umāma(r) berichtete: Der Prophet(s) hat gesagt: "Wer an keinem Feldzug teilgenommen hat, oder keinen Kämpfer (für die Sache Allāhs) gerüstet hat, oder nicht für die Angehörigen eines Kämpfers gesorgt hat, dem wird Allāh noch vor dem Tag der Auferstehung (*auf Erden*) einen unheimlichen Schlag erleiden lassen."
(Abu Dawūd, mit einer starken Überlieferungskette)

Hadith 1349 Anas(r) berichtete: Der Prophet(s) hat gesagt: "Ihr sollt

بِأَمْوَالِكُمْ وَأَنْفُسِكُمْ وَأَلْسِنَتِكُمْ » رواه أبو داود بإسناد صحيح .

١٣٥٠ ــ وعَنْ أَبِي عَمْرو . ويقال : أَبُو حَكِيمٍ النُّعْمَانِ بنِ مُقَرِّنٍ رَضِيَ اللهُ عَنْهُ قالَ : شَهِدْتُ رَسُولَ اللهِ ﷺ ، إذا لَمْ يُقَاتِلْ مِنْ أَوَّلِ النَّهَارِ أَخَّرَ القِتَالَ حَتَّى تَزُولَ الشَّمْسُ ، وَتَهُبَّ الرِّيَاحُ ، وَيَنْزِلَ النَّصْرُ . رواه أبو داود ، والترمذى وقال : حديث حسن صحيح .

١٣٥١ ــ وعَنْ أَبِي هُرَيْرَةَ ، رَضِيَ اللهُ عنه ، قالَ : قالَ رَسُولُ اللهِ ﷺ: « لا تَتَمَنَّوْا لِقَاءَ العَدُوِّ ، وَاسْأَلُوا اللهَ العَافِيَةَ ، فَإِذا لَقِيتُمُوهُمْ ، فَاصْبِرُوا » متفقٌ عليه .

١٣٥٢ ــ وعَنْهُ وعَنْ جَابِرٍ ، رَضِيَ اللهُ عَنْهُما ، أَنَّ النبيَّ ﷺ قالَ : «الحَرْبُ خُدْعَةٌ» متفقٌ عليه .

٢٣٥ ــ باب بيان جماعة من الشهداء فى ثواب الآخرة ويغسلون ويصلى عليهم بخلاف القتيل فى حرب الكفار

١٣٥٣ ــ عَنْ أَبِي هُرَيْرَةَ ، رَضِيَ اللهُ عَنْهُ ، قالَ : قالَ رَسُولُ اللهِ ﷺ: «الشُّهَدَاءُ خَمْسَةٌ : المَطْعُونُ ، وَالمَبْطُونُ ، وَالغَرِيقُ ، وَصَاحِبُ الهَدْمِ ، وَالشَّهِيدُ فى سَبيلِ اللهِ» متفقٌ عليه .

gegen die Ungläubigen, mit eurem Gut, eurem Blut und mit euren Zungen für die Sache Allāhs kämpfen!"
(Abu Dawūd, mit einer starken Überlieferungskette)

Hadith 1350 An-Nu'mān Ibn Muqrin(r) - genannt Abu 'Amr und auch *H*akīm -berichtete: Ich stellte fest, wenn der Gesandte Allāhs nicht beim Tagesanbruch in die Schlacht einzog, dass er dies bis *zur Kühle des* Sonnenunterganges verschob, sodass ein Windhauch herrschte und der Sieg Allāhs sicher war.
(Abu Dawūd und At-Tirmi*d*i, mit dem Vermerk: Ein guter bis starker Hadith)

Hadith 1351 Abu Huraira(r) berichtete: Der Gesandte Allāhs(s) hat gesagt: "O Leute! Wünscht nicht die Begegnung mit dem Feind im Kampf, und bittet Allāh um Kraft und Unversehrtheit! Aber wenn ihr dem Feind im Kampf gegenüber steht, dann seid standhaft und beharrlich im Kampf...."
(Vollständige Version ist der Hadith Nr. 1324)
(Al-Bukhari und Muslim)

Hadith 1352 Abu Huraira und Jābir(r) berichteten: Der Prophet(s) hat gesagt: "Der Krieg ist eine bewusste Täuschung!"[84]
(Al-Bukhari und Muslim)

Kapitel 235

Es gibt Märtyrer, die gewaschen werden und für die das Totengebet gesprochen wird, wogegen andere, die im Krieg gegen die Ungläubigen gefallen sind, ohne Waschung und ohne Gebet begraben werden

Hadith 1353 Abu Huraira(r) berichtete: Der Gesandte Allāhs(s) hat gesagt: "Die Märtyrer sind fünf: Einer, der an der Pest[85] stirbt, der Magenkranke[86], der Ertrunkene, der unter Schutt stirbt, und der Kämpfer für die Sache Allāhs." (Al-Bukhari und Muslim)

١٣٥٤ - وعنهُ قالَ : قالَ رسولُ اللهِ ﷺ : « ما تعُدُّونَ الشُّهَداءَ فيكُمْ ؟ » قالُوا: يا رَسُولَ اللهِ ، مَنْ قُتِلَ في سَبيلِ اللهِ فهُوَ شَهيدٌ ، قال : « إنَّ شُهَداءَ أمَّتي إذاً لَقَليلٌ » قالُوا: فَمَنْ هم يا رَسُولَ اللهِ ؟ قالَ : « مَنْ قُتِلَ في سَبيلِ اللهِ فهُوَ شَهيدٌ ، وَمَنْ ماتَ في سَبيلِ اللهِ فهو شَهيدٌ ، وَمَنْ ماتَ في الطَّاعونِ فهو شَهيدٌ ، وَمَنْ ماتَ في البَطنِ فهُوَ شَهيدٌ ، والغَريقُ شَهيدٌ » رواهُ مُسلمٌ .

١٣٥٥ - وعنْ عبدِ اللهِ بنِ عَمرِو بنِ العاصِ ، رَضِيَ اللهُ عنْهُما ، قالَ : قالَ رسولُ اللهِ ﷺ : « مَنْ قُتِلَ دُونَ مالهِ ، فَهُوَ شَهيدٌ » متفقٌ عليه .

١٣٥٦ - وعنْ أبي الأعْوَرِ سَعيدِ بنِ زَيْدِ بـنِ عمرِو بنِ نُفَيْلٍ ، أحَدِ العَشَرَةِ المَشْهُودِ لهُمْ بالجَنَّةِ ، رَضِيَ اللهُ عنْهُم ، قالَ : سَمِعْتُ رسُولَ اللهِ ﷺ يقولُ : « مَنْ قُتِلَ دُونَ مالهِ فهُوَ شَهيدٌ ، وَمَنْ قُتِلَ دُونَ دَمِهِ فَهُوَ شَهيدٌ ، وَمَنْ قُتِلَ دُونَ دينِهِ فَهُوَ شَهيدٌ ، وَمَنْ قُتِلَ دُونَ أهْلِهِ فَهُوَ شَهيدٌ » رواهُ أبو داودَ ، والترمذى وقال : حديثٌ حسنٌ صحيحٌ .

١٣٥٧ - وعنْ أبي هُرَيرةَ ، رَضِيَ اللهُ عنْهُ ، قالَ : جاءَ رجُلٌ إلى رسولِ اللهِ ﷺ ، فَقالَ : يا رسولَ اللهِ ، أرَأيْتَ إنْ جاءَ رَجُلٌ يُريدُ أخذَ مالي ؟ قالَ : « فَلا تُعْطِهِ مالَكَ » قال : أرَأيْتَ إنْ قاتَلَني ؟ قال : « قاتِلْهُ » قال : أرَأيْتَ إنْ قَتَلني ؟ قالَ : « فَأنْتَ شَهيدٌ » قال : أرَأيْتَ إنْ قَتَلْتُهُ ؟ . قال : « هُوَ في النَّارِ » رواهُ مُسلمٌ .

Hadith 1354 Abu Huraira(r) berichtete: Der Gesandte Allāhs(s) hat gesagt: Der Gesandte Allāhs(s) hat einige Gefährten gefragt: "Wen zählt ihr als Märtyrer?" Sie sagten: "O Gesandter Allāhs, wer auf dem Weg Allāhs getötet wird, ist ein Märtyrer." Er(s) sagte: "Dann wären die Märtyrer meiner Gemeinde wahrlich nur wenige!" Sie fragten: "Also, wer sind die Märtyrer, o Gesandter Allāhs?" Er erwiderte: "Der auf dem Weg Allāhs getötet wird, der ist ein Märtyrer, der für die Sache Allāhs stirbt, der ist ein Märtyrer, der durch die Pest[87] stirbt, der ist ein Märtyrer, der durch Magenkrankheit[88] stirbt, ist ein Märtyrer, und der Ertrunkene ist ein Märtyrer." (Muslim)

Hadith 1355 'Abdullāh Ibn 'Amr Ibn-ul-'Āṣ(r) berichtete: Der Gesandte Allāhs(s) hat gesagt: "Wer bei der Verteidigung seines Vermögens getötet wird, der gilt als Märtyrer."
(Al-Bukhari und Muslim)

Hadith 1356 Abul-A'war Saʿīd Ibn Zaid Ibn 'Amr Ibn Nufail - er ist einer der zehn Gefährten(r), welchen der Prophet(s) das Paradies verkündet hat - berichtete: Ich hörte den Gesandten Allāhs(s) sagen: "Wer bei der Verteidigung seines Vermögens getötet wird, der gilt als Märtyrer, wer bei der Selbstverteidigung getötet wird, der gilt als Märtyrer, wer wegen seiner Religion getötet wird, der gilt als Märtyrer, und wer bei der Verteidigung seiner Familie getötet wird, der gilt als Märtyrer."
(Abu Dawūd und At-Tirmiḍi, mit dem Vermerk: Ein guter bis starker Hadith)

Hadith 1357 Abu Huraira(r) berichtete: Ein Mann kam zum Gesandten Allāhs(s) und sagte: "O Gesandter Allāhs, was soll ich tun, wenn ein Mann zu mir kommt und mein Geld rauben will? Er erwiderte: "Gib ihm dein Geld nicht!" Er fragte: "Und wenn er gegen mich kämpft?" Er erwiderte: "Dann bekämpfe ihn!" Er fragte: "Und wenn er mich tötet?" Er erwiderte: "Dann bist du ein Märtyrer!" Er fragte: "Und wenn ich ihn (*dabei*) töte?" Er erwiderte: "Dann kommt er in das Höllenfeuer!" (Muslim)

٢٣٦ - باب فضل العتق

قـال اللهُ تَعَالـى : ﴿ فَلا اقْتَحَمَ الْعَقَبَةَ . وَمَا أَدْرَاكَ مَا الْعَقَبَةُ . فَكُّ رَقَبَةٍ ﴾ (البلد: ١١: ١٣) .

١٣٥٨ - وعَنْ أبى هُريرةَ ، رضى اللهُ عنهُ ، قَالَ : قَالَ لى رسولُ اللهِ ﷺ: «مَنْ أعْتَقَ رَقَبَةً مُسْلِمَةً أعْتَقَ اللهُ بِكُلِّ عُضْوٍ مِنْهُ عُضْواً مِنَ النَّارِ حتى فَرْجَهُ بِفَرْجِهِ» متفقٌ عليه .

١٣٥٩ - وعَنْ أبى ذَرِّ ، رضى اللهُ عنهُ ، قَالَ : قُلتُ : يا رَسُولَ اللهِ ، أىُّ الأعْمَالِ أفضَلُ ؟ قَالَ : « الإيمانُ باللهِ ، والجهادُ فى سَبيلِ اللهِ » ، قَالَ : قُلتُ : أىُّ الرِّقَابِ أفضَلُ ؟ قَالَ : « أنفَسُهَا عندَ أهْلِهَا ، وأكثرُهَا ثَمَناً » متفقٌ عليه .

٢٣٧ - باب فضل الإحسان إلى المملوك

قَالَ اللهُ تَعَالـى : ﴿ وَاعْبُدُوا اللَّهَ وَلا تُشْرِكُوا بِهِ شَيْئاً وَبِالْوَالِدَيْنِ إِحْسَاناً وَبِذِى الْقُرْبَى وَالْيَتَامَى وَالْمَسَاكِينِ وَالْجَارِ ذِى الْقُرْبَى وَالْجَارِ الْجُنُبِ وَالصَّاحِبِ بِالْجَنْبِ وَابْنِ السَّبِيلِ وَمَا مَلَكَتْ أَيْمَانُكُمْ ﴾ (النساء: ٣٦) .

Kapitel 236
Die Vortrefflichkeit der Sklavenbefreiung

Allāh, erhaben ist Er, spricht:
"Und doch er hat nicht den hindernisvollen Steilweg eingeschlagen. Und was lässt dich wissen, was der hindernisvolle Steilweg ist?! Die Befreiung eines Nackens"[89]
Sura 90:11-13

Hadith 1358 Abu Huraira(r) berichtete: Der Gesandte Allāhs(s) hat zu mir gesagt: "Wer einen muslimischen Sklaven befreit, den wird Allāh vor dem Höllenfeuer retten, Glied um Glied entsprechend der Glieder des Befreiten, inklusive ihrer Geschlechtsorgane."
(Al-Bukhari und Muslim)

Hadith 1359 Abu *D*arr(r) berichtete: Ich fragte den Gesandten Allāhs (s): "O Gesandter Allāhs! Welche der Taten ist die beste?" Er erwiderte: "Der Glaube an Allāh und der Einsatz für die Sache Allāhs." Ich fragte ihn: "Welcher der Sklaven ist am besten (*zu befreien*)?" Er erwiderte: "Der von den eigenen Leuten am höchsten geschätzt, und dessen Lösegeld am höchsten ist!"
(Al-Bukhari und Muslim)

Kapitel 237
Der Vorrang der guten Behandlung der Sklaven

Allāh, erhaben ist Er, spricht:
"Und dient Allāh und setzt Ihm nichts zur Seite, und (erweist) Güte den beiden Eltern, den Verwandten, den Waisen und den Bedürftigen, dem Nachbarn, sei er verwandt oder aus der Fremde, dem Gefährten an eurer Seite und dem Wanderer und denen, die eure rechte Hände besitzen"[90]
Sura 4:36

١٣٦٠ - وعَنِ المعْرورِ بنِ سُوَيدٍ قال : رأيتُ أبا ذرٍّ ، رضيَ اللهُ عنهُ ، وعليه حُلَّةٌ ، وعلى غُلامِهِ مِثلُها ، فسَألتُهُ عن ذلِكَ ، فذكَرَ أنَّهُ سابَّ رجُلاً على عَهدِ رسولِ اللهِ ﷺ ، فعيَّرَهُ بأمِّهِ ، فقال النبيُّ ﷺ : « إنَّك امرُؤٌ فيكَ جاهِليَّةٌ ، هُم إخوانُكُم ، وخوَلُكُم جعلَهُمُ اللهُ تحتَ أيديكُم ، فمَن كان أخوهُ تحتَ يدِهِ ؛ فليُطعِمهُ مِمَّا يأكُلُ ، وليُلبِسهُ مِمَّا يلبَسُ ، ولا تُكَلِّفوهُم ما يَغلِبُهُم ، فإن كلَّفتُموهُم فأعينُوهُم » متفقٌ عليه .

١٣٦١ - وعَن أبي هُريرَةَ ، رضيَ اللهُ عنهُ ، عَنِ النبيِّ ﷺ ، قـالَ : « إذا أتى أحدَكُم خادِمُهُ بطعامِهِ ، فإن لم يُجلِسهُ معَهُ ، فليُناوِلهُ لُقمَةً أو لُقمَتَينِ أو أكلَةً أو أكلَتَينِ ؛ فإنَّهُ وَلِيَ عِلاجَهُ » رواه البخاري .

« الأُكلَةُ » بضمِّ الهمزةِ : هي اللُّقمَةُ .

٢٣٨ - باب فضل المملوك الذي يؤدي حق الله وحق مواليه

١٣٦٢ - عَنِ ابنِ عُمَرَ ، رضيَ اللهُ عنهُما ، أنَّ رسولَ اللهِ ﷺ قال : « إنَّ العَبدَ إذا نصَحَ لسيِّدِهِ ، وأحسَنَ عِبادةَ اللهِ ، فلَهُ أجرُهُ مرَّتَينِ » متَّفقٌ عليه .

١٣٦٣ - وعَن أبي هُريرَةَ ، رضيَ اللهُ عنهُ ، قال : قال رسولُ اللهِ ﷺ : « للعَبدِ المملوكِ المُصلحِ أجرانِ » والَّذي نفسُ أبي هُريرَةَ بيَدِهِ لَولا الجِهادُ في سبيلِ اللهِ ، والحَجُّ ، وبِرُّ أُمِّي ، لأحبَبتُ أن أموتَ وأنا مملوكٌ . متَّفقٌ عليه .

Hadith 1360 Al-Ma'rūr Ibn Suwaid(r) berichtete: Ich sah, wie Abu *D*arr(r) ein Gewand trug, während sein Sklave das gleiche trug. Ich fragte ihn danach, und er sagte, dass er zur Zeit des Gesandten Allāhs(s) einen Mann beschimpfte und ihn wegen seiner Mutter[91] verächtlich gemacht hatte. Daraufhin sagte der Prophet(s) zu Abu *D*arr: "In dir sind immer noch Spuren der Dschāhiliya! Sie sind eure Brüder, die Allāh euch als Diener in eure Hände gab. Also, wer einen Bruder unter seiner Hand (*als Sklave*) hat, der soll ihm zu Essen geben, von dem, was er selbst isst und ihm zum Kleiden geben, von dem, womit er sich selbst kleidet. Tragt ihnen nicht das auf, was über ihre Kraft hinausgeht und wenn ihr ihnen etwas auftragt, das über ihre Kraft hinaus geht, helft ihnen dabei!"

Hadith 1361 Abu Huraira(r) berichtete: Der Prophet(s) hat gesagt: "Wenn der Deiner eines von euch das Essen serviert, soll er ihn entweder zu sich setzen lassen (*und mit ihm gemeinsam essen*) oder ihm ein oder zwei Bissen davon reichen, denn er hat es ja zubereitet."
(Al-Bukhari)

Kapitel 238
Der Vorrang des Sklaven, der seine Pflichten Allāh und seinem Herrn gegenüber erfüllt

Hadith 1362 Ibn 'Umar(r) berichtete: "Wahrlich ein Sklave, der seinem Herrn redlich dient, und Allāh dient (*und fürchtet*), als ob er Ihn sähe, bekommt den doppelten Lohn."

Hadith 1363 Abu Huraira(r) berichtete: Der Gesandte Allāhs(s) hat gesagt: "Dem redlichen Sklaven, der Frieden stiftet, steht der doppelte Lohn zu." Abu Huraira sagte dazu: Bei Allāh, in Dessen Hand mein Leben ist, wenn nicht der Einsatz für die Sache Allāhs, die Wallfahrt nach Mekka, und die Pietät meiner Mutter wären, hätte ich gerne gewollt, als Sklave zu sterben.
(Al-Bukhari und Muslim)

١٣٦٤ - وَعَنْ أَبِى مُوسَى الأَشْعَرِى ، رَضِىَ اللهُ عَنْهُ ، قَالَ : قَالَ رَسُولُ اللهِ ﷺ :
« لِلْمَمْلُوكِ الَّذِى يُحْسِنُ عِبَادَةَ رَبِّهِ ، وَيُؤَدِّى إِلَى سَيِّدِهِ الَّذِى عَلَيْهِ مِنَ الْحَقِّ ، وَالنَّصِيحَةِ ، وَالطَّاعَةِ ، أَجْرَانِ » رواهُ البخارى

١٣٦٥ - وَعَنْهُ قَالَ : قَالَ رَسُولُ اللهِ ﷺ : « ثَلَاثَةٌ لَهُمْ أَجْرَانِ : رَجُلٌ مِنْ أَهْلِ الْكِتَابِ آمَنَ بِنَبِيِّهِ ، وَآمَنَ بِمُحَمَّدٍ ، وَالْعَبْدُ الْمَمْلُوكُ إِذَا أَدَّى حَقَّ اللهِ ، وَحَقَّ مَوَالِيهِ ، وَرَجُلٌ كَانَتْ لَهُ أَمَةٌ فَأَدَّبَهَا فَأَحْسَنَ تَأْدِيبَهَا ، وَعَلَّمَهَا فَأَحْسَنَ تَعْلِيمَهَا ، ثُمَّ أَعْتَقَهَا فَتَزَوَّجَهَا ، فَلَهُ أَجْرَانِ » متفقٌ عليه .

٢٣٩ - باب فضل العبادة فى الهرج
وهو الاختلاط والفتن ونحوها

١٣٦٦ - عَنْ مَعْقِلِ بْنِ يَسَارٍ ، رَضِىَ اللهُ عَنْهُ ، قَالَ : قَالَ رَسُولُ اللهِ ﷺ :
«الْعِبَادَةُ فِى الْهَرْجِ كَهِجْرَةٍ إِلَىَّ » رواهُ مُسْلِمٌ .

٢٤٠ - باب فضل السماحة فى البيع والشراء
والأخذ والعطاء وحسن القضاء والتقاضى
وإرجاح المكيال والميزان والنهى عن التطفيف
وفضل إنظار الموسر المعسر والوضع عنه

قَالَ اللهُ تَعَالَى : ﴿ وَمَا تَفْعَلُوا مِنْ خَيْرٍ فَإِنَّ اللهَ بِهِ عَلِيمٌ ﴾ (البقرة: ٢١٥) ، وَقَالَ تَعَالَى :

Hadith 1364 Abu Musā Al-Asch'ariy(r) berichtete: Der Gesandte Allāhs(s) hat gesagt: "Der Sklave, der Allāh fürchtet und Ihm dient, als ob er Ihn sähe, und seine Pflichten seinem Herrn gegenüber erfüllt, ihm redlich dient und gehorcht, erhält den doppelten Lohn."
(Al-Bukhari)

Hadith 1365 Abu Huraira(r) berichtete: Der Gesandte Allāhs(s) hat gesagt: "Drei Leute erhalten den doppelten Lohn: Einer der Leute der Schrift, der an seinen Propheten (Moses bzw. Jesus) glaubt und an Muhammad glaubt, dann der Sklave, der seine Pflichten Allāh und seinen Herren gegenüber erfüllt, und ein Mann, der eine Sklavin besitzt, sie gut erzogen und ausgebildet hat und ihr dann die Freiheit schenkt und sie dann heiratet. Jeder dieser erhält den doppelten Lohn."
(Al-Bukhari und Muslim)

Kapitel 239
Der Vorrang, Allāh allein zu dienen, wenn das Chaos herrscht - gemeint sind die Verwirrung, der Zwiespalt, die Versuchung usw.

Hadith 1366 Ma'qil Ibn Yasār(r) berichtete: Der Gesandte Allāhs(s) hat gesagt: "Allāh allein zu dienen in der Zeit des Chaos, ist wie eine Auswanderung zu mir (= für mich)"

Kapitel 240
Der Vorrang der Güte beim und Verkauf, sowie beim Einfordern der Schulden, ebenso beim Messen und Wiegen mit Verbot des Betruges, und der Vorrang des wohlhabenden Gläubigers, der dem nichtwohlhabenden Schuldner Aufschub und Schuldenerlass gewährt

Allah - erhaben ist Er - spricht:
"Und was ihr an Gutem tut, wahrlich, Allāh weiß es wohl."

﴿ وَيَا قَوْمِ أَوْفُوا الْمِكْيَالَ وَالْمِيزَانَ بِالْقِسْطِ وَلَا تَبْخَسُوا النَّاسَ أَشْيَاءَهُمْ ﴾ (هود: ٨٥)، وَقَالَ تَعَالَى : ﴿ وَيْلٌ لِلْمُطَفِّفِينَ . الَّذِينَ إِذَا اكْتَالُوا عَلَى النَّاسِ يَسْتَوْفُونَ . وَإِذَا كَالُوهُمْ أَوْ وَزَنُوهُمْ يُخْسِرُونَ . أَلَا يَظُنُّ أُولَئِكَ أَنَّهُمْ مَبْعُوثُونَ . لِيَوْمٍ عَظِيمٍ . يَوْمَ يَقُومُ النَّاسُ لِرَبِّ الْعَالَمِينَ ﴾ (المطففين: ١: ٦).

١٣٦٧ ـ وَعَنْ أَبِي هُرَيْرَةَ ، رَضِيَ اللَّهُ عَنْهُ ، أَنَّ رَجُلاً أَتَى النَّبِيَّ ﷺ يَتَقَاضَاهُ فَأَغْلَظَ لَهُ ، فَهَمَّ بِهِ أَصْحَابُهُ ، فَقَالَ رَسُولُ اللَّهِ ﷺ : « دَعُوهُ فَإِنَّ لِصَاحِبِ الْحَقِّ مَقَالاً » ثُمَّ قَالَ : « أَعْطُوهُ سِنًّا مِثْلَ سِنِّهِ » قَالُوا : يَا رَسُولَ اللَّهِ لَا نَجِدُ إِلَّا أَمْثَلَ مِنْ سِنِّهِ ، قَالَ : «أَعْطُوهُ فَإِنَّ خَيْرَكُمْ أَحْسَنُكُمْ قَضَاءً» مُتَّفَقٌ عَلَيْهِ .

١٣٦٨ ـ وَعَنْ جَابِرٍ ، رَضِيَ اللَّهُ عَنْهُ ، أَنَّ رَسُولَ اللَّهِ ﷺ قَالَ : «رَحِمَ اللَّهُ رَجُلاً سَمْحاً إِذَا بَاعَ ، وَإِذَا اشْتَرَى ، وَإِذَا اقْتَضَى» رَوَاهُ الْبُخَارِيُّ .

١٣٦٩ ـ وَعَنْ أَبِي قَتَادَةَ ، رَضِيَ اللَّهُ عَنْهُ ، قَالَ : سَمِعْتُ رَسُولَ اللَّهِ ﷺ يَقُولُ : «

Sura 2:215
"O Leute! Gebt anständig volles Maß und Gewicht und betrügt nicht die Menschen um ihr Eigentum..."
Sura 11:85
"Wehe den Maßverkürzenden! Die, wenn sie sich von den Leuten zumessen lassen, volles Maß verlangen, und wenn sie ihnen jedoch zumessen oder zuwägen, dann verkürzen sie es! Glauben jene etwa nicht, dass sie wirklich erweckt werden, an einem gewaltigen Tag, dem Tag, da die Menschen vor dem Herrn der Welten stehen werden müssen."
Sura 83:1-6

Hadith 1367 Abu Huraira(r) berichtete: Ein Mann (dem der Prophet(s) ein Kamel eines bestimmten Alters schuldete[92]) kam zum Propheten und forderte von ihm, in grober Art, seine Schuld zurückzuzahlen. Als die Gefährten(r) des Propheten(s) sich an den Mann heranmachen wollten, sagte er: "Lasset ihn, denn wer Anspruch auf etwas hat, dem steht auch das Wort zu", dann wies er sie an: "Gebt ihm ein entsprechendes Kamel!" Sie sagten (nach dem sie nach einem passenden Kamel suchten und nichts fanden: "O Gesandter Allāhs, wir finden nur ein Kamel, das etwas älter und wertvoller als seins ist!" Er(s) befahl ihnen: "Gebt es ihm!" Daraufhin sagte der Mann zu ihm: "Du hast mir mehr als genug gegeben, möge Allāh dir vollständigen Lohn geben!" Danach sagte der Prophet(s): "Die Vorzüglichsten von euch sind die, die ihre Schuld auf die beste Art begleichen!"
(Al-Bukhari und Muslim)

Hadith 1368 Jabir(r) berichtete: Der Gesandte Allāhs(s) hat gesagt: "Allāh wird Nachsicht haben mit dem Menschen, der großmütig vorgeht, wenn er verkauft oder kauft oder wenn er sein Recht in redlicher Weise einfordert."
(Al-Bukhari)

Hadith 1369 Abu Qatāda(r) berichtete: Ich hörte den Gesandten

مَنْ سَرَّهُ أَنْ يُنَجِّيَهُ اللهُ مِنْ كُرَبِ يَوْمِ الْقِيَامَةِ ، فَلْيُنَفِّسْ عَنْ مُعْسِرٍ أَوْ يَضَعْ عَنْهُ » رواه مسلم .

١٣٧٠ ـ وَعَنْ أَبِي هُرَيْرَةَ ، رَضِيَ اللهُ عَنْهُ ، أَنَّ رَسُولَ اللهِ ﷺ قَالَ : «كَانَ رَجُلٌ يُدَايِنُ النَّاسَ ، وَكَانَ يَقُولُ لِفَتَاهُ : إِذَا أَتَيْتَ مُعْسِراً فَتَجَاوَزْ عَنْهُ ، لَعَلَّ اللهَ أَنْ يَتَجَاوَزَ عَنَّا ، فَلَقِيَ اللهَ فَتَجَاوَزَ عَنْهُ » متفق عليه .

١٣٧١ ـ وَعَنْ أَبِي مَسْعُودٍ الْبَدْرِيِّ ، رَضِيَ اللهُ عَنْهُ ، قَالَ : قَالَ رَسُولُ اللهِ ﷺ : « حُوسِبَ رَجُلٌ مِمَّنْ كَانَ قَبْلَكُمْ ، فَلَمْ يُوجَدْ لَهُ مِنَ الْخَيْرِ شَيْءٌ ، إِلَّا أَنَّهُ كَانَ يُخَالِطُ النَّاسَ ، وَكَانَ مُوسِراً ، وَكَانَ يَأْمُرُ غِلْمَانَهُ أَنْ يَتَجَاوَزُوا عَنِ الْمُعْسِرِ ، قَالَ اللهُ ، عَزَّ وَجَلَّ : نَحْنُ أَحَقُّ بِذَلِكَ مِنْهُ ، تَجَاوَزُوا عَنْهُ » رواه مسلم .

١٣٧٢ ـ وَعَنْ حُذَيْفَةَ ، رَضِيَ اللهُ عَنْهُ ، قَالَ : « أُتِيَ اللهُ تَعَالَى ، بِعَبْدٍ مِنْ عِبَادِهِ آتَاهُ اللهُ مَالاً ، فَقَالَ لَهُ : مَاذَا عَمِلْتَ فِي الدُّنْيَا ؟ » قَالَ : ـ وَلَا يَكْتُمُونَ اللهَ حَدِيثاً ـ « قَالَ : يَا رَبِّ آتَيْتَنِي مَالَكَ ، فَكُنْتُ أُبَايِعُ النَّاسَ ، وَكَانَ مِنْ خُلُقِيَ الْجَوَازُ ، فَكُنْتُ أَتَيَسَّرُ عَلَى الْمُوسِرِ ، وَأُنْظِرُ الْمُعْسِرَ ، فَقَالَ اللهُ تَعَالَى : أَنَا أَحَقُّ بِذَا مِنْكَ تَجَاوَزُوا عَنْ عَبْدِي » فَقَالَ عُقْبَةُ ابْنُ عَامِرٍ ، وَأَبُو مَسْعُودٍ الأَنْصَارِيُّ ، رَضِيَ اللهُ عَنْهُمَا : هَكَذَا سَمِعْنَاهُ مِنْ فِي رَسُولِ اللهِ ﷺ . رواه مسلم .

Allāhs(s) sagen: "Wenn sich ein Mensch freuen möchte, dass Allāh ihn vor den Betrübnissen des Jüngsten Tages rettet, so soll er Nachsicht haben mit denjenigen, die (finanziell) in Schwierigkeiten sind, oder ihnen ihre Schuld (bzw. einen Teil davon) erlassen."
(Muslim)

Hadith 1370 Abu Huraira(r) berichtete: Der Gesandte Allāhs(s) hat gesagt: "Ein (Kauf-) Mann pflegte den Menschen Kredite zu geben. Er wies seinen Diener an: "Wenn du siehst, dass ein Schuldner in eine missliche Lage geraten ist, dann habe Nachsicht mit ihm, vielleicht wird Allāh dann Nachsicht mit uns haben!" Als dieser Mann starb, hat Allāh ihm vergeben." (Al-Bukhari und Muslim)

Hadith 1371 Abu Mas'ūd Al-Badriyu(r) berichtete: Der Gesandte Allāhs(r) hat gesagt: "Ein Mann von einem Volk vor euch wurde (nach dem Tode) zu Rechenschaft gezogen, doch es gab keine gute Taten, die er verrichtet hatte, außer das er mit den Menschen nachsichtig verkehrte. Er war vermögend und befahl seinen Dienern, Nachsicht zu haben mit den Mittellosen. Dazu sagte Allāh: «Wir sind würdiger als er, (Schulden) zu erlassen! Lasst ihn frei!" (Muslim)

Hadith 1372 *H*u*d*aifa(r) berichtete: Der Gesandte Allāhs sagte: "Ein Mann, dem Allāh Vermögen gab, wurde vor Allāh (zur Rechenschaft) gebracht. Allāh fragte ihn: "Was hast du auf Erden gemacht?" - und er(s) fügte dazu: "Und sie werden nichts vor Allāh verbergen können." - Da erwiderte der Mann: "O Allāh, Du hast mir Vermögen gegeben, womit ich mit den Leuten Geschäfte und Handel trieb, und zu meiner Natur gehörte die Nachsicht, so war ich dem Wohlhabenden entgegengekommen, und ich gewährte dem in eine missliche Lage geratenen Schuldner Aufschub." Daraufhin sagte Allāh: "Ich bin würdiger als du, dies zu tun. Lasst ab von meinem Knecht!" 'Uqba Ibn 'Āmir und Abu Mas'ūd Al-Ansāriy(r) kommentierten: "Genauso hörten wir den (Hadith) vom Propheten(s)."
(Muslim)

١٣٧٣ - وَعَنْ أَبِي هُرَيْرَةَ ، رَضِيَ اللهُ عَنْهُ ، قَالَ : قَالَ رسولُ الله ﷺ : «مَنْ أَنْظَرَ مُعْسِراً ، أَوْ وَضَعَ لَهُ ، أَظَلَّهُ اللهُ يَوْمَ الْقِيَامَةِ تَحْتَ ظِلِّ عَرْشِهِ يَوْمَ لا ظِلَّ إِلا ظِلُّهُ » رواه الترمذيُّ وقالَ : حديثٌ حسنٌ صحيحٌ .

١٣٧٤ - وَعَنْ جابِرٍ ، رَضِيَ اللهُ عَنْهُ ، أَنَّ النَّبِيَّ ﷺ اشْتَرَى مِنْهُ بَعِيراً ، فَوَزَنَ لَهُ ، فَأَرْجَحَ . متفقٌ عليه .

١٣٧٥ - وَعَنْ أَبِي صَفْوَانَ سُوَيْدِ بنِ قَيْسٍ ، رَضِيَ اللهُ عَنْهُ ، قَالَ : جَلَبْتُ أَنَا وَمَخْرَمَةُ الْعَبْدِيُّ بَزّاً مِنْ هَجَرَ ، فَجَاءَنَا النَّبيُّ ﷺ ، فَسَاوَمَنَا بِسَرَاويلَ ، وَعِنْدِي وَزَّانٌ يَزِنُ بِالأجْرِ ، فَقَالَ النبيُّ ﷺ للوَزَّانِ : « زِنْ وَأَرْجِحْ » رواهُ أبو داود ، والترمذيُّ وقالَ : حديثٌ حسنٌ صحيحٌ .

Hadith 1373 Abu Huraira(r) berichtete: Der Gesandte Allāhs(s) hat gesagt: "Wer einem Schuldner, der in Bedrängnis geraten ist, Aufschub gewährt, oder etwas (von den Schulden) erlässt, den wird Allāh am Tag der Auferstehung unter dem Schatten Seines Thrones aufnehmen, wo es nirgends einen Schatten gibt, außer Seinem (Schutz-) Schatten."
(At-Tirmiḏi, mit dem Vermerk: Ein guter bis starker Hadith)

Hadith 1374 Jābir(r) berichtete, dass der Prophet(s) von ihm ein Kamel kaufte, und er ließ die Waagschale (mit den Münzen) zu Jābirs Gunsten senken.
(Al-Bukhari und Muslim)

Hadith 1375 Abu Ṣafwān Suwaid Ibn Qais(r) berichtete: Makhrama Al-'Abdiyu und ich holten Kleidung aus Hajar, da kam der Prophet(s) zu uns und feilschte mit uns über einige Hosen, in der Anwesenheit eines Wiegemeisters, der gegen Tageslohn für uns arbeitete. Der Prophet(s) sagte zu dem Wiegemeister: "Wiege, und lass die Waagschale zu euren Gunsten senken."
(Abu Dawūd, und At-Tirmiḏi mit dem Vermerk: Ein guter bis starker Hadith)

كتاب العلم

٢٤١ - باب فضل العلم

قال الله تعالى : ﴿ وَقُل رَّبِّ زِدْنِي عِلْمًا ﴾ (طه: ١١٤) ، وقال تعالى : ﴿ قُلْ هَلْ يَسْتَوِي الَّذِينَ يَعْلَمُونَ وَالَّذِينَ لَا يَعْلَمُونَ ﴾ (الزمر: ٩) ، وقــال تعــالى : ﴿ يَرْفَعِ اللَّهُ الَّذِينَ آمَنُوا مِنكُمْ وَالَّذِينَ أُوتُوا الْعِلْمَ دَرَجَاتٍ ﴾ (المجادلة: ١١) ، وقال تعالى : ﴿ إِنَّمَا يَخْشَى اللَّهَ مِنْ عِبَادِهِ الْعُلَمَاءُ ﴾ (فاطر: ٢٨) .

١٣٧٦ - وَعَنْ مُعَاوِيَةَ : رَضِيَ اللهُ عنهُ قَالَ : قَالَ رَسُولُ اللهِ ﷺ : « مَنْ يُرِدِ اللهُ بِهِ خَيْرًا يُفَقِّهْهُ فِي الدِّينِ » متفقٌ عليه .

١٣٧٧ - وَعَنْ ابنِ مَسْعُودٍ ، رَضِيَ اللهُ عَنْهُ ، قَالَ : قَالَ رَسُولُ اللهِ ﷺ : «لا حَسَدَ إلا فِي اثْنَتَيْنِ : رَجُلٌ آتَاهُ اللهُ مَالًا فَسَلَّطَهُ عَلَى هَلَكَتِهِ فِي الحَقِّ ، وَرَجُلٌ آتَاهُ اللهُ الحِكْمَةَ فَهُوَ يَقْضِي بِهَا ، وَيُعَلِّمُهَا » متفقٌ عليه . والمراد بالحَسَد الغِبْطَةُ ، وَهُوَ أَنْ يَتَمَنَّى مِثْلَهُ .

١٣٧٨ - وَعَنْ أَبِي مُوسَى ، رَضِيَ اللهُ عَنْهُ ، قَالَ : قَالَ النَّبِيُّ ﷺ : « مَثَلُ مَا بَعَثَنِي

Buch X:
Buch des Wissens

Kapitel 241
Der Vorrang des Wissens

Allāh, erhaben ist Er, spricht:
"Und sprich: "O mein Herr, bereichere mich an Wissen!"
Sura 20:114
"Sprich: „Sind etwa gleich diejenigen, welche wissen, und jene, welche nicht wissen?""
Sura 39:9
"Allāh wird die unter euch, die gläubig sind, und die, denen Wissen gegeben ward, um Stufen.."
Sura 58:11
"Wahrlich, es fürchten Allāh nur die Wissenden unter Seinen Dienern.."
Sura: 34:28

Hadith 1376 Mu'āwiya(r) berichtete: Der Gesandte Allāhs(s) hat gesagt: „Wem Allāh wohlgesonnen ist, den lässt Er Einblick in die Religion gewinnen."
(Al-Bukhari und Muslim)

Hadith 1377 Ibn Mas'ūd(r) berichtete: Der Gesandte Allāhs(s) hat gesagt: „Keinen Neid *(darf es geben)* außer in zwei Fällen: Im Falle eines Menschen, dem Allāh Reichtum gegeben und den Er befähigt hat, mit ihm in rechter Weise zu verfahren, und im Falle eines Menschen, dem Allāh Weisheit gegeben hat, und der in ihrem Sinne handelt und sie anderen weitergibt."
(Al-Bukhari und Muslim)

Hadith 1378 Abu Mūsa(r) berichtete: Der Prophet(s) hat gesagt: „Das Gleichnis für das, was Allāh mir an Rechtleitung und Wissen in meiner

اللهُ بهِ مِنَ الهُدَى والعِلمِ كَمَثَلِ غَيْثٍ أصابَ أرْضاً ، فكانتْ منها طائفةٌ طَيِّبةٌ قَبِلَتِ الماءَ فأنْبَتتِ الكَلأَ ، والعُشْبَ الكثيرَ ، وكانَ منها أجادبُ أمسَكَتِ الماءَ ، فنَفَعَ اللهُ بها النَّاسَ ، فشربوا منها وسَقَوْا وزَرعُوا ، وأصابَ طائفةً منها أخْرى إنَّما هيَ قِيعانٌ ، لا تُمسِكُ ماءً ، ولا تُنْبِتُ كَلأً ، فذلكَ مَثَلُ مَنْ فَقُهَ في دِينِ اللهِ ، ونَفَعَهُ ما بَعَثَنِي اللهُ به ، فعَلِمَ وعَلَّمَ ، ومَثَلُ مَنْ لَمْ يَرْفَعْ بذلكَ رَأساً ، ولَمْ يَقْبَلْ هُدَى اللهِ الَّذي أُرسِلْتُ به » متفقٌ عليه .

١٣٧٩ – وعَنْ سَهلِ بنِ سَعْدٍ ، رَضيَ اللهُ عنهُ ، أنَّ النبيَّ ﷺ قالَ لعليٍّ ، رَضيَ اللهُ عنهُ : « فوَاللهِ لأنْ يَهديَ اللهُ بكَ رجُلاً واحِداً خَيرٌ لكَ مِن حُمْرِ النَّعَمِ » متفقٌ عليه .

١٣٨٠ – وعَنْ عَبْدِ اللهِ بنِ عمرِو بنِ العاصِ ، رَضيَ اللهُ عنهُما ، أنَّ النبيَّ ﷺ قالَ: « بَلِّغُوا عنِّي ولَوْ آيةً ، وحدِّثُوا عَنْ بَنِي إسرائيلَ ولا حَرَجَ ، ومَنْ كَذَبَ عَلَيَّ مُتَعمِّداً فَلْيَتَبَوَّأ مَقعَدَهُ منَ النَّارِ » رواه البخاري .

١٣٨١ – وعَنْ أبي هُرَيرَةَ ، رَضيَ اللهُ عنهُ ، أنَّ رسولَ اللهِ ﷺ قالَ : «ومَنْ سَلَكَ طَريقاً يلتَمسُ فيهِ عِلماً ، سَهَّلَ اللهُ لهُ بهِ طَريقاً إلى الجنَّةِ » رواه مسلم .

Sendung anvertraut hat, ist das eines segensreich ausgiebigen Regens, der weite Ländereien versorgt: Ein Teil dieser ist fruchtbar, es nimmt das Wasser auf und lässt Gras und Futter für die Tiere, und Kraut wachsen. Ein Teil davon ist unfruchtbares Land, welches das Wasser sammelt, was Allāh auch zum Nutzen der Menschen dienlich werken lässt, denn sie trinken davon, tränken ihr Vieh und bebauen das Land. Der letzte Teil, der von diesem Regen berührten Ländereien sind flache Ebenen, die weder Wasser sammeln noch eine Vegetation entstehen lassen. Die beiden erstgenannten Gebiete sind wie der Mensch, der Kenntnis von der Religion Allāhs hat, der daraus Nutzen zieht, was Allāh mir in meiner Sendung anvertraut hat, der dieses Wissen erlernt und es anderen weitergibt. Der letzte Teil ist wie der Mensch, der sich nicht um die Religion kümmert, und die Rechtleitung Allāhs, mit der ich gesandt wurde, nicht annimmt."
(Al-Bukhari und Muslim)

Hadith 1379 Sahl Ibn Sa'd As-Sā 'idiyu(r) berichtete, dass der Prophet(s) zu 'Ali(r) sagte: „Bei Allāh, wenn Allāh durch dich auch nur einen einzigen Mann auf den rechten Weg führt, so ist das besser für dich als der Besitz von roten Kamelen!"[93]
(Al-Bukhari und Muslim)
Wiederholung von Nr. 175

Hadith 1380 Abdullāh Ibn 'Amr Ibn-ul-'Ās(r) berichtete: Der Prophet(s) hat gesagt: „Ihr sollt meine Worte wörtlich verkünden, auch wenn es nur ein einziger Vers ist. Es ist auch nichts dagegen einzuwenden, von den Juden zu berichten, und wer aber absichtlich über mich lügt, der möge seinen Platz im Höllenfeuer einnehmen!"
(Al-Bukhari)

Hadith 1381 Abu Huraira(r) berichtete: Der Gesandte Allāhs(s) hat gesagt: „Wer einen Weg beschreitet, um Wissen zu erlangen, dem wird Allāh deswegen einen Weg zum Paradies leicht machen."[94]
(Muslim)

١٣٨٢ – وَعَنْهُ أيضاً ، رَضِيَ اللهُ عَنْهُ ، أنَّ رَسُولَ اللهِ ﷺ قَالَ : « مَنْ دَعَا إلى هُدًى كَانَ لَهُ مِنَ الأجرِ مِثْلُ أُجُورِ مَنْ تَبِعَهُ لا يَنْقُصُ ذلِكَ مِنْ أُجُورِهِمْ شَيْئاً » رواه مسلم .

١٣٨٣ – وَعَنْهُ قَالَ : قَالَ رَسُولُ اللهِ ﷺ : « إذَا مَاتَ ابْنُ آدَمَ انْقَطَعَ عَمَلُهُ إلا مِنْ ثَلاثٍ : صَدَقَةٍ جَارِيَةٍ ، أو عِلمٍ يُنْتَفَعُ بِهِ ، أو وَلَدٍ صَالِحٍ يَدْعُو لَهُ » رواه مسلم .

١٣٨٤ – وَعَنْهُ قَالَ : سَمِعْتُ رَسُولَ اللهِ ﷺ يَقُولُ : « الدُّنْيَا مَلْعُونَةٌ مَلْعُونٌ ما فيهَا، إلا ذِكْرَ اللهِ تَعَالى ، وَمَا وَالاهُ ، وَعَالِماً ، أوْ مُتَعَلِّماً » رواه الترمذي وَقَالَ : حديثٌ حسنٌ .

قولُهُ : « وَمَا وَالاهُ » أى : طَاعَةُ اللهِ .

١٣٨٥ – وَعَنْ أنسٍ ، رَضِيَ اللهُ عَنْهُ قَالَ : قَالَ رَسُولُ اللهِ ﷺ : « مَنْ خَرَجَ في طَلَبِ العِلمِ ، كَانَ في سَبِيلِ اللهِ حتى يَرجِعَ » رواه الترمذي وَقَالَ : حديثٌ حَسَنٌ .

١٣٨٦ – وَعَنْ أبي سَعِيدٍ الخدريِّ ، رَضِيَ اللهُ عَنْهُ ، عَنْ رَسُولِ اللهِ ﷺ ، قَالَ : « لَنْ يَشْبَعَ مُؤمِنٌ مِنْ خَيْرٍ حتى يكونَ مُنْتَهَاهُ الجَنَّةَ » رواه الترمذي وَقَالَ : حديثٌ حسنٌ .

١٣٨٧ – وَعَنْ أبي أُمَامَةَ ، رَضِيَ اللهُ عَنْهُ ، أنَّ رَسُولَ اللهِ ﷺ قَالَ : «فَضْلُ العَالِمِ عَلى العَابِدِ كَفَضْلي عَلى أدْنَاكُمْ » ثُمَّ قَالَ رَسُولُ اللهِ ﷺ : « إنَّ اللهَ وَمَلائِكَتَهُ وَأهلَ

Hadith 1382 Abu Huraira(r) berichtete: Der Gesandte Allāhs(s) hat gesagt: „Wer zur Rechtleitung aufruft, bekommt einen Lohn, wie die Gesamtlöhne aller, die ihm folgen, ohne Verminderung derer Löhne."
(Muslim)

Hadith 1383 Abu Huraira(r) berichtete: Der Gesandte Allāhs(s) hat gesagt: „Wenn der Mensch stirbt, hört sein Werk auf Erden außer in drei Fällen auf: Ein andauerndes Almosen, oder nützliches Wissen, oder ein Nachkomme, der für ihn betet."[95]
(Muslim)

Hadith 1384 Abu Huraira(r) berichtete: Ich hörte den Gesandten Allāhs(s) sagen: „Verdammt ist die diesseitige Welt und das Vergängliche in ihr, außer dem Gedenken an Allāh - erhaben ist Er -, und allem, was Allāh gehorcht und beisteht, einem Gelehrten und einem Strebenden nach Wissen!"
(At-Tirmiḏi, mit dem Kommentar: Ein guter Hadith)[96]

Hadith 1385 Anas(r) berichtete: Der Gesandte Allāhs(s) hat gesagt: „Wer auf der Suche nach Wissen hinauszieht, der ist auf dem Wege Allāhs, bis er heimkehrt."
(At-Tirmiḏi, mit dem Kommentar: Ein guter Hadith)[97]

Hadith 1386 Abu Sa'īd Al-Khudriyu(r) berichtete: Der Gesandte Allāhs(s) hat gesagt: „Ein *(wachsamer)* Gläubiger hört nie auf, das Gute zu verrichten, bis er sein Ziel, das Paradies - erreicht hat."
(At-Tirmiḏi, mit dem Kommentar: Ein guter Hadith)

Hadith 1387 Abu Umāma(r) berichtete: Der Gesandte Allāhs(s) hat gesagt: „Der Rang des Gelehrten dem (einfachen) Betenden gegenüber ist wie mein Rang dem gewöhnlichsten Menschen unter euch gegenüber." Dann fügte der Gesandte Allāhs(s) hinzu: „Wahrlich, Allāh, Seine Engel und all die Geschöpfe der Himmel und der Erde, sogar die Ameise in

السمـوات والأرضِ حتَّى النَّمْلَةَ في جُحْرِها وحتَّى الحوتَ ليُصلُّونَ على مُعلِّمي النَّاسِ الخَيْرَ » رواه الترمذي وقال : حديثٌ حسنٌ .

١٣٨٨ ـ وعَنْ أبي الدَّرْداءِ ، رَضيَ اللهُ عَنْهُ ، قَالَ : سَمعْتُ رَسُولَ اللهِ ﷺ يَقُولُ : « مَنْ سَلَكَ طَرِيقاً يَبْتغي فيهِ علماً سَهَّلَ اللهُ لَهُ طَرِيقاً إلى الجنَّةِ ، وإنَّ الملائِكَةَ لَتَضَعُ أجنحَتَها لِطَالبِ العِلْم رِضاً بما يَصنَعُ ، وإنَّ العالِمَ لَيَسْتَغْفِرُ لَهُ مَنْ في السَّمَوَاتِ وَمَنْ في الأرضِ حتَّى الحيتَانُ في الماءِ ، وفَضْلُ العَالِمِ على العابِدِ كفَضلِ القَمَرِ على سائِرِ الكَوَاكِبِ ، وإنَّ العُلَمَاءَ وَرَثَةُ الأنبياءِ ، وإنَّ الأنبياءَ لَمْ يُوَرِّثوا دِيناراً ولا دِرْهَماً وإنَّما وَرَّثوا العلمَ ، فمَنْ أخذَهُ أخذَ بحظٍّ وافرٍ » رواه أبو داود والترمذي .

١٣٨٩ ـ وعَنِ ابنِ مَسْعُودٍ ، رضيَ اللهُ عَنْهُ ، قَالَ : سَمعْتُ رَسُولَ اللهِ ﷺ يَقُولُ : « نَضَّرَ اللهُ امرأً سَمِعَ مِنَّا شَيْئاً ، فَبَلَّغَهُ كما سَمِـعَهُ ، فَرُبَّ مُبَلَّغٍ أوْعى مِنْ سَامعٍ» رواه الترمذي وقال : حديثٌ حسنٌ صحيحٌ .

١٣٩٠ ـ وَعَنْ أبي هُرَيْرَةَ ، رَضـيَ اللهُ عَنْهُ ، قَالَ : قَالَ رَسُولُ اللهِ ﷺ : «مَنْ سُئِلَ عَنْ عِلمٍ فكتَمَهُ ، ألجِمَ يَوْمَ القيَامَةِ بلجامٍ مِنْ نارٍ » رواه أبو داود والتـرمـذي وقال: حديثٌ حَسَنٌ .

١٣٩١ ـ وعنهُ قالَ : قـالَ رسولُ اللهِ ﷺ : « مَنْ تَعَلَّمَ علمـاً ممـا يُبتَغى به وَجهُ اللهِ

ihrem Loch und der Fisch (*alles was schwimmt*), beten für solche Lehrer, die der Menschheit das Verrichten des Guten lehrt."
(At-Tirmi*d*i, mit dem Kommentar: Ein guter Hadith)

Hadith 1388 Abud-Dardā(r) berichtete: Ich hörte den Gesandten Allāhs(s) sagen: „Wer einen Weg beschreitet, um Wissen zu erlangen, dem wird Allāh einen Weg zum Paradies leicht machen. Die Engel senken ihre Fittiche auf denjenigen, der nach Wissen strebt, aus Billigung seiner Mühe. Wahrlich, alle Bewohner der Himmel und der Erde, sogar die Fische (*die Bewohner des Wassers*) bitten Allāh um Vergebung für den Wissenden. Der Rang des Gelehrten dem Betenden gegenüber ist wie der Rang des Mondes den Sternen gegenüber. Wahrlich, die Gelehrten sind Erben der Propheten, und die Propheten haben (den Erben) weder Dinar noch Dirham hinterlassen, sondern sie ließen (den Erben) das Wissen hinter sich. Wer dieses Wissen erwirbt, hat ein reichliches Glück verdient."
(Abu Dawūd und At-Tirmi*d*i)[98]

Hadith 1389 Ibn Mas'ūd(r) berichtete: Ich hörte den Gesandten Allāhs(s) sagen: „Möge Allāh dem Antlitz desjenigen, der was von mir wörtlich getreu übermittelt, Anmut und Blüte verleihen! Denn es kommt vor, dass jemand, dem etwas übermittelt wurde, es aufmerksamer beachtet und begreift als der, der es direkt vernommen hat."
(At-Tirmi*d*i, mit dem Kommentar: Ein guter bis starker Hadith)

Hadith 1390 Abu Huraira(r) berichtete: Der Gesandte Allāhs(s) hat gesagt: „Wer nach einer Lehre gefragt wird und sie (*wissentlich*) verschweigt, dem wird ein Zügel aus Feuer am Tag der Auferstehung angelegt."
(Abu Dawūd, und At-Tirmi*d*i mit dem Kommentar: Ein guter Hadith)

Hadith 1391 Abu Huraira(r) berichtete: Der Gesandte Allāhs(s) hat gesagt: „Wer immer auch eine Wissenschaft, die um Allāhs willen - erhaben und mächtig ist Er - erwirbt, nur um etwas von den Gütern des

عَزَّ وَجَلَّ لا يَتَعَلَّمُهُ إلا لِيُصيبَ بِهِ عَرَضاً مِنَ الدُّنْيَا لَمْ يَجِدْ عَرْفَ الجَنَّةِ يَوْمَ القِيَامَةِ » يَعْنِي : رِيحَهَا . رواهُ أبو داود بإسنادٍ صحيحٍ .

١٣٩٢ – وعَنْ عبدِ اللهِ بنِ عَمرو بنِ العاصِ رَضِيَ اللهُ عَنْهُمَا قالَ : سَمِعْتُ رسولَ اللهِ ﷺ يقـولُ : « إنَّ اللهَ لا يَقْبِضُ العِلْمَ انْتِزَاعـاً يَنْتَزِعُهُ مِنَ النَّاسِ ، ولكنْ يَقْبِضُ العلمَ بقَبْضِ العُلَمَاءِ حتَّى إذا لَمْ يُبْقِ عالِماً ، اتَّخَذَ النَّاسُ رُؤوساً جُهَّالاً ، فَسُئِلُوا ، فَأَفْتَوْا بِغَيْرِ علمٍ ، فَضَلُّوا وأَضَلُّوا » متفقٌ عليه .

Diesseits zu erlangen, der wird den Wohlgeruch des Paradieses - das heißt dessen Duft - nicht einmal riechen."
(Abu Dawūd, mit einer starken Überlieferungskette)

Hadith 1392 'Abdullāh Ibn 'Amr Ibn-ul-'Ās(r) berichtete: Ich hörte den Gesandten Allāhs(s) sagen: „Allāh wird das Wissen nicht an Sich nehmen, indem Er es den Menschen entreißt. Aber Er wird es an Sich nehmen, indem Er die Gelehrten zu Sich nimmt. Schließlich, wenn Er keinen Gelehrten am Leben lassen wird, werden sich die Menschen Unwissende zu (*geistlichen*) Führern nehmen. Diese werden (*von ihnen*) befragt werden und Rede und Antwort stehen müssen, ohne (*selbst über das entsprechende*) Wissen zu verfügen, und so werden sie (*selbst*) irren und (*andere*) in die Irre führen!"
(Al-Bukhari und Muslim)

كتاب حمد الله تعالى وشكره
٢٤٢ ــ باب فضل الحمد والشكر

قال الله تعالى : ﴿ فَاذْكُرُونِي أَذْكُرْكُمْ وَاشْكُرُوا لِي وَلَا تَكْفُرُونِ ﴾ (البقرة: ١٥٢)، وقال تعالى : ﴿ لَئِن شَكَرْتُمْ لَأَزِيدَنَّكُمْ ﴾ (إبراهيم: ٧)، وقال تعالى : ﴿ وَقُلِ الْحَمْدُ لِلَّهِ ﴾ (الإسراء: ١١١)، وقال تعالى: ﴿ وَآخِرُ دَعْوَاهُمْ أَنِ الْحَمْدُ لِلَّهِ رَبِّ الْعَالَمِينَ ﴾ (يونس: ١٠).

١٣٩٣ ــ وعَنْ أبي هُرَيْرَةَ، رَضِيَ اللهُ عَنْهُ، أنَّ النَّبيَّ ﷺ أتِيَ لَيْلَةَ أُسْرِيَ بِهِ بِقَدَحَيْنِ مِنْ خَمْرٍ وَلَبَنٍ، فَنَظَرَ إلَيْهِمَا فَأَخَذَ اللَّبَنَ، فَقَالَ جِبْرِيلُ ﷺ : « الْحَمْدُ للهِ الَّذِي هَدَاكَ لِلْفِطْرَةِ، لَوْ أَخَذْتَ الْخَمْرَ غَوَتْ أُمَّتُكَ » رواه مسلم.

١٣٩٤ ــ وعَنْهُ عَنْ رسولِ اللهِ ﷺ قالَ : « كُلُّ أمْرٍ ذِي بَالٍ لا يُبْدَأُ فِيهِ بِالْحَمْدِ لله فَهُوَ أَقْطَعُ » حديثٌ حسنٌ، رواه أبو داود وغيرُهُ.

Buch XI:

    Buch des Lobpreises und Dankes Allāhs, dem Erhabenen

Kapitel 242
Die Vorzüglichkeit des Lobpreises und des Dankes

Allāh, erhaben ist Er, spricht:
"Also gedenkt Meiner, Ich will euer gedenken; und danket Mir und seid nicht undankbar gegen Mich."
Sura 2:152
"Wenn ihr dankbar sein werdet, werde Ich euch fürwahr noch mehr geben"
Sura 14:7
"Und sprich: „Preis sei Allāh, Der Sich niemals einen Sohn genommen hat. Und Der keinen Teilhaber an Seiner Herrschaftsgewalt hat, und Der niemanden braucht, um Ihn vor Schmach zu beschützen. So rühme Ihn allenthalber!"
Sura 17:111
"Und zuletzt werden sie rufen: „Lob sei Allāh, dem Herrn der Welten.""
Sura 10:10

Hadith 1393 Abu Huraira(r) berichtete: Dem Propheten(s) wurden, in der Nacht seiner Himmelfahrt (von der Aqsā-Moschee in den Himmel), zwei Becher, in einem Wein und in dem anderen Milch, angeboten. Er betrachtete sie und wählte den mit der Milch. Daraufhin sagte Gabriel(s): „Aller Preis gebührt Allāh, Der dich zu der (*reinen*) Natur rechtgeleitet hat! Hättest du dich für den Wein entschieden, dann wäre deine Gemeinde irre gegangen!"
(Muslim)

Hadith 1394 Abu Huraira(r) berichtete: Der Gesandte Allāhs(s) hat gesagt: "Jedewichtige Handlung, die nicht mit der Lobpreisung Allāhs beginnt, ist verstümmelt." (Abu Dawūd u.a.)

١٣٩٥ – وعنْ أبي مُوسى الأشعريِّ، رَضِيَ اللهُ عنهُ، أنَّ رَسُولَ اللهِ ﷺ قالَ: «إذا ماتَ ولَدُ العبْدِ قالَ اللهُ تعالى لملائكتِه: قَبَضْتُمْ ولَدَ عبْدي؟ فيقولونَ: نَعَمْ، فيَقُولُ: قَبَضْتُمْ ثَمَرَةَ فُؤادِه؟ فيقولونَ: نَعَمْ، فَيَقُولُ: ماذا قال عَبْدي؟ فيقولونَ: حَمِدَكَ واسْتَرجَعَ فيَقُولُ اللهُ تعالى: ابْنُوا لِعَبْدي بيْتًا في الجنَّةِ، وسَمُّوهُ بيْتَ الحَمْدِ» رواه الترمذي وقال: حديثٌ حسنٌ.

١٣٩٦ – وعنْ أنسٍ رَضِيَ اللهُ عنهُ قالَ: قالَ رسولُ اللهِ ﷺ: «إنَّ اللهَ لَيَرْضَى عنِ العبْدِ يأكُلُ الأكْلَةَ فَيَحْمَدُهُ عليها، ويَشْرَبُ الشَّرْبَةَ، فَيَحْمَدُهُ عليها» رواه مسلم.

Hadith 1395[99] Abu Mūsā Al-Asch'ariyu(r) berichtete: Der Gesandte Allāhs(s) hat gesagt: „Wenn das Kind eines Dieners Allahs stirbt, sagt Allah zu Seinen Engeln: "Habt ihr die Seele Meines Dieners Kindes dahingenommen?" Sie antworten: "Ja." Er wird sagen: "Habt ihr (also) seines Herzens Frucht abgepflückt?" Sie antworten: "Ja." Er wird fragen: "Und was hat Mein Diener gesagt?" Sie sagen: "Er bat: „Preis sei Allah! Ihm sind wir und zu Ihm kehren wir zurück." Daraufhin wird Allah sagen: "Errichtete für ihn eine Stätte im Paradies und nennt sie „Stätte der Lobpreisung"

Hadith 1396 Anas(r) berichtete: Der Gesandte Allāhs(s) hat gesagt: „Fürwahr, Allah hat Wohlgefallen an jedem (*dankbaren*) Diener, der Allah sogar für nur einen Bissen und einen Schluck (*Wasser*) dankt."

كتاب الصلاة على رسول الله صلى الله عليه وسلم

٢٤٣ - باب فضل الصلاة على رسول الله صلى الله عليه وسلم

قال الله تعالى : ﴿ إِنَّ اللَّهَ وَمَلَائِكَتَهُ يُصَلُّونَ عَلَى النَّبِيِّ يَا أَيُّهَا الَّذِينَ آمَنُوا صَلُّوا عَلَيْهِ وَسَلِّمُوا تَسْلِيمًا ﴾ (الأحزاب: ٥٦) .

١٣٩٧ - وعَنْ عبد الله بن عمرو بن العاص ، رضي الله عنهما أنه سمع رسول الله ﷺ يقول : « مَنْ صَلَّى عَلَيَّ صَلاةً ، صَلَّى اللَّهُ عَلَيْهِ بِهَا عَشْراً » رواه مسلم .

١٣٩٨ - وعن ابن مسعود رضي الله عنه أن رسول الله ﷺ قال : « أَوْلَى النَّاسِ بِي يَوْمَ الْقِيَامَةِ أَكْثَرُهُمْ عَلَيَّ صَلاةً » رواه الترمذي وقال : حديث حسن .

١٣٩٩ - وعن أوس بن أوس ، رضي الله عنه قال : قال رسول الله ﷺ : « إنَّ مِنْ أَفْضَلِ أَيَّامِكُمْ يَوْمَ الْجُمُعَةِ ، فَأَكْثِرُوا عَلَيَّ مِنَ الصَّلاةِ فيه ، فَإِنَّ صَلاتَكُمْ مَعْرُوضَةٌ عَلَيَّ » فقالوا : يا رسول الله ، وكَيْفَ تُعْرَضُ صَلاتُنَا عَلَيْكَ وقَدْ أَرِمْتَ ؟! قال : يقول : بَلِيتَ ، قال : « إنَّ اللَّهَ عَزَّ وَجَلَّ حَرَّمَ عَلَى الأرضِ أجْسَادَ الأنبياءِ » . رواه أبو داود بإسناد صحيح.

Buch XII:
Buch der Segnungen auf dem Propheten, Allāh segne ihn und schenke ihm Heil

Kapitel 243
Die Vortrefflichkeit des Bittgebetes für die Segnung des Propheten(s)

Allāh, allmächtig ist Er, spricht:
«Wahrlich, Allāh und Seine Engel segnen den Propheten, drum ihr Gläubigen, segnet ihn und wünscht ihm aufrichtig Friede!»
Sura 33:56

Hadith 1397 'Abdullāh Ibn 'Amr Ibn-ul-'Āṣ(r) berichtete, dass er den Gesandten Allāhs(s) sagen hörte: „Wer um die Segnung Allāhs für mich bittet, den wird Allāh dafür zehnfach segnen."
(Muslim)

Hadith 1398 Ibn Mas'ūd(r) berichtete: Der Gesandte Allāhs(s) hat gesagt: „Fürwahr sind die mich am Tag der Auferstehung Nächststehenden unter den Menschen jene, die für mich am meisten um die Segnung Allāhs bitten."
(At-Tirmiḏi, mit dem Kommentar: Ein guter Hadith)

Hadith 1399 Aus Ibn Aus(r) berichtete: Der Gesandte Allāhs(s) hat gesagt: „Fürwahr ist der Freitag einer eurer besten Tage, so betet für mich am Freitag häufig, denn eure Gebete werden mir vorgeführt." Man fragte ihn: „O Gesandter Allāhs! Wie sollte unser Gebet dir vorgeführt werden, wenn dein Körper verfällt?!" Er erwiderte: „Allāh - erhaben und mächtig ist Er - hat der Erde die Leichname der Propheten verboten (*zu schädigen*)."
(Abu Dawūd, mit einer starken Überlieferungskette)

١٤٠٠ ـ وعَنْ أبى هُرَيْرَةَ رَضِىَ اللهُ عنهُ قالَ : قالَ رسولُ اللهِ ﷺ : « رَغِمَ أنْفُ رَجُلٍ ذُكِرْتُ عِنْدَهُ فَلَمْ يُصَلِّ عَلَىَّ » رواه الترمذى وقال : حديثٌ حسنٌ .

١٤٠١ ـ وعنْهُ رَضِىَ اللهُ عَنْهُ قالَ : قالَ رسولُ اللهِ ﷺ : « لا تَجْعَلُوا قَبْرِى عِيداً ، وَصَلُّوا عَلَىَّ ؛ فَإنَّ صَلاتَكُمْ تَبْلُغُنِى حَيْثُ كُنْتُمْ » رواه أبو داود بإسنادٍ صحيحٍ .

١٤٠٢ ـ وعنْهُ أنَّ رسولَ اللهِ ﷺ قــالَ : « مَا مِنْ أحَدٍ يُسَلِّمُ عَلَىَّ إلا رَدَّ اللهُ عَلَىَّ رُوحِى حَتَّى أرُدَّ عَلَيْهِ السَّلامَ » رواه أبو داود بإسنادٍ صحيحٍ .

١٤٠٣ ـ وعن عَلِىٍّ رَضِىَ اللهُ عَنْهُ قالَ : قالَ رسولُ اللهِ ﷺ : « البَخِيلُ مَنْ ذُكِرْتُ عِنْدَهُ ، فَلَمْ يُصَلِّ عَلَىَّ » رواه الترمذى وقال : حديثٌ حسنٌ صحيحٌ .

١٤٠٤ ـ وعَنْ فَضَالَةَ بنِ عُبَيْدٍ ، رَضِىَ اللهُ عَنْهُ ، قالَ : سَمِعَ رسولُ اللهِ ﷺ رَجُلاً يَدْعُو فى صَلاتِهِ لَمْ يُمَجِّدِ اللهَ تَعَالَى ، وَلَمْ يُصَلِّ على النبىِّ ﷺ ، فقالَ رسولُ اللهِ ﷺ : « عَجِلَ هذا » ثُمَّ دَعَاهُ فَقــالَ لَهُ ـ أو لِغَيْرِهِ ـ : « إذا صَلَّى أحَدُكُمْ فَلْيَبْدَأ بِتَحْمِيدِ رَبِّهِ سُبْحَانَهُ ، والثَّناءِ عليهِ ، ثُمَّ يُصَلِّى على النبىِّ ﷺ ، ثُمَّ يَدْعُو بَعْدُ بِمَا شَاءَ » رواه أبو داود والترمذى وقال : حديثٌ حسنٌ صحيحٌ .

Hadith 1400 Abu Huraira(r) berichtete: Der Gesandte Allāhs(s) hat gesagt: „Verloren (*seines absichtlichen Ungehorsams willen*) hat der Mensch, der mir Segnung und Heil Allāhs verweigert, wenn ich vor ihm erwähnt werde."
(At-Tirmidi, mit dem Kommentar: Ein guter Hadith)

Hadith 1401 Abu Huraira(r) berichtete: Der Gesandte Allāhs(s) hat gesagt: „Macht meine Begräbnisstätte nicht zum Festort, sondern bittet Allāh um Segnung und Heil für mich, denn euer Bittgebet wird mir übermittelt, wo auch immer ihr seid."
(Abu Dawūd, mit einer starken Überlieferungskette)

Hadith 1402 Abu Huraira(r) berichtet: Der Gesandte Allāhs(s) hat gesagt: „Kein Mensch grüßt mich (*nach dem Tod*), ohne dass Allāh meine Seele zu mir kehren lässt, damit ich dessen Gruß erwidern kann."
(Abu Dawūd, mit einer starken Überlieferungskette)

Hadith 1403 'Ali(r) berichtete: Der Gesandte Allahs(s) hat gesagt: „Geizig ist der Mensch, der für mich nicht um die Segnung Allāhs bittet, wenn ich in dessen Gegenwart erwähnt werde."
(At-Tirmidi, mit dem Kommentar: Ein guter bis starker Hadith)

Hadith 1404 Fadāla Ibn 'Ubaid(r) berichtete: Einmal hörte der Gesandte Allāhs(s) wie ein Mann im Gebet Allāh um etwas bat, ohne Allāh zu preisen und ohne dem Propheten(s) die Segnung Allāhs zu wünschen. Der Gesandte Allāhs(s) sagte dazu: „Dieser hat es voreilig!", dann rief er ihn zu sich und sprach - entweder zu ihm oder zu den Anwesenden -: «Wenn jemand von euch ein Bittgebet aussprechen möchte, so soll er zuerst mit dem Dank und der Lobpreisung Allāhs beginnen, dann Ihn um die Segnung des Propheten(s) bitten, dann kann er sich zu Ihm mit seiner (*persönlichen*) Bitte, was immer sie auch ist, wenden!"
(Abu Dawūd, und At-Tirmidi(r), mit dem Kommentar: Ein guter bis starker Hadith)

١٤٠٥ - وعَنْ أبي محمدٍ كَعْبِ بنِ عُجْرَةَ ، رضيَ اللهُ عنهُ ، قالَ : خَرَجَ عَلَيْنا النبيُّ ﷺ فقُلْنا : يا رسولَ اللهِ ، قَدْ عَلَّمْنا كَيْفَ نُسَلِّمُ عَلَيْكَ ، فَكَيْفَ نُصَلِّي عَلَيْكَ؟ قالَ : «قُولُوا : اللَّهُمَّ صَلِّ عَلَى مُحَمَّدٍ ، وَعَلَى آلِ مُحَمَّدٍ ، كَمَا صَلَّيْتَ عَلَى آلِ إِبْرَاهِيمَ ، إِنَّكَ حَمِيدٌ مَجِيدٌ ، اللَّهُمَّ بَارِكْ عَلَى مُحَمَّدٍ ، وعلى آلِ مُحَمَّدٍ ، كَمَا بَارَكْتَ عَلَى آلِ إِبْرَاهِيمَ ، إِنَّكَ حَمِيدٌ مَجِيدٌ » متفقٌ عليه .

١٤٠٦ - وعَنْ أبي مَسْعُودٍ البَدْرِيِّ ، رضيَ اللهُ عنهُ ، قالَ : أتانا رسولُ اللهِ ﷺ ، ونَحْنُ في مَجْلِسِ سعدِ بنِ عُبادَةَ رضيَ اللهُ عنه ، فقالَ لهُ بَشيرُ بنُ سعدٍ : أمَرَنَا اللهُ تَعالى أنْ نُصَلِّيَ عَلَيْكَ يا رسولَ اللهِ ، فَكَيْفَ نُصَلِّي عَلَيْكَ ؟ فَسَكَتَ رسولُ اللهِ ﷺ ، حتى تَمَنَّينا أنَّهُ لَمْ يَسْأَلْهُ ، ثم قالَ رسولُ اللهِ ﷺ : « قُولُوا : اللَّهُمَّ صَلِّ عَلَى مُحَمَّدٍ ، وعَلَى آلِ مُحَمَّدٍ، كَما صَلَّيْتَ على آلِ إبْراهِيمَ ، وبَارِكْ عَلَى مُحَمَّدٍ ، وعَلَى آلِ مُحَمَّدٍ ، كَمَا بَارَكْتَ عَلَى آلِ إِبْرَاهِيمَ ، إِنَّكَ حَمِيدٌ مَجِيدٌ ؛ والسلامُ كما قد عَلِمْتم » رواه مسلمٌ .

١٤٠٧ - وَعَنْ أبي حُمَيْدٍ السَّاعدِيِّ ، رضيَ اللهُ عنهُ ، قالَ : قالُوا : يا رسولَ اللهِ كيفَ نُصَلِّي عَلَيْكَ ؟ قالَ : « قُولُوا : اللَّهُمَّ صَلِّ عَلَى مُحَمَّدٍ ، وعَلَى أَزْوَاجِهِ وذُرِّيَّتِهِ ، كما

Hadith 1405 Abu Muhammad Ka'b Ibn 'Udschra(r) berichtete: Als der Prophet(s) einmal zu uns kam, sagten wir zu ihm: „O Gesandter Allāhs! Wir wissen jetzt, wie wir für dich Frieden erbitten, doch wie erbitten wir Heil für dich?" Er(s) erwiderte: „Sagt: «O Allāh, schenke Muhammad und den Angehörigen Muhammads Heil, so wie Du auch den Angehörigen Abrahams (Ibrahims) Heil geschenkt hast, denn wahrlich bist Du (allein) der Gepriesene, der Ruhmreiche! O Allāh, schenke Muhammad und den Angehörigen Muhammads Segen, wie Du auch den Angehörigen Abrahams (Ibrahims) Segen geschenkt hast, denn wahrlich bist Du (allein) der Gepriesene, der Ruhmreiche! - *Allāhumma salli 'alā Muhammad, wa 'alā Āli Muhammad, kamā sallaita 'alā Āli Ibrāhīm; Innaka **Hamīdun Majīd**! Allāhumma bārik 'alā Muhammad, wa 'alā Āli Muhammad, kamā bārakta 'alā Āli Ibrāhīm; Innaka **Hamīdun Majīd**.*»"
(Al-Bukhari und Muslim)

Hadith 1406 Abu Mas'ūd Al-Badriyu(r) berichtete: Einmal kam der Gesandte Allāhs(s) bei uns vorbei, als wir Gäste im Beisammensein von Sa'd Ibn 'Ubāda(r) waren, da sagte Baschir Ibn 'Ubāda zu ihm: „O Gesandter Allāhs! Allāh hat uns geboten, Segnung für dich zu erbitten. Wie verrichten wir dieses Bittgebet?" Der Gesandte Allāhs(s) schwieg eine lange Weile, so dass wir wünschten, er hätte ihn nicht gefragt. Dann sprach er zu uns: „Sagt: «O Allāh, schenke Muhammad und den Angehörigen Muhammads Heil, wie Du auch den Angehörigen Abrahams Heil geschenkt hast! Und schenke Muhammad und den Angehörigen Muhammads Segnung, wie Du auch die Angehörigen Abrahams gesegnet hast, denn fürwahr, Du bist (allein) der Gepriesene, der Ruhmreiche! Was den Friedensgruß angeht, so ist der wie ihr schon wisset.»"
(Muslim)

Hadith 1407 Abu *H*umaid As-Sā'idiyu(r) berichtete: Man fragte den Gesandten Allāhs(s): „Wie soll unser Bittgebet für dich lauten?" Er(s) erwiderte: „Sagt: «O Allāh, schenke Muhammad, seinen Frauen und seinen Nachkommen Heil, wie Du auch den Angehörigen Abrahams (Ibrahims)

صَلَّيْتَ عَلَى آلِ إِبْرَاهِيمَ ، وَبَارِكْ عَلَى مُحَمَّدٍ ، وَعَلَى أَزْوَاجِهِ وَذُرِّيَّتِهِ ، كَـمَـا بَارَكْتَ عَلَى آلِ إِبْرَاهِيمَ ، إِنَّكَ حَمِيدٌ مَجِيدٌ » متفقٌ عليه .

Heil geschenkt hast! Und schenke Muhammad, seinen Frauen und seinen Nachkommen Segnung, wie Du auch den Angehörigen Abrahams (Ibrahims) Segnung geschenkt hast, denn Du bist (*allein*) der Gepriesene, der Ruhmreiche!»"
(Al-Bukhari und Muslim)

كتاب الأذكار

٢٤٤ ـ باب فضل الذكر والحث عليه

قال اللهُ تَعَالى : ﴿ وَلَذِكْرُ اللَّهِ أَكْبَرُ ﴾ (العنكبوت:٤٥) ، وقالَ تَعَالى : ﴿ فَاذْكُرُونِي أَذْكُرْكُمْ ﴾ (البقرة:١٥٢) ، وقـالَ تَعَالى : ﴿ وَاذْكُرْ رَبَّكَ فِي نَفْسِكَ تَضَرُّعًا وَخِيفَةً وَدُونَ الْجَهْرِ مِنَ الْقَوْلِ بِالْغُدُوِّ وَالآصَالِ وَلَا تَكُنْ مِنَ الْغَافِلِينَ ﴾ (الأعراف:٢٠٥) ، وقالَ تَعَالى : ﴿وَاذْكُرُوا اللَّهَ كَثِيراً لَعَلَّكُمْ تُفْلِحُونَ﴾ (الجمـعـة:١٠) ، وقال تَعَالى : ﴿ إِنَّ الْمُسْلِمِينَ وَالْمُسْلِمَاتِ ﴾ إلى قوله تعالى : ﴿ وَالذَّاكِرِينَ اللَّهَ كَثِيراً وَالذَّاكِرَاتِ أَعَدَّ اللَّهُ لَهُمْ مَغْفِرَةً وَأَجْرًا عَظِيماً ﴾ (الأحزاب:٣٥) ، وقالَ تَعَالى : ﴿ يَا أَيُّهَا الَّذِينَ آمَنُوا اذْكُرُوا اللَّهَ ذِكْرًا كَثِيراً وَسَبِّحُوهُ بُكْرَةً وَأَصِيلاً ﴾ (الأحزاب:٤١،٤٢) والآيات في الباب كثيرة معلومة .

١٤٠٨ ـ وعَنْ أبي هُرَيْرَةَ ، رَضِيَ اللهُ عَنْهُ ، قـالَ : قالَ رَسُولُ اللهِ ﷺ : «كَلِمَتَانِ خَفِيفَتَانِ عَلَى اللِّسَانِ ، ثَقِيلَتَانِ فِي الْمِيزَانِ ، حَبِيبَتَانِ إلى الرَّحْمنِ : سُبْحَانَ اللهِ وَبِحَمْدِهِ ، سُبْحَانَ اللهِ العظيم » متفقٌ عليه .

Buch XIII: Buch des Gedenkens an Allāh

Kapitel 244
Der Vorrang des Gedenkens an Allāh

Allāh - erhaben ist Er - spricht:
Und das Gedenken an Allāh ist das höchste (Gebot)..."
Sura 29:45
«Drum gedenkt Meiner, dass Ich eurer gedenke...»
Sura 2:152
«Und gedenke Deines Herrn in deiner Seele in Demut und Furcht und ohne laute Worte morgens und abends; und sei nicht einer der Achtlosen!»
Sura 7:205
«Und gedenkt Allāhs häufig, so dass ihr Erfolg habt!»
Sura 62:10
«Wahrlich die Muslime und die Musliminnen - die Gläubigen, die Gehorsamen, die Wahrhaftigen, die Standhaften, die Demütigen, die Almosenspendenen, die Fastenden, die Schamhütenden und die Allāh häufig gedenkenden Männer und Frauen - Allāh hat ihnen Vergebung und herrlichen Lohn bereitet.»
Sura 33:35
«O die ihr glaubt! Gedenket Allāhs in häufigem Gedenken, und lobpreist Ihn morgens und abends!»
Sura 33:41-42
Die Verse diesbezüglich sind zahlreich.

Hadith 1408 Abu Huraira(r) berichtete: Der Gesandte Allāhs(s) hat gesagt: «Zwei Worte, leicht auszusprechen, aber von großem Gewicht in der Waagschale (*des Dieners am Tag der Auferstehung*): Gelobt sei Allāh und Sein ist aller Preis! Gelobt sei Allāh, der Allmächtige!: Sub*h*anallāh wa bi*h*amdihi! Sub*h*ānallāhil-'Azīm!»
(Al-Bukhari und Muslim)

١٤٠٩ - وعنهُ رضيَ اللهُ عنهُ قالَ : قالَ رسولُ اللهِ ﷺ : « لأنْ أقُولَ : سُبحَانَ اللهِ، والحمدُ للهِ ، ولا إلهَ إلا اللهُ ، واللهُ أكبرُ ؛ أحبُّ إليَّ ممَّا طَلَعَت عليهِ الشمسُ » رواهُ مسلم .

١٤١٠ - وعنهُ أنَّ رسولَ اللهِ ﷺ قالَ : « مَنْ قالَ : لا إلهَ إلا اللهُ وحدَهُ لا شريكَ لَهُ، لَهُ المُلكُ ، ولَهُ الحمدُ ، وهوَ على كلِّ شيءٍ قديرٌ ، في يومٍ مائةَ مرَّةٍ كانَت لَهُ عَدْلَ عَشرِ رقابٍ، وكُتِبَتْ لَهُ مائةُ حسنةٍ ، ومُحيَت عنهُ مائةُ سيئةٍ ، وكانَت لهُ حِرزاً منَ الشيطانِ يومَهُ ذلكَ حتى يُمسيَ ، ولم يأتِ أحدٌ بأفضلَ ممَّا جاءَ بِهِ إلا رجلٌ عملَ أكثرَ منه» وقال : « من قال : سُبحانَ اللهِ وبحمدِهِ ، في يومٍ مائةَ مرَّةٍ ، حُطَّتْ خطاياهُ ، وإنْ كانَتْ مثلَ زَبَدِ البَحرِ » متفقٌ عليه .

١٤١١ - وعَنْ أبي أيوبَ الأنصاريِّ رضيَ اللهُ عنهُ عنِ النبيِّ ﷺ قال : « مَنْ قالَ : لا إلهَ إلا اللهُ وحدَهُ لا شريـكَ لَهُ ، لَهُ المُلكُ ، ولَهُ الحمدُ ، وهوَ على كلِّ شيءٍ قديرٌ ، عَشرَ مرَّاتٍ ، كانَ كَمَنْ أعتقَ أربعةَ أنفسٍ من ولدِ إسماعيلَ » متفقٌ عليه .

Hadith 1409 Abu Huraira(s) berichtete: Der Gesandte Allāhs(s) hat gesagt: „Die Worte der Lobpreisung Allāhs (*Subhanallāh*!), des Dankes an Ihm (*Al-Hamdu Lillāh*!), der Verherrlichung Seiner alleinigen Gottheit (*Lā Ilāha illallāh*!) und der Anerkennung Seiner unvergleichlichen Größe (*Allāhu Akbar*!) sind mir lieber als alles unter der Sonne."
(Muslim)

Hadith 1410 Abu Huraira(r) berichtete: Der Gesandte Allāhs(s) hat gesagt: „Wer (*aus Überzeugung*) an einem Tag (*täglich*) hundertmal wiederholt: «*Lā Ilāha illallāh, Wahdahu, la Scharika lah, lahul-Mulku, walahul-Hamdu*[100], *wa Huwa 'alā Kulli Schai-in Qadīr!* - Es gibt keinen Gott außer Allāh, Er ist der Einzige, Er hat keinen Teilhaber, Sein ist die Herrschaft und Sein ist aller Lobpreis, und Er hat die Macht über alles», dem wird es belohnt, als hätte er zehn Sklaven befreit, dann werden ihm einhundert gute Taten vergolten und einhundert seiner Verfehlungen getilgt. Dieses (*morgens ausgesprochene Bittgebet*) schützt ihn vor dem Satan bis zum Abend, und keiner wird besser belohnt als er, außer einem, der mehr vollbringt als dessen Leistung."
Laut einer anderen Version, hat er(s) gesagt: „Wer an einem Tag (*täglich*) hundertmal sagt: «*Subhānallāhi, wa bi-Hamdihi* = Gepriesen ist Allāh, und Ihm gebührt aller Lobpreis», dem werden seine Verfehlungen getilgt, auch wenn sie wie der Schaum des Meeres sind. -"
(Al-Bukhari und Muslim)

Hadith 1411 Abu Ayyūb Al-Ansāriyu(r) berichtete: Der Prophet(s) hat gesagt: „Wer (*täglich*) die Lobpreisung Allāhs zehnmal wiederholt: «*Lā Ilāha illallāh, Wahdahu, lā Scharika lah, lahul-Mulku, wa lahul-Hamdu, wa Huwa 'alā Kulli Schai-in Qadīr* - Es gibt keinen Gott außer Allāh, Er ist der Einzige, Er hat keinen Teilhaber, Sein ist die Herrschaft und Sein ist aller Lobpreis, und Er hat die Macht über alles», dem wird der Lohn eines (*Dieners*), der vier Sklaven von den Kindern Ismāiels (Ismaels) befreit hat zuteil."
(Al-Bukhari und Muslim)

١٤١٢ - وعنْ أبي ذرٍّ رَضِيَ اللهُ عَنْهُ قال : قال لي رسولُ اللهِ ﷺ : « ألا أخبرُكَ بأحبِّ الكلامِ إلى اللهِ ؟ إنَّ أحبَّ الكلامِ إلى اللهِ : سُبحانَ اللهِ وبحمدهِ » رواه مسلم .

١٤١٣ - وعنْ أبي مالكٍ الأشعريِّ رضيَ اللهُ عنهُ قال : قال رسولُ اللهِ ﷺ : «الطَّهورُ شطرُ الإيمانِ ، والحمدُ لله تملأُ الميزانَ ، وسبحانَ اللهِ ، والحمدُ لله تملآنِ ـ أو تملأُ ـ ما بينَ السَّمواتِ والأرضِ » رواه مسلم .

١٤١٤ - وعنْ سعدِ بنِ أبي وقَّاصٍ رضيَ اللهُ عنهُ قال : جاءَ أعرابيٌّ إلى رسولِ اللهِ ﷺ فقالَ : علِّمني كلاماً أقولُهُ . قال : « قل : لا إلهَ إلا اللهُ وحدَهُ لا شريكَ لهُ ، اللهُ أكبرُ كبيراً ، والحمدُ لله كثيراً ، وسبحانَ اللهِ ربِّ العالمينَ ، ولا حولَ ولا قوَّةَ إلا باللهِ العزيزِ الحكيمِ » قال : فهؤلاءِ لربِّي ، فما لي ؟ قال : « قُلْ : اللَّهُمَّ اغفِرْ لي ، وارحَمْني ، واهدني ، وارْزُقْني » رواه مسلم .

١٤١٥ - وعنْ ثوبانَ رضيَ اللهُ عنهُ قال : كان رسولُ اللهِ ﷺ إذا انصرفَ من صلاتهِ استغفرَ ثلاثاً ، وقال : « اللَّهُمَّ أنتَ السَّلامُ ، ومنكَ السَّلامُ ، تباركتَ يا ذا الجلالِ والإكرامِ»

Hadith 1412 Abu *D*arr Al-Ghifāriyu(r) berichtete: Der Gesandte Allāhs(s) hat zu mir gesagt: „Soll ich dir erzählen, welche Worte Allāh am liebsten sind? Es sind «*Subhānallāhi, wa bi-Hamdihi*! - Gepriesen ist Allāh, und Ihm gebührt aller Lobpreis - »"[101]
(Muslim)

Hadith 1413 Abu Mālik al-Asch 'ariyu(r) berichtete: Der Gesandte Allāhs(s) hat gesagt: „Die Reinheit ist die Hälfte des Glaubens, *Al-Hamdu lillāh* - Aller Preis gebührt Allāh - füllt die Waagschale (*des Betenden am Tag des Gerichts*) und *Subhānallāhi wal-Hamdu lillāh* - Gepriesen ist Allāh und aller Preis gebührt Allah - füllen was zwischen Himmeln und Erde (an Raum) ist."
(Muslim)

Hadith 1414 Sa'd Ibn Abi Waqqās(r) berichtete: Ein Beduine kam zum Propheten(s) und sagte: „Bitte lehre mich Worte, die ich als Bittgebet verwende!" Er(s) sagte zu ihm: «Sag: *Lā Ilāha illallāh, Wahdahu, lā Scharīka lah! Allāhu Akbaru kabīrā, wal-Hamdu lillāhi kaṯīrā, wa Subhānallāhi Rabbil 'Ālamīn, walā Haula walā Quwata illā billāhil 'Azizil Hakīm* - Es gibt keinen Gott außer Allāh, Er ist der Einzige, Er hat keinen Teilhaber. Allāh ist der unvergleichlich Große und Ihm allein gebührt die dauerhafte, würdige Lobpreisung! Gepriesen ist der Herr der Welten! Es gibt weder Macht noch Kraft außer bei Allāh, Dem Allmächtigen, Dem Allweisen!» - . Der Beduine erwiderte: „Das sind (*Bittgebetsworte*) für meinen Herrn! Was ist für mich?" Der Prophet(s) sagte zu ihm: „Bete: «O Allāh! Vergib mir, und habe Erbarmen mit mir! Weise mir den (*richtigen*) Weg und gib mir (*reichliche*) Versorgung - *Allāhumma-ghfir lī, war-hamnī, wah-dinī, war-zuqnī*»! - "
(Muslim)

Hadith 1415 *Th*aubān(r) berichtete: Der Gesandte Allās(s) pflegte nach Beendigung des (*obligatorischen*) Gebetes, dreimal Allāh um Vergebung (*Istighfār*) zu bitten, danach sprach er(s): «*Allāhumma Antas-Salāmu, wa*

قيلَ للأوزاعيّ ـ وهوَ أحدُ رواةِ الحديثِ ـ : كيفَ الاستغفارُ ؟ فقال : تقول : أستغفرُ اللهَ ، أستغفرُ اللهَ . رواه مسلم .

١٤١٦ ـ وعَنِ المغيرةِ بنِ شعبةَ رضيَ اللهُ عنهُ أنَّ رسولَ اللهِ ﷺ كانَ إذا فرَغَ من الصَّلاةِ وسَلَّمَ قالَ : « لا إلهَ إلا اللهُ وحدَهُ لا شَريكَ لَهُ ، لهُ المُلكُ ولَهُ الحَمْدُ ، وهوَ على كُلِّ شَيءٍ قديرٌ ، اللَّهُمَّ لا مانعَ لما أعطَيتَ ، ولا مُعطِيَ لما مَنَعْتَ ، ولا يَنفَعُ ذا الجَدِّ منكَ الجَدُّ » متفقٌ عليه .

١٤١٧ ـ وعَنْ عبدِ اللهِ بنِ الزبيرِ رضيَ اللهُ تعالى عنهما أنَّهُ كانَ يَقولُ دُبرَ كُلِّ صلاةٍ ، حينَ يُسَلِّمُ : لا إلهَ إلا اللهُ وحدَهُ لا شَريكَ لَهُ ، لَهُ المُلكُ ولهُ الحَمْدُ ، وهوَ على كُلِّ شَيءٍ قديرٌ ، لا حَوْلَ ولا قُوَّةَ إلا بِاللهِ ، لا إلهَ إلا اللهُ ، ولا نَعبُدُ إلا إيَّاهُ ، لهُ النِّعمَةُ ، ولَهُ الفَضْلُ ، ولَهُ الثَّناءُ الحَسَنُ ، لا إلهَ إلا اللهُ مُخلِصينَ لَهُ الدينَ ولَوْ كَرِهَ الكافرونَ . قال ابنُ الزبير : وكانَ رسولُ اللهِ ﷺ يُهَلِّلُ بهنَّ دُبرَ كُلِّ صلاةٍ مكتوبةٍ . رواه مسلم .

minkas-Salām, tabārakta Yadal-Jalāli, wal-Ikrām! - O Allāh! Du bist der (*wahre*) Friede, und von Dir (*nur*) kommt der Friede! Segensreich bist Du, o Herr der Majestät und der Ehre!» Man fragte den Al-Auzā'iy - einen der Hadith-Überlieferer -: „Wie bittet man um Vergebung (*Istighfār*)"? Er erwiderte: „In dem du sagst: «*Astaghfirullāh! Astaghfirullāh!* - Ich bitte Allāh um Vergebung! Ich bitte Allāh um Vergebung!» -"[102]

Hadith 1416 Al-Mughīra Ibn Schu'ba(r) berichtete: Nach der Beendigung des Gebetes mit dem gewohnten Taslīm[103], pflegte der Gesandte Allāhs(s) zu sagen: «*Lā Ilāha illallāh, Wahdahu, lā Scharīka lah, lahul-Mulku, wa lahul-Hamdu, wa Huwa 'alā Kulli Schai-in Qadīr. Allāhumma lā Māni'a limā a'taita, walā Mu'tiya limā mana'ta, wa lā yanfa'u dal-Jaddi, minkal-Jaddu!:* Es gibt keinen Gott außer Allāh. Er ist der Einzige, Er hat keinen Partner. Ihm allein ist die Herrschaft und Ihm allein gebührt die würdige Lobpreisung, und Er ist der Allmächtige über alles. O Allāh! Keiner kann vorenthalten, was Du gegeben hast, und keiner kann geben, was Du vorenthalten hast. Und dem Reichen nutzt nicht sein Reichtum bei Dir!*[104]*»
(Al-Bukhari und Muslim)

Hadith 1417 Abdullāh Ibn-uz-Zubair(r) pflegte nach der Beendigung jedes Gebetes mit dem gewohnten Taslīm zu sagen: «*Lā Ilāha illallāh, Wahdahu, lā Scharieka lah, lahul-Mulku, walahul-Hamdu, wa Huwa 'alā Kulli Schai-in Qadīr. Lā Haula wala Quwata illā billah! Lā Ilāha illallāh, walā na'budu illā Iyāhu, Mukhlisīna lahuddina walau karihal-Kāfirūn!* = Es gibt keinen Gott außer Allāh. Er ist der Einzige, Er hat keinen Partner an Seiner Gottheit. Ihm allein ist die Herrschaft und Ihm allein gebührt die würdige Lobpreisung, und Er ist der Allmächtige über alles. Es gibt weder Macht noch Kraft außer bei Allāh. Es gibt keinen Gott außer Allāh, und wir dienen nur Ihm. Alle Gaben, Güte, Huld und alle würdige Lobpreisung sind Ihm! Es gibt keinen Gott außer Allāh! Ihm sind wir ergebene Diener, auch wenn es den Ungläubigen zuwider ist!» Ibn-uz-Zabair fuhr fort: „Der Gesandte Allāhs(s) pflegte, dieses Bittgebet nach Beendigung jedes

١٤١٨ - وعَنْ أبي هُرَيْرَةَ رَضِيَ اللهُ عَنْهُ أنَّ فُقَرَاءَ المُهَاجِرِينَ أتَوْا رَسُولَ اللهِ ﷺ فقالُوا : ذَهَبَ أهْلُ الدُّثُورِ بالدَّرَجَاتِ العُلَى ، والنَّعِيمِ المُقِيمِ : يُصَلُّونَ كَمَا نُصَلِّي ، ويَصُومُونَ كَمَا نَصُومُ ، ولَهُمْ فَضْلٌ مِنْ أمْوَالٍ : يَحُجُّونَ ، ويَعْتَمِرُونَ ، ويُجَاهِدُونَ ، ويَتَصَدَّقُونَ ، فقالَ : « ألا أُعَلِّمُكُمْ شَيْئاً تُدْرِكُونَ بِهِ مَنْ سَبَقَكُمْ ، وتَسْبِقُونَ بِهِ مَنْ بَعْدَكُمْ ، ولا يَكُونُ أحَدٌ أفْضَلَ مِنْكُمْ إلا مَنْ صَنَعَ مِثْلَ مَا صَنَعْتُمْ ؟ » قالوا : بَلَى يا رسولَ اللهِ ، قالَ: « تُسَبِّحُونَ ، وتَحْمَدُونَ ، وتُكَبِّرُونَ ، خَلْفَ كُلِّ صَلاةٍ ثَلاثاً وثَلاثِينَ » قالَ أبو صَالِحٍ الرَّاوِي عَنْ أبي هُرَيْرَةَ ، لما سُئِلَ عَنْ كَيْفِيَّةِ ذِكْرِهِنَّ ، قالَ : يقولُ : سُبْحَانَ اللهِ ، والحَمْدُ للهِ ، واللهُ أكْبَرُ ، حَتَّى يَكُونَ مِنْهُنَّ كُلِّهِنَّ ثَلاثاً وثَلاثِينَ . متفقٌ عليه .

وزادَ مُسْلِمٌ في روايتِهِ : فَرَجَعَ فُقَرَاءُ المُهَاجِرِينَ إلى رَسُولِ اللهِ ﷺ فقالوا : سَمِعَ إخْوَانُنا أهْلُ الأمْوالِ بِمَا فَعَلْنَا ، فَفَعَلُوا مِثْلَهُ ؟ فقالَ رَسُولُ اللهِ : « ذلِكَ فَضْلُ اللهِ يُؤْتِيهِ مَنْ يَشَاءُ » .

« الدُّثُورُ » : جَمْعُ دَثْرٍ ـ بفتحِ الدَّالِ وإسكانِ الثاءِ المثلثةِ ـ وهو المَالُ الكَثِيرُ .

١٤١٩ - وعَنْهُ عَنْ رَسُولِ اللهِ ﷺ قالَ : « مَنْ سَبَّحَ اللهَ في دُبُرِ كُلِّ صَلاةٍ ثَلاثاً وثَلاثِينَ ، وحَمِدَ اللهَ ثَلاثاً وثَلاثِينَ ، وكَبَّرَ اللهَ ثَلاثاً وثَلاثِينَ ، وقالَ تَمَامَ المائةِ : لا إله إلا اللهُ وحْدَهُ لا شَرِيكَ لَهُ ، لَهُ المُلْكُ ولَهُ الحَمْدُ ، وهُوَ عَلَى كُلِّ شَيءٍ قَدِيرٌ ، غُفِرَتْ خَطَايَاهُ وإنْ كَانَتْ مِثْلَ زَبَدِ البَحْرِ » رواهُ مسلم .

١٤٢٠ - وعَنْ كَعْبِ بْنِ عُجْرَةَ رَضِيَ اللهُ عَنْهُ عَنْ رسولِ اللهِ ﷺ قالَ : «مُعَقِّبَاتٌ لا

Pflichtgebetes laut zu sprechen."
(Muslim)

Hadith 1418 Abu Huraira(r) berichtete: Es kamen bedürftige mekkanische Auswanderer zum Gesandten Allāhs(s) und sagten: „O Gesandter Allāhs! Nur die Vermögenden haben den höchsten Rang (im Paradies) und die ewige Wonne sicher erlangt, *(denn)* sie beten genauso wie wir, und sie fasten genauso wie wir, wobei sie Almosen geben, und wir nicht, und sie befreien Sklaven, und wir nicht!" Da sagte der Gesandte Allāhs(s): «Soll ich euch nicht etwas lehren, womit ihr den Vorrang derer, die vor euch sind, erreicht, und derer, die nach euch kommen, übertreffen könnt, wobei keiner besser sein kann als ihr, außer wenn er das gleiche leistet?!» Sie sagten: „Gewiss doch, o Gesandter Allāhs!" Er erwiderte: «Lobpreist Allāh (d.h.: *Subhānallāh* sagen), dankt Ihm (d.h. *Al-Hamdu lillāh* sagen), und verherrlicht Ihn (d.h. *Allāhu Akbar* sagen) dreiunddreißig Mal nach jedem Gebet!»
(Al-Bukhari und Muslim)
Die Überlieferung von Muslim fügt hinzu: Später kamen jene bedürftige Mekkaner zum Gesandten Allāhs(s) und sagten: „Unsere vermögenden Brüder erfuhren, was wir tun, und nun tun sie auch das gleiche!" Er(s) erwiderte: «*Dies ist Allāhs Huld, die Er gewährt, wem Er will!*»[105]

Hadith 1419 Abu Huraira(r) berichtete: Der Gesandte Allāhs(s) hat gesagt: «Wer Allāh nach jedem Pflichtgebet preist mit: dreiunddreißig Mal *Subhānallāh*, dreiunddreißig Mal «*Al-Hamdu lillāh*», dreiunddreißig Mal «*Allāhu Akbar*», und dies auf hundert vollendet, mit den Worten: «*La Ilāha illallāh, Wahdahu, lā Scharīka lah, lahul-Mulku, wa lahul- Hamdu, wa Huwa 'alā Kulli Schai-in Qadīr*», dem werden seine Verfehlungen getilgt, auch wenn sie wie der Schaum des Meeres sind."
(Muslim)

Hadith 1420 Ka'b Ibn 'Ujra(r) berichtete: Der Gesandte Allāhs(s) hat gesagt: „Es gibt aufeinanderfolgende Lobpreisungen, die dem Betenden,

يخيبُ قَائِلُهُنَّ ـ أوْ فَاعِلُهُنَّ ـ دُبُرَ كُلِّ صَلاةٍ مَكْتُوبَةٍ : ثَلاثاً وَثَلاثِينَ تَسْبِيحَةً ، وَثَلاثاً وَثَلاثِينَ تَحْمِيدَةً ، وَأَرْبَعاً وَثَلاثِينَ تَكْبِيرَةً » رواه مسلم .

١٤٢١ ـ وعن سعدِ بنِ أبى وقاص رضى اللهُ عنهُ أنَّ رسولَ اللهِ ﷺ كانَ يَتَعَوَّذُ دُبُرَ الصَّلَوَاتِ بهؤُلاء الكَلمَاتِ : « اللَّهُمَّ إنِّى أعُوذُ بكَ مِنَ الجُبْنِ وَالبُخْلِ ، وَأعُوذُ بكَ مِنْ أنْ أُرَدَّ إلى أرْذَلِ العُمُرِ ، وَأعُوذُ بكَ مِنْ فِتْنَةِ الدُّنْيَا ، وَأعُوذُ بكَ مِنْ فِتْنَةِ القَبْرِ » رواه البخارى .

١٤٢٢ ـ وعن معاذ رضى اللهُ عنهُ أنَّ رسولَ اللهِ ﷺ أخذَ بيدهِ وقالَ : « يَا مُعَاذُ ، وَاللهِ إنِّى لأُحِبُّكَ » فقالَ : « أُوصِيكَ يَا مُعَاذُ لا تَدَعَنَّ فى دُبُرِ كُلِّ صَلاةٍ تَقُولُ : اللَّهُمَّ أعِنِّى على ذِكْرِكَ ، وَشُكْرِكَ ، وَحُسْنِ عِبَادَتِكَ » رواه أبو داود بإسنادٍ صحيحٍ .

١٤٢٣ ـ عَنْ أبى هُرَيْرَةَ رضى اللهُ عنهُ أنَّ رسولَ اللهِ ﷺ قالَ : « إذا تَشَهَّدَ أحَدُكُمْ فَلْيَسْتَعِذْ بِاللهِ مِنْ أرْبَعٍ ؛ يقُولُ : اللَّهُمَّ إنِّى أعُوذُ بكَ مِنْ عَذَابِ جَهَنَّمَ ، وَمِنْ عَذَابِ القَبْرِ ، وَمِنْ فِتْنَةِ المَحْيَا وَالمَمَاتِ ، وَمِنْ شَرِّ فِتْنَةِ المَسيحِ الدَّجَّالِ » رواه مسلم .

der sie nach Beendigung des Pflichtgebetes sagt oder verrichtet, Erfolg gewähren: *dreiunddreißig Mal Tassbīha (Subhānallāh: Gepriesen ist Allāh!), dreiunddreißig Mal Tahmīda (Al-Hamdu lillāh: Aller Lob gebührt Allāh), und vierundreißig Mal Takbīra (Allāhu Akbar: Allah ist unvergleichlich groß)."*
(Muslim)

Hadith 1421 Sa'd Ibn Abi Waqqās(r) berichtete: Der Gesandte Allāhs(s) pflegte nach jedem Pflichtgebet durch folgende Worte, Zuflucht bei Allāh zu nehmen: «*Allāhumma! Innī a'ūdu bika minal-Jubni, wal-Bukhli, wa a'ūdu bika min an uradda ilā ardalil-'Umuri, wa a'ūdu bika min Fitnatid-Dunya, wa a'ūdu bika min Fitnatil-Qabri: O Allāh! Ich nehme Zuflucht bei Dir vor der Feigheit und dem Geiz! Ich nehme Zuflucht bei Dir, dass ich ins unerträgliche Greisenalter verfalle, und ich nehme Zuflucht bei Dir vor der Versuchung des Diesseits[106] und der Versuchung im Grab!*»[107]
(Al-Bukhari)

Hadith 1422 Mu'ād(r) berichtete, dass der Gesandte Allāhs(s) seine Hand festhielt und zu ihm sagte: „*O Mu'ād, bei Allah, ich habe dich sehr lieb.*" Dann sprach er(s): „*Ich befehle dir, nach jedem Pflichtgebet folgendes Bittgebet nicht zu unterlassen: «Allāhumma, a'innī 'alā Dikrika, wa Schukrika, wa Hussni 'Ibādatika!: O Allāh! Hilf mir, Deiner zu gedenken, Dir zu danken, und Dir redlich zu dienen!*»"
(Abu Dawūd, mit einer starken Überlieferungskette)

Hadith 1423 Abu Huraira(r) berichtete: Der Gesandte Allāhs(s) hat gesagt: „Wenn einer von euch die Ehrenbezeugung und das Erbitten von Segnungen am Ende des Gebetes ausgesprochen hat, soll er Zuflucht bei Allah vor vier Dingen nehmen, indem er erbittet: «*Allāhumma, innī a'udu bika min 'Adābi Dschahannam, wa min 'Adābil-Qabri, wa min Fitnatil-Mahyā wal-Mamāti, wa min Scharri Fitnatil-Massīhid-Dajjāl: O Allah! Ich suche Zuflucht bei Dir vor der qualvollen Strafe der Hölle, vor*

١٤٢٤ — وعن عليّ رضي الله عنه قال : كان رسول الله ﷺ إذا قام إلى الصلاة يكون من آخر ما يقول بين التشهّد والتسليم : « اللّهمّ اغفرْ لي ما قدّمتُ وما أخّرتُ ، وما أسررتُ وما أعلنتُ ، وما أسرفتُ ، وما أنت أعلمُ به مني ، أنت المقدّم ، وأنت المؤخّر ، لا إله إلا أنتَ » رواه مسلم .

١٤٢٥ — وعن عائشة رضي الله عنها قالت : كان النبيّ ﷺ يكثرُ أن يقولَ في ركوعه وسجوده : « سبحانك اللّهمّ ربّنا وبحمدك ، اللّهمّ اغفرْ لي » متفقٌ عليه .

١٤٢٦ — وعنها أنّ رسول الله ﷺ كان يقولُ في ركوعه وسجوده : « سبّوحٌ قدّوسٌ ربُّ الملائكة والرّوح » رواه مسلم .

١٤٢٧ — وعن ابن عبّاس رضي الله عنهما أنّ رسولَ الله ﷺ قال : « فأمّا الركوعُ فعظّموا فيه الربَّ عزَّ وجلَّ ، وأمّا السجودُ فاجتهدوا في الدعاء ، فقمنٌ أن يُستجابَ لكم » رواه مسلم

der qualvollen Strafe im Grab, vor der Versuchung des Lebens und des Sterbens, und vor dem Unheil der Versuchung des falschen Messias!»".
(Muslim)

Hadith 1424 'Ali Ibnu Abi Talib(r) berichtete: Der Gesandte Allāhs(s) pflegte, zwischen dem Taschahhud (Ehrenbezeugung und Erbitten von Segnungen) und dem Taslīm (Beendigung des Gebetes mit dem Friedensgruß) u.a. zu erbitten: «Allāhummaghfir li Mā qaddamtu wa Mā akh-khartu, wa Mā asrartu wa Mā a'lantu, wa Mā asraftu, wa Mā Anta A'lamu bihi minnī, Antal-Muqaddimu, wal-Mu akh-khiru, lā Ilāha illā Anta!: O Allāh, vergib mir meine Verfehlungen, vergangene und künftige, was ich verhehlte und was ich kundtat, was ich (gegen meine eigene Seele) vergangen hatte und was Du von mir weißt, was ich nicht weiß; denn Du bist allein Der voraussendet und Der zurücksendet[108], außer Dir gibt es keinen Gott.»
(Muslim)

Hadith 1425 'Āischa(r) berichtete: Der Prophet(s) pflegte in seiner Beugung und seiner Niederwerfung im Gebet oft zu aussprechen: «*Subhānakallāhumma, wa bi-Hamdika! Allāhummaghfirlī!*: Alle Herrlichkeit und alle Lob gebühren Dir, o Allāh, unser Herr! O Allāh, vergib mir!»
(Al-Bukhari und Muslim)

Hadith 1426 'Āischa(r) berichtete: Der Gesandte Allāhs(s) pflegte in seiner Beugung und seiner Niederwerfung im Gebet zu sagen: «*Subbūhun, Quddūs, Rabbul-Malā ikati war- Rūh*: (Gepriesen ist) Der unvergleichlich Herrliche, Der unvergleichlich Heilige, Der Herr der Engel und des Geistes!»
(Muslim)

Hadith 1427 Ibn 'Abbās(r) berichtete: Der Gesandte Allāhs(s) hat gesagt: «Ihr sollt in der verbeugenden Haltung (*im Gebet*), den Herrn - Erhaben

١٤٢٨ - وعن أبي هريرةَ رضي اللهُ عنه أنَّ رسولَ اللهِ ﷺ قال : « أقرَبُ ما يكونُ العبدُ من ربه وهو ساجدٌ ؛ فأكثِروا الدُّعاءَ » رواه مسلم .

١٤٢٩ - وعنه أنَّ رسولَ اللهِ ﷺ كان يقولُ في سجودِه : « اللّهُمَّ اغفِرْ لي ذَنْبي كُلَّهُ: دِقَّهُ وجِلَّهُ ، وأوَّلهُ وآخرَهُ ، وعَلانِيتَهُ وسِرَّهُ » رواه مسلم .

١٤٣٠ - وعنْ عائشةَ رضي اللهُ عنها قالَتْ : افتقدتُ النبيَّ ﷺ ذاتَ ليلةٍ ، فتَحسَّستُ ، فإذا هو راكِعٌ ـ أو ساجدٌ ـ يقولُ : « سُبحانكَ وبحمدِكَ لا إله إلا أنتَ » ، وفي روايةٍ : فوَقعَتْ يدي على بطنِ قدَمَيْهِ ، وهو في المسجدِ ، وهما منصوبتانِ ، وهو يقولُ : « اللّهُمَّ إني أعوذُ برضاكَ من سخَطِكَ ، وبمُعافاتِكَ من عقوبتِكَ ، وأعوذُ بكَ مِنكَ، لا أُحصي ثَناءً عليكَ أنتَ كما أثنَيْتَ على نَفسِكَ » رواه مسلم .

und Allmächtig ist Er - preisen, und in der Niederwerfung (*im Gebet*) sollt ihr (von Allah) redlich erbitten, denn (in dieser Haltung) seid ihr der Erfüllung würdig.»
(Muslim)

Hadith 1428 Der Gesandte Allahs(s) hat gesagt: «Der Diener ist seinem Herrn in der Niederwerfung (im Gebet) am nahsten, also verrichtet oft die Bittgebete während ihr euch niederwerft!»
(Muslim)

Hadith 1429 Abu Huraira(r) berichtete: Der Gesandte Allāhs(s) pflegte in der Niederwerfung zu sagen,: «*Allāhummaghfir lī Danbi kullahu: Diqqahu wa Jillahu, wa Auwalahu wa Ākhirahu, wa 'Alāniyatahu wa Sirrahu: O Allah, vergib mir all meine Verfehlungen, klein und groß, vom Anfang bis zum Ende, was offenkundig ist und was verborgen ist!*»
(Muslim)

Hadith 1430 'Āischa(r) berichtete: Eines Nachts vermisste ich den Propheten(s), da tastete ich (mit meiner Hand), und ich hörte ihn, in der verbeugenden Haltung - oder in der Niederwerfung - erbitten: «*Subhānaka, wa bi-Hamdika! Lā Ilāha illā Anta*!: Aller Lob und alle Herrlichkeit gebühren Dir. Es gibt keinen Gott außer Dir.»
In einer anderen Version: da berührte meine Hand seine Fußsohle, wobei er in seiner gewohnten Gebetsecke in der Niederwerfung[109] war und die beiden Füßen in aufrechter Stellung waren, und er erbat: «*Allāhmma! Innī a'ūdu bi Ridāka min Sakhatika, wa bi-Mu'āfātika min 'Uqūbatika, wa a'ūdu bika minka! Lā uhsī Thanā an 'alaika! Anta kamā athnaita 'alā Nafsika: O Allāh, ich suche Zuflucht bei Deinem Wohlgefallen vor Deinem Zorn, und bei Deiner Rettung vor Deiner Bestrafung, und ich suche Zuflucht bei Dir vor Dir. Nicht genug kann ich Deine Herrlichkeit (und Deine Gaben) aufzählen und preisen; denn Du bist der Lobpreisung würdig, wie Du Dich Selbst gepriesen hast.*»
(Muslim)

١٤٣١ - وعنْ سعدِ بنِ أبى وقَّاصٍ رضِىَ اللهُ عنْهُ قالَ : كُنَّا عِنْدَ رَسُولِ اللهِ ﷺ فقال : « أيعجزُ أحدُكُمْ أنْ يكْسِبَ فى كل يوْمٍ ألْفَ حسنَةٍ ! » فَسألهُ سائلٌ مِنْ جُلسائِهِ : كيْفَ يكْسِبُ ألفَ حسنَةٍ ؟ قالَ : « يُسبِّحُ مائة تسْبِيحةٍ ، فيُكْتبُ لهُ ألفُ حسنَةٍ ، أوْ يُحطُّ عنْهُ ألفُ خطيئةٍ » رواه مسلم .

قالَ الحُميْدِىُّ : كـذا هـوَ فى كِتابِ مُسْلِمٍ : « أوْ يُحطُّ » قالَ البرْقانِى : ورواهُ شُعْبةُ ، وأبو عوَانَة ، ويَحيى القطَّانُ ، عنْ مُوسى الذى رواه مسلم مِن جِهتِهِ فَقالُوا : « ويحطُّ » بِغيْرِ ألفٍ .

١٤٣٢ - وعنْ أبى ذرٍّ رضِىَ اللهُ عنْهُ أنَّ رسُولَ الـلـهِ ﷺ قـالَ : « يُصْبِحُ على كُل سُلامَى مِنْ أحدِكُمْ صدقَةٌ : فَكُلُّ تسْبِيحةٍ صدقَةٌ ، وكلُّ تحْميدةٍ صدقَةٌ ، وكلُّ تهْلِيلةٍ صدقَةٌ، وكلُّ تكْبِيــــرةٍ صدقَةٌ ، وأمْرٌ بالمعْرُوفِ صدقَةٌ ، ونهْىٌ عنِ المنْكرِ صدقَةٌ ، ويُجْزِىُ مِنْ ذلكَ ركْعتانِ يرْكعُهُما مِن الضُّحى » رواه مسلم .

١٤٣٣ - وَعَنْ أم المؤمنين جُويْرِيَةَ بنتِ الحارِثِ رضِىَ اللهُ عنْها أنَّ النبى ﷺ خرَجَ مِنْ عِنْدِها بُكْرةً حِينَ صلَّى الصُّبْحَ وهِىَ فى مَسْجِدِها ، ثُمَّ رجعَ بعْدَ أن أضْحَى وهِىَ جَالِسَةٌ ، فقال : « ما زِلْتِ على الحالِ التى فَارقْتُكِ عليْها ؟ » قالتْ : نَعمْ : فَقالَ النَّبىُّ ﷺ : « لَقدْ قُلْتُ بَعْدكِ أرْبعَ كلماتٍ ثلاثَ مرَّاتٍ ، لوْ وُزِنَتْ بِما قُلتِ مُنْذُ اليَوْمِ لَوَزَنتْهُنَّ : سُبْحانَ الـلـهِ وبِحمْدِهِ عَدَدَ خلْقِهِ ، ورِضا نَفْسِهِ ، وزِنَةَ عرْشِهِ ، ومَدادَ كلِماتِهِ » رواه مسلم .

وفى رِوايةٍ لهُ : « سُبْحانَ اللهِ عددَ خلقِهِ ، سُبْحانَ اللهِ رِضا نَفْسِهِ ، سُبْحانَ اللهِ زِنةَ عرْشِهِ ، سُبْحانَ اللهِ مدَادَ كلماتِهِ » .

Hadith 1431 Sa'd Ibn Abi Waqqās(r) berichtete: Wir waren bei dem Gesandten Allāhs(s) als er fragte: „Ist jemand unter euch nicht fähig, sich täglich eintausend gute Taten zu verdienen?" Einer der Anwesenden fragte: „Wie kann man dies (*täglich*) verdienen?" Er(s) erwiderte: «Man verrichtet hundertmal Tasbīha (*Subhanallāh*), und somit verdient man eintausend gute Taten, *oder* eintausend seiner Sünden werden ihm erlassen."
(Muslim)
In einer anderen Version von Muslim steht und statt oder.

Hadith 1432 Abu *D*arr(r) berichtete: Der Gesandte Allāhs(s) hat gesagt: «Für jedes (gesunde) Glied des menschlichen Körpers soll jeder von euch eine fromme Gabe (*S*adaqa) geben: So zählt jedes Aussprechen der Lobpreisung Allāhs (*Subhānallāh*) als *S*adaqa, jedes Aussprechen des Dankes Allāhs (*Al-Hamdu lillāh*) als *S*adaqa, jede Verherrlichung (*Lā Ilāha illallāh*: Es gibt keinen Gott außer Allāh) als *S*adaqa, jedes Aussprechen des Allāhu Akbar: Allāh ist unvergleichlich groß als *S*adaqa, jede Anweisung, das Gute zu verrichten ist *S*adaqa, jedes Verbot, das Böse zu tun ist *S*adaqa, aber gleich alldem ist das Verrichten von zwei Rak'as vormittags.»
(Muslim)

Hadith 1433 Juwairia Bint-ul-*H*ārith(r) - eine der Frauen des Propheten(s) - berichtete dass der Prophet(s) ihre Wohnung verließ, um das Morgengebet in der Moschee zu verrichten, während sie betend in ihrer Gebetsecke war, dann kehrte er heim, nachdem er das *D*uha-Gebet am Vormittag verrichtete, und sie saß immer noch im Gebet. Er fragte sie: „ Bist du immer noch in dieser Stellung, seitdem ich dich verließ?" Sie erwiderte: „Ja!" Daraufhin sagte der Prophet(s): „Nachdem ich dich verließ, wiederholte ich ***dreimal*** vier Worte, deren Gewicht - würden sie gewogen werden - alle deine Bittgebete, die du heute ausgesprochen hattest, überwiegt; nämlich: «*Subhānallāhi, wa bi-Hamdihi, 'Adada Khalqihi, wa Ridā Nafsihi, wa Zinata 'Arschihi, wa Midada Kalimātihi! : Aller Preisung gebührt Allāh: (unendlich) wie die Gesamtzahl seiner*

وفي رواية الترمذي: «ألا أعلِّمُكِ كلماتٍ تقولينها ؟ سُبْحَانَ اللهِ عَدَدَ خلقِه، سُبْحَانَ اللهِ عَدَدَ خلقِه، سُبْحَانَ اللهِ عَدَدَ خلقِه، سُبْحَانَ اللهِ رضا نفسِه، سُبْحَانَ اللهِ رضا نفسِه، سُبْحَانَ اللهِ رضا نفسِه، سُبْحَانَ اللهِ زِنَةَ عَرْشِه، سُبْحَانَ اللهِ زِنَةَ عَرْشِه، سُبْحَانَ اللهِ زِنَةَ عَرْشِه، سُبْحَانَ اللهِ مِدادَ كلماتِه، سُبْحَانَ اللهِ مِدادَ كلماتِه، سُبْحَانَ اللهِ مِدادَ كلماتِه» .

١٤٣٤ ــ وعن أبي موسى الأشعريّ، رضي الله عنه، عن النبي ﷺ قال: «مَثَلُ الذي يَذكُرُ ربَّه والذي لا يَذكُرُه، مَثَلُ الحيِّ والميتِ» رواه البخاري .

ورواه مسلم فقال : «مَثَلُ البيتِ الذي يُذكَرُ اللهُ فيه، والبيتِ الذي لا يُذكَرُ اللهُ فيه، مَثَلُ الحيِّ والميتِ » .

١٤٣٥ ــ وعن أبي هريرة، رضي الله عنه، أنَّ رسولَ الله ﷺ، قال: «يقولُ اللهُ تَعَالى : أنا عندَ ظنِّ عَبدي بي، وأنا مَعَه إذا ذَكَرني ؛ فإنْ ذَكَرَني في نفسِه، ذكرتُه في نفسي، وإنْ ذَكَرَني في مَلَأٍ ذَكرتُه في مَلَأٍ خيرٍ منهم» متفقٌ عليه .

١٤٣٦ ــ وعنه قال : قال رسولُ الله ﷺ : « سَبَقَ المُفَرِّدُونَ » قالوا : وما المُفَرِّدُونَ يا رسولَ الله ؟ قال :« الذَّاكِرُونَ اللهَ كثيراً والذَّاكِراتُ » رواه مسلم .

روي : « المُفَرِّدُونَ » بتشديد الراء وتخفيفها ، والمشهور الذي قاله الجمهور : التشديدُ.

Geschöpfe, gewichtig wie Sein Wohlgefallen an Sich Selbst, schwerwiegend wie Sein Thron, und (unbegrenzt) wie die Tinte für Seine (unendlichen) Worte.»
(Muslim)
In einer anderen Version von Muslim steht: «*Subhānallah 'Adada Khalqihi! Subhānallāh Rida Nafsihi! Subhānallah zinata 'Arschihi! Subhānallāh Midāda Kalimātihi!*»
Die Version von At-Tirmidi ist gleich der letzteren von Muslim, außer dem Anfang: Er(s) sagte zu ihr(r): „Soll ich dir nicht doch Worte für das Bittgebet lehren?: «*Subhānallāh...*»

Hadith 1434 Abu Musā Al-Asch'riy(r) berichtete: Der Prophet(s) hat gesagt: „Das Gleichnis des Dieners, der Seines Herrn immer gedenkt und des Dieners, der Seines Herrn nicht gedacht, ist das Gleichnis eines Lebendigen und eines Toten."
(Al-Bukhari)
Die Version von Muslim sagt: „Das Gleichnis des Hauses, in welchem Allāhs gedacht wird und des Hauses, in welchem Allāh nicht gedacht wird, ist das Gleichnis des Lebendigen und des Toten."

Hadith 1435 Abu Huraira(r) berichtete: Der Gesandte Allāhs(s) hat gesagt: „Allāh - erhaben ist Er - sagt: «Ich bin so, wie Mein Diener von Mir denkt, und ich bin bei ihm (gegenwärtig) wenn er Meiner gedenkt. Gedenkt er Meiner in sich, so gedenke Ich Seiner in Mir. Und wenn er Meiner in einer Schar gedenkt, werde Ich seiner in besserer Gesellschaft gedenken.»"
(Al-Bukhari und Muslim)

Hadith 1436 Abu Huraira(r) berichtete: Der Gesandte Allāhs(s) hat gesagt: „Seelig sind die Mufarridūn."[110] Man fragte: „O Gesandter Allāhs, was sind die Mufarridūn?" Er erwiderte: «Die (Diener und die Dienerinnen), die Allāhs häufig gedenken.»"
(Muslim)

١٤٣٧ - وعَنْ جابرٍ رضيَ اللهُ عنهُ قال : سمعتُ رسولَ اللهِ ﷺ يقولُ : «أفضلُ الذكرِ : لا إله إلا اللهُ» رواه الترمذي وقال حديثٌ حسنٌ .

١٤٣٨ - وعَنْ عبدِ اللهِ بنِ بُسْرٍ رضيَ اللهُ عنهُ أنَّ رجلاً قال : يا رسولَ اللهِ، إنَّ شرائعَ الإسلامِ قد كثُرَتْ عليَّ، فأخبرني بشيءٍ أتشبَّثُ بهِ قال : «لا يزالُ لسانُكَ رَطْباً مِنْ ذكرِ اللهِ» رواه الترمذي وقال : حديثٌ حسنٌ .

١٤٣٩ - وعَنْ جابرٍ رضيَ اللهُ عنهُ، عَنِ النبيِّ ﷺ قال : «مَنْ قالَ : سبحانَ اللهِ وبحمدهِ، غُرِسَتْ له نخلةٌ في الجنَّةِ» رواه الترمذي وقال : حديثٌ حسنٌ .

١٤٤٠ - وعَنِ ابنِ مسعودٍ رضيَ اللهُ عنهُ قال : قال رسولُ اللهِ ﷺ : «لقيتُ إبراهيمَ ﷺ ليلةَ أُسْرِيَ بي، فقالَ : يا محمَّدُ، أَقْرِئْ أمَّتَكَ منِّي السلامَ، وأخبِرْهُمْ أنَّ الجنَّةَ طيِّبةُ التُّرْبَةِ، عذْبَةُ الماءِ، وأنَّها قِيعانٌ، وأنَّ غِراسَها : سبحانَ اللهِ، والحمدُ للهِ، ولا إله إلا اللهُ، واللهُ أكبرُ» رواه الترمذي وقال : حديثٌ حسنٌ .

١٤٤١ - وعَنْ أبي الدَّرْداءِ، رضيَ اللهُ عنهُ قال : قال رسولُ اللهِ ﷺ : «ألا أنبِّئُكُم بخيرِ أعمالِكُم، وأزكاها عندَ مليكِكُم، وأرفعِها في درجاتِكُم، وخيرٌ لكُم من إنفاقِ الذهبِ والفضَّةِ وخيرٌ لكُم من أن تَلْقَوْا عدوَّكُم فتضربوا أعناقَهُم، ويضربوا أعناقَكُم ؟» قالوا :

Hadith 1437 Jabir(r) berichtete: Ich hörte den Gesandten Allāhs(s) sagen: «Das beste *D*ikr (Gedenken Allāhs) ist: *Lā Ilāha illallāh: Es gibt keinen Gott außer Allah.*»"
(At-Tirmi*d*i, mit dem Kommentar: Ein guter Hadith)

Hadith 1438 'Abdullāh Ibn-uz-Zubair(r) berichtete: Ein Mann sagte zum Propheten(s): „O Gesandter Allāhs! Die Gesetze des Islams sind mir zuviel geworden, bitte belehre mich über etwas, woran ich festhalten kann!" Er(s) sagte: «Achte darauf, dass deine Zunge immer feucht bleibt durch häufiges Gedenken Allāhs!»"
(At-Tirmi*d*i, mit dem Kommentar: Ein guter Hadith)

Hadith 1439 Jābir(r) berichtete: Der Prophet(s) hat gesagt: „Wer Allāh (redlich) preist mit «Subhānallāhi, wa bi- *H*amdihi[111]», dem wird eine Palme im Paradies gepflanzt."
(At-Tirmi*d*i, mit dem Kommentar: Ein guter Hadith)

Hadith 1440 Ibn Mas'ūd(r) berichtete: Der Gesandte Allāhs(s) hat gesagt: „In der Nacht meiner Himmelsreise traf ich Abraham(s), da sagte er zu mir: „O Mu*h*ammad! Richte deiner Gemeinde von mir den Friedensgruß aus, und teile ihr mit, dass das Paradies gesegneten Boden und süßes Wasser hat, und dass es weit und breit über Täler verfügt, und dass dessen Pflanzzeit (nur) *«Subhānallā, wal-Hamdu lillāh, wa-Lā Ilāha illallāh, wallāhu Akbar»* ist."
(At-Tirmi*d*i, mit dem Kommentar: Ein guter Hadith)

Hadith 1441 Abud-Dardā(r) berichtete: Der Gesandte Allāhs(s) hat gesagt: „Soll ich euch nicht verraten, welches eurer Werke das beste ist, welches bei eurem König das segensreichste ist, welches das höchste für euren Rang (im Paradies) ist, welches besser für euch als das Spenden von Gold und Silber (für die Sache Allāhs) ist, und welches besser ist, als dass ihr die Nacken der Feinde (für die Sache Allāhs) schlagt, und dass sie eure Nacken schlagen?" Die Gefährten antworteten: „Doch!" Er erwiderte:

بلى ، قال : « ذكرُ اللهِ تَعَالى » رواهُ الترمذىُّ ، قال الحاكمُ أبوعبد الله : إسناده صحيحٌ .

١٤٤٢ - وعن سَعْدِ بن أبى وَقَّاصٍ رضىَ اللهُ عنْهُ أنَّهُ دَخَلَ مَعَ رسولِ اللهِ ﷺ على امرأةٍ وبينَ يَدَيْها نوىً - أوْ حَصى - تُسَبِّحُ بهِ فقالَ : « أخْبِرُكِ بما هُوَ أيْسَرُ عَلَيْكِ مِنْ هذا - أوْ أفْضَلُ » فقالَ : « سُبْحَانَ اللهِ عَدَدَ ما خَلَقَ فى السَّماءِ ، وسُبْحَانَ اللهِ عَدَدَ ما خَلَقَ فى الأرْضِ ، وسُبْحَانَ اللهِ عَدَدَ ما بَيْنَ ذلكَ ، وسُبْحَانَ اللهِ عَدَدَ ما هُوَ خالِقٌ ، واللهُ أكْبَرُ مِثْلَ ذلكَ ، والحَمْدُ للهِ مِثْلَ ذلكَ ، ولا إلهَ إلا اللهُ مِثْلَ ذلكَ ، ولا حَوْلَ ولا قُوَّةَ إلا باللهِ مِثْلَ ذلكَ » رواه الترمذىّ وقالَ : حديثٌ حسنٌ .

١٤٤٣ - وعَنْ أبى موسى رضىَ اللهُ عنْهُ قالَ : قالَ لى رَسُولُ اللهِ ﷺ : «ألا أدُلُّكَ على كَنْزٍ مِنْ كُنُوزِ الجَنَّةِ ؟ » فقلت : بلى يا رسولَ اللهِ قالَ : « لا حَوْلَ ولا قُوَّةَ إلا بالله » متفقٌ عليه .

„Das Gedenken Allāhs, des Erhabenen!"
(At-Tirmi*d*i. Al-Hākim sagt: Seine Überlieferungskette ist stark)

Hadith 1442 Sa'd Ibn Abi Waqqās(r) berichtete, dass er mit dem Gesandten Allāhs(s) eine Frau besuchte, während sie vor sich Dattelkerne - oder Kieselsteine - hatte, mit deren Aufzählung sie die üblichen (*neunundneunzig*) Lobpreisungen Allāhs verrichtete. Daraufhin sagte er zu ihr: „Soll ich dich nicht belehren, was leichter für dich ist als das? - oder er sagte: „besser"- Er sagte: «*Subhānallāhi 'Adada Mā khalaqa fis-Samā, wa Subhānallāhi 'Adada Mā khalaq fil-Ard, wa-Subhānallāhi 'Adada Mā baina Dalika, wa Subhānallāhi 'Adada Mā Huwa Khāliq. Wallāhu Akbaru, mithla Dalik. Walā Haula walā Quwata illā billāh, mithla Dalik:* Gepriesen sei Allāh, wie die Gesamtzahl seiner Geschöpfe im Himmel und in (und auf) der Erde und der Geschöpfe zwischen Himmel und Erde, und der Geschöpfe, die Er erschafft und erschaffen wird! Genauso mit *Allāhu Akbar* (*Allāh ist unvergleichlich groß*), *Al-Hamdu lillāh* (*Aller Lobpreis gebührt Allāh!*), *Lā Ilāha illallāh* (*Es gibt keinen Gott außer Allāh*), und *Lā Haula walā Quwata illā billāh* (*Es gibt weder Macht noch Kraft außer durch Allāh*).»
(At-Tirmi*d*i, mit dem Kommentar: Ein guter Hadith)

Hadith 1443 Abu Mūsā(r) berichtete: Der Gesandte Allāhs(s) sagte zu mir: „Soll ich dich nicht auf einen der Schätze des Paradieses aufmerksam machen?!" Ich erwiderte: „Doch, bitte! O Gesandter Allāhs!" Er sagte: «*Lā Haula walā Quwata illā billāh!*: *Es gibt weder Macht noch Kraft außer durch Allāh!*»
(Al-Bukhari und Muslim)

٢٤٥ ـ باب ذكر الله تعالى قائما وقاعدا ومضطجعا ومحدثا وجنبا وحائضا إلا القرآن فلا يحل لجنب ولا حائض

قـال اللّـهُ تَعَالى : ﴿ إِنَّ فِى خَلْقِ السَّمٰوَاتِ وَالأَرْضِ وَاخْتِلافِ الـلَّيْلِ وَالـنَّهَارِ لآيَاتٍ لأُولِى الأَلْبَابِ . الَّذِينَ يَذْكُرُونَ اللّهَ قِيَاماً وَقُعُوداً وَعَلَىٰ جُنُوبِهِمْ ﴾ (آل عمران: ١٩٠: ١٩١) .

١٤٤٤ ـ وعَنْ عـائشةَ رضيَ اللّهُ عَنها قـالَتْ : كانَ رَسُولُ اللّه ﷺ يَذكُرُ اللّه تَعَالى على كُلِّ أحيَانِهِ . رواه مسلم .

١٤٤٥ ـ وعن ابنِ عبّاسٍ رضيَ اللّهُ عَنهما عنِ النَّبى ﷺ قالَ : « لـو أنَّ أحَدَكُمْ إذا أراد أنْ يَأتِىَ أهْلَهُ قالَ : « بِسْمِ اللّه ، اللَّهُمَّ جَنِّبْنا الشَّيْطَانَ ، وَجَنِّب الشَّيْطَانَ ما رزقْتَنا ، فَقُضِىَ بَيْنَهُمَا وَلَدٌ ، لم يَضُرَّهُ » متفقٌ عليه .

٢٤٦ ـ باب ما يقوله عند نومه واستيقاظه

١٤٤٦ ـ عن حُذَيْفَةَ ، وأبى ذَرٍّ رَضِىَ اللّهُ عَنْهُمَا قالا : كانَ رسولُ اللّهِ ﷺ إذا أوَى

Kapitel 245

Das Gedenken Allahs im Stehen, im Sitzen, im Liegen und im Zustand der Verunreinigung und während der monatlichen Periode. Ausgenommen ist das Berühren des Qurāns für den, der sich in der größeren Verunreinigung befindet und die, die ihre monatliche Periode hat

Allāh - erhaben ist Er - spricht:
«Fürwahr sind in der Erschaffung der Himmel und der Erde und im Aufeinanderfolgen von Nacht und Tag gewiss (*deutliche*) Zeichen für diejenigen, die Verstand haben, die Allāhs gedenken im Stehen, Sitzen oder Liegen....»
Sura 3:190-191

Hadith 1444 'Āischa(r) berichtete: Der Gesandte Allāhs(s) pflegte Allāhs bei jederGelegenheit zu gedenken. (Muslim)

Hadith 1445 Ibn 'Abbās(r) berichtete: Der Prophet(s) hat gesagt: „Wenn einer von euch zu seiner Frau kommt, sollte er sagen: «*Bismillāh! Allāhumma jannibnasch- Schaitān, wa jannibisch-Schaitāna Mā razaqtanā:* Im Namen Allāhs! O Allāh, halte den Satan von uns fern, und halte auch das vor dem Satan fern, was Du für uns bestimmt hast!», und wenn es den (Eheleuten) beschieden ist, dass sie ein Kind bekommen, so wird der Satan ihm niemals schaden können."
(Al-Bukhari und Muslim)

Kapitel 246

Was der Prophet(s) gewöhnlich vor dem Schlaf und nach dem Aufwachen zu sagen pflegte

Hadith 1446 *Hud*aifa und Abu *D*arr(r) berichteten: Wenn der Gesandte Allāhs(s) ins Bett ging, pflegte er zu sagen: «*Bismikallāhumma amūtu wa*

إلى فِراشِهِ قالَ : « باسْمِكَ اللّهُمَّ أمُوتُ وأحْيَا » ، وَإذا استَيْقَظَ قالَ : « الحَمْدُ لِلّهِ الذي أحْيَانا بعدَ ما أماتَنا وَإليهِ النُّشُورُ » رواه البخاري .

٢٤٧ ـ باب فضل حلق الذكر
والندب إلى ملازمتها والنهى عن مفارقتها لغير عذر

قالَ اللّهُ تَعَالى : ﴿ وَاصْبِرْ نَفْسَكَ مَعَ الَّذِينَ يَدْعُونَ رَبَّهُمْ بِالْغَدَاةِ وَالْعَشِيِّ يُرِيدُونَ وَجْهَهُ وَلَا تَعْدُ عَيْنَاكَ عَنْهُمْ ﴾ (الكهف : ٢٨) .

١٤٤٧ ـ وعن أبي هُريرةَ رضيَ اللّهُ عنْهُ قالَ : قالَ رسولُ اللّهِ ﷺ : « إنَّ لِلّهِ تَعَالى ملائكةً يَطُوفُونَ في الطُّرُقِ يَلْتَمِسُونَ أهْلَ الذِّكْرِ ، فإذا وَجَدُوا قَوْماً يَذكُرُونَ اللهَ عزَّ وجلَّ ، تَنادَوْا : هَلُمُّوا إلى حَاجَتِكُمْ ، فَيَحُفُّونَهُمْ بأجْنِحَتِهِمْ إلى السَّماءِ الدُّنْيَا ، فَيَسْألُهمْ ربُّهم ـ وهُوَ أعلمُ ـ : ما يقُولُ عِبَادي ؟ قال : يقُولون : يُسَبِّحُونَكَ ، ويُكَبِّرُونَكَ ، ويَحْمَدُونَكَ ، وَيُمَجِّدُونَكَ ، فيقُولُ : هل رَأوْنِي ؟ فيقولون : لا وَاللّهِ ما رَأوْكَ ، فَيَقُولُ : كَيْفَ لو رَأوْنِي ؟ ! قالَ : يَقُولُونَ : لو رَأوْكَ كانُوا أشَدَّ لكَ عِبَادةً ، وأشَدَّ لكَ تَمْجِيداً ، وأكْثَرَ لكَ تَسْبِيحاً ، فيقُولُ : فَماذا يَسْألُونَ ؟ قَالَ : يَقُولُونَ : يَسْألُونَكَ الجَنَّةَ ، قَالَ : يقُولُ : وَهلْ رَأوْهَا ؟ قال يَقُولُونَ : لا وَاللّهِ يَارَبِّ ما رَأوْهَا ، قَالَ : يَقُولُ : فَكَيْفَ لو رَأوْهَا ؟! قَالَ : يَقُولُونَ : لو أنَّهُم رَأوْهَا كَانُوا

ahiyā: O Allāh! In Deinem Namen sterbe ich und werde zum Leben zurückkehren »[112], und wenn er aufwachte, pflegte er zu sagen: «*Al-Hamdu lillāhilladī ahiāna ba'dama amātanā wa ilaihin-Nuschūr:* Aller Lobpreis gebührt Allāh, Der uns wieder zum Leben gebracht hat, nachdem Er uns in einem Zustand des Todes (im Schlaf) hielt, und zu Ihm ist (unsere) Auferstehung!»
(Al-Bukhari)

Kapitel 247
Die Vorzüglichkeit der Versammlungen, in denen Allāhs gedacht wird und die ausdrückliche Empfehlung, immer daran teilzunehmen und das Verwehren, sie ohne trifftigen Grund zu verlassen

Allah - erhaben ist Er - spricht:
«Und gedulde dich (zusammen) mit denen, die ihren Herrn des Morgens und des Abends anrufen, im Trachten nach Seinem Angesicht, und wende deine Augen nicht von ihnen ab im Trachten nach dem Schmuck des irdischen Lebens..»
Sura 18:28

Hadith 1447 Abu Huraira(r) berichtete: Der Gesandte Allāhs(s) hat gesagt: „Fürwahr Allāh hat bestimmte Engel, die auf den Wegen umherstreifen, um die Leute, die Allāhs gedenken zu suchen. Wenn sie auf Leute stoßen, die Allāhs gedenken, rufen sie einander zu: «Kommt her zu eurem Ziel!»" Er(s) sagte: „Dann umgeben sie sie mit ihren Flügeln bis zum untersten Himmel. Hier fragt sie ihr Herr - erhaben und mächtig ist Er - und Er weiß besser Bescheid als sie: «Was sagen diese Meine Diener?» Sie erwidern: «Sie preisen Dich, rühmen Deine Größe, loben Dich und verherrlichen Dich.» Er fragt: «Haben sie Mich gesehen?» Sie erwidern: «Nein! Bei Deiner Gottheit, sie haben Dich nicht gesehen!» Er sagt: «Und was würden sie tun, wenn sie Mich gesehen hätten?» Sie sagen: «Wenn sie Dich gesehen hätten, sie würden Dir viel häufiger als

أشَدَّ عَلَيْهَا حِرْصاً ، وأشَدَّ لَهَا طَلَباً ، وأعْظَمَ فيها رَغْبَةً ، قَالَ : فَممَّ يَتَعَوَّذُونَ ؟ قَالَ : يَقُولُونَ : يَتَعَوَّذُونَ مِنَ النَّارِ ، قَالَ : فَيَقُولُ : وَهَلْ رَأوْهَا ؟ قَالَ : يقولون : لا واللهِ مَا رَأوْهَا ، فَيَقُولُ : كَيْفَ لو رَأوْهَا ؟! قَالَ : يَقُولُونَ : لَوْ رَأوْهَا كَانُوا أشَدَّ مِنْهَا فِرَاراً ، وأشَدَّ لَهَا مَخَافَةً . قَالَ : فَيَقُولُ : فَأشْهِدُكم أنِّي قد غَفَرْتُ لهم ، قَالَ : يقُولُ مَلَكٌ مِنَ المَلائِكَةِ : فيهِم فُلانٌ لَيْسَ منهم ، إنَّمَا جاءَ لِحاجَةٍ ، قَالَ : قالَ : هُمُ الجُلَسَاءُ لا يَشْقَى بِهِمْ جَلِيسُهم » متفقٌ عليه .

وفي رواية لمسلم عَنْ أبي هُرَيرَةَ رَضِيَ اللهُ عَنْهُ ، عَنِ النبي ﷺ قَالَ : « إنَّ للَّهِ مَلائِكَةً سيَّارَةً فُضْلاً يَتَتبَّعُونَ مَجالِسَ الذِّكْرِ ، فَإذا وَجَدُوا مَجْلِساً فيهِ ذِكْرٌ ، قَعَدُوا مَعَهُمْ ، وحَفَّ بَعْضُهُمْ بَعْضاً بِأجْنِحَتِهِمْ حَتَّى يَمْلؤُوا مَا بَيْنَهُمْ وبَيْنَ السَّمَاءِ الدُّنْيَا ، فَإذَا تَفَرَّقُوا عَرَجُوا وَصَعِدُوا إلى السَّماءِ ، فَيَسْألُهُمُ اللهُ عَزَّ وَجَلَّ ــ وَهُوَ أعْلَمُ ــ : مِنْ أيْنَ جِئْتُمْ ؟ فيَقُولُونَ : جِئْنَا مِنْ عِنْدِ عِبَادٍ لَكَ في الأرْضِ ، يُسَبِّحُونَكَ ، ويُكَبِّرُونَكَ ، ويُهَلِّلُونَكَ ، ويَحْمَدُونَكَ ، ويَسْألُونَكَ . قَالَ : وَمَاذَا يَسْألُوني ؟ قَالُوا : يَسْألُونَكَ جَنَّتَكَ ، قَالَ : وَهَلْ رَأوْا جَنَّتِي ؟ قَالُوا :

vorher dienen, Dich intensiver verherrlichen und Dich noch mehr lobpreisen.» Er fragt: «Und worum bitten sie Mich?» Sie sagen: «Sie bitten Dich um das Paradies.» Er fragt: «Haben sie es etwa gesehen?» Sie erwidern: «Nein! Bei Deiner Gottheit, sie haben es nicht gesehen!» Er fragt: «Und wie denn, wenn sie es gesehen hätten?» Sie antworten: «Hätten sie es gesehen, so würde ihr Streben danach größer, ihre Mühe, es zu erlangen, stärker und ihr Verlangen danach mächtiger!» Er fragt: «Und wovor suchen sie Zuflucht bei Mir?» Sie sagen: «Vor dem Höllenfeuer.» Er erwidert: «Haben sie es etwa gesehen?» Sie erwidern: «Nein! Bei DeinerGottheit, unser Herr!» Er fragt: «Und wie denn, wenn sie es gesehen hätten?» Sie sagen:«Hätten sie es gesehen, würden sie sich fluchtartig mit aller Kraft zurückziehen, und ihre Furcht vor ihm wäre viel tiefer.» Er erwidert: «So rufe ich euch zum Zeugen, dass Ich ihnen (ihre Sünden) vergeben habe.» Einer der Engel vermerkt: «Aber unter ihnen ist der Soundso, und er gehört nicht zu ihnen; denn er war nur wegen einer anderen Sache dabei!» Allāh sagt: «Sie sind gewiss die (wahrhaften) Gefährten, so soll derjenige, der mit ihnen zusammensitzt, nicht leiden!»"
(Al-Bukhari und Muslim)
Die Version von Muslim lautet:
Abu Huraira(r) berichtete: Fürwahr Allāh hat bestimmte Spähengel auf Erden, deren Auftrag es ist, den Runden des Gedenkens an Allāh zu folgen. Stoßen sie auf eine Runde, in der Allāhs gedacht wird, so setzen sie sich dicht zu den Betenden, Flügel an Flügel, bis sie den Raum zwischen ihnen und dem unteren Himmel füllen. Wenn sich die Runde zerstreut, steigen die Engel zur Himmelfahrt empor. Allāh - erhaben und mächtig ist Er - fragt sie, wobei Er besser Bescheid weiß als sie :«Woher kommt ihr nun?» Sie antworten: «Von einigen Deiner Diener auf der Erde, die Dich preisen, Deine Größe rühmen, Deine Gottheit verkünden, Dich allein loben und Dich bitten.» Er sagt: «Was erbitten sie von Mir?» Sie antworten: «Sie bitten Dich um Dein Paradies!» Er fragt: «Haben sie etwa Mein Paradies gesehen?» Sie erwidern: «Nein, o Herr!» Er sagt: «Was würden sie tun, hätten sie Mein Paradies gesehen?!» Sie erwidern: «Und sie suchen Schutz bei Dir!» Er fragt: «Wovor suchen sie Meinen Schutz?!» Sie erwidern:

لا ، أيْ رَبِّ . قالَ : فكَيْفَ لَوْ رَأوْا جنَّتى ؟! قالوا : ويَسْتَجيرُونكَ ، قال : ومِمَّ يَسْتَجيرُونى ؟ قـالوا : مِنْ نَارِكَ يَارَب ، قـالَ : وَهَلْ رَأوْا نَارى ؟ قـالوا : لا . قال : فَكَيْفَ لَوْ رَأوْا نَارى ؟! قـالـوا : ويَسْتَغْفِرُونكَ ، فَيَــقــول : قَدْ غَفَرْتُ لـهُمْ ، وَأعْطَيْتُهُمْ مـا سَألُوا ، وَأجَرْتُهُمْ مِمَّا استَجارُوا، قال : فَيَقُولُونَ : رَب فيهم فُلانٌ عَبدٌ خَطَّاءٌ إنّمَا مَرَّ ، فَجلسَ معَهُمْ ، فيقُولُ : وله غَفَرْتُ ، هُمُ القَوْمُ لا يَشقَى بهِم جَليسُهُمْ » .

١٤٤٨ ـ وعنهُ وَعَنْ أبى سـعـيـد رَضِىَ اللهُ عَنْهُمَا قـالا : قَالَ رَسُولُ اللهِ ﷺ : «لا يَقْعُدُ قَومٌ يَذْكُرُونَ الــلـه عزَّ وَجَلَّ إلا حَفَّتْهُمُ المَلائِكةُ ، وغَشِيَتْهُمُ الــرَّحْمَةُ وَتَنَزَّلَتْ عَلَيْهِمْ السَّكِينَةُ ، وذَكَرَهُمُ اللهُ فيمَنْ عِنْدَهُ » رواه مسلم .

١٤٤٩ ـ وعن أبى واقد الحـارث بـن عـوفٍ ، رَضِىَ اللهُ عَنْهُ ، أنَّ رَسُولَ اللهِ ﷺ بَيْنما هُوَ جَـالسٌ فى المسجد ، والنَّاسُ مَعَهُ ، إذ أقْبَلَ ثَلاثَةُ نَفَرٍ ، فَأقْبَلَ اثْنَانِ إلى رَسُولِ الله ﷺ ، وَذَهَبَ وَاحِدٌ ، فَوقَفَا على رسولِ الـلـه ﷺ ، فَأمّا أحَدُهُمَا فَرَأى فُرجَةً فى الحَلْقَةِ ، فَجَلَسَ فيها وأمَّا الآخرُ فَجَلَسَ خَلْفَهُم ، وأمَّا الثَّالثُ فَأدْبَرَ ذَاهِباً ، فَلَمَّا فَرَغَ رسولُ ﷺ قال : « ألا أخْبِرُكم عَن النَّفَرِ الثَّلاثَةِ : أمَّا أحَدُهُم ، فَأوى إلى اللهِ ، فَآوَاهُ اللهُ إلَيْهِ ، وأمَّا الآخَرُ فَاسْتَحْيَا ، فَاسْتَحْيَا اللهُ مِنْهُ ، وأمَّا الآخَرُ فأعْرَضَ ، فَأعْرَضَ اللهُ عَنْهُ » متفقٌ عليه .

١٤٥٠ ـ وعن أبى سعيدٍ الخُدْرِى رَضِىَ اللهُ عَنْهُ قالَ : خَرَجَ مُعَاوِيَةُ رَضِىَ اللهُ عَنْهُ

«Vor Deinem Höllenfeuer!» Er fragt: «Haben sie etwa mein Höllenfeuer gesehen?!» Sie erwidern: «Nein!» Er sagt: «Was, wenn sie Mein Höllenfeuer gesehen hätten?!» Sie erwidern: «Und sie bitten Dich um Vergebung!» Er sagt: «Ich habe ihnen schon vergeben, ihre Bitten erhört und ihnen Meinen Schutz gewährt!» Sie erwidern: «O Herr! Unter ihnen ist Soundso, der immer gesündigt hat. Er kam nur vorbei und saß bei ihnen!» Er sagt: «Auch ihm habe Ich vergeben, denn sie sind die wahren Diener, deretwegen soll ihr Gefährte nicht leiden!»

Hadith 1448 Abu Huraira und Abu Sa'īd Al-Khudriy(r) berichteten: Der Gesandte Allāhs(s) hat gesagt : «Nie versammeln sich Leute in einem der Häuser Allāhs, um Allāh zu gedenken, ohne dass die Engel sie mit ihren Flügeln (beschützend) umgeben, (Allāhs) Barmherzigkeit sie bedeckt, Allāhs friedvolle Gegenwart (*Sakīna*) auf sie herabkommt und Allāh ihrer gedenkt.»
(Muslim)

Hadith 1449 Abu Wāqid Al-*H*ārith Ibn 'Auf(r) berichtete: Als der Gesandte Allāhs(s) einmal in der Moschee saß und die Leute (wie gewohnt) bei ihm waren, trafen drei Männer ein. Zwei von ihnen näherten sich dem Gesandten Allāhs(s) und der dritte nahm Abstand. Einer der beiden sah eine Lücke in der Runde und nahm dort Platz, und der zweite setzte sich hinter der Runde nieder. Was den dritten angeht, so kehrte er ihnen den Rücken zu und verschwand. Nachdem der Gesandte Allāhs(s) seine Rede beendet hatte, sagte er: «Soll ich euch nicht über die drei Leute Bescheid sagen?! Was den einen betrifft, so suchte er Zuflucht bei Allāh und Allāh hat ihm Zuflucht gewährt. Der andere war schüchtern, so hat Allāh auch ihn aufgenommen. Was den letzten betrifft, so wandte er sich ab, und somit wandte Allāh sich von ihm ab.»
(Al-Bukhari und Muslim)

Hadith 1450 Abu Saʿīd Al-Khudriy(r) berichtete: Muʿāwiya(r) erblickte einen Kreis von Leuten in der Moschee und fragte sie: „Was hat euch

على حَلْقَةٍ في المسجِدِ ، فقالَ : ما أجْلَسَكُمْ ؟ قالوا : جَلَسْنَا نَذْكُرُ الله ، قالَ آللهِ ما أجْلَسَكُمْ إلا ذَاكَ ؟ قالوا : ما أجْلَسَنَا إلا ذَاكَ ، قال : أمَا إنِّي لم اسْتَحْلِفْكُم تُهْمَةً لَكُمْ ، وما كانَ أحَدٌ بمنزلَتي مِن رسُولِ الله ﷺ أقَلَّ عَنْهُ حَديثاً مِني : إنَّ رسُولَ الله ﷺ خَرَجَ على حَلْقَةٍ مِن أصحابِهِ فقال : « ما أجْلَسَكُمْ ؟ » قالوا : جَلَسْنَا نَذْكُرُ الله ، ونحمَدُهُ عَلى ما هَدَانَا للإسْلامِ ؛ ومَنَّ بِهِ عَلينا ، قال : « آللهِ ما أجْلَسَكُمْ إلا ذَاكَ ؟ » قالوا : والله ما أجْلَسَنَا إلا ذَاكَ ، قالَ : « أمَا إنِّي لَمْ أسْتَحْلِفْكُمْ تُهْمَةً لَكُمْ ، ولكنَّهُ أتاني جِبريلُ فأخْبَرَني أنَّ اللهَ يُباهي بكُمُ الملائكَةَ » رواه مسلم .

٢٤٨ ـ باب الذكر عند الصباح والمساء

قال اللهُ تعالى : ﴿ واذْكُرْ رَبَّكَ في نَفْسِكَ تَضَرُّعاً وخيفةً ودونَ الجَهْرِ مِن القَوْلِ بالغُدُوِّ والآصَالِ ولا تَكُن مِنَ الغافلينَ ﴾ (الأعراف:٢٠٥) قالَ أهلُ اللغَةِ : « الآصالُ » : جَمْعُ أصيلٍ ، وهُوَ ما بَينَ العَصْرِ والمغرِبِ . وقالَ تعالى : ﴿ وسَبِّحْ بحَمدِ رَبِّكَ قبلَ طُلوعِ الشَّمْسِ وقبلَ غُرُوبِها ﴾ (طه:١٣٠) ، وقال تعالى : ﴿ وسَبِّحْ بحَمْدِ رَبِّكَ بِالعَشِيِّ والإبْكارِ ﴾ (غافر:٥٥) قال أهلُ اللغَةِ : « العَشِيُّ » : ما بَيْنَ زَوَالِ الشَّمسِ وغُروبِها . وقال تعالى : ﴿ في بُيُوتٍ أذِنَ اللهُ أن تُرفَعَ ويُذكَرَ فيها اسْمُهُ يُسبِّحُ لَهُ فيها بالغُدُوِّ والآصَالِ . رِجالٌ لاَ تُلهيهِمْ تجارةٌ ولا بَيْعٌ عَن ذِكْرِ اللَّهِ ﴾ الآية (النور:٣٦ ، ٣٧) . وقال تعالى : ﴿ إنَّا سَخَّرْنَا الجِبالَ

veranlasst, euch so zu setzen?" Sie sagten: "Wir sitzen zusammen, um Allāhs zu gedenken." Er fragte: "(*Schwört ihr*) bei Allāh, dass ihr nur deswegen zusammen sitzt?" Sie antworteten: "Nichts außer diesem (*Gedenken Allāhs*) lässt uns hier zusammensitzen!" Er erwiderte: "Gewiss ließ ich euch schwören, nicht weil ich euch verdächtige, sondern weil ich den Propheten(s) sah - und keiner, dessen Rang wie meiner bei ihm war, hat weniger als ich von seinen Aussprüchen überliefert - als er(s) eine Runde seiner Gefährten in der Moschee erblickte, da fragte er sie: "Was hat euch veranlasst, euch so zu setzen?" Sie sagten: "Wir sitzen zusammen, um Allāhs zu gedenken, Ihn zu preisen, Ihn für Seine Gnade und dass Er uns zum Islam geleitet hat, zu loben." Er(s) fragte sie: "(*Schwört ihr*) bei Allāh, dass ihr nur deswegen zusammensitzt?!" Sie sagten: "Bei Allāh, nichts außer diesem Grund ließ uns zusammensitzen!" Er erwiderte: "Gewiss ließ ich euch schwören, nicht weil ich euch verdächtige, sondern weil Gabriel(s) zu mir kam und mir erzählte, dass Allāh euch bei den Engeln lobt!"
(Muslim)

Kapitel 248
Das Gedenken Allāhs morgens und abends

Allāh - erhaben ist Er - spricht:
«Und gedenke deines Herrn in deiner Seele in Demut und Furcht, und ohne laute Worte, morgens und abends, und sei nicht einer von den Achtlosen!»
Sura 7:205
«..und lobpreise deinen Herrn vor Sonnenaufgang- und untergang; und in den Stunden der Nacht und an den Enden des Tages..»
Sura 20:130
«..und lobpreise deinen Herrn am Abend und am Morgen..»
Sura 40:55
«..(*Allāh führt Seinem Licht zu, wen Er will..*)..in Häusern, die zu erbauen und zu ehren Allah Erlaubnis gegeben hat, um dort Seines Namens ständig

مَعَهُ يُسَبِّحْنَ بِالْعَشِيِّ وَالْإِشْرَاقِ ﴾ (ص: ١٨) .

١٤٥١ ـ وعن أبي هريرة رضي الله عنه قال : قــال رسولُ الله ﷺ : « مَنْ قَالَ حينَ يُصْبِحُ وحينَ يُمسِـى : سُبْحَانَ الله وَبِحَمْدِه مائَةَ مَرَّةٍ ، لَم يَأتِ أحَدٌ يَوْمَ القيامَةِ بأفضَلَ مِمَّا جَاءَ به ، إلا أحَدٌ قال مِثلَ مَا قَالَ أَوْ زَادَ » رواه مسلم .

١٤٥٢ ـ وعنهُ قالَ : جـاءَ رجُلٌ إلى النَّبي ﷺ ، فَقالَ : يا رسُولَ اللهِ مـا لَقيتُ مِنْ عَقربٍ لَدَغَتْني البَارحةَ ! قال : « أمَا لَو قُلتَ حينَ أمسَيتَ : أعُوذُ بِكَلِـمَاتِ اللهِ التَّامَّاتِ مِنْ شَرِّ مَا خَلَقَ لم تَضُرَّكَ » رواه مسلم .

١٤٥٣ ـ وعنْهُ عن النبيِّ ﷺ أنَّهُ كان يقولُ إذا أصبَحَ : « اللَّهُمَّ بكَ أصْبحْنَا ، وبكَ أمسَينَا ، وبِكَ نَحْيَا ، وبِكَ نَمُوتُ ، وَإلَيْكَ النُّشُورُ » . وَإذا أمْسَى قال: «اللَّهُمَّ بِكَ أمسَينَا ، وبِكَ نحيا ، وَبِكَ نموت ، وإليك النُّشُورُ» رواه أبو داود ،والترمذي وقال :حديث حسن .

zu gedenken, in diesen preisen ihn des Morgens und des Abends Männer, die sich weder durch Handel noch durch Geschäfte vom Gedenken an Allah und vom Gebet und von der Entrichtung der Zakat abhalten lassen...»
Sura 24:36-37
«Wir machten ihm die Berge dienstbar, mit ihm zu lobpreisen des Abends und des Morgens.»
Sura 38:18

Hadith 1451 Abu Huraira(r) berichtete: Der Gesandte Allāhs(s) hat gesagt: „Wer morgens und abends hundertmal (*demütig*) sagt: «*Subhānallāhi, wa bi-Hamdihi!*: Gepriesen ist Allāh, und Ihm gebührt aller Lobpreis!»[113] dessen Leistung wird von keinem am Tag der Auferstehung übertroffen, außer von einem, der die gleiche Lobpreisung oder mehr aussprach."
(Muslim)

Hadith 1452 Abu Huraira(r) berichtete: Ein Mann kam zum Propheten(s), und sagte: „O Gesandter Allāhs, gestern litt ich sehr, da ein Skorpion mich gebissen hat!" Er(s) sagte zu ihm: „Hättest du abends gesagt: „«Ich suche Zuflucht bei den vollkommenen Worten Allāhs vor dem Unheil Seiner Geschöpfe», hätte er dir nicht geschadet!"
(Muslim)

Hadith 1453 Abu Huraira(r) berichtete: Der Prophet(s) pflegte, wenn er morgens aufwachte, zu sagen: «Allāhumma bika *as*bah*n*ā, wa bika amssainā, wa bika na*h*yā, wa bika namūtu, wa ilaikan-Nuschūr: O Allāh! Durch Dich (=In Deinem Namen) beginnen wir den neuen Tag und durch Dich treten wir in die Abendzeit ein! Du schenkst uns Leben, und Du lässt uns sterben, und nur zu Dir ist die Rückkehr.» Am Abend pflegte er(s) zu sagen: «Allāhumma bika amssainā, wa bika na*h*ya, wa bika namūtu, wa ilaikan-Nuschūr: O Allāh! Durch Dich treten wir in die Abendzeit ein, und Du schenkst uns Leben, und Du lässt uns sterben, und nur zu Dir ist die

١٤٥٤ – وعنهُ أنَّ أبا بكرِ الصديقَ ، رضيَ اللهُ عنهُ ، قالَ : يا رسولَ اللهِ مُرْني بكلماتٍ أقولُهُنَّ إذا أصبحتُ وإذا أمسيتُ . قالَ : « قُلْ: اللّهُمَّ فاطِرَ السَّمواتِ والأرض عالِمَ الغَيبِ والشَّهادَةِ ، ربَّ كلِّ شيءٍ ومَليكَهُ أشهَدُ أن لا إلهَ إلا أنتَ ، أعوذُ بكَ من شَرِّ نفسي وشَرِّ الشَّيطانِ وشِرْكِهِ » قالَ : « قُلْها إذا أصبَحْتَ ، وإذا أمسيَتَ ، وإذا أخذتَ مَضْجَعكَ » رواه أبو داود والترمذي وقال : حديثٌ حسنٌ صحيحٌ .

١٤٥٥ – وعن ابن مَسْعُود رضيَ اللهُ عنهُ قالَ : كانَ نبيُّ اللهِ ﷺ إذا أمْسَى قالَ: « أمْسَيْنا وأمْسَى المُلكُ لله ، والحمدُ لله ، لا إلهَ إلا اللهُ وحدَهُ لا شَريكَ لَهُ » قالَ الرَّاوي : أراهُ قال فيهنَّ : « لهُ المُلكُ ولهُ الحَمدُ وهُوَ على كلِّ شيءٍ قديرٌ ، ربِّ أسألُكَ خَيرَ ما في هذهِ اللَّيْلَةِ ، وخَيرَ ما بَعْدَها ، وأعوذُ بكَ مِنْ شَرِّ ما في هذهِ اللَّيْلَةِ وشَرِّ ما بَعْدَها ، ربِّ أعوذُ بكَ مِنَ الكَسَلِ ، وسُوءِ الكِبَرِ ، ربِّ أعوذُ بكَ مِنْ عَذابٍ في النّارِ ، وَعَذابٍ في القَبرِ » وإذا أصبَحَ قالَ ذلكَ أيضاً : « أصبَحْنا وأصبَحَ المُلكُ لله » رواه مسلم .

Rückkehr!»
(Abu Dawūd, und At-Tirmiḏi mit dem Kommentar: Ein guter Hadith)

Hadith 1454 Abu Huraira(r) berichtete, dass Abu Bakr As-Siddīq(r) zum Propheten(s) sagte: „O Gesandter Allāhs! Gib mir einige Worte, damit ich sie morgens (beim Aufstehen) und abends (vor dem Schlaf) als Bittgebet verwende." Er(s) sagte zu ihm: „Sprich: «O Allāh! Schöpfer der Himmel und der Erde! Kenner des Verborgenen und des Offenbaren! Herr, Beherrscher und König aller Dinge! Ich bezeuge, es gibt keinen Gott außer Dir! Ich suche Zuflucht bei Dir vor dem Unheil meines Ichs und vor dem Unheil des Satans und dessen Verleitung, Dir Nebengötter zur Seite zu stellen!»114 Er sagte: „Diese (Worte) sollst du sprechen, wenn du den neuen Tag beginnst, wenn du in die Abendzeit eintrittst und wenn du dich schlafen legst."
(Abu Dawūd, und At-Tirmiḏi mit dem Kommentar: Ein guter bis starker Hadith)

Hadith 1455 Ibn Mas'ūd(r) berichtete: Allāhs Prophet(s) pflegte, wenn es Abend wurde, zu sagen: «Für uns ist es Abend geworden, und die Herrschaft gehört (*nach wie vor*) Allāh allein! Allah allein gebührt die Lobpreisung! Es gibt keinen Gott außer Allāh allein, ohne Partner neben Ihm.» Der Überlieferer sagte: „Oder er(s) fügte hinzu: «Ihm gehört die Herrschaft und die Lobpreisung, und Er hat die Macht über alle Dinge. Mein Herr, ich erbitte von Dir das Beste dieser Nacht und das Beste der folgenden (*Nächte*)! Und ich suche Zuflucht bei Dir vor dem Übel in dieser Nacht und dem Übel in den folgenden (*Nächten*)! O mein Herr! Ich such Zuflucht bei Dir gegen Untätigkeit, gegen das Unheil des (*falschen*) Stolzes und des Unglaubens! O mein Herr, ich suche Zuflucht bei Dir vor der Bestrafung im Höllenfeuer und im Grab!» Und wenn er(s) morgens aufwachte, pflegte er das gleiche zu erbitten: «Für uns beginnt der Morgen, und die Herrschaft gehört (nach wie vor) Allāh allein!
(Muslim)

١٤٥٦ ـ وعنْ عبدِ الله بنِ خُبَيْبٍ ـ بـضَمّ الخَاءِ المُعْجَمَةِ ـ رضيَ اللهُ عَنْهُ قالَ: قالَ لى رَسُولُ اللهِ ﷺ: « اقْرأْ: قُلْ هُوَ اللهُ أحَدٌ، والمعوِّذَتَين حينَ تُمسى وحينَ تُصْبحُ، ثَلاثَ مَرَّاتٍ تَكْفِيكَ مِنْ كلِّ شَيءٍ » رواهُ أبو داود والترمذى وقال: حديثٌ حسنٌ صحيحٌ.

١٤٥٧ ـ وعنْ عُثْمَانَ بنِ عَفَّانَ رضيَ اللهُ عَنْهُ قَالَ: قالَ رَسُولُ اللهِ ﷺ: « مَا مِنْ عَبْدٍ يَقُولُ فى صَبَاحِ كلِّ يَوْمٍ ومَسَاءِ كلِّ لَيْلَةٍ: بِسْمِ اللهِ الَّذى لا يَضُرُّ مَعَ اسمِهِ شَيْءٌ فى الأرضِ ولا فى السَّمَاءِ وهُوَ السَّميعُ العَلِيمُ، ثَلاثَ مَرَّاتٍ، إلا لَمْ يَضُرَّهُ شَيءٌ » رواه أبو داود، والترمذى وقال: حديث حسن صحيح.

٢٤٩ ـ باب ما يقوله عند النوم

قال الله تـعـالى : ﴿ إِنَّ فِى خَلْقِ السَّمَوَاتِ وَالأَرْضِ وَاخْتِلافِ اللَّيْلِ وَالنَّهَارِ لآياتٍ لأُولِى الأَلْبَابِ . الَّذينَ يَذْكُرُونَ اللَّهَ قِيَامًا وَقُعُودًا وَعَلَى جُنُوبِهِمْ وَيَتَفَكَّرُونَ فِى خَلْقِ السَّمَوَاتِ وَالأَرْضِ ﴾ (آل عمران: ١٩٠، ١٩١) الآيات.

١٤٥٨ ـ وعنْ حُذَيفةَ وأبى ذرٍ رضىَ اللهُ عَنْهُمَا أنَّ رسولَ اللهِ ﷺ كانَ إذا أوى إلى فِرَاشِهِ قالَ : « باسمِكَ اللَّهُمَّ أحْيَا وأموتُ » رواه البخارى.

١٤٥٩ ـ وعَنْ عَلِىٍّ رضىَ اللهُ عَنْهُ أنَّ رَسُولَ اللهِ ﷺ قالَ له ولفَاطِمة ، رَضىَ اللهُ

Hadith 1456 'Abdullah Ibn Khubaib(r) berichtete: Der Gesandte Allāhs(s) sagte zu mir: „Lies: «Qul Huwallāhu Ahad»[115] dreimal, und die «Mu'auwidataini»[116] dreimal, abends (*wenn du ins Bett gehst*) und morgens (*wenn du früh aufstehst*), und sie werden dich gegen alles schützen."
(Abu Dawūd, und At-Tirmidi mit dem Kommentar: Ein guter bis starker Hadith)

Hadith 1457 'Uthmān Ibn 'Affān(r) berichtete: Der Gesandte Allāhs(s) hat gesagt: „Kein Diener, der am Beginn jeden Tages und am Abend jeder Nacht dreimal rezitiert: «Im Namen Allāhs, mit Dessen Namen nichts auf der Erde oder im Himmel Schaden anrichten kann; denn Er ist der Allhörende, der Allwissende», dem etwas schaden kann."
(Abu Dawūd, und At-Tirmidi, mit dem Kommentar: Ein guter bis starker Hadith)

Kapitel 249
Was man zu erbitten pflegt, wenn man ins Bett geht

Allāh - erhaben ist Er - spricht:
«Fürwahr sind in der Erschaffung der Himmel und der Erde und im Aufeinanderfolgen von Nacht und Tag gewiss (*deutliche*) Zeichen für diejenigen, die Verstand haben, die Allāhs gedenken im Stehen, Sitzen oder Liegen...»
Sura 3:190-191

Hadith 1458 (Vgl Nr.1446) Hudaifa(r) berichtete: Wenn der Gesandte Allāhs(s) ins Bett ging, pflegte er zu erbitten: «*Bissmikallāhumma ahyā, wa amūt...: Aller Lobpreis gebührt Allāh, Der uns zum Leben bringt, und uns in einen Zustand des Todes (im Schlaf) bringt...*»
(Al-Bukhari)

Hadith 1459 Ali(r) berichtete, dass der Gesandte Allāhs(s) zu ihm und zu

عنهما : « إذا أوَيْتُما إلى فِرَاشِكُما ـ أو أخذْتُمَا مَضَاجِعَكُما ـ فكبِّرا ثلاثاً وثلاثينَ ، وسبِّحا ثلاثاً وثلاثينَ ، واحمَدا ثلاثاً وثلاثينَ » وفي روايةٍ : التَّسْبِيحُ أرْبَعاً وثَلاثينَ . وفي روايةٍ : التَّكْبِيرُ أرْبَعاً وثَلاثينَ » متفقٌ عليه .

١٤٦٠ ـ وعن أبي هريرةَ ، رضيَ الله عنهُ ، قال : قالَ رسولُ الله ﷺ : «إذا أوى أحدُكم إلى فِرَاشِه ، فَلْيَنْفُضْ فِرَاشَهُ بدَاخِلَةِ إزَارِهِ ، فإنَّهُ لا يَدْري ما خَلَفَهُ عَلَيْهِ ، ثُمَّ يَقُولُ : باسمِكَ ربِّي وضَعْتُ جَنْبِي ، وبِكَ أرْفَعُهُ ؛ إنْ أمسكْتَ نَفْسي فارحَمْها ، وإنْ أرْسَلْتَها ، فاحْفَظْها بما تَحْفَظُ بهِ عِبَادَكَ الصَّالحينَ » متفقٌ عليه .

١٤٦١ ـ وعنْ عائشـةَ ، رضيَ اللهُ عنْها ، أنَّ رسولَ الله ﷺ كان إذا أخذَ مَضْجَعَهُ نَفَثَ في يَدَيْهِ ، وقَرَأَ بالمُعَوِّذَاتِ ومَسَحَ بهما جَسَدَهُ . متفقٌ عليه .

وفي روايةٍ لهما : أنَّ النبيَّ ﷺ كانَ إذا أوى إلى فِرَاشِهِ كُلَّ لَيْلَةٍ جَمَعَ كَفَّيْهِ ، ثُمَّ نَفَثَ فيهما فقَرَأَ فيهما : قُلْ هُوَ اللهُ أحدٌ ، وقُلْ أعوذُ بربِّ الفَلَقِ ، وقُلْ أعوذُ بربِّ النَّاسِ ، ثُمَّ مَسَحَ بهما ما اسْتَطَاعَ من جَسَدِهِ ، يَبْدَأُ بهما على رأسِهِ ووَجْهِهِ ، وما أقبلَ من جَسَدِهِ ، يَفْعَلُ ذلكَ ثلاثَ مرَّاتٍ . متفقٌ عليه .

قالَ أهلُ اللُّغَةِ : « النَّفْثُ » : نَفْخٌ لَطيفٌ بِلا رِيقٍ .

١٤٦٢ ـ وعنِ البَراءِ بنِ عازبٍ ، رضيَ اللهُ عنهُما ، قال : قالَ لي رسولُ الله ﷺ : « إذا أتيتَ مَضْجَعَكَ فَتَوضَّأْ وضوءَكَ للصَّلاةِ ، ثمَّ اضطَجِعْ على شِقِّكَ الأيْمَنِ ، وقلْ: اللَّهُمَّ اسْلَمْتُ نَفْسي إلَيْكَ ، وفوَّضتُ أمري إلَيْكَ ، وألجأْتُ ظَهري إلَيْكَ ، رغبةً ورهبةً إلَيْكَ ، لا

Fāṭima(r) sagte: „Wenn ihr ins Bett geht - oder euch hingelegt habt -, dann rühmt die Größe Allāhs[117] dreiunddreißigmal, verherrlicht Ihn[118] und lobpreist Ihn[119] dreiunddreißigmal!"
(In einer anderen Version ist die Verherrlichung[120] vierunddreißigmal und laut einer anderen Version ist das Rühmen Seiner Größe[121] vierunddreißigmal.)
(Al-Bukhari und Muslim)

Hadith 1460 Wenn einer von euch ins Bett geht, soll er es mit einem Tuch[122] abstauben; denn er weiß nicht, was darauf in seiner Abwesenheit lag und er soll erbitten: «Mein Herr, in Deinem Namen lege ich meine (*rechte*) Körperseite nieder, und mit Deiner Hilfe werde ich sie wieder erheben. Wenn Du meine Seele (*im Schlaf*) zurückhältst, dann erbitte ich Dich, ihrer zu erbarmen! Und wenn Du sie wegschickst[123], dann erbitte ich Dich, sie mit Deinem Schutz für Deine rechtschaffenen Dienern zu schützen!» [124]
(Al-Bukhari und Muslim)

Hadith 1461 'Āischa(r) berichtete: Der Gesandte Allāhs(s) pflegte, wenn er ins Bett ging, sanft in seine Hände zu blasen und die Schutzsuren 113-114 zu lesen und dann mit ihnen über seinen Körper zu streichen.
(Al-Bukhari und Muslim)
In einer anderen Version steht: Er faltete seine Hände zusammen, blies in sie und las die letzten drei Suren (112-114), dann strich er dreimal mit beiden Händen über seine erreichbaren Körperteile, angefangen vom Kopf und dem Gesicht und was er außerdem noch erreichte.

Hadith 1462 Al-Barā Ibn 'Āzib(r) berichtete: Der Gesandte Allāhs(s) sagte zu mir: „Bevor du ins Bett gehst, verrichte die übliche Gebetswaschung, dann lege dich auf deine rechte Seite und sprich: «O Allāh! Dir vertraue ich meine Seele an! Dir wende ich mein Gesicht zu, Deiner Obhut überlasse ich meine Angelegenheit(en), an Dir ruhe ich meinen Rücken aus, in Hoffnung (auf Dich) und in Ehrung und Furcht vor

مَلجأً ولا مَنجى منكَ إلا إليكَ ، آمَنتُ بكتابكَ الذي أنزَلتَ ، وبنَبيِّكَ الذي أرسَلتَ ، فإنْ مِتَّ ، مِتَّ على الفِطرة ، واجعَلهُنَّ آخرَ ما تَقولُ » متفقٌ عليه .

١٤٦٣ ــ وعَنْ أنَسٍ ، رَضيَ اللهُ عَنهُ ، أنَّ النَّبيَّ ﷺ كَانَ إذا أوى إلى فِراشِه قالَ : « الحَمْدُ لله الذي أطعَمَنا وسقَانا ؛ وكفَانَا وآوانَا ، فكَمْ مِمَّنْ لا كَافيَ لَهُ وَلا مُؤْوىَ » رواه مسلمٌ .

١٤٦٤ ــ وعَنْ حُذَيْفَةَ ، رَضيَ اللهُ عَنهُ ، أنَّ رَسولَ اللهِ ﷺ كَانَ إذا أرادَ أنْ يَرْقُدَ ، وضعَ يدَهُ اليُمنَى تَحتَ خَدِّه ، ثُمَّ يَقُولُ : « اللَّهُمَّ قِنى عذَابَكَ يومَ تَبْعَثُ عِبَادَكَ» رواه الترمذيُّ وقالَ : حديثٌ حسنٌ .

ورَواهُ أبو داودَ مِنْ روايَةِ حَفْصَةَ ، رَضيَ اللهُ عَنها ؛ وَفيهِ أنَّهُ كَانَ يَقُولُهُ ثَلاثَ مَرَّاتٍ

Dir; denn es gibt keine Zuflucht vor Dir und kein Entkommen von Dir außer zu Dir. Ich glaube an Dein Buch, das Du herabgesandt hast, und an Deinen Propheten, den Du gesandt hast!»[125] Denn wenn du (*danach im Schlaf*) sterben solltest, stirbst du wie ein Neugeborenes, und diese Worte sollen das Ende deines Bittgebetes (*vor dem Schlaf*) sein."
(Al-Bukhari und Muslim)

Hadith 1463 Anas(r) berichtete: Der Prophet(s) pflegte, wenn er sich schlafen legte, zu erbitten: «Aller Preis gebührt Allāh, Der uns zu Essen und zu Trinken gab, das Böse von uns abwandte und uns Zuflucht gab; denn es gibt so viele Menschen ohne Erhalter oder Beschützer..»[126]
(Muslim)

Hadith 1464 Hudaifa(r) berichtete: Der Gesandte Allāhs(s) pflegte, wenn er zu schlafen beabsichtigte, seine rechte Hand unter seine Wange zu legen und dann zu erbitten: «O Allāh, schütze mich vor Deiner Bestrafung am Tage, an dem Du Deine Diener wiedererweckst!: Allāhumma qinī 'Adābaka, Yauma tab 'thu 'Ibādaka!»
(At-Tirmidi, mit dem Kommentar: Ein guter Hadith)
Abu Dawūd überliefert diesen Hadith in der Version von Hafsa(r), in der steht, dass der Gesandte Allāhs(s) dieses (Bittgebet) dreimal aussprach.

كتاب الدعوات
٢٥٠ - باب فضل الدعاء

قال الله تعالى : ﴿ وَقَالَ رَبُّكُمُ ادْعُونِي أَسْتَجِبْ لَكُمْ ﴾ (غافر : ٦٠) ، وقال تعالى : ﴿ ادْعُوا رَبَّكُمْ تَضَرُّعًا وَخُفْيَةً إِنَّهُ لَا يُحِبُّ الْمُعْتَدِينَ ﴾ ، (الأعراف : ٥٥)، وقال تعالى : ﴿ وَإِذَا سَأَلَكَ عِبَادِي عَنِّي فَإِنِّي قَرِيبٌ أُجِيبُ دَعْوَةَ الدَّاعِ إِذَا دَعَانِ ﴾ الآية (البقرة :١٨٦) ، وقال تعالى : ﴿ أَمَّن يُجِيبُ الْمُضْطَرَّ إِذَا دَعَاهُ وَيَكْشِفُ السُّوءَ ﴾ الآية (النمل : ٦٢) .

١٤٦٥ - وعَنِ النُّعْمانِ بنِ بَشيرٍ ، رضيَ اللهُ عنهُمَا ، عَنِ النَّبيِّ ﷺ ، قالَ : «الدُّعَاءُ هوَ العِبادَةُ» رواهُ أبو داودَ ، والترمذيُّ ، وقالَ : حديثٌ حسنٌ صحيحٌ .

١٤٦٦ - وعَنْ عائِشَةَ ، رضيَ اللهُ عنْها ، قالَتْ : كانَ رسولُ اللهِ ﷺ يَسْتَحِبُّ الجَوامِعَ مِنَ الدُّعاءِ ، ويَدَعُ مَا سِوى ذلكَ . رواهُ أبو داودَ بإسنادٍ جيِّدٍ .

١٤٦٧ - وعَنْ أنسٍ ، رضيَ اللهُ عنْهُ ، قالَ : كانَ أكثرُ دُعاءِ النَّبيِّ ﷺ : «اللَّهُمَّ آتِنا

Buch XIV:
Buch der Bittgebete

Kapitel 250
Der Vorrang der Bittgebete

Allāh - erhaben ist Er - spricht:

«Euer Herr spricht: Ruft Mich, dann werde Ich euch erhören!»
Sura 40:60
«Rufet zu eurem Herrn in Demut und insgeheim. Wahrlich Er liebt nicht die Übertreter.»
Sura 7:55
«Und wenn Meine Diener dich nach Mir fragen, so Ich bin nahe. Ich erhöre das Gebet des Bittenden, wenn Er Mich ruft..»
Sura 2:186
«Wer sonst erhört den, der in Not ist, wenn er ihn anruft und nimmt das Übel hinweg?»
Sura 27:62

Hadith 1465 An-Nu'mān Ibn Baschīr(r) berichtete: Der Prophet(s) hat gesagt: «Das Bittgebet ist das Wesentliche des Gottesdienstes.»
(Abu Dawūd und At-Tirmiḏi, mit dem Kommentar: Ein guter bis starker Hadith)

Hadith 1466 'Āischa(r) berichtete: Der Gesandte Allāhs(s) bevorzugte die (*für Diesseits und Jenseits*) umfassenden Formeln der Bittgebete, und sonstige (Bittgebete) achtete er nicht sehr.
(Abu Dawūd, mit einer guten Überlieferungskette)

Hadith 1467 Anas(r) berichtete: Das meiste Bittgebet des Propheten(s) war: «O Allāh, gib uns im Diesseits Gutes, und im Jenseits Gutes, und bewahre uns vor der Strafe des Höllenfeuers!: Rabbanā, ātinā fid-Dunya

في الدُّنْيَا حَسَنَةً ، وفى الآخِرَةِ حَسَنَةً ؛ وَقِنَا عَذَابَ النَّارِ » متفقٌ عليه .

زَادَ مُسلمٌ فى روايَتِهِ قالَ : وكانَ أنسٌ إذا أرَادَ أنْ يَدعُوَ بِدعْـوَةٍ دَعَا بِهَا ، وإذا أرادَ أنْ يَدعُوَ بِدعَاءٍ دَعَا بها فِيهِ .

١٤٦٨ ـ وَعَنِ ابنِ مَسْعُودٍ ، رَضِىَ اللهُ عنْهُ ، أنَّ النَّبِىَّ ﷺ كَانَ يَقُولُ : «اللَّهُمَّ إنِّى أسْألُكَ الهُدَى ، وَالتُّقَى ، وَالعَفَافَ وَالغِنَى » رواهُ مُسلمٌ .

١٤٦٩ ـ وَعَنْ طارقِ بنِ أشْيَمَ ، رَضِىَ اللهُ عَنْهُ ، قَالَ : كَانَ الرَّجُلُ إذا أسْلَمَ عَلَّمَهُ النَّبِىُّ ﷺ الصَّلاةَ ، ثُمَّ أمَرَهُ أنْ يَدعُوَ بِهَـؤُلاءِ الكَلِمَاتِ : « اللَّهُمَّ اغفِرْ لى ، وَارْحَمْنى ، وَاهْدِنى ، وَعَافِنى ، وَارْزُقْنِى » رواهُ مُسلمٌ .

وفى روايَةٍ لَهُ عَنْ طارقٍ أنَّهُ سَمِعَ النَّبِىَّ ﷺ ، وَأتاهُ رَجُلٌ ، فَقَالَ : يا رَسُولَ اللهِ ، كَيْفَ أقُولُ حِينَ أسْألُ رَبِّى ؟ قال : « قُلْ : اللَّهُمَّ اغفِرْ لى ، وَارْحَمْنى ، وَعَافِنى ، وَارْزُقْنِى، فَإنَّ هؤُلاءِ تَجْمَعُ لَكَ دُنْيَاكَ وآخِرَتَكَ » .

١٤٧٠ ـ وَعَنْ عَبْدِ اللهِ بنِ عمرِو بنِ العَاصِ ، رَضِىَ اللهُ عَنْهُمَا ، قَالَ : قَالَ رَسُولُ اللهِ ﷺ : « اللَّهُمَّ مُصَرِّفَ القُلُوبِ صَرِّفْ قُلُوبَنا عَلى طَاعَتِكَ » رواهُ مُسلمٌ .

١٤٧١ ـ وَعَنْ أبى هُرَيْرَةَ ، رَضِىَ اللهُ عَنْهُ ، عَنِ النَّبِىِّ ﷺ ، قَالَ : «تَعَوَّذُوا بِاللهِ مِنْ جَهْدِ البَلاءِ ، وَدَرَكِ الشَّقَاءِ ، وَسُوءِ القَضَاءِ ، وَشَمَاتَةِ الأعْدَاءِ » متَّفقٌ عليه ، وفى روايَةٍ: قَالَ سُفْيَانُ : أشُكُّ أنِّى زِدْتُ وَاحِدَةً منْهَا .

*H*assanatan, wa fil-Ākhirati *H*assanatan, wa qinā 'Adāban-Nār!»
Sura 2:201
(Al-Bukhari und Muslim)
Muslim fügte in seiner Version dazu: Anas(r) pflegte, diese Worte als (kurzes) Bittgebet zu sprechen, und wenn er ein (langes) Bittgebet sprechen wollte, waren sie ein Teil seines Bittgebetes.

Hadith 1468 Ibn Mass'ūd(r) berichtete: Der Prophet(s) pflegte zu erbitten: «O Allāh, ich bitte Dich um (*Deine*) Rechtleitung, die Rechtschaffenheit, die (*tugendhafte*) Keuschheit und die Unabhängigkeit (*von den Menschen*).»[127]
(Muslim)

Hadith 1469 *T*āriq Ibn Aschyam(r) berichtete: Wenn ein Mensch den Islam annahm, lehrte der Prophet(s) ihn das Pflichtgebet, dann wies er ihn an, mit folgenden Worten zu erbitten: «O Allāh, vergib mir, erbarme Dich meiner, leite mich recht, schütze mich und schenke mir Heil und Versorgung!»[128]
(Muslim)
Laut einer anderen Version von ihm, hörte *T*āriq(r) den Propheten(s) zu einem Mann, der zu ihm kam und ihn fragte: „O Gesandter Allāhs, wie soll ich meinen Herr erbitten?", sagen: „Sage: «O Allāh, vergib mir, erbarme Dich meiner, schütze mich und schenke mir Heil und Versorgung!», denn dieses umfasst dein Diesseits und dein Jenseits."

Hadith 1470 'Abdullāh Ibn 'Amr Ibn-ul-'Ās(r) berichtete: Der Gesandte Allāhs(s) erbat: «O Allāh, Leiter der Herzen (*zu ihrer Bestimmung*), wende unsere Herzen (*von allem ab*) zu Deinem Gehorsam!»[129]
(Muslim)

Hadith 1471 Abu Huraira(r) berichtete: Der Prophet(s) hat gesagt: „Sucht Zuflucht bei Allāh vor der Beschwerlichkeit der Heimsuchung, vor dem Überfall des Elendes, vor dem schlechten Schicksal und vor der

١٤٧٢ - وعَنْهُ قَالَ : كَانَ رَسُولُ اللهِ ﷺ يَقُولُ : « اللَّهُمَّ أَصْلِحْ لِي دِينِي الَّذِي هُوَ عِصْمَةُ أَمْرِي ، وَأَصْلِحْ لِي دُنْيَايَ التي فِيهَا مَعَاشِي ، وَأَصْلِحْ لِي آخِرَتِي الَّتِي فِيهَا مَعَادِي ، وَاجْعَلِ الحَيَاةَ زِيَادَةً لِي فِي كُلِّ خَيْرٍ ، وَاجْعَلِ المَوْتَ رَاحَةً لِي مِنْ كُلِّ شَرٍّ » رَوَاهُ مُسْلِمٌ .

١٤٧٣ - وَعَنْ عَلِيٍّ ، رَضِيَ اللهُ عَنْهُ ، قَالَ : قَالَ لِي رَسُولُ اللهِ ﷺ : « قُلْ : اللَّهُمَّ اهْدِنِي ، وَسَدِّدْنِي » .

وَفِي رِوَايَةٍ : « اللَّهُمَّ إِنِّي أَسْأَلُكَ الهُدَى ، وَالسَّدَادَ » رَوَاهُ مُسْلِمٌ .

١٤٧٤ - وَعَنْ أَنَسٍ ، رَضِيَ اللهُ عَنْهُ ، قَالَ : كَانَ رَسُولُ اللهِ ﷺ يَقُولُ : « اللَّهُمَّ إِنِّي أَعُوذُ بِكَ مِنَ العَجْزِ وَالكَسَلِ وَالجُبْنِ وَالهَرَمِ ، وَالبُخْلِ ، وَأَعُوذُ بِكَ مِنْ عَذَابِ القَبْرِ ، وَأَعُوذُ بِكَ مِنْ فِتْنَةِ المَحْيَا وَالمَمَاتِ » .

وَفِي رِوَايَةٍ : « وَضَلَعِ الدَّيْنِ وَغَلَبَةِ الرِّجَالِ » رَوَاهُ مُسْلِمٌ .

١٤٧٥ - وَعَنْ أَبِي بَكْرٍ الصِّدِّيقِ رَضِيَ اللهُ عَنْهُ ، أَنَّهُ قَالَ لِرَسُولِ اللهِ ﷺ : عَلِّمْنِي دُعَاءً أَدْعُو بِهِ فِي صَلَاتِي ، قَالَ : « قُلْ : اللَّهُمَّ إِنِّي ظَلَمْتُ نَفْسِي ظُلْماً كَثِيراً ، وَلَا يَغْفِرُ الذُّنُوبَ إِلَّا أَنْتَ ، فَاغْفِرْ لِي مَغْفِرَةً مِنْ عِنْدِكَ ، وَارْحَمْنِي ، إِنَّكَ أَنْتَ الغَفُورُ الرَّحِيمُ » مُتَّفَقٌ عَلَيْهِ .

وَفِي رِوَايَةٍ : « وَفِي بَيْتِي » وَرُوِيَ : « ظُلْماً كَثِيراً » وَرُوِيَ : « كَبِيراً » بِالثَّاءِ المُثَلَّثَةِ وَبِالبَاءِ المُوَحَّدَةِ ، فَيَنْبَغِي أَنْ يُجْمَعَ بَيْنَهُمَا ، فَيُقَالُ : كَثِيراً كَبِيراً .

Schadenfreude der Feinde.»[130] (Al-Bukhari und Muslim) Laut einer anderen Version sagte Sufyān: „Ich fürchte, dass ich hier ein Wort hinzugefügt habe!"

Hadith 1472 Abu Huraira berichtete: Der Gesandte Allāhs(s) pflegte zu erbitten: «O Allāh! Verbessere mir meinen Glauben recht, denn er ist die Bewahrung meiner Sache, verbessere mir mein Diesseits recht, denn in ihm ist mein Lebensunterhalt und verbessere mir mein Jenseits recht, denn zu ihm kehre ich zurück! Mache das Leben zur Steigerung an Gutem für mich, und mache den Tod zu einer Erlösung für mich vor dem Unheil!»[131] (Muslim)

Hadith 1473 'Ali(r) berichtete: Der Gesandte Allāhs(s) sagte zu mir: „Erbitte: «O Allāh, leite mich recht und verhilf mir zum Erfolg!»[132]
In einer anderen Version steht: «O Allāh, ich bitte Dich um die Rechtleitung und das Gelingen!»

Hadith 1474 Anas(r) berichtete: Der Gesandte Allāhs(s) pflegte zu erbitten: «O Allāh, ich nehme Zuflucht zu Dir vor der Unfähigkeit und der Faulheit, der Feigheit, dem Geiz und der (unerträglichen) Altersschwäche! Und ich nehme Zuflucht zu Dir vor der qualvollen Bestrafung im Grab, und ich nehme Zuflucht bei Dir vor der Versuchung, des Lebens und des Todes!»
(Muslim)
Eine andere Version fügt hinzu: «und vor der Überwältigung der Schulden und vor der Unterdrückung der (*ungerechten*) Männer!»[133]

Hadith 1475 Abu Bakr A*s-S*iddīq(r) berichtete, dass er dem Gesandten Allāhs(s) sagte: „Bitte lehre mich ein Bittgebet, das ich in meinem Gebet erbitte!" Er sagte: "Sage: «O Allāh, ich habe an meiner Seele viel Unrecht getan, und keiner vergibt die Sünden außer Dir, so erbitte ich eine umfassende Vergebung von Dir, und habe Erbarmen mit mir, denn Du allein bist der Allverzeihende, der Barmherzige!»[134]

١٤٧٦ - وَعَنْ أبي مـوسى ، رضيَ اللهُ عنه ، عَنِ النَّبيِّ ﷺ ، أنَّهُ كَانَ يَدعُو بهـذا الدُّعَاءِ : « اللَّهُمَّ اغفِر لي خَطيئَتي وَجَهلي ، وإسرافي في أمري ، وَمَا أنتَ أعلَمُ بِهِ مِني ، اللَّهُمَّ اغفِر لي جِدِّي وَهَزلي ، وَخَطَئي وَعَمْدي ، وَكُلُّ ذَلِكَ عِندي ، اللَّهُمَّ اغفِر لي مَا قَدَّمتُ وَمَا أخَّرتُ ، وَمَا أسرَرْتُ وَمَا أعلَنْتُ ، وَمَا أنتَ أعلَمُ بِهِ مِنِّي ، أنتَ المُقَدِّمُ ، وأنتَ المُؤَخِّرُ ، وأنتَ عَلى كُلِّ شَيءٍ قَدِيرٌ » مُتَّفَقٌ عليهِ .

١٤٧٧ - وَعَنْ عَائِشَـةَ ، رَضيَ اللهُ عَنهـا ، أنَّ النَّبيَّ ﷺ كَانَ يَقُولُ في دُعَائِهِ: « اللَّهُمَّ إنِّي أعوذُ بِكَ مِنْ شَرِّ مَا عَمِلتُ وَمِنْ شَرِّ مَا لَمْ أعمَلْ » رواه مسلمٌ .

١٤٧٨ - وَعَنِ ابْنِ عُمَرَ ، رضيَ اللهُ عَنهمَا ، قَالَ : كَانَ مِنْ دُعَاءِ رَسُولُ الله ﷺ : « اللَّهُمَّ إنِّي أعوذُ بِكَ مِنْ زَوَالِ نِعمَتِكَ ، وَتَحَوُّلِ عَافِيَتِكَ ، وَفُجَاءَةِ نِقمَتِكَ ؛ وَجَمِيعِ سَخَطِكَ» رَوَاهُ مُسلِمٌ .

١٤٧٩ - وَعَنْ زَيدِ بنِ أرقَمَ ، رضيَ اللهُ عَنهُ ، قـالَ : كَانَ رَسُولُ الله ﷺ يَقُولُ : « اللَّهُمَّ إنِّي أعوذُ بِكَ مِنَ العَجزِ والكَسَلِ ، والبُخلِ والهَرَمِ ، وَعَذَابِ القَبرِ ، اللَّهُمَّ آتِ نَفسي تَقوَاهَا ، وَزَكِّهَا أنتَ خَيرُ مَنْ زَكَّاهَا ، أنتَ وَلِيُّهَا وَمَولاهَا ، اللَّهُمَّ إنِّي أعوذُ بِكَ مِنْ عِلمٍ لا يَنفَعُ ، وَمِنْ قَلبٍ لا يَخشَعُ ، وَمِن نَفسٍ لا تَشبَعُ ، وَمِنْ دَعوَةٍ لا يُستَجَابُ لَهَا » رواهُ مسلمٌ .

Hadith 1476 Abu Mūsā(r) berichtete: Der Prophet(s) pflegte folgendes Bittgebet zu sprechen: «O Allāh, vergib mir meine Fehltritte und meine Unwissenheit, meine Überschreitungen in meiner Sache, und vergib mir, was Du besser weißt als ich! O Allāh, vergib mir meine ernsthaft und scherzhaft begangenen Verfehlungen, unabsichtliche und vorsätzliche, denn ich gestehe all diese Missetaten! O Allāh, vergib mir, was ich einst beging und was ich künftig begehen werde, heimlich oder offenkundig, und auch das von mir, was Du besser weißt als ich, denn Du allein bist Derjenige, Der voraussendet und Der zurücksendet, und Du bist über alle Dinge mächtig.»[135]
(Al-Bukhari und Muslim)

Hadith 1477 'Āischa(r) berichtete: Der Gesandte Allāhs(s) pflegte in seinem Bittgebet zu sagen: «O Allāh, ich suche Zuflucht bei Dir vor dem Übel dessen, was ich tat, und dessen, was ich nicht tat!»[136]
(Muslim)

Hadith 1478 Ibn 'Umar(r) berichtete: Zu den Bittgebeten des Gesandten Allāhs(s) zählt: «O Allāh, ich suche Zuflucht bei Dir vor dem Entzug Deiner Gaben, dem Wandel Deines Schutzes, Deiner unerwarteten Bestrafung und Deinem gesamten Zorn!»[137]
(Muslim)

Hadith 1479 Zaid Ibn Arqam(r) berichtete: Der Gesandte Allāhs(s) pflegte zu erbitten: «O Allāh, ich suche Zuflucht bei Dir vor der Unfähigkeit, der Faulheit, dem Geiz, der (unerträglichen) Altersschwäche und der qualvollen Bestrafung im Grab! O Allāh, gewähre meiner Seele Redlichkeit und läutere sie, denn nur Du allein bist der Beste, der sie läutert, und Du bist allein ihr Herr und Beschützer! O Allāh, ich suche Zuflucht bei Dir vor nutzlosem Wissen und einem Herzen ohne Demut und vor einer (gierigen) Seele, die mit nichts zufrieden ist und vor einem Bittgebet, das abgelehnt wird!»[138]
(Muslim)

١٤٨٠ ــ وعَنِ ابنِ عبّاسٍ ، رضِيَ اللهُ عنهُما ، أنّ رسولَ اللهِ ﷺ كانَ يقولُ: « اللَّهُمَّ لكَ أسلَمتُ ، وبكَ آمَنتُ ، وعَليكَ توكّلتُ ، وإليكَ أنَبتُ ، وبكَ خَاصَمتُ ، وإليكَ حَاكَمتُ ، فاغفِرْ لي ما قَدَّمتُ ، وما أخَّرتُ ، وما أسرَرتُ ، وما أعلَنتُ، أنتَ المُقَدِّمُ، وأنتَ المؤخِّرُ ، لا إلهَ إلا أنتَ » .

زادَ بَعضُ الرُّواةِ : « ولا حَوْلَ ولا قوَّةَ إلا بالله » متفقٌ عليه .

١٤٨١ ــ وعَن عائشةَ ، رضِيَ اللهُ عنها ، أنَّ النبيَّ ﷺ كانَ يَدعو بهؤلاءِ الكلماتِ : « اللهُمَّ إنّي أعوذُ بكَ من فتنةِ النَّارِ ، وعذابِ النَّارِ ، ومن شرِّ الغنى والفَقرِ » . رواه أبو داودَ ، والترمذيُ وقال : حديثٌ حسنٌ صحيحٌ ، وهذا لفظُ أبي داود .

١٤٨٢ ــ وعَن زيادِ بنِ عِلاقَةَ عن عَمّهِ ، وهو قُطبةُ بنُ مالكٍ ، رضيَ اللهُ عنهُ ، قالَ : كانَ النبيُّ ﷺ ، يقولُ : « اللَّهُمَّ إنّي أعوذُ بكَ من منكَرَاتِ الأخلاقِ ، والأعمالِ ، والأهواءِ » رواهُ الترمذيُّ وقالَ : حديثٌ حسنٌ .

١٤٨٣ ــ وعَن شكلِ بنِ حُمَيدٍ ،رضِيَ اللهُ عنهُ ،قالَ: قُلتُ: يا رسولَ اللهِ ، علّمني دُعاءً ، قالَ : « قُل : اللَّهُمَّ إنّي أعوذُ بكَ من شرِّ سمعي ، ومن شرِّ بصري ، ومن شرِّ لساني، ومن شرِّ قلبي، ومن شرِّ منيِّي » رواهُ أبو داود ، والترمذيُ وقال : حديثٌ حسنٌ .

١٤٨٤ ــ وعَن أنسٍ ، رضِيَ اللهُ عنهُ ، أنَّ النبيَّ ﷺ كانَ يقولُ : « اللَّهُمَّ إنّي أعوذُ بكَ من البَرصِ ، والجنونِ ، والجُذامِ ، وسيِّئِ الأسقامِ »رواهُ أبو داود بإسنادٍ صحيحٍ .

Hadith 1480 Ibn 'Abbās(r) berichtete: Der Gesandte Allāhs(s) pflegte zu sagen: «O Allāh, Dir habe ich mich ergeben, an Dich glaube ich, auf Dich vertraue ich und zu Dir wende ich mich! Mit Deiner Beweismacht streite ich, und auf Dein Richten verlasse ich mich! Bitte vergib mir vergangene und künftige Verfehlungen, was ich verhehlte und was ich kundtat; denn Du allein bist Derjenige, Der voraussendet und der zurücksendet, außer Dir gibt es keinen Gott!» Einige Überlieferer fügen hinzu: «und es gibt weder Macht noch Kraft außer durch Allāh!»[139]
(Al-Bukhari und Muslim)

Hadith 1481 'Āischa(r) berichtete: Der Prophet(s) hat folgende Worte bei jeder Gelegenheit ausgesprochen: «O Allāh, ich suche Zuflucht bei Dir vor der Versuchung der Hölle, vor der qualvollen Bestrafung der Hölle und vor dem Unheil des Reichtums und der Armut!»[140]
(Abu Dawūd und At-Tirmi*d*i, mit dem Kommentar: Ein guter bis starker Hadith. Die Überlieferung hier ist die Version von Abu Dawūd)

Hadith 1482 Ziyād Ibn 'Alqama(r) berichtete von seinem Onkel Qu*t*aba Ibn Mālik(r), dass der Prophet(s) zu sagen pflegte: «O Allāh, ich suche Zuflucht bei Dir vor den Verwerflichkeiten der Moral und der Taten und den sinnlichen Gelüsten!»
(At-Tirmi*d*i, mit dem Kommentar: Ein guter Hadith)

Hadith 1483 Schakal Ibn *H*umaid(r) berichtete: Ich sagte zum Gesandten Allāhs(s): „Bitte lehre mich ein Bittgebet!" Er sagte zu mir: „Sprich: «O Allāh! Ich nehme Zuflucht bei Dir vor den Verwerflichkeiten der Moral und der Taten und den sinnlichen Gelüsten!»
(Abu Dawūd und At-Tirmi*d*i, mit dem Kommentar: Ein guter Hadith)

Hadith 1484 Anas(r) berichtete, dass der Prophet(s) gewöhnlich betete: «O Allāh! Ich suche Zuflucht bei Dir vor der Lepra, dem Irrsinn, und den übrigen schlimmen Krankheiten.»
(Abu Dawūd, mit einer starken Überlieferungskette)

١٤٨٥ - وعَنْ أبي هُرَيْرَةَ ، رَضِيَ اللهُ عَنْهُ ، قَالَ : كَانَ رَسُولُ اللهِ ﷺ يَقُولُ: « اللَّهُمَّ إنِّى أعوذُ بكَ مِنَ الجُوعِ ، فإنَّهُ بِئْسَ الضَّجيعُ ، وأعوذُ بكَ مِنَ الخِيانَةِ ، فإنَّها بئستِ البِطانَةُ » رواهُ أبو داودَ بإسنادٍ صحيحٍ .

١٤٨٦ - وعَنْ عليٍّ ، رَضِيَ اللهُ عَنْهُ ، أنَّ مكاتَباً جاءَهُ ، فَقَالَ : إنِّى عَجَزْتُ عَنْ كتابَتى ، فأعِنِّى ، قَالَ : ألا أعَلِّمُكَ كلماتٍ علَّمَنيهنَّ رَسولُ اللهِ ﷺ ، لو كانَ عَلَيْكَ مِثْلُ جَبَلِ دَيْناً أدّاهُ اللهُ عَنْكَ ؟ قُلْ : « اللَّهُمَّ اكْفِنى بحلالِكَ عَنْ حرامِكَ ، وأغْنِنى بفضلِكَ عمَّنْ سِواكَ » رواهُ الترمذيُّ وقَالَ : حديثٌ حسنٌ .

١٤٨٧ - وعَنْ عِمْرانَ بنِ الحُصينِ ، رَضِيَ اللهُ عَنْهُما ، أنَّ النَّبيَّ ﷺ علَّمَ أباهُ حُصَيْناً كَلِمَتَيْنِ يَدْعُو بِهِما : « اللَّهُمَّ ألْهِمْنى رُشْدى ، وأعِذْنى مِنْ شَرِّ نَفْسى » رواهُ الترمذيُّ وقَالَ : حديثٌ حسنٌ .

١٤٨٨ - وعَنْ أبي الفضلِ العبّاسِ بنِ عبدِ المُطَّلبِ ، رَضِيَ اللهُ عَنْهُ ، قَالَ : قُلْتُ : يا رَسُولَ اللهِ ، عَلِّمْنى شَيْئاً أسألُهُ اللهَ تَعَالَى ، قَالَ : « سَلُوا اللهَ العافيَةَ » فمَكَثْتُ أيّاماً ، ثُمَّ جئتُ فَقُلْتُ: يا رَسُولَ اللهِ ، عَلِّمْنى شَيْئاً أسألُهُ اللهَ تَعَالَى ، قَالَ لى: « يا عبَّاسُ يا عَمَّ رَسُولِ اللهِ ، سَلُوا اللهَ العافيَةَ فى الدُّنْيا والآخِرَةِ » رواهُ الترمذيُّ وقَالَ : حديثٌ حسنٌ صحيحٌ .

١٤٨٩ - وعَنْ شَهْرِ بنِ حَوْشَبٍ قَالَ : قُلْتُ لأمّ سَلَمَةَ ، رَضِيَ اللهُ عَنْها : يا أمَّ

Hadith 1485 Abu Huraira(r) berichtete: Der Gesandte Allāhs(s) pflegte gewöhnlich zu beten: «O Allāh! Ich suche Zuflucht bei Dir vor dem Hunger; denn Er ist ein übler Begleiter und Bittgenosse, und ich nehme Zuflucht bei Dir vor dem Verrat; denn er ist das schlimmste Gefolge!»
(Abu Dawūd, mit einer starken Überlieferungskette)

Hadith 1486 'Ali(r) berichtete, dass ein verschuldeter Sklave zu ihm kam und sagte: „Ich kann meine Freilassungsrate nicht entrichten, also hilf mir!" Ali(r) erwiderte: „Soll ich dir Worte lehren, die der Gesandte Allāhs(s) mich lehrte, und mit deren Hilfe lässt Allāh deine Schulden begleichen, auch wenn sie berghoch wären? Also sprich: O Allāh! Mach mich genügsam durch das von Dir erlaubte, rechtmäßige Erworbene gegenüber dem von Dir unerlaubten Erworbenen, und mache mich durch Deine Güte unabhängig von jedem außer von Dir!»
(At-Tirmi*d*i, mit dem Kommentar: Ein guter Hadith)

Hadith 1487 'Imrān Ibn-ul-*Hus*ain(r) berichtete, dass der Prophet(s) seinen Vater *H*usain zwei Worter als Bittgebet lehrte: «O Allāh, gewähre mir meine Rechtschaffenheit und schütze mich vor dem Unheil meines Ichs!»
(At-Tirmi*d*i, mit dem Kommentar: Ein guter Hadith)

Hadith 1488 Abul-Fa*d*l Al-'Abbās(r) berichtete: Ich sagte zum Gesandten Allāhs(s): „O Gesandter Allāhs! Lehre mich etwas, worum ich Allāh - erhaben ist Er - bitte!" Er sagte: „Ihr sollt Allāh um Unversehrtheit (*und Heil*) bitten!" Später sagte ich zu ihm erneut: „O Gesandter Allāhs, lehre mich etwas, das ich Allāh - erhaben ist Er - erbitte!" Er sagte: „O 'Abbās, Onkel des Gesandten Allāhs! Ihr sollt Allāh um Unversehrtheit (*und Heil*) in dieser Welt und in der künftigen bitten!"
(At-Tirmi*d*i, mit dem Kommentar: Ein guter bis starker Hadith)

Hadith 1489 Schahr Ibn *H*auschab(r) berichtete: Ich sagte zu Umm Salama(r): „O Mutter der Gläubigen, welches Bittgebet hat der Gesandte

المؤمنينَ، ما كانَ أكثرُ دعاءِ رسولِ اللهِ ﷺ إذا كانَ عندكِ؟ قالتْ: كانَ أكثرُ دعائهِ: «يا مقلِّبَ القلوبِ ثبِّتْ قلبي على دينِكَ» رواه الترمذي، وقالَ: حديثٌ حسنٌ.

١٤٩٠ - وعَنْ أبي الدرداءِ، رضيَ اللهُ عنهُ، قالَ: قالَ رسولُ اللهِ ﷺ: «كان مِن دعاءِ داودَ ﷺ: اللهمَّ إني أسألُكَ حبَّكَ، وحبَّ مَن يحبُّكَ، والعملَ الذي يُبلِّغُني حبَّكَ، اللهمَّ اجعلْ حبَّكَ أحبَّ إليَّ مِن نفسي، وأهلي، ومنَ الماءِ الباردِ» رواهُ الترمذيُّ وقالَ: حديثٌ حسنٌ.

١٤٩١ - وعَنْ أنسٍ، رضيَ اللهُ عنهُ، قالَ: قالَ رسولُ اللهِ ﷺ: «ألظُّوا بياذا الجلالِ والإكرامِ» رواهُ الترمذيُّ ورواهُ النسائيُّ مِن روايةِ ربيعةَ بنِ عامرٍ الصحابيِّ، قالَ الحاكمُ: حديثٌ صحيحُ الإسنادِ.

«ألظُّوا» بكسرِ اللامِ وتشديدِ الظاءِ المعجمةِ معناهُ: الزَموا هذهِ الدعوةَ وأكثِروا منها.

١٤٩٢ - وعَنْ أبي أمامةَ، رضيَ اللهُ عنهُ، قالَ: دعا رسولُ اللهِ ﷺ بدعاءٍ كثيرٍ، لَمْ نحفَظْ منهُ شيئاً، قُلنا: يا رسولَ اللهِ دعوتَ بدعاءٍ كثيرٍ لم نحفَظْ منهُ شيئاً؛ فقالَ: «ألا أدلُّكم على ما يجمعُ ذلكَ كلَّهُ؟ تقولُ: اللهمَّ إني أسألُكَ مِن خيرِ ما سألَكَ منهُ نبيُّكَ محمدٌ ﷺ؛ وأعوذُ بكَ مِن شرِّ ما استعاذَ منهُ نبيُّكَ محمدٌ ﷺ، وأنتَ المستعانُ، وعليكَ البلاغُ؛ ولا حولَ ولا قوةَ إلا باللهِ» رواهُ الترمذيُّ وقالَ: حديثٌ حسنٌ.

Allāhs(s) am meisten ausgesprochen, wenn er bei dir war?" Sie erwiderte: „Er(s) hat am meisten gesagt: «Dich, der die Herzen wendet, bitte ich, mein Herz in Deinem Glauben zu stärken!»
(At-Tirmi*d*i, mit dem Kommentar: Ein guter Hadith)

Hadith 1490 Abud-Dardā(r) berichtete: Der Gesandte Allāhs(s) sagte: „Dāwūd(s) hat u.a. gebetet: «O Allāh! Ich trachte nach Deiner Liebe sowie nach der Liebe jedes (*Dieners*), der Dich liebt, und nach jeder Tat, die mich zu Deiner Liebe führt! O Allāh, mache die Liebe zu Dir mir lieber als meine Liebe zu mir selbst, zu meinen Angehörigen und zum (*lebensspendenden*) kühlen Wasser!»
(At-Tirmi*d*i, mit dem Kommentar: Ein guter Hadith)

Hadith 1491 Anas(r) berichtete: Der Gesandte Allāhs(s) hat gesagt: „Rufet immer (*in eurem Bittgebet*): «O Herr der (*wahren*) Majestät und der (*würdigen*) Ehre!»
(At-Tirmi*d*i, und An-Nasāīnach der Überlieferung von Rabī'a Ibn 'Āmir(r), einem Gefährten des Propheten(s). (Al-*H*akim kommentierte: Ein Hadith mit starker Überlieferungskette)

Hadith 1492 Abu Umāma(r) berichtete: Der Gesandte Allāhs(s) hat verschiedene Bittgebete gesprochen, von denen wir nichts auswendig lernten, so sagten wir zu ihm: „O Gesandter Allāhs! Du hast viele Bittgebete ausgesprochen, von denen wir keins auswendig kennen!" Er sagte: „Soll ich euch verraten, was dies alles beinhaltet? Man betet: «O Allāh, ich bitte Dich mir zu gewähren, das Beste dessen, was Dein Prophet Muhammad(s) für sich erbat, und ich suche Zuflucht bei Dir vor dem Unheil dessen, wovor Dein Prophet Muhammad(s) Zuflucht bei Dir nahm; denn Du allein bist Derjenige, Dessen Hilfe anzuflehen ist, Der (*uns das Erwünschte*) gewährleistet! Und es gibt weder Macht noch Kraft außer durch Allāh!»
(At-Tirmi*d*i, mit dem Kommentar: Ein guter Hadith)

١٤٩٣ - وعَنِ ابنِ مَسْعُودٍ ، رضِيَ اللهُ عَنْهُ ، قال : كَانَ مِنْ دُعَاءِ رَسُولِ اللهِ ﷺ : «اللَّهُمَّ إنِّي أسْألُكَ مُوجِبَاتِ رَحْمَتِكَ ، وَعَزَائِمَ مَغْفِرَتِكَ ، وَالسَّلامَةَ مِنْ كُلِّ إثْمٍ ، وَالغَنِيمَةَ مِنْ كُلِّ بِرٍّ ، وَالفَوْزَ بِالجَنَّةِ ، وَالنَّجَاةَ مِنَ النَّارِ» رواه الحاكم أبو عبد الله ، وقال: حديثٌ صحيحٌ على شرطِ مسلم .

٢٥١ - باب فضل الدعاء بظهر الغيب

قال اللهُ تعالى : ﴿ وَالَّذِينَ جَاءُوا مِنْ بَعْدِهِمْ يَقُولُونَ رَبَّنَا اغْفِرْ لَنَا وَلِإِخْوَانِنَا الَّذِينَ سَبَقُونَا بِالْإِيمَانِ ﴾ (الحشر: ١٠) ، وقال تعالى : ﴿ وَاسْتَغْفِرْ لِذَنْبِكَ وَلِلْمُؤْمِنِينَ وَالْمُؤْمِنَاتِ ﴾ (محمد: ١٩) ، وقال تعالى إخباراً عن إبراهيم ﷺ : ﴿ رَبَّنَا اغْفِرْ لِي وَلِوَالِدَيَّ وَلِلْمُؤْمِنِينَ يَوْمَ يَقُومُ الْحِسَابُ ﴾ (إبراهيم: ٤١) .

١٤٩٤ - وعَنْ أبي الدَّرْدَاءِ رَضِيَ اللهُ عَنْهُ أنَّهُ سَمِعَ رَسُولَ اللهِ ﷺ يقُولُ : «مَا مِنْ عَبْدٍ مُسْلِمٍ يَدْعُو لأخِيهِ بِظَهْرِ الغَيْبِ إلاَّ قَالَ المَلَكُ وَلَكَ بِمِثْلٍ» رواه مسلم .

١٤٩٥ - وعَنْهُ أنَّ رَسُولَ اللهِ ﷺ كانَ يقُولُ : «دَعْوَةُ المَرْءِ المُسْلِمِ لأخيهِ بِظَهْرِ الغَيْبِ مُسْتَجَابَةٌ ، عِنْدَ رَأسِهِ مَلَكٌ مُوَكَّلٌ كُلَّمَا دَعَا لأخِيهِ بِخَيْرٍ قَالَ المَلَكُ المُوَكَّلُ بِهِ : آمينَ ، وَلَكَ بِمِثْلٍ» رواه مسلم .

Hadith 1493 Ibn Mas'ūd(r) berichtete: Der Gesandte Allāhs(s) betete oft: «O Allāh, ich erflehe von Dir, mir die Mittel für Deine Gnade und für Deine Vergebung zu gewähren, die Unversehrtheit von jeder Sünde, das Erlangen jeder Güte, das Erreichen des Paradieses und die Rettung vor dem Höllenfeuer!»
(Al-*H*akim Abu 'Abdullāh, mit dem Kommentar: Ein gesunder Hadith nach der Regel von Muslim)

Kapitel 251
Die Vortrefflichkeit, für Abwesende zu bitten

Allāh - erhaben ist Er - spricht:
«Und die nach ihnen kamen, sprechen: «Unser Herr, vergib uns und unseren Brüdern, die uns im Glauben vorangingen..»
Sura 59:10
«..Und bitte um Vergebung für deine Verfehlungen und für die gläubigen Männer und die gläubigen Frauen..»
Sura 47:19
«Unser Herr, vergib mir und meinen Eltern und den Gläubigen am Tage, an dem die Abrechnung stattfindet.»
Sura 14:41

Hadith 1494 Abud-Dardā(r) berichtete, dass er den Gesandten Allāhs(s) sagen hörte: „Immer wenn ein Muslim für einen muslimischen Bruder in dessen Abwesenheit betet, wird der Engel sagen: „Dasselbe für dich auch!"
(Muslim)

Hadith 1495 Abud-Dardā(r) berichtete: Der Gesandte Allāhs(s) pflegte zu betonen: „Das Bittgebet eines Muslims für einen muslimischen Bruder in dessen Abwesenheit geht in Erfüllung. Immer wenn er für den Bruder um Gutes betet, erwidert der an seinem Kopf bewachende, für ihn zuständige Engel: „Amen, und das Gleiche für dich auch!"(Muslim)

٢٥٢ - باب في مسائل من الدعاء

١٤٩٦ - عَنْ أُسَامَةَ بْنِ زَيْدٍ رَضِيَ اللهُ عَنْهُمَا قَالَ : قَالَ رَسُولُ اللهِ ﷺ : «مَنْ صُنِعَ إِلَيْهِ مَعْرُوفٌ ، فَقَالَ لِفَاعِلِهِ : جَزَاكَ اللهُ خَيْراً ، فَقَدْ أَبْلَغَ فِي الثَّنَاءِ » رواه الترمذي وقال : حديث حسن صحيح .

١٤٩٧ - وَعَنْ جَابِرٍ رَضِيَ اللهُ عَنْهُ قَالَ : قَالَ رَسُولُ اللهِ ﷺ : « لا تَدْعُوا عَلَى أَنْفُسِكُمْ ؛ وَلا تَدْعُوا عَلَى أَوْلادِكُمْ ، وَلا تَدْعُوا عَلَى أَمْوَالِكُمْ ، لا تُوَافِقُوا مِنَ اللهِ سَاعَةً يُسْأَلُ فِيهَا عَطَاءً ، فَيَسْتَجِيبَ لَكُمْ » رواه مسلم .

١٤٩٨ - وَعَنْ أَبِي هُرَيْرَةَ رَضِيَ اللهُ عَنْهُ أَنَّ رَسُولَ اللهِ ﷺ قَالَ : « أَقْرَبُ مَا يَكُونُ العَبْدُ مِنْ رَبِّهِ وَهُوَ سَاجِدٌ ، فَأَكْثِرُوا الدُّعَاءَ » رواه مسلم .

١٤٩٩ - وَعَنْهُ أَنَّ رَسُولَ اللهِ ﷺ قَالَ : « يُسْتَجَابُ لأَحَدِكُمْ مَا لَمْ يَعْجَلْ : يَقُولُ : قَدْ دَعَوْتُ رَبِّي ، فَلَمْ يُسْتَجَبْ لِي » متفق عليه .

وَفِي رِوَايَةٍ لِمُسْلِمٍ : « لا يَزَالُ يُسْتَجَابُ لِلْعَبْدِ مَا لَمْ يَدْعُ بِإِثْمٍ ، أَوْ قَطِيعَةِ رَحِمٍ ، مَا لَمْ يَسْتَعْجِلْ » قِيلَ : يَا رَسُولَ اللهِ مَا الاسْتِعْجَالُ ؟ قَالَ : « يَقُولُ : قَدْ دَعَوْتُ ، وَقَدْ دَعَوْتُ ، فَلَمْ أَرَ يَسْتَجِيبُ لِي ، فَيَسْتَحْسِرُ عِنْدَ ذَلِكَ ، وَيَدَعُ الدُّعَاءَ » .

١٥٠٠ - وَعَنْ أَبِي أُمَامَةَ رَضِيَ اللهُ عَنْهُ قَالَ : قِيلَ لِرَسُولِ اللهِ ﷺ : أَيُّ الدُّعَاءِ

Kapitel 252
Einige Betrachtungen bezüglich des Bittgebetes

Hadith 1496 Usāma Ibn Zaid(r) berichtete: Der Gesandte Allāhs(s) hat gesagt: „Wem eine Wohltat erwiesen wurde und er dem Wohltäter sagte: „Möge Allāh dich dafür reichlich belohnen!", den hat er angemessen gelobt."
(At-Tirmidi, mit dem Kommentar: Ein guter bis starker Hadith)

Hadith 1497 Dschābir(r) berichtete: Der Gesandte Allāhs(s) hat gesagt: „Verwünscht weder euch noch eure Kinder, noch euer Vermögen, falls dies auf eine Stunde fällt, in der Allāh die Gebete erhört, und eure Verwünschungen in Erfüllung gehen!"
(Muslim)

Hadith 1498 Abu Huraira(r) berichtete: Der Gesandte Allāhs(s) hat gesagt: „Der Diener ist seines Herrn am nahesten in seiner Niederwerfung (im Gebet), so fleht Ihn oft in dieser Niederwerfung an!"
(Muslim)

Hadith 1499 Abu Huraira(r) berichtete: Der Gesandte Allāhs(s) hat gesagt: „Allāh erhört jeden einzelnen von euch, solange er nicht voreilig und verzweifelt sagt: „Ich bat meinen Herrn, doch mein Bittgebet wurde nicht erhört."
(Al-Bukhari und Muslim)
In einer anderen Version von Muslim steht: „Allāh erhört (das Bittgebet) des Dieners, solange er nicht um eine Sünde oder um das Zerschneiden der Verwandtschaftsbande bittet, und wenn er nicht voreilig ist." Man fragte ihn: „O Gesandter Allāhs! Was ist die Eile?" Er erwiderte: In dem er sagt: „Ich habe gebetet und gebetet, doch merke ich, Er erhört mich nicht. Dabei zweifelt er und dann unterlässt er das Bittgebet."

Hadith 1500 Abu Umāma(r) berichtete: Man fragte den Gesandten

أَسْمَعُ ؟ قَالَ : « جَوْفِ اللّيلِ الآخرِ وَدُبُرَ الصَّلَواتِ المَكْتُوباتِ » رواه الترمذي وقال : حديثٌ حسنٌ .

١٥٠١ ـ وَعَنْ عُبَادَةَ بنِ الصَّامتِ رضِيَ اللهُ عنهُ أنَّ رَسُولَ اللهِ ﷺ قَالَ : « مَا عَلى الأرضِ مُسلِمٌ يَدْعُو اللهَ تَعَالى بدَعْوةٍ إلا آتَاهُ اللهُ إيّاهَا ، أوْ صَرَفَ عَنْهُ مِنَ السُّوءِ مِثْلَهَا ، مَا لَمْ يَدْعُ بإثْمٍ ، أوْ قَطِيعَةِ رَحِمٍ » فَقَالَ رَجُلٌ مِنَ الـقَوْمِ : إذاً نُكْثِرُ قَالَ : « اللهُ أكْثَرُ » رواه الترمذي وقال : حديثٌ حسنٌ صحيحٌ . وَرَوَاهُ الحاكِمُ مِن رِوايةِ أبِي سَعيدٍ ، وَزَادَ فيهِ : « أوْ يَدَّخِرَ لَهُ مِنَ الأجرِ مِثْلَهَا » .

١٥٠٢ ـ وَعَنِ ابنِ عبَّاسٍ رضِيَ اللهُ عنهُمَا أنَّ رَسُولَ اللهِ ﷺ كَانَ يَقُولُ عِنْدَ الكَرْبِ : « لا إلهَ إلا اللهُ العَظِيمُ الحَلِيمُ ، لا إلهَ إلا اللهُ ربُّ العَرْشِ العَظِيمِ ، لا إلهَ إلا اللهُ ربُّ السَّمَوَاتِ ، وَرَبُّ الأرضِ ، وَرَبُّ العَرْشِ الكَريم » متفقٌ عليه .

٢٥٣ ـ باب كرامات الأولياء وفضلهم

قالَ اللهُ تَعَالى : ﴿ أَلَا إِنَّ أَوْلِيَاءَ اللَّهِ لَا خَوْفٌ عَلَيْهِمْ وَلَا هُمْ يَحْزَنُونَ . الَّذِينَ آمَنُوا وَكَانُوا يَتَّقُونَ . لَهُمُ الْبُشْرَىٰ فِي الْحَيَاةِ الدُّنْيَا وَفِي الْآخِرَةِ لَا تَبْدِيلَ لِكَلِمَاتِ اللَّهِ ذَٰلِكَ هُوَ الْفَوْزُ الْعَظِيمُ ﴾ (يونس : ٦٢:٦٤) ، وقال تعالى : ﴿ وَهُزِّي إِلَيْكِ بِجِذْعِ النَّخْلَةِ تُسَاقِطْ عَلَيْكِ رُطَبًا جَنِيًّا ﴾ . فَكُلِي

Allāhs(s): „Welches Bittgebet wird am meisten erhört?" Er sagte: „Im letzten Teil der Nacht und nach dem Verrichten jedes Pflichtgebetes."
(At-Tirmiḏi, mit dem Kommentar: Ein guter Hadith)

Hadith 1501 'Ubāda Ibn-us-Ṣāmit(r) berichtete: Der Gesandte Allāhs(s) hat gesagt: „Es gibt keinen Muslim auf Erden, der Allāh - erhaben ist Er - um etwas bittet, ohne dass Allāh sein Bittgebet erhört, oder dass Er ein entsprechendes Unheil von ihm abwendet, solange er um keine Sünde oder um das Zerschneiden der Verwandschaftsbande bittet." Da sagte einer der Anwesenden: „Dann werden wir oft erbitten!" Er(s) erwiderte: „Allāhs Belohnung ist noch mehr!"
(At-Tirmiḏi, mit dem Kommentar: Ein guter bis starker Hadith)
Al-Ḥākim überlieferte diesen Hadith nach Abu Sa'īd mit der Ergänzung:
(..das Unheil von ihm abwendet oder dass Er für ihn den gleichen Lohn (*statt der Erfüllung auf Erden*) aufbewahrt...)

Hadith 1502 Ibn 'Abbās(r) berichtete: Der Gesandte Allāhs(s) pflegte bei Bedrängnis zu sagen: «Es gibt keinen Gott außer Allāh, dem Allmächtigen, dem Langmütigen! Es gibt keinen Gott außer Allāh, dem Herrn der Himmel, dem Herrn der Erde und dem Herrn des erhabenen Throns!»

Kapitel 253
Die segensreichen Wunder und die Vortrefflichkeit der Freunde Allāhs

Allāh - erhaben ist Er - spricht:
"Fürwahr, diejenigen - die Allāh nahestehen - keine Furcht soll über sie kommen, noch sollen sie traurig sein. Diejenigen, die glauben und stets gottesfürchtig sind, für sie ist frohe Botschaft in dieser Welt und im Jenseits. Unabänderlich sind Allāhs Versprechen. Dies ist fürwahr die höchste Glückseligkeit.
Sura 10:62-64
"Und biege den Stamm der Palme zu dir. So werden frische Datteln auf

وَاشْرَبِي ﴾ (مريم: ٢٥ ، ٢٦) ، وقال تعالى : ﴿ كُلَّمَا دَخَلَ عَلَيْهَا زَكَرِيَّا الْمِحْرَابَ وَجَدَ عِنْدَهَا رِزْقًا قَالَ يَا مَرْيَمُ أَنَّى لَكِ هَذَا قَالَتْ هُوَ مِنْ عِنْدِ اللَّهِ إِنَّ اللَّهَ يَرْزُقُ مَنْ يَشَاءُ بِغَيْرِ حِسَابٍ ﴾ (آل عمران: ٣٧) ، وقـال تعـالى : ﴿ وَإِذِ اعْتَزَلْتُمُوهُمْ وَمَا يَعْبُدُونَ إِلَّا اللَّهَ فَأْوُوا إِلَى الْكَهْفِ يَنْشُرْ لَكُمْ رَبُّكُمْ مِنْ رَحْمَتِهِ وَيُهَيِّئْ لَكُمْ مِنْ أَمْرِكُمْ مِرْفَقًا . وَتَرَى الشَّمْسَ إِذَا طَلَعَتْ تَزَاوَرُ عَنْ كَهْفِهِمْ ذَاتَ الْيَمِينِ وَإِذَا غَرَبَتْ تَقْرِضُهُمْ ذَاتَ الشِّمَالِ ﴾ (الكهف: ١٦ ، ١٧) .

١٥٠٣ ـ وَعَنْ أَبِي مُحَمَّدٍ عَبْدِ الرَّحْمَنِ بْنِ أَبِي بَكْرٍ الصِّدِّيقِ رَضِيَ اللهُ عَنْهُمَا أنَّ أصْحَابَ الصُّفَّةِ كَانُوا أُنَاسًا فُقَرَاءَ وأنَّ النَّبِيَّ ﷺ قالَ مَرَّةً : « مَنْ كَانَ عِنْدَهُ طَعَامُ اثْنَيْنِ ، فَلْيَذْهَبْ بِثَالِثٍ ، وَمَنْ كَانَ عِنْدَهُ طَعَامُ أرْبَعَةٍ ، فَلْيَذْهَبْ بِخَامِسٍ بِسَادِسٍ » أو كما قالَ ، وأنَّ أبَا بَكْرٍ رَضِيَ اللهُ عَنْهُ جَاءَ بِثَلاثَةٍ ، وَانْطَلَقَ النَّبِيُّ بِعَشَرَةٍ ، وَأنَّ أبَا بَكْرٍ تَعَشَّى عِنْدَ النَّبِيِّ ﷺ ، ثُمَّ لَبِثَ حَتَّى صَلَّى العِشَاءَ ، ثُمَّ رَجَعَ ، فَجَاءَ بَعْدَ مَا مَضَى مِنَ اللَّيْلِ مَا شَاءَ اللهُ ، قَالَتْ لَهُ امْرَأَتُهُ : مَا حَبَسَكَ عَنْ أضْيَافِكَ ؟ قَالَ : أو مَـا عَشَّيْتِهِمْ ؟ قَالَتْ : أبَوْا حَتَّى تَجِيءَ وَقَدْ عَرَضُوا عَلَيْهِمْ . قَالَ : فَذَهَبْتُ أنَا ، فَاخْتَبَأتُ ، فَقَالَ : يَا غُنْثَرُ ، فَجَدَّعَ وَسَبَّ وقالَ :

dich herabfallen. So iß und trink also und sei frohen Mutes. Und wenn du irgendeinen Menschen sehen solltest, dann sprich: Wahrlich, ich habe dem Barmherzigen ein Fasten gelobt und werde heute zu keinem Menschen sprechen."
Sura 19:25-26
"Ihr Herr nahm sie auf das Gnädigste an und ließ sie auf das Schönste heranwachsen. Und Er vertraute sie der Obhut von Zakariyya an. Jedesmal wenn Zakariyya in ihre Kammer trat, fand er bei ihr Nahrung. Er sagte:"Oh Maryam, woher bekommst du dies?" Sie antwortete:" Es ist von Allāh; denn Allāh gibt Nahrung wem Er will, ohne zu rechnen."
Sura 3:37
"Und da ihr euch von ihnen abgesondert habt und von dem, was sie außer Allāh anbeten, so zieht euch in die Höhle zurück. Euer Herr wird Seine Barmherzigkeit über euch ausgießen und euch in eurer Angelegenheit einen Ausweg finden lassen. Und du hättest sehen können, wie die Sonne beim Aufgang sich von ihrer Höhle nach rechts neigte, und beim Untergang sich von ihnen nach links abwandte, während sie im Inneren (der Höhle) lagen. Dies gehört zu den Zeichen Allāhs. Wen Allāh leitet, der ist fürwahr rechtgeleitet, und wen Er irregehen läßt, für den wirst du niemals einen Beschützer finden, der ihn auf den rechten Weg führt."
Sura 18:16-17

Hadith 1503 Abu Muhammad 'Abd-ur-Rahmān Ibn Abu Bakr As-Siddīq(r) berichtete: „Die Leute der Suffa[141] waren arme Menschen, daher sagte der Prophet(s) eines Tages: «Wer genug Essen für zwei Leute hat, soll noch einen dritten (*von diesen Bedürftigen*) speisen. Und wer für vier Leute hat, soll noch einem fünften und einem sechsten zu essen geben!» Abu Bakr brachte drei (*dieser Leute*) mit zu uns nach Hause, und der Prophet(s) nahm sogar zehn (*von ihnen*) mit zu sich. Abu Bakr begab sich zum Propheten(s), um bei ihm zu Abend zu essen, anschließend blieb er (*dort*) bis er das Nachtgebet (*in der Moschee*) verrichtete, und kehrte darauf wieder (*zum Propheten(s) zurück*). Erst spät in der Nacht kam er nach Hause. Seine Frau empfing ihn mit den Worten: „Was hat dich so

كُلُوا لا هَنِيئًا ، واللهِ لا أطعمُهُ أبدًا ، قال : وايمُ اللهِ ما كُنّا نأخُذُ مِنْ لُقمَةٍ إلا رَبا مِنْ أسفلِها أكثرُ مِنها حتى شَبِعُوا ، وصارَتْ أكثرَ مِمّا كانَت قبلَ ذلِكَ ، فَنظرَ إليها أبو بكرٍ فقال لامرأتِه : يا أختَ بني فِراسٍ ما هذا ؟ قالت : لا وقُرّةِ عَيني لَهيَ الآنَ أكثرُ مِنها قَبلَ ذلِكَ بثلاثِ مَرّاتٍ ! فأكلَ مِنها أبو بكرٍ وقال : إنّما كانَ ذلِكَ مِنَ الشيطانِ، يعني يمينَهُ ، ثم أكلَ مِنها لُقمةً ، ثم حَمَلَها إلى النبيِّ ﷺ فأصبحَت عندَهُ ، وكانَ بينَنا وبينَ قومٍ عهدٌ ، فمضى الأجلُ ، فتفرَّقنا اثنى عشرَ رجلًا ، مع كل رجلٍ منهم أُناسٌ، اللهُ أعلمُ كم مع كل رجلٍ ، فأكلوا مِنها أجمعونَ .

وفي روايةٍ : فحلفَ أبو بكرٍ لا يطعمُهُ ، فحلفَتْ المرأةُ لا تطعمُهُ ، فحلفَ الضيفُ ـ أو الأضيافُ ـ أنْ لا يطعمَهُ ، أو يطعَمُوه حتى يطعَمَهُ ، فقال أبو بكرٍ : هذِهِ مِنَ الشيطانِ! فدعا بالطعامِ ، فأكلَ وأكلُوا ، فجعَلُوا لا يرفعُونَ لُقمةً إلا ربَتْ مِن أسفلِها أكثرُ مِنها ، فقال: يا أختَ بني فِراسٍ ، ما هذا ؟ فقالت : وقُرّةِ عَيني إنَّها الآنَ لأكثرُ مِنها قبلَ أن نأكلَ ، فأكلُوا ، وبعثَ بها إلى النبيِّ ﷺ فَذكرَ أنَّهُ أكلَ منها .

وفي روايةٍ : إنَّ أبا بكرٍ قالَ لعبدِ الرحمنِ : دونكَ أضيافَكَ ، فإني مُنطَلِقٌ إلى النبيِّ ﷺ ، فافرغْ من قِراهم قبلَ أن أجيءَ ، فانطلقَ عبدُ الرحمنِ ، فأتاهُم بِما عندَهُ ، فقال : اطعَمُوا ، فقالوا : أينَ ربُّ منزِلِنا ؟ قال : اطعَمُوا ، قالوا : ما نحنُ بآكِلِينَ حتى يجيءَ ربُّ منزِلنا ، قال : اقبَلُوا عَنَّا قِراكُم ، فإنَّهُ إن جاءَ ولمْ تَطعَمُوا ، لنلقَينَّ منهُ ، فأبَوا ،

lange von deinen Gästen ferngehalten?" Er erwiderte: „Hast du ihnen denn das Abendessen nicht serviert?" Sie antwortete: „Sie weigerten sich zu essen, bevor du da bist! Man hat es ihnen angeboten, aber sie wollten nicht!" Er (*'Abdur-Rahmān*) sagte: „Ich hörte dieses Gespräch mit an. Schnell entfernte ich mich, um mich zu verstecken[142], da schrie er mich an: „O du Narr!", schimpfte und tobte. Dann sagte er: „Esst jetzt, und es möge euch nicht bekommen! Und ich schwöre bei Allāh! Niemals werde ich diese Speisen anrühren!" Wir begannen mit dem Essen. Und ich schwöre bei Allāh, wir nahmen nicht einen Bissen von den (*Schüsseln*), ohne dass von unten ein größerer Bissen dazukam! Dies geschah so lange, bis alle gesättigt waren. Da mehr Essen war als zuvor da war, schaute Abu Bakr erstaunt und fragte seine Frau: „O Schwester des (*Stammes*) Bani Firās, was ist das?!" Sie erwiderte: „Unglaublich! Bei (*dir*) meinem Augentrost, jetzt sind sie (*die Speisen*) dreimal soviel wie vorher!" Darauf aß auch Abu Bakr davon und sagte: „Bestimmt war dies (*ein Werk*) des Satans!" Er meinte damit seinen Schwur, die Speisen nicht anzurühren, dann aß er einen Bissen davon und brachte sie (*die übriggebliebenen Speisen*) zum Propheten(s), wo sie bis zum Morgen aufbewahrt wurden. Zwischen uns und einigen Leuten gab es einen Vertrag (*hinsichtlich der Versorgung der Armen*), der zu jener Zeit abgelaufen war. Wir waren zwölf Männer, denen jeweils einige dieser Leute zugewiesen wurden - Allāh weiß es am besten, wieviele (*Bedürftige*) jeweils auf einen Mann kamen -, so aßen sie alle davon."

In einer anderen Version steht: Abu Bakr schwor bei Allāh, diese Speisen nicht anzurühren, da schwor auch seine Ehefrau, dann der Gast - oder die Gäste - sie nicht anzurühren. Da sagte Abu Bakr: „Dies ist des Satans Werk!", und er ließ das Essen servieren und er begann mit dem Essen und sie aßen mit. Sie nahmen nicht einen Bissen (*von den Schüsseln*), ohne dass von unten ein größerer Bissen dazu kam!....Er schickte sie zum Propheten(s), der davon auch aß, wie er (*'Abdur-Rahmān*) erzählte.

In einer dritten Version steht: Abu Bakr(r) sagte zu 'Abd-ur-Ra*h*mān(r): „Kümmere dich um deine Gäste, denn ich gehe zum Propheten(s), und siehe, dass du mit der Bewirtung fertig bist, bevor ich heim komme!"

فَعَرَفْتُ أَنَّهُ يَجِدُ عَلَيَّ ، فَلَمَّا جَاءَ تَنَحَّيْتُ عَنْهُ ، فَقَالَ : مَا صَنَعْتُمْ ؟ فَأَخْبَرُوهُ ، فَقَالَ : يَا عَبْدَ الرَّحْمٰنِ ، فَسَكَتُّ ، ثُمَّ قَالَ : يَا عَبْدَ الرَّحْمٰنِ ، فَسَكَتُّ ، فَقَالَ : يَا غُنْثَرُ أَقْسَمْتُ عَلَيْكَ إِنْ كُنْتَ تَسْمَعُ صَوْتِي لَمَّا جِئْتَ ! فَخَرَجْتُ ، فَقُلْتُ : سَلْ أَضْيَافَكَ ، فَقَالُوا : صَدَقَ ، أَتَانَا بِهِ ، فَقَالَ : إِنَّمَا انْتَظَرْتُمُونِي وَاللهِ لَا أَطْعَمُهُ اللَّيْلَةَ ، فَقَالَ الآخَرُونَ : وَاللهِ لَا نَطْعَمُهُ حَتَّى تَطْعَمَهُ ، فَقَالَ : وَيْلَكُمْ مَا لَكُمْ لَا تَقْبَلُونَ عَنَّا قِرَاكُمْ ؟ هَاتِ طَعَامَكَ ، فَجَاءَ بِهِ ، فَوَضَعَ يَدَهُ ، فَقَالَ : بِسْمِ اللهِ ، الأُولَى مِنَ الشَّيْطَانِ ، فَأَكَلَ وَأَكَلُوا . متفقٌ عليه .

قوله : « غُنْثَر » بغَينٍ معجمةٍ مضمومةٍ ، ثم نون ساكنةٍ ، ثم ثاءٍ مثلثةٍ وهو : الغبيُّ الجاهلُ ، وقوله : « فجَدَّعَ » أي : شَتَمَه ، والجَدع : القَطْعُ . قوله : « يَجِدُ عَلَيَّ » هو بكسر الجيم ، أي : يَغْضَبُ .

١٥٠٤ - وَعَنْ أَبِي هُرَيْرَةَ رَضِيَ اللهُ عَنْهُ قَالَ : قَالَ رَسُولُ اللهِ ﷺ : « لَقَدْ كَانَ فِيمَا قَبْلَكُمْ مِنَ الأُمَمِ نَاسٌ مُحَدَّثُونَ ، فَإِنْ يَكُ فِي أُمَّتِي أَحَدٌ ، فَإِنَّهُ عُمَرُ » رواه البخاري ، ورواه مسلم من رواية عائشةَ ، وفي روايتِهما قال ابنُ وَهْبٍ : « مَحَدَّثُونَ » أي : مُلْهَمُونَ .

١٥٠٥ - وَعَنْ جَابِرِ بْنِ سَمُرَةَ ، رَضِيَ اللهُ عَنْهُمَا ، قَالَ : شَكَا أَهْلُ الْكُوفَةِ سَعْداً ، يَعْنِي : ابْنَ أَبِي وَقَّاصٍ ، رَضِيَ اللهُ عَنْهُ ، إِلَى عُمَرَ بْنِ الْخَطَّابِ ، رَضِيَ اللهُ عَنْهُ ، فَعَزَلَهُ وَاسْتَعْمَلَ عَلَيْهِمْ عَمَّاراً ، فَشَكَوْا حَتَّى ذَكَرُوا أَنَّهُ لَا يُحْسِنُ يُصَلِّي ، فَأَرْسَلَ إِلَيْهِ فَقَالَ : يَا أَبَا

Daraufhin bot er ihnen das Abendessen an und sagte: „Esst!" Sie fragten: „Wo ist unser Hausherr?" Er erwiderte: „Esst!" Sie erwiderten: „Wir werden nie essen, bevor unser Hausherr eingetroffen ist!" Er bat sie: „Nehmt unsere Bewirtung an, denn wenn er käme, ohne dass ihr gegessen habt, werden wir darunter leiden müssen!" Doch sie weigerten sich (*zu essen*), und so wusste ich, dass er mit mir böse war. Als er dann heimkam, versteckte ich mich vor ihm, und er fragte: „Was habt ihr getan?" Sie erzählten es ihm, da rief er: „O 'Abd-ur-Ra*h*mān!", und ich gab keinen Laut von mir. Er rief erneut: „O 'Abd -ur-Ra*h*mān!", und ich schwieg weiter. Daraufhin sagte er: „O du Narr! Ich beschwöre dich zu erscheinen, falls du meine Stimme hörst!" So trat ich vor und sagte zu ihm: „Frage deine Gäste!" Sie erwiderten: „Er sagt die Wahrheit! Er hat es uns (*das Essen*) serviert." Er sagte: „Also, ihr habt auf mich gewartet! Bei Allāh, ich werde es diese Nacht nicht anrühren!" Daraufhin sagten die anderen: „Bei Allāh! Wir werden es nie anrühren, bevor du auch davon isst!" Er erwiderte: „Wehe euch, warum nehmt ihr unsere Bewirtung nicht an?! Los ('Abdu-ur-Ra*h*mān!), serviere deine Speisen!", dann aß er davon nachdem er sprach: „Im Namen Allāhs! Der erste (Schwur, nicht zu essen) war (ein Werk) des Satans!" Abu Bakr aß und sie aßen auch.
(Al-Bukhari und Muslim)

Hadith 1504 Abu Huraira(r) berichtete: Der Gesandte Allāhs(s) hat gesagt: «In den Gemeinden vor euch gab es Leute, zu denen gesprochen wurde[143]. Sollte sich in meiner Gemeinde einer von ihnen befinden, dann ist es 'Umar!»
(Al-Bukhari und Muslim)

Hadith 1505 Dschābir Ibn Samura(r) berichtete: Die Einwohner der (*irakischen Stadt*) Al-Kūfa beklagten sich über (*ihren Verwalter*) Sa'd - Ibn Abi Waqqās - bei (*dem Kalifen*) 'Umar Ibn-ul-Kha*tt*āb(r), so setzte er ihn ab und ernannte 'Ammār zum Verwalter. Aber sie beschwerten sich auch über ihn, sie behaupteten sogar, er leite das Gebet nicht ordentlich! 'Umar ließ ihn zu sich kommen, dann sagte er zu ihm: „O Abu Is*h*āq! Diese Leute

إسحاقَ ، إنَّ هؤلاء يَزعُمونَ أنَّكَ لا تُحْسِنُ تُصلّى ، فقالَ : أمّا أنا واللهِ فإنى كُنتُ أصلّى بهم صلاةَ رسولِ اللهِ ﷺ لا أخرِمُ عنها ، أصلّى صلاةَ العِشاءِ فأركُدُ فى الاولَيَيْنِ ، وأُخِفُّ فى الأخريَيْنِ ، قالَ : ذلكَ الظنُّ بكَ يا أبا إسحاقَ ، وأرسلَ معهُ رجلاً – أو رجالاً – إلى الكوفةِ يَسأَلُ عنهُ أهلَ الكوفةِ ، فلَمْ يَدَعْ مسجداً إلا سَألَ عنهُ ، ويُثنُونَ معروفاً ، حتى دخلَ مسجداً لبَنى عَبْسٍ ، فقامَ رجلٌ منهم ، يُقالُ لَهُ أُسامةُ بنُ قَتادةَ ، يُكَنَّى أبا سَعْدَةَ ، فقالَ : أمّا إذ نَشدْتَنا فإنَّ سعداً كانَ لا يَسيــــرُ بالسريَّةِ ولا يَقسِمُ بالسويَّةِ ، ولا يَعدِلُ فى القضيَّةِ ، قالَ سعدٌ : أمَا واللهِ لأدعونَّ بثلاثٍ : اللهمَّ إن كانَ عبدُكَ هذا كاذباً ، قامَ رياءً ، وسُمْعَةً ، فأطِلْ عُمرَهُ ، وأطِلْ فقرَهُ ، وعرِّضْهُ للفِتَنِ . وكانَ بعد ذلكَ إذا سُئِلَ يقولُ : شيخٌ كبيرٌ مفتونٌ ، أصابَتنى دعوةُ سعدٍ .

قالَ عبدُ المَلِكِ بنُ عُميرٍ الراوى عن جابرِ بنِ سَمُرةَ : فأنا رأيتُهُ بعدُ قد سقطَ حاجباهُ على عينيهِ مِنَ الكِبَرِ ، وإنَّهُ ليَتَعَرَّضُ للجَوارى فى الطُّرُقِ فيَغمِزُهُنَّ . متفقٌ عليه .

١٥٠٦ - وعَن عُروةَ بنِ الزبيرِ أنَّ سعيـــدَ بنَ زيدِ بنِ عمرِو بنِ نُفَيْلٍ ، رضىَ اللهُ عنهُ ، خاصَمَتْهُ أروى بنتُ أوسٍ إلى مروانَ بنِ الحكمِ ، وادَّعَتْ أنَّهُ أخذَ شيئاً من أرضِها، فقال سعيدٌ : أنا كنتُ آخُذُ من أرضِها شيئاً بعدَ الذى سمعتُ من رسولِ اللهِ ﷺ ؟! قالَ: ماذا سَمِعْتَ من رسولِ اللهِ ﷺ ؟ قالَ : سمعتُ رسولَ اللهِ ﷺ يقولُ : « مَنْ أخذَ شِبراً

behaupten, dass du nicht richtig betest!" Er antwortete: „Bei Allāh, ich leitete das Gebet in der vorgeschriebenen Form des Gesandten Allāhs(s) ohne etwas davon zu unterlassen. Demgemäß verrichtete ich die zwei ersten Rak'as des Nachtgebets ausführlich lang, und die letzten kurz!" 'Umar sagte: „Das ist auch (*unsere gute*) Meinung über dich, o Abu Ishāq!" 'Umar schickte ihn wieder nach Kūfa in Begleitung eines Mannes - oder einiger Männer. Der Beauftragte 'Umars erkundigte sich in jeder Moschee über ihn (*den Verwalter 'Ammār*), und die Leute in jeder Moschee lobten ihn und sprachen nur gut von ihm, außer in einer Moschee des (*Stammes*) Banu 'Abs, da erhob sich ein Mann von ihnen namens Usāma Ibn Qatāda, genannt Abu Sa'da und sagte: „Da du uns beschworen hast, (*die Wahrheit zu sagen*), so pflegte Sa'd keinen Kriegszug zu führen[144], die (*Kriegsbeute*) ungerecht zu verteilen, und nicht nach Gerechtigkeit zu richten!" Dazu sagte Sa'd: „Also, bei Allāh, ich werde (*nun*) drei Bittgebete[145] aussprechen: «O Allāh! Wenn dieser Dein Diener gelogen und sich erhoben hat, um Augendienerei zu treiben und um aufzufallen, so bitte ich Dich, er möge lange leben und lange unter Armut und der Versuchung leiden!" Später pflegte er zu antworten - wenn man ihn fragte - : „(*Ich bin ein*) hochbetagter, heimgesuchter Greis! Mich hat der Fluch des Sa'd erwischt!" 'Abd-ul-Malik Ibn 'Umair, der Überlieferer auf der Autorität von Dschābir Ibn Samura sagte: „Später sah ich ihn, wobei Seine Augenbrauen wegen des hohen Alters über seine Augen fielen, dabei belästigte er die Sklavinnen öffentlich durch Flirten und Zwinkern!" (Al-Bukhari und Muslim)

Hadith 1506 'Urwa Ibn-uz-Zubair(r) berichtete, dass Arwā, Tochter des Aus, gegen Sa'īd Ibn Zaid Ibn 'Amr Ibn Nufail(r) eine Klage vor Marwān Ibn Al-*H*akam[146] erhob, indem sie behauptete, dass er sich etwas von ihrem Grundstück aneignete. Daraufhin sagte Sa'īd: „Ich sollte mir etwas von ihrem Grundstück bemächtigt haben, trotz der Anweisung, die ich vom Gesandten Allāhs(s) gehört habe?!" Marwān fragte: „Was hast du von dem Gesandten Allāhs(s) (*diesbezüglich*) gehört? Er sagte: „Ich hörte den Gesandten Allāhs(s) sagen: «Wer sich das (*geringe*) Maß einer

مِنَ الأرضِ ظُلْماً، طُوِّقَهُ إلى سَبْعِ أَرَضينَ » فَقَالَ لَهُ مَرْوَانُ : لا أسْألُكَ بَيِّنَةً بَعْدَ هذا، فَقَالَ سَعيدٌ: اللَّهُمَّ إنْ كَانَتْ كَاذِبَةً، فَأَعْمِ بَصَرَهَا، واقْتُلْهَا فى أرضِهَا، قَالَ: فَمَا مَاتَتْ حَتَّى ذَهَبَ بَصَرُهَا، وبَيْنَمَا هى تَمْشى فى أرضِهَا إذ وَقَعَتْ فى حُفْرَةٍ فَمَاتَتْ. متفقٌ عليه .

وفى روايةٍ لمسلمٍ عَنْ مُحَمَّدِ بنِ زَيْدِ بنِ عَبْدِ اللهِ بنِ عُمَرَ بِمَعْنَاهُ وأنَّهُ رَآها عَمْيَاءَ تَلْتَمِسُ الجُدُرَ تَقُولُ : أصَابَتْنى دَعْوَةُ سَعِيدٍ ، وأنَّها مَرَّتْ على بِئْرٍ فى الدَّارِ التى خَاصَمَتْهُ فيهَا ، فَوَقَعَتْ فيهَا ، فَكَانَتْ قَبْرَهَا .

١٥٠٧ ـ وَعَنْ جَابِرِ بْنِ عَبْدِ اللهِ رَضِىَ اللَّهُ عَنْهُمَا قَالَ : لَمَّا حَضَرَتْ أُحُدٌ دَعَانى أبى مِنَ اللَّيْلِ فَقَالَ : مَا أُرانى إلا مَقْتُولاً فى أوَّلِ مَنْ يُقْتَلُ مِنْ أصْحَابِ النَّبِىِّ ﷺ ، وإنِّى لا أتْرُكُ بَعْدى أعَزَّ عَلَىَّ مِنْكَ غيرَ نَفْسِ رَسُولِ اللهِ ﷺ ، وَإنَّ عَلَىَّ دَيْناً فاقْضِ ، واسْتَوْصِ بِإخْوَاتِكَ خَيْراً . فَأصْبَحْنَا ، فَكَانَ أوَّلَ قَتِيلٍ ، وَدَفَنْتُ مَعَهُ آخَرَ فى قَبْرِهِ ، ثُمَّ لَمْ تَطِبْ نَفْسِى أنْ أتْرُكَهُ مَعَ آخَرَ ، فَاسْتَخْرَجْتُهُ بَعْدَ سِتَّةِ أشْهُرٍ ، فَإذا هُوَ كَيَوْمٍ وَضَعْتُهُ غَيْرَ أُذُنِهِ ، فَجَعَلْتُهُ فى قَبْرٍ على حِدَةٍ . رواه البخارى .

١٥٠٨ ـ وَعَنْ أنَسٍ رَضِىَ اللَّهُ عَنْهُ أنَّ رَجُلَيْنِ مِنْ أصْحَابِ النَّبِىِّ ﷺ خَرَجَا مِنْ عِنْدِ النَّبِىِّ ﷺ فى لَيْلَةٍ مُظْلِمَةٍ ، وَمَعَهُمَا مِثْلُ المِصْبَاحَيْنِ بَيْنَ أيْدِيهِمَا ، فَلَمَّا افْتَرَقَا ، صَارَ مَعَ كلِّ واحدٍ مِنهُما واحدٌ حتَّى أتى أهلَهُ . رواه البخارى مِنْ طرقٍ ؛ وفى بعضِهَا أنَّ الرَّجُلَيْنِ أُسَيْدُ بنُ حُضَيْرٍ ؛ وعَبَّادُ بنُ بِشْرٍ رَضِىَ اللَّهُ عَنْهُمَا .

Handspanne Land zu Unrecht angeeignet hat, dem wird das siebenfache Maß an Land um den Hals (*als Halsband*) gelegt!»[147] Marwān erwiderte: „Demgemäß verlange ich von dir keinen Beweis mehr!" Daraufhin bat Sa'īd: «O Allāh! Wenn sie eine Lügnerin ist, dann lasse sie blind werden und auf ihrem Grundstück getötet werden!» Er sagte: „Sie starb erst, nachdem sie erblindete, und eines Tages während sie auf ihrem Grundstück war, fiel sie in ein Loch und starb." (Al-Bukhari und Muslim) In einer Version von Muslim auf der Autorität von Mu*h*ammad Ibn Zaid Ibn 'Abdullāh Ibn 'Umar heißt es, dass 'Urwa sagte, er habe sie als blinde Frau gesehen, wobei sie die Mauern betastete und sagte: „Mich hat der Fluch von Sa 'īd erwischt!", und dass sie in den Brunnen im Haus, worum sie sich mit ihm stritt, fiel. Der Brunnen wurde ihr Grab.

Hadith 1507 Dschābir Ibn 'Abdullāh(r) berichtete: In der Nacht vor der Uhud-Schlacht ließ mich mein Vater zu sich kommen, dann sagte er zu mir: „Ich glaube fest daran, dass ich zu den ersten Gefallenen unter den Gefährten des Propheten(s) zählen werde. Ich werde keinen hinterlassen, der für mich teurer als du ist, außer dem Gesandten Allāhs(s). Ich habe Schulden, die du begleichen sollst, und ich lege dir ans Herz, Gutes für deine Schwestern zu tun. Als der Morgen kam, fiel er als Erster (*in der Schlacht*), und ich begrub einen anderen (*Märtyrer*) mit ihm zusammen. Danach war mir unwohl, ihn mit einem anderen in einem Grab zusammen zu lassen, sodass ich ihn nach sechs Monaten herausnahm. Sein Leichnam war genauso wie am Tage seiner Beerdigung mit Ausnahme von seinem Ohr, und ich beerdigte ihn in einem Grab für sich allein."
(A-Bukhari)

Hadith 1508 Anas(r) berichtete: Zwei Gefährten des Propheten(s) verließen sein Haus in einer dunklen Nacht, und sie hatten vor sich Lichter wie zwei Lampen. Als sie sich trennten, begleitete jeden eins der beiden Lichter, bis jeder von ihnen zu seiner Familie kam." Al-Bukhari überlieferte diesen Hadith an Hand verschiedener Überlieferungsketten. Einige davon betonen, dass die zwei Gefährten Usaid Ibn Hudair und

١٥٠٩ - وَعَنْ أَبِى هُرَيْرَةَ، رَضِىَ اللهُ عَنْهُ، قَالَ: بَعَثَ رَسُولُ اللهِ ﷺ عَشَرَةَ رَهْطٍ عَيْناً سَرِيَّةً، وَأَمَّرَ عَلَيْهِمْ عَاصِمَ بْنَ ثَابِتٍ الأَنْصَارِىَّ، رَضِىَ اللهُ عَنْهُ، فَانْطَلَقُوا حَتَّى إِذَا كَانُوا بِالْهَدْأَةِ، بَيْنَ عُسْفَانَ وَمَكَّةَ؛ ذُكِرُوا لِحَىٍّ مِنْ هُذَيْلٍ يُقَالُ لَهُمْ: بَنُو لِحْيَانَ، فَنَفَرُوا لَهُمْ بِقَرِيبٍ مِنْ مِائَةِ رَجُلٍ رَامٍ، فَاقْتَصُّوا آثَارَهُمْ، فَلَمَّا أَحَسَّ بِهِمْ عَاصِمٌ وَأَصْحَابُهُ، لَجَؤُوا إِلَى مَوْضِعٍ، فَأَحَاطَ بِهِمُ الْقَوْمُ، فَقَالُوا: انْزِلُوا، فَأَعْطُوا بِأَيْدِيكُمْ وَلَكُمُ الْعَهْدُ وَالْمِيثَاقُ أَنْ لاَ نَقْتُلَ مِنْكُمْ أَحَداً، فَقَالَ عَاصِمُ بْنُ ثَابِتٍ: أَيُّهَا الْقَوْمُ أَمَّا أَنَا، فَلاَ أَنْزِلُ عَلَى ذِمَّةِ كَافِرٍ، اللَّهُمَّ أَخْبِرْ عَنَّا نَبِيَّكَ ﷺ؛ فَرَمَوْهُمْ بِالنَّبْلِ فَقَتَلُوا عَاصِماً، وَنَزَلَ إِلَيْهِمْ ثَلاَثَةُ نَفَرٍ عَلَى الْعَهْدِ وَالْمِيثَاقِ، مِنْهُمْ خُبَيْبٌ، وَزَيْدُ بْنُ الدَّثِنَةِ وَرَجُلٌ آخَرُ. فَلَمَّا اسْتَمْكَنُوا مِنْهُمْ أَطْلَقُوا أَوْتَارَ قِسِيِّهِمْ، فَرَبَطُوهُمْ بِهَا، قَالَ الرَّجُلُ الثَّالِثُ: هَذَا أَوَّلُ الْغَدْرِ وَاللهِ لاَ أَصْحَبُكُمْ إِنَّ لِى بِهَؤُلاَءِ أُسْوَةً، يُرِيدُ الْقَتْلَى، فَجَرُّوهُ وَعَالَجُوهُ، فَأَبَى أَنْ يَصْحَبَهُمْ، فَقَتَلُوهُ، وَانْطَلَقُوا بِخُبَيْبٍ، وَزَيْدِ بْنِ الدَّثِنَةِ، حَتَّى بَاعُوهُمَا بِمَكَّةَ بَعْدَ وَقْعَةِ بَدْرٍ؛ فَابْتَاعَ بَنُو الْحَارِثِ بْنِ عَامِرِ بْنِ نَوْفَلِ بْنِ عَبْدِ مَنَافٍ خُبَيْباً، وَكَانَ خُبَيْبٌ هُوَ قَتَلَ الْحَارِثَ يَوْمَ بَدْرٍ، فَلَبِثَ خُبَيْبٌ عِنْدَهُمْ أَسِيراً حَتَّى أَجْمَعُوا عَلَى قَتْلِهِ، فَاسْتَعَارَ مِنْ بَعْضِ بَنَاتِ الْحَارِثِ مُوسَى يَسْتَحِدُّ بِهَا فَأَعَارَتْهُ، فَدَرَجَ بُنَىٌّ لَهَا وَهِىَ غَافِلَةٌ حَتَّى أَتَاهُ، فَوَجَدَتْهُ مُجْلِسَهُ عَلَى فَخْذِهِ وَالْمُوسَى بِيَدِهِ، فَفَزِعَتْ فَزْعَةً عَرَفَهَا خُبَيْبٌ، فَقَالَ: أَتَخْشَيْنَ أَنْ أَقْتُلَهُ مَا كُنْتُ لأَفْعَلَ ذَلِكَ! قَالَتْ: وَاللهِ مَا رَأَيْتُ أَسِيراً خَيْراً مِنْ خُبَيْبٍ، فَوَاللهِ لَقَدْ وَجَدْتُهُ يَوْماً يَأْكُلُ قِطْفاً مِنْ عِنَبٍ فِى يَدِهِ وَإِنَّهُ لَمُوثَقٌ بِالْحَدِيدِ وَمَا بِمَكَّةَ مِنْ ثَمَرَةٍ، وَكَانَتْ تَقُولُ: إِنَّهُ لَرِزْقٌ رَزَقَهُ اللهُ خُبَيْباً، فَلَمَّا خَرَجُوا بِهِ مِنَ الْحَرَمِ لِيَقْتُلُوهُ فِى الْحِلِّ، قَالَ لَهُمْ خُبَيْبٌ: دَعُونِى أُصَلِّى رَكْعَتَيْنِ، فَتَرَكُوهُ، فَرَكَعَ رَكْعَتَيْنِ، فَقَالَ: وَاللهِ لَوْلاَ أَنْ تَحْسَبُوا أَنَّ مَا بِى جَزَعٌ لَزِدْتُ: اللَّهُمَّ أَحْصِهِمْ عَدَداً، وَاقْتُلْهُمْ بِدَداً، وَلاَ تُبْقِ مِنْهُمْ أَحَداً، وَقَالَ:

'Abbād Ibn Bischr(r) waren.

Hadith 1509 Abu Huraira(r) berichtete: Der Gesandte Allāhs(s) schickte einen Spähtrupp von zehn Männern los und bestimmte 'Āsim Ibn Thābit Al-Ansāri(r) zum Befehlshaber. Sie ritten, bis sie nach Al-Hadā - einem Ort zwischen 'Usfān und Mekka - kamen. Als man den Banū Lihyān - einer Unterabteilung des Stammes Hudail - von ihnen erzählte, brachen diese mit etwa hundert geübten Bogenschützen auf und nahmen die Verfolgung jener auf, indem sie ihrer Spur folgten. Als 'Āsim und seine Gefährten sie wahrnahmen, suchten sie Zuflucht auf einer Anhöhe. Die Verfolger umzingelten sie und riefen: „Kommt herab und ergebt euch! Wir versprechen euch, keinen von euch zu töten!" 'Āsim Ibn Thābit sagte (*zu seinem Gefährten*): „Ihr Leute! Ich persönlich werde nicht hinunterkommen auf der Garantie eines Ungläubigen. O Allāh, gib Deinem Propheten Nachricht von uns!" Da beschossen sie die Männer mit Pfeilen und töteten 'Āsim. Die (*übrigen*) drei Leute kamen hinunter auf den geleisteten Eid und das Versprechen. Es waren Khubaib, Zaid Ibn Ad-Dathīna und ein dritter. Als sie (Banū Lihyān) sie in Gewahrsam nahmen, lösten sie die Sehnen von ihren Bögen und fesselten die (*Gefangenen*) damit, da rief der dritte Muslim: „Dies ist schon das erste Zeichen des Verrates! Nein, bei Allāh, ich werde nicht mit euch gehen! Wahrlich, für mich sind diese - er meinte die gefallenen Gefährten - ein gutes Vorbild!" Sie zogen ihn nach sich und setzten ihm zu, aber er widersetzte sich ihnen und blieb bei seiner Weigerung. Darauf töteten sie ihn. Sie schleppten Khubaib und Ibn Ad-Dathīna mit und verkauften sie in Mekka nach der Schlacht von Badr. Die Söhne von Al-Hārith Ibn 'Āmir Ibn Naufal Ibn 'Abd Manāf kauften Khubaib, da er ihren Vater bei der Schlacht von Badr getötet hatte, sie hielten ihn als Gefangenen und beschlossen, ihn zu töten, da bat er eine Tochter von Al-Hārith um ein Schermesser, um sich die Schamhaare zu rasieren[148], und sie kam seiner Bitte nach. Sie war einen Moment unaufmerksam, als ein Kind von ihr zu ihm trat. Plötzlich sah sie, wie Khubaib das Kind auf seinen Oberschenkel setzte und das Schermesser in seiner Hand hielt! Sie erschrak zu Tode, da

فَلَسْتُ أُبَالِي حِينَ أُقْتَلُ مُسْلِماً   عَلَى أَىِّ جَنْبٍ كَانَ لِلَّهِ مَصْرَعِى
وَذَلِكَ فِى ذَاتِ الإِلَهِ وَإِنْ يَشَأْ   يُبَارِكْ عَلَى أَوْصَالِ شِلْوٍ مُمَزَّعِ

وَكَانَ خُبَيْبٌ هُوَ سَنَّ لِكُلِّ مُسْلِمٍ قُتِلَ صَبْراً الصَّلَاةَ ، وَأَخْبَرَ ـ يَعْنِى النَّبِىَّ ﷺ ـ أَصْحَابَهُ يَوْمَ أُصِيبُوا خَبَرَهُمْ ، وَبَعَثَ نَاسٌ مِنْ قُرَيْشٍ إِلَى عَاصِمِ بْنِ ثَابِتٍ حِينَ حُدِّثُوا أَنَّهُ قُتِلَ أَنْ يُؤْتَوْا بِشَىْءٍ مِنْهُ يُعْرَفُ ، وَكَانَ قَتَلَ رَجُلاً مِنْ عُظَمَائِهِمْ ، فَبَعَثَ اللهُ لِعَاصِمٍ مِثْلَ الظُّلَّةِ مِنَ الدَّبْرِ فَحَمَتْهُ مِنْ رُسُلِهِمْ ، فَلَمْ يَقْدِروا أَنْ يَقْطَعُوا مِنْهُ شَيْئاً ، رَوَاهُ الْبُخَارِى .

قَوْلُهُ : « الهَدْأَةُ » : مَوْضِعٌ ، و « الظُّلَّةُ » : السَّحَابُ . « الدَّبْرُ » : النَّحْلُ .

وَقَوْلُهُ : « اقْتُلْهُمْ بِدَداً » بِكَسْرِ الْبَاءِ وَفَتْحِهَا ، فَمَنْ كَسَرَ قَالَ : هُوَ جَمْعُ بِدَّةٍ ، بِكَسْرِ الْبَاءِ ، وَهُوَ النَّصِيبُ ، وَمَعْنَاهُ : اقْتُلْهُمْ حِصَصاً مُنْقَسِمَةً لِكُلِّ وَاحِدٍ مِنْهُمْ نَصِيبٌ ، وَمَنْ فَتَحَ قَالَ : مَعْنَاهُ : مُتَفَرِّقِينَ فِى الْقَتْلِ وَاحِداً بَعْدَ وَاحِدٍ مِنَ التَّبْدِيدِ .

وَفِى الْبَابِ أَحَادِيثُ كَثِيرَةٌ صَحِيحَةٌ سَبَقَتْ فِى مَوَاضِعِهَا مِنْ هَذَا الْكِتَابِ ، مِنْهَا حَدِيثُ الْغُلَامِ الَّذِى كَانَ يَأْتِى الرَّاهِبَ وَالسَّاحِرَ ، وَمِنْهَا حَدِيثُ جُرَيْجٍ ، وَحَدِيثُ أَصْحَابِ الْغَارِ الَّذِينَ أَطْبَقَتْ عَلَيْهِمُ الصَّخْرَةُ ، وَحَدِيثُ الرَّجُلِ الَّذِى سَمِعَ صَوْتاً فِى السَّحَابِ يَقُولُ: اسْقِ حَدِيقَةَ فُلَانٍ ، وَغَيْرُ ذَلِكَ ، وَالدَّلَائِلُ فِى الْبَابِ كَثِيرَةٌ مَشْهُورَةٌ ، وَبِاللهِ التَّوْفِيقُ .

1510 ـ وَعَنِ ابْنِ عُمَرَ رَضِىَ اللهُ عَنْهُمَا قَالَ : مَا سَمِعْتُ عُمَرَ رَضِىَ اللهُ عَنْهُ يَقُولُ لِشَىْءٍ قَطُّ : إِنِّى لَأَظُنُّهُ كَذَا إِلَّا كَانَ كَمَا يَظُنُّ . رَوَاهُ الْبُخَارِى .

sagte Khubaib: „Du hast Angst, dass ich ihn töten könnte! Nein, das werde ich nie tun!" Später sagte sie: „Bei Allāh, niemals sah ich einen besseren Gefangenen als Khubaib! Bei Allāh, eines Tages hatte er Weintrauben in der Hand und aß sie, dabei war er in Eisen gekettet, und in Mekka gab es damals keine (solchen) Früchte! Sie pflegte zu sagen: „Es war Unterhalt, den Allāh dem Khubaib bescherte!" Als sie den heiligen Bezirk (Mekka) verließen, um Khubaib außerhalb zu töten, sagte er zu ihnen: „Lasst mich noch zwei Rak'as beten!" Sie erlaubten es ihm, und er verrichtete die zwei Rak'as, dann sagte er: „Bei Allāh, ich hätte viel ausführlicher gebetet, wenn ihr mir dann nicht unterstellt hättet, Angst vor dem Tod zu haben! O Allāh, zähle sie alle genau, (so dass ihnen allen ihre Strafe zukommt) und töte sie, ohne einen von ihnen übrig zu lassen!149 Danach dichtete er die Verse: Ich, der ich als Muslim getötet werde sorge mich nicht, auf welche Seite (meines Körpers) ich für Allāh getötet werde! Mein Tod ist doch nur für Allāh allein, und wenn Er will, wird Er die Glieder meines zerfetzten Körpers segnen." Khubaib(r) war es, der den Brauch einführte, dass jeder Muslim, bevor er getötet wird, zwei Rak'as betet. Der Überlieferer erzählte: Der Prophet(s) hat seinen Gefährten von dem Schicksal des Spähtrupps noch am selben Tag erzählt. Auch die ungläubigen Quraisch wurden über den Tod von 'Āsim unterrichtet. Da er einen ihrer großen Anführer in der Schlacht von Badr getötet hatte, schickten einige Leute von ihnen einige Männer los, um einen Teil seiner Leiche zu holen für eine sichere Identifizierung. Aber Allāh sandte einen Schwarm Hornissen zum Leichnam 'Āsims. Sie umhhüllten ihn wie eine Wolke und schützten ihn so vor den Boten der Quraisch, so dass es ihnen nicht gelang, einen Teil seines Körpers mitzunehmen!" (Al-Bukhari und Muslim) Kommentar des Verfassers: Es gibt viele andere Hadithe über die segenreichen Wunder und die Vortrefflichkeit der Freunde Allāhs, die wir schon in anderen Kapiteln erwähnten.

Hadith 1510 Ibn 'Umar(r) berichtete: Ich hörte niemals 'Umar(s) über etwas sagen: "Ich denke, die Sache ist so ..!", ohne dass sie genauso war, wie er es gedacht hat. (Al-Bukhari)

كتاب الأمور المنهى عنها

٢٥٤ ـ باب تحريم الغيبة والأمر بحفظ اللسان

قــال اللهُ تَعَالَى : ﴿ وَلَا يَغْتَب بَعْضُكُم بَعْضًا أَيُحِبُّ أَحَدُكُمْ أَن يَأْكُلَ لَحْمَ أَخِيهِ مَيْتًا فَكَرِهْتُمُوهُ وَاتَّقُوا اللَّهَ إِنَّ اللَّهَ تَوَّابٌ رَحِيمٌ ﴾ (الحجرات: ١٢)، وَقَالَ تَعَالَى : ﴿ وَلَا تَقْفُ مَا لَيْسَ لَكَ بِهِ عِلْمٌ إِنَّ السَّمْعَ وَالْبَصَرَ وَالْفُؤَادَ كُلُّ أُولَئِكَ كَانَ عَنْهُ مَسْؤُولاً ﴾ (الإسراء: ٣٦)، وَقَالَ تَعَالَى : ﴿ مَا يَلْفِظُ مِن قَوْلٍ إِلَّا لَدَيْهِ رَقِيبٌ عَتِيدٌ ﴾ (ق: ١٨) .

اعلَم أَنَّهُ يَنْبَغِى لِكُلِّ مُكَلَّفٍ أَنْ يَحْفَظَ لِسَانَهُ عَنْ جَمِيعِ الكَلَامِ إِلَّا كَلَاماً ظَهَرَتْ فِيهِ المصلَحَةُ ، وَمَتَى اسْتَوَى الكَلَامُ وَتَرْكُهُ فِى المَصْلَحَةِ ، فَــالسُّنَّةُ الإِمْسَاكُ عَنْهُ ، لِأَنَّهُ قَدْ يَنْجَرُّ الكَلَامُ المُبَاحُ إِلَى حَرَامٍ أَوْ مَكْرُوهٍ ، وَذَلِكَ كَثِيرٌ فِى العَادَةِ ، وَالسَّلَامَةُ لَا يَعْدِلُهَا شَيْءٌ .

١٥١١ ـ وَعَنْ أَبِى هُرَيْرَةَ رَضِيَ اللهُ عَنْهُ عَنِ النَّبِيِّ ﷺ قَالَ : « مَنْ كَانَ يُؤْمِنُ بِاللهِ ، وَاليَوْمِ الآخِرِ ، فَلْيَقُلْ خَيْراً ، أَوْ لِيَصْمُتْ » متفقٌ عليه .

وَهذا الحَدِيثُ صَرِيحٌ فِى أَنَّهُ يَنْبَغِى أَنْ لَا يَتَكَلَّمَ إِلَّا إِذَا كَانَ الكَلَامُ خَيْراً ، وَهُوَ الَّذِى ظَهَرَتْ مَصْلَحَتُهُ ، وَمَتَى شَكَّ فِى ظُهُورِ المَصْلَحَةِ ، فَلَا يَتَكَلَّمْ .

Buch XV:

Buch der verbotenen Dinge

Kapitel 254

Das Verbot der Verleumdung und der üblen Nachrede[150]

Allāh - erhaben ist Er - spricht:
«Und führt nicht üble Nachrede untereinander. Würde wohl einer von euch gerne das Fleisch seines toten Bruders essen? Dies verabscheut ihr. So fürchtet (*auch*) Allāh! Wahrlich, Allāh ist allein langmütig, barmherzig.»
Sura 49:12
«Und verfolge nicht das, wovon du keine Kenntnis hast. Wahrlich, der Gehörsinn, der Gesichtssinn und das Gemüt[151], sie alle werden zur Rechenschaft gezogen werden.»
Sura 17:36
«Kein Wort bringt er (*der Mensch*) hervor, ohne dass ein wachsamer Wächter bei ihm ist»[152]
Sura 50:18
Der Verfasser (Imām An-Nawawi) sagt: Wisse, dass es die Pflicht jedes Erwachsenen, der im Vollbesitz seiner geistigen Kräfte ist, seine Zunge vor all dem leeren Geschwätz zu hüten, außer wenn es um das Wohl geht. Aber wenn das Sprechen und das Schweigen diesbezüglich egal sind, dann ist das Schweigen besser, gemäß der (prophetischen) Tradition, denn (solches) erlaubtes Geschwätz könnte zu Unerlaubtem oder Widerwertigem führen, was in der Regel oft vorkommt. Es gibt auch nichts, was die Unversehrtheit ersetzen kann.

Hadith 1511 Abu Huraira(r) berichtete: Der Prophet(s) hat gesagt: «Wer (wirklich) an Allāh und den Jüngsten Tag glaubt, der soll Gutes sprechen, sonst hat er zu schweigen!»
(Al-Bukhari und Muslim)
Der Verfasser kommentiert: Dieser Hadith verdeutlicht eindeutig, dass der Muslim nicht sprechen soll, außer wenn er Gutes sagt, indem es um sein

١٥١٢ - وَعَنْ أَبِى مُوسَى رَضِىَ اللهُ عَنْهُ قَالَ : قُلْتُ : يَا رَسُولَ اللهِ أَىُّ الْمُسْلِمِينَ أَفْضَلُ ؟ قَالَ : « مَنْ سَلِمَ الْمُسْلِمُونَ مِنْ لِسَانِهِ وَيَدِهِ » متفقٌ عليه .

١٥١٣ - وَعَنْ سَهْلِ بْنِ سَعْدٍ قَالَ : قَالَ رَسُولُ اللهِ ﷺ : « مَنْ يَضْمَنْ لِى مَا بَيْنَ لَحْيَيْهِ وَمَا بَيْنَ رِجْلَيْهِ أَضْمَنْ لَهُ الْجَنَّةَ » متفقٌ عليه .

١٥١٤ - وَعَنْ أَبِى هُرَيْرَةَ رَضِىَ اللهُ عَنْهُ أَنَّهُ سَمِعَ النَّبِىَّ ﷺ يَقُولُ : « إِنَّ الْعَبْدَ لَيَتَكَلَّمُ بِالْكَلِمَةِ مَا يَتَبَيَّنُ فِيهَا ، يَزِلُّ بِهَا إِلَى النَّارِ أَبْعَدَ مِمَّا بَيْنَ الْمَشْرِقِ وَالْمَغْرِبِ » متفقٌ عليه .
وَمَعْنَى : « يَتَبَيَّنُ » : يَتَفَكَّرُ أَنَّهَا خَيْرٌ أَمْ لَا .

١٥١٥ - وَعَنْهُ عَنِ النَّبِىِّ ﷺ قَالَ : « إِنَّ الْعَبْدَ لَيَتَكَلَّمُ بِالْكَلِمَةِ مِنْ رِضْوَانِ اللهِ تَعَالَى مَا يُلْقِى لَهَا بَالًا يَرْفَعُهُ اللهُ بِهَا دَرَجَاتٍ ، وَإِنَّ الْعَبْدَ لَيَتَكَلَّمُ بِالْكَلِمَةِ مِنْ سَخَطِ اللهِ تَعَالَى لَا يُلْقِى لَهَا بَالًا يَهْوِى بِهَا فِى جَهَنَّمَ » رواه البخارى .

١٥١٦ - وَعَنْ أَبِى عَبْدِ الرَّحْمَنِ بِلَالِ بْنِ الْحَارِثِ الْمُزَنِىِّ رَضِىَ اللهُ عَنْهُ أَنَّ رَسُولَ اللهِ ﷺ قَالَ : « إِنَّ الرَّجُلَ لَيَتَكَلَّمُ بِالْكَلِمَةِ مِنْ رِضْوَانِ اللهِ تَعَالَى مَا كَانَ يَظُنُّ أَنْ تَبْلُغَ مَا بَلَغَتْ يَكْتُبُ اللهُ لَهُ بِهَا رِضْوَانَهُ إِلَى يَوْمِ يَلْقَاهُ ، وَإِنَّ الرَّجُلَ لَيَتَكَلَّمُ بِالْكَلِمَةِ مِنْ سَخَطِ اللهِ مَا كَانَ يَظُنُّ أَنْ تَبْلُغَ مَا بَلَغَتْ يَكْتُبُ اللهُ لَهُ بِهَا سَخَطَهُ إِلَى يَوْمِ يَلْقَاهُ » .

Wohl geht. Wenn er daran zweifelt, soll er *lieber* schweigen.

Hadith 1512 Abū Mūsā(r) berichtete: Ich sagte zum Propheten(s): „O Gesandter Allāhs, welcher Muslim ist der beste? Er(s) sagte: «Der, vor dessen Zunge und Hand die Muslime sicher sind!»
(Al-Bukhari und Muslim)

Hadith 1513 Sahl Ibn Sa'd berichtete: Der Gesandte Allāhs(s) hat gesagt: «Wer sich bei mir für das, was zwischen seinen Kiefern und das, was zwischen seinen Oberschenkeln ist, bürgt, dem garantiere ich das Paradies.»
(Al-Bukhari und Muslim)

Hadith 1514 Abū Huraira(r) berichtete: Ich hörte den Propheten(s) sagen: «Wahrlich, der Diener redet (*manches Wort*) dahin ohne Überlegung, was ihn tiefer und weiter ins Höllenfeuer abgleiten lässt, wie die Entfernung zwischen Osten und Westen.»
(Al-Bukhari und Muslim)

Hadith 1515 Abū Huraira(r) berichtete: Der Prophet(s) hat gesagt: «Der Diener verliert das Wort unbekümmert, was Allāhs Wohlgefallen hervorruft, weshalb Allāh ihn in Rängen (*des Paradieses*) erhöht, und der Diener verliert das Wort unbekümmert, wodurch er sich den Zorn Allāhs - erhaben ist Er - zuzieht, weshalb er in die Hölle hinabfällt.»
(Al-Bukhari)

Hadith 1516 Abū 'Abd-ur-Ra*h*mān Bilāl Ibn Al-*H*ārith Al-Muzani(r) berichtete: Der Gesandte Allāhs(s) hat gesagt: «Der Mensch redet manches Wort, was das Wohlgefallen Allāhs - erhaben ist Er - hervorruft, ohne dabei an dessen gewaltige Wirkung zu denken, weshalb Allāh ihm Sein Wohlgefallen schenkt, bis er Ihn (*am Jüngsten Tag*) trifft, und der Mensch verliert das Wort, wodurch er sich den Zorn Allāhs zuzieht, ohne dabei an dessen gewaltige Wirkung zu denken, weshalb ihm Allāhs Zorn trifft, bis

رواهُ مالكٌ في « الموطأ » والترمذي وقال : حديثٌ حسنٌ صحيحٌ .

١٥١٧ ـ وَعَنْ سُفْيَانَ بْنِ عَبْدِ اللهِ رَضِيَ اللهُ عَنْهُ قَالَ : قُلْتُ : يا رَسُولَ اللهِ حَدِّثني بأمرٍ أعتصمُ بهِ قَالَ : « قُلْ رَبِّيَ اللهُ ، ثُمَّ اسْتَقِمْ » ، قُلْتُ : يارَسُولَ اللهِ ما أخوفُ ما تَخافُ عَلَيَّ ؟ فَأَخَذَ بِلِسَانِ نَفْسِهِ ، ثُمَّ قَالَ : « هذا » رواه الترمذي وقال : حديثٌ حسنٌ صحيحٌ .

١٥١٨ ـ وَعَنِ ابْنِ عُمَرَ رَضِيَ اللهُ عَنْهُمَا قَالَ : قَالَ رَسُولُ اللهِ ﷺ : « لا تُكْثِرُوا الكَلامَ بِغَيْرِ ذِكْرِ اللهِ ؛ فَإنَّ كَثْرَةَ الكَلامِ بِغَيْرِ ذِكْرِ اللهِ تَعَالى قَسْوَةٌ لِلْقَلْبِ ! وَإنَّ أَبْعَدَ النَّاسِ مِنَ اللهِ القَلْبُ القَاسِي » رواه الترمذي .

١٥١٩ ـ وَعَنْ أَبِي هُرَيْرَةَ رَضِيَ اللهُ عَنْهُ قَالَ : قَالَ رَسُولُ اللهِ ﷺ : « مَنْ وَقَاهُ اللهُ شَرَّ ما بَيْنَ لَحْيَيْهِ ، وَشَرَّ ما بَيْنَ رِجْلَيْهِ دَخَلَ الجَنَّةَ » رَوَاهُ الترمذي وقال : حديثٌ حَسَنٌ .

١٥٢٠ ـ وَعَنْ عُقْبَةَ بْنِ عَامِرٍ رَضِيَ اللهُ عَنْهُ قَالَ : قُلْتُ : يَا رَسُولَ اللهِ ، مَا النَّجاةُ؟ قَالَ : « أَمْسِكْ عَلَيْكَ لِسَانَكَ ، وَلْيَسَعْكَ بَيْتُكَ ، وَابْكِ عَلَى خَطِيئَتِكَ » رواه الترمذي وقال: حديثٌ حسنٌ .

١٥٢١ ـ وَعَنْ أَبِي سَعِيدٍ الخُدْرِيِّ رَضِيَ اللهُ عَنْهُ عَنِ النَّبِيِّ ﷺ قَالَ : « إذا أَصْبَحَ ابنُ آدَمَ ، فَإنَّ الأعضاءَ كُلَّها تُكَفِّرُ اللِّسَانَ ، تَقُولُ: اتَّقِ اللهَ فِـــينا ، فَإنَّما نَحْنُ بِكَ ، فَإنِ

er Ihn (*am Jüngsten Tag*) trifft.
(Mālik und At-Tirmiḏi, mit dem Kommentar: Ein guter bis starker Hadith)

Hadith 1517 Sufyān Ibn 'Abdullāh(r) berichtete: Ich sagte zum Propheten: „O Gesandter Allāhs, sage mir ein Wort über den Islām, woran ich mich halte!" Er sagte: «Sprich: Ich glaube an Allāh, dann sei entsprechend aufrecht redlich!» Ich sagte: „O Gesandter Allāhs, was fürchtest am meisten für mich?" Da ergriff er seine eigene Zunge und sprach: „Diese!"
(At-Tirmiḏi, mit dem Kommentar: Ein guter bis starke Hadith)

Hadith 1518 Ibn 'Umar(r) berichtete: Der Gesandte Allāhs(s) hat gesagt: „Redet nicht viel, ohne Allāhs zu gedenken, denn viel reden, ohne Allāhs - erhaben ist Er - zu gedenken, führt zu Hartherzigkeit! Wahrlich, der Mensch, der am weitesten entfernt von Allāh ist, ist derjenige, dessen Herz (*gegen das Gedenken an Allāh*) verhärtet ist!»
(At-Tirmiḏi)

Hadith 1519 Abū Huraira(r) berichtete: Der Gesandte Allāhs(s) hat gesagt: «Wem Allāh das Unheil dessen, was zwischen seinen Kiefern ist, und das Unheil dessen, was zwischen seinen Oberschenkeln nimmt, der kommt ins Paradies!»
(At-Tirmiḏi, mit dem Kommentar: Ein guter Hadith)

Hadith 1520 'Uqba Ibn 'Āmir(r) berichtete: Ich sprach: „O Gesandter Allāhs, was ist das Heil?" Er sagte: «Zügle deine Zunge, begnüge dich mit deinem Haus als Zufluchtort (*vor der Versuchung*) und sei reumütig wegen deiner Sünde!»
(At-Tirmiḏi, mit dem Kommentar: Ein guter Hadith)

Hadith 1521 Abū Saʿīd Al-Khudri(r) berichtete: Der Gesandte Allāhs(s) hat gesagt: «Wenn der Sohn Adams morgens aufwacht, flehen all seine Körperglieder die Zunge an: „Fürchte Allāh unsertwegen, denn wir sind

اسْتَقَمْتَ اسْتَقَمْنَا وَإِنِ اعْوَجَجْتَ اعْوَجَجْنَا » رواه الترمذى .

معنى « تُكَفِّرُ اللِّسَانَ » أىْ : تَذِلُّ وتَخْضَعُ لَهُ .

١٥٢٢ ـ وَعَنْ مُعَاذٍ رَضِىَ اللهُ عَنْهُ قَالَ : قُلْتُ : يَا رَسُولَ اللهِ أَخْبِرْنِى بِعَمَلٍ يُدْخِلُنِى الجَنَّةَ ، ويُبَاعِدُنِى مِنَ النَّارِ ؟ قَالَ : « لَقَدْ سَأَلْتَ عَنْ عَظِيمٍ ، وَإِنَّهُ لَيَسِيرٌ عَلَى مَنْ يَسَّرَهُ اللهُ تَعَالى عَلَيْهِ : تَعْبُدُ اللهَ لا تُشْرِكُ بِهِ شَيْـئـاً ، وتُقِيمُ الصَّلاةَ ، وتُؤْتِى الزَّكَاةَ ، وتَصُومُ رَمَضَانَ ، وتَحُجُّ البَيْتَ » ، ثُمَّ قَالَ : « أَلا أَدُلُّكَ عَلى أَبْوَابِ الخَيْرِ ؟ الصَّوْمُ جُنَّةٌ ، وَالصَّدَقَةُ تُطْفِىءُ الخَطِيئَةَ كَمَا يُطْفِىءُ المَاءُ النَّارَ ، وصَلاةُ الرَّجُلِ مِنْ جَوْفِ اللَّيْلِ » ، ثُمَّ تَلا : ﴿ تَتَجَافَى جُنُوبُهُمْ عَنِ المَضَاجِعِ ﴾ حَتَّى بَلَغَ ﴿ يَعْمَلُونَ ﴾ (السجدة:١٦) . ثُمَّ قَالَ : « أَلا أُخْبِرُكَ بِرَأْسِ الأَمْرِ ، وَعَمُودِهِ ، وَذِرْوَةِ سَنَامِهِ » قُلْتُ : بَلَـى يَا رَسُولَ الــلَّــهِ ، قَالَ : « رَأْسُ الأَمْرِ الإِسْلامُ ، وَعَمُودُهُ الصَّلاةُ ، وَذِرْوَةُ سَنَامِهِ الجِهَادُ » ، ثُمَّ قَـــالَ : « أَلا أُخْبِرُكَ بِمِلاكِ ذَلِكَ كُلِّهِ ؟ » قُلْتُ : بَلى يَا رَسُولَ اللهِ ، فَأَخَذَ بِلِسَانِهِ قَالَ : « كُفَّ عَلَيْكَ هَذا » قُلْتُ : يَارَسُولَ اللهِ وَإِنَّا لَمُؤَاخَذُونَ بِمَا نَتَكَلَّمُ بِهِ ؟ فَقَالَ : « ثَكِلَتْكَ أُمُّكَ ! وَهَلْ يَكُبُّ النَّاسَ فِى النَّارِ عَلى وجوهِهِمْ إلا حَصَائِدُ أَلْسِنَتِهِمْ ؟ » رواه الترمذى وقال : حديثٌ حَسَنٌ صَحِيحٌ، وقد سبق شرحه .

mit dir.(in Bezug auf Belohnung oder Bestrafung) Wenn du aufrecht redlich bist, so werden wir auch redlich, und wenn du unredlich bist, so werden wir ebenso unredlich!"
(At-Tirmi*d*i)

Hadith 1522 Mu'a*d*(r) berichtete: Ich sagte: „O Gesandter Allāhs, unterrichte mich über eine Tat, die mich ins Paradies bringt und mich vom Höllenfeuer entfernt. Er erwiderte: „Wahrlich, du fragtest nach etwas Bedeutsamen, und dennoch ist es leicht für den, dem Allāh - erhaben ist Er - es leicht macht: Du sollst (*allein*) Allāh dienen und Ihm nichts beigesellen, die Pflichtgebete verrichten, die *Zakāt*-Pflichtabgabe entrichten, den Rama*d*ān fasten und die Hajj-Wallfahrt zum Hause (*Allāhs in Mekka*) durchführen!" Dann fügte er hinzu: „Soll ich dir nicht die Pforten des Guten zeigen? Das Fasten, es ist ein Schutz, das Almosen, es löscht die Missetat, wie das Wasser das Feuer löscht, und das Gebet des Menschen mitten in der Nacht." Dann rezitierte er: «Ihre Seiten halten sich fern von (ihren) Betten, sie rufen ihren Herrn an in Furcht und Hoffnung und spenden von dem, was Wir ihnen gaben. Doch weiß niemand, was für eine Augenweide für sie verborgen ist als Lohn für das, was sie zu tun pflegten[153]». Dann sagte er: „Soll ich dich nicht über die Basis des Ganzen, dessen Tragpfeiler und dessen Gipfelspitze unterrichten?" Ich sagte: „Doch ja, o Gesandter Allāhs!" Er erklärte: «Die Basis des Ganzen ist der Islām, seine Tragpfeiler sind die Pflichtgebete und seine Spitze ist der Einsatz für die Sache Allāhs!» Dann fügte er hinzu: „Soll ich dich nicht über die wesentliche Voraussetzung des Ganzen unterrichten?" Ich sagte: „Doch ja, o Gesandter Allāhs!" Da ergriff er seine (*eigene*) Zunge und sagte: «Halte diese von dir ab!" Ich sagte: „O Prophet Allāhs, werden wir etwa für unser Gerede bestraft werden?!" Da sagte er: „Wehe deiner Mutter![154] Was sonst lässt die Leute ins Höllenfeuer auf ihre Gesichter niederstürzen, außer der Ernte ihrer Zungen?!"
(At-Tirmi*d*i, mit dem Kommentar: Ein guter bis starker Hadith)
Der Verfasser vermerkt: Dieser Hadith wurde schon behandelt.

١٥٢٣ - وَعَنْ أَبِى هُرَيْرَةَ رَضِىَ اللهُ عَنْهُ أَنَّ رَسُولَ اللهِ ﷺ قَالَ : « أَتَدْرُونَ مَا الغِيبَةُ ؟ » قَالُوا : اللهُ وَرَسُولُهُ أَعْلَمُ قَالَ : « ذِكْرُكَ أَخَاكَ بِمَا يَكْرَهُ » قِيلَ : أَفَرَأَيْتَ إِنْ كَانَ فِى أَخِى مَا أَقُولُ ؟ قَالَ : « إِنْ كَانَ فِيهِ مَا تَقُولُ ، فَقَدِ اغْتَبْتَهُ ، وَإِنْ لَمْ يَكُنْ فِيهِ مَا تَقُولُ فَقَدْ بَهَتَّهُ » رواه مسلم .

١٥٢٤ - وَعَنْ أَبِى بَكْرَةَ رَضِىَ اللهُ عَنْهُ أَنَّ رَسُولَ اللهِ ﷺ قَالَ فِى خُطْبَتِهِ يَوْمَ النَّحْرِ بِمِنًى فِى حَجَّةِ الوَدَاعِ : « إِنَّ دِمَاءَكُمْ ، وَأَمْوَالَكُمْ ، وَأَعْرَاضَكُمْ ، حَرَامٌ عَلَيْكُمْ كَحُرْمَةِ يَوْمِكُمْ هَذَا ، فِى شَهْرِكُمْ هَذَا ، فِى بَلَدِكُمْ هَذَا ، أَلَا هَلْ بَلَّغْتُ » متفق عليه .

١٥٢٥ - وَعَنْ عَائِشَةَ رَضِىَ اللهُ عَنْهَا قَالَتْ : قُلْتُ لِلنَّبِىِّ ﷺ : حَسْبُكَ مِنْ صَفِيَّةَ كَذَا وَكَذَا . قَالَ بَعْضُ الرُّوَاةِ : تَعْنِى قَصِيرَةً ، فَقَالَ : « لَقَدْ قُلْتِ كَلِمَةً لَوْ مُزِجَتْ بِمَاءِ البَحْرِ لَمَزَجَتْهُ ! » قَالَتْ : وَحَكَيْتُ لَهُ إِنْسَانًا فَقَالَ : « مَا أُحِبُّ أَنِّى حَكَيْتُ إِنْسَانًا وَإِنَّ لِى كَذَا وَكَذَا » رواه أبو داود ، والترمذى وقال : حديث حسن صحيح .

ومعنى : « مَزَجَتْهُ » : خَالَطَتْهُ مُخَالَطَةً يَتَغَيَّرُ بِهَا طَعْمُهُ ، أَوْ رِيحُهُ لِشِدَّةِ نَتَنِهَا وَقُبْحِهَا، وَهَذَا مِنْ أَبْلَغِ الزَّوَاجِرِ عَنِ الغِيبَةِ ، قَالَ اللهُ تَعَالَى : ﴿ وَمَا يَنْطِقُ عَنِ الْهَوَى . إِنْ هُوَ إِلَّا وَحْيٌ يُوحَى ﴾ .

Hadith 1523 Abū Huraira(r) berichtete: Der Gesandte Allāhs(s) fragte uns: „Wisst ihr, was üble Nachrede ist?" Man antwortete: „Allāh und Sein Gesandter wissen es am besten." Er sagte: «Deine Erwähnung von Dingen über deinen Bruder, die er nicht leiden mag.» Man erwiderte: „Und wenn in meinem Bruder ist, was ich über ihn sage?" Er erklärte: «Wenn in ihm ist, was du über ihn sagst, ist es üble Nachrede, und wenn in ihm nicht ist, was du über ihn sagst, hast du ihn verleumdet!»
(Muslim)

Hadith 1524 Abū Bakra(r) berichtete: Der Gesandte Allāhs(s) hat in seiner Predigt am Tag der Opferung in Mina während der Abschiedswallfahrt gesagt: «Wahrlich euer Blut, euer Vermögen und eure Ehre sind einander unantastbar heilig, wie das Heiligtum eures heutigen Tages, in diesem euren Monat und in dieser euren Stadt. Habe ich nicht (*die Botschaft*) deutlich überbracht?!»
(Al-Bukhari und Muslim)

Hadith 1525 'Āischa(r) berichtete: Ich sagte zum Propheten(s): „Es genügt dir, dass Safiya soundso!" - Überlieferer sagen, sie(r) meinte, Safiya(r) ist kleinwüchsig - Da erwiderte er(s): «Du hast ein Wort gesagt, das des Meeres Wasser verändern würde, wäre es mit ihm vermischt worden!» Sie(r) berichtete auch: „Ich habe vor ihm einen Menschen imitiert, da erklärte er: «Ich würde nie einen Menschen imitieren wollen, auch wenn ich dafür soundso bekommen würde!»"
(Abū Dawūd und At-Tirmidi, mit dem Kommentar: Ein guter bis starker Hadith)
Der Verfasser erklärt: Das Wort "verändern" bedeutet "verderben, so dass das Geschmack oder Geruch des Wassers beeinträchtigen würde wegen des Gestanks und der Verdorbenheit des gesagten Wortes". Dies ist ein ausdrückliches Verbot der üblen Nachrede (von Allāh), denn Allāh - erhaben ist Er - spricht (über ihn): «Und er spricht nicht aus Begierde. Es ist eine Offenbarung, die offenbart wird»
Sura 53: 3-4

١٥٢٦ - وَعَنْ أنسٍ رَضِيَ اللهُ عَنْهُ قَالَ : قَالَ رَسُولُ اللهِ ﷺ : « لَمَّا عُرِجَ بِى مَرَرْتُ بِقَوْمٍ لَهُمْ أَظْفَارٌ مِنْ نُحَاسٍ يَخْمِشُونَ وُجُوهَهُمْ وَصُدُورَهُمْ ، فَقُلْتُ : مَنْ هَؤُلَاءِ يَا جِبْرِيلُ ؟ قَالَ : هَؤُلَاءِ الَّذِى يَأْكُلُونَ لُحُومَ النَّاسِ ، وَيَقَعُونَ فِى أَعْرَاضِهِمْ ! » رواه أبو داود .

١٥٢٧ - وَعَنْ أَبِى هُرَيْرَةَ رَضِيَ اللهُ عَنْهُ أَنَّ رَسُولَ اللهِ ﷺ قَالَ : « كُلُّ المسلمِ عَلَى المسلمِ حَرَامٌ : دَمُهُ وَعِرْضُهُ وَمَالُهُ » رواه مسلم .

٢٥٥ - باب تحريم سماع الغيبة
وأمر من سمع غيبة محرمة بردها والإنكار على قائلها
فإن عجز أو لم يقبل منه فارق ذلك المجلس إن أمكنه

قَالَ اللهُ تَعَالَى : ﴿ وَإِذَا سَمِعُوا اللَّغْوَ أَعْرَضُوا عَنْهُ ﴾ (القصص: ٥٥) ، وَقَالَ تَعَالَى : ﴿ وَالَّذِينَ هُمْ عَنِ اللَّغْوِ مُعْرِضُونَ ﴾ (المؤمنون: ٣) ، وقال تعالى : ﴿ إِنَّ السَّمْعَ وَالْبَصَرَ وَالْفُؤَادَ كُلُّ أُولَئِكَ كَانَ عَنْهُ مَسْؤُولًا ﴾ (الإسراء: ٣٦) ، وَقَالَ تَعَالَى : ﴿ وَإِذَا رَأَيْتَ الَّذِينَ يَخُوضُونَ فِى آيَاتِنَا فَأَعْرِضْ عَنْهُمْ حَتَّى يَخُوضُوا فِى حَدِيثٍ غَيْرِهِ وَإِمَّا يُنْسِيَنَّكَ الشَّيْطَانُ فَلَا تَقْعُدْ بَعْدَ الذِّكْرَى مَعَ الْقَوْمِ الظَّالِمِينَ ﴾ (الأنعام: ٦٨) .

Hadith 1526 Anas(r) berichtete: Der Gesandte Allāhs(s) hat gesagt: «Während meiner Himmelfahrt kam ich an Menschen vorbei, deren Fingernägel aus Kupfer waren, und mit denen sie sich ihre eigenen Gesichter und Brüste zerfleischten. Ich sagte: „O Gabriel, wer sind diese?" Er sagte: „Diese sind die, die von den anderen übel reden und ihre Ehre verletzen!"
(Abū Dawūd)

Hadith 1527 Abū Huraira(r) berichtete: Der Gesandte Allāhs(s) hat gesagt: «Jedes Muslims Blut, Eigentum und Ehre sind jedem (*anderen*) Muslim unantastbar heilig..»[155]
(Muslim)

Kapitel 255

Das Verbot, üble Nachrede zu hören und die Anweisung an jeden, der so etwas hört, es zurückzuweisen und den Verleumder zu tadeln. Falls dies nicht möglich ist, sollte man eine derartige Sitzung verlassen

Allāh - erhaben ist Er - spricht:
«Und wenn sie eitles Gerede hören, wenden sie sich von ihm ab»
Sura 28:55
«Und die sich von allem Eiteln fernhalten»
Sura 23:3
«Wahrlich, der Gehörsinn, der Gesichtssinn und das Gemüt, sie werden alle zur Rechenschaft gezogen.»
Sura 17:36
«Und wenn du jene siehst, die über Unsere Zeichen töricht reden, dann wende dich ab von ihnen, bis sie ein anderes Gespräch führen. Und so dich der Satan dies vergessen lässt, so sitze nicht, nach dem Wiedererinnern, mit den ungerechten Leuten.»
Sura 6:68

١٥٢٨ - وعَنْ أبي الدَّرْداءِ رضيَ اللهُ عنهُ عَنِ النبي ﷺ قالَ : « مَنْ رَدَّ عَنْ عِرْضِ أخيهِ ، رَدَّ اللهُ عَنْ وجهِهِ النَّارَ يَوْمَ القيامةِ » رواه الترمذي وقال : حديثٌ حسنٌ .

١٥٢٩ - وعَنْ عِتْبانَ بنِ مَالكٍ ، رضيَ اللهُ عنْهُ ، في حديثِهِ الطَّويلِ المَشْهورِ الَّذي تقدَّمَ في بابِ الرَّجاءِ قالَ : قامَ النَّبيُّ ﷺ يُصَلِّي فقالَ : « أيْنَ مالِكُ بنُ الدُّخْشُمِ ؟ » فقالَ رجلٌ : ذلكَ مُنافِقٌ لا يُحبُّ اللهَ ولا رسولَهُ ، فقالَ النَّبيُّ ﷺ : « لا تَقُلْ ذلكَ ألا تراهُ قدْ قالَ : لا إلهَ إلا اللهُ يُريدُ بذلكَ وجهَ اللهِ ! وإنَّ اللهَ قدْ حرَّمَ على النَّارِ مَنْ قالَ : لا إلهَ إلا اللهُ يَبْتغي بذلكَ وجهَ اللهِ » متفقٌ عليه .

و « عِتْبانُ » كسرُ العينِ على المشهورِ ، وحُكيَ ضمُّها ، وبعدَها تاءٌ مثنَّاةٌ مِنْ فوقَ ، ثمَّ باءٌ موحَّدةٌ . و « الدُّخْشُمُ » بضمِّ الدالِ وإسكانِ الخاءِ وضمِّ الشينِ المعجمتينِ .

١٥٣٠ - وعَنْ كعبِ بنِ مالكٍ رضيَ اللهُ عنْهُ في حديثِهِ الطَّويلِ في قصَّةِ تَوْبَتِهِ وقدْ سبَقَ في بابِ التَّوبةِ ، قالَ : قالَ النَّبيُّ ﷺ وهوَ جالِسٌ في القومِ بِتَبُوكَ : « ما فَعَلَ كَعْبُ بنُ مَالِكٍ ؟ » فقالَ رجلٌ مِنْ بني سلَمَةَ : يا رسولَ اللهِ حبَسَهُ بُرْداهُ ، والنَّظرُ في عِطْفَيْهِ ، فقالَ لهُ معاذُ بنُ جبلٍ رضيَ اللهُ عنْهُ : بِئْسَ ما قُلْتَ ، واللهِ يا رسولَ اللهِ ما علِمْنا عليهِ إلا خيراً ، فسكَتَ رسولُ اللهِ ﷺ . متفقٌ عليه .

« عِطْفاهُ » : جانِباهُ ، وهوَ إشارةٌ إلى إعجابِهِ بنفسِهِ .

٢٥٦ - باب ما يباح من الغيبة

اعلَمْ أنَّ الغِيبةَ تُباحُ لغرَضٍ صحيحٍ شرعِيٍّ لا يُمكِنُ الوصولُ إليْهِ إلا بها ، وهُوَ سِتَّةُ أسبابٍ :

Hadith 1528 Abud-Dardā(r) berichtete: Der Prophet(s) hat gesagt: «Wer die Ehre seines Bruders verteidigt, in dem er (*die Verleumdung*) zurückweist, dem wird Allāh das Höllenfeuer am Tag der Auferstehung von dessen Gesicht zurückweisen.»
(At-Tirmi*d*i, mit dem Kommentar: Ein guter Hadith)

Hadith 1529 In seinem bekannten, langen und schon behandelten Hadith (*Nr. 417*) im Kapitel: Die Hoffnung auf Allāh (*Nr. 51*) berichtete 'Itbān Ibn Mālik(r): Der Prophet erhob sich, um zu beten und fragte: „Wo ist Mālik Ibn Ad-Dukhschum?" Daraufhin sagte ein Mann: „Dieser (*Mālik*) ist ein Heuchler, der weder Allāh noch Seinen Gesandten liebt!" Da sagte der Prophet(s): „Du sollst das nicht sagen! Hast du nicht gesehen, dass er sprach: Es gibt keinen Gott außer Allāh, nur um das Wohlgefallen Allāhs zu suchen? Und wahrlich, Allāh hat demjenigen, der redlich das Wohlgefallen Allāh sucht wenn er spricht: «Es gibt keinen Gott außer Allāh» das Höllenfeuer verwehrt."
(Al-Bukhari und Muslim)

Hadith 1530 In seinem langen und schon behandelten Hadith über seine Reue (*Nr.21*) im Kapitel: Die Reue (*Nr.2*), berichtete Ka'b Ibn Mālik (r): Als der Prophet(s) in Tabūk unter den Leuten saß, sagte er: „Was ist mit Ka'b Ibn Mālik los?" Da sagte ein Mann aus dem Stamme Salima: „O Gesandter Allāhs, ihn hat die Bewunderung seiner zwei (*schönen*) Gewänder und der eigenen Hüfte aufgehalten!" Daraufhin sagte Mu'ā*d* Ibn Dschabal(r): „Schlimm ist deine Behauptung! Bei Allāh, o Gesandter Allāhs, wir wissen nur Gutes von ihm!" Da schwieg der Gesandte Allāhs(s)"
(Al-Bukhari und Muslim)

Kapitel 256
Wenn Nachrede zulässig ist

Wisse, dass die Verleumdung erlaubt ist, und zwar nur für gerechte,

الأوَّلُ : التَّظَلُّمُ : فَيَجُوزُ للمَظلُومِ أنْ يَتَظَلَّمَ إلى السُّلطانِ والقاضي وغيرِهما ممَّن لَهُ ولايَةٌ ، أو قُدرةٌ على إنصافِه مِن ظالِمِه ، فيَقُولُ : ظَلَمَنِي فُلانٌ بِكَذَا .

الثاني : الاستعانَةُ على تَغييرِ المُنكَرِ ، وردِّ العاصي إلى الصواب ، فيقول لِمَن يَرجُو قُدرَتَهُ على إزالةِ المُنكَرِ : فلانٌ يَعمَلُ كذا ، فازجُرْهُ عنه ونحو ذلك ، ويَكُونُ مَقصُودُهُ التَّوَصُّلَ إلى إزالةِ المُنكَرِ ، فإن لم يَقصِدْ ذلك كان حَرامًا .

الثالثُ : الاستِفتَاءُ ، فَيَقُولُ للمُفتي : ظَلَمَنِي أبي ، أو أخي ، أو زَوجِي ، أو فُلانٌ بكذا ، فَهَلْ لَهُ ذلك ؟ وما طريقي في الخلاصِ منه ، وتحصيل حقي ، ودفعِ الظُّلمِ ونحو ذلك ، فَهذا جائزٌ للحاجَةِ ، ولكنَّ الأحوَطَ والأفضَلَ أن يَقُولَ : ما تَقُول في رجلٍ أو شخصٍ ، أو زوجٍ ، كان من أمرِه كذا ؟ فإنه يحصُلُ به الغرضُ من غيرِ تعيينٍ ، ومع ذلك فالتَّعيينُ جائزٌ ، كما سَنَذكُرُهُ في حديثِ هندٍ إنْ شاءَ اللَّهُ تَعَالى .

الرابعُ : تحذيرُ المسلمينَ مِن الشَّرِّ ونصيحَتُهُم ، وذلك مِن وُجوه :

مِنها : جَرحُ المَجرُوحينَ مِن الرُّواةِ والشُّهُودِ ، وذلك جائزٌ بإجماعِ المسلمينَ ، بل واجبٌ للحاجةِ .

ومِنها : المُشاورةُ في مُصاهَرَةِ إنسانٍ ، أو مُشاركتِه ، أو إيداعِه ، أو مُعاملَتِه ، أو غيرِ ذلك ، أو مُجاوَرتِه ، ويَجِبُ على المُشاوَرِ أن لا يُخفِيَ حالَه ، بل يَذكُرُ المَساوئَ التي فيه بنيَّةِ النَّصيحَةِ .

ومِنها : إذا رأى مُتفقِّهًا يَتَرَدَّدُ إلى مُبتدِعٍ ، أو فاسقٍ يأخُذُ عنه العِلمَ وخافَ أنْ يَتَضَرَّرَ المُتفقِّه بذلك ، فَعليهِ نصيحَتُهُ ببيانِ حالِه ، بشرطِ أن يَقصِدَ النَّصيحَةَ ، وهذا مما يُغلَطُ فيه . وقد يَحمِلُ المُتكَلِّمَ بذلك الحَسَدُ ، ويُلبِسُ الشَّيطانُ عليه ذلك ، ويُخَيِّلُ إليه أنَّهُ نصيحةٌ فليَتَفَطَّنْ لذلك .

ومِنها : أنْ يكونَ لَهُ ولايَةٌ لا يقومُ بها على وجهِها : إمَّا بأنْ لا يكونَ صالِحًا لها ، وإمَّا بأنْ يكونَ فاسقًا ، أو مُغَفَّلًا ، ونحوَ ذلك فَيَجِبُ ذِكرُ ذلك لِمَن لَهُ عليه ولايةٌ عامَّةٌ ليُزيلَه، ويُولِّيَ مَن يَصلُحُ ، أو يَعلَمَ ذلك مِنه ليُعامِلَهُ بمُقتَضَى حالِه ، ولا يَغتَرَّ بهِ ، وأنْ يَسعَى في أنْ يَحُثَّهُ على الاستقامَةِ أو يَستَبدِلَ بهِ .

gesetzlich legitime Zwecke, die nur dadurch durchfürbar sein können. Dies beschränkt sich auf sechs Fälle:

1. Bei Beschwerden: Der unrechtmäßig verurteilte oder benachteiligte Kläger darf sagen: „Soundso hat mir dies und dies angetan", entweder vor dem Herrscher, Richter oder vor jedem Zuständigen, der ihm zu seinem Recht gegenüber dem ungerechten Beklagten verhelfen kann.

2. Bei der Zuhilfenahme, um das Verabscheute zu ändern und den Sünder zum richtigen Verhalten zurückzuführen. Nur in diesem Sinne darf er der erhofften Person, die dies durchführen könnte, anvertrauen, dass Soundso dies und jenes betreibt, dass er mit ihm diesbezüglich spreche. Hat er etwas anderes im Sinn, dann ist sein Verrat untersagt.

3. Bei Befragung eines religiösen Rechtsgelehrten um Rat: z.B.: Man fragt: Mein Vater, mein Bruder, mein Ehepartner usw. tat mir soundso an. Darf er das? Wie kann ich mich retten und zu meinem Recht kommen. Dies ist dann zulässig, aber es ist besser, indirekt zu fragen, in dem man sagt: Was meinst du über dasunddas? So kommt man auch zum Ziel, ohne Namen zu nennen, obwohl dies erlaubt ist, wie wir später, so Allāh will, an Hand des Hadiths von Hind belegen werden.

4. Bei der Warnung der Muslime vor dem Unheil, und um ihnen Rat zu geben, in folgender Hinsicht: Zur Feststellung der Unglaubwürdigkeit von unglaubhaften Gewährsleuten, Überlieferern und Zeugen. Laut Übereinstimmung der muslimischen Gelehrten ist dies nicht nur erlaubt, sondern eine Pflicht der Zuständigen wegen des notwendigen Gemeinwohls.

- Zur Beratung durch Befragung (*glaubwürdiger*) Referenzen in Sachen Eheschließung, geschäftliche Teilhaberschaft und Beteiligung, Deponierung (*von Vermögen, Wertsachen u.a*), Beschäftigung und Zusammenarbeit, Nachbarschaft usw. Der Berater darf nichts verbergen, sondern muß im Gegenteil Nachteile und Mängel aufdecken, mit der Absicht, redlich zu beraten.

- Zur Warnung des nach Wissen Strebenden vor seinem Meister falls dieser ein Frevler oder ein Ketzer ist, wobei der Warner fürchtet, dass der Lernenden dadurch Schaden erleiden könnte. In diesem Falle ist es seine

الخامسُ : أنْ يكونَ مُجَاهراً بفسقه أو بدْعته كالمجاهر بشُرب الخمر ، ومُصادَرَةِ النَّاس ، وأخذ المَكْس ، وجِبايَة الأموال ظُلْماً ، وتَوَلِّى الأمور الباطلَة ، فيجوز ذكرُهُ بما يُجَاهِرُ به ، ويَحرُمُ ذكرُهُ بغيرِهِ مِنَ العيوب ، إلا أنْ يكون لجَوازِهِ سَبَبٌ آخرُ مِمَّا ذكَرْناهُ .

السَّادسُ : التَّعريفُ ، فإِذَا كانَ الإنسَانُ معروفاً بلقَب ؛ كالأعمشِ والأعرَجِ والأصَمِ ، والأعمى ؛ والأحْوَل ، وغيرِهِم جَازَ تعريفُهُمْ بذلكَ ؛ ويَحْرُمُ إطلاقُه على جهَةِ التَّنَقُّصِ ، ولو أمكنَ تعريفُهُ بغيرِ ذلكَ كانَ أولى .

فَهذه ستَّةُ أسباب ذكَرَها العلماءُ وأكثرُها مُجمَعٌ عَليهِ ؛ ودلائلُها مِنَ الأحاديثِ الصَّحيحَةِ مشهورةً . فمِن ذلكَ :

١٥٣١ ــ عَنْ عَائشةَ رضِيَ اللهُ عَنها أنَّ رجُلاً استأذَنَ عَلى النَّبِى ﷺ فقَالَ : «ائذَنُوا لَهُ ، بِئْسَ أخُو العَشِيرَةِ ؟ » متفقٌ عليهِ .

Pflicht, die Lage zu schildern, mit der Absicht, redlich zu beraten. Dies ist aber eine heikle Sache, denn der Neid könnte den Mahner veranlassen, üble Nachrede zu begehen, weil Satan ihn verwirrt, so dass er denkt, dass er redlich berate. Also soll der Mahnende dies genau begreifen und beachten.

- Zur Überprüfung des Vormundes bzw. des Treuhänders, der seine Pflichten diesbezüglich nicht erfüllt, wegen bestimmter Mängel wie Unfähigkeit, Lasterhaftigkeit, Unachtsamkeit usw. In diesem Falle ist es erforderlich, den Zuständigen davon zu unterrichten, damit er (*das Erforderliche unternimmt, in dem er*) ihn absetzt, einen anderen Fähigen nennt, oder ihn entsprechend behandelt, sich nicht von ihm abwickeln lässt und sich bemüht, ihn zu Gradlinigkeit bzw. Korrektheit anzuspornen, weil er ihn andernfalls auswechseln würde.

5. Im Falle des Frevlers, der öffentlich seine Lasterhaftigkeit und Unmoral betreibt oder sie zugibt, z.B. Alkohol öffentlich trinken (*und damit auch prahlen*), oder das Eigentum anderer Menschen rauben durch Beschlagnahmung oder ungerechten Zoll oder unberechtigte Steuer, sowie unmoralisches Handeln betreiben. In diesem Fall ist es erlaubt, solche (*Sünder*) in Verbindung mit ihrem Treiben, das sie offen begehen, zu erwähnen, ohne andere Mängel zu nennen, außer wenn einer der oben erwähnten Gründe vorhanden ist.

6. Bei der Vorstellung (*oder der Bekanntmachung*) eines Menschen, dessen Beiname auf Gebrechen o.a. hinweist, wie: Der Triefäugige, der Hinkende, der Taube, der Blinde, der Schielende usw. In diesem Fall ist es erlaubt solche Menschen so aufrichtig zu benennen, und es ist verboten, dies als Herabwürdigung zu erwähnen. Wäre es aber möglich, diese anders zu beschreiben (*oder vorzustellen*), dann ist dies angemessener. Dies sind sechs Gründe, die die Gelehrten nennen. Diesbezüglich sind sich die meisten von ihnen einig, denn die Beweise und Argumente dafür sind in den starken Hadithen bekannt, z.B.:

Hadith 1531 'Āischa(r) berichtete: Ein Mann bat um die Erlaubnis, beim Propheten(s) eintreten zu dürfen, da sagte er: „Lasst ihn hereinkommen,

احتجَّ به البخاري في جَوازِ غِيبَةِ أهلِ الفَسادِ وأهلِ الرِّيبِ .

١٥٣٢ ـ وعَنها قالَت : قالَ رسولُ اللهِ ﷺ : «ما أظُنُّ فُلاناً وفُلاناً يَعرِفانِ مِن دِينِنا شيئاً» . رواهُ البخاريُّ . قالَ الليثُ بنُ سعدٍ أحدُ رُواةِ هذا الحديثِ : هذانِ الرَّجُلانِ كانا مِنَ المنافقينَ .

١٥٣٣ ـ وعَن فاطمةَ بنتِ قيسٍ رضيَ اللهُ عَنها قالَت : أتيتُ النبيَّ ﷺ ، فقلتُ : إنَّ أبا الجَهمِ ومعاويةَ خَطَباني ؟ فقالَ رسولُ اللهِ ﷺ : «أمَّا معاويةُ ، فصُعلوكٌ لا مالَ له ، وأمَّا أبو الجَهمِ فلا يَضَعُ العَصا عَن عاتِقِه » متفقٌ عليه .

وفي روايةٍ لمسلمٍ : «وأمَّا أبو الجَهمِ فضَرَّابٌ للنساءِ » وهو تفسيرٌ لروايةِ : «لا يَضَعُ العَصا عَن عاتِقِه » وقيلَ : معناه : كثيرُ الأسفارِ .

١٥٣٤ ـ وعن زيدِ بنِ أرقمَ رضيَ اللهُ عنهُ قالَ : خَرَجنا معَ رسولِ اللهِ ﷺ في سفرٍ أصابَ الناسَ فيه شِدَّةٌ ، فقالَ عبدُ اللهِ بنُ أُبَيٍّ : لا تُنفِقوا على مَن عِندَ رسولِ اللهِ حتى يَنفَضُّوا . وقالَ : لَئِن رَجَعنا إلى المدينةِ ليُخرِجَنَّ الأعزُّ مِنها الأذَلَّ ، فأتيتُ رسولَ اللهِ ﷺ ، فأخبَرتُهُ بذلكَ ، فأرسلَ إلى عبدِ اللهِ بنِ أُبَيٍّ ، فاجتَهَدَ يَمينَهُ : ما فَعَلَ ، فقالوا : كَذَبَ زيدٌ رسولَ اللهِ ﷺ ، فوَقَعَ في نَفسي مِمَّا قالوهُ شِدَّةٌ حتى أنزلَ اللهُ تعالى تصديقي : ﴿ إذا جاءَكَ المُنافقونَ ﴾ ثم دعاهم النبيُّ ﷺ ؛ ليستغفرَ لَهُم فلَوَّوا رُؤوسَهُم . متفقٌ عليه .

aber welch übler Mitmensch er doch ist!" (Al-Bukhari und Muslim)
Al-Bukhari argumentierte an Hand dieses Hadithes, dass die Entlarvung korrupter und schlechter Leute erlaubt sei.

Hadith 1532 'Āischa(r) berichtete: Der Gesandte Allāhs(s) hat gesagt: «Ich denke nicht, dass Soundso und Soundso etwas von unserem Glauben wissen!»
(Al-Bukhari) Al-Laith Ibn Sa'd, einer der Überlieferer dieses Hadithes sagte: Jene beiden Männer zählten zu den Heuchlern.

Hadith 1533 Fāṭima, Tochter des Qais(r) berichtete: Ich kam zum Propheten(s) und sagte: „Abul-Jahm und Mu'āwia baten um meine Hand."[156] Er sagte: „Was Mu'āwia betrifft, so ist er ein Strolch, ein Habenichts, und was Abul-Jahm betrifft, so trennt er sich kaum vom Stock, den er immer auf seiner Schulter (*bereit*) trägt!"
(Al-Bukhari und Muslim)
Der Verfasser kommentiert: In einer Version von Muslim steht: „Was Abul-Jahm betrifft, so ist er ein Frauenschläger." Diese Version ist eine Erklärung für die Version: "er trägt den Stock immer auf seiner Schulter". Manche meinen, dieser Ausdruck bedeutet, dass er immer auf Reisen ist.

Hadith 1534 Zaid Ibn Arqam(r) berichtete: Wir begleiteten den Gesandten Allāhs(s) auf einer Reise, in welcher wir Muslime von einer Härte (*Hungersnot*) getroffen wurden, da sprach 'Abdullāh Ibn Ubai: „Spendet nicht für diejenigen, die bei dem Gesandten Allāhs sind, damit sie auseinandergehen[157]." Er sagte auch: „Wahrlich wenn wir nach Medina zurückkehren, werden gewiss die Mächtigen in ihr die Niedrigen[158] vertreiben!" So ging ich zum Gesandten Allāhs(s) und unterrichtete ihn darüber. Da ließ er Abdullāh Ibn Ubai zu ihm kommen, und dieser schwor einen Eid und versicherte, er habe dies nicht getan. Es wurde gesagt: „Zaid hat den Gesandten Allāhs(s) angelogen!", was mich sehr hart traf, bis Allāh - erhaben ist Er - meine Glaubwürdigkeit bestätigte (*in der Offenbarung «Wenn die Heuchler zu dir kommen..» Sura 63*). Als der Prophet(s) sie

١٥٣٥ - وعن عائشةَ رضيَ اللهُ عنها قالت : قالت هندُ امرأةُ أبي سفيانَ للنبيِّ ﷺ : إنَّ أبا سفيانَ رجلٌ شحيحٌ وليسَ يُعطيني ما يكفيني وولَدي إلا ما أخذتُ منهُ، وهوَ لا يَعلَمُ ؟ قالَ : « خُذي ما يكفيكِ وولَدَكِ بالمَعروفِ » متفقٌ عليه .

٢٥٧ - باب تحريم النميمة
وهي نقل الكلام بين الناس على جهة الإفساد

قالَ اللهُ تعالى : ﴿ هَمَّازٍ مَشَّاءٍ بِنَمِيمٍ ﴾ (ن:١١) ، وقال تعالى : ﴿ مَا يَلْفِظُ مِنْ قَوْلٍ إِلَّا لَدَيْهِ رَقِيبٌ عَتِيدٌ ﴾ (ق:١٨) .

١٥٣٦ - وعَن حُذيفةَ رضيَ اللهُ عنهُ قالَ : قالَ رسولُ اللهِ ﷺ : « لا يَدْخُلُ الجَنَّةَ نَمَّامٌ » متفقٌ عليه .

١٥٣٧ - وعَن ابنِ عبَّاسٍ رضيَ اللهُ عنهُما أنَّ رسولَ اللهِ ﷺ مَرَّ بقبرينِ فقالَ: « إنَّهُما يُعذَّبانِ ، وما يُعذَّبانِ في كبيرٍ ! بَلى إنَّهُ كبيرٌ: أمَّا أحَدُهُما ، فَكانَ يَمشي بالنَّميمةِ ، وأمَّا الآخَرُ فَكانَ لا يَستَتِرُ مِنْ بَولِهِ » متفقٌ عليه . وهذا لفظُ إحدى رواياتِ البخاريِّ .

قالَ العلماءُ : معنى : « وَمَا يُعَذَّبَانِ فِي كَبِيرٍ » أيْ : كَبِيرٍ في زَعْمِهِما وقيلَ : كَبِيرٌ تَركُهُ عَلَيهِمَا .

eingeladen hatte, um Allāh für sie um Verzeihung zu bitten, wandten sie ihre Köpfe zur Seite!" (Al-Bukhari und Muslim)

Hadith 1535 'Āischa(r) berichtete: Hind, die Ehefrau des Abū Sufyān, sagte zum Propheten(s): „Abū Sufyān ist wahrlich ein Geizhals und er gibt mir keinen Unterhalt, der mir und den Kindern genügt, außer was ich mir von ihm nehme, ohne dass er es merkt." Er sagte zu ihr: „Nimm nur was dir und euren Kindern genügt nach Billigkeit!"
(Al-Bukhari und Muslim)

Kapitel 257
Das Verbot, Gehörtes aus niederen Beweggründen weiterzugeben

Allāh - erhaben ist Er - spricht:
«Und gehorche nicht jedem Schwüremacher, der verächtlich ist, der umhergeht, um üble Nachreden zu verbreiten.»
Sura 68:10-11
«Kein Wort bringt er (der Mensch) hervor, ohne dass neben ihm ein wachsamer Wächter ist.»
Sura 50:18

Hadith 1536 *Hud̲*aifa(r) berichtete: Der Gesandte Allāhs(s) hat gesagt: „Ein Verbreiter von üblen Nachreden wird nicht ins Paradies kommen!"
(Al-Bukhari und Muslim)

Hadith 1537 Ibn 'Abbās(r) berichtete: Als der Gesandte Allāhs(s) einmal an zwei Gräbern vorbeikam, sagte er: „Wahrlich die beiden (*Toten*) leiden, und dies ist nicht wegen einer großen Sache[159], aber doch wegen etwas Schwerwiegendem: Der eine von ihnen pflegte üble Nachreden zu verbreiten, und der andere pflegte zu urinieren, ohne sich (*ordentlich*) zu verbergen."
(Al-Bukhari und Muslim)

١٥٣٨ ـ وعن ابنِ مسعودٍ رضى اللهُ عنهُ أنَّ النبىَّ ﷺ قالَ : « ألا أُنَبِّئُكُمْ ما العَضْهُ؟ هِىَ النَّمِيمَةُ ؛ القالَةُ بَيْنَ النَّاسِ » رواه مسلم .

« العَضْهُ » : بفَتْحِ العينِ المُهْمَلَةِ ، وإِسكانِ الضّادِ المُعْجَمَةِ ، وبالهاءِ على وزنِ الوجهِ ، ورُوِى : « العِضَةُ » بِكَسْرِ العَيْنِ وفَتْحِ الضّادِ المُعْجَمَةِ علَى وزْنِ العِدَةِ ، وهىَ : الكَذِبُ والبُهْتَانُ ، وعلَى الروايةِ الأولى : العَضْهُ مصدرٌ ، يقالُ : عَضَهَهُ عَضْهاً ، أى : رماهُ بالعَضْهِ .

٢٥٨ ـ باب النهى عن نقل الحديث وكلام الناس

إلى ولاة الأمور إذا لم تدع إليه حاجة كخوف مفسدة ونحوها

قَالَ اللهُ تَعَالى : ﴿ وَلَا تَعَاوَنُوا عَلَى الإِثْمِ وَالْعُدْوَانِ ﴾ (المائدة: ٢) .

وفى البابِ الأحاديثُ السابقةُ فى البابِ قبلَهُ .

١٥٣٩ ـ وعنِ ابنِ مَسْعُودٍ رَضِىَ اللهُ عنهُ قالَ : قالَ رَسُولُ اللهِ ﷺ : « لا يُبَلِّغُنى أحَدٌ مِنْ أصحابِى عَنْ أحَدٍ شَيْئاً ، فَإِنِّى أحِبُّ أنْ أخْرُجَ إِلَيْكُمْ وأنَا سَلِيمُ الصَّدْرِ » رواه أبو داود والترمذى .

٢٥٩ ـ باب ذم ذى الوجهين

قال اللهُ تعالى : ﴿ يَسْتَخْفُونَ مِنَ النَّاسِ وَلَا يَسْتَخْفُونَ مِنَ اللَّهِ وَهُوَ مَعَهُمْ إِذْ يُبَيِّتُونَ مَا لَا يَرْضَى مِنَ الْقَوْلِ وَكَانَ اللَّهُ بِمَا يَعْمَلُونَ مُحِيطًا ﴾ (النساء: ١٠٨) .

Hadith 1538 Ibn Mas'ūd(r) berichtete: Der Prophet(s) hat gesagt: „Soll ich euch nicht mitteilen, was Al-'A*d*h ist? Es ist die boshafte Verleumdung und die Verbreitung von üblen Nachreden unter den Leuten."
(Muslim)
Der Verfasser erkärt: 'A*d*h, auch 'I*d*ah bedeutet: Lüge; (*öffentliche*) ungerechte Verleumdung. Das Wort 'A*d*h selber ist ein Verbalsubstantiv, abgeleitet von ('a*d*aha)

Kapitel 258
Die Untersagung, Gehörtes den Behörden zuzutragen, wenn es dafür keinen zwingenden Grund gibt, wie z.B. die Angst vor möglichen Unruhen oder Korruption

Allāh - erhaben ist Er - spricht:
«..und helft einander nicht in Sünde und Übertretung..»
Sura 5:2
Für dieses Kapitel gelten auch die vorher behandelten Hadithe im vorigen Kapitel.

Hadith 1539 Ibn Mas'ūd(r) berichtete: Der Gesandte Allāhs(s) hat gesagt: «Keiner meiner Gefährten soll mir über einen anderen etwas erzählen, denn ich möchte zu jedem von euch mit reinem Herzen kommen.»
(At-Tirmi*d*i)

Kapitel 259
Das Verabscheuen des Doppelzüngigen

Allāh - erhaben ist Er - spricht:
»Sie verbergen sich vor den Menschen[160] und sie verbergen sich nicht vor Allāh[161], wo Er doch bei ihnen ist, wenn sie nächtens Reden ausbrüten, die Er nicht billigt.« Sura 4:108

١٥٤٠ - وعنْ أبي هُرَيْرَةَ رضي اللَّه عنْهُ قال: قَالَ رَسُولُ اللَّهِ ﷺ: «تجدُونَ النَّاسَ مَعادِنَ، خيارُهُمْ في الجاهليَّةِ خيارُهُمْ في الإسلامِ إذا فَقُهُوا، وتَجدُونَ خيارَ النَّاسِ في هذا الشَّأنِ أشَدَّهُمْ لهُ كَراهِيَةً، وتجِدُونَ شَرَّ النَّاسِ ذا الوَجْهَيْنِ، الَّذي يَأتي هؤلاءِ بوجْهٍ، وهؤلاءِ بوجْهٍ» متفقٌ عليه.

١٥٤١ - وعنْ محمدِ بنِ زيْدٍ أنَّ ناساً قَالُوا لجَدِّهِ عبدِ اللَّهِ بنِ عُمَرَ رضيَ اللَّهُ عنْهُما: إنَّا نَدْخُلُ على سَلاطِينِنا فنَقُولُ لهُمْ بخلافِ ما نَتَكَلَّمُ إذا خَرجْنَا منْ عِندهم، قال: كُنَّا نَعُدُّ هذَا نِفاقاً على عَهْدِ رسولِ اللَّهِ ﷺ. رواه البخاري.

٢٦٠ - باب تحريم الكذب

قال اللَّهُ تَعَالى: ﴿ وَلَا تَقْفُ مَا لَيْسَ لَكَ بِهِ عِلْمٌ ﴾ (الإسراء: ٣٦)، وقال تعالى: ﴿ مَا يَلْفِظُ مِن قَوْلٍ إِلَّا لَدَيْهِ رَقِيبٌ عَتِيدٌ ﴾ (ق: ١٨).

١٥٤٢ - وعن ابنِ مسعودٍ رضيَ اللَّهُ عنْهُ قال: قَالَ رَسُولُ اللَّهِ ﷺ: «إنَّ الصدْقَ

Hadith 1540 Abū Huraira(r) berichtete: Der Gesandte Allāhs(s) hat gesagt: „Ihr seht, dass die Menschen (*verschieden*er *Herkunft*) wie Metalle sind. Die besten unter ihnen in der Jāhiliya (*vor dem Islam*) bleiben unter dem Islam die besten, wenn sie (*ihn als Muslime*) begriffen haben. Ihr findet auch, dass unter den besten Leuten in dieser Hinsicht, solche sind, die ihn (*den Islam*) am meisten hassen, und ihr werdet feststellen, dass der schlimmste unter den Menschen, derjenige ist, der zwei Gesichter hat, der zu einer Partei mit dem einem Gesicht kommt, und zur anderen mit dem anderen Gesicht."
(Al-Bukhari und Muslim)

Hadith 1541 Mu*h*ammad Ibn Zaid berichtete, dass einige Leute zu seinem Großvater 'Abdullāh Ibn 'Umar(s) sagten: „Wenn wir vor unseren Herrschern erscheinen, sagen wir ihnen das Gegenteil von dem, was wir (*hinter ihren Rücken*) *sagen* , nachdem wir sie verlassen haben!" Er antwortete: „Zu Lebzeiten des Gesandten Allāhs(s) betrachteten wir dies als Heuchelei."
(Al-Bukhari)

Kapitel 260
Die Untersagung des Lügens

Allāh - erhaben ist Er - spricht:
»Und verfolge nicht das, wovon du keine Kenntnis hast, denn wahrlich der Gehörsinn, der Gesichtssinn und das Gemüt, sie werden alle zur Rechenschaft gezogen.«
Sura 17:36
»Kein Wort bringt er (*der Mensch*) hervor, ohne dass neben ihm ein wachsamer Wächter ist.«
Sura 50:18

Hadith 1542 Ibn Mas'ūd(r) berichtete: Der Gesandte Allāhs(s) hat gesagt: „Wahrlich, die Wahrhaftigkeit führt zur Rechtschaffenheit, und die

يَهْدِي إِلَى الْبِرِّ ، وَإِنَّ الْبِرَّ يَهْدِي إِلَى الْجَنَّةِ وَإِنَّ الرَّجُلَ لَيَصْدُقُ حَتَّى يُكْتَبَ عِنْدَ اللهِ صِدِّيقاً ، وَإِنَّ الْكَذِبَ يَهْدِي إِلَى الْفُجُورِ ، وَإِنَّ الْفُجُورَ يَهْدِي إِلَى النَّارِ ، وَإِنَّ الرَّجُلَ لَيَكْذِبُ حَتَّى يُكْتَبَ عِنْدَ اللهِ كَذَّاباً » متفقٌ عليه .

١٥٤٣ - وَعَنْ عَبْدِ اللهِ بْنِ عَمْرِو بْنِ الْعَاصِ رَضِيَ اللهُ عَنْهُمَا ، أَنَّ النَّبِيَّ ﷺ قَالَ : « أَرْبَعٌ مَنْ كُنَّ فِيهِ كَانَ مُنَافِقًا خَالِصاً ، وَمَنْ كَانَتْ فِيهِ خَصْلَةٌ مِنْهُنَّ ، كَانَتْ فِيهِ خَصْلَةٌ مِنْ نِفَاقٍ حَتَّى يَدَعَهَا : إِذَا اؤْتُمِنَ خَانَ ، وَإِذَا حَدَّثَ كَذَبَ ، وَإِذَا عَاهَدَ غَدَرَ ، وَإِذَا خَاصَمَ فَجَرَ » متفقٌ عليه .

وقد سبق بيانه مع حديث أبي هريرة بنحوه في « باب الوفاء بالعهد » .

١٥٤٤ - وعن ابنِ عباسٍ رضيَ اللهُ عنهُمَا عن النَّبِيِّ ﷺ ، قَالَ : « مَنْ تَحَلَّمَ بِحُلْمٍ لَمْ يَرَهُ ، كُلِّفَ أَنْ يَعْقِدَ بَيْنَ شَعِيرَتَيْنِ وَلَنْ يَفْعَلَ ، وَمَنِ اسْتَمَعَ إِلَى حَدِيثِ قَوْمٍ وَهُمْ لَهُ كَارِهُونَ ، صُبَّ فِي أُذُنَيْهِ الآنُكُ يَوْمَ الْقِيَامَةِ ، وَمَنْ صَوَّرَ صُورَةً عُذِّبَ ، وَكُلِّفَ أَنْ يَنْفُخَ فِيهَا الرُّوحَ وَلَيْسَ بِنَافِخٍ » رواه البخاري .

« تَحَلَّمَ » أي : قال إنَّهُ حَلَمَ فِي نَوْمِهِ وَرَأَى كَذَا وكَذَا ، وهو كاذبٌ .

و « الآنُكَ » بالمد وضم النون وتخفيف الكاف : وهو الرَّصَاصُ المذابُ .

١٥٤٥ - وعنِ ابنِ عُمَرَ رضيَ اللهُ عنهُمَا قَالَ : قَالَ النَّبِيُّ ﷺ : « أَفْرَى الْفِرَى أَنْ يُرِيَ الرَّجُلُ عَيْنَيْهِ مَا لَمْ تَرَيَا » . رواهُ البخاري .

ومعناه : يقولُ : رأيتُ فيما لم يَرَهُ .

Rechtschaffenheit führt zum Paradies. Und wahrlich, der (*aufrichtige*) Mensch spricht nichts außer der Wahrheit, bis er (*bei Allāh*) als Siddīq (*glaubhafter Nahestehender*) vemerkt wird. Gewiss ebenso führt das Lügen zur Lasterhaftigkeit und die Lasterhaftigkeit zum Höllenfeuer, und der Mensch lügt und lügt, bis er bei Allāh als Lügner vermerkt wird."
(Al-Bukhari und Muslim)

Hadith 1543 'Abdullāh Ibn 'Amr Ibn-ul-'Ās(r) berichtete: Der Prophet (s) hat gesagt: „Viererlei (*Eigenschaften*), wer sie alle besitzt, der ist gewiss ein absoluter Heuchler. Ist eine dieser Eigenschaften in einem (Menschen), dann besitzt der eine Eigenschaft der Heuchelei bis er diese abgelegt hat: Wenn ihm etwas anvertraut wird, handelt er treulos. Wenn er etwas erzählt, lügt er. Wenn er etwas verspricht, dann bricht er es (*unbekümmert*), und wenn er streitet, überschreitet er maßlos die Moral."
(Al-Bukhari und Muslim)
Der Verfasser vermerkt:
Dieser Hadith wurde zusammen mit dem Hadith von Abū Huraira (*Nr. 689 in meiner Übersetzung des Teils I*) im Kapitel "Halten von Versprechen" schon behandelt.

Hadith 1544 Ibn 'Abbās(r) berichtete: Der Gesandte Allāhs(s) hat gesagt: „Wer von einem (*angeblichen*) Traum erzählt, den er aber nicht gesehen hat, der wird (*am Jüngsten Tag*) aufgefordert, zwischen zwei Gerstenkörnern einen Knoten zu knüpfen[162], was er nie wird durchführen können, und wer ein Gespräch der anderen belauscht, dem wird in beiden Ohren am Tage der Auferstehung schmelzendes Blei gegossen werden, und wer ein Götzenbild herstellt, wird dafür (*am Jüngsten Tag*) bestraft und aufgefordert, ihm den Lebensgeist einzuhauchen, was ihm aber nicht gelingen wird!"
(Al-Bukhari)

Hadith 1545 Ibn 'Umar(r) berichtete: Der Prophet(s) hat gesagt: „Die unerhörteste Lüge ist (*die Selbstverleumdung*), in dem man den eigenen

١٥٤٦ - وعَنْ سَمُرَةَ بنِ جُنْدُبٍ رضِيَ اللهُ عنهُ قالَ : كانَ رسولُ اللهِ ﷺ مِمَّا يُكثِرُ أن يقولَ لأصحابِهِ : « هَلْ رأى أحدٌ منكُمْ مِنْ رُؤيا ؟ » فَيَقُصُّ علَيهِ مَنْ شاءَ اللهُ أنْ يَقُصَّ ، وإنَّهُ قالَ لنا ذاتَ غَداةٍ : « إنَّهُ أتاني اللَّيلةَ آتيانِ ، وإنَّهُما قالا لي : انْطَلِقْ ، وإنِّي انْطَلَقْتُ معَهُما ، وإنَّا أتَيْنا على رجُلٍ مُضْطَجِعٍ ، وإذا آخرُ قائمٌ علَيهِ بِصَخرةٍ ، وإذا هوَ يَهوِي بالصَّخرةِ لرَأسِه ، فَيَثْلَغُ رأسَه ، فَيَتَدَهْدَهُ الحَجَرُ ها هنا ، فَيَتْبَعُ الحجَرَ فَيأخُذُهُ ، فلا يرجِعُ إليهِ حتى يصِحَّ رأسُهُ ، كما كانَ ، ثُمَّ يَعودُ علَيهِ ، فيفعَلُ بِهِ مِثلَ ما فعَلَ المَرَّةَ الأُولى! » قالَ : « قلتُ لهما : سُبْحانَ اللهِ ! ما هذانِ ؟ قالا لي : انْطَلِقْ انْطَلِقْ ، فانْطَلَقْنا ، فأَتَيْنا على رجلٍ مُسْتَلقٍ لِقَفاهُ وإذا آخَرُ قائمٌ عليهِ بِكَلُّوبٍ مِنْ حديدٍ ، وإذا هوَ يأتي أحدَ شِقَّيْ وجهِهِ فيُشَرْشِرُ شِدْقَهُ إلى قَفاهُ ، ومَنْخِرَهُ إلى قَفاهُ ، وعَيْنَهُ إلى قَفاهُ ، ثُمَّ يَتَحَوَّلُ إلى الجانِبِ الآخَرِ ، فَيَفْعَلُ بِهِ مِثلَ ما فعَلَ بالجانِبِ الأوَّلِ ، فما يَفْرُغُ مِنْ ذلكَ الجانبِ حتى يَصِحَّ ذلكَ الجانِبُ كما كانَ ، ثُمَّ يعودُ عليهِ ، فيفعَلُ مِثلَ ما فعَلَ في المَرَّةِ الأُولى » قال : « قلتُ : سُبْحانَ اللهِ! ما هذانِ ؟ » قالا لي : انْطَلِقْ انْطَلِقْ ، فانْطَلَقْنا ، فأَتَيْنا على مِثلِ التَّنُّورِ » فأحسِبُ أنَّهُ قال : « فإذا فيهِ لَغَطٌ وأصْواتٌ ، فاطَّلَعْنا فيهِ فإذا فيهِ رجالٌ ونِساءٌ عُراةٌ ، وإذا هُمْ يأتيهِمْ لَهَبٌ مِنْ أسْفَلَ مِنهُمْ ، فإذا أتاهُمْ ذلكَ اللَّهَبُ ضَوْضَوْا ، قُلتُ : ما هؤُلاءِ ؟ قالا لي : انْطَلِقْ انْطَلِقْ ، فانْطَلَقْنا ، فأَتَيْنا على نهَرٍ » حَسِبْتُ أنَّهُ كانَ يقولُ : «أحمَرَ مِثلِ الدَّمِ ، وإذا في النَّهَرِ رجُلٌ سابِحٌ يَسْبَحُ ، وإذا على شَطِّ النَّهَرِ رجُلٌ قد جَمَعَ عِنْدَهُ حِجارَةً كثيرةً ، وإذا ذلكَ السَّابِحُ يَسْبَحُ ما يَسْبَحُ ، ثُمَّ يأتي ذلكَ الذي قد جَمَعَ عِنْدَهُ الحِجارَةَ ، فَيَفْغَرُ لهُ فاهُ ، فَيُلْقِمُهُ حَجَراً ، فَيَنْطَلِقُ فيسْبَحُ ، ثُمَّ يرجِعُ إليهِ ، كُلَّما رجَعَ إليهِ ، فَغَرَ لهُ فاهُ ، فألْقَمَهُ حَجَراً ، قلتُ لهما : ما هذانِ ؟ قالا لي : انْطَلِقْ انْطَلِقْ ، فانْطَلَقْنا ، فأَتَيْنا على رجُلٍ كَرِيهِ المَرْآةِ ، أوْ كأَكْرَهِ ما أنتَ راءٍ رجُلاً مَرْأىً ، فإذا

Augen zeigen will¹⁶³, was sie nicht sahen!"
(Al-Bukhari)

Hadith 1546 Samura Ibn Dschundub(r) berichtete: Es kam oft vor, dass der Gesandte Allāhs(s) seine Gefährten fragte: „Hat jemand unter euch etwas geträumt?", danach erzählte ihm (*davon*) derjenige, den Allāh vorbestimmt hatte. Eines Tages erzählte er(s) uns: „Vergangene Nacht erschienen mir (im Traum) zwei Besucher und sagten zu mir: „Los!", und so ging ich los mit ihnen, bis wir zu einem hingestreckten Mann kamen, an dessen Kopf ein Mann, der einen Felsbrocken trug, stand. Plötzlich stürzte er sich mit dem Felsbrocken auf dessen Kopf, bis dieser zerbrach und der Stein wegrollte. Er folgte dem Stein, holte ihn und kam zu dem hingestreckten Menschen, dessen Kopf inzwischen wieder ganz geworden war, dann wiederholte er erneut, was er zuvor tat!" Der Prophet(s) sprach: „Ich sagte zu den beiden (*Begleitpersonen*): „Gepriesen sei Allāh! Was ist mit diesen beiden da?" Sie sprachen zu mir: „Los! Los!" So gingen wir los, bis wir zu einem sich auf dem Rücken hingestreckten Mann kamen, wobei an dessen Kopf ein anderer Mann, der eine eiserne Krampe (Spitzhacke) trug, stand. Plötzlich schnitt er zackenartig die eine Seite seines Gesichts auf, nämlich von einem Mundwinkel bis zum Nacken, dann von seiner Nase bis zum Nacken und vom Auge bis zum Nacken. Danach wiederholte er das gleiche Aufschneiden auf der anderen Seite des Gesichts. Kaum war er mit dem Aufschneiden der zweiten Seite fertig, da wurde die erste wieder ganz, und so mußte er das Ganze immer wiederholen!" Er(s) sprach: „Ich sagte: „Gepriesen sei Allāh! Was treiben diese beiden da?!" Sie sprachen (erneut): „Los! Los!" So gingen wir los, bis wir zu etwas wie eine Ofenanlage in einer Grube kamen. - Der Überlieferer sagte: „Ich denke, der Prophet(s) hat gesagt: „aus welchem lautes Geschrei emporstieg" -. Wir schauten hinein, und sahen nackte Männer und Frauen, die immer schrien, sobald die von unter ihnen aufsteigenden Flammen sie erreichen. Ich fragte: „Was ist mit diesen los?!" Sie erwiderten: „Los! Los!" So gingen wir los, bis wir zu einem Fluss kamen. - Der Überlieferer sagte: „Ich denke, er(s) sagte: „dessen

هو َ عِنْدَهُ نَارٌ يَحُشُّهَا ويَسْعَى حَوْلَهَا ، قُلْتُ لَهُما : ما هذا؟ قالا لى : انْطَلِقْ انْطَلِقْ، فانْطَلَقْنا ، فَأَتَيْنا عَلى رَوْضَةٍ مُعْتَمَّةٍ فيها مِنْ كلِّ نَوْرِ الرَّبيعِ ، وإذا بَيْنَ ظَهْرَى الرَّوْضَةِ رَجُلٌ طَويلٌ لا أَكادُ أرى رَأْسَهُ طُولاً فى السَّماءِ ، وإذا حَوْلَ الرجلِ مِنْ أكثرِ وِلْدانٍ رَأيْتُهُمْ قَطُّ ، قُلتُ : ما هذا ؟ وما هؤلاء ؟ قالا لى : انْطَلِقْ انْطَلِقْ ، فَأَتَيْنا إلى دَوْحَةٍ عَظيمةٍ لَمْ أرَ دَوْحَةً قَطُّ أعظمَ مِنها ، ولا أحْسَنَ ! قالا لى : ارْقَ فيها ، فَارتَقَيْنا فيها إلى مدينةٍ مَبْنِيَّةٍ بِلَبِنِ ذَهَبٍ ولَبِنِ فِضَّةٍ، فَأَتَيْنا بابَ المدينةِ فَاسْتَفْتَحْنا ، فَفُتِحَ لَنا ، فَدَخَلْناها ، فَتَلَقَّانا رِجالٌ شَطْرٌ مِنْ خَلْقِهِمْ كَأحْسَنِ ما أنْتَ راءٍ ! وشَطْرٌ مِنهم كَأقْبَحِ ما أنْتَ راءٍ ! قالا لهم : اذْهَبوا فَقَعوا فى ذلكَ النَّهْرِ ، وإذا هُوَ نَهْرٌ مُعْتَرِضٌ يَجْرى كأنَّ ماءَهُ المَحْضُ فى البَياضِ ، فَذَهَبوا فَوَقَعوا فيه ، ثم رَجَعوا إلَيْنا قد ذَهَبَ ذلكَ السُّوءُ عَنْهُمْ ، فَصاروا فى أحْسَنِ صورةٍ » قال : « قالا لى : هذه جَنَّةُ عَدْنٍ ، وهذاك مَنْزِلُكَ ، فَسَما بَصَرى صُعُداً ، فإذا قَصْرٌ مِثْلُ الرَّبابَةِ البَيْضاءِ ، قالا لى : هذاك مَنْزِلُكَ؟ قلتُ لهما : باركَ اللهُ فيكُما فَذَرانى فَأَدْخُلَهُ ، قالا : أما الآنَ فلا ، وأنتَ داخِلُهُ ، قلت لهُما : فَإنِّى رَأيْتُ مُنْذُ اللَّيْلَةَ عَجَباً ؟ قالا لى : أمَا إنَّا سَنُخْبِرُكَ : أمَّا الرَّجُلُ الأوَّلُ الذى أَتَيْتَ عَلَيه يُثْلَغُ رَأْسُهُ بالحَجَرِ ، فإنه الرَّجُلُ يَأْخُذُ القُرْآنَ فَيَرْفُضُهُ ، ويَنامُ عَنِ الصَّلاةِ المَكْتوبَةِ ، وأمَّا الرَّجُلُ الذى أَتَيْتَ عَلَيه يُشَرْشَرُ شِدْقُهُ إلى قَفاهُ ، ومَنْخِرُهُ إلى قَفاهُ وعَيْنُهُ إلى قَفاهُ ، فإنه الرَّجُلُ يَغْدو مِنْ بَيْتِه فَيَكْذِبُ الكِذْبَةَ تَبْلُغُ الآفاقَ ، وأمَّا الرِّجالُ والنِّساءُ العُراةُ الذين هُمْ فى مِثْلِ بِناءِ التَّنُّورِ ، فَإنَّهُمُ الزُّناةُ والزَّوانى ، وأمَّا الرَّجُلُ الَّذى أَتَيْتَ عَلَيه يَسْبَحُ فى النَّهْرِ ، ويُلْقَمُ الحِجارَةَ ، فَإنَّهُ آكِلُ الرِّبا ، وأمَّا الرَّجُلُ الكَريهُ المَرْآةِ الَّذى عِنْدَ النَّارِ يَحُشُّها ويَسْعَى حَوْلَها ، فَإنَّهُ مالِكٌ خازِنُ جَهَنَّمَ ، وأما الرَّجُلُ الطَّويلُ الَّذى فى الرَّوْضَةِ، فإنه إبراهيمُ ، وأمَّا الوِلْدانُ الَّذينَ حَوْلَهُ ، فكلُّ مَوْلودٍ ماتَ عَلى الفِطْرَةِ » وفى روايةِ البَرْقانِىِّ:

Farbe rot wie Blut war!" - Im Fluss war ein Schwimmer, der zum Ufer schwamm. Dort erwartete ihn ein Mann, der viele Steine vor sich hatte. Der Schwimmer ging zu ihm mit weit geöffnetem Mund, da steckte dieser einen Stein in dessen Mund, dann schwamm er weiter, um von neuem an zu ihm mit weitgeöffneten Mund zurückzuschwimmen und erneut einen Stein zu schlucken! Ich fragte: „Was ist mit den beiden da los?!" Sie erwiderten: „Los! Los!" So gingen wir los, bis wir zu einem sehr schrecklich hässlich aussehenden Mann kamen während bei ihm Feuer, welches er emsig entfachte und umkreiste, brannte. Ich fragte sie: „Was ist das?!" Sie erwiderten: „Los! Los!" Wir gingen los, bis wir zu einem mit üppigen dunkelgrünen Pflanzen dicht bewachsenen Garten kamen, und in welchem es von allen möglichen Frühlingsblüten jede Menge gab. In der Mitte stand ein von vielen vielen Kindern umkreister Riese, der so groß war, dass ich seinen bis zum Himmel hochragenden Kopf kaum sehen konnte. Ich fragte: „Was ist das und was sind diese?!" Doch sie erwiderten: „Los! Los!" Wir gingen los, bis wir zu einem gewaltigen Baum kamen, von einer Größe und einer Schönheit, wie ich sie zuvor nie gesehen hatte. Sie sagten zu mir: „Erklettere den Baum!" Wir erkletterten ihn und erreichten eine Stadt, deren Ziegel je wechselweise aus Gold und Silber waren. Als wir zum Stadttor kamen, baten wir, dass uns göffnet würde. Man öffnete (*das Tor*) und wir traten ein. Es empfingen uns Männer: Einige von größter Schönheit, die du dir vorstellen kannst, und einige von größter Hässlichkeit, die du dir vorstellen kannst, da sagten die beiden zu ihnen: „Los, werft euch in jenen Fluss!" - und es war ein Fluss, dessen Wasser rein und weiß wie Milch war! - Die (*hässlichen Männer*) warfen sich in ihn hinein, dann kehrten sie zu uns ohne irgendeinen Makel, geheilt und bildschön, zurück." Der Überlieferer sagte: „Er(s) sprach (*zu uns*): „Die beiden sagten zu mir: „Dies ist das Eden-Paradies und dies dort ist dein Haus!" Ich wandte meinen Blick aufwärts, da sah ich einen Palast weiß wie eine Wollke! Sie sprachen zu mir: „Das ist deine Wohnstätte!" Ich sagte zu ihnen: „Allāh segne euch! So lasst mich sie betreten!" Sie erwiderten: „Nicht jetzt, aber du wirst sie sicherlich betreten!" Ich sagte: „In dieser Nacht sehe ich merkwürdige (*Dinge*), was bedeuten sie?!" Sie

« وُلِدَ عَلَى الفِطْرَةِ » فقال بعض المسلمين : يا رسولَ الله ، وأولادُ المشركين ؟ فقال رسولُ الله ﷺ : « وأولادُ المشركين، وأما القومُ الذين كانوا شطرٌ منهم حَسَنٌ، وشَطْرٌ منهم قبيحٌ، فإنهم قومٌ خَلَطُوا عملاً صالحاً وآخرَ سيئاً، تجاوزَ اللهُ عنهم » رواه البخاري .

وفى رواية له : « رأيتُ الليلةَ رجلين أتيانى فأخرجانى إلى أرضٍ مقدسةٍ » ثم ذكرَ وقال : « فانطلقنا إلى نقبٍ مثل التَّنُّورِ، أعلاهُ ضيِّقٌ وأسفلُهُ واسعٌ ؛ يَتوقَّدُ تحتَهُ ناراً، فإذا ارتفعَت ارتفعوا حتى كادوا أن يَخْرُجوا ، وإذا خَمَدَت، رجَعوا فيها، وفيها رجالٌ ونساءٌ عراةٌ » . وفيها : « حتى أتينا على نهرٍ من دمٍ » ولم يشكّ « فيه رجلٌ قائمٌ على وسط النهر، وعلى شطّ النهرِ رجلٌ، وبين يديه حجارةٌ، فأقبلَ الرجلُ الذي في النهر، فإذا أراد أن يَخْرُجَ رَمَى الرجلُ بحجرٍ في فيه فردَّهُ حيثُ كانَ، فجعلَ كلَّما جاء ليخرجَ جعل يرمي فيه بحجرٍ، فيرجعُ كما كانَ » . وفيها : « فصعِدا بي الشجرةَ، فأدخلاني داراً لم أرَ قطُّ أحسنَ منها فيها رجالٌ شيوخٌ وشبابٌ » . وفيها : « الذي رأيتَهُ يُشَقُّ شِدقُهُ فكذابٌ يُحدّثُ بالكذبةِ فتُحمَلُ عنه حتى تبلغَ الآفاقَ ، فيُصنعُ به ما رأيتَ إلى يومِ القيامةِ » . وفيها : «الذي رأيتَهُ يُشْدَخُ رأسُه فرجلٌ علَّمهُ اللهُ القرآنَ، فنامَ عنه بالليل، ولم يعملْ فيه بالنهارِ، فيُفعلُ به إلى يومِ القيامةِ ، والدارُ الأولى التى دخلتَ دارُ عامةِ المؤمنينَ، وأما هذه الدارُ فدارُ الشهداءِ وأنا جبريلُ، وهذا ميكائيلُ، فارفعْ رأسَك، فرفعتُ رأسي، فإذا فوقي مثلُ السحابِ، قالا : ذاكَ منزلُكَ، قلتُ: دعاني أدخلْ منزلي ، قالا : إنه بقيَ لك عمرٌ لم تستكملْهُ، فلو استكملتَهُ، أتيتَ منزلَكَ » رواه البخاري .

قوله : « يَثْلَغُ رأسَهُ » هو بالثاء المثلثة والغين المعجمة، أى : يَشْدَخُهُ ويَشُقُّهُ . قوله:

erwiderten: „Nun werden wir dich unterrichten: Was den ersten Mann anbelangt, an dem du vorbeikamst, wobei dessen Kopf immerwieder mit dem Stein zerbrochen wurde, so ist dies[164] der Mensch, der den Qurān nimmt, ihn dann ablehnt[165], und die Augen vor dem Pflichtgebet verschließt[166]. Der Mann, an dem du vorbeikamst, während dessen Mundwinkel, Nase und Augen rechts und links bis zum Nacken aufgeschlitzt wurden, ist der Mensch, der sein Haus verlässt, und dann erzählt er die Lüge, die in alle Welt drängt und verbreitet wird. Was die nackten Männer und Frauen in jener Grube mit der Ofenanlage anbelangt, so sind sie die Ehebrecher und die Ehebrecherinnen. Was den Mann anbelangt, an dem du vorbeikamst, der im Fluss schwimmen und Steine schlucken musste, so ist es der Mann, der Zins verschlingt. Was den schrecklich hässlichen Mann anbelangt, der beim Feuer ist und es entfacht und umkreist, so ist dieser Mālik, Dschahannams Wächter. Was den Riesen im Garten anbelangt, so ist er Ibrāhiem {Abraham(s)}, und was die Kinder um ihn anbelangt, so sind dies die Neugeborenen, welche in der Fitra-Ergebenheit sterben[167] - *Al- Barqani sagt in seiner Überlieferung: Jedes Neugeborene, welches mit der Fitra geboren wird* - Daraufhin fragten einige Gefährten ihn: „O Gesandter Allāhs, und was ist mit den Kindern der Ungläubigen?!" Er(s) antwortete: „Auch die Kinder der Ungläubigen." Was die Leute anbelangt, von denen ein Teil schön und ein Teil hässlich waren, so sind dies die Menschen, die eine gute Tat mit üblen vermischen, und (*deren Übel*) Allāh übersehen hat.»
(Al-Bukhari)
In einer anderen Version von Al-Bukhari gibt es folgende Abweichungen:
- „Vergangene Nacht (*im Traum*) kamen zwei Männer zu mir und nahmen mich mit zu einem heiligen Ort."
- „So gingen wir zu einer tiefen Grube, wo ein unterirdischer Ofen stand, der oben eng und dessen Grund breit war, und darunter brannte Feuer. Als die Flammen nach oben kamen, kamen Leute mit nach oben, so dass sie beinah herauskriechen konnten, und als sie erloschen, kehrten sie zum Grund zurück; es waren nackte Männer und Frauen."
- „Bis wir zu einem Fluss aus Blut kamen - der Überlieferer war sicher, das

« يَتَدَهْدَه » أى : يتدحرج . و « الكَلُّوبُ » بفتح الكاف ، وضم اللام المشدَّدة ، وهو معروف . قوله : « فَيُشَرْشرُ » أى : يُقَطِّعُ . قوله : « ضَوْضَوْا » وهو بضادين معجمتين ، أى : صاحوا . قوله : « فَيَفْغَرُ » هو بالفاء والغين المعجمة ، أى : يفتح . قوله : « المرآة » هو بفتح الميم ، أى : المنظَر . قوله : « يَحُشُّها » هو بفتح الياء وضم الحاء المهملة والشين المعجمة ، أى : يوقدها . قوله : « روضة مُعْتَمَّةٌ » هو بضم الميم وإسكان العين وفتح التاء وتَشْديدِ الميم ، أى : وافية النّبات طويلته . قوله : « دَوْحَة » وهى بفتح الدّال وإسكان الواو وبالحاء المُهْمَلة : وهى الشّجَرة الكَبيرةُ . قوله : « المَحْضُ » هو بفتح الميم وإسكان الحاء المهملة وبالضّاد المعجمة : وهُوَ اللّبَنُ . قوله : « فَسَمَا بَصرى » أى : ارتَفَعَ . و « صُعُداً » : بضم الصاد والعين ، أى : مُرْتَفعاً . و « الرَّبَابَةُ » بفتح الراء وبالباء الموحدة مكررةً : وهى السَّحابَةُ .

٢٦١ - باب بيان ما يجوز من الكذب

اعلَمْ أنَّ الكَذبَ ، وإنْ كَانَ أصلُهُ مُحَرَّماً ، فَيَجُوزُ فى بَعْضِ الأحْوالِ بشُرُوطٍ قَدْ أوْضَحْتُها فى كتابِ : « الأذْكَارِ » ، ومُخْتَصَرُ ذلكَ : أنَّ الكلامَ وسيلةٌ إلى المقاصدِ ، فكُلُّ مَقصُودٍ مَحمُودٍ يُمكنُ تَحصيلُهُ بغَيرِ الكَذبِ يَحْرُمُ الكَذبُ فيه ، وإنْ لَمْ يُمْكِنْ تَحصيلُهُ إلا بالكَذبِ ، جازَ الكَذبُ . ثُمَّ إنْ كَانَ تَحصيلُ ذلكَ المقصُودِ مُباحاً كَانَ الكَذبُ مُباحاً ، وإنْ كَانَ واجباً ، كان الكَذبُ واجباً . فإذا اختَفَى مُسلمٌ مِنْ ظَالمٍ يريد قَتْلَهُ ، أو أخْذَ مالهِ ، وأخْفَى مـالـه ، وسُئلَ إنْسَانٌ عنه ، وجَبَ الكَذبُ لإخْفَائِه ، وكذا لو كَانَ عنْدَهُ ودِيعَةٌ ، وأرادَ ظالمٌ أخذَها ، وجَبَ الكَذبُ بإخْفائها . والأحْوطُ فى هذا كلّهِ أنْ يُوَرِّىَ ، ومعنَى

der Prophet(s) dies wörtlich sagte -, in dessen Mitte ein Mann stand, während am Ufer ein Mann, mit einem Haufen Steinen vor sich, stand. Immer wenn der Mann den Fluss verlassen wollte, warf der Mann am Ufer einen Stein in seinen Mund und schickte ihn zurück. So ging dies immer weiter, der Mann im Fluß wollte ans Ufer klettern, und der Mann am Ufer warf einen Stein in seinen Mund und schickte ihn zurück in den Fluß."
- „Sie bestiegen den Baum mit mir zusammen und brachten mich zu einem Haus. Niemals habe ich ein schöneres gesehen, und in ihm waren alte und junge Männer."
- „Derjenige, den du sahst und dessen Mundwinkel aufgeschlitzt wurden, ist der Lügner, der die Lüge erzählt, dann wird sie von ihm überliefert und in alle Welt verbreitet. So wird er bestraft bis zum Tage der Auferstehung."
- «Der Mann, den du sahst, dessen Kopf zerbrochen wurde, ist der Mensch, den Allāh den Qur ān lehrte und der ihn nachts vernachlässigte und tagsüber sich nicht mit ihm beschäftigte, so wird er auch bestraft, bis zum Tag der Auferstehung.»
- «Und das Haus, welches du zuerst betratest, so ist es das Haus der Allgemeinheit der Gläubigen. Was dieses Haus anbelangt, so ist es das Haus der Märtyrer, und ich bin Gabriel und dieser ist Mikaiel, und nun wende deinen Kopf nach oben! Ich hob meinen Kopf, da sah ich über mir etwas wie eine Wolke. Daraufhin sagten die beiden zu mir: „Dies ist dein Haus!" Ich sagte: „Lasst mich mein Haus betreten!" Sie erwiderten: „Deine Stunde ist noch nicht gekommen! Wäre sie gekommen, hättest du dein Haus betreten können!"
(Al-Bukhari)

Kapitel 261
   Das erlaubte Lügen

Der Verfasser (*Imām Nawawī*) sagt: Obwohl das Lügen grundsätzlich verboten ist, ist es in manchen Fällen und unter bestimmten Bedingungen zulässig. Solche Fälle habe ich in meinem Buch „Das Gedenken Allahs" erläutert. Kurz gefasst: Reden ist ein Mittel zum Verwirklichen der

التَّوْرِيَةِ : أنْ يَقْصِدَ بِعِبَارَتِهِ مَقْصُوداً صَحِيحاً لَيْسَ هو كَاذِباً بِالنِّسْبَةِ إِلَيْهِ ، وإنْ كَانَ كَاذِباً فى ظَاهِرِ اللَّفْظِ ، وَبَالنِّسْبَةِ إلى مـا يَفْهَمُهُ المخاطَبُ ، وَلَوْ تَرَكَ التَّوْرِيَةَ وَأَطْلَقَ عِبَارَةَ الكَذِبِ ، فَلَيْسَ بِحَرَامٍ فى هذا الحَالِ .

وَاسْتَدَلَّ الْعُلَمَاءُ لِجَوَازِ الكَذِبِ فى هذا الحَالِ بِحَدِيثِ أمِّ كُلْثُومٍ رَضِيَ اللهُ عَنْهَا أنَّها سمعت رسولَ الله ﷺ يقولُ : « لَيْسَ الكَذَّابُ الَّذى يُصْلِحُ بَيْنَ النَّاسِ ، فَيَنْمِى (١) خَيْراً أو يقولُ خَيْراً » متفقٌ عليه .

زاد مسلم فى روايـةٍ : قالت أمُّ كُلْثُومٍ : وَلَمْ أسْمَعْهُ يُرَخِّصُ فى شَيْءٍ مِمَّا يَقُولُ النَّاسُ إلا فى ثلاثٍ : تَعْنِى : الحَرْبَ ، وَالإِصْلاحَ بَيْنَ النَّاسِ ، وحَدِيثَ الرَّجُلِ امْرَأتَهُ ، وَحَدِيثَ المَرْأةِ زَوْجَهَا .

٢٦٢ ــ باب الحث على التثبت فيما يقوله ويحكيه

قال اللهُ تَعَالَى : ﴿ وَلَا تَقْفُ مَا لَيْسَ لَكَ بِهِ عِلْمٌ ﴾ (الإسراء:٣٦) ، وقال تعالى: ﴿ مَا يَلْفِظُ مِن قَوْلٍ إِلَّا لَدَيْهِ رَقِيبٌ عَتِيدٌ ﴾ (ق:١٨) .

Absichten. So ist es verboten, ein lobenswertes Ziel durch Lügen zu erreichen, solange man es ohne zu lügen verwirklichen kann. Ist dieses Ziel nur durch Lügen zu erreichen, so ist das Lügen hier erlaubt. Ist das Erreichen jenes Zieles zulässig, dann ist das Lügen diesbezüglich zulässig. Ist das Erreichen jenes Zieles notwendig, dann ist das Lügen hier notwendig; z.B.: Wenn sich ein Muslim vor einem Tyrannen versteckt, weil dieser ihn töten oder ihm sein verstecktes Geld rauben will, so muss jeder danach gefragte Mensch lügen, um ihn zu schonen. Auch wenn er ein anvertrautes Gut bewahrt, welches ein Tyrann nehmen will, so hat er zu lügen, in dem er dieses versteckt. Die beste Vorsichtsmaßnahme in all diesen Fällen ist, dass er sich der Zweideutigkeit (Tauriya) bedient. Dies bedeutet, dass er Worte verwendet, die für ihn persönlich einen wahrhaften Vorsatz darstellen, wobei sie nach äusserlichem Kontext und nach dem Verständnis des Gesprächspartners gelogen sind. Selbst wenn er sich der Zweideutigkeit bzw. Verheimlichung nicht bedient, in dem er eine glatte Lüge ausgesprochen hat, so ist dies in so einem Fall keine Sünde.

Die Gelehrten argumentierten über das erlaubte Lügen in so einem Fall mit dem von der Tochter des Propheten(s) Umm Kulthūm(r) überlieferten Hadi*th*. Sie(r) berichtete, dass sie den Gesandten Allāhs(s) sagen hörte: „Es ist derjenige kein Lügner, der zwischen den Menschen Frieden und Versöhnung stiftet, in dem er das Gute mitteilt oder das Gute sagt."
(Al-Bukhari und Muslim)
Imam Muslim fügt hinzu: Umm Kulthūm sagte: „Ich hörte ihn(s) nie solche (Unwahrheit) erlauben, außer in dreierlei Fällen, nämlich im Krieg, in der Versöhnung zwischen den Menschen und beim intimen Gespräch des Ehemannes mit seiner Frau und der Ehefrau mit ihrem Ehemann."

Kapitel 262
Sich ernsthaft von dem vergewissern, was man hört und was man weitererzählt

Allāh -erhaben ist Er- spricht:

١٥٤٧ - وعن أبي هريرة رضي الله عنه أن النبي ﷺ قال: «كفى بالمرء كذباً أن يحدث بكل ما سمع» رواه مسلم.

١٥٤٨ - وعن سمرة رضي الله عنه قال: قال رسول الله ﷺ: «مَن حدَّث عنّي بحديث يرى أنه كذب، فهو أحد الكاذبين» رواه مسلم.

١٥٤٩ - وعن أسماء رضي الله عنها أن امرأة قالت: يا رسول الله، إن لي ضرّة فهل عليَّ جناح إن تشبَّعت من زوجي غير الذي يعطيني؟ فقال النبي ﷺ: «المتشبِّع بما لم يُعطَ كلابسِ ثوبَي زور» متفق عليه.

المتشبِّع: هو الذي يُظهر الشبع وليس بشبعان، ومعناه هنا: أنه يُظهر أنه حصل له فضيلة وليست حاصلة. و «لابس ثوبَي زور» أي: ذي زور، وهو الذي يُزوِّر على الناس، بأن يتزيَّى بزيّ أهلِ الزُّهد أو العلم أو الثروة؛ ليغترَّ به الناس وليس هو بتلك الصفة. وقيل غير ذلك، والله أعلم.

"Und verfolge nicht das, wovon du keine Kenntnis hast; (denn wahrlich der Gehörsinn, der Gesichtssinn und das Gemüt, sie werden alle zur Rechenschaft gezogen)
« Sura 17:36
»Kein Wort bringt er (der Mensch) hervor, ohne dass neben ihm ein wachsamer Wächter ist.«
Sura 50:18

Hadith 1547 Abu Huraira(r) berichtete: Der Prophet(s) hat gesagt: „Es ist Grund genug einen Menschen als Lügner zu bezeichnen, der jedes Wort, das er hört, weitererzählt."[168]
(Muslim)

Hadith 1548 Samura(r) berichtete: Der Gesandte Allāhs(s) hat gesagt: „Wer von mir etwas berichtet, wobei er es als falsch ansieht, gehört zu den Lügnern."
(Muslim)

Hadith 1549 Asmā(r) berichtete: Eine Frau sprach zum Propheten(s): „O Gesandter Allāhs! Ich habe eine Nebenfrau: Ist es für mich eine Sünde so zu tun, als bekäme[169] ich von meinem Mann mehr (*Gaben*) als er mir in der Tat gibt?" Daraufhin sagte der Prophet(s): „Derjenige, der vorgibt, etwas (*in Fülle*) bekommen zu haben, ohne dass er es tatsächlich bekam, ist wie derjenige, der zwei Kleider der Falschheit trägt."
(Al-Bukhari und Muslim)
Kommentar des Verfassers: Al-Mutaschabbi' ist derjenige, der die Sättigung zeigt, wobei er nicht satt ist; gemeint ist das Vortäuschen einer Tugend, welche nicht vorhanden ist. Der Träger zweier Falschheitskleider ist der Scheinheilige, der die Leute betrügt, indem er die Entsagung oder die Gelehrtheit oder den Reichtum vortäuscht, um etwas zu erreichen, wobei er über diese Eigenschaften nicht verfügt. Diesbezüglich gibt es verschiedene Auslegungen, aber Allāh allein weiß es am besten.

٢٦٣ - باب بيان غلظ تحريم شهادة الزور

قَالَ اللهُ تَعَالى : ﴿وَاجْتَنِبُوا قَوْلَ الزُّورِ﴾ (الحج: ٣٠) ، وقَالَ تَعَالى : ﴿ وَلا تَقْفُ مَا لَيْسَ لَكَ بِهِ عِلْمٌ ﴾ (الإسراء: ٣٦) ، وقَالَ تَعَالى : ﴿ مَا يَلْفِظُ مِنْ قَوْلٍ إِلَّا لَدَيْهِ رَقِيبٌ عَتِيدٌ ﴾ (ق: ١٨) ، وقَالَ تَعَالى : ﴿ إِنَّ رَبَّكَ لَبِالْمِرْصَادِ ﴾ (الفجر: ١٤) ، وقَالَ تَعَالى : ﴿ وَالَّذِينَ لا يَشْهَدُونَ الزُّورَ ﴾ (الفرقان: ٧٢) .

١٥٥٠ - وعَنْ أَبِي بَكْرَةَ رَضِيَ اللهُ عَنْهُ قَالَ : قَالَ رسولُ الله ﷺ : «أَلا أُنَبِّئُكُمْ بِأَكْبَرِ الكَبَائِرِ ؟» قُلْنَا : بَلى يا رسولَ الله . قَالَ : « الإشْرَاكُ بِاللهِ ، وَعُقُوقُ الوَالِدَيْنِ » وكانَ مُتَّكِئاً فَجَلَسَ ، فقال : «أَلا وَقَوْلُ الزُّورِ !» فما زالَ يُكَرِّرُهَا حتى قلنا : لَيْتَهُ سَكَتَ . متفقٌ عليه .

٢٦٤ - باب تحريم لعن إنسان بعينه أو دابة

١٥٥١ - عنْ أبي زَيْدٍ ثَابِتِ بنِ الضَّحَّاكِ الأنصاريِّ رضيَ اللهُ عَنْهُ ، وهو من أهْلِ بَيْعَةِ الرِّضْوانِ قَالَ : قَالَ رسولُ الله ﷺ : « مَن حَلَفَ على يمينٍ بِمِلَّةٍ غَيْرِ الإسْلامِ كَاذِباً مُتَعَمِّداً، فَهُوَ كَمَا قَالَ . ومن قَتَلَ نَفْسَهُ بِشيءٍ ، عُذِّبَ بِهِ يَوْمَ القِيَامَةِ ، وَلَيْسَ على رجلٍ نَذْرٌ فيما لا يَمْلِكُهُ ، ولَعْنُ المُؤْمِنِ كَقَتْلِهِ » متفقٌ عليه .

Kapitel 263
Das strenge Verbot, ein falsches Zeugnis abzulegen

Allāh - erhaben ist Er - spricht:
»..und meidet falsche Aussagen!«
Sura 22:30
»Und verfolge nicht das, wovon du keine Kenntnis hast..«
Sura 17:36
»Kein Wort bringt er (der Mensch) hervor, ohne dass neben ihm ein wachsamer Wächter ist.«
Sura 50:18
»Wahrlich, dein Herr ist auf der Wacht.«
Sura 89:14
»Und diejenigen, die nicht Falsches bezeugen...«
Sura 25:72

Hadith 1550 Abu Bakra(r) berichtete: Der Gesandte Allāhs(s) sagte zu uns: „Soll ich euch die übelsten Sünden nennen?" Wir sagten: „Aber bitte, o Gesandter Allāhs!" Er sagte: „Allāh jemanden beigesellen und die Pflichtvergessenheit den Eltern gegenüber." Er(s) lag leicht geneigt, dann richtete er sich auf und sagte: „Und vor allem das falsche Zeugnis!" Er(s) wiederholte diesen Satz so oft, dass wir wünschten, er möge aufhören!
(Al-Bukhari und Muslim)

Kapitel 264
Das ausdrückliche Verbot, einen bestimmten Menschen oder ein Tier zu verfluchen

Hadith 1551 Abu Zaid *T*habit, Sohn des Ad-*Dahh*āk Al-Ansāri(r) einer der Gefährten der Ar-Ri*d*wān-Huldigung[170]- berichtete, dass der Gesandte Allāhs(s) gesagt hat: „Wer (auch) bei einem anderen Glauben als der Islam absichtlich einen falschen Eid leistet, der ist so wie er sagt (d.h. Lügner). Wer sich mit einem Gegenstand tötet, wird am Tage der Auferstehung mit

١٥٥٢ - وعنْ أبي هُرَيْرَةَ رضيَ اللهُ عنْهُ أنَّ رَسُولَ الله ﷺ قال : « لا يَنْبَغي لِصدِّيقٍ أنْ يكُونَ لَعَّاناً » رواه مسلم .

١٥٥٣ - وعنْ أبي الدَّرْداءِ رضيَ اللهُ عنْهُ قالَ : قالَ رَسُولُ الله ﷺ : « لا يَكُونُ اللَّعَّانُونَ شُفَعَاءَ ، وَلا شُهَدَاءَ يوْمَ القِيَامَةِ » رواه مسلم .

١٥٥٤ - وعنْ سَمُرَةَ بنِ جُنْدُبٍ رضيَ اللهُ عنْهُ قالَ : قالَ رَسُولُ الله ﷺ : « لا تَلاعَنُوا بِلَعْنَةِ الله ، وَلا بِغَضَبِهِ ، وَلا بِالنَّارِ » رواه أبو داودَ ، والترمذي وقال : حديثٌ حسنٌ صحيحٌ .

١٥٥٥ - وعنْ ابنِ مسعودٍ رضيَ اللهُ عنْهُ قالَ : قالَ رَسُولُ الله ﷺ : « لَيْسَ المؤمنُ بالطَّعَّانِ ، وَلا اللَّعَّانِ ، وَلا الفَاحِشَ ، وَلا البَذيَّ » رواه الترمذي وقال : حديثٌ حسنٌ .

١٥٥٦ - وعنْ أبي الدَّرْداءِ رضيَ اللهُ عنْهُ قالَ : قالَ رَسُولُ الله ﷺ : « إنَّ العبْدَ إذا لَعَنَ شيئاً ، صَعِدَتِ اللَّعْنَةُ إلى السَّماءِ ، فَتُغْلَقُ أبْوابُ السَّماءِ دُونَها ، ثُمَّ يَهْبِطُ إلى الأرْضِ ، فَتُغْلَقُ أبْوابُها دُونَها ، ثُمَّ تَأْخُذُ يَميناً وشِمالاً ، فَإذا لَمْ تَجِدْ مَسَاغاً رجَعَتْ إلى الذي لُعِنَ ، فَإنْ كَانَ أهْلاً لذلكَ ، وَإلا رَجَعَتْ إلى قائِلها » رواه أبو داود .

١٥٥٧ - وعنْ عِمْرَانَ بنِ الحُصَيْنِ رضيَ اللهُ عنْهُما قــالَ : بَيْنَمَا رَسُولُ الله ﷺ في

jenem gepeinigt. Kein Mensch darf ein Gelübde geloben von etwas was er nicht besitzt, und das Verfluchen eines Gläubigen ist genauso wie dessen Ermordung."
(Al-Bukhari und Muslim)

Hadith 1552 Abu Huraira(r) berichtete, dass der Gesandte Allāhs(s) gesagt hat: „Ein rechtschaffener Mensch soll nicht Flüche und Verwünschungen aussprechen." (Muslim)

Hadith 1553 Abud-Dardā(r) berichtete, dass der Gesandte Allāhs(s) gesagt hat: „Die Verflucher werden weder Fürsprecher noch Zeugen am Jüngsten Tag sein." (Muslim)

Hadith 1554 Samura Ibn Jundub(r) berichtete, dass der Gesandte Allāhs(s) gesagt hat: „Ihr sollt euch einander nicht verwünschen, weder mit Allahs Fluch noch mit Seinem Zorn oder mit dem Höllenfeuer!"
(Abu Dāwūd und At-Tirmiḏi, mit dem Kommentar: Ein guter bis starker Hadith)

Hadith 1555 Ibn Mass'ūd(r) berichtete, dass der Gesandte Allāhs(s) gesagt hat: „Der Gläubige ist kein Verleumdner, kein Verflucher, kein Schamloser und keiner der unzüchtig ist."
(At-Tirmiḏi, mit dem Kommentar: Ein guter Hadith)

Hadith 1556 Abud-Dardā(r) berichtete, dass der Gesandte Allāhs(s) gesagt hat: „Wenn der Knecht (Allahs) einen Fluch ausstößt, steigt der Fluch zum Himmel auf, doch die Tore des Himmels werden dagegen geschlossen; so steigt er dann zur Erde nieder, doch ihre Tore werden dagegen geschlossen. So wendet er sich nach rechts und nach links, und wenn er dort keinen Ausweg (Rechtsfertigungsgrund) findet, sucht er das Verfluchungsobjekt auf und haftet an ihm, falls es diesen verdient hat,

Hadith 1557 'Imrān Ibn-ul-Husain(r) berichtete: „Während der Gesandte

بَعْضِ أَسْفَارِهِ ، وَامْرَأَةٌ مِنَ الأنصَارِ عَلَى نَاقَةٍ ، فَضَجِرَتْ ، فَلَعَنَتْهَا ، فَسَمِعَ ذَلِكَ رَسُولُ اللهِ ﷺ فقال : « خُذُوا ما عَلَيْهَا وَدَعُوهَا ؛ فَإِنَّهَا مَلْعُونَةٌ » قالَ عِمْرانُ : فَكَأَنِّي أَرَاهَا الآنَ تَمْشِي فِي النَّاسِ ما يَعْرِضُ لَهَا أَحَدٌ . رواه مسلم .

١٥٥٨ ـ وعن أبي بَرْزَةَ نَضْلَةَ بنِ عُبَيْدٍ الأَسْلَمِيِّ رضي اللهُ عنهُ قالَ : بَيْنَمَا جَارِيَةٌ عَلَى نَاقَةٍ عَلَيْهَا بَعْضُ مَتَاعِ الْقَوْمِ ، إِذْ بَصُرَتْ بِالنَّبِيِّ ﷺ ، وَتَضَايَقَ بِهِمُ الْجَبَلُ ، فقالتْ : حَلْ ، اللَّهُمَّ الْعَنْهَا ، فقالَ النَّبِيُّ ﷺ : « لا تُصَاحِبْنَا نَاقَةٌ عَلَيْهَا لَعْنَةٌ » رواه مسلم .

قوله : « حَلْ » بفتح الحاءِ المُهْمَلَةِ ، وإِسكانِ اللام ، وهي كلمةٌ لِزَجْرِ الإبِل .

واعْلَمْ أَنَّ هذا الحديثَ قد يُسْتَشْكَلُ مَعْنَاهُ ، ولا إِشْكَالَ فيه ، بل المرادُ النَّهْيُ أَنْ تُصَاحِبَهُمْ تِلْكَ النَّاقَةُ ، وليسَ فيه نَهْيٌ عن بَيْعِهَا وذَبْحِهَا ورُكُوبِهَا في غيرِ صُحْبَةِ النبيِّ ﷺ ، بَلْ كُلُّ ذلكَ وما سِوَاهُ مِنَ التَّصَرُّفاتِ جائزٌ لا مَنْعَ منه ، إلا مِن مُصَاحَبَتِهِ ﷺ بها ؛ لأنَّ هذه التَّصَرُّفاتِ كُلَّهَا كانتْ جائزةً فَمُنِعَ بعضُ منها ، فَبَقِيَ البَاقِي على ما كانَ . واللهُ أعلَمُ .

٢٦٥ ـ باب جواز لعن أصحاب المعاصي غير المعينين

قالَ اللهُ تَعَالَى : ﴿ أَلَا لَعْنَةُ اللَّهِ عَلَى الظَّالِمِينَ ﴾ (هود:١٨) ، وقالَ تَعَالَى : ﴿ فَأَذَّنَ

ansonsten kehrt er zum Verflucher selbst zurück." (Abu Dāwūd)Stamm der Ansar, die auf einer Kamelin ritt, sich so sehr über das Tier Allāhs(s) unterwegs auf einer Reise war, passierte es, dass eine Frau vom ärgerte, dass sie es verfluchte. Als der Gesandte Allāhs(s) dies hörte, sagte er(s): »Nehmt der Kamelin ihre Ladung ab und lasst sie laufen, denn sie ist verflucht worden.« 'Imrān berichtete weiter: „Als sehe ich sie jetzt vor mir unter den Leuten treibend, doch keiner achtet auf sie."
(Muslim)

Hadith 1558 Abu Barza Na*d*la Ibn 'Ubaid Al-Aslami(r) berichtete: „Während eine junge Frau eine mit Gegenständen des Stammes beladene Kamelstute ritt, sah sie den Propheten(s) (*in Begleitung*) kommen. Da der Bergpass für sie alle eng wurde, beschimpfte sie ihre Kamelin und sprach:

„*H*al!(خَلْ) O Allah, vefluche sie!". Daraufhin sagte der Prophete(s):

»Eine mit Fluch verwünschte Kamelstute soll uns nicht begleiten!«
(Muslim)
Der Verfasser (Imām An-Nawawi) vermerkt: „Wisse, dass der Sinn dieses *H*adith problematisch erscheinen könnte, wobei es kein Problem hier gibt. Gemeint ist, dass jene Kamelstute sie nicht begleiten sollte, nicht verboten ist aber, sie zu verkaufen, zu schlachten und zu reiten in Abwesenheit des Propheten(s). Alldies und das übrige Verhalten (*mit Tieren*) ist erlaubt zu betreiben außer der Begleitung des Propheten(s). Da all dies erlaubt war und nur etwas davon verboten wurde, bleibt das Übrige unberührt, wie es war. Und Allah weiß es am besten."

Kapitel 265
    Die Zulässigkeit, Sünder zu verfluchen, jedoch ohne Namensnennung

Allāh - erhaben ist Er - spricht:
»Wahrlich, möge Allahs Fluch die Ungerechten treffen!«
Sura 11:18

مُؤَذِّنٌ بَيْنَهُمْ أَن لَعْنَةُ اللَّهِ عَلَى الظَّالِمِينَ﴾ (الأعراف: ٤٤).

وَثَبَتَ فِي الصَّحِيحِ أَنَّ رَسُولَ اللَّهِ ﷺ قَالَ : « لَعَنَ اللَّهُ الوَاصِلَةَ وَالمُسْتَوْصِلَةَ (١) » وَأَنَّهُ قَالَ : « لَعَنَ اللَّهُ آكِلَ الرِّبَا » وَأَنَّهُ لَعَنَ المُصَوِّرِينَ ؛ وَأَنَّهُ قَالَ : « لَعَنَ اللَّهُ مَنْ غَيَّرَ مَنَارَ الأَرْضِ » أَيْ : حُدُودَهَا ؛ وَأَنَّهُ قَالَ : « لَعَنَ اللَّهُ السَّارِقَ يَسْرِقُ البَيْضَةَ » وَأَنَّهُ قَالَ : « لَعَنَ اللَّهُ مَنْ لَعَنَ وَالِدَيْهِ » ، و « لَعَنَ اللَّهُ مَنْ ذَبَحَ لِغَيْرِ اللَّهِ » وَأَنَّهُ قَالَ : « مَنْ أَحْدَثَ فِيهَا (٢) حَدَثًا أَوْ آوَى مُحْدِثًا ، فَعَلَيْهِ لَعْنَةُ اللَّهِ وَالمَلَائِكَةِ وَالنَّاسِ أَجْمَعِينَ » وأنه قال : «اللَّهُمَّ العَنْ رِعْلًا ، وَذَكْوَانَ ، وَعُصَيَّةَ عَصَوْا اللَّهَ وَرَسُولَهُ » وَهَذِهِ ثَلَاثُ قَبَائِلَ مِنَ العَرَبِ وَأَنَّهُ قَالَ: «لَعَنَ اللَّهُ اليَهُودَ اتَّخَذُوا قُبُورَ أَنْبِيَائِهِمْ مَسَاجِدَ » ، وَأَنَّهُ « لَعَنَ المُتَشَبِّهِينَ مِنَ الرِّجَالِ بِالنِّسَاءِ، وَالمُتَشَبِّهَاتِ مِنَ النِّسَاءِ بِالرِّجَالِ » .

وَجَمِيعُ هَذِهِ الأَلْفَاظِ فِي الصَّحِيحِ ، بَعْضُهَا فِي صَحِيحَيِ البُخَارِي وَمُسْلِمٍ ؛ وَبَعْضُهَا فِي أَحَدِهِمَا ، وَإِنَّمَا قَصَدْتُ الاخْتِصَارَ بِالإِشَارَةِ إِلَيْهَا ، وَسَأَذْكُرُ مُعْظَمَهَا فِي أَبْوَابِهَا مِنْ هَذَا الكِتَابِ ، إِنْ شَاءَ اللَّهُ تَعَالَى .

٢٦٦ ـ باب تحريم سب المسلم بغير حق

قَالَ اللَّهُ تَعَالَى : ﴿ وَالَّذِينَ يُؤْذُونَ المُؤْمِنِينَ وَالمُؤْمِنَاتِ بِغَيْرِ مَا اكْتَسَبُوا فَقَدِ احْتَمَلُوا بُهْتَانًا

»So wird ein Rufer zwischen ihnen[171] rufen: „Allahs Fluch über die Ungerechten!"«
Sura 7:44
Der Verfasser (Imām An-Nawawi) vermerkt: جل ist ein Zurechtweisungswort für Kamele. Es steht fest in den authentischen Überlieferungen, dass der Gesandte Allāhs(s) gesagt hat: „Allāhs(s) Fluch über diejenige, die ihr Haar mit dem von einer anderen verlängert oder verlängern lässt!"[172] „Allāhs(s) Fluch über die Wucherer!". Weiterhin verfluchte er diejenigen, die Bilder u.ä. schaffen.[173] „Allāhs(s) Fluch über denjenigen, der die Grenzen eines Grund- stückes verändert."[174] „Allāhs(s) Fluch über den Dieb, der (*sogar*) ein Ei stiehlt." „Allāhs(s) Fluch über denjenigen, der seine Eltern verflucht." „Allāhs(s) Fluch über denjenigen, der schlachtet, ohne Allāhs(s) zu gedenken." Weiterhin sagte er(s): „Wer hier eine ketzerische Neuerung einführt oder einen Kezer beherbergt, über den sei der Fluch Allāhs(s), der Engel und aller Menschen." „O Allāh! Verfluche Ri'l, *D*akwān und 'U*s*aiyya, da sie Allāh und Seinem Gesandten nicht gehorchten!" Dies sind drei arabische Stämme. Er(s) sagte auch: „Allāh verfluchte die Juden, welche die Gräber ihrer Propheten als Gebetsstätten benutzten!" Und dass er (*der Gesandte Allāhs(s) gesagt hat*): Allāh verfluchte »Die Männer, die sich wie Frauen herrichten sowie die Frauen, die sich wie Männer herrichten.« All diese vorher erwähnten Worte findet man in den Büchern der authentischen Überliefe- rungen; einige in den beiden Büchern von Bukhari und Muslim und einige sind in einem der beiden. Hier wollte ich diese Überlieferungen nur kurz erwähnen, doch werde ich die meisten von ihnen in der geeigneten Stelle in diesem Buch - so Allāh will - erwähnen.

Kapitel 266
Das Verbot, Muslime ohne Grund zu beleidigen

Allāh - erhaben ist Er - spricht:
»Und diejenigen, die den gläubigen Männern und Frauen ungerechterweise

وَإِثْمًا مُبِينًا ﴾ (الأحزاب: ٥٨) .

١٥٥٩ - وعَنْ ابنِ مَسْعُودٍ رضيَ اللهُ عَنْهُ قالَ : قالَ رَسُولُ اللهِ ﷺ : «سِبابُ المُسْلِمِ فُسوقٌ ، وَقِتَالُهُ كُفْرٌ» متفقٌ عليه .

١٥٦٠ - وعَنْ أَبي ذَرٍّ رَضِيَ اللهُ عَنْهُ أَنَّهُ سَمِعَ رَسُولَ اللهِ ﷺ يقولُ : «لا يرمي رَجُلٌ رَجُلاً بِالفِسْقِ أَوْ الكُفْرِ ، إِلا ارتَدَّت عليهِ ، إِنْ لَمْ يَكُنْ صَاحِبُهُ كذلكَ» رواهُ البخاريُّ.

١٥٦١ - وعَنْ أَبي هُرَيْرَةَ رَضِيَ اللهُ عَنْهُ أَنَّ رَسُولَ اللهِ ﷺ قالَ : «المُتَسَابَّانِ مَا قَالا فَعَلى البَادِى مِنْهُمَا حَتَّى يَعْتَدِىَ المَظْلُومُ» رواه مسلم .

١٥٦٢ - وعنْهُ قالَ : أُتِى النَّبِىُّ ﷺ بِرجلٍ قَدْ شَرِبَ قالَ : «اضربوهُ» قالَ أبوهُرَيْرَةَ: فَمِنَّا الضَّارِبُ بِيدِهِ ، والضَّارِبُ بِنَعْلِهِ ، والضَّارِبُ بِثوبِهِ ، فَلَمَّا انصَرَفَ ، قال بعضُ القَوم : أخزاكَ اللهُ ، قالَ : «لا تَقُولوا هذا ، لا تُعِينوا عليهِ الشَّيْطَانَ» رواهُ البخاريُّ .

١٥٦٣ - وعَنْهُ قالَ : سَمِعْتُ رَسُولَ اللهِ ﷺ يقولُ : «مَنْ قَذَفَ مَمْلُوكَهُ بِالزِّنى يُقامُ عليهِ الحَدُّ يَومَ القِيَامَةِ ، إِلا أَنْ يَكُونَ كما قالَ» متفقٌ عليه .

Ungemach zufügen, laden auf sich Verleumdung und offenkundige Sünde.«
Sura 33:58

Hadith 1559 Ibn Mass'ūd(r) berichtete, dass der Gesandte Allāhs(s) gesagt hat: „Das Beschimpfen eines Muslims ist eine schwere Übertretung dies auf ihn zurück, wenn der Gegner un
(Al-Bukhari und Muslim)

Hadith 1560 Abu Darr(r) berichtete, dass er den Gesandten Allāhs(s) sagen hörte: „Ein Mann soll einen anderen nicht der Lasterhaftigkeit oder des Unglaubens eschuldigen, sonst fällt dies auf ihn zurück, wenn der Gegner unschuldig ist."
(Al-Bukhari)

Hadith 1561 Abu Huraira(r) berichtete, dass der Gesandte Allāhs(s) gesagt hat: „Wenn zwei sich gegenseitig beleidigen, trägt derjenige, der angefangen hat, die Schuld bis der Unschuldige sich hiernach vergeht."
(Muslim)

Hadith 1562 Abu Huraira(r) berichtete: Man brachte dem Propheten(s) einen Betrunkenen, da sprach er(s): „Schlagt ihn!" Abu Huraira(r) berichtete: „Manche von uns schlugen mit der Hand, manche mit der Schuhsohle und manche mit dem Gewand. Als er verschwand, sagte jemand von uns: „Möge Allah dich in Schande stürzen!" Daraufhin sagte der Gesandte Allāhs(s): „Sagt dies nicht! Helft nicht dem Satan gegen ihn!" (Al-Bukhari)

Hadith 1563 Abu Huraira(r) berichtete, dass er den Gesandten Allāhs(s) sagen hörte: „Wer seinen Sklaven der Unzucht beschuldigt, der wird dafür am Jüngsten Tag vorschrifts- gemäß bestraft, es sei denn, dass es so war, wie er behauptete."
(Al-Bukhari und Muslim)

٢٦٧ - باب تحريم سب الأموات بغير حق ومصلحة شرعية

وَهُوَ التَّحْذِيرُ مِنَ الاقْتِداءِ بِهِ في بِدْعَتِهِ، وَفِسْقِهِ، وَنَحوِ ذلِكَ؛ وَفِيهِ الآيةُ والأحاديثُ السَّابِقَةُ في البابِ قبلَهُ.

١٥٦٤ - وعن عـائِشَةَ رضيَ اللهُ عَنْها قالَتْ: قـالَ رَسُولُ الله ﷺ: «لا تَسُبُّوا الأمواتَ؛ فَإِنَّهُمْ قَد أفضَوا إلى ما قَدَّمُوا» رواه البخارى.

٢٦٨ - باب النهى عن الإيذاء

قال الله تعالى: ﴿ وَالَّذِينَ يُؤْذُونَ الْمُؤْمِنِينَ وَالْمُؤْمِنَاتِ بِغَيْرِ مَا اكْتَسَبُوا فَقَدِ احْتَمَلُوا بُهْتَانًا وَإِثْمًا مُبِينًا ﴾ (الأحزاب: ٥٨).

١٥٦٥ - وعن عبدِ اللهِ بنِ عَمرِو بنِ العاصِ رضيَ اللهُ عَنْهُما قال: قالَ رَسُولُ الله ﷺ: «المُسْلِمُ مَنْ سَلِمَ المسلِمُونَ مِنْ لِسانِهِ ويَدِهِ، والمُهاجِرُ مَنْ هجَرَ ما نَهَى اللهُ عَنْهُ» متفقٌ عليه.

١٥٦٦ - وعنه قال: قالَ رسولُ الله ﷺ: «مَنْ أحَبَّ أنْ يُزَحْزَحَ عَنِ النَّارِ، ويَدْخُلَ الجَنَّةَ، فَلْتَأتِهِ مَنِيَّتُهُ وَهُوَ يُؤمِنُ باللهِ واليَوْمِ الآخرِ، وليَأتِ إلى النَّاسِ الذي يُحِبُّ أنْ

Buch der verbotenen Dinge

Kapitel 267
Das Verbot, Verstorbene ungerechterweise und ohne legitimen Grund zu beleidigen

Dieser legitime Grund ist die Warnung, dem Verstorbenen nachzuahmen in seiner Neuerung und Lasterhaftigkeit usw. Diesbezüglich wurden die koranische Aya und die Überlieferungen im vorigen Kapitel erwähnt.

Hadith 1564 'Āischa(r) berichtete, dass der Gesandte Allāhs(s) gesagt hat: „Beleidigt die Toten nicht, denn sie sind schon bei dem, was sie getan haben.[175]"
(Al-Bukhari)

Kapitel 268
Das Verbot des Verletzens

Allāh - erhaben ist Er - spricht:
»Und diejenigen, die den gläubigen Männern und Frauen ungerechterweise Ungemach zufügen, laden auf sich Verleumdung und offenkundige Sünde.«
Sura 33:58

Hadith 1565 'Abdullāh Ibn 'Amr Ibn-ul-'Ās(r) berichtete, dass der Gesandte Allāhs(s) gesagt hat: „Der (wahre) Muslim ist derjenige, vor dessen Zunge und Hand die Muslime sicher sind, und der (wahre) Auswanderer ist derjenige, der meidet, was Allāh verboten hat."
(Al-Bukhari und Muslim)

Hadith 1566 'Abdullāh Ibn 'Amr Ibn-ul-'Ās(r) berichtete, dass der Gesandte Allāhs(s) gesagt hat: „Wer dem Höllenfeuer entrückt und ins Paradies geführt werden möchte, zu dem soll der Tod kommen, während er an Allāh und den Jüngsten Tag glaubt, und er soll die Menschen genauso

يُؤْتَى إليهِ » رواه مسلم .

وَهُوَ بَعْضُ حَدِيثٍ طَوِيلٍ سَبَقَ فى بابِ طَاعَةِ وُلاةِ الأمورِ .

٢٦٩ – باب النهى عن التباغض والتقاطع والتدابر

قال الله تعالى : ﴿ إِنَّمَا الْمُؤْمِنُونَ إِخْوَةٌ ﴾ (الحجرات: ١٠) ، وقال تعالى : ﴿ أَذِلَّةٍ عَلَى الْمُؤْمِنِينَ أَعِزَّةٍ عَلَى الْكَافِرِينَ ﴾ (المائدة: ٥٤) ، وقال تعالى : ﴿ مُحَمَّدٌ رَسُولُ اللَّهِ وَالَّذِينَ مَعَهُ أَشِدَّاءُ عَلَى الْكُفَّارِ رُحَمَاءُ بَيْنَهُمْ ﴾ (الفتح: ٢٩) .

١٥٦٧ – وعن أنسٍ رضى اللهُ عنهُ أنَّ النبىَّ ﷺ قالَ : « لا تَبَاغَضُوا ، وَلا تَحَاسَدُوا ، وَلا تَدَابَرُوا ، وَلا تَقَاطَعُوا ، وَكُونُوا عِبَادَ اللهِ إخْـــوَاناً ، وَلا يَحِلُّ لِمُسْلِمٍ أنْ يَهْجُرَ أخَاهُ فَوقَ ثلاثٍ ، متفقٌ عليه .

١٥٦٨ – وعن أبى هُرَيْرَةَ رضىَ الـلهُ عنْهُ أنَّ رَسُولَ اللهِ ﷺ قـالَ : « تُفْتَحُ أبْوابُ

behandeln, wie er sich wünscht von ihnen behandelt zu werden."
(Muslim)
Der Verfasser kommentiert: Dies ist ein Teil des langen Hadith (Nr. 668) im Kapitel (80) über die Pflicht, den zuständigen Befehlshabern zu gehorchen.

Kapitel 269
Das Verbot, sich gegenseitig zu hassen, zu boykottieren und sich einander den Rücken zuzukehren

Allāh - erhaben ist Er - spricht:
»Die Gläubigen sind gewiss Brüder; so stiftet Frieden unter euren beiden Brüdern und fürchtet Allāh, auf dass euch Barmherzigkeit erwiesen werde.«
Sura 49:10
»O die ihr glaubt, wer von euch sich von seinem Glauben abkehrt, wahrlich, über den erhebt Allāh ein Volk, das Er liebt und das Ihn liebt, sanftmütig gegen die Gläubigen und hart gegen die Ungläubigen.....«
Sura 5:54
»Muhammad ist der Gesandte Allāhs, und diejenigen, die mit ihm sind, sind hart gegen die Ungläubigen, doch barmherzig untereinander........«
Sura 48:29

Hadith 1567 Anas(r) berichtete, dass der Prophet(s) gesagt hat: „Ihr sollt euch gegenseitig nicht hassen, nicht beneiden, nicht einander den Rücken kehren, nicht einander boykottieren, und seid (wahre) Diener Allāhs, in Bruderschaft zueinander! Es ist nicht zulässig, dass ein Muslim seine Beziehung zu seinem Glaubensbruder für einen längeren Zeitraum als drei Tage abbricht."
(Al-Bukhari und Muslim)

Hadith 1568 Abu Huraira(r) berichtete, dass der Gesandte Allāhs(s) gesagt hat: „Die Tore des Paradieses werden am Montag und am

الجنَّةُ يَوْمَ الاثْنَيْنِ وَيَـوْمَ الخَميسِ ، فَيُغْفَرُ لِكُلِّ عَبْدٍ لا يُشْرِكُ بِالله شَيْئاً ، إِلا رَجُلاً كَانَتْ بَيْنَهُ وَبَيْنَ أَخِيهِ شَحْنَاءُ فيقَالُ : انْظُرُوا هذينِ حَتَّى يَصْطَلِحَا ! انْظُرُوا هذينِ حَتَّى يَصْطَلِحَا ! » رواه مسلم .

وفي روايةٍ له : « تُعْرَضُ الأعْمالُ في كُلِّ يَومِ خَميسٍ وَاثْنَيْنِ » وَذَكَرَ نحْوَهُ .

٢٧٠ ـ باب تحريم الحسد

وَهُوَ تمنِّي زوالِ النِّعمةِ عن صاحبها : سَواءٌ كَانَتْ نِعْمَةَ دِينٍ أو دُنْيا قَالَ اللهُ تعالى : ﴿أَمْ يَحْسُدُونَ النَّاسَ عَلَىٰ مَا آتَاهُمُ اللَّهُ مِن فَضْلِهِ﴾ (النساء: ٥٤) .

وفيهِ حَديثُ أنسٍ السَّابقُ في البَابِ قَبْلَهُ .

١٥٦٩ ـ وَعَنْ أَبي هُرَيْرَةَ رضيَ اللهُ عنْهُ أنَّ النبيَّ ﷺ قَالَ : « إِيَّاكُمْ وَالحَسَدَ ؛ فَإِنَّ الحَسَدَ يَأكُلُ الحَسَنَاتِ كَمَا تَأكُلُ النَّارُ الحَطَبَ ـ أَوْ قَالَ : ـ العُشْبَ » رواه أبو داود .

٢٧١ ـ باب النهى عن التجسس
والتسمع لكلام من يكره استماعه

قَالَ اللهُ تَعَالَى : ﴿وَلَا تَجَسَّسُوا﴾ (الحجرات: ١٢) ، وقالَ تَعَالَى : ﴿وَالَّذِينَ يُؤْذُونَ الْمُؤْمِنِينَ وَالْمُؤْمِنَاتِ بِغَيْرِ مَا اكْتَسَبُوا فَقَدِ احْتَمَلُوا بُهْتَانًا وَإِثْمًا مُّبِينًا﴾ (الأحزاب: ٥٨) .

Donnerstag geöffnet, da wird jedem Diener, der Allāh nichts zur Seite setzt, vergeben, außer einem, der Hass gegen seinen Glaubensbruder hegt. Es wird gerufen: „Gewährt diesen beiden Aufschub, bis sie sich versöhnen! Gewährt diesen beiden Aufschub, bis sie sich versöhnen!"
(Muslim)
In einer anderen Version von Muslim steht: „Die Werke (der Menschen) werden jeden Montag und jeden Donnerstag (Allāh) unterbreitet."

Kapitel 270
  Das Verbot des Neides

Gemeint ist, dass man einem Menschen die Wohltaten Gottes, seien es weltliche oder religiöse nicht gönnt.
Allāh - erhaben ist Er - spricht:
»Oder beneiden sie etwa die Menschen um das, was Allāh ihnen aus Seiner Huld gegeben hat....«[176]
Sura 4:54
Diesbezüglich siehe auch den von Anas überlieferten Hadith (Nr. 1567) im vorigen Kapitel.

Hadith 1569 Abu Huraira(r) berichtete, dass der Prophet(s) gesagt hat: „Hütet euch vor Neid, denn der Neid verschlingt die guten Taten, wie das Feuer das Brennholz - oder er sagte »das Gras« - verschlingt."
(Abu Dawūd)

Kapitel 271
  Das Verbot des Spionierens und des Abhörens

Allah - erhaben ist Er - spricht:
»Und spioniert einander nicht nach..«
Sura 49:12
»Und diejenigen, die den gläubigen Männern und Frauen ungerechterweise Ungemach zufügen, laden auf sich Verleumdung und offenkundige

١٥٧٠ ـ وعَنْ أبي هُرَيْرَةَ رَضِيَ اللهُ عَنْهُ أنَّ رَسُولَ اللهِ ﷺ قَالَ: «إِيَّاكُمْ وَالظَّنَّ، فَإنَّ الظَّنَّ أكْذَبُ الحَدِيثِ، وَلَا تَحَسَّسُوا، وَلَا تَجَسَّسُوا وَلَا تَنَافَسُوا، وَلَا تَحَاسَدُوا، وَلَا تَبَاغَضُوا، وَلَا تَدَابَرُوا، وكُونُوا عِبَادَ اللهِ إخْوَاناً كَمَا أمَرَكُمْ، المسْلِمُ أخُو المسْلِمِ، لَا يَظْلِمُهُ، وَلَا يَخْذُلُهُ وَلَا يَحْقِرُهُ، التَّقْوَى هَهُنَا، التَّقْوَى هَهُنَا» وَيُشِيرُ إلى صَدْرِهِ «بِحَسْبِ امْرِئٍ مِنَ الشَّرِّ أنْ يَحْقِرَ أخَاهُ المسْلِمَ، كُلُّ المسْلِمِ عَلَى المسْلِمِ حَرَامٌ: دَمُهُ، وَعِرْضُهُ، وَمَالُهُ، إنَّ اللهَ لَا يَنْظُرُ إلى أجْسَادِكُمْ، وَلَا إلى صُوَرِكُمْ، وَلَكِنْ يَنْظُرُ إلى قُلُوبِكُمْ وأعْمَالِكُمْ».

وفي رِوَايَةٍ: «لَا تَحَاسَدُوا، وَلَا تَبَاغَضُوا، وَلَا تَجَسَّسُوا، وَلَا تَحَسَّسُوا، وَلَا تَنَاجَشُوا وكُونُوا عِبَادَ اللهِ إخْوَاناً».

وفي رِوَايَةٍ: «لَا تَهَاجَرُوا، وَلَا يَبِعْ بَعْضُكُمْ عَلَى بَيْعِ بَعْضٍ».

رَوَاهُ مُسْلِمٌ بِكُلِّ هَذِهِ الرِّوَايَاتِ، وَرَوَى البُخَارِيُّ أكْثَرَهَا.

١٥٧١ ـ وعَنْ مُعَاوِيَةَ رَضِيَ اللهُ عَنْهُ قَالَ: سَمِعْتُ رَسُولَ اللهِ ﷺ يَقُولُ: «إنَّكَ إنِ اتَّبَعْتَ عَوْرَاتِ المسْلِمِينَ أفْسَدْتَهُمْ، أوْ كِدْتَ أنْ تُفْسِدَهُمْ» حَدِيثٌ صَحِيحٌ، رَوَاهُ أبُو دَاوُدَ بِإسْنَادٍ صَحِيحٍ.

١٥٧٢ ـ وعَنِ ابْنِ مَسْعُودٍ رَضِيَ اللهُ عَنْهُ أنَّهُ أتِيَ بِرَجُلٍ فَقِيلَ لَهُ: هَذَا فُلَانٌ تَقْطُرُ لِحْيَتُهُ خَمْراً، فَقَالَ: إنَّا قَدْ نُهِينَا عَنِ التَّجَسُّسِ، وَلَكِنْ إنْ يَظْهَرْ لَنَا شَيْءٌ، نَأْخُذْ بِهِ. حَدِيثٌ حَسَنٌ صَحِيحٌ. رَوَاهُ أبُو دَاوُدَ بِإسْنَادٍ عَلَى شَرْطِ البُخَارِيِّ وَمُسْلِمٍ.

Sünde.«
Sura 33:58

Hadith 1570 Abu Huraira(r) berichtete, dass der Gesandte Allāhs(s) gesagt hat: „Hütet euch vor Mutmaßungen, denn diese sind wahrlich die verlogensten aller Reden! Sucht nicht gegenseitig nach euren Fehlern, verrichtet keine Spitzeldienste, seid einander nicht missgünstig, beneidet euch nicht gegenseitig, hasst einander nicht, wendet euch nicht voneinander ab, sondern seid Allāhs Diener, und seid Brüder, wie Er euch befohlen hat. Der (wahre) Muslim ist der Bruder jedes Muslims: Er darf ihm kein Unrecht zufügen, ihn nicht im Stich lassen und ihn nicht erniedrigen. Die (wahre) Furcht Allāhs ist hier! Die (wahre) Furcht Allāhs ist hier! - und er zeigte auf seine Brust - „Es ist sündhaft genug, dass ein Muslim seinen Glaubensbruder verachtet. Jedes Muslims Blut, Würde und Eigentum sind jedem anderen Muslim heilig. Allāh sieht nicht auf eure Körper oder eure Erscheinungsbilder, sondern Er sieht auf eure Herzen und eure Taten."
- Laut einer anderen Version, habe er gesagt: „Beneidet euch nicht gegenseitig, hasst einander nicht, verrichtet keine Spitzeldienste, sucht nicht gegenseitig nach euren Fehlern, und überbietet euch nicht gegeneinander und seid (wahre) Diener Allāhs, indem ihr wie Brüder zueinander seid!"
- Laut einer anderen Version, habe er gesagt: „...Kehrt einander nicht den Rücken und überbietet euch nicht gegeneinander..!"
(Muslim überliefert alle Versionen, Al-Bukhari nur die meisten)

Hadith 1571 Mu'āwiya(r) berichtet, dass er den Gesandten Allāhs(s) sagen hörte: „Wenn du nur die Schwächen der Muslime zu erforschen pflegst, treibst du sie dadurch - oder er habe gesagt „beinah" - in die Verdorbenheit."
(Abu Dawūd, mit einer gesunden Überlieferungskette)

Hadith 1572 Ibn Mas'ūd(r) berichtete, dass man ihm einen Mann brachte

٢٧٢ ــ باب النهى عن سوء الظن بالمسلمين من غير ضرورة

قَالَ اللهُ تَعَالَى : ﴿ يَا أَيُّهَا الَّذِينَ آمَنُوا اجْتَنِبُوا كَثِيرًا مِنَ الظَّنِّ إِنَّ بَعْضَ الظَّنِّ إِثْمٌ ﴾ (الحجرات: ١٢) .

١٥٧٣ ــ وعن أبي هريرة رضي اللهُ عنهُ أنَّ رسولَ اللهِ ﷺ قالَ : « إِيَّاكُمْ وَالظَّنَّ، فَإِنَّ الظَّنَّ أَكْذَبُ الحَدِيثِ » متفقٌ عليه .

٢٧٣ ــ باب تحريم احتقار المسلمين

قالَ اللهُ تَعَالَى : ﴿ يَا أَيُّهَا الَّذِينَ آمَنُوا لَا يَسْخَرْ قَوْمٌ مِنْ قَوْمٍ عَسَى أَنْ يَكُونُوا خَيْرًا مِنْهُمْ وَلَا نِسَاءٌ مِنْ نِسَاءٍ عَسَى أَنْ يَكُنَّ خَيْرًا مِنْهُنَّ وَلَا تَلْمِزُوا أَنْفُسَكُمْ وَلَا تَنَابَزُوا بِالْأَلْقَابِ بِئْسَ الِاسْمُ الْفُسُوقُ بَعْدَ الْإِيمَانِ وَمَنْ لَمْ يَتُبْ فَأُولَئِكَ هُمُ الظَّالِمُونَ ﴾ (الحجرات: ١١) ، وقالَ تَعَالَى : ﴿ وَيْلٌ لِكُلِّ هُمَزَةٍ لُمَزَةٍ ﴾ (الهمزة: ١) .

und sprach: „Dies ist Soundso, von dessen Bart Wein tropft!" Daraufhin sagte er: „Uns ist der Spitzeldienst verboten worden, aber wenn uns etwas sichtbar wird, müssen wir danach handeln!" (Abu Dawūd überliefert diesen guten bis starken Hadith, nach den Kriterien von Al-Bukhari und Muslim.)

Kapitel 272
Das Verbot der unbegründeten Verdächtigung

Allāh - erhaben ist Er - spricht:
»O ihr, die ihr glaubt, vermeidet (*entschieden*) viel von des Argwohns, denn wahrlich mancher Argwohn ist eine Sünde und spioniert einander nicht nach..«   Sura 49:12

Hadith 1573 Abu Huraira(r) berichtete, dass der Gesandte Allāhs(s) gesagt hat: „Hütet euch vor Mutmaßungen, denn diese sind wahrlich die verlogensten aller Reden! (= Nr. 1570)
(Al-Bukhari und Muslim)

Kapitel 273
Das Verbot, die Muslime zu verabscheuen

Allah - erhaben ist Er - spricht:
»O ihr, die ihr glaubt! Männer sollen nicht über andere Männer spotten, vielleicht sind diese besser als jene; und Frauen sollen nicht über andere Frauen spotten, vielleicht sind diese besser als jene! Und verleumdet einander nicht und gebt einander nicht Schimpfnamen. Die Widerspenstigkeit ist wahrlich verabscheuunswert nach dem Glauben; und diejenigen, die nicht (*reumütig*) ablassen, das sind die Ungerechten.«
Sura 49:11
»Wehe jedem Lästerer, Verleumder!«
Sura 104:1

١٥٧٤ - وعن أبى هريرة رضى الله عنه أن رسول الله ﷺ قال : « بحَسْبِ امرئٍ مِنَ الشَّرِّ أنْ يَحْقِرَ أخاهُ المسلِم » رواه مسلم ، وقد سبق قريباً بطوله .

١٥٧٥ - وعن ابن مسعود رضى الله عنه ، عن النبى ﷺ قال : « لا يَدْخُلُ الجنَّةَ مَنْ كانَ فى قَلْبِه مِثْقالُ ذَرَّةٍ مِنْ كِبْرٍ » ! فقال رجل : إنَّ الرَّجُلَ يُحِبُّ أنْ يكُونَ ثَوْبُهُ حَسَناً ، ونَعْلُهُ حَسَنَةً ، فقال : « إنَّ اللَّهَ جميلٌ يُحِبُّ الجمالَ ، الكِبْرُ بَطَرُ الحَقِّ ، وغَمْطُ النَّاسِ » رواه مسلم .

ومَعْنَى « بَطَرِ الحَقِّ » : دَفْعُهُ ، و « غَمْطُهُمْ » : احْتِقارُهُمْ ، وقَدْ سَبقَ بَيانُهُ أوْضَحَ مِنْ هذا فى باب الكِبرِ .

١٥٧٦ - وعن جُنْدُبِ بنِ عبدِ اللهِ رضى اللهُ عنه قال : قال رسولُ اللهِ ﷺ : « قال رجلٌ : والله لا يَغْفِرُ اللهُ لفُلانٍ ؛ فقال اللهُ عزَّ وجَلَّ : مَنْ ذا الَّذى يَتَألَّى عَلَىَّ أنْ لا أغفِرَ لفُلانٍ ! إنى قد غَفَرْتُ لَهُ ، وأحْبَطْتُ عَمَلَك » رواه مسلم .

٢٧٤ - باب النهى عن إظهار الشماتة بالمسلم

قال اللهُ تعالى : ﴿ إِنَّمَا الْمُؤْمِنُونَ إِخْوَةٌ ﴾ (الحجرات : ١٠) ، وقال تعالى : ﴿ إِنَّ الَّذِينَ يُحِبُّونَ أَن تَشِيعَ الْفَاحِشَةُ فِي الَّذِينَ آمَنُوا لَهُمْ عَذَابٌ أَلِيمٌ فِي الدُّنْيَا وَالْآخِرَةِ ﴾ (النور : ١٩) .

١٥٧٧ - وعن واثلةَ بنِ الأسقعِ رضى اللهُ عنه قال : قال رسولُ اللهِ ﷺ : « لا

Hadith 1574 Abu Huraira(r) berichtete, dass der Gesandte Allāhs(s) gesagt hat:„Es ist sündhaft genug, dass ein Muslim seinen Glaubensbruder verachtet..." (Vgl. Hadith 570)
(Muslim)

Hadith 1575 Abdullah Ibn Mas'ūd(r) überliefert, dass der Prophet (s) sagte:" Wer auch nur eine Spur von Überheblichkeit in seinem Herzen hat, wird nicht ins Paradies eintreten." Ein Mann sagte:" Und was ist mit dem Mann, der gerne schöne Kleidung und schöne Schuhe trägt?" Er (s) sagte:Allāh(s) ist schön und liebt Schönheit.Hochmut verachtet das Recht und ist Geringschätzung des Menschen."
(Muslim)
Dies wurde im Kapitel (72): Verbot von Hochmut und Selbstgefälligkeit ausführlich behandelt.

Hadith 1576 Jundub ibn 'Abdillāh(r) berichtete, dass der Gesandte Allāhs(s) gesagt hat: „Ein Mann schwor: »Bei Allāh, Allāh wird nie dem Soundso vergeben!" Daraufhin sprach Allāh - erhaben und mächtig ist Er - »Wer erlaubt sich, Mich zu beschwören, Soundso nicht zu vergeben? Ich habe ihm wahrlich vergeben und dein Werk vereitelt."
(Muslim)

Kapitel 274
Das Verbot, Schadenfreude gegenüber den Muslimen zu zeigen

Allāh - erhaben ist Er - spricht:
»Diejenigen, die wünschen, dass sich Unsittlichkeit unter den Gläubigen verbreitet, verdienen schmerzliche Strafe im Diesseits und im Jenseits; und Allāh weiß, doch ihr wisset nicht.«
Sura 24:19

Hadith 1577 Waṯila ibn-ul-Asqa'(r) berichtete, dass der Gesandte

تُظهِرِ الشَّمَاتَةَ لأخيكَ، فَيَرْحَمَهُ اللهُ وَيَبْتَلِيكَ » رواه الترمذي وقال : حديثٌ حسنٌ .

وفى الباب حديثُ أبى هريرةَ السابقُ فى باب التَّجَسُّسِ : « كُلُّ المُسلِمِ عَلَى المُسلِمِ حَرَامٌ » الحديث .

٢٧٥ - باب تحريم الطعن فى الأنساب الثابتة فى ظاهر الشرع

قال الله تعالى : ﴿ وَالَّذِينَ يُؤْذُونَ الْمُؤْمِنِينَ وَالْمُؤْمِنَاتِ بِغَيْرِ مَا اكْتَسَبُوا فَقَدِ احْتَمَلُوا بُهْتَانًا وَإِثْمًا مُبِينًا ﴾ (الأحزاب : ٥٨) .

١٥٧٨ - وَعَنْ أَبِى هُرَيْرَةَ رَضِىَ اللهُ عَنْهُ قَالَ : قَالَ رَسُولُ اللهِ ﷺ : « اثْنَتَانِ فِى النَّاسِ هُمَا بِهِمْ كُفْرٌ : الطَّعْنُ فِى النَّسَبِ ، وَالنِّيَاحَةُ عَلَى المَيِّتِ » رواه مسلم .

٢٧٦ - باب النهى عن الغش والخداع

قال الله تعالى : ﴿ وَالَّذِينَ يُؤْذُونَ الْمُؤْمِنِينَ وَالْمُؤْمِنَاتِ بِغَيْرِ مَا اكْتَسَبُوا فَقَدِ احْتَمَلُوا بُهْتَانًا وَإِثْمًا مُبِينًا ﴾ (الأحزاب : ٥٨) .

١٥٧٩ - وَعَنْ أَبِى هُرَيْرَةَ رَضِىَ اللهُ عَنْهُ أَنَّ رَسُولَ اللهِ ﷺ قَالَ : « مَنْ حَمَلَ عَلَيْنَا السِّلاحَ ، فَلَيْسَ مِنَّا ، وَمَنْ غَشَّنَا ، فَلَيْسَ مِنَّا » رواه مسلم .

Allāhs(s) gesagt hat: „Zeige keine Schadenfreude gegenüber deinem Glaubensbruder, sonst wird Allāh Sich seiner erbarmen und dich prüfen."
(At-Tirmiḏi, mit dem Vermerk: ein guter Hadith)
Diesbezüglich siehe den Hadith (1570), Kapitel 271 Das Verbot des Spionierens und des Abhörens unerwünschter Personen: „Jedes Muslims Blut, Würde und Eigentum sind jedem anderen Muslim heilig........"

Kapitel 275
  Das Verbot, legitime Abstammung zu schmähen und zu verleugnen

Allāh - erhaben ist Er - spricht:
»Und diejenigen, die den gläubigen Männern und Frauen ungerechterweise Ungemach zufügen, laden auf sich Verleumdung und offenkundige Sünde.« Sura 33:58

Hadith 1578 Abu Huraira(r) berichtete, dass der Gesandte Allāhs(s) gesagt hat: „Zwei Unsitten in den Menschen zählen zum Unglauben: Verleugnen der Abstammung und die laute Totenklage."
(Muslim)

Kapitel 276
  Das Verbot der Betrügerei und des Schwindelns

Allāh - erhaben ist Er - spricht:
»Und diejenigen, die gläubigen Männern und Frauen ungerechterweise Ungemach zufügen, laden auf sich Verleumdung und offenkundige Sünde.«
Sura 33:58

Hadith 1579 Abu Huraira(r) berichtete, dass der Gesandte Allāhs(s) gesagt hat: „Wer die Waffen gegen uns erhebt, gehört nicht zu uns; und wer uns betrügt, gehört nicht zu uns."

وفى رواية لَهُ : أنَّ رَسُولَ الله ﷺ مَرَّ عَلى صُبْرَةِ طَعَامٍ ، فَأدْخَلَ يَدَهُ فِيهَا ، فَنَالَتْ أصَابِعُهُ بَلَلاً ، فَقَالَ : « مَا هذا يَا صَاحِبَ الطَّعَامِ ؟ » قَالَ : أصَابَتْهُ السَّمَاءُ يَا رَسُولَ الله، قَالَ : « أفَلا جَعَلْتَهُ فَوْقَ الطَّعَامِ حَتَّى يَرَاهُ النَّاسُ ! مَنْ غَشَّنَا فَلَيْسَ مِنَّا » .

١٥٨٠ ـ وَعَنْهُ أنَّ رَسُولَ الله ﷺ قَالَ : « لا تَنَاجَشُوا » متفقٌ عليه .

١٥٨١ ـ وَعَنِ ابنِ عُمَرَ ، رضِيَ اللهُ عَنْهُمَا ، أنَّ النَّبِيَّ ﷺ نَهى عَنِ النَّجْشِ . متفقٌ عليه .

١٥٨٢ ـ وَعَنْهُ قَالَ : ذَكَرَ رَجُلٌ لِرَسُولِ اللهِ ﷺ أنَّهُ يُخْدَعُ فى البُيُوعِ ؟ فَقَالَ رَسُولُ اللهِ ﷺ : « مَنْ بَايَعْتَ ، فَقُلْ لا خِلابَةَ » متفقٌ عليه .

« الخِلابَةُ » بخاءٍ معجمةٍ مكسورةٍ ، وباءٍ موحدةٍ : وهي الخَدِيعَةُ .

١٥٨٣ ـ وَعَنْ أبِى هُرَيْرَةَ رضى اللهُ عَنهُ قَالَ : قَالَ رَسُولُ اللهِ ﷺ : « مَنْ خَبَّبَ زَوْجَةَ امْرِئٍ ، أوْ مَمْلُوكَهُ ، فَلَيْسَ مِنَّا » رواه أبو داود .

« خبب » بخاءٍ معجمةٍ ، ثم باءٍ موحدةٍ مكررةٍ : أىْ : أفْسَدَهُ وخَدَعَهُ .

٢٧٧ ـ باب تحريم الغدر

قال اللهُ تَعَالى : ﴿ يَا أَيُّهَا الَّذِينَ آمَنُوا أَوْفُوا بِالْعُقُودِ ﴾ (المائدة:١) ، وَقَال تَعَالَى :

In einer anderen Überlieferung sagte Abu Huraira(r): Der Gesandte Allāhs(s) war unterwegs, da sah er einen Haufen Getreide (*zum Verkauf*). Als er seine Hand hineinsteckte, wurden seine Finger nass. Er sprach: „O Inhaber der Essware! Was ist das?" Er erwiderte: „O Gesandter Allāhs! Der Regen hat sie durchnässt." Er(s) sagte: „Du hättest es obendrauf legen sollen, dass die Leute es auch sehen können. Wer uns betrügt, gehört nicht zu uns."

Hadith 1580 Abu Huraira(r) berichtete, dass der Gesandte Allāhs(s) gesagt hat: „Überbietet euch nicht gegenseitig!"
Vgl. 1570!
(Al-Bukhari und Muslim)

Hadith 1581 Ibn 'Umar(r) berichtete, dass der Prophet(s) die gegenseitige Überbietung verboten hat.
(Al-Bukhari und Muslim)

Hadith 1582 Ibn 'Umar(r) berichtete, dass der Gesandte Allāhs(s) gesagt hat: „Ein Mann klagte bei dem Gesandten Allāhs(s), dass man ihn bei Geschäftabwicklungen oft betrüge. Daraufhin sagte er(s): „Du sollst dem Handelspartner dabei sagen: Der Betrug ist ausgeschlossen."
(Al-Bukhari und Muslim)

Hadith 1583 Abu Huraira(r) berichtete, dass der Gesandte Allāhs(s) gesagt hat: „Wer die Ehefrau oder den Diener eines Menschen verdirbt, zählt nicht zu uns."
(Abu Dawūd)

Kapitel 277
Das Verbot der Untreue

Allāh - erhaben ist Er - spricht:
»O die ihr glaubt, erfüllt die Verträge!«

﴿ وَأَوْفُوا بِالْعَهْدِ إِنَّ الْعَهْدَ كَانَ مَسْؤُولاً ﴾ (الإسراء: ٣٤) .

١٥٨٤ ـ وعَنْ عَبْدِ اللهِ بنِ عَمرو بنِ العاصِ رضِيَ اللهُ عَنهُما أنَّ رسُولَ اللهِ ﷺ قَالَ: « أرْبَعٌ مَنْ كُنَّ فيه ، كَانَ مُنَافِقاً خَالِصاً ، وَمَنْ كَانَتْ فيه خَصْلَةٌ مِنهُنَّ ، كَانَ فيه خَصْلَةٌ مِنَ النِّفَاقِ حَتَّى يَدَعَها : إِذا اؤْتُمِنَ خَانَ ، وَإِذَا حَدَّثَ كَذَبَ ، وَإِذَا عَاهَدَ غَدَرَ ، وَإِذَا خَاصَمَ فَجَرَ » متفقٌ عليه .

١٥٨٥ ـ وعَنِ ابنِ مَسْعُودٍ ، وابنِ عُمَرَ ، وأَنسٍ رضيَ اللهُ عَنهُمْ قَالُوا : قَالَ النَّبيُّ ﷺ : « لِكُلِّ غَادِرٍ لِوَاءٌ يَوْمَ القِيَامَةِ ، يُقَالُ : هذه غَدْرَةُ فُلانٍ » مُتَّفَقٌ عليه .

١٥٨٦ ـ وعَنْ أَبي سَعيدٍ الخُدرِيِّ رضيَ اللهُ عَنهُ أنَّ النَّبيَّ ﷺ قال : « لِكُلِّ غَادِرٍ لِوَاءٌ عِنْدَ اسْتِهِ يَوْمَ القِيَامَةِ يُرفَعُ لَهُ بِقَدْرِ غَدْرِهِ ، ألا وَلا غَادِرَ أعْظَمُ غَدْراً مِنْ أميرِ عامَّةٍ » رواه مسلم .

١٥٨٧ ـ وعن أَبي هُرَيرَةَ رضيَ اللهُ عنهُ عنِ النبيِّ ﷺ قال : « قَالَ اللهُ تعالى: ثَلاثَةٌ أنَا خَصْمُهُمْ يَومَ القِيَامَةِ : رَجُلٌ أعْطَى بي ثُمَّ غَدَرَ ، وَرَجُلٌ بَاعَ حُرًّا فَأكَلَ ثَمَنَهُ ، وَرَجُلٌ اسْتَأجَرَ أجِيراً ، فَاسْتَوْفَى مِنْهُ ، وَلَمْ يُعْطِهِ أجْرَهُ » رواه البخاري .

Sura 5:1
»Und haltet die Verpflichtung, denn wahrlich über die Verpflichtung muss Rechenschaft abgelegt werden.«
Sura 17:34

Hadith 1584 'Abdullāh ibn 'Amr ibn-ul-'Aṣ(r) berichtete, dass der Gesandte Allāhs(s) gesagt hat: „Vier Eigenschaften, wer sie hat, der ist ein absoluter Heuchler, und wer eine davon hat, der hat etwas von der Heuchelei, bis er sie abgelegt hat: Wenn ihm etwas anvertraut wird, handelt er treulos. Wenn er etwas erzählt, lügt er. Wenn er etwas verspricht, bricht er es, und wenn er streitet, überschreitet er jedes Maß."
(Al-Bukhari und Muslim)
(Siehe Nr. 1543!)

Hadith 1585 Ibn Mas'ūd, Ibn 'Umar und Anas(r) berichteten, dass der Prophet(s) gesagt hat: „Für jeden Untreuen gibt es am Tag der Auferstehung ein (*auszeichnendes*) Banner; es wird gesagt: „Dies ist das Banner von Soundso."
(Al-Bukhari und Muslim)

Hadith 1586 Abu Sa'īd Al-Khudri(r) berichtete, dass der Prophet(s) gesagt hat: „Am Tag der Auferstehung wird jedem Untreuen ein Banner am Gesäß befestigt. Dies wird nach der Größe seiner Untreue hochgehalten, doch kein Untreuer übertrifft einen gegen sein Volk untreuen Führer an Untreue!"[177] (Muslim)

Hadith 1587 Abu Huraira(r) berichtete, dass der Gesandte Allāhs(s) gesagt hat: „Allāh - hocherhaben ist Er - sprach: „Gegen drei bin Ich Verfechter am Tage der Auferstehung: Ein Mann, der in Meinem Namen handelt und den (Partner) reinlegt, ein Mann, der einen freien Menschen als Sklaven verkauft und den Verkaufserlös verbraucht und ein Mann, der jemanden anstellt und ihn für die vollbrachte Leistung nicht bezahlt."
(Al-Bukhari)

٢٧٨ — باب النهى عن المن بالعطية ونحوها

قال الله تعالى : ﴿ يَا أَيُّهَا الَّذِينَ آمَنُوا لَا تُبْطِلُوا صَدَقَاتِكُم بِالْمَنِّ وَالْأَذَىٰ ﴾ (البقرة : ٢٦٤)، وقال تعالى : ﴿ الَّذِينَ يُنفِقُونَ أَمْوَالَهُمْ فِي سَبِيلِ اللَّهِ ثُمَّ لَا يُتْبِعُونَ مَا أَنفَقُوا مَنًّا وَلَا أَذًى ﴾ (البقرة : ٢٦٢) .

١٥٨٨ — وعن أبى ذرٍ رضى الله عنه عن النبى ﷺ قال : « ثلاثةٌ لا يُكَلِّمُهُمُ اللهُ يومَ القيامةِ ، ولا يَنظُرُ إليهم ، ولا يُزَكِّيهم ولَهُم عذابٌ أليمٌ » قال : فَقَرَأَها رسولُ الله ﷺ ثلاثَ مرَّاتٍ ، قال أبو ذرٍ : خابُوا وخَسِرُوا مَن هُم يا رسولَ الله ؟ قال : « المُسْبِلُ ، والمَنَّانُ ، والمُنَفِّقُ سِلْعَتَهُ بالحَلِفِ الكاذبِ » رواه مسلم .

وفى روايةٍ له : « المُسْبِلُ إزارَهُ » يعنى : المُسْبِلُ إزارَهُ وثوبَهُ أسفلَ مِنَ الكعبَينِ للخيَلاءِ .

٢٧٩ — باب النهى عن الافتخار والبغى

قال الله تعالى : ﴿ فَلَا تُزَكُّوا أَنفُسَكُمْ هُوَ أَعْلَمُ بِمَنِ اتَّقَىٰ ﴾ (النجم : ٣٢) ، وقال تعالى : ﴿ إِنَّمَا السَّبِيلُ عَلَى الَّذِينَ يَظْلِمُونَ النَّاسَ وَيَبْغُونَ فِي الْأَرْضِ بِغَيْرِ الْحَقِّ أُولَٰئِكَ لَهُمْ عَذَابٌ أَلِيمٌ ﴾ (الشورى : ٤٢) .

Kapitel 278
Das Verbot des Vorhaltens von Geschenken, Spenden und ähnlichen Gaben

Allāh - erhaben ist Er - spricht:
»O die ihr glaubt, macht eure Gaben nicht ungültig durch Vorhaltungen und Verletzungen...«[178]
Sura 2:264
»Die ihr Gut hingeben für Allāhs Sache und dann ihrer Gabe weder Vorhaltung noch Verletzung folgen lassen, (haben ihren Lohn bei ihrem Herr und keine Furcht kommt über sie, und sie werden nicht traurig sein).«
Sura 2:262

Hadith 1588 Abu Darr(r) berichtete, dass der Gesandte Allāhs(s) gesagt hat: „Drei wird Allāh am Tag der Auferstehung weder anreden noch läutern, und ihnen ist eine schmerzliche Strafe bestimmt worden." Als er (s) dies[179] dreimal vorlas, sagte Abu Darr: „Möge Allāh, dass sie zuschanden werden und verlieren! Wer sind sie, o Gesandter Allāhs?" Er sagte: „Derjenige, der das Gewand selbstgefällig herabhängen lässt, derjenige, der seine (Gaben) vorhält, und derjenige, der seine Ware unter falschem Eid vertreibt."
(Muslim)
In einer anderen Version Muslims steht: „...das Gewand selbstgefällig herabhängen lässt." Das bedeutet, wer den Lendenschurz bzw. das Kleid hochmütig über die Ferse herabhängen lässt.

Kapitel 279
Das Verbot der Arroganz und der Ungerechtigkeit

Allāh - erhaben ist Er - spricht:
»Drum erklärt euch nicht selbst für rein; denn Er weiß gewiss, wer aufrichtig ist.«

١٥٨٩ - وعَنْ عِياضِ بنِ حِمارٍ رضيَ اللهُ عنْهُ قالَ : قالَ رَسُولُ اللهِ ﷺ : «إنَّ اللهَ تَعالى أوْحَى إليَّ أنْ تَواضَعوا حتَّى لا يَبْغِيَ أحَدٌ على أحدٍ ، ولا يَفخَرَ أحدٌ على أحدٍ» رواه مسلم .

قالَ أهلُ اللغةِ : البَغْىُ : التَّعَدِّى والاستِطَالَةُ .

١٥٩٠ - وعَنْ أبى هُرَيْرَةَ رضيَ اللهُ عنْهُ أنَّ رَسُولَ اللهِ ﷺ قالَ : «إذا قَالَ الرَّجُلُ : هَلَكَ النَّاسُ ، فَهُوَ أهْلَكُهُمْ» رواه مُسلم .

الرِّوايَةُ المَشْهُورَةُ : «أهْلَكُهُمْ» برفعِ الكافِ ، ورُوِىَ بنَصْبها . وهذا النَّهىُ لمَنْ قالَ ذلكَ عُجْباً بنَفْسِه ، وتَصاغُراً للنَّاسِ ، وارْتِفاعاً عَلَيهِمْ ، فَهذا هُوَ الحَرامُ . وأمَّا مَنْ قالَهُ لما يَرى فى النَّاسِ مِنْ نَقصٍ فى أمْرِ دِينِهم ، وقَالَهُ تَحزُّناً عَلَيهِمْ ، وعَلى الدِّينِ ، فلا بَأسَ بهِ ، وهكذا فَسَّرَهُ العُلَماءُ وفَصَّلوهُ ، ومِمَّنْ قَالَهُ مِنَ الأئِمَّةِ الأعْلامِ : مَالِكُ بنُ أنَسٍ ، وَالخَطَّابىُّ ، وَالحميْدِىُّ وآخرون ، وقد أوضحْتُهُ فى كِتَابِ «الأذكارِ» .

Sura 53:32
»Zu strafen sind solche, die den Menschen Unrecht antun und auf Erden freveln ohne Rechtfertigung. Jenen ist eine schmerzliche Strafe bestimmt worden.«
Sura 42:42

Hadith 1589 'Iyād ibn *H*imār(r) berichtete, dass der Gesandte Allāhs(s) gesagt hat: „Allah - hocherhaben ist Er - offenbarte mir: Seid bescheiden, auf dass ihr euch nicht gegen einander vergeht, und dass ihr nicht einander zu übertrumpfen sucht."
(Muslim)
Der Verfasser sagt: Freveln bedeutet Verletzen, Überfall, Anmaßung, Vorgehen.

Hadith 1590 Abu Huraira(r) berichtete, dass der Gesandte Allāhs(s) gesagt hat: „Wenn ein Mann (*anmaßend*) sagt: „Die Menschen sind sehr verdorben, dann ist er selber am Schlimmsten betroffen."
(Muslim)
Der Verfasser erklärt: Die bekannte Version ist die (*obige mit dem Superlativ*): Ahlakuhum. Die weniger bekannte Version ist mit (*dem Verbalsatz*): ahlakahum. Beide Versionen verbieten dem Anmaßenden, sich gefällig zu sein, die Menschen zu verachten und über ihnen zu stehen, denn dies ist eine Sünde. Wer dies aber aus Kritik an der Unmoral der Leute sagt, weil sie ihre religiösen Pflichten vernachlässigen, und weil er über sie und ihren Glauben betrübt ist, der ist gerechtfertigt. Dies ist auch die Erklärung berühmter Gelehrter, die darüber ausführlich diskutierten, wie Imam Mālik ibn Anas, Al-Kha*tt*ābi, Al-*H*amīdi u.a. Dies wurde von mir in meinem Buch Al-A*d*kār behandelt.

٢٨٠ – باب تحريم الهجران بين المسلمين فوق ثلاثة أيام إلا لبدعة فى المهجور أو تظاهر بفسق أو نحو ذلك

قال الله تعالى : ﴿ إِنَّمَا الْمُؤْمِنُونَ إِخْوَةٌ فَأَصْلِحُوا بَيْنَ أَخَوَيْكُمْ ﴾ (الحجرات: ١٠) ، وقال تعالى : ﴿ وَلَا تَعَاوَنُوا عَلَى الْإِثْمِ وَالْعُدْوَانِ ﴾ (المائدة: ٢).

١٥٩١ – وَعَنْ أَنَسٍ رَضِيَ اللهُ عَنْهُ قَالَ : قَالَ رَسُولُ الله ﷺ : « لا تَقَاطَعُوا ، وَلا تَدَابَرُوا ، وَلا تَبَاغَضُوا ، وَلا تَحَاسَدُوا ، وَكُونُوا عِبَادَ اللهِ إخْوَانًا ، وَلا يَحِلُّ لِمُسْلِمٍ أَنْ يَهْجُرَ أَخَاهُ فَوْقَ ثَلاثٍ » متفق عليه .

١٥٩٢ – وَعَنْ أَبِي أَيُّوبَ رَضِيَ اللهُ عَنْهُ أَنَّ رَسُولَ الله ﷺ قَالَ : « لا يَحِلُّ لِمُسْلِمٍ أَنْ يَهْجُرَ أَخَاهُ فَوْقَ ثَلاثِ لَيَالٍ: يَلْتَقِيَانِ ، فَيُعْرِضُ هَذا وَيعْرِضُ هَذَا ، وَخَيْرُهُمَا الذي يَبْدَأُ بِالسَّلاَمِ » متفق عليه .

١٥٩٣ – وَعَنْ أَبِي هُرَيْرَةَ رَضِيَ اللهُ عَنْهُ قَالَ : قَالَ رَسُولُ الله ﷺ : « تُعْرَضُ الأعْمَالُ فِي كُلِّ اثْنَيْنِ وَخَمِيسٍ ، فَيَغْفِرُ اللهُ لِكُلِّ امْرِئٍ لا يُشْرِكُ بالله شَيْئًا ، إلا امْرَأً كَانَتْ بَيْنَهُ وَبَيْنَ أَخِيهِ شَحْنَاءُ ، فَيَقُولُ : اتْرُكُوا هَذَيْنِ حَتَّى يَصْطَلِحَا » رواه مسلم .

Kapitel 280
Das Verbot, die Verbindung untereinander für mehr als drei Tage abzubrechen, außer im Falle von Ketzerei und Unsittlichkeit

Allāh - erhaben ist Er - spricht:
»Die Gläubigen sind gewiss Brüder; so stiftet Frieden unter euren beiden Brüdern und fürchtet Allāh, auf dass euch Barmherzigkeit erwiesen werde.« Sura 49:10
»..und helfet einander nicht in Sünde und Übertretung..«
Sura 5:2

Hadith 1591 Anas(r) berichtete, dass der Prophet(s) gesagt hat: „Ihr sollt euch nicht gegenseitig hassen, nicht beneiden, nicht einander den Rücken zukehren und nicht einander boykottieren, und seid Diener Allāhs in (wahrer) Bruderschaft zueinander! Es ist nicht zulässig, dass ein Muslim seine Beziehung zu seinem Glaubensbruder für einen längeren Zeitraum als drei Nächte abbricht."
(Al-Bukhari und Muslim)
(Vgl. Nr. 1567)

Hadith 1592 Abu Aiyūb(r) berichtete, dass der Gesandte Allāhs(s) gesagt hat: „Es ist nicht zulässig, dass ein Muslim seinen Glaubensbruder länger als drei Nächte lang meidet: Wenn sie einander begegnen, schaut jeder zur Seite. Und der Bessere der beiden ist der, der den anderen zuerst wieder grüßt." (Al-Bukhari und Muslim)

Hadith 1593 Abu Huraira(r) berichtete, dass der Gesandte Allāhs(s) gesagt hat: „Die Werke (der Menschen) werden jeden Montag und jeden Donnerstag (Allāh) unterbreitet, so wird jedem Diener, der Allāh nichts zur Seite setzt, vergeben, außer jenem, der Streit mit seinem Glaubensbruder hat. Es wird gerufen: „Gewährt diesen beiden Aufschub, bis sie sich versöhnen." (Muslim)

١٥٩٤ - وعَنْ جابرٍ رضيَ اللهُ عنهُ قالَ : سمعتُ رسولَ اللهِ ﷺ يقولُ : «إنَّ الشَّيطانَ قدْ أيسَ أنْ يَعبُدَهُ المصلُّونَ في جزيرةِ العربِ ، ولكنْ في التَّحريشِ بينَهُمْ» رواه مسلم .

١٥٩٥ - وعَنْ أبي هريرةَ رضيَ اللهُ عنهُ قالَ : قالَ رسولُ اللهِ ﷺ : «لا يَحلُّ لمسلمٍ أنْ يهجرَ أخاهُ فوقَ ثلاثٍ ، فمَنْ هجرَ فوقَ ثلاثٍ ، فماتَ دخَلَ النَّارَ» رواه أبو داود بإسنادٍ على شرطِ البخاريِّ ومسلمٍ .

١٥٩٦ - وعَنْ أبي خراشٍ حَدرَدِ بنِ أبي حَدرَدٍ الأسلميِّ ، ويُقالُ السُّلميِّ الصَّحابيِّ رضيَ اللهُ عنهُ أنَّهُ سمعَ النبيَّ ﷺ يقولُ :‏ «مَنْ هجرَ أخاهُ سنةً فهوَ كسفكِ دمِه» رواه أبو داود بإسنادٍ صحيحٍ .

١٥٩٧ - وعَنْ أبي هريرةَ رضيَ اللهُ عنهُ أنَّ رسولَ اللهِ ﷺ قالَ : «لا يحلُّ لمؤمنٍ أنْ يهجرَ مؤمناً فوقَ ثلاثٍ فإنْ مرَّتْ بهِ ثلاثٌ ، فليَلقَهُ ، فليُسلِّمْ عليهِ ، فإنْ ردَّ عليهِ السَّلامَ ، فقدِ اشتركا في الأجرِ ، وإنْ لمْ يردَّ عليهِ ، فقدْ باءَ بالإثمِ ، وخرجَ المسلمُ منَ الهجرةِ» رواه أبو داود بإسنادٍ حسنٍ .

قال أبو داود : إذا كانتِ الهجرةُ للهِ تعالى ، فليسَ مِنْ هذا في شيءٍ .

Hadith 1594 Jābir(r) berichtete, dass der Gesandte Allāhs(s) gesagt hat: „Der Teufel hat keine Hoffnung mehr, dass er auf der Arabischen Halbinsel von den Dienern Gottes angebetet wird, aber er hat Hoffnung, sie gegeneinander aufzuhetzen zu können."
(Muslim)

Hadith 1595 Abu Huraira(r) berichtete, dass der Gesandte Allāhs(s) gesagt hat: „Dem Muslim ist es nicht erlaubt, seinen Glaubensbruder länger als drei Nächte lang zu meiden. Wer dies tut und währenddessen stirbt, kommt in die Hölle."
(Abu Dāwūd, mit einer (*starken*) Überlieferungskette nach den Kriterien von Al-Bukhari und Muslim)

Hadith 1596 Abu Khirāsch *H*adrad ibn Abi *H*adrad Al-Aslami - oder As-Sulami(r), ein Gefährter des Propheten(s) - berichtete, dass er den Propheten(s) sagen hörte: „Wer seinen Glaubensbruder ein Jahr lang meidet, begeht eine Sünde, als hätte er ihn ermordet."
(Abu Dāwūd, mit einer starken Überlieferungskette)

Hadith 1597 Abu Huraira(r) berichtete, dass der Gesandte Allāhs(s) gesagt hat: „Einem Gläubigen ist es nicht erlaubt, einen Gläubigen länger als drei Nächte lang zu boykottieren. Nach der dritten Nacht soll er ihn aufsuchen und grüßen. Erwidert dieser den Gruß, so sind beide am Lohn beteiligt. Erwidert er den Gruß nicht, so trägt er allein die Schuld, während sich der Grüßende von der Boykottschuld erlöst hat."
(Abu Dāwūd, mit einer guten Überlieferungskette, mit dem Vermerk: Wenn der Boykott um Allāhs willen ist, dann ist das eine andere Sache..)

٢٨١ – باب النهى عن تناجى اثنين دون الثالث

بغير إذنه إلا لحاجة وهو أن يتحدثا سرا بحيث لا يسمعهما

وفى معناه ما إذا تحدثا بلسان لا يفهمه

قَالَ اللهُ تَعَالَى : ﴿ إِنَّمَا النَّجْوَىٰ مِنَ الشَّيْطَانِ ﴾ (المجادلة : ١٠) .

١٥٩٨ – وَعَنِ ابْنِ عُمَرَ رَضِيَ اللهُ عَنْهُمَا أَنَّ رَسُولَ اللهِ ﷺ قَالَ : « إِذَا كَانُوا ثَلَاثَةً ، فَلَا يَتَنَاجَى الْاثْنَانِ دُونَ الثَّالِثِ » متفق عليه .

ورواه أبو داود وَزَادَ : قَالَ أَبُو صَالِحٍ : قُلْتُ لِابْنِ عُمَرَ : فَأَرْبَعَةٌ ؟ قَالَ: لَا يَضُرُّكَ .

ورواه مالك فى « الموطأ » : عَنْ عَبْدِ اللهِ بْنِ دِينَارٍ قَالَ : كُنْتُ أَنَا وَابْنُ عُمَرَ عِنْدَ دَارِ خَالِدِ بْنِ عُقْبَةَ الَّتِى فِى السُّوقِ ، فَجَاءَ رَجُلٌ يُرِيدُ أَنْ يُنَاجِيَهُ ، وَلَيْسَ مَعَ ابْنِ عُمَرَ أَحَدٌ غَيْرِى، فَدَعَا ابْنُ عُمَرَ رَجُلًا آخَرَ حَتَّى كُنَّا أَرْبَعَةً ، فَقَالَ : لِى وَلِلرَّجُلِ الثَّالِثِ الَّذِى دَعَا: استأخرا شَيْئًا ، فَإِنِّى سَمِعْتُ رَسُولَ اللهِ ﷺ يَقُولُ : « لَا يَتَنَاجَى اثْنَانِ دُونَ وَاحِدٍ » .

١٥٩٩ – وَعَنِ ابْنِ مَسْعُودٍ رَضِيَ اللهُ عَنْهُ أَنَّ رَسُولَ اللهِ ﷺ قَالَ : « إِذَا كُنْتُمْ ثَلَاثَةً ، فَلَا يَتَنَاجَى الْاثْنَانِ دُونَ الْآخَرِ حَتَّى تَخْتَلِطُوا بِالنَّاسِ ؛ مِنْ أَجْلِ أَنَّ ذَلِكَ يُحْزِنُهُ » متفق عليه .

Kapitel 281
Es ist nicht zulässig, dass zwei Leute in Anwesenheit einer dritten Person vertraulich miteinander reden, indem sie flüstern oder dies in einer für die dritte Person unverständlichen Sprache tun, außer wenn es erforderlich ist

Allāh- erhaben ist Er - spricht:
»Geheime Verschwörung ist gewiss von Satan..«
Sura 58:10

Hadith 1598 ('Abdullah) ibn 'Umar(r) berichtete, dass der Gesandte Allāhs(s) gesagt hat: „Wenn drei Leute zusammen sind, sollen nicht zwei von ihnen unter Ausschluss des dritten miteinander flüstern."
(Al-Bukhari und Muslim)
In Abu Dāwūds Überlieferung ist hinzugefügt: Abu Sāli*h* berichtete: „Ich fragte Ibn 'Umar: „Und wenn es vier sind?" Er erwiderte: „Dann schadet es keinem."
In der Version von Imam Mālik in seinem Werk »Al-Muwa*tta*« berichtet 'Abdullah ibn Dinār: „Ich war mit Ibn 'Umar zusammen beim Haus von Khālid ibn 'Uqba auf dem Markt, als ein Mann kam, der mit ihm vertraulich reden wollte während keiner außer mir mit Ibn 'Umar war. Daraufhin rief er einen Mann herbei, so dass wir zu viert waren, dann sagte er zu mir und zu ihm: „Bleibt ein wenig zurück, da ich den Gesandten Allāhs(s) sagen hörte: »Zwei Leute sollen nicht unter Ausschluss eines dritten miteinander flüstern.«"

Hadith 1599 Ibn Mas'ūd(r) berichtete, dass der Gesandte Allāhs(s) gesagt hat: „Wenn ihr zu dritt seid, dann sollen nicht zwei von euch unter Ausschluss des dritten miteinander flüstern, bis ihr unter Leute kommt, denn die stimmt ihn traurig."
(Al-Bukhari und Muslim)

٢٨٢ ــ باب النهى عن تعذيب العبد والدابة والمرأة والولد بغير سبب شرعى أو زائد على قدر الأدب

قال الله تعالى : ﴿ وَبِالْوَالِدَيْنِ إِحْسَانًا وَبِذِى الْقُرْبَى وَالْيَتَامَى وَالْمَسَاكِينِ وَالْجَارِ ذِى الْقُرْبَى وَالْجَارِ الْجُنُبِ وَالصَّاحِبِ بِالْجَنْبِ وَابْنِ السَّبِيلِ وَمَا مَلَكَتْ أَيْمَانُكُمْ إِنَّ اللَّهَ لَا يُحِبُّ مَنْ كَانَ مُخْتَالاً فَخُورًا ﴾ (النساء:٣٦) .

١٦٠٠ ــ وعن ابن عمر رضى الله عنهما أن رسول الله ﷺ قال : « عُذِّبَتْ امرأةٌ فى هِرَّةٍ سَجَنَتْهَا حتى ماتَتْ ، فَدَخَلَتْ فيها النارَ ، لا هى أطعَمَتْها وسَقَتْهَا ، ولا هى تَركَتْها تأكُلُ من خَشَاشِ الأرضِ » متفقٌ عليه .

« خَشَاشُ الأرضِ » بفتح الخاء المعجمة ، وبالشين المعجمة المكررة : وهى هَوَامُّها وحَشَرَاتُهَا .

١٦٠١ ــ وعنه أنه مرَّ بفتيانٍ من قريشٍ قد نَصَبُوا طيراً وهم يَرمُونَهُ ، وقد جعلُوا لصاحبِ الطَّيْرِ كلَّ خاطئةٍ من نَبْلِهِم ، فلما رَأَوا ابنَ عُمرَ تَفَرَّقُوا ، فقال ابن عمر : من فعلَ هذا ؟ لعَنَ اللهُ من فعلَ هذا ، إنَّ رسولَ الله ﷺ لعَنَ من اتَّخذَ شيئاً فيه الروحُ غرَضاً . متفقٌ عليه .

« الغَرَضُ » : بفتح الغين المعجمة، والراء : وهو الهَدَفُ ، والشىءُ الذى يُرمى إليه .

١٦٠٢ ــ وعن أنسٍ رضى الله عنه قال : نَهى رسولُ الله ﷺ أن تُصْبَرَ البَهَائِمُ . متفقٌ عليه . ومعناه : تُحْبَسَ للقتلِ .

١٦٠٣ ــ وعن أبى على سُوَيْدِ بنِ مُقَرِّنٍ رضى الله عنه قال : لقد رَأيتُنِى سابعَ سَبْعَةٍ

Kapitel 282
Das Verbot der Grausamkeit dem Sklaven, dem Reittier, der Frau und dem Kind gegenüber

Allāh-erhaben ist Er - spricht:
»..Und (erweist) Güte den beiden Eltern, den Verwandten, den Waisen und den Bedürftigen, dem anverwandten Nachbarn, dem fremden Nachbarn, dem Gefährten an der Seite und dem Sohn des Weges[180] und denen, die eure Rechte besitzen. Wahrlich Allāh liebt nicht die Stolzen, die Prahler.«
Sura 4:36

Hadith 1600 (*'Abdullah*) ibn 'Umar(r) berichtete, dass der Gesandte Allāhs(s) gesagt hat: „Eine Frau wurde (*schmerzlichst*) bestraft wegen einer Katze, die sie eingesperrt hatte bis sie starb. Deswegen kam sie in die Hölle, denn weder gab sie ihr zu essen und zu trinken, noch ließ sie sie laufen, um vom Getier der Erde zu fressen."
(Al-Bukhari und Muslim)

Hadith 1601 'Abdullah ibn 'Umar(r) berichtete, dass er einmal an einigen Jugendlichen aus dem Stamm Quraisch vorbeiging, die einen Vogel als Zielscheibe nahmen und ihn mit Pfeilen beschossen. Der Vogelbesitzer bekam (im gegenseitigen Einvernehmen) jeder ihrer verfehlten Pfeile. Als sie Ibn 'Umar sahen, gingen sie auseinander. Daraufhin sagte er: „Wer hat dieses (Verbrechen) begangen? Möge Allāh diesen Täter verdammen. Wahrlich der Gesandte Allāhs(s) verfluchte denjenigen, der ein Lebewesen als Zielscheibe missbraucht."
(Al-Bukhari und Muslim)

Hadith 1602 Anas(r) berichtete, dass der Gesandte Allāhs(s) verboten hat, dass man die Tiere verhungern lässt.
(Al-Bukhari und Muslim)

Hadith 1603 Abu 'Ali Suwaid ibn Muqrin(r) berichtete: Ich erlebte, als

مِنْ بَنِي مُقَرِّنٍ مَالَنَا خَادِمٌ إلا وَاحِدَةٌ لَطَمَهَا أصغَرُنَا فَأمَرَنَا رَسُولُ اللهِ ﷺ أنْ نُعْتِقَهَا . رواه مسلم . وفي رواية : « سَابِعَ إخوةٍ لِي » .

١٦٠٤ ـ وَعَنْ أبي مَسْعُودٍ البَدْرِيِّ رَضِيَ اللهُ عَنْهُ قَالَ : كُنْتُ أضْرِبُ غُلَاماً لِي بِالسَّوْطِ ، فَسَمِعْتُ صَوْتاً مِنْ خَلْفِي : « اعْلَمْ أبَا مَسْعُودٍ » فَلَمْ أفْهَم الصَّوْتَ مِنَ الغَضَبِ، فَلَمَّا دَنَا مِنِّي إذا هُوَ رَسُولُ الله ﷺ فَإذا هُوَ يَقُولُ : « اعْلَمْ أبَا مَسْعُودٍ أنَّ اللهَ أقْدَرُ عَلَيْكَ مِنْكَ عَلَى هذا الغُلامِ » فَقُلْتُ : لا أضْرِبُ مَمْلُوكاً بَعْدَهُ أبَداً .

وفي رواية : فَسَقَطَ السَّوْطُ مِنْ هَيْبَتِهِ .

وفي رواية : فَقُلْتُ : يَا رَسُولَ اللهِ ، هُوَ حُرٌّ لِوَجْهِ اللهِ تَعَالَى ، فَقَالَ : « أمَا لَوْ لَمْ تَفْعَلْ ، لَلَفَحَتْكَ النَّارُ ، أوْ لَمَسَّتْكَ النَّارُ » رواه مسلم بهذه الروايات .

١٦٠٥ ـ وَعَنْ ابنِ عُمَرَ رَضِيَ اللهُ عَنْهُمَا أنَّ النَّبيَّ ﷺ قَالَ : « مَنْ ضَرَبَ غُلاماً لَهُ حَدّاً لَمْ يَأْتِهِ ، أو لَطَمَهُ ، فَإنَّ كَفَّارَتَهُ أنْ يُعْتِقَهُ » رواه مسلم .

١٦٠٦ ـ وَعَنْ هِشَامِ بنِ حَكِيمِ بنِ حِزَامٍ رَضِيَ اللهُ عَنْهُمَا أنَّهُ مَرَّ بِالشَّامِ عَلَى أُنَاسٍ مِنَ الأنْبَاطِ ، وَقَدْ أُقِيمُوا فِي الشَّمْسِ ، وَصُبَّ عَلَى رُؤُوسِهِم الزَّيْتُ ! فَقَالَ : مَا هَذا ؟ قِيلَ : يُعَذَّبُونَ فِي الخَرَاجِ ، وفي رواية : حُبِسُوا فِي الجِزْيَةِ ، فَقَالَ هِشَامٌ : أشْهَدُ لَسَمِعْتُ رَسُولَ

einer der siebenköpfigen Nachkommenschaft des Muqrin, mit einer nur einzigen Sklavin, wie der jüngste von uns sie einmal ohrfeigte. Daraufhin befahl uns der Gesandte Allāhs(s), sie freizulassen.
(Muslim)
In einer anderen Version: der siebente unter meinen Geschwistern

Hadith 1604 Abu Mas'ūd Al-Badri(r) berichtete: Während ich einen jungen Sklaven auspeitschte, hörte ich eine Stimme hinter mir: „Wisse, Abā Mas'ūd!", aber ich konnte die Stimme vor Zorn nicht verstehen. Als der Sprechende näher kam, erkannte ich den Gesandten Allāhs(s), da sagte er: „Wisse, Abā Mas'ūd, dass Allāh mehr Macht über dich hat, als du über diesen Diener!" Daraufhin versprach ich, dass ich nie wieder einen Slaven auspeitschen würde.
(Muslim)

In einer anderen Version von Muslim steht: und die Peitsche fiel aus meiner Hand aus Ehrfurch vor ihm. Eine andere Version von Muslim fügt hinzu: Daraufhin sagte ich: „O Gesandter Allāhs! Nun lasse ich ihn frei um Allāhs willen." Er(s) erwiderte: „Wahrlich hättest du dies nicht getan, hätte das Höllenfeuer dich versengt".

Hadith 1605 Ibn 'Umar(r) berichtete, dass der Gesandte Allāhs(s) gesagt hat: „Wer auch immer seinen Sklaven wegen einer nicht begangenen strafbaren Sünde schlägt oder ohrfeigt, muss ihn als Sühne dafür freilassen."
(Muslim)

Hadith 1606 Hischām ibn *H*akīm ibn *H*izām(r) berichtete, dass er in Damaskus bei einigen Nichtarabern vorbeikam, die in der Sonne gefoltert wurden und auf deren Köpfe Öl gegossen wurde. Auf seine Frage danach, wurde geantwortet, dass dies wegen des Nichtentrichtens der Grundsteuer sei - und in einer anderen Version wegen der Kopfsteuer -, da sagte Hischām: Ich bezeuge, dass ich den Gesandten Allāhs(s) hören sagte:

اللهِ ﷺ يقول : « إنَّ اللهَ يُعَذِّبُ الَّذِينَ يُعَذِّبُونَ النَّاسَ فِي الدُّنْيَا » فَدَخَلَ عَلَى الأمِيرِ ، فَحَدَّثَهُ ، فَأَمَرَ بِهِم فَخُلُّوا . رواه مسلم .

« الأنْبَاطُ » : الفَلاحُونَ مِنَ العَجَمِ .

١٦٠٧ ـ وعَنِ ابنِ عَبَّاسٍ رضي الله عَنهُمَا قَالَ : رَأَى رَسُولُ الله ﷺ حِمَاراً مَوْسُومَ الوَجْهِ ، فَأَنْكَرَ ذلِكَ . فَقَالَ : « وَاللهِ لا أسِمُهُ إلا فِي أقْصَى شَيْءٍ مِنَ الوَجْهِ » ، وَأَمَرَ بِحِمَارِهِ ، فَكُوِيَ فِي جَاعِرَتَيْهِ ، فَهُوَ أوَّلُ مَنْ كَوَى الجَاعِرَتَيْنِ . رواه مسلم .

« الجَاعِرَتَانِ » : نَاحِيَتَا الوَرِكَيْنِ حَوْلَ الدُّبُرِ .

١٦٠٨ ـ وَعَنْهُ أنَّ النَّبيَّ ﷺ مَرَّ عَلَيْهِ حِمَارٌ قَدْ وُسِمَ فِي وَجْهِهِ ، فَقَالَ : «لَعَنَ اللهُ الَّذِي وَسَمَهُ» رواه مسلم .

وفي رواية لمسلم أيضاً : نَهَى رَسُولُ الله ﷺ عَنِ الضَّرْبِ فِي الوَجْهِ ، وَعَنِ الوَسْمِ فِي الوجهِ .

٢٨٣ ـ باب تحريم التعذيب بالنار
فى كل حيوان حتى النملة ونحوها

١٦٠٩ ـ عَنْ أبي هُرَيْرَةَ رَضِيَ اللهُ عَنْهُ قَالَ : بَعَثَنَا رَسُولُ الله ﷺ فِي بَعْثٍ فَقَالَ: « إنْ وَجَدْتُم فُلاناً وَفُلاناً » لِرَجُلَيْنِ مِنْ قُرَيْشٍ سَمَّاهُمَا «فَأحْرِقُوهُمَا بالنَّارِ » ثُمَّ قَالَ رَسُولُ الله ﷺ حِينَ أرَدْنَا الخُرُوجَ : « إنِّي كُنْتُ أمَرْتُكُمْ أنْ تُحْرِقُوا فُلاناً وَفُلاناً ، وَإنَّ النَّارَ لا يُعَذِّبُ بِهَا إلا اللهُ ، فَإنْ وَجَدْتُمُوهُمَا فَاقْتُلُوهُمَا » رواه البخاري .

„Allāh wird diejenigen, die die Menschen auf Erden foltern, foltern lassen." Danach erschien er vor dem Herrscher und berichtete ihm davon, so ordnete dieser ihre Freilassung an.
(Muslim)

Hadith 1607 Ibn 'Abbās(r) berichtete: Als ein an der Stirn mit einem Brandzeichen versehener Esel an dem Gesandten Allāhs(s) vorbeiging, verabscheute er dies, und sagte: „Bei Allāh, ich würde ihn nur am äußersten Fleck im Gesicht brandmarken". So ließ Ibn 'Abbās seinen Esel an der oberste Stelle der Hinterbeine brandmarken, und damit war er der Erste, der diese Stelle der Hinterbeine brandmarken ließ.
(Muslim)

Hadith 1608 Ibn 'Abbās(r) berichtete auch: Als ein an der Stirn mit einem Brandzeichen versehener Esel am Propheten(s) vorbeiging, sagte er: „Möge Allāh denjenigen, der ihn brandmarken ließ, verfluchen!"
(Muslim)
In einer anderen Version von Muslim auch, verbot der Gesandte Allāhs(s) das Schlagen ins Gesicht und das Brandmarken im Gesicht eines Tieres.

Kapitel 283
Das Verbot, ein Lebewesen mit dem Feuer züchtigen, und sei es eine Ameise oder ähnliches Getier

Hadith 1609 Abu Huraira(r) berichtete: Der Gesandte Allāhs(s) sandte uns auf eine Mission und sagte: „Wenn ihr die beiden Soundso und Soundso - zwei Männer aus dem Stamme Quraisch - findet, dann verbrennt sie!". Als wir aber gehen wollten, sagte der Gesandte Allāhs(s): „Ich hatte euch befohlen, die beiden Soundso und Soundso zu verbrennen, aber keiner außer Allāh darf mit dem Feuer strafen, also tötet sie nur, falls ihr sie erwischt."
(Al-Bukhari)

١٦١٠ ـ وعنِ ابنِ مَسْعُودٍ رضيَ اللهُ عنْهُ قَالَ : كُنَّا مَعَ رَسُولِ اللهِ ﷺ فى سَفَرٍ، فَانْطَلَقَ لِحَاجَتِهِ ، فَرَأَيْنَا حُمَّرَةً مَعَهَا فَرْخَانِ ، فَأَخَذْنَا فَرْخَيْهَا ، فَجَاءَتِ الحُمَّرَةُ فَجَعَلَتْ تَعْرِشُ فَجَاءَ النَّبِيُّ ﷺ فَقَالَ : « مَنْ فَجَعَ هذهِ بِوَلَدِهَا؟ رُدُّوا وَلَدَهَا إِلَيْهَا » وَرَأَى قَرْيَةَ نَمْلٍ قَدْ حَرَّقْنَاهَا ، فَقَالَ :« مَنْ حَرَّقَ هذهِ ؟ » قُلْنَا : نَحْنُ . قَالَ : « إِنَّهُ لا يَنْبَغِى أَنْ يُعَذِّبَ بِالنَّارِ إلاَّ رَبُّ النَّارِ » رواه أبو داود بإسناد صحيح .

قوله : « قَرْيَةُ نَمْلٍ » مَعْنَاهُ : مَوْضِعُ النَّمْلِ مَعَ النَّمْلِ .

٢٨٤ ـ باب تحريم مطل الغنى بحق طلبه صاحبه

قَالَ اللهُ تَعَالى : ﴿ إِنَّ اللَّهَ يَأْمُرُكُمْ أَن تُؤَدُّوا الْأَمَانَاتِ إِلَى أَهْلِهَا ﴾ (النساء:٥٨) ، وقَالَ تَعَالى : ﴿ فَإِنْ أَمِنَ بَعْضُكُم بَعْضًا فَلْيُؤَدِّ الَّذِي اؤْتُمِنَ أَمَانَتَهُ ﴾ (البقرة:٢٨٣) .

١٦١١ ـ وعَنْ أبى هُرَيْرَةَ رضيَ اللهُ عَنْهُ أنَّ رَسُولَ اللهِ ﷺ قَالَ : « مَطْلُ الغَنِيِّ ظُلْمٌ، وَإِذَا أُتْبِعَ أَحَدُكُمْ عَلَى مَلِيءٍ فَلْيَتْبَعْ » متفقٌ عليه .

مَعْنَى « أُتْبِعَ » : أُحِيلَ .

Hadith 1610 Ibn Mas'ūd(r) berichtete: Wir waren mit dem Gesandten Allāhs(s) auf einer Reise zusammen. Während er sich zurückzog, um seine Notdurft zu verrichten, entdeckten wir ein brütendes Rothuhn[181] mit seinen zwei Küken, und wir nahmen uns die Küken. So begann das Rothuhn mit den Flügeln (über uns) zu flattern. Als der Prophet(s) eintraf, sagte er: „Wer hat diesen Vogel unglücklich gemacht und ihn seiner Küken beraubt? Gebt ihm seine Küken zurück!" Als er einmal sah, dass wir einen Ameisenhügel verbrannten, fragte er: „Wer hat dies getan?" Wir sagten: „Wir!" Er erwiderte: „Keiner darf mit dem Feuer foltern, außer dem allmächtigen Herrn des Feuers."
(Abu Dāwūd, mit einer starken Überlieferungskette)

Kapitel 284
Es ist unzulässig, dass der verschuldete Reiche die Zahlung seiner Schulden an den fordernden Gläubiger aufschiebt

Allāh- erhaben ist Er - spricht:
»Allāh gebietet euch, die euch anvertrauten Güter, ihrem Eigentümern zurückzugeben......«
Sura 4:58
»Und wenn einer von euch dem anderen etwas anvertraut, so gebe der, dem das Unterpfand anvertraut ist, es wieder zurück......«
Sura 2:283

Hadith 1611 Abu Huraira(r) berichtete, dass der Gesandte Allāhs(s) gesagt hat: „Das Hinauszögern des Reichen ist Unrecht, und wenn jemand von euch um die Unterstützung gegen einen Wohlhabenden diesbezüglich gebeten wird, so soll er folgen."
(Al-Bukhari und Muslim)

٢٨٥ ـ باب كراهة عودة الإنسان فى هبة لم يسلمها إلى الموهوب له ، وفى هبة وهبها لولده وسلمها أو لم يسلمها وكراهة شرائه شيئاً تصدق به من الذى تصدق عليه أو أخرجه عن زكاة أو كفارة ونحوها ، ولا بأس بشرائه من شخص آخر قد انتقل إليه

١٦١٢ ـ عَنِ ابنِ عَبَّاسٍ رَضِيَ اللهُ عَنْهُمَا أنَّ رَسُولَ اللهِ ﷺ قَالَ : « الَّذِي يَعُودُ فِى هِبَتِهِ كَالْكَلْبِ يَرْجِعُ فِى قَيْئِهِ » متفقٌ عليه .

وفى روايةٍ : « مَثَلُ الَّذِي يَرْجِعُ فِى صَدَقَتِهِ ، كَمَثَلِ الكَلْبِ يَقِيءُ ، ثُمَّ يَعُودُ فِى قَيْئِهِ فَيَأْكُلُهُ » .

وفى روايةٍ : « العَائِدُ فِى هِبَتِهِ كَالعَائِدِ فِى قَيْئِهِ » .

١٦١٣ ـ وَعَنْ عُمَرَ بنِ الخَطَّابِ رَضِيَ اللهُ عَنْهُ قَالَ : حَمَلْتُ عَلَى فَرَسٍ فِى سَبِيلِ اللهِ فَأَضَاعَهُ الَّذِي كَانَ عِنْدَهُ ، فَأَرَدْتُ أَنْ أَشْتَرِيَهُ ، وَظَنَنْتُ أَنَّهُ يَبِيعُهُ بِرُخْصٍ ، فَسَألْتُ النَّبِيَّ ﷺ فَقَالَ : « لا تَشْتَرِهِ وَلا تَعُدْ فِى صَدَقَتِكَ وَإِنْ أَعْطَاكَهُ بِدِرْهَمٍ ، فَإِنَّ العَائِدَ فِى صَدَقَتِهِ كَالعَائِدِ فِى قَيْئِهِ » متفقٌ عليه .

قوله :« حَمَلْتُ عَلَى فَرَسٍ فِى سَبِيلِ اللهِ » مَعْنَاهُ : تَصَدَّقْتُ بِهِ عَلَى بَعْضِ المجاهدِينَ .

٢٨٦ ـ باب تأكيد تحريم مال اليتيم

قَالَ اللهُ تَعَالى : ﴿ إِنَّ الَّذِينَ يَأْكُلُونَ أَمْوَالَ الْيَتَامَىٰ ظُلْمًا إِنَّمَا يَأْكُلُونَ فِي بُطُونِهِمْ نَارًا وَسَيَصْلَوْنَ سَعِيرًا ﴾ (النساء : ١٠) ، وقَالَ تَعَالى : ﴿ وَلَا تَقْرَبُوا مَالَ الْيَتِيمِ إِلَّا بِالَّتِي هِيَ أَحْسَنُ ﴾

Kapitel 285
Es ist unerwünscht, das man das versprochene, nicht ausgehändigte Geschenk zurückzubehält und dass man das schon als Gabe-, Almosen- oder Bußegespendete wieder ankauft, außer wenn man dies einem neuen Besitzer abkauft

Hadith 1612 Ibn 'Abbās(r) berichtete, dass der Gesandte Allāhs(s) gesagt hat: „Das Gleichnis dessen, der sein Geschenk oder seine Spende zurücknimmt, ist wie das Gleichnis des Hundes, der sich erbricht und dann sein Erbrochenes frisst."
(Al-Bukhari und Muslim)
In einer anderen Überlieferung heißt es: „Derjenige, der sein Geschenk oder seine Spende zurücknimmt, ist wie derjenige, der sein Erbrochenes isst."

Hadith 1613 'Umar ibn-ul-Khaṭṭāb(r) berichtete: Ich spendete ein Pferd für die Sache Allāhs, doch derjenige, dem es gegeben wurde, behandelte es sehr schlecht. Ich wollte es (deshalb) zurückkaufen, und ich dachte, er würde es mir billiger verkaufen. Ich befragte den Propheten(s) diesbezüglich, da sprach er(s): „Kaufe es nicht zurück, auch wenn er es dir für einen einzigen Dirham überlassen sollte! Denn wer seine Spende zurücknimmt, ist wie derjenige, der sein Erbrechen isst."
(Al-Bukhari und Muslim)

Kapitel 286
Die Unantastbarkeit des Vermögens der Waise

Allāh- erhaben ist Er - spricht:
»Diejenigen, die das Vermögen der Waisen zu Unrecht aufzehren, verschlingen nur Feuer in ihren Bäuchen, und sie werden im Höllenbrand schmoren.« Sura 4:10
»Und kommt dem Vermögen der Waise nicht nahe, es sei denn auf die

(الأنعام: ١٥٢)، وقَالَ تَعَالَى : ﴿ وَيَسْأَلُونَكَ عَنِ الْيَتَامَى قُلْ إِصْلَاحٌ لَهُمْ خَيْرٌ وَإِنْ تُخَالِطُوهُمْ فَإِخْوَانُكُمْ وَاللَّهُ يَعْلَمُ الْمُفْسِدَ مِنَ الْمُصْلِحِ ﴾ (البقرة: ٢٢٠).

١٦١٤ - وَعَنْ أَبِى هُرَيْرَةَ رَضِىَ اللهُ عَنْهُ عَنِ النَّبِىِّ ﷺ قَالَ : « اجْتَنِبُوا السَّبْعَ الْمُوبِقَاتِ »! قَالُوا : يَا رَسُولَ اللهِ وَمَاهُنَّ ؟ قَالَ : « الشِّرْكُ بِاللهِ، وَالسِّحْرُ، وَقَتْلُ النَّفْسِ الَّتِى حَرَّمَ اللهُ إِلَّا بِالْحَقِّ، وَأَكْلُ الرِّبَا، وَأَكْلُ مَالِ الْيَتِيمِ، وَالتَّوَلِّى يَوْمَ الزَّحْفِ، وَقَذْفُ الْمُحْصَنَاتِ الْمُؤْمِنَاتِ الْغَافِلَاتِ » متفقٌ عليه .

« الْمُوبِقَاتُ » : الْمُهْلِكَاتُ .

٢٨٧ - باب تغليظ تحريم الربا

قَالَ اللهُ تَعَالَى : ﴿ الَّذِينَ يَأْكُلُونَ الرِّبَا لَا يَقُومُونَ إِلَّا كَمَا يَقُومُ الَّذِى يَتَخَبَّطُهُ الشَّيْطَانُ مِنَ الْمَسِّ ذَلِكَ بِأَنَّهُمْ قَالُوا إِنَّمَا الْبَيْعُ مِثْلُ الرِّبَا وَأَحَلَّ اللهُ الْبَيْعَ وَحَرَّمَ الرِّبَا فَمَنْ جَاءَهُ مَوْعِظَةٌ مِنْ رَبِّهِ فَانْتَهَى فَلَهُ مَا سَلَفَ وَأَمْرُهُ إِلَى اللهِ وَمَنْ عَادَ فَأُولَئِكَ أَصْحَابُ النَّارِ هُمْ فِيهَا خَالِدُونَ . يَمْحَقُ اللهُ الرِّبَا وَيُرْبِى الصَّدَقَاتِ ﴾ إلى قَوْلِهِ تَعَالَى : ﴿ يَا أَيُّهَا الَّذِينَ آمَنُوا اتَّقُوا اللَّهَ وَذَرُوا مَا بَقِىَ مِنَ الرِّبَا ﴾ (البقرة: ٢٧٥: ٢٧٨) .

وَأَمَّا الأَحَادِيثُ فَكَثِيرَةٌ فِى الصَّحِيحِ مَشْهُورَةٌ ، مِنْهَا حَدِيثُ أَبِى هُرَيْرَةَ السَّابِقُ فِى الْبَابِ قَبْلَهُ .

bestgerechte Art..« Sura 6: 152
»Und sie fragen dich nach den Waisen, so sprich: „Verwirklichung ihrer Wohlfahrt[182] ist am besten. Und wenn ihr euch mit ihnen zusammentut, dann sind sie eure (unantastbaren) Glaubensbrüder, und Allāh weiss (wohl) zwischen dem Unheilstifter und dem aufrichtigen Wohltäter zu unterscheiden.« Sura 2:220

Hadith 1614 Abu Huraira(r) berichtete, dass der Prophet(s) gesagt hat: „Hütet euch vor den sieben schweren Sünden!" Man fragte: „O Gesandter Allāhs, welche sind diese?" Er sagte: „Jemanden Allāh zur Seite setzen[183], das Ausüben von (*schwarzer*) Magie, das Töten einer Seele, die Allāh für unantastbar erklärt hat, ohne Recht, die Wucherei, die Verzehrung des Eigentums von Waisen, die feige Flucht vor dem Feind, und die Verleumdung der unschuldigen, gläubigen, nichtsahnenden Frauen."
(Al-Bukhari und Muslim)

<u>Kapitel 287</u>
Das ausdrückliche Verbot der Wucherei

Allāh- erhaben ist Er - spricht:
»Diejenigen, die Wucherzins verschlingen, stehen nicht anders da als einer, den der Satan schlagend bearbeitet durch Besessenheit. Dies, weil sie sagen: »Handel ist gleich dem Zinsnehmen«, während Allāh doch Handel erlaubt und Zinsnehmen verbietet. Wer nun eine Ermahnung von seinem Herrn bekommt und sich enthält, dem soll das Vergangene verbleiben; und seine Sache ist bei Allāh. Diejenigen, die es wieder tun, das sind die Gefährten des Feuers, und in ihm werden sie ewiglich verweilen. Allāh wischt den Wucher aus, und mehrt die Abgaben. Und Allāh liebt keinen undankbaren (*und*) ungläubigen Erzsünder. O die ihr glaubt, fürchtet Allāh und lasset[184] den Rest des Wuchers fahren, so ihr gläubig seid.«
Sura 2:275-278
Diesbezüglich gibt es viele bekannte Hadithe in den Sahih-Büchern, darunter der Hadith von Abu Huraira in dem vorherigen Kapitel.

١٦١٥ - وَعَنِ ابْنِ مَسْعُودٍ رضي الله عنه قَالَ : لَعَنَ رَسُولُ اللهِ ﷺ آكِلَ الرِّبَا وَمُوكِلَهُ . رواه مسلم .

زاد الترمذي وغيره : وَشَاهِدَيْهِ ، وَكَاتِبَهُ .

٢٨٨ - باب تحريم الرياء

قَالَ اللهُ تَعَالَى : ﴿ وَمَا أُمِرُوا إِلَّا لِيَعْبُدُوا اللَّهَ مُخْلِصِينَ لَهُ الدِّينَ حُنَفَاءَ ﴾ (البينة : ٥) ، وقَالَ تَعَالَى : ﴿ لَا تُبْطِلُوا صَدَقَاتِكُمْ بِالْمَنِّ وَالْأَذَى كَالَّذِي يُنْفِقُ مَالَهُ رِئَاءَ النَّاسِ ﴾ (البقرة : ٢٦٤) ، وقَالَ تَعَالَى : ﴿ يُرَاءُونَ النَّاسَ وَلَا يَذْكُرُونَ اللَّهَ إِلَّا قَلِيلًا ﴾ (النساء : ١٤٢) .

١٦١٦ - وَعَنْ أَبِي هُرَيْرَةَ رضي الله عنه قَالَ : سَمِعْتُ رَسُولَ الله ﷺ يَقُولُ : «قَالَ اللهُ تَعَالَى : أَنَا أَغْنَى الشُّرَكَاءِ عَنِ الشِّرْكِ ، مَنْ عَمِلَ عَمَلًا أَشْرَكَ فِيهِ مَعِي غَيْرِي ، تَرَكْتُهُ وَشِرْكَهُ» رواه مسلم .

١٦١٧ - وَعَنْهُ قَالَ : سَمِعْتُ رَسُولَ اللهِ ﷺ يَقُولُ : «إِنَّ أَوَّلَ النَّاسِ يُقْضَى يَوْمَ القِيَامَةِ عَلَيْهِ رَجُلٌ اسْتُشْهِدَ ، فَأُتِيَ بِهِ ، فَعَرَّفَهُ نِعْمَتَهُ ، فَعَرَفَهَا ، قَالَ : فَمَا عَمِلْتَ فِيهَا ؟ قَالَ : قَاتَلْتُ فِيكَ حَتَّى اسْتُشْهِدْتُ ، قَالَ : كَذَبْتَ ، وَلَكِنَّكَ قَاتَلْتَ لِأَنْ يُقَالَ : جَرِيءٌ ! فَقَدْ قِيلَ ،

(Hadith-Nr. 1614)

Hadith 1615 Ibn Mas'ūd(r) berichtete, dass der Gesandte Allāhs(s) den Verzehrer des Wuchers und denjenigen, der ihm Wucher gibt[185] verflucht hat.
(Muslim)

Kapitel 288

Das Verbot der Scheinheiligkeit

Allāh- erhaben ist Er - spricht:
»Und doch ist ihnen nichts anderes befohlen, als Allāh allein zu dienen, in lauterem Gehorsam gegen Ihn und aufrechtem Glauben...«
Sura 98:5

»O die ihr glaubt! Macht nicht eure Spenden zunichte durch Vorhaltung und Verletzung, wie derjenige, der sein Vermögen hergibt, um von den Leuten (an)gesehen zu werden, (*wobei er weder an Allāh noch an den Jüngsten Tag glaubt*).«
Sura 2:264

»Sie (*machen mi*t) um von den Menschen gesehen zu werden, und sie gedenken Allāhs nur wenig..«
Sura 4:142

Hadith 1616 Abu Huraira(r) berichtete, dass er den Gesandten Allāhs(s) sagen hörte: Allāh - erhaben ist Er - spricht: »Ich bin Derjenige, Der absolut keine Teilhaber benötigt. Wer etwas tut und dabei Mir jemanden beigesellt, den verwerfe Ich und mit ihm seine Vielgötterei.«
(Muslim)

Hadith 1617 Abu Huraira(r) berichtete, dass er den Gesandten Allāhs(s) sagen hörte: „Der erste Mensch, der am Tag des Gerichts verurteilt wird, ist ein Märtyrer(typ). Er wird Allāh vorgeführt, dann wird Allāh ihm Seine Wohltaten wissen lassen, und er wir dies auch bestätigen. Dann wird Er ihn

ثُمَّ أُمِرَ بِهِ، فَسُحِبَ عَلَى وَجْهِهِ حَتَّى أُلْقِيَ فِى النَّارِ، وَرَجُلٌ تَعَلَّمَ العِلْمَ وَعَلَّمَهُ، وَقَرَأَ القُرآنَ فَأُتِيَ بِهِ، فَعَرَّفَهُ نِعَمَهُ، فَعَرَفَهَا، قَالَ: فَمَا عَمِلْتَ فِيهَا؟ قَالَ: تَعَلَّمْتُ العِلْمَ وَعَلَّمْتُهُ، وَقَرَأْتُ فِيكَ القُرْآنَ، قَالَ: كَذَبْتَ، وَلَكِنَّكَ تَعَلَّمْتَ لِيُقَالَ: عَالِمٌ! وَقَرَأْتَ القُرْآنَ لِيُقَالَ: هُوَ قَارِئٌ! فَقَدْ قِيلَ: ثُمَّ أُمِرَ بِهِ، فَسُحِبَ عَلَى وَجْهِهِ حَتَّى أُلْقِيَ فِى النَّارِ، وَرَجُلٌ وَسَّعَ اللهُ عَلَيْهِ، وَأَعْطَاهُ مِنْ أَصْنَافِ المَالِ، فَأُتِيَ بِهِ، فَعَرَّفَهُ نِعَمَهُ، فَعَرَفَهَا، قَالَ: فَمَا عَمِلْتَ فِيهَا؟ قَالَ: مَا تَرَكْتُ مِنْ سَبِيلٍ تُحِبُّ أَنْ يُنْفَقَ فِيهَا إِلاَّ أَنْفَقْتُ فِيهَا لَكَ، قَالَ: كَذَبْتَ، وَلَكِنَّكَ فَعَلْتَ لِيُقَالَ: هُوَ جَوَادٌ! فَقَدْ قِيلَ: ثُمَّ أُمِرَ بِهِ، فَسُحِبَ عَلَى وَجْهِهِ حَتَّى أُلْقِيَ فِى النَّارِ». رواه مسلم.

«جَرِيءٌ» بِفَتْحِ الجِيمِ وَكَسْرِ الرَّاءِ وَبِالمَدِّ، أَىْ: شُجَاعٌ حَاذِقٌ.

١٦١٨ ــ وَعَنِ ابْنِ عُمَرَ رَضِيَ اللهُ عَنْهُمَا أَنَّ نَاسًا قَالُوا لَهُ: إِنَّا نَدْخُلُ عَلَى سَلَاطِينِنَا فَنَقُولُ لَهُمْ بِخِلَافِ مَا نَتَكَلَّمُ إِذَا خَرَجْنَا مِنْ عِنْدِهِمْ؟ قَالَ ابْنُ عُمَرَ رَضِيَ اللهُ عَنْهُمَا: كُنَّا نَعُدُّ هَذَا نِفَاقًا عَلَى عَهْدِ رَسُولِ اللهِ ﷺ. رواه البخاري.

١٦١٩ ــ وَعَنْ جُنْدُبِ بْنِ عَبْدِ اللهِ بْنِ سُفْيَانَ رَضِيَ اللهُ عَنْهُ قَالَ: قَالَ النَّبِىُّ ﷺ:

fragen: „Und wast hast du dafür getan?" Und er wird sagen: „Ich kämpfte um Deinetwillen, bis ich getötet wurde." Daraufhin sagt Er: „Gelogen hast du, denn du hast gekämpft, damit man sagt, du bist tapfer. Dies wurde auch gesagt." Dann wird befohlen, ihn mit dem Gesicht auf den Boden zu schleifen und dann ins Feuer zu werfen. Der zweite ist einer, der Wissen erwarb und es weiter lehrte und den Qur'ān studierte. Er wird Allāh vorgeführt, dann wird Allāh ihm Seine Wohltaten wissen lassen, und er wir dies auch bestätigen. Dann wird Er ihn fragen: „Und wast hast du dafür getan?" Und er wird sagen: „Ich erwarb Wissen und lehrte es und studierte den Qur'ān um Deinetwillen." Daraufhin sagt Er: „Gelogen hast du, denn du hast gelernt, damit man sagt, du bist ein Gelehrter, und du hast den Qur'ān studiert, damit man sagt, du kennst ihn auswendig. Dies wurde auch gesagt." Dann wird befohlen, ihn mit dem Gesicht auf den Boden zu schleifen und dann ins Feuer zu werfen. Der Dritte ist ein Wohlhabender, dem Allāh vielerlei Reichtümer schenkte. Er wird Allāh vorgeführt, dann wird Allāh ihm Seine Wohltaten wissen lassen, und er wird dies auch bestätigen. Dann wird Er ihn fragen: „Und wast hast du dafür getan?" Und er wird sagen: „Ich habe keinen Weg zum Spenden unterlassen, so wie Du es empfohlen hast." Daraufhin sagt Er: „Gelogen hast du, denn du hast es getan, damit man sagt, dass du großmütig bist. Dies wurde auch gesagt." Dann wird befohlen, ihn mit dem Gesicht auf den Boden zu schleifen und ins Feuer zu werfen."
(Muslim)

Hadith 1618 Ibn 'Umar(r) berichtete, dass einige Leute zu ihm sagten: „Wenn wir vor unseren Herrschern erscheinen, sagen wir ihnen das Gegenteil von dem, was wir (*hinter ihren Rücken*) sagen, nachdem wir sie verlassen haben." Daraufhin sagte Ibn 'Umar(r): „Zu Lebzeiten des Gesandten Allāhs(s) betrachteten wir dies als Heuchelei."
(Al-Bukhari).
(Vgl. Hadith-Nr. 1541)

Hadith 1619 Jundub ibn Abi Sufyān(r) berichtete: Der Prophet(s) hat

« مَنْ سَمَّعَ سَمَّعَ اللهُ بِهِ ، وَمَنْ يُرَائي يُرَائي اللهُ بِهِ » متفقٌ عليه . وَرَوَاهُ مُسْلِمٌ مِنْ رِوَايَةِ ابنِ عَبَّاسٍ رَضِيَ اللهُ عَنْهُمَا .

« سَمَّعَ » بتَشْدِيدِ المِيم ، وَمَعْنَاهُ : أَظْهَرَ عَمَلَهُ لِلنَّاسِ رِيَاءً ، « سَمَّعَ الـلـهُ بِـهِ » أَيْ : فَضَحَهُ يَوْمَ القِيَامَةِ ، وَمَعْنَى : « مَنْ راءَى » أَيْ : مَنْ أَظْهَرَ لِلنَّاسِ العَمَلَ الصَّالِحَ لِيَعْظُمَ عِنْدَهُمْ ، « راءَى اللهُ بِهِ » أَيْ : أَظْهَرَ سَرِيرَتَهُ عَلَى رُؤوسِ الخَلائِقِ .

١٦٢٠ ـ وَعَنْ أبي هُرَيْرَةَ رَضِيَ اللهُ عَنْهُ قَالَ : قَالَ رَسُولُ اللهِ ﷺ : « مَنْ تَعَلَّمَ عِلْمـاً مِمَّا يُبْتَغَى بِهِ وَجْهُ الـلـهِ عَزَّ وَجَلَّ لا يَتَعَلَّمُهُ إلاَّ لِيُصِيبَ بِهِ عَرَضـاً مِنَ الدُّنْيَا ، لَمْ يَجِدْ عَرْفَ الجَنَّةِ يَوْمَ القِيَامَةِ » يَعْنِي : رِيحَهَا . رواه أبو داود بإسنادٍ صـحـيـحٍ . والأحـادِيـثُ فـي البَابِ كثيرةٌ مشهورةٌ .

gesagt: „Wer auch immer Gutes tut wegen seines Rufes, den wird Allāh entlarven, und wer auch immer wegen des Ansehens heuchelt, den wird Allāh öffentlich bloßstellen."
(Al-Bukhari und Muslim)
Die Überlieferungskette von Muslim geht auf Ibn 'Abbās(r) zurück.

Hadith 1620 Abu Huraira(r) berichtete, dass der Gesandte Allāhs(s) gesagt hat: „Wer auch immer eine Wissenschaft, die gewöhnlich um Allāhs willen - erhaben und mächtig ist Er - erworben wird, nur um etwas von den Gütern des Diesseits zu erlangen, der wird den Wohlgeruch des Paradieses - das heißt den Duft - nicht einmal riechen."
(Vgl. Hadith-Nr. 1391)
(Abu Dāwūd, mit einer starken Überlieferungskette.)
Die Hadithe diesbezüglich sind zahlreich und bekannt.

٢٨٩ - باب ما يتوهم أنه رياء وليس هو رياء

١٦٢١ - عَنْ أبِى ذَرٍّ رَضِىَ اللهُ عَنْهُ قَالَ : قِيلَ لِرَسُولِ اللهِ ﷺ : أرَأيْتَ الرَّجُلَ يَعْمَلُ العَمَلَ مِنَ الخَيْرِ ، وَيَحْمَدُهُ النَّاسُ عَلَيْهِ ؟ قَـالَ : «تِلكَ عَاجِلُ بُشْرَى المُؤْمِنِ» رواه مسلم .

٢٩٠ - باب تحريم النظر إلى المرأة الأجنبية والأمرد الحسن لغير حاجة شرعية

قَالَ اللهُ تَعَالى : ﴿ قُل لِّلْمُؤْمِنِينَ يَغُضُّوا مِنْ أَبْصَارِهِمْ ﴾ (النور : ٣٠) ، وقَالَ تَعَالى : ﴿ إِنَّ السَّمْعَ وَالْبَصَرَ وَالْفُؤَادَ كُلُّ أُوْلَئِكَ كَانَ عَنْهُ مَسْؤُولاً ﴾ (الإسراء : ٣٦) ، وقَالَ تَعَالى : ﴿ يَعْلَمُ خَائِنَةَ الأَعْيُنِ وَمَا تُخْفِي الصُّدُورُ ﴾ (غافر : ١٩) ، وقَالَ تَعَالى : ﴿ إِنَّ رَبَّكَ لَبِالْمِرْصَادِ ﴾ (الفجر : ١٤) .

١٦٢٢ - وَعَنْ أبِى هُرَيْرَةَ رَضِىَ اللهُ عَنْهُ عَنِ النَّبِىِّ ﷺ قَالَ : «كُتِبَ على ابنِ آدمَ نَصِيبُهُ مِنَ الزِّنى مُدْرِكٌ ذلِكَ لا مَحَالَةَ : العَيْنَانِ زِنَاهُمَا النَّظَرُ، وَالأُذُنَانِ زِنَاهُمَا الاسْتِمَاعُ، وَاللِّسَانُ زِنَاهُ الكَلامُ، وَاليَدُ زِنَاهَا البَطْشُ، وَالرِّجْلُ زِنَاهَا الخُطَا، وَالقَلْبُ يَهْوَى وَيَتَمَنَّى، وَيُصَدِّقُ ذلِكَ الفَرْجُ أوْ يُكَذِّبُهُ» متفقٌ عليه . وهذا لفظُ مسلم ، وروايةُ البُخارىِّ مُخْتَصَرَةٌ .

Kapitel 289
Was man irrtümlicherweise für Heuchelei hält

Hadith 1621 Abu Darr(r) berichtete: Man fragte den Gesandten Allāhs(s): „Wie ist es mit dem Menschen, der das Gute verrichtet, und die Leute loben ihn dafür?" Er sagte: „Das ist für den Gläubigen eine auf Erden verdiente frohe Botschaft."
(Muslim)

Kapitel 290
Es ist unzulässig, eine fremde Frau oder einen schönen Knaben zu betrachten, ohne einen legitimen triftigen Grund

Allāh- erhaben ist Er - spricht:
»Sage den gläubigen Männern, sie sollen ihre Blicke zu Boden schlagen und ihre Keuschheit wahren.....«
Sura 24:30
»Wahrlich, der Gehörsinn, der Gesichtsinn und das Gemüt werden alle zur Rechenschaft gezogen.«
Sura 17:36
»Er kennt der Verräterei Blicke und alles, was die Herzen verbergen.«
Sura 40:19
»Wahrlich, dein Herr ist auf der Wacht.«
Sura 89:14

Hadith 1622 Abu Huraira(r) berichtete, dass der Prophet(s) gesagt hat: „Jedem der Kinder Adams ist sein bestimmter Anteil der Unzucht vorgeschrieben, so ist es auch unvermeidlich, diese zu begehen: Die Augen begehen Unzucht durch (*lüsterne*) Blicke, die Ohren begehen Unzucht durch Zuhören, die Zunge begeht Unzucht durch Sprechen, die Hand begeht Unzucht durch Gewalttätigkeit, die Füße begehen Unzucht durch Schritte, das Herz begeht Unzucht durch Begehren und Verlangen, und die

١٦٢٣ ـ وَعَنْ أَبِي سَعِيدٍ الخُدْرِيِّ رَضِيَ اللهُ عَنْهُ عَنِ النَّبِيِّ ﷺ قَالَ : « إِيَّاكُمْ وَالجُلُوسَ فِي الطُّرُقَاتِ » قَالُوا : يَا رَسُولَ اللهِ مَالَنَا مِنْ مَجَالِسِنَا بُدٌّ : نَتَحَدَّثُ فِيهَا ، فَقَالَ رَسُولُ اللهِ ﷺ : « فَإِذَا أَبَيْتُمْ إِلَّا المَجلِسَ ، فَأَعْطُوا الطَّرِيقَ حَقَّهُ » قَالُوا : وَمَا حَقُّ الطَّرِيقِ يَا رَسُولَ اللهِ ؟ قَالَ : « غَضُّ البَصَرِ ، وَكَفُّ الأَذَى ، وَرَدُّ السَّلَامِ ، وَالأَمْرُ بِالمَعْرُوفِ وَالنَّهْيُ عَنِ المُنْكَرِ » متفقٌ عليه .

١٦٢٤ ـ وَعَنْ أَبِي طَلْحَةَ زَيْدِ بْنِ سَهْلٍ رَضِيَ اللهُ عَنْهُ قَالَ : كُنَّا قُعُوداً بِالأَفْنِيَةِ نَتَحَدَّثُ فِيهَا فَجَاءَ رَسُولُ اللهِ ﷺ فَقَامَ عَلَيْنَا فَقَالَ : « مَا لَكُمْ وَلِمَجَالِسِ الصُّعُدَاتِ ؟ اجْتَنِبُوا مَجَالِسَ الصُّعُدَاتِ » فَقُلْنَا : إِنَّمَا قَعَدْنَا لِغَيْرِ مَا بَأْسٍ : قَعَدْنَا نَتَذَاكَرُ ، وَنَتَحَدَّثُ ، قَالَ : « إِمَّا لَا فَأَدُّوا حَقَّهَا : غَضُّ البَصَرِ ، وَرَدُّ السَّلَامِ ، وَحُسْنُ الكَلَامِ » رواه مسلم .

« الصُّعُدَاتُ » بِضَمِّ الصَّادِ وَالعَيْنِ ، أَيْ : الطُّرُقَاتُ .

١٦٢٥ ـ وَعَنْ جَرِيرٍ رَضِيَ اللهُ عَنْهُ قَالَ : سَأَلْتُ رَسُولَ اللهِ ﷺ عَنْ نَظَرِ الفَجْأَةِ فَقَالَ : « اصْرِفْ بَصَرَكَ » رواه مسلم .

١٦٢٦ ـ وَعَنْ أُمِّ سَلَمَةَ رَضِيَ اللهُ عَنْهَا قَالَتْ : كُنْتُ عِنْدَ رَسُولِ اللهِ ﷺ وَعِنْدَهُ مَيْمُونَةُ ، فَأَقْبَلَ ابْنُ أُمِّ مَكْتُومٍ ، وَذَلِكَ بَعْدَ أَنْ أُمِرْنَا بِالحِجَابِ فَقَالَ النَّبِيُّ ﷺ : «احْتَجِبَا مِنْهُ» فَقُلْنَا : يَا رَسُولَ اللهِ أَلَيْسَ هُوَ أَعْمَى : لَا يُبْصِرُنَا ، وَلَا يَعْرِفُنَا ؟ فَقَالَ النَّبِيُّ ﷺ :

Geschlechtsorgane stimmen zu oder nicht."[186]
(Al-Bukhari und Muslim)
Dies ist die Version von Muslim, wobei die Version von Bukhari verkürzt ist.

Hadith 1623 Abu Saʿīd Al-Khudri(r) berichtete, dass der Prophet(s) gesagt hat: „Hütet euch vor dem Sitzen an den Wegen." Man sagte: „O Gesandter Allāhs(s) unsere Sitzungen sind doch notwendig, denn in ihnen besprechen wir unsere Angelegenheiten." Er erwiderte: „Wenn ihr darauf besteht, dann beachtet das Recht des Weges!" Man fragte: „Und was ist das Recht des Weges, o Gesandter Allāhs(s)?" Er sagte: „Niederschlagen der Blicke, Beseitigung von Hindernissen und Schmutz, Erwidern des Grußes, und das Gute zu gebieten und das Üble zu verbieten."
(Al-Bukhari und Muslim)

Hadith 1624 Abu *T*al*h*a Zaid ibn Sahl(r) berichtete: Wir saßen (*wie gewöhnlich*) im Vorhof und unterhielten uns, als der Gesandte Allāhs(s) vorbeikam, dann blieb er stehen und fragte uns: „Was ist mit euch, dass ihr an den Wegen sitzt? Ihr sollt die Straßensitzungen meiden!" Wir erwiderten: „Wir sitzen nicht, um Unheil zu verrichten: Wir tauschen Erinnerungen aus und unterhalten uns." Da sagte er: „Wenn dies sein muss, dann erfüllt die Pflichten dem Weg gegenüber: Niederschlagen der Blicke, Erwidern des Grußes und anständiges Reden."
(Muslim)

Hadith 1625 Jarīr(r) berichtete: Ich fragte den Gesandten Allāhs(s) nach dem zufälligen Erblicken von etwas Verbotenem. Er sagte: „Wende deinen Blick davon ab!"

Hadith 1626 Umm Salama(r) berichtete: Ich saß beim Gesandten Allāhs(s) und (seine Frau) Maimūna war anwesend, als Ibn Umm Maktūm eintraf - dies war nach der Anordnung , uns durch Hijāb zu bedecken[187], da sagte der Prophet(s): „Bedeckt euch vor ihm!" Wir fragten: „O Gesandter

«أفَعَمْيَاوَانِ أَنْتُمَا أَلَسْتُمَا تُبْصِرَانِه ! ؟ » رواه أبو داود والترمذي وقال : حديث حسن صحيح .

١٦٢٧ ـ وعن أبي سعيد رضي الله عنه أن رسول الله ﷺ قال : « لا يَنْظُرُ الرَّجُلُ إلى عَوْرَةِ الرَّجُلِ ، ولا المرأةُ إلى عَوْرَةِ المرأةِ ، ولا يُفْضِى الرَّجُلُ إلى الرَّجُلِ في ثَوْبٍ وَاحِدٍ ، ولا تُفْضِى المرأةُ إلى المرأةِ في الثَّوبِ الوَاحِدِ » رواه مسلم .

٢٩١ ـ باب تحريم الخلوة بالأجنبية

قال الله تعالى : ﴿ وَإِذَا سَأَلْتُمُوهُنَّ مَتَاعًا فَاسْأَلُوهُنَّ مِنْ وَرَاءِ حِجَابٍ ﴾ (الأحزاب : ٥٣) .

١٦٢٨ ـ وَعَنْ عُقبةَ بْنِ عَامِرٍ رضى الله عنهُ أنَّ رسولَ الله ﷺ قال : « إيَّاكُمْ والدُّخُولَ عَلَى النِّسَاءِ ! » فَقَالَ رجلٌ مِنَ الأنصارِ : أفرأيتَ الحَمْوَ ؟ قال : « الحَمْوُ المَوْتُ ! » متفقٌ عليه .

« الحَمْوُ » : قَريبُ الزَّوجِ كأخيهِ ، وابنِ أخيهِ ، وابنِ عَمِّهِ .

١٦٢٩ ـ وعن ابن عباس ، رضى الله عنهما ، أن رسول الله ﷺ قال : « لا يخلُوَنَّ أحدُكُمْ بامرأةٍ إلا مَعَ ذي مَحْرَمٍ » متفقٌ عليه .

Allāhs, ist er denn nicht blind und weder sieht er uns, noch weiß er von uns?" Der Prophet(s) erwiderte: „Und seid ihr beide etwa blind? Seht ihr ihn etwa nicht?"
(Abu Dawūd, und At-Tirmiḏi, mit dem Vermerk: Ein guter bis starker Hadith)

Hadith 1627 (r) berichtete, dass der Gesandte Allāhs(s) gesagt hat: „Der Mann soll nicht auf die Schamteile eines Mannes blicken, und die Frau soll nicht auf die Schamteile einer Frau blicken. Auch der nackte Mann soll nicht zu einem anderen Mann in ein Kleid hineinschlüpfen, und die nackte Frau soll nicht zu einer anderen Frau in ein Kleid hineinschlüpfen.".
(Muslim)

Kapitel 291
Es ist unzulässig, mit einer fremden Frau (ungesehen) allein zu sein allein

Allāh - erhaben ist Er - spricht:
»Und wenn ihr sie um irgendetwas bittet, dann bittet sie hinter einem Vorhang..«[188]
Sura 33:53

Hadith 1628 'Uqba ibn 'Āmir(r) berichtete, dass der Gesandte Allāhs gesagt hat: "Hütet euch vor dem Alleinsein mit (fremden) Frauen!" Daraufhin fragte ein Mann vom Stamm der Anṣār: „Gilt dies auch für den Schwager der Frau (Bruder des Ehemannes)?" Er erwiderte: „Der Bruder des Ehemannes ist der Tod!"[189]
(Al-Bukhari und Muslim)
Der Verfasser erklärt: Das bezieht sich auch auf den Neffen und Vetter des Ehemannes.

Hadith 1629 Ibn 'Abbās(r) berichtete, dass der Gesandte Allāhs(s) gesagt hat: „Keiner von euch soll allein mit einer (fremden) Frau zusammen sein,

١٦٣٠ – وعَنْ بُرَيْدَةَ رضى الله عنه قَالَ : قَالَ رَسُولُ اللهِ ﷺ : « حُرْمَةُ نِسَاءِ المجاهِدِينَ عَلَى القَاعِدِينَ كَحُرْمَةِ أُمَّهَاتِهِمْ ، مَا مِنْ رَجُلٍ مِنَ الْقَاعِدِينَ يَخْلُفُ رَجُلاً مِنَ المجاهِدِينَ فى أَهْلِهِ ، فَيَخُونُهُ فِيهِمْ إلا وَقَفَ لَهُ يَوْمَ القيامَةِ ، فَيَأْخُذُ مِنْ حَسَنَاتِهِ مَا شَاءَ حَتَّى يَرْضَى » ثُمَّ التَفَتَ إلينا رسولُ اللهِ ﷺ فقالَ : « مَا ظَنُّكُمْ ؟ » رواه مسلم .

٢٩٢ – باب تحريم تشبه الرجال بالنساء
وتشبه النساء بالرجال فى لباس وحركة وغير ذلك

١٦٣١ – عَنِ ابْنِ عَبَّاسٍ رضى اللهُ عنهما قَالَ : لَعَنَ رَسُولُ اللهِ ﷺ المخنَّثِينَ مِنَ الرِّجَالِ ، والمترجِّلاتِ مِنَ النِّسَاءِ .

وفى رواية : لَعَنَ رَسُولُ اللهِ ﷺ المتشبهينَ مِنَ الرِّجَالِ بالنِّسَاءِ ، والمتشبِّهَاتِ مِنَ النِّسَاءِ بالرجالِ . رواه البخارى .

١٦٣٢ – وَعَنْ أَبِى هُرَيْرَةَ رضى اللهُ عنه قَالَ : لَعَنَ رَسُولُ اللهِ ﷺ الرَّجُلَ يَلْبَسُ لِبْسَةَ المَرْأَةِ ، وَالمَرْأَةَ تَلْبَسُ لِبْسَةَ الرَّجُلِ . رواه أبو داود بإسناد صحيح .

١٦٣٣ – وَعَنْهُ قَالَ : قَالَ رَسُولُ اللهِ ﷺ : « صِنْفَانِ مِنْ أَهْلِ النَّارِ لَمْ أَرَهُمَا : قَوْمٌ مَعَهُمْ سِيَاطٌ كَأَذْنَابِ البَقَرِ يَضْرِبُونَ بِهَا النَّاسَ ، ونِسَاءٌ كَاسِيَاتٌ عَارِيَاتٌ مُمِيلاتٌ مَائِلاتٌ ، رُؤُوسُهُنَّ كَأَسْنِمَةِ البُخْتِ المَائِلَةِ لا يَدْخُلْنَ الجَنَّةَ ، ولا يَجِدْنَ رِيحَهَا ، وإنَّ رِيحَهَا لَيُوجَدُ مِنْ مَسِيرَةِ كَذا وكَذا » رواه مسلم .

außer in Anwesenheit eines Mahrams!"[190]

Hadith 1630 Buraida(r) berichtete, dass der Gesandte Allāhs(s) gesagt hat: „Die Unantastbarkeit der Frauen der Mujāhidīn - die Kämpfer um Allāhs willen - für die zurückgebliebenen Männer ist wie die Unantastbarkeit ihrer eigenen Mütter. Wer auch immer von den zurückgebliebenen Männern, an die Stelle eines Mujāhids tritt und dessen Vertrauen missbraucht, der wird am Tag der Auferstehung dafür geradestehen müssen, und der andere wird von dessen guten Taten soviel für sich wegnehmen, bis er zufrieden ist." Dann wandte sich der Gesandte Allāhs(s) an uns und sagte: „Was denkt ihr jetzt?"
(Muslim)

Kapitel 292
Es ist unzulässig, dass Männer Frauen nachahmen und dass Frauen Männer nachahmen in Kleidung, Bewegung usw.

Hadith 1631 Ibn 'Abbās(r) berichtete, dass der Gesandte Allāhs Männer, die sich weiblich geben und Frauen, die sich männlich geben, verfluchte. In einer anderen Version steht: Der Gesandte Allāhs(s) verfluchte die Männer, die Frauen nachahmen und die Frauen, die Männer nachahmen.
(Al-Bukhari)

Hadith 1632 Abu Huraira(r) berichtete, dass der Gesandte Allāhs(s) den Mann, der sich wie eine Frau kleidet und die Frau, die sich wie einen Mann kleidet verfluchte.
(Abu Dawūd, mit einer starken Überlieferungskette)

Hadith 1633 Abu Huraira(r) berichtete, dass der Gesandte Allāhs gesagt hat: „Zwei Typen der Höllenbewohner sind mir bis jetzt noch nicht begegnet: Männer mit Peitschen wie Rinderschwänze, mit welchen sie die Menschen peitschen und Frauen, die bekleidet und trotzdem nackt sind

٢٩٣ - باب النهى عن التشبه بالشيطان والكفار

١٦٣٤ - عَنْ جَابِرٍ رَضِىَ اللهُ عَنْهُ قَالَ : قَالَ رَسُولُ اللهِ ﷺ : « لَا تَأْكُلُوا بِالشِّمَالِ ، فَإِنَّ الشَّيْطَانَ يَأْكُلُ وَيَشْرَبُ بِشِمَالِهِ » رواه مسلم .

١٦٣٥ - وَعَنِ ابْنِ عُمَرَ رَضِىَ اللهُ عَنْهُمَا أنَّ رَسُولَ اللهِ ﷺ قَالَ : « لَا يَأْكُلَنَّ أَحَدُكُمْ بِشِمَالِهِ ، وَلَا يَشْرَبَنَّ بِهَا ، فَإِنَّ الشَّيْطَانَ يَأْكُلُ بِشِمَالِهِ وَيَشْرَبُ بِهَا » رواه مسلم .

١٦٣٦ - وَعَنْ أَبِى هُرَيْرَةَ رَضِىَ اللهُ عَنْهُ أَنَّ رَسُولَ اللهِ ﷺ قَالَ : « إِنَّ اليَهُودَ وَالنَّصَارَى لَا يَصْبِغُونَ ، فَخَالِفُوهُمْ » متفقٌ عليه .

المُرَادُ : خِضَابُ شَعْرِ اللِّحْيَةِ وَالرَّأْسِ الأَبْيَضِ بِصُفْرَةٍ أَوْ حُمْرَةٍ ، وَأَمَّا السَّوَادُ فَمَنْهِىٌّ عَنْهُ ، كَمَا سَنَذْكُرُ فِى البَابِ بَعْدَهُ ، إِنْ شَاءَ اللهُ تَعَالَى .

٢٩٤ - باب نهى الرجل والمرأة عن خضاب شعرهما بالسواد

١٦٣٧ - عَنْ جَابِرٍ رَضِىَ اللهُ عَنْهُ قَالَ : أُتِىَ بِأَبِى قُحَافَةَ وَالِدِ أَبِى بَكْرٍ الصِّدِّيقِ رَضِىَ

und deren Frisuren wie schräge Dromedarhöcker aussehen. Diese werden weder das Paradies betreten noch seinen Duft riechen können, obwohl dessen Duft aus weiter Entfernung zu spüren ist."
(Muslim)

Kapitel 293

Das Verbot, den Satan und die Ungläubigen zu imitieren

Hadith 1634 Jābir(r) berichtete, dass der Gesandte Allāhs(s) gesagt hat: „Esst nicht mit der linken Hand, denn der Satan isst und trinkt mit seiner Linken."
(Muslim)

Hadith 1635 Ibn 'Umr(r) berichtete, dass der Gesandte Allāhs(s) gesagt hat: „Meidet es, mit der linken Hand zu essen und zu trinken, denn der Satan isst mit seiner Linken, und trinkt mit ihr."
(Muslim)

Hadith 1636 Abu Huraira(r) berichtete, dass der Gesandte Allāhs gesagt hat: „Die Juden und die Christen färben ihre Haare nicht, drum sollt ihr das Gegenteil tun!"
(Al-Bukhari und Muslim)
Der Verfasser erklärt: Gemeint ist, dass man die weißen Kopfhaare und den weißen Bart mit gelber oder roter Tönung färben sollte. Die Färbung mit Schwarz ist verboten, wie wir im folgenden Kapitel behandeln werden.

Kapitel 294

Männer und Frauen sollen ihre Haare nicht schwarz färben

Hadith 1637 Jābir(r) berichtete: Am Tag der kampflosen Einnahme Mekkas wurde Abu Quhāfa - der Vater Abu Bakrs(r) - (*dem Propheten*)

اللهُ عَنْهُمَا يَوْمَ فَتحِ مَكَّةَ وَرَأْسُهُ وَلِحْيَتُهُ كَالثَّغَامَةِ بَيَاضاً ، فَقَالَ رَسُولُ اللهِ ﷺ : «غَيِّرُوا هذا وَاجْتَنِبُوا السَّوَادَ» رواه مسلم .

295 - باب النهي عن القزع
وهو حلق بعض الرأس دون بعض
وإباحة حلقه كله للرجل دون المرأة

١٦٣٨ - عَنِ ابنِ عُمَرَ رضي اللهُ عَنْهُمَا قَالَ : نَهَى رَسُولُ اللهِ ﷺ عَنِ القَزَعِ. متفق عليه .

١٦٣٩ - وَعَنْهُ قَالَ : رَأَى رَسُولُ اللهِ ﷺ صَبِيّاً قَدْ حَلَقَ بَعْضَ شَعْرِ رَأْسِهِ وَتَرَكَ بَعْضَهُ ، فَنَهَاهُمْ عَنْ ذَلِكَ وَقَالَ : «احْلِقُوهُ كُلَّهُ ، أَوِ اتْرُكُوهُ كُلَّهُ» رواه أبو داود بإسناد صحيح على شرط البخاري ومسلم .

١٦٤٠ - وَعَنْ عَبْدِ اللهِ بْنِ جَعْفَرٍ رضي اللهُ عَنْهُمَا أنَّ النَّبيَّ ﷺ أمْهَلَ آلَ جَعْفَرٍ رضي اللهُ عنه ثَلاثاً ، ثُمَّ أتَاهُمْ فَقَالَ : «لا تَبْكُوا عَلَى أخِي بَعْدَ اليَوْمِ» ، ثُمَّ قَالَ: «ادْعُوا لِي بَنِي أخِي» فَجِيءَ بِنَا كَأنَّا أفْرُخٌ فَقَالَ : «ادْعُوا لِيَ الحَلاَّقَ» ، فَأمَرَهُ ، فَحَلَقَ رُؤُوسَنَا . رواهُ أبو داود بإسناد صحيح على شرط البُخاريِّ ومُسلم .

١٦٤١ - وَعَنْ عَلِيٍّ رضي اللهُ عَنْهُ قَالَ : نَهَى رَسُولُ اللهِ ﷺ أنْ تَحْلِقَ المرأةُ رَأْسَهَا. رواهُ النَّسائي .

gebracht, dessen weißer Bart wie trocknes *T*ughāmkraut aussah, da sagte der Gesandte Allāhs(s): „Färbt diesen, aber meidet schwarz!"
(Muslim)

Kapitel 295

Das Verbot des Qaza', d.h. des Rasierens eines Teiles des Kopfes, wobei einige Haarbüschel stehengelassen werden und die Erlaubnis für Männer, nicht aber für Frauen, sich den Kopf zu rasieren

Hadith 1638 Ibn 'Umar(r) berichtete, dass der Gesandte Allāhs(s) die Qaza'-Frisur verboten hat.
(Al-Bukhari und Muslim)

Hadith 1639 Ibn 'Umar berichtete: Der Gesandte Allahs(s) sah einen Knaben, dessen Haare teils rasiert und teils nicht rasiert waren. Er verbot solch eine Frisur und sagte: „Schneidet das Ganze oder lasst das Ganze!"
(Abu Dawūd, mit einer starken Überlieferungskette gemäß der Kriterien der beiden Imāme Al-Bukhari und Muslim)

Hadith 1640 'Abdullāh ibn Ja'far(r) berichtete, dass der Prophet(s) den Familienmitgliedern des Ja'far(r) drei Tage Zeit gab, dann kam er zu ihnen und sagte: „Ab heute hört ihr auf, meinen (*verstorbenen*) Bruder zu beweinen." Dann sagt er: „Bringt mir die Kinder meines Bruders!" 'Abdullāh(r) berichtete: Man brachte uns zu ihm, wobei wir wie Küken aussahen. Er sagte: „Holt mir den Friseur!" So befahl er(s) ihm, uns die Köpfe zu rasieren.
(Abu Dawūd, mit einer starken Überlieferungskette gemäß der Kriterien der beiden Imāme Al-Bukhari und Muslim)

Hadith 1641 'Ali(r) berichtete, dass der Gesandte Allāhs(s) der Frau verboten hat, ihren Kopf zu rasieren.
(An-Nassāi)

٢٩٦ - باب تحريم وصل الشعر والوشم
والوشر وهو تحديد الأسنان

قال الله تعالى : ﴿ إن يَدْعُونَ مِن دُونِهِ إلاَّ إناثاً وإن يَدْعُونَ إلاَّ شَيْطاناً مَريداً . لَعَنَهُ اللهُ وقال لأتَّخِذَنَّ مِنْ عِبادِكَ نَصيباً مَفْروضاً . ولأُضِلَّنَّهُمْ ولأُمَنِّيَنَّهُمْ ولآمُرَنَّهُمْ فَلَيُبَتِّكُنَّ آذانَ الأنْعامِ ولآمُرَنَّهُمْ فَلَيُغَيِّرُنَّ خَلْقَ اللهِ ﴾ الآية (النساء: ١١٧: ١١٩) .

١٦٤٢ - وَعَنْ أَسْماءَ رَضِيَ اللهُ عَنْها أنَّ امْرَأةً سَأَلَتِ النَّبيَّ ﷺ فَقَالَتْ : يَا رَسُولَ اللهِ إنَّ ابْنَتِي أَصَابَتْهَا الحَصْبَةُ ، فَتَمَرَّقَ شَعْرُها ، وإنِّي زَوَّجْتُها ، أفَاصِلُ فِيهِ ؟ فَقَالَ : « لَعَنَ اللهُ الواصِلَةَ والمَوْصُولَةَ » متفقٌ عليه .

وفي رواية : « الواصِلَةَ ، والمُسْتَوْصِلَةَ » .

قَوْلُها : « فَتَمَرَّقَ » هو بالرَّاءِ ، ومعناه : انْتَثَرَ وسَقَطَ . والواصِلَةُ : الَّتي تَصِلُ شَعْرَها ، أوْ شَعْرَ غَيرِها بِشَعْرٍ آخَرَ . «والمَوْصُولَةُ » : الَّتي يُوصَلُ شَعْرُها . «والمُسْتَوْصِلَةُ» : الَّتي تَسْأَلُ مَنْ يَفْعَلُ ذلكَ لَها .

وَعَنْ عَائِشَةَ رَضِيَ اللهُ عَنْها نَحْوُهُ ، متفقٌ عليه .

١٦٤٣ - وَعَنْ حُمَيْدِ بْنِ عَبْدِ الرَّحْمَنِ أنَّهُ سَمِعَ مُعَاوِيَةَ رَضِيَ اللهُ عَنْهُ عَامَ حَجَّ عَلى المِنْبَرِ وتَنَاوَلَ قُصَّةً مِنْ شَعرٍ كَانَتْ في يَدِ حَرَسِيٍّ فَقَالَ : يَا أَهْلَ المَدِينَةِ أَيْنَ عُلَمَاؤُكُمْ ؟! سَمِعْتُ النَّبيَّ ﷺ يَنْهى عَنْ مِثْلِ هذِه . ويَقُولُ : « إنَّما هَلَكَتْ بَنو إِسْرَائيل حِينَ اتَّخَذَ هذِهِ نِسَاؤُهُمْ » متفقٌ عليه .

١٦٤٤ - وَعَنِ ابْنِ عُمَرَ ، رَضِيَ اللهُ عَنْهُمَا ، أنَّ رَسُولَ اللهِ ﷺ لَعَنَ الواصِلَةَ

Kapitel 296
Die Unzulässigkeit der Verlängerung der Haare (*durch anderes Haar*) und des Feilens der Zähne

Allāh - erhaben ist Er - spricht:
»Sie rufen nichts als weibliche (Götzen als Fürbitter) bei Ihm, doch ist es nur ein hartnäckiger Teufel, den sie anrufen. Verflucht hat ihn Allāh, doch er versprach: „Ich werde bestimmt einen vorbestimmten Teil Deiner Diener versklaven. Ich werde sie wahrlich in die Irre führen, sie mit leeren Wünschen speisen und ihnen befehlen, dass sie in die Ohren der Schlachttiere schneiden[191] und ihnen befehlen, die Schöpfung Allāhs zu verändern.«[192]
Sura 4:117-119

Hadith 1642 Asmā(r) berichtete, dass eine Frau den Propheten(s) fragte: „O Gesandter Allāhs, meine Tochter erkrankte an Masern, und ihre Haare fielen aus. Ich bin dabei, sie zu verheiraten. Sollte ich ihre Haare (*durch fremdes Haar*) verlängern?" Daraufhin sagte er: „Allāh verflucht die (Haar-) Binderin[193] sowie diejenige, die dies trägt."
(Al-Bukhari und Muslim)
In einer anderen Version steht: „sowie diejenige, die sich das Haar verlängern lässt."

Hadith 1643 *H*umaid ibn 'Abdur-Ra*h*mān(r) berichtete, dass er Mu'āwia(r) hörte, in dem Jahr, als er die Wallfahrt nach Mekka vollzog - er stand auf der Kanzel, griff nach einem Toupet, das einer der Wachsoldaten in der Hand hielt, und rief: „O Leute Medinas! Wo sind bloß eure Gelehrten?! Ich hörte den Gesandten Allāhs(s) solches verbieten und sagen: »Wahrlich, die Kinder Israels gingen zugrunde, als ihre Frauen anfingen, sich solcher Dinge zu bedienen!«"
(Al-Bukhari und Muslim)

Hadith 1644 Ibn 'Umar(r) berichtete, dass der Gesandte Allāhs diejenige

وَالْمُسْتَوْصِلَةَ ، وَالْوَاشِمَةَ وَالْمُسْتَوْشِمَةَ . متفقٌ عليه .

١٦٤٥ ـ وَعَنِ ابنِ مَسْعُودٍ ، رَضِيَ اللهُ عَنْهُ ، قَالَ : لَعَنَ اللهُ الْوَاشِمَاتِ وَالْمُسْتَوْشِمَاتِ وَالْمُتَنَمِّصَاتِ ، وَالْمُتَفَلِّجَاتِ لِلْحُسْنِ ، الْمُغَيِّرَاتِ خَلْقَ اللهِ ! فَقَالَتْ لَهُ امْرَأَةٌ فِي ذٰلِكَ ، فَقَالَ : وَمَا لِي لَا أَلْعَنُ مَنْ لَعَنَ رَسُولُ اللهِ ﷺ وَهُوَ فِي كِتَابِ اللهِ تَعَالَى : ﴿وَمَا آتَاكُمُ الرَّسُولُ فَخُذُوهُ وَمَا نَهَاكُمْ عَنْهُ فَانْتَهُوا﴾ (الحشر: ٧) . متفقٌ عليه .

« الْمُتَفَلِّجَةُ » : هِيَ الَّتِي تَبْرُدُ مِنْ أَسْنَانِهَا لِيَتَبَاعَدَ بَعْضُهَا مِنْ بَعْضٍ قَلِيلاً ، وَتُحَسِّنُهَا وَهُوَ الْوَشْرُ ، وَ « النَّامِصَةُ » : هِيَ الَّتِي تَأْخُذُ مِنْ شَعْرِ حَاجِبِ غَيْرِهَا ، وَتُرَقِّقُهُ لِيَصِيرَ حَسَناً ، وَ « الْمُتَنَمِّصَةُ » : الَّتِي تَأْمُرُ مَنْ يَفْعَلُ بِهَا ذٰلِكَ .

٢٩٧ ـ باب النهي عن نتف الشيب
من اللحية والرأس وغيرهما
وعن نتف الأمرد شعر لحيته عند أول طلوعه

١٦٤٦ ـ عَنْ عَمْرِو بْنِ شُعَيْبٍ ، عَنْ أَبِيهِ ، عَنْ جَدِّهِ رضي اللهُ عَنْهُ ، عَنِ النَّبِيِّ ﷺ قَالَ : « لَا تَنْتِفُوا الشَّيْبَ ؛ فَإِنَّهُ نُورُ الْمُسْلِمِ يَوْمَ الْقِيَامَةِ » حديثٌ حسنٌ ، رَوَاهُ أبُو دَاوُدَ ، وَالتِّرْمِذِيُّ ، وَالنَّسَائِيُّ بِأَسَانِيدَ حَسَنَةٍ ، قال التِّرْمِذِيُّ : هُوَ حديثٌ حسنٌ .

١٦٤٧ ـ وَعَنْ عَائِشَةَ رَضِيَ اللهُ عَنْهَا قَالَتْ : قَالَ رَسُولُ اللهِ ﷺ : « مَنْ عَمِلَ عَمَلاً لَيْسَ عَلَيْهِ أَمْرُنَا فَهُوَ رَدٌّ » رواه مسلم .

verfluchte, die (*künstliches*) Haar herstellt oder trägt, und diejenige, die tätowiert oder sich tätowieren lässt.
(Al-Bukhari und Muslim)

Hadith 1645 Ibn Mas'ūd(r) sagte: Allāh verflucht die Tätowiererinnen und die Frauen, die sich tätowieren lassen, die Frauen, die sich die Augenbraue auszupfen, und solche, die die Zähne wegen Schönheit feilen oder andere Veränderungen an der Schöpfung Allāhs vornehmen. Daraufhin sagte eine Frau zu ihm: „Wieso?!" Er sagte: „Warum sollte ich nicht verfluchen, was der Gesandte Allāhs(s) verflucht hat? Und in Allāhs Buch heißt es: »Und was auch immer der Gesandte Allāhs euch gibt, das nehmt an, und was auch immer er verbietet, sollt ihr unterlassen.«"

Kapitel 297
Es ist verboten, graues Haar vom Bart und Kopf beim Erwachsenen, sowie die ersten Barthaare eines jungen Mannes auszuzupfen

Hadith 1646 'Amr ibn Schu'aib(r) berichtete von seinem Vater(r), dass sein Großvater(r) berichtete: Der Prophet(s) hat gesagt: „Zupft nicht das graue Haar aus, denn es ist des Muslims Licht am Tag der Auferstehung."
(Abu Dawūd, At-Tirmi*d*i und An-Nasā ie mit guten Überlieferungsketten. At-Tirmi*d*i sagt:
„Er ist ein guter *H*adith.")

Hadith 1647 'Āischa(r) berichtete, dass der Gesandte Allāhs(s) gesagt hat: „Wer eine Tat verrichtet, die unserer Sache widerspricht, solche wird zurückgewiesen."
(Muslim)

٢٩٨ - باب كراهة الاستنجاء باليمين
ومس الفرج باليمين من غير عذر

١٦٤٨ - عَنْ قَتَادَةَ رَضِيَ اللهُ عَنْهُ عَنِ النَّبِيِّ ﷺ قَالَ : « إِذَا بَالَ أَحَدُكُمْ ، فَلَا يَأْخُذَنَّ ذَكَرَهُ بِيَمِينِهِ ، وَلَا يَسْتَنْجِ بِيَمِينِهِ ، وَلَا يَتَنَفَّسْ فِى الْإِنَاءِ » . متفقٌ عليه . وفى الباب أحاديث كثيرةٌ صحيحةٌ .

٢٩٩ - باب كراهة المشى فى نعل واحدة أو خف واحد
لغير عذر وكراهة لبس النعل والخف قائما لغير عذر

١٦٤٩ - عَنْ أَبِى هُرَيْرَةَ رَضِيَ اللهُ عَنْهُ أَنَّ رَسُولَ اللهِ ﷺ قَالَ : « لَا يَمْشِ أَحَدُكُمْ فِى نَعْلٍ وَاحِدَةٍ ، لِيَنْعَلْهُمَا جَمِيعاً ، أَوْ لِيَخْلَعْهُمَا جَمِيعاً » .
وفى رواية « أَوْ لِيُحْفِهِمَا جَمِيعاً » متفقٌ عليه .

١٦٥٠ - وَعَنْهُ قَالَ : سَمِعْتُ رَسُولَ اللهِ ﷺ يَقُولُ : « إِذَا انْقَطَعَ شِسْعُ نَعْلِ أَحَدِكُمْ ، فَلَا يَمْشِ فِى الْأُخْرَى حَتَّى يُصْلِحَهَا » رواهُ مسلم .

١٦٥١ - وَعَنْ جَابِرٍ رَضِيَ اللهُ عَنْهُ أَنَّ رَسُولَ اللهِ ﷺ نَهَى أَنْ يَنْتَعِلَ الرَّجُلُ قَائِماً . رواهُ أبو داود بإسنادٍ حسن .

Kapitel 298

Das Reinigen nach Verrichten der Notdurft mit der rechten Hand und das Berühren der Genitalien mit derselben ist unerwünscht

Hadith 1648 Qatāda(r) berichtete, dass der Prophet(s) gesagt hat: „Wenn jemand von euch uriniert, soll er seinen Penis nicht mit der rechten Hand halten, seine Genitalien auch nicht mit der rechten Hand waschen, und er soll nicht in das Trinkgefäß atmen!"
(Al-Bukhari und Muslim)
Diesbezüglich sind viele starke Hadithe überliefert worden.

Kapitel 299

Es ist unerwünscht, mit nur einem Schuh oder einer Socke zu laufen, sowie es unerwünscht ist, Schuhe oder Socken im Stehen anzuziehen, es sei denn für beides gibt es einen plausiblen Grund

Hadith 1649 Abu Huraira(r) berichtete, dass der Gesandte Allāhs(s) gesagt hat: „Keiner von euch soll laufen, wenn er nur einen Schuh anhat. Entweder zieht er beide Schuhe an, oder er zieht beide Schuhe aus!"
(Al-Bukhari und Muslim)
In einer weiteren Überlieferung steht: „oder er soll barfuß laufen!"

Hadith 1650 Abu Huraira(r) berichtete, dass er den Gesandten Allāhs sagen hörte: „Wenn ein Sandalenriemen des einen von euch gerissen ist, soll er nicht mit dem anderen laufen, bis er den gerissenen repariert hat."
(Muslim)

Hadith 1651 Jābir(r) berichtete, dass der Gesandte Allāhs(s) verboten hat, dass man sich die Schuhe im Stehen anzieht.
(Abu Dawūd, mit einer guten Überlieferungskette)

٣٠٠ - باب النهى عن ترك النار فى البيت عند النوم ونحوه سواء كانت فى سراج أو غيره

١٦٥٢ - عَنْ ابنِ عُمَرَ رَضِيَ اللهُ عَنْهُمَا عَنِ النَّبِيِّ ﷺ قَالَ : « لَا تَتْرُكُوا النَّارَ فِى بُيُوتِكُمْ حِينَ تَنَامُونَ » متفقٌ عليه .

١٦٥٣ - وَعَنْ أَبِى مُوسَى الأَشْعَرِىِّ رَضِيَ اللهُ عَنْهُ قَالَ : احْتَرَقَ بَيْتٌ بِالمدِينَةِ عَلَى أَهْلِهِ مِنَ اللَّيْلِ ، فَلَمَّا حُدِّثَ رَسُولُ اللهِ ﷺ بِشَأْنِهِمْ قَالَ : « إِنَّ هذه النَّارَ عَدُوٌّ لَكُمْ ، فَإِذَا نِمْتُمْ ، فَأَطْفِئُوهَا » متفقٌ عليه .

١٦٥٤ - وَعَنْ جَابِرٍ رَضِيَ اللهُ عَنْهُ عَنْ رَسُولِ اللهِ ﷺ قَالَ : « غَطُّوا الإِنَاءَ ، وَأَوْكُوا السِّقَاءَ ، وَأَغْلِقُوا البَابَ ، وَأَطْفِئُوا السِّرَاجَ ، فَإِنَّ الشَّيْطَانَ لَا يَحُلُّ سِقَاءً ، وَلَا يَفْتَحُ بَابًا ، وَلَا يَكْشِفُ إِنَاءً ، فَإِنْ لَمْ يَجِدْ أَحَدُكُمْ إِلَّا أَنْ يَعْرُضَ عَلَى إِنَائِهِ عُودًا ، وَيَذْكُرَ اسْمَ اللهِ ، فَلْيَفْعَلْ ، فَإِنَّ الفُوَيْسِقَةَ تُضْرِمُ عَلَى أَهْلِ البَيْتِ بَيْتَهُمْ » رواه مسلم .

« الفُوَيْسِقَةُ » : الفَأْرَةُ ، وَ « تُضْرِمُ » : تُحْرِقُ .

٣٠١ - باب النهى عن التكلف وهو فعل مالا مصلحة فيه بمشقة

قَالَ اللهُ تَعَالَى : ﴿ قُلْ مَا أَسْأَلُكُمْ عَلَيْهِ مِنْ أَجْرٍ وَمَا أَنَا مِنَ الْمُتَكَلِّفِينَ ﴾ (ص:٨٦) .

١٦٥٥ - وَعَنْ عُمَرَ رَضِيَ اللهُ عَنْهُ قَالَ : نُهِينَا عَنِ التَّكَلُّفِ . رَوَاهُ البُخَارِى .

Kapitel 300
Das Verbot, ins Bett zu gehen, wenn offenes Feuer bzw. eine Öllampe usw. in der Wohnung brennt

Hadith 1652 Ibn 'Umar(r) berichtete, dass der Prophet(s) gesagt hat: „Lasset kein Feuer in euren Häusern brennen, wenn ihr schlaft."
(Al-Bukhari und Muslim)

Hadith 1653 Abu Mūsa Al-Asch'ari(r) berichtete: Ein Haus in Madina brannte nachts mit samt seinen Bewohnern nieder. Als man dem Gesandten Allāhs(s) davon erzählte, sagte er: „Wahrlich dieses Feuer ist ein Feind für euch, also löscht es, wenn ihr schlafen geht."
(Al-Bukhari und Muslim)

Hadith 1654 Jābir(r) berichtete, dass der Gesandte Allāhs(s) gesagt hat: „Deckt die Essgefäße zu, verschnürt die Wasserschläuche, schließt die Türe ab, und löscht die Öllampen aus, denn der Satan löst keine verschnürten Wasserschläuche, öffnet keine (verschlossenen) Türen, und deckt keinen Behälter auf. Findet man nichts außer einem Zweig, so soll er ihn auf den Behälter quer legen und den Namen Allāhs erwähnen; denn eine Maus könnte den Docht mit sich ziehen und die Hausbewohner in Brand setzen."
(Muslim)

Kapitel 301
Das Verbot der Affektiertheit, d.h. das Nutzlose mit Mühe verrichten

Allāh - erhaben ist Er - spricht:
»Sprich: „Weder bitte ich euch um einen Lohn dafür, noch bin ich einer derer, die sich anmaßen."« Sura 38:86

Hadith 1655 'Umar ibn-ul-Khaṭṭāb(r) berichtete: „Uns ist das Getue

١٦٥٦ – وَعَنْ مَسْرُوقٍ قَالَ : دَخَلْنَا عَلَى عَبْدِ اللهِ بْنِ مَسْعُودٍ رَضِيَ اللهُ عَنْهُ فَقَالَ : يَأَيُّهَا النَّاسُ مَنْ عَلِمَ شَيْئًا فَلْيَقُلْ بِهِ ، وَمَنْ لَمْ يَعْلَمْ ، فَلْيَقُلْ : اللهُ أَعْلَمُ ، فَإِنَّ مِنَ الْعِلْمِ أَنْ تَقُولَ لِمَا لَا تَعْلَمُ : اللهُ أَعْلَمُ ، قَالَ اللهُ تَعَالَى لِنَبِيِّهِ ﷺ : ﴿ قُلْ مَا أَسْأَلُكُمْ عَلَيْهِ مِنْ أَجْرٍ وَمَا أَنَا مِنَ الْمُتَكَلِّفِينَ ﴾ رواه البخاري .

٣٠٢ – باب تحريم النياحة على الميت
ولطم الخد وشق الجيب
ونتف الشعر وحلقه ، والدعاء بالويل والثبور

١٦٥٧ – عَنْ عُمَرَ بْنِ الْخَطَّابِ رَضِيَ اللهُ عَنْهُ قَالَ : قَالَ النَّبِيُّ ﷺ : « الْمَيِّتُ يُعَذَّبُ فِي قَبْرِهِ بِمَا نِيحَ عَلَيْهِ » .

وفِي رِوَايَةٍ : « مَا نِيحَ عَلَيْهِ » متفقٌ عَلَيْهِ .

١٦٥٨ – وَعَنِ ابْنِ مَسْعُودٍ رَضِيَ اللهُ عَنْهُ قَالَ : قَالَ رَسُولُ اللهِ ﷺ : « لَيْسَ مِنَّا مَنْ ضَرَبَ الْخُدُودَ ، وَشَقَّ الْجُيُوبَ ، وَدَعَا بِدَعْوَى الْجَاهِلِيَّةِ » متفقٌ عليه .

١٦٥٩ – وَعَنْ أَبِى بُرْدَةَ قَالَ : وَجِعَ أَبُو مُوسَى ، فَغُشِيَ عَلَيْهِ ، وَرَأْسُهُ فِى حِجْرِ امْرَأَةٍ مِنْ أَهْلِهِ ، فَأَقْبَلَتْ تَصِيحُ بِرَنَّةٍ فَلَمْ يَسْتَطِعْ أَنْ يَرُدَّ عَلَيْهَا شَيْئًا ؛ فَلَمَّا أَفَاقَ ، قَالَ : أَنَا

verboten worden."
(Al-Bukhari)

Hadith 1656 Masrūq(r) berichtete: Als wir zu Abdullah ibn Mas'ūd(r) kamen, sagte er zu uns: „Ihr Leute, wer von euch etwas weiß, der soll dies sagen. Wer aber nicht weiß, soll sagen: »Allāh weiß es am besten!«, denn es gehört zum Wissen zu sagen, über das was du nicht weißt: »Allāh weiß es am besten!« Allāh - erhaben ist Er - lehrte Seinen Propheten(s): »Sprich: „Weder bitte ich euch um einen Lohn dafür, noch bin ich der Heuchler einer."«
(Al-Bukhari)

Kapitel 302

Die Unzulässigkeit der Totenklage, des Sich-selbst-ins-Gesicht-Schlagens, des Kleiderzerreißens, des Auszupfens oder des Abrasierens der Haare und des Wehklagens

Hadith 1657 'Umar ibn-ul-Khaṭṭāb(r) berichtete, dass der Prophet(s) gesagt hat: „Der Tote wird in seinem Grabe gestraft, wegen der Wehklage über ihn."
(Al-Bukhari und Muslim)
In einer anderen Version steht: „solange man über ihn Wehklagen erhebt."

Hadith 1658 Ibn Mas'ūd(r) berichtete, dass der Gesandte Allāhs gesagt hat: „Zu uns gehört keiner, der sich ohrfeigt, sein Kleid zerreißt, und die Wehklagen der Jāhiliya (*der vorislamischen Heiden*) heraufbeschwört."
(Al-Bukhari und Muslim)

Hadith 1659 Abu Burada(r) berichtete: Als Abu Musa erkrankte und bewußtlos war und sein Kopf im Schoß seiner Frau lag, begann sie laute Wehklagen zu erheben, was er nicht verhindern konnte. Als er zu sich kam, sagte er: „Ich habe nichts zu schaffen mit dem, was der Gesandte Allāhs

بَرِيءٌ مِمَّنْ بَرِئَ مِنْهُ رَسُولُ اللهِ ﷺ ، إنَّ رَسُولَ اللهِ ﷺ بَرِئَ مِنَ الصَّالِقَةِ ، وَالحَالِقَةِ ، وَالشَّاقَّةِ ! متَّفقٌ عليه .

« الصَّالِقَةُ » : الَّتِي تَرْفَعُ صَوْتَها بِالنِّيَاحَةِ وَالنَّدْبِ ، وَ« الحَالِقَةُ » : الَّتِي تَحْلِقُ رَأسَها عِنْدَ المُصيبَةِ ، وَ« الشَّاقَّةُ » : الَّتِي تَشُقُّ ثَوْبَهَا .

١٦٦٠ – وَعَنِ المُغيرَةِ بنِ شُعْبَةَ رَضيَ اللهُ عَنْهُ قَالَ : سَمِعْتُ رَسُولَ اللهِ ﷺ يَقُولُ : « مَنْ نِيحَ عَلَيْهِ ، فَإنَّهُ يُعَذَّبُ بِمَا نِيحَ عَلَيْهِ يَوْمَ القِيَامَةِ » متَّفقٌ عليه .

١٦٦١ – وَعَنْ أمِّ عَطِيَّةَ نُسَيْبَةَ – بِضَمِّ النُّونِ وَفَتْحِهَا – رَضِيَ اللهُ عَنْهَا قَالَتْ : أخَذَ عَلَيْنَا رَسُولُ اللهِ ﷺ عِنْدَ البَيْعَةِ أنْ لا نَنُوحَ . متَّفقٌ عليه .

١٦٦٢ – وَعَنْ النُّعْمَانِ بنِ بَشِيرٍ رَضيَ اللهُ عَنْهُمَا قَالَ : أُغْمِيَ عَلَى عَبْدِ اللهِ بنِ رَوَاحَةَ رَضيَ اللهُ عَنْهُ ، فَجَعَلَتْ أُخْتُهُ تَبْكِي ، وَتَقُولُ : وَاجَبَلاهُ ، وَاكَذَا ، وَاكَذَا ، تُعَدِّدُ عَلَيْهِ ، فَقَالَ حِينَ أَفَاقَ : مَا قُلْتِ شَيْئًا إِلَّا قِيلَ لِي : أنْتَ كَذَلِكَ ؟! رَوَاهُ البُخَارِي .

١٦٦٣ – عَنِ ابنِ عُمَرَ رَضِيَ اللهُ عَنْهُمَا قَالَ : اشْتَكَى سَعْدُ بنُ عُبَادَةَ رَضيَ اللهُ عَنْهُ شَكْوَى ، فَأتَاهُ رَسُولُ اللهِ ﷺ يَعُودُهُ مَعَ عَبْدِ الرَّحْمَنِ بنِ عَوْفٍ ، وَسَعْدِ بنِ أبي وَقَّاصٍ ، وَعَبْدِ اللهِ بنِ مَسْعُودٍ رَضِيَ اللهُ عَنْهُمْ ، فَلَمَّا دَخَلَ عَلَيْهِ ، وَجَدَهُ فِي غَشْيَةٍ فَقَالَ: « أقَضَى؟ » قَالُوا : لا يا رَسُولَ اللهِ ، فَبَكَى رَسُولُ اللهِ ﷺ ، فَلَمَّا رَأى القَوْمُ بُكَاءَ النَّبِيِّ ﷺ بَكَوْا ، قَالَ : « ألا تَسْمَعُونَ ؟ إنَّ اللهَ لا يُعَذِّبُ بِدَمْعِ العَيْنِ ، وَلا بِحُزْنِ القَلْبِ ، وَلَكِنْ يُعَذِّبُ بِهَذَا » وَأَشَارَ إلى لِسَانِهِ « أوْ يَرْحَمُ » متَّفقٌ عليه .

verabscheut hat. Wahrlich, der Gesandte Allāhs(s) verabscheute diejenige, die laute Wehklagen erhebt oder diejenige, die sich den Kopf[194] rasiert, oder die sich das Kleid zerreißt."
(Al-Bukhari und Muslim)

Hadith 1660 Al-Mughīra ibn Schu'ba(r) berichtete: Ich hörten den Gesandten Allāhs(s) sagen: „Wer mit Wehklagen beweint wird, wird am Tage der Auferstehung gestraft."
(Al-Bukhari und Muslim)

Hadith 1661 Um 'A*t*iya - Nusaiba bzw. Nasība -(r) berichtete: Der Gesandte Allāhs(s) nahm uns bei unserem Treueid ab, dass wir das Wehklagen unterlassen würden."[195]
(Al-Bukhari und Muslim)

Hadith 1662 An-Nu'mān ibn Baschīr(r) berichtete: Als Abdullah ibn Rawā*h*a(r) bewusstlos lag, begann seine weinende Schwester lautes Wehklagen, wie »O mein (Schutz)-Berg! O Soundso! O Soundso« zu erheben und seine Vorzüge und ihren Verlust zu betonen. Als er zu sich kam, sagte er zu ihr: „Was auch immer du (*über mich*) sagtest, ich wurde danach gefragt: „Bist du wirklich so ?!"
(Al-Bukhari)

Hadith 1663 Ibn 'Umar(r) berichtete: Sa'd ibn 'Ubāda(r) erkrankte, da besuchte ihn der Gesandte Allāhs(s) in Begleitung der Gefährten Abdurrahman ibn Auf, Saad ibn Abi Waqqas und Abdullah ibn Mas'ud. Als der Gesandte Allāhs(s) sein Zimmer betrat, war er(r) gerade bewusstlos, da fragte er(s): „Ist er schon gestorben?" Man antwortete: „Nein, o Gesandter Allāhs." Daraufhin weinte der Gesandte Allāhs(s). Als die Gefährten sein Weinen sahen, weinten sie auch, da sagte er(s) zu ihnen: „Hört bitte gut zu! Wahrlich, Allāh bestraft nicht für das Tränenvergießen oder die Herzenstrauer, aber wegen dieser - und zeigte auf seine Zunge - bestraft Er oder hat Er Erbarmen." (Al-Bukhari und Muslim)

١٦٦٤ - وَعَنْ أَبِي مَالِكٍ الأَشْعَرِيِّ رَضِيَ اللهُ عَنْهُ قَالَ: قَالَ رَسُولُ اللهِ ﷺ:
«النَّائِحَةُ إِذَا لَمْ تَتُبْ قَبْلَ مَوْتِهَا تُقَامُ يَوْمَ القِيَامَةِ وَعَلَيْهَا سِرْبَالٌ مِنْ قَطِرَانٍ، وَدِرْعٌ مِنْ جَرَبٍ»
رَوَاهُ مُسْلِمٌ.

١٦٦٥ - وَعَنْ أَسِيدِ بْنِ أَبِي أَسِيدٍ التَّابِعِيِّ عَنِ امْرَأَةٍ مِنَ المُبَايِعَاتِ قَالَتْ: كَانَ فِيمَا أَخَذَ عَلَيْنَا رَسُولُ اللهِ ﷺ فِي المَعْرُوفِ الَّذِي أَخَذَ عَلَيْنَا أَنْ لَا نَعْصِيَهُ فِيهِ: أَنْ لَا نَخْمِشَ وَجْهًا، وَلَا نَدْعُوَ وَيْلًا، وَلَا نَشُقَّ جَيْبًا، وَأَنْ لَا نَنْشُرَ شَعْرًا. رَوَاهُ أَبُو دَاوُدَ بِإِسْنَادٍ حَسَنٍ.

١٦٦٦ - وَعَنْ أَبِي مُوسَى رَضِيَ اللهُ عَنْهُ أَنَّ رَسُولَ اللهِ ﷺ قَالَ: «مَا مِنْ مَيِّتٍ يَمُوتُ، فَيَقُومُ بَاكِيهِمْ، فَيَقُولُ: وَاجَبَلَاهُ، وَاسَيِّدَاهُ، أَوْ نَحْوَ ذَلِكَ إِلَّا وُكِّلَ بِهِ مَلَكَانِ يَلْهَزَانِهِ: أَهَكَذَا كُنْتَ؟!» رَوَاهُ التِّرْمِذِيُّ وَقَالَ: حَدِيثٌ حَسَنٌ.

«اللَّهْزُ»: الدَّفْعُ بِجُمْعِ اليَدِ فِي الصَّدْرِ.

١٦٦٧ - وَعَنْ أَبِي هُرَيْرَةَ رَضِيَ اللهُ عَنْهُ قَالَ: قَالَ رَسُولُ اللهِ ﷺ: «اثْنَتَانِ فِي النَّاسِ هُمَا بِهِمْ كُفْرٌ: الطَّعْنُ فِي النَّسَبِ، وَالنِّيَاحَةُ عَلَى المَيِّتِ» رَوَاهُ مُسْلِمٌ.

٣٠٣ - باب النهي عن إتيان الكهان والمنجمين والعراف وأصحاب الرمل والطوارق بالحصى وبالشعير ونحو ذلك

١٦٦٨ - عَنْ عَائِشَةَ رَضِيَ اللهُ عَنْهَا قَالَتْ: سَأَلَ رَسُولَ اللهِ ﷺ أُنَاسٌ عَنِ الكُهَّانِ،

Hadith 1664 Abu Mālik Al-Asch'ari(r) berichtete, dass der Gesandte Allāhs(s) gesagt hat: „Diejenige, die lautes Wehklagen erhebt und dies vor ihrem Tod nicht bereut hat, wird am Tage der Auferstehung in einem Gewand aus Teer und einem Unterhemd aus Räude (Krätze) vorgeführt. (Muslim)

Hadith 1665 Usaid ibn Abi Usaid at-Tābi'iy[196] -(r) - berichtete: Eine von den Frauen, welchen der Gesandte Allāhs(s) den Treueid abnahm, sagte: „Zu jenem Treueid, welchen der Gesandte Allāhs(s) uns abnahm, ihm nicht ungehorsam zu werden, in dem, was recht ist, gehörte: Dass wir unsere Gesichter nicht zerkratzen, keine Wehklage erheben, unsere Kleider nicht zerreißen, und unsere Haare nicht offen tragen."
(Abu Dawūd, mit einer guten Überlieferungskette)

Hadith 1666 Abu Mūsa(r) berichtete, dass der Gesandte Allāhs(s) gesagt hat: „Kein Sterblicher stirbt, wobei man Wehklagen erhebt, wie: „O mein (Schutz)-Berg! O mein Herr (*Gebieter*)! usw., ohne dass (*die*) zwei (*bevollmächtigten*) Engel ihn vornehmen, und ihn unter Schlagen mit den Fäusten in die Brust fragen: „Warst du etwa so?!"
(At-Tirmidi, mit dem Vermerk: Ein guter Hadith)

Hadith 1667 Abu Huraira(r) berichtete, dass der Gesandte Allāhs(s) gesagt hat: „Zwei Unsitten in den Menschen zählen zum Unglauben: „Verleugnen der Abstammung und die Totenklage."
(Muslim) (Vgl. Hadith-Nr. 1578)

Kapitel 303
Die Unzulässigkeit der Befragung der Wahrsager und der Astrologen und der Geomantie; sei es Wahrsagerei auf Grund des Malens von Linien im Sand, des Werfens von Kieseln und Gerstekörnern o.ä.

Hadith 1668 'Āischa(r) berichtete: Einige Leute fragten den Gesandten

فَقَالَ : « لَيْسُوا بِشَيْءٍ » فَقَالُوا : يَا رَسُولَ الله إنَّهُمْ يُحَدِّثُونَا أحْيَاناً بِشَيْءٍ ، فَيَكُونُ حقًّا ؟ فَقَالَ رَسُولُ اللهِ ﷺ : « تلكَ الكَلمَةُ مِنَ الحَقِّ يَخْطَفُهَا الجِنِّي ، فَيَقُرُّهَا فِـى أُذُنِ وَلِيِّهِ ، فَيَخْلِطُونَ مَعَهَا مائَةَ كَذْبَةٍ » متفقٌ عليه .

وفى روايةٍ للبخاريِّ عَنْ عَائِشَةَ رَضِيَ اللهُ عَنْهَا أنَّهَا سَمِعَتْ رَسُولَ اللهِ ﷺ يقولُ : «إنَّ الملائِكَةَ تَنْزِلُ فى العَنَانِ ـــ وهوَ السَّحابُ ـــ فَتَذْكُرُ الأمْرَ قُضِيَ فى السَّمَاءِ ، فَيَسْتَرِقُ الشَّيْطَانُ السَّمْعَ ، فَيَسْمَعُهُ فَيُوحِيهِ إِلَى الكُهَّانِ ، فَيَكْذِبُونَ مَعَهَا مِائَةَ كَذْبَةٍ مِنْ عِنْدِ أَنْفُسِهِمْ» .

قَوْلُهُ : « فَيَقُرُّهَا » هو بفتحِ الياءِ ، وضمِّ القافِ والراءِ ، أي : يُلْقِيهَا . و« العَنَانُ » بفتحِ العينِ .

١٦٦٩ ـ وَعَنْ صَفِيَّةَ بنتِ أَبِي عُبَيْدٍ ، عَنْ بَعْضِ أَزْوَاجِ النَّبِيِّ ﷺ وَرَضِيَ اللهُ عَنْهَا عَنِ النَّبِيِّ ﷺ قَالَ : « مَنْ أَتَى عَرَّافاً فَسَأَلَهُ عَنْ شَيْءٍ ، فَصَدَّقَهُ ، لَمْ تُقْبَلْ لَهُ صَلاةُ أَرْبَعِينَ يَوْماً » رواهُ مسلم .

١٦٧٠ ـ وَعَنْ قَبِيصَةَ بنِ المُخَارِقِ رَضِيَ اللهُ عَنْهُ قَالَ : سَمِعْتُ رَسُولَ اللهِ ﷺ يَقولُ : « العِيَافَةُ ، وَالطِّيَرَةُ ، والطَّرْقُ ، مِنَ الجِبْتِ » .

رواه أبو داود بإسنادٍ حسنٍ ، وقالَ : الطَّرْقُ ، هُوَ الزَّجْرُ ، أيْ : زَجْرُ الطَّيْرِ ، وَهُوَ أنْ يَتَيَمَّنَ أَوْ يَتَشَاءَمَ بِطَيَرَانِهِ ، فَإِنْ طَارَ إِلى جِهَةِ اليَمِينِ ، تَيَمَّنَ ، وإنْ طَارَ إلى جِهَةِ اليَسَارِ تَشَاءَمَ . قالَ أبو داود : « وَالعِيَافَةُ » : الخَطُّ .

قالَ الجَوْهَرِيُّ في « الصِّحاحِ » : الجِبْتُ كَلِمَةٌ تَقَعُ عَلى الصَّنَمِ وَالكَاهِنِ وَالسَّاحِرِ وَنَحْوِ ذلكَ .

١٦٧١ ـ وَعَنِ ابنِ عَبَّاسٍ رَضِيَ اللهُ عَنْهُمَا قَالَ : قَالَ رَسُولُ اللهِ ﷺ : « مَنِ اقْتَبَسَ عِلْماً مِنَ النُّجُومِ ، اقْتَبَسَ شُعْبَةً مِنَ السِّحْرِ زَادَ مَا زَادَ » رواه أبو داود بإسنادٍ صحيحٍ .

١٦٧٢ ـ وَعَنْ مُعَاوِيَةَ بنِ الحَكَمِ رَضِيَ اللهُ عَنْهُ قَالَ : قُلْتُ : يَا رَسُولَ اللهِ ، إنِّى

Allāhs(s) nach den Wahrsagern, daraufhin sagte er(s): „Das basiert auf nichts!" Man sagte zu ihm: „O Gesandter Allāhs, sie erzählen uns manchmal einiges, was sich auch bewahrheitet." Daraufhin sagte der Gesandte Allāhs(s): „Jenes, was sich davon bewahrheitet, ist ein wahres Wort, was der Teufel lauschte und ins Ohr seines Dieners setzte, dann vermischen es die Wahrsager mit einhundert Lügen."
(Al-Bukhari und Muslim)

In einer anderen Version von Bukhari, berichtet 'Āischa(r), dass sie den Gesandten Allāhs(s) sagen hörte: „Wahrlich die Engel steigen in die Wolken hinab, mit der in dem Himmel getroffenen Entscheidungen. Der Satan, der heimlich lauscht, hört dies und flüstert dies den Wahrsagern zu, die sie dann mit hundert Lügen von sich selbst mischen."

Hadith 1669 *S*afiyya bint Abi 'Ubaid(r) überlieferte von einigen Frauen des Propheten(s), dass dieser(s) gesagt hat: „Wer sich zu einem Wahrsager begibt und ihn nach irgendetwas fragt und ihm Glauben schenkt, dem werden seine Gebete vierzig Tage lang nicht angenommen."
(Muslim)

Hadith 1670 Qabīsa ibn - ul - Mukhāriq(r), berichtete: Ich hörte den Gesandten Allāhs(s) sagen: „Wahrsagerei auf Grund des Vogelfluges, d.h. schlechtes oder gutes Omen auf Grund dessen, zählen zum teuflischen Aberglaube."
(Abu Dawūd, mit einer guten Überlieferungskette)

Hadith 1671 Ibn 'Abbās(r) berichtete: Der Gesandte Allāhs(s) hat gesagt: „Wer sich Wissen von der Astrologie aneignet, der hat sich einen Teil der Magie angeeignet, und dies wächst, je mehr er lehrnt."
(Abu Dawūd, mit einer starken Überlieferungskette)

Hadith 1672 Mu'āwiya ibn -ul- *H*akam(r) berichtete: Ich sagte: „O Gesandter Allāhs(s), ich bin erst neulich aus der Jāhiliyya ausgetreten und

حَدِيثُ عَهدٍ بِجَاهِلِيَّةٍ ، وَقَدْ جَاءَ اللهُ تَعَالى بِالْأَسْلَامِ ، وَإِنَّ مِنَّا رِجَالًا يَأْتُونَ الكُهَّانَ ؟ قَالَ : « فَلَا تَأْتِهِمْ » قُلْتُ : وَمِنَّا رِجَالٌ يَتَطَيَّرُونَ ؟ قَالَ : « ذلِكَ شَيْءٌ يَجِدُونَهُ فِي صُدُورِهِمْ ، فَلَا يَصُدَّهُمْ » قُلْتُ : وَمِنَّا رِجَالٌ يَخُطُّونَ ؟ قَالَ : « كَانَ نَبِيٌّ مِنَ الأَنْبِيَاءِ يَخُطُّ ، فَمَنْ وَافَقَ خَطَّهُ ، فَذَاكَ » رواه مسلم .

١٦٧٣ ـ وَعَنْ أَبِي مَسْعُودٍ البَدْرِيِّ رَضِيَ اللهُ عَنْهُ أَنَّ رَسُولَ الـلـهِ ﷺ نَهَى عَنْ ثَمَنِ الكَلْبِ ، وَمَهْرِ البَغِيِّ ، وَحُلْوَانِ الكَاهِنِ . متفقٌ عليه .

٣٠٤ ـ باب النهى عن التطير

فيه الأحاديثُ السَّابِقَةُ فِي البَابِ قَبْلَهُ .

١٦٧٤ ـ عَنْ أَنَسٍ رَضِيَ اللهُ عَنْهُ قَالَ : قَالَ رَسُولُ الـلـهِ ﷺ : « لَا عَدْوَى وَلَا طِيَرَةَ وَيُعْجِبُنِي الفَأْلُ » قَالُوا : وَمَا الفَأْلُ ؟ قَالَ : « كَلِمَةٌ طَيِّبَةٌ » متفقٌ عليه .

١٦٧٥ ـ وَعَنِ ابْنِ عُمَرَ رَضِيَ اللهُ عَنْهُمَا قَالَ : قَالَ رَسُولُ الـلـهِ ﷺ : « لَا عَدْوَى وَلَا طِيَرَةَ ، وَإِنْ كَانَ الشُّؤْمُ فِي شَيْءٍ فَفِي الدَّارِ ، وَالمَرْأَةِ ، وَالفَرَسِ » متفقٌ عليه .

١٦٧٦ ـ وَعَنْ بُرَيْدَةَ رَضِيَ الـلـهُ عَنْهُ أَنَّ النَّبِيَّ ﷺ كَانَ لَا يَتَطَيَّرُ . رواه أبو داود بإسنادٍ صحيحٍ .

Allāh hat (uns) den Islam geschickt, aber einige Männer von uns besuchen die Wahrsager." Er sagte: „Also besuche du sie nicht!" Ich sagte: „Und einige Männer von uns glauben an Omen *(auf Grund des Vogelfluges)*." Er(s) sagte: „Dies ist eine Sache, die sie in ihren Herzen fühlen, doch dies soll sie nicht zurückhalten!" Ich sagte: „Und einige Männer von uns malen Striche in den Sand." Er(s) sagte: „Früher hat ein Prophet auch Striche in den Sand gemalt; wer es also dementsprechend tut, kann Recht haben."
(Muslim)

Hadith 1673 Abu Mas'ūd al-Badriy(r) berichtete, dass der Gesandte Allāhs(s) den Erlös aus dem Verkauf des Hundes, das Brautgeld der Hure, und das Honorar des Wahrsagers verboten hat."[197]
(Al-Bukhari und Muslim)

Kapitel 304
Die Unzulässigkeit, an schlechte Vorboten zu glauben

Diesbezüglich siehe auch die Hadithe im vorigen Kapitel.

Hadith 1674 Anas(r) berichtete, dass der Gesandte Allāhs(s) gesagt hat: „Es gibt keine Ansteckungsgefahr, und es gibt keine bösen Vorzeichen im Vogelflug, und mir gefällt das gute Omen." Man fragte ihn: „Was ist das gute Omen?" Er(s) erwiderte: „Das gute Wort."
(Al-Bukhari und Muslim)

Hadith 1675 Ibn 'Umar(r) berichtete, dass der Gesandte Allāhs(s) gesagt hat: „Es gibt keine Ansteckungsgefahr, und es gibt keine bösen Vorzeichen im Vogelflug, und wenn es ein schlechtes Omen gäbe, dann wäre es in der Wohnstätte, der Ehefrau und dem Pferd!"
(Al-Bukhari und Muslim)

Hadith 1676 Buraida(r) berichtete, dass der Prophet Allāhs(s) nicht an schlechtes Omen glaubte.

١٦٧٧ – وَعَنْ عُرْوَةَ بْنِ عَامِرٍ رَضِيَ اللهُ عَنْهُ قَالَ: ذُكِرَتِ الطِّيَرَةُ عِنْدَ رَسُولِ اللهِ ﷺ فَقَالَ: « أَحْسَنُهَا الْفَأْلُ، وَلَا تَرُدُّ مُسْلِمًا فَإِذَا رَأَى أَحَدُكُمْ مَا يَكْرَهُ، فَلْيَقُلْ: اللَّهُمَّ لَا يَأْتِي بِالْحَسَنَاتِ إِلَّا أَنْتَ، وَلَا يَدْفَعُ السَّيِّئَاتِ إِلَّا أَنْتَ، وَلَا حَوْلَ وَلَا قُوَّةَ إِلَّا بِكَ » حَدِيثٌ صَحِيحٌ رَوَاهُ أَبُو دَاوُدَ بِإِسْنَادٍ صَحِيحٍ.

٣٠٥ – باب تحريم تصوير الحيوان في بساط أو حجر أو ثوب أو درهم أو مخدة أو دينار أو وسادة وغير ذلك وتحريم اتخاذ الصورة في حائط وستر عمامة وثوب ونحوها والأمر بإتلاف الصور

١٦٧٨ – عَنِ ابْنِ عُمَرَ رَضِيَ اللهُ عَنْهُمَا أَنَّ رَسُولَ اللهِ ﷺ قَالَ: « إِنَّ الَّذِينَ يَصْنَعُونَ هَذِهِ الصُّوَرَ يُعَذَّبُونَ يَوْمَ الْقِيَامَةِ، يُقَالُ لَهُمْ: أَحْيُوا مَا خَلَقْتُمْ » مُتَّفَقٌ عَلَيْهِ.

١٦٧٩ – وَعَنْ عَائِشَةَ رَضِيَ اللهُ عَنْهَا قَالَتْ: قَدِمَ رَسُولُ اللهِ ﷺ مِنْ سَفَرٍ وَقَدْ سَتَرْتُ سَهْوَةً لِي بِقِرَامٍ فِيهِ تَمَاثِيلُ، فَلَمَّا رَآهُ رَسُولُ اللهِ ﷺ تَلَوَّنَ وَجْهُهُ! وَقَالَ: « يَا عَائِشَةُ، أَشَدُّ النَّاسِ عَذَابًا عِنْدَ اللهِ يَوْمَ الْقِيَامَةِ الَّذِينَ يُضَاهُونَ بِخَلْقِ اللهِ! » قَالَتْ: فَقَطَعْنَاهُ، فَجَعَلْنَا مِنْهُ وِسَادَةً أَوْ وِسَادَتَيْنِ. مُتَّفَقٌ عَلَيْهِ.

« الْقِرَامُ » بِكَسْرِ الْقَافِ، هُوَ: السِّتْرُ. وَ« السَّهْوَةُ » بِفَتْحِ السِّينِ الْمُهْمَلَةِ وَهِيَ: الصُّفَّةُ تَكُونُ بَيْنَ يَدَيِ الْبَيْتِ، وَقِيلَ: هِيَ الطَّاقُ النَّافِذُ فِي الْحَائِطِ.

١٦٨٠ – وَعَنِ ابْنِ عَبَّاسٍ رَضِيَ اللهُ عَنْهُمَا قَالَ: سَمِعْتُ رَسُولَ اللهِ ﷺ يَقُولُ: «

(Abu Dawūd, mit einer starken Überlieferungskette)

Hadith 1677 'Urwa ibn 'Āmir(r) berichtete, dass man über die Vorzeichen im Vogelflug in der Gegenwart des Gesandten Allāhs(s) sprach, da sagte er(s): „Das beste hier ist das gute Omen, doch dies soll keinen Muslim von seinem Vorhaben zurückhalten; und wenn jemand von euch etwas wahrnimmt, das ihm unangenehm ist, soll er bitten: „O Allāh! Keiner erweist (uns) das Gute außer Dir, und keiner vertreibt das Übel außer Dir, und es ist weder Macht noch Kraft außer bei Dir!" (Ein starker Hadith, welchen Abu Dawūd, mit einer starken Überlieferungskette überliefert hat)

Kapitel 305

Das Verbot der Abbildung von Tieren auf Teppichen, Steinen, Kleidung, Münzen, Kissen usw. und das Gebot, derartige Bilder zu zerstören

Hadith 1678 Ibn 'Umar(r) berichtete, dass der Gesandte Allāhs(s) gesagt hat: „Wahrlich, diejenigen, die diese Bilder herstellen, werden am Tag der Auferstehung bestraft. Es wird ihnen gesagt: „Haucht Leben ein in das, was ihr geschaffen habt!"
(Al-Bukhari und Muslim)

Hadith 1679 'Āischa(r) berichtete: Eines Tages, nachdem der Gesandte Allāhs(s) von einer Reise heimgekehrt war, saher, dass ich eine Truhe für meine Sachen mit einem mit Bildern verzierten Stoff bedeckt hatte. Sein Gesicht verfinsterte sich und er sagte:" O 'Āischa! Die Leute, die die Schöpfung Allāhs nachahmen, werden am Tag der Auferstehung am härtesten bestraft." 'Āischa(r) fügte hinzu: So haben wir den Stoff zerschnitten und aus ihm ein oder zwei Kissen gemacht.
(Al-Bukhari und Muslim)

Hadith 1680 Ibn 'Abbās(r) berichtete: Ich hörte den Gesandten Allāhs(s) sagen: „Jeder Bilderhersteller[198] kommt in die Hölle, und es wird ihm für

كُلُّ مُصَوِّرٍ فِي النَّارِ يُجْعَلُ لَهُ بِكُلِّ صُورَةٍ صَوَّرَهَا نَفْسٌ فَيُعَذَّبُهُ فِي جَهَنَّمَ » قَالَ ابْنُ عَبَّاسٍ: فَإِنْ كُنْتَ لَا بُدَّ فَاعِلاً ، فَاصْنَعِ الشَّجَرَ وَمَا لَا رُوحَ فِيهِ . متفقٌ عليه .

١٦٨١ ـ وَعَنْهُ قَالَ : سَمِعْتُ رَسُولَ اللهِ ﷺ يَقُولُ : « مَنْ صَوَّرَ صُورَةً فِي الدُّنْيَا ، كُلِّفَ أَنْ يَنْفُخَ فِيهَا الرُّوحَ يَوْمَ الْقِيَامَةِ وَلَيْسَ بِنَافِخٍ » متفقٌ عليه .

١٦٨٢ ـ وَعَنِ ابْنِ مَسْعُودٍ رَضِيَ اللهُ عَنْهُ قَالَ : سَمِعْتُ رَسُولَ اللهِ ﷺ يَقُولُ: « إِنَّ أَشَدَّ النَّاسِ عَذَاباً يَوْمَ الْقِيَامَةِ الْمُصَوِّرُونَ » متفقٌ عليه .

١٦٨٣ ـ وَعَنْ أَبِي هُرَيْرَةَ رَضِيَ اللهُ عَنْهُ قَالَ : سَمِعْتُ رَسُولَ اللهِ ﷺ يَقُولُ : « قَالَ اللهُ تَعَالَى : وَمَنْ أَظْلَمُ مِمَّنْ ذَهَبَ يَخْلُقُ كَخَلْقِي ! فَلْيَخْلُقُوا ذَرَّةً أَوْ لِيَخْلُقُوا حَبَّةً ، أَوْ لِيَخْلُقُوا شَعِيرَةً » متفقٌ عليه .

١٦٨٤ ـ وَعَنْ أَبِي طَلْحَةَ رَضِيَ اللهُ عَنْهُ أَنَّ رَسُولَ اللهِ ﷺ قَالَ : « لَا تَدْخُلُ الْمَلَائِكَةُ بَيْتاً فِيهِ كَلْبٌ وَلَا صُورَةٌ » متفقٌ عليه .

١٦٨٥ ـ وَعَنِ ابْنِ عُمَرَ رَضِيَ اللهُ عَنْهُمَا قَالَ : وَعَدَ رَسُولُ اللهِ ﷺ جِبْرِيلَ أَنْ يَأْتِيَهُ ، فَرَاثَ عَلَيْهِ حَتَّى اشْتَدَّ عَلَى رَسُولِ اللهِ ﷺ ، فَخَرَجَ فَلَقِيَهُ جِبْرِيلُ فَشَكَا إِلَيْهِ ، فَقَالَ : إِنَّا لَا نَدْخُلُ بَيْتاً فِيهِ كَلْبٌ وَلَا صُورَةٌ . رواه البخاري .

« رَاثَ » : أَبْطَأَ ، وهو بالثاء المثلثة .

jedes Lebewesen seiner Schöpfung eine Seele gegeben, dann wird diese darin schmoren." Ibn 'Abbās(r) fügte hinzu: Wenn du aber dies unbedingt tun musst, dann stelle Pflanzen und leblose Gegenstände dar!
(Al-Bukhari und Muslim)

Hadith 1681 Ibn 'Abbās(r) berichtete: Ich hörte den Gesandten Allāhs(s) sagen: „Wer auch immer auf Erden ein Bild herstellt, wird am Tag der Auferstehung aufgefordert, darin eine Seele einzuhauchen, wobei ihm dies unmöglich sein wird."
(Al-Bukhari und Muslim)

Hadith 1682 Ibn Mas'ūd(r) berichtete: Ich hörte den Gesandten Allāhs(s) sagen: „Wahrlich, die Leute, die am Tag der Auferstehung am härtesten bestraft werden, sind die, die Bilder (von lebenden Wesen) anfertigen."
(Al-Bukhari und Muslim)

Hadith 1683 Abu Huraira(r) berichtete: Ich hörte den Gesandten Allāhs(s) sagen: Allāh - erhaben ist Er - spricht: »Wer ist denn ungerechter als derjenige, der Geschöpfe wie Meine Schöpfung herzustellen pflegt! Soll er erst einmal eine Ameise oder ein Weizen- oder Gerstenkorn erschaffen!«
(Al-Bukhari und Muslim)

Hadith 1684 Abu Talha(r) berichtete, dass der Gesandte Allahs(s) gesagt hat: „Die Engel betreten kein Haus[199], in welchem sich ein Hund oder ein (Götzen-) Bild befindet."
(Al-Bukhari und Muslim)

Hadith 1685 Ibn 'Umar(r) berichtete: Gabriel(s) versprach dem Gesandten Allāhs(s), zu ihm zu kommen, doch es verstrich eine lange Zeit und er kam nicht, dass der Gesandte Allāhs(s) litt und hinausging, wo Gabriel(s) ihn auch fand. Als sich der Gesandte Allāhs(s) bei ihm beklagte, sagte er: „Wir betreten kein Haus, in welchem sich ein Hund oder eine

١٦٨٦ - وَعَنْ عَائِشَةَ رَضِيَ اللهُ عَنْهَا قَالَتْ : وَاعَدَ رَسُولَ اللهِ ﷺ جِبْرِيلُ عَلَيْهِ السَّلامُ فِي سَاعَةٍ أَنْ يَأْتِيَهُ ، فَجَاءَتْ تِلْكَ السَّاعَةُ وَلَمْ يَأْتِهِ ! قَالَتْ : وَكَانَ بِيَدِهِ عَصَاً ، فَطَرَحَهَا مِنْ يَدِهِ وَهُوَ يَقُولُ : « مَا يُخْلِفُ اللهُ وَعْدَهُ وَلَا رُسُلُهُ » ثُمَّ الْتَفَتَ ، فَإِذَا جَرْوُ كَلْبٍ تَحْتَ سَرِيرِهِ ، فَقَالَ : « مَتَى دَخَلَ هَذَا الْكَلْبُ ؟ » فَقُلْتُ : وَاللهِ مَا دَرَيْتُ بِهِ : فَأَمَرَ بِهِ فَأُخْرِجَ ، فَجَاءَهُ جِبْرِيلُ عَلَيْهِ السَّلامُ ، فَقَالَ رَسُولُ اللهِ ﷺ : « وَعَدْتَنِي ، فَجَلَسْتُ لَكَ وَلَمْ تَأْتِنِي » فَقَالَ : مَنَعَنِي الْكَلْبُ الَّذِي كَانَ فِي بَيْتِكَ ، إِنَّا لَا نَدْخُلُ بَيْتًا فِيهِ كَلْبٌ وَلَا صُورَةٌ . رواه مسلم .

١٦٨٧ - وَعَنْ أَبِي الْهَيَّاجِ حَيَّانَ بْنِ حُصَيْنٍ قَالَ : قَالَ لِي عَلِيُّ بْنُ أَبِي طَالِبٍ رَضِيَ اللهُ عَنْهُ : أَلَا أَبْعَثُكَ عَلَى مَا بَعَثَنِي عَلَيْهِ رَسُولُ اللهِ ﷺ ؟ أَنْ لَا تَدَعَ صُورَةً إِلَّا طَمَسْتَهَا ، وَلَا قَبْرًا مُشْرِفًا إِلَّا سَوَّيْتَهُ . رواه مسلم .

٣٠٦ - باب تحريم اتخاذ الكلب إلا لصيد
أو ماشية أو زرع

١٦٨٨ - عَنِ ابْنِ عُمَرَ رَضِيَ اللهُ عَنْهُمَا قَالَ : سَمِعْتُ رَسُولَ اللهِ ﷺ يَقُولُ : « مَنِ اقْتَنَى كَلْبًا إِلَّا كَلْبَ صَيْدٍ أَوْ مَاشِيَةٍ فَإِنَّهُ يَنْقُصُ مِنْ أَجْرِهِ كُلَّ يَوْمٍ قِيرَاطَانِ » متفق عليه .

وَفِي رِوَايَةٍ : « قِيرَاطٌ » .

Skulptur befindet." (Al-Bukhari)

Hadith 1686 'Āischa(r) berichtete: Gabriel(s) versprach dem Gesandten Allāhs(s), zu ihm in einer bestimmten Stunde zu kommen, doch jene Stunde verstrich, und er kam nicht. Der Gesandte Allāhs(s) hatte einen Stock in seiner Hand, den warf er hin und sagte: „Allāh bricht nicht Sein Versprechen, auch Seine Gesandten nicht." Dann wandte er(s) sich ab, wobei sein Blick auf einen kleinen Hund unter seinem Bett fiel. Er(s) sagte zu mir: „Wann kam dieser Hund herein?" Ich sagte: „Bei Allāh, ich habe ihn nicht wahrgenommen. Er(s) befahl, den Hund herauszubringen und sogleich kam Gabriel(s) zu ihm. Der Gesandte Allāhs(s) klagte: „Du hast mir versprochen (zu kommen), und ich saß wartend, aber du kamst nicht!" Daraufhin sagte er: „Wir betreten kein Haus, in welchem sich ein Hund oder eine Skulptur befindet."
(Muslim)

Hadith 1687 Abut-Tayyā*h* *H*aiyyān ibn *H*usain(r) berichtete: 'Ali ibn Abi *T*ālib(r) sagte zu mir: „Möchtest du denn nicht, dass ich dich *(in einen Kriegszug)* entsende, auf das, was der Gesandte Allāhs(s) mich entsandte? Nämlich, dass du keine (Götzen-) Bilder (oder keine Skulptur) stehen lässt, ohne sie zu beseitigen, und kein hochragendes Grab stehen lässt, ohne es einzuebnen."
(Muslim)

Kapitel 306
    Die Verwerlichkeit, Hunde zu halten, außer für Jagdzwecke und für Bewachung von Vieh und Hof

Hadith 1688 Ibn 'Umar(r) berichtete, dass er den Gesandten Allāhs sagen hörte: „Wer einen Hund hält, ausgenommen sind Jagd- oder Viehwachhunde, von dessen Lohn *(für gute Taten)* werden jeden Tag zwei Qirā*t* abgezogen."
(Al-Bukhari und Muslim)

١٦٨٩ – وعَنْ أبي هُرَيْرَةَ رَضِيَ اللهُ عَنْهُ قَالَ : قَالَ رَسُولُ اللهِ ﷺ : « مَنْ أَمْسَكَ كَلْبًا ، فَإِنَّهُ يَنْقُصُ كُلَّ يَوْمٍ مِنْ عَمَلِهِ قِيرَاطٌ إِلَّا كَلْبَ حَرْثٍ أَوْ مَاشِيَةٍ » متفقٌ عليه .

وفي رواية لمسلم : « مَنِ اقْتَنَى كَلْبًا لَيْسَ بِكَلْبِ صَيْدٍ وَلَا مَاشِيَةٍ وَلَا أَرْضٍ ، فَإِنَّهُ يَنْقُصُ مِنْ أَجْرِهِ قِيرَاطَانِ كُلَّ يَوْمٍ » .

٣٠٧ – باب كراهة تعليق الجرس في البعير
وغيره من الدواب
وكراهية استصحاب الكلب والجرس في السفر

١/١٦٩٠ – عَنْ أَبِي هُرَيْرَةَ رَضِيَ اللهُ عَنْهُ قَالَ : قَالَ رَسُولُ اللهِ ﷺ : « لَا تَصْحَبُ المَلَائِكَةُ رُفْقَةً فِيهَا كَلْبٌ أَوْ جَرَسٌ » رواه مسلم .

٢/١٦٩١ – وَعَنْهُ أَنَّ النَّبِيَّ ﷺ قَالَ : « الجَرَسُ مَزَامِيرُ الشَّيْطَانِ » . رَوَاهُ مُسْلِمٌ .

٣٠٨ – باب كراهة ركوب الجلالة
وهي البعير أو الناقة التي تأكل العذرة
فإن أكلت علفا طاهرا فطاب لحمها زالت الكراهة

١٦٩٢ – عَنِ ابْنِ عُمَرَ رَضِيَ اللهُ عَنْهُمَا قَالَ : نَهَى رَسُولُ اللهِ ﷺ عَنِ الجَلَّالَةِ فِي الإِبِلِ أَنْ يُرْكَبَ عَلَيْهَا . رواه أبو داود بإسناد صحيح .

Hadith 1689 Abu Huraira(r) berichtete: Der Gesandte Allāhs(s) hat gesagt: „Wer einen Hund hält, ausgenommen Jagd- oder Viehwachhunde, von dessen Lohn *(für gute Taten)* wird jeden Tag ein Qirāt abgezogen."[200] (Al-Bukhari und Muslim)
Und in einer Version von Muslim steht: „Wer einen Hund hält, der nicht für Jagd oder Bewachung von Vieh oder Boden bestimmt ist, von dessen Lohn *(für gute Taten)* werden jeden Tag zwei Qirāt abgezogen."-In einer anderen Überlieferung: ein Qirāt -.

Kapitel 307
Das Verabscheuen, einem Kamel oder einem anderen Tier eine Glocke um den Hals zu hängen und den Hund (dessen Haltung verboten ist) und die Glocke auf Reisen mitzunehmen

Hadith 1690 Abu Huraira(r) berichtete: Der Gesandte Allāhs(s) hat gesagt: „Die (Schutz)-Engel begleiten nicht Reisende, die einen Hund oder eine Glocke bei sich haben."
(Muslim)

Hadith 1691 Abu Huraira(r) berichtete: Der Gesandte Allāhs(s) hat gesagt: „Die Glocken sind die Psalmen des Teufels."
(Muslim)

Kapitel 308
Die Unerwünschtheit, ein kotfressendes Kamel zu reiten. Frisst dieses dann sauberes Futter, bis sein Fleisch wieder genießbar ist, ist diese Abscheu aufgehoben

Hadith 1692 Ibn 'Umar(r) berichtete, dass der Gesandte Allāhs(s) es verboten hat, ein kotfressendes Kamel zu reiten.
(Abu Dawūd mit einer starken Überlieferungskette)

٣٠٩ - باب النهى عن البصاق فى المسجد
والأمر بإزالته منه إذا وجد فيه
والأمر بتنزيه المسجد عن الأقذار

١٦٩٣ - عَنْ أَنَسٍ رَضِيَ اللهُ عَنْهُ أَنَّ رَسُولَ اللهِ ﷺ قَالَ : « البُصَاقُ فى المسْجِدِ خَطِيئَةٌ ، وَكَفَّارَتُهَا دَفْنُهَا » متفقٌ عليه .

والمرادُ بدَفْنِهَا إذا كَانَ المسجدُ تُرَاباً أو رَمْلاً ونَحْوَهُ ، فَيُوَارِيهَا تَحْتَ تُرَابِهِ . وقَالَ : أبو المحاسنِ الرُّويَانِى من أصحابِنَا فى كتابِهِ « البحرِ » : وقيلَ : المُرَادُ بدَفْنِهَا إخْرَاجُهَا من المسجِدِ ، أمَّا إذا كَانَ المسجدُ مُبَلَّطاً أو مُجَصَّصاً ، فَدَلْكُهَا عَلَيْهِ بمَدَاسِهِ أو بغيرِهِ كَمَا يَفْعَلُهُ كَثِيرٌ من الجهَّالِ ، فَلَيسَ ذلِكَ بِدَفْنٍ ، بَلْ زِيَادَةٌ فى الخطيئَةِ وتَكْثِيرٌ للقَذَرِ فى المسجِدِ ، وعلَى مَنْ فَعَلَ ذلِكَ أنْ يَمْسَحَهُ بَعدَ ذلِكَ بِثَوْبِهِ أو بِيَدِهِ أو غَيرِهِ أو يَغْسِلَهُ .

١٦٩٤ - وَعَنْ عَائِشَةَ رَضِيَ اللهُ عَنْهَا أنَّ رَسُولَ اللهِ ﷺ رَأَى فى جِدَارِ القِبْلَةِ مُخَاطاً ، أوْ بُزَاقاً ، أوْ نُخَامَةً ، فَحَكَّهُ . متفقٌ عليه .

١٦٩٥ - وَعَنْ أَنَسٍ رَضِيَ اللهُ عَنْهُ أنَّ رَسُولَ اللهِ ﷺ قَالَ : « إنَّ هذِهِ المساجدَ لا تَصْلُحُ لِشَىءٍ من هذا البَوْلِ ولا القَذَرِ ، وإنَّمَا هِيَ لِذِكْرِ اللهِ تَعَالى ، وقِرَاءَةِ القُرْآنِ » أوْ كَمَا قَالَ رَسُولُ اللهِ ﷺ . رواه مسلم .

Kapitel 309
Das Verbot, in der Moschee zu spucken und das Gebot, vorhandene Spucke zu beseitigen, mit dem Hinweis, die Würde der Moschee vor Schmutz zu bewahren

Hadith 1693 Anas(r) berichtete, dass der Gesandte Allāhs(s) gesagt hat:,,Das Spucken in der Moschee ist eine Sünde, deren Sühne das Vergraben desselben ist."
(Al-Bukhari und Muslim)
Der Verfasser vermerkt: Das Vergraben der Spucke ist nur möglich, wenn der Boden aus Sand oder ähnlichem besteht. Abul-Mahāsin Ar-Ruyāni, sagt in seinem Buch »Al-Bahr«: ,,Man sagt, dass das Vergraben der Spucke bedeutet, dass man sie aus der Moschee entfernt. Im Falle dass die Moschee gefliest, gepflastert oder mit Platten oder Gips- masse belegt worden ist, ist es eine größere Sünde und Verschmutzung, diesen Speichel mit den Schuhen o.ä. zu verschmieren, wie es manche Unwissende tun. Derjenige, der dies tut, muss es mit seinem Ärmel oder seiner Hand o.ä. abwischen .

Hadith 1694 'Āischa(r) berichtete, dass der Gesandte Allāhs(s) an der Mauer der Qibla (*Gebetsrichtung*) Nasenschleim oder Spucke oder Auswurf gesehen hat und diesen dann abkratzte.
(Al-Bukhari und Muslim)

Hadith 1695 Anas(r) berichtete, dass der Gesandte Allāhs(s) gesagt hat:,,Diese Moscheen sind nicht für Unrat wie Urin oder Schmutz geeignet, sondern sie sind nur für das Gedenken Allāhs und das Rezitieren des Koran bestimmt." Anas(r) fügte hinzu: So oder ähnlich sagte der Gesandte Allahs(s).
(Muslim)

٣١٠ ـ باب كراهة الخصومة فى المسجد ورفع الصوت فيه ونشد الضالة والبيع والشراء والإجارة ونحوها من المعاملات

١٦٩٦ ـ عَنْ أبى هُرَيْرَةَ رضى الله عنهُ أنَّهُ سَمِعَ رَسُولَ اللهِ ﷺ يَقُولُ: «مَنْ سَمِعَ رَجُلاً يَنْشُدُ ضَالَّةً فى المَسْجِدِ فَلْيَقُلْ: لا رَدَّهَا اللهُ عَلَيْكَ؛ فَإِنَّ المَسَاجِدَ لَمْ تُبْنَ لِهَذَا» رَوَاهُ مُسْلِمٌ.

١٦٩٧ ـ وَعَنْهُ أنَّ رَسُولَ اللهِ ﷺ قَالَ: «إذا رَأيْتُمْ مَنْ يَبِيعُ أوْ يَبْتَاعُ فى المَسْجِدِ، فَقُولُوا: لا أرْبَحَ اللهُ تِجَارَتَكَ؛ وَإذا رَأيْتُمْ مَنْ يَنْشُدُ ضَالَّةً فَقُولُوا: لا رَدَّهَا اللهُ عَلَيْكَ». رواه الترمذى وقال: حديثٌ حسنٌ.

١٦٩٨ ـ وَعَنْ بُرَيْدَةَ رضى اللهُ عَنْهُ أنَّ رَجُلاً نَشَدَ فى المَسْجِدِ فَقَالَ: مَنْ دَعَا إلى الجَمَلِ الأحْمَرِ؟ فَقَالَ رَسُولُ اللهِ ﷺ «لا وَجَدْتَ؛ إنَّما بُنِيَتِ المَسَاجِدُ لِمَا بُنِيَتْ لَهُ» رواه مسلم.

١٦٩٩ ـ وَعَنْ عَمْرِو بْنِ شُعَيْبٍ، عَنْ أبِيهِ، عَنْ جَدِّهِ رضى الله عَنْهُ أنَّ رَسُولَ اللهِ ﷺ نَهَى عَنِ الشِّرَاءِ وَالبَيْعِ فى المَسْجِدِ، وَأنْ تُنْشَدَ فِيهِ ضَالَّةٌ، أوْ يُنْشَدَ فِيهِ شِعْرٌ. رواه أبو داود، والتِّرمذى وقال: حَديثٌ حسنٌ.

١٧٠٠ ـ وَعَنِ السَّائِبِ بْنِ يَزيدَ الصَّحَابِى رضى اللهُ عَنْهُ قَالَ: كُنْتُ فى المَسْجِدِ

Kapitel 310

Das Verabscheuen, in der Moschee zu streiten, laut zu sprechen, nach Verlorenem zu fragen, Kauf -und Verkauf zu tätigen,etwas vermieten o.ä.

Hadith 1696 Abu Huraira(r) berichtete, dass er den Gesandten Allāhs sagen hörte: „Wer jemanden hört, der nach Verlorenem in der Moschee sucht, soll dazu sagen: »Möge Allāh dir dies nicht zurückgeben«, denn die Moscheen sind nicht für diesen (Zweck) errichtet worden!"
(Muslim)

Hadith 1697 Abu Huraira(r) berichtete, dass der Gesandte Allāhs(s) gesagt hat: „Wenn ihr jemanden seht, der in der Moschee kauft oder verkauft, dann sagt zu ihm: »Möge Allāh deinem Handel keinen Gewinn bescheren!«, und wenn ihr jemanden hört, der (*in der Moschee*) nach Verlorenem sucht, sollt ihr sagen: »Möge Allāh dir dies nicht zurückgeben!«"
(At-Tirmiḏi, mit dem Vermerk: Ein guter Hadith)

Hadith 1698 Buraida(r) berichtete, dass ein Mann in der Moschee rief: »Wer bringt mir das (entlaufene) rote Kamel wieder?« Daraufhin sagte der Gesandte Allāhs(s): „Mögest du es nicht finden, denn die Moscheen wurden für den (Zweck) errichtet (Gebet, Gedenken Allāhs, Suchen nach Wissen), für den sie errichtet wurden!"
(Muslim)

Hadith 1699 'Amr ibn Schu'aib berichtete von seinem Vater, dass dessen Vater(r) sagte: „Der Gesandte Allāhs(s) hat verboten, in der Moschee zu kaufen und zu verkaufen, nach Verlorenem zu suchen und Poesie vorzutragen."
(Abu Dāwūd, und At-Tirmiḏi, mit dem Vermerk: Ein guter Hadith)

Hadith 1700 As-Sā ib ibn Yazīd - ein Gefährte des Propheten(r)-

فَحَصَبَنى رَجُلٌ ، فَنَظَرْتُ فَإِذَا عُمَرُ بْنُ الْخَطَّابِ رَضِيَ اللهُ عَنْهُ فَقَالَ : اذْهَبْ فَأْتِنِى بِهذينِ ، فَجِئْتُهُ بِهِمَا ، فَقَالَ : مِنْ أَيْنَ أَنْتُمَا ؟ فَقَالَا : مِنْ أَهْلِ الطَّائِفِ ، فَقَالَ : لَوْ كُنْتُمَا مِنْ أَهْلِ الْبَلَدِ ، لَأَوْجَعْتُكُمَا ، تَرْفَعَانِ أَصْوَاتَكُمَا فِى مَسْجِدِ رَسُولِ اللهِ ﷺ ! . رَوَاهُ الْبُخَارِى .

٣١١ – باب نهى من أكل ثوما أو بصلا أو كراثا
أو غيره مما له رائحة كريهة عن دخول المسجد قبل زوال
رائحته إلا لضرورة

١٧٠١ – عَنِ ابْنِ عُمَرَ رَضِيَ اللهُ عَنْهُمَا أَنَّ النَّبِيَّ ﷺ قَالَ : « مَنْ أَكَلَ مِنْ هذِهِ الشَّجَرَةِ – يَعْنِى الثُّومَ – فَلَا يَقْرَبَنَّ مَسْجِدَنَا » متفقٌ عليه .

وفى رواية لمسلم : « مَسَاجِدَنَا » .

١٧٠٢ – وَعَنْ أَنَسٍ رَضِيَ اللهُ عَنْهُ قَالَ : قَالَ النَّبِيُّ ﷺ : « مَنْ أَكَلَ مِنْ هذِهِ الشَّجَرَةِ ، فَلَا يَقْرَبَنَّا ، وَلَا يُصَلِّيَنَّ مَعَنَا » متفقٌ عليه .

١٧٠٣ – وَعَنْ جَابِرٍ رَضِيَ اللهُ عَنْهُ قَالَ : قَالَ النَّبِيُّ ﷺ : « مَنْ أَكَلَ ثُومًا أَوْ بَصَلًا ، فَلْيَعْتَزِلْنَا ، أَوْ فَلْيَعْتَزِلْ مَسْجِدَنَا » متفقٌ عليه .

وفى رواية لمسلم : « مَنْ أَكَلَ الْبَصَلَ ، وَالثُّومَ ، وَالْكُرَّاثَ ، فَلَا يَقْرَبَنَّ مَسْجِدَنَا ، فَإِنَّ الْمَلَائِكَةَ تَتَأَذَّى مِمَّا يَتَأَذَّى مِنْهُ بَنُو آدَمَ » .

berichtete: „Ich war in der Moschee, als ein Mann nach mir mit einem Kieselstein warf. Ich schaute mich um und ich sah 'Umar ibn Al-Khattāb (r), der zu mir sagte: „Geh und hole mir jene zwei Männer!" Ich brachte ihm die beiden, und er fragte sie: „Woher seid ihr?" Sie sagten: „Aus Tàif ." Daraufhin sagte er: „Wäret ihr Einwohner unserer Stadt, hätte ich euch bestraft, denn ihr erhebt eure Stimmen in der Moschee des Gesandten Allāhs(s) !"
(Al-Bukhari)

Kapitel 311
Die Untersagung des Moscheenbesuches für den der Knoblauch, Zwiebeln, Lauch o.ä. gegessen hat, außer wenn es unumgänglich ist

Hadith 1701 Ibn 'Umar(r) berichtete, dass der Gesandte Allāhs(s) gesagt hat : „Wer von dieser Pflanze gegessen hat - er meinte den Knoblauch -, soll sich ja nicht unserer Moschee nähern!"
(Al-Bukhari und Muslim)
In einer Überlieferung Muslims steht: „... unseren Moscheen..."

Hadith 1702 Anas(r) berichtete, dass der Prophet(s) gesagt hat : „Wer von dieser Pflanze[201] gegessen hat, soll sich ja nicht uns nähern und mit uns gemeinsam beten!"
(Al-Bukhari und Muslim)

Hadith 1703 Jābir(r) berichtete, dass der Prophet(s) gesagt hat : „Wer Knoblauch oder Zwiebeln gegessen hat, soll sich von uns - oder von unserer Moschee - fernhalten!"
(Al-Bukhari und Muslim)
In einer Überlieferung Muslims steht: „Wer Knoblauch oder Zwiebeln oder Schnittlauch gegessen hat, soll sich von uns - oder von unserer Moschee - fernhalten, denn die Engel empfinden Übelkeit vor dem, was der Mensch als Übelkeit empfindet."

١٧٠٤ ـ وَعَنْ عُمَرَ بْنِ الْخَطَّابِ رَضِيَ اللهُ عَنْهُ أَنَّهُ خَطَبَ يَوْمَ الْجُمُعَةِ فَقَالَ فِى خُطْبَتِهِ : ثُمَّ إِنَّكُمْ أَيُّهَا النَّاسُ تَأْكُلُونَ شَجَرَتَيْنِ مَا أَرَاهُمَا إِلَّا خَبِيثَتَيْنِ : الْبَصَلَ ، وَالثُّومَ ، لَقَدْ رَأَيْتُ رَسُولَ اللهِ ﷺ إِذَا وَجَدَ رِيحَهُمَا مِنَ الرَّجُلِ فِى الْمَسْجِدِ أَمَرَ بِهِ ، فَأُخْرِجَ إِلَى الْبَقِيعِ ، فَمَنْ أَكَلَهُمَا ، فَلْيُمِتْهُمَا طَبْخاً . رواه مسلم .

٣١٢ ـ باب كراهة الاحتباء يوم الجمعة والإمام يخطب لأنه يجلب النوم فيفوت استماع الخطبة ويخاف انتقاض الوضوء

١٧٠٥ ـ عَنْ مُعَاذِ بْنِ أَنَسٍ الْجُهَنِىِّ ، رَضِيَ اللهُ عَنْهُ ، أَنَّ النَّبِىَّ ﷺ نَهَى عَنِ الْحَبْوَةِ يَوْمَ الْجُمُعَةِ وَالْإِمَامُ يَخْطُبُ . رواه أبو داود ، والترمذى وقالا : حَدِيثٌ حَسَنٌ .

٣١٣ ـ باب نهى من دخل عليه عشر ذى الحجة وأراد أن يضحى عن أخذ شىء من شعره أو أظفاره حتى يضحى

١٧٠٦ ـ عَنْ أُمِّ سَلَمَةَ رَضِيَ اللهُ عَنْهَا قَالَتْ : قَالَ رَسُولُ اللهِ ﷺ : « مَنْ كَانَ لَهُ ذِبْحٌ يَذْبَحُهُ ، فَإِذَا أُهِلَّ هِلَالُ ذِى الْحِجَّةِ ، فَلَا يَأْخُذَنَّ مِنْ شَعْرِهِ وَلَا مِنْ أَظْفَارِهِ شَيْئاً حَتَّى يُضَحِّىَ » رواه مُسلم .

Hadith 1704 'Umar ibn-ul-Kha*tt*āb(r) sagte in einer seiner Freitagspredigten: „Dann esst ihr zwei Pflanzen, die ich nichts anders als abscheulich finde: Knoblauch und Zwiebeln. Ich habe gewiss gesehen, wie der Gesandte Allāhs(s) befahl, denjenigen, der danach roch, von der (Propheten-) Moschee zu entfernen und bis zum (Friedhof-) Al-Baqī' zu bringen. Darum soll derjenige, der sie isst, sie vorher durch Kochen unschädlich machen!"
(Muslim)

Kapitel 312
Das Verabscheuen, während der Freitagsansprache mit angewinkelten Beinen dazusitzen, denn dies kann zum Einschlafen führen und somit zum Verpassen der Freitagsansprache und ebenfalls zum Brechen des Wudus

Hadith 1705 Mu'a*d* ibn Anas Al-Juhani(r) berichtete, dass der Prophet(s) verboten hat, freitags während der Imām predigt, mit angewinkelten Beinen dazusitzen.
(Abu Dawūd und At-Tirmi*d*i, mit dem Vermerk der beiden: Ein guter Hadith)

Kapitel 313
Das Verbot des Schneidens von Haaren und Nägeln während der ersten zehn Tage[202] von *D*ul-Hidscha, für denjenigen, der ein Opfertier schlachten will, bevor er es geopfert hat

Hadith 1706 Umm Salama(r) berichtete, dass der Gesandte Allāhs(s) gesagt hat: „Wer ein Schlachttier schlachten will, soll dies erledigen. Wenn der Neumond des *D*ul-Hidscha erscheint, dann soll er weder Haare noch Nägel kürzen, bis er *(das Tier)* geopfert hat."
(Muslim)

٣١٤ ــ باب النهى عن الحلف بمخلوق كالنبى والكعبة والملائكة والسماء والآباء والحياة والروح والرأس ونعمة السلطان وتربة فلان والأمانة ، وهى من أشدها نهيا

١٧٠٧ ــ عَنْ ابْنِ عُمَرَ ، رَضِيَ اللهُ عَنْهُمَا ، عَنِ النَّبِيِّ ﷺ ، قَالَ : « إنَّ اللهَ تَعَالى يَنْهَاكُمْ أَنْ تَحْلِفُوا بِآبَائِكُمْ ، فَمَنْ كَانَ حَالِفاً ، فَلْيَحْلِفْ بِاللهِ ، أَوْ لِيَصْمُتْ » متفقٌ عليه .

وفى روايةٍ فى الصَّحيح : « فَمَنْ كَانَ حَالِفاً فَلا يَحْلِفْ إلا بِاللهِ أَوْ لِيَسْكُتْ » .

١٧٠٨ ــ وَعَنْ عَبْدِ الرَّحْمٰنِ بْنِ سَمُرَةَ ، رَضِيَ اللهُ عَنْهُ قَالَ : قَالَ رَسُولُ اللهِ ﷺ : « لا تَحْلِفُوا بِالطَّوَاغِي ، وَلا بِآبَائِكُمْ » . رواه مسلم .

« الطَّوَاغِي » : جَمْعُ طَاغِيَةٍ ، وَهِىَ الأَصْنَامُ ، وَمِنْهُ الْحَدِيث: « هَذِه طَاغِيَةُ دَوْسٍ »: أى : صَنَمُهُمْ وَمَعْبُودُهُمْ . وَرُوِىَ فى غَيْرِ مُسْلِمٍ : « بِالطَّوَاغِيتِ » جَمْعُ طَاغُوتٍ ، وَهُوَ الشَّيْطَانُ وَالصَّنَمُ .

١٧٠٩ ــ وَعَنْ بُرَيْدَةَ رَضِيَ اللهُ عَنْهُ أَنَّ رَسُولَ اللهِ ﷺ قَالَ : « مَنْ حَلَفَ بِالأَمَانَةِ، فَلَيْسَ مِنَّا » .

حديثٌ صحيحٌ ، رَوَاهُ أبو داود بإسنادٍ صحيحٍ .

١٧١٠ ــ وَعَنْهُ قَالَ : قَالَ رَسُولُ اللهِ ﷺ : « مَنْ حَلَفَ ، فَقَالَ : إنِّى بَرِىءٌ مِنَ الإِسْلامَ ، فَإِنْ كَانَ كَاذِباً ، فَهُوَ كَمَا قَالَ ، وَإِنْ كَانَ صَادِقاً ، فَلَنْ يَرْجِعَ إلى الإسْلامِ سَالِماً » رواه أبو داود .

Kapitel 314

Die Untersagung des Schwörens beim Propheten, der Ka'ba, den Engeln, dem Himmel, den Eltern, der Seele, dem Kopf, den Gaben des Sultans, dem Grabe von Soundso und bei der Amāna (*der Verantwortung Allāh gegenüber*), **wobei die Amāna zu den schwersten diesbezüglich zählt**

Hadith 1707 Ibn 'Umar(r) berichtete, dass der Prophet(s) gesagt hat: „Allāh verbietet euch, bei euren Eltern zu schwören. Wer (*unbedingt*) schwören will, soll bei Allāh schwören, oder er hat zu schweigen!"
(Al-Bukhari und Muslim)
In einer Überlieferung Bukharis steht: „Wer (*unbedingt*) schwören will, soll nur bei Allāh schwören, oder er hat sich nicht zu äußern!"

Hadith 1708 'Abd-ur-Rahmān ibn Samura(r) berichtete, dass der Gesandte Allāhs(s) gesagt hat : „Schwört weder bei den Göttern noch bei euren Eltern!"
(Muslim)
Der Verfasser erklärt: Die *T*awāghi ist der Plural von *T*āghia, d.h. die Götzen, wie es indem Hadith steht: „Dies ist der *T*āghiatu Daus" d.h. der Götze und der Abgott des *Stammes* Daus. Es steht bei anderen Überlieferern außer Muslim *T*awāghīt Pl. von *T*āghūt, d.h. der Satan und der Götze.

Hadith 1709 Buraida(r) berichtete, dass der Gesandte Allāhs(s) gesagt hat: „Wer bei Amāna (*der Verantwortung* Allāh *gegenüber*) schwört, gehört nicht zu uns"
(Ein starker Hadith, von Abu Dāwūd mit starker Überlieferungskette)

Hadith 1710 Buraida(r) berichtete, dass der Gesandte Allāhs(s) gesagt hat : „Wer schwört, dass er dem Islam nicht angehört[203], ist so wie er sagt, falls er (*in seinem Schwur*) gelogen hat, und wenn er die Wahrheit gesagt

١٧١١ ـ وعَنِ ابْنِ عُمَرَ رَضِيَ اللهُ عَنْهُمَا أنَّهُ سَمِعَ رَجُلاً يَقُولُ: لا وَالْكَعْبَةِ، قَالَ ابْنُ عُمَرَ: لا تَحْلِفْ بِغَيْرِ اللهِ، فَإنِّى سَمِعْتُ رَسُولَ اللهِ ﷺ يَقُولُ: «مَنْ حَلَفَ بِغَيْرِ الله، فَقَدْ كَفَرَ أوْ أشْرَكَ» رواه الترمذى وقال: حديثٌ حسنٌ.

وَفَسَّرَ بَعْضُ الْعُلَمَاءِ قَوْلَهُ: «كَفَرَ أوْ أشْرَكَ» عَلَى التَّغْلِيظِ، كَمَا رُوِيَ أنَّ النَّبِيَّ ﷺ قالَ: «الرِّيَاءُ شِرْكٌ».

٣١٥ ـ باب تغليظ اليمين الكاذبة عمداً

١٧١٢ ـ عَنِ ابْنِ مَسْعُودٍ رَضِيَ اللهُ عَنْهُ أنَّ النَّبِيَّ ﷺ قَالَ: «مَنْ حَلَفَ عَلَى مَالِ امْرِئٍ مُسْلِمٍ بِغَيْرِ حَقِّهِ، لَقِيَ اللهَ وَهُوَ عَلَيْهِ غَضْبَانُ» قَالَ: ثُمَّ قَرَأ عَلَيْنَا رَسُولُ اللهِ ﷺ مِصْدَاقَهُ مِنْ كِتَابِ اللهِ عَزَّ وَجَلَّ: ﴿ إنَّ الَّذِينَ يَشْتَرُونَ بِعَهْدِ اللهِ وَأيْمَانِهِمْ ثَمَناً قَلِيلاً ﴾ (آل عمران: ٧٧) إلى آخر الآية. متفقٌ عليه.

١٧١٣ ـ وعَنْ أبِى أمَامَةَ إيَاسِ بْنِ ثَعْلَبَةَ الْحَارِثِيِّ رَضِيَ اللهُ عَنْهُ أنَّ رَسُولَ اللهِ ﷺ قَالَ: «مَنِ اقْتَطَعَ حَقَّ امْرِئٍ مُسْلِمٍ بِيَمِينِهِ، فَقَدْ أوْجَبَ اللهُ لَهُ النَّارَ، وَحَرَّمَ عَلَيْهِ الْجَنَّةَ» فَقَالَ

hat, dann wird er nicht unversehrt zum Islam zurückkehren."
(Abu Dāwūd)

Hadith 1711 Ibn 'Umar(r) berichtete, dass er einen Man sagen hörte: „Nein, bei der Ka'ba!", daraufhin sagte Ibn 'Umar zu ihm: „Schwöre nicht bei (*etwas od. jemandem*) außer Allāh, denn ich hörte den Gesandten Allāhs(s) sagen : »Wer bei (*etwas od. jemandem*) außer Allāh schwört, der ist vom Islam abgefallen - oder der hat Allāh jemanden beigesellt.«"
(At-Tirmi*d*i, mit dem Vermerk: Ein guter Hadith)
Einige Gelehrte erklärten, dass die Äußerung Ibn 'Umars »der ist vom Islam abgefallen, oder der hat Allāh jemanden zur Seite beigesellt«, das schwere Ausmaß betont, analog zu einem anderen Hadith: „Augendienerei ist Polytheismus."

Kapitel 315
Das schwere Ausmaß des absichtlich falsch geleisteten Eides

Hadith 1712 Ibn Mas'ūd(r) berichtete, dass der Prophet(s) gesagt hat : „Wer schwört, um das Vermögen eines Muslims zu Unrecht zu bekommen, wird Allāh begegnen, und Er ist zornig über ihn", dann rezitierte uns der Gesandte Allāhs(s) die Bestätigung dafür aus dem Buch Allāhs -mächtig und erhaben ist Er - : »Wahrlich, jene, die das Bündnis mit Allāh und ihre Eidschwüre um einen geringen Preis verkaufen, die haben keinen Anteil am Jenseits, und Allāh wird weder zu ihnen sprechen noch auf sie blicken am Tage der Auferstehung, noch wird Er sie läutern, und ihnen wird schmerzliche Strafe zuteil.«
Sura 3:77
(Al-Bukhari und Muslim)

Hadith 1713 Abu Umāma Iyās ibn *Th*a'laba Al-*H*ārithi(r) berichtete, dass der Gesandte Allāhs(s) gesagt hat: „Wer sich das Recht eines Muslims durch seinen Eid aneignet, dem hat Allāh die Hölle vorgeschrieben und das

لَهُ رَجُلٌ : وَإِنْ كَانَ شَيْئًا يَسِيرًا يَا رَسُولَ اللهِ ؟ قَالَ : « وَإِنْ كَانَ قَضِيبًا مِنْ أَرَاكٍ » رَوَاهُ مُسْلِمٌ .

١٧١٤ ـ وَعَنْ عَبْدِ اللهِ بْنِ عَمْرِو بْنِ العَاصِ رَضِيَ اللهُ عَنْهُمَا عَنِ النَّبِيِّ ﷺ قَالَ : « الكَبَائِرُ : الإشْرَاكُ بِاللهِ ، وَعُقُوقُ الوَالِدَيْنِ ، وَقَتْلُ النَّفْسِ ، وَاليَمِينُ الغَمُوسُ » رَوَاهُ البُخَارِيُّ .

وَفِي رِوَايَةٍ : أَنَّ أَعْرَابِيًّا جَاءَ إِلَى النَّبِيِّ ﷺ فَقَالَ : يَا رَسُولَ اللهِ مَا الكَبَائِرُ ؟ قَالَ : « الإشْرَاكُ بِاللهِ » قَالَ : ثُمَّ مَاذَا ؟ قَالَ : « اليَمِينُ الغَمُوسُ » قُلْتُ : وَمَا اليَمِينُ الغَمُوسُ؟ قَالَ : « الَّذِي يَقْتَطِعُ مَالَ امْرِئٍ مُسْلِمٍ ! » يَعْنِي بِيَمِينٍ هُوَ فِيهَا كَاذِبٌ .

٣١٦ ـ باب ندب من حلف على يمين فرأى غيرها خيراً منها أن يفعل ذلك المحلوف عليه ثم يكفر عن يمينه

١٧١٥ ـ عَنْ عَبْدِ الرَّحْمَنِ بْنِ سَمُرَةَ رَضِيَ اللهُ عَنْهُ قَالَ : قَالَ لِي رَسُولُ اللهِ ﷺ : « وَإِذَا حَلَفْتَ عَلَى يَمِينٍ ، فَرَأَيْتَ غَيْرَهَا خَيْرًا مِنْهَا ، فَأْتِ الَّذِي هُوَ خَيْرٌ ، وَكَفِّرْ عَنْ يَمِينِكَ » مُتَّفَقٌ عَلَيْهِ .

١٧١٦ ـ وَعَنْ أَبِي هُرَيْرَةَ رَضِيَ اللهُ عَنْهُ أَنَّ رَسُولَ اللهِ ﷺ قَالَ : « مَنْ حَلَفَ عَلَى يَمِينٍ ، فَرَأَى غَيْرَهَا خَيْرًا مِنْهَا ، فَلْيُكَفِّرْ عَنْ يَمِينِهِ ، وَلْيَفْعَلِ الَّذِي هُوَ خَيْرٌ » رَوَاهُ مُسْلِمٌ .

Paradies verboten." Da fragte ein Mann: „Auch wenn es eine geringfügige Sache wäre, o Gesandter Allāhs?" Er(s) sagte: „Sogar wenn es ein Hölzchen Arāk wäre."[204]
(Muslim)

Hadith 1714 'Abdullāh ibn 'Amr ibn-ul-'Ās(r) berichtete, dass der Prophet(s) gesagt hat: „Die allerschlimmsten Vergehen sind: Allāh Teilhaber an Seiner Göttlichkeit beigesellen, das (*absichtliche*) Vergessen der Pflicht den Eltern gegenüber, das Töten eines Menschen (*ohne triftigen Grund*) und der Meineid."
(Al-Bukhari)
In einer anderen Überlieferung steht: Ein Beduine kam zum Propheten(s) und fragte: „O Gesandter Allāhs, was sind die allerschlimmsten Vergehen?" Er(s) antwortete: „Allāh Teilhaber an Seiner Göttlichkeit beigesellen." Er fragte: „Und was noch?" Er(s) antwortete: „Der Meineid." Ich sagte: „Was ist der Meineid?" Er(s) antwortete: „Wer sich das Recht eines Muslims aneignet."(d.h. durch einen falschen Eid).

Kapitel 316
    Die Rechtfertigung einer Person, ihren Eid zu mißachten, wenn sie eine bessere Alternative dazu gefunden hat und das Sühnen dafür

Hadith 1715 'Abd-ur-Rahmān ibn Samura(r) berichtete: Der Gesandte Allāhs(s) sagte zu mir: „...Und wenn du etwas geschworen hast und dann sahst, dass eine Alternative besser ist, dann tue das Bessere und leiste Sühne für deinen Schwur!"
(Al-Bukhari und Muslim)

Hadith 1716 Abu Huraira(r) berichtete, dass der Gesandte Allāhs(s) gesagt hat: „Wer etwas schwört, und dann einsieht, dass eine Alternative besser ist, dann soll er die Sühne für seinen Schwur leisten und das Bessere tun!"(Muslim)

١٧١٧ - وَعَنْ أَبِي مُوسَى رَضِيَ اللهُ عَنْهُ أَنَّ رَسُولَ اللهِ ﷺ قَالَ : « إِنِّي وَاللهِ إِنْ شَاءَ اللهُ لا أَحْلِفُ عَلَى يَمِينٍ ، ثُمَّ أَرَى خَيْراً مِنْهَا إِلا كَفَّرْتُ عَنْ يَمِينِي ، وَأَتَيْتُ الَّذِي هُوَ خَيْرٌ » متفقٌ عليه .

١٧١٨ - وَعَنْ أَبِي هُرَيْرَةَ رَضِيَ اللهُ عَنْهُ قَالَ : قَالَ رَسُولُ اللهِ ﷺ : « لأَنْ يَلَجَّ أَحَدُكُمْ فِي يَمِينِهِ فِي أَهْلِهِ آثَمُ لَهُ عِنْدَ اللهِ تَعَالَى مِنْ أَنْ يُعْطِيَ كَفَّارَتَهُ الَّتِي فَرَضَ اللهُ عَلَيْهِ » متفقٌ عليه .

قولُهُ : « يَلَجَّ » بِفَتْحِ اللامِ ، وَتَشْدِيدِ الجيمِ : أَيْ يَتَمَادَى فِيهَا ، وَلا يُكَفِّرُ ، وقولُهُ : « آثَمُ » هو بالثاءِ المثلثةِ ، أَيْ : أَكْثَرُ إِثْماً .

٣١٧ - باب العفو عن لغو اليمين وأنه لا كفارة فيه
وهو ما يجري على اللسان بغير قصد اليمين كقوله
على العادة : لا والله ، وبلى والله ، ونحو ذلك

قال الله تعالى : ﴿ لا يُؤَاخِذُكُمُ اللهُ بِاللَّغْوِ فِي أَيْمَانِكُمْ وَلَكِنْ يُؤَاخِذُكُمْ بِمَا عَقَّدْتُمُ الأَيْمَانَ فَكَفَّارَتُهُ إِطْعَامُ عَشَرَةِ مَسَاكِينَ مِنْ أَوْسَطِ مَا تُطْعِمُونَ أَهْلِيكُمْ أَوْ كِسْوَتُهُمْ أَوْ تَحْرِيرُ رَقَبَةٍ فَمَنْ لَمْ يَجِدْ فَصِيَامُ ثَلاثَةِ أَيَّامٍ ذَلِكَ كَفَّارَةُ أَيْمَانِكُمْ إِذَا حَلَفْتُمْ وَاحْفَظُوا أَيْمَانَكُمْ ﴾ (المائدة: ٨٩) .

١٧١٩ - وَعَنْ عَائِشَةَ رَضِيَ اللهُ عَنْهَا قَالَتْ : أُنْزِلَتْ هَذِهِ الآيَةُ : ﴿ لا يُؤَاخِذُكُمُ اللهُ بِاللَّغْوِ فِي أَيْمَانِكُمْ ﴾ فِي قَوْلِ الرَّجُلِ: لا وَاللهِ ، وَبَلَى وَاللهِ. رواه البخاري .

Hadith 1717 Abu Mūsā(r) berichtete, dass der Gesandte Allāhs(s) gesagt hat: „Wahrlich ich werde bei Allāh- so Allāh will - immer wenn ich etwas schwöre und dann einsehe, dass eine Alternative besser ist, nur eine Sühne für meinen Schwur leisten und die bessere Handlung durchführen!"
(Al-Bukhari und Muslim)

Hadith 1718 Abu Huraira(r) berichtete, dass der Gesandte Allāhs(s) gesagt hat: „Wer von euch in der Durchführung seines Schwures bezüglich seiner Familie übertreibt, begeht ein größeres Vergehen, als wenn er die von Allāh dafür auferlegte Sühne für seinen Schwur leistet."
(Al-Bukhari und Muslim)

Kapitel 317
Keine Rechenschaft und keine Sühne für den unbedachten Eid, den man unabsichtlich und aus Gewohnheit spricht, wie z.B. nein, bei Allāh, ja, bei Allāh

Allāhs -erhaben ist Er - spricht:
»Allāh wird euch nicht strafen für ein unbedachtes Wort in euren Eiden, doch Er wird euch zur Rechenschaft ziehen für das, was ihr mit Bedacht geschworen habt. Die Sühne dafür ist dann die Speisung von zehn Armen mit der Speise, die ihr gewöhnlich euren Angehörigen gebt, oder ihre Bekleidung oder die Befreiung eines Nackens. Wer es aber nicht kann, der faste drei Tage. Dies ist die Sühne eurer Eide, so ihr geschworen habt, und hütet eure Eide!«
Sura 5:89

Hadith 1719 'Āischa(r) hat gesagt: „Dieser Vers: »Allāh wird euch nicht strafen für ein unbedachtes Wort in euren Eiden,« wurde offenbart wegen der (*unbedachten*) Äußerung des Menschen „Nein, bei Allāh! und „Ja, bei Allāh!"
(Al-Bukhari)

٣١٨ – باب كراهة الحلف فى البيع وإن كان صادقا

١٧٢٠ – وَعَنْ أَبِى هُرَيْرَةَ رَضِىَ اللهُ عَنْهُ قَالَ : سَمِعْتُ رَسُولَ اللهِ ﷺ يَقُولُ : « الحَلِفُ مُنَفِّقَةٌ لِلسِّلْعَةِ ، مَمْحَقَةٌ لِلْكَسْبِ » متفق عليه .

١٧٢١ – عَنْ أَبِى قَتَادَةَ رَضِىَ اللهُ عَنْهُ أَنَّهُ سَمِعَ رَسُولَ اللهِ ﷺ يَقُولُ : « إِيَّاكُمْ وَكَثْرَةَ الْحَلِفِ فِى الْبَيْعِ ، فَإِنَّهُ يُنَفِّقُ ثُمَّ يَمْحَقُ » رواه مسلم .

٣١٩ – باب كراهة أن يسأل الإنسان بوجه الله غير الجنة
وكراهة منع من سأل بالله تعالى وتشفع به

١٧٢٢ – عَنْ جَابِرٍ رَضِىَ اللهُ عَنْهُ قَالَ : قَالَ رَسُولُ اللهِ ﷺ : « لَا يُسْأَلُ بِوَجْهِ اللهِ إِلَّا الْجَنَّةُ » رواه أبو داود .

١٧٢٣ – وَعَنِ ابْنِ عُمَرَ رَضِىَ اللهُ عَنْهُمَا قَالَ : قَالَ رَسُولُ اللهِ ﷺ : « مَنِ اسْتَعَاذَ بِاللهِ ، فَأَعِيذُوهُ ، وَمَنْ سَأَلَ بِاللهِ ، فَأَعْطُوهُ ، وَمَنْ دَعَاكُمْ ، فَأَجِيبُوهُ ، وَمَنْ صَنَعَ إِلَيْكُمْ مَعْرُوفاً فَكَافِئُوهُ ، فَإِنْ لَمْ تَجِدُوا مَا تُكَافِئُونَهُ ، فَادْعُوا لَهُ حَتَّى تَرَوْا أَنَّكُمْ قَدْ كَافَأْتُمُوهُ » حديث صحيح رواه أبو داود ، والنسائى بأسانيد الصحيحين .

Kapitel 318
Das Verabscheuen, beim Verkauf zu schwören, auch wenn der Eid wahrhaftig ist

Hadith 1720 Abu Huraira(r) berichtete, dass er den Gesandten Allāhs(s) sagen hörte: „Das Schwören lässt den Vertrieb der Ware blühen, doch ist es für den Segen vernichtend."
(Al-Bukhari und Muslim)

Hadith 1721 Abu Qatāda(r) berichtete, dass er den Gesandten Allāhs(s) sagen hörte:„Hütet euch vor dem häufigen Schwören beim Verkauf, denn es lässt den Vertrieb der Ware blühen, dann vernichtet es den Segen."
(Muslim)

Kapitel 319
Das Verabscheuen, beim Namen Allāhs um etwas anderes als das Paradies zu bitten und das Verabscheuen der Zurückweisung des bei Allāh Bittenden

Hadith 1722 Jābir(r) berichtete, dass der Gesandte Allāhs(s) gesagt hat: „Man bittet nicht beim Antlitz Allāhs für etwas außer dem Paradies."
(Abu Dāwūd)

Hadith 1723 Ibn 'Umar(r) berichtete, dass der Gesandte Allāhs(s) gesagt hat: „Wer auch immer um Schutz bei Allāh bittet, gebt ihm Zuflucht, und wer um (*Almosen*) bei Allāh bittet, gebt ihm, und wer euch einlädt, nehmt seine Einladung an, und wer euch etwas Gutes tut, den belohnt ihr dafür. Solltet ihr keine Belohnung für ihn finden, dann betet für ihn (*reichlich*) bis ihr glaubt, dass ihr ihn genug belohnt habt."
(Ein starker Hadith, von Abu Dāwūd und An-Nasāi mit Überlieferungsketten von Al-Bukhari und Muslim)

٣٢٠ – باب تحريم قول شاهنشاه للسلطان وغيره لأن معناه ملك الملوك ولا يوصف بذلك غير الله سبحانه وتعالى

١٧٢٤ – عَنْ أَبِي هُرَيْرَةَ رَضِيَ اللهُ عَنْهُ عَنِ النَّبِيِّ ﷺ قَالَ : « إِنَّ أَخْنَعَ اسْمٍ عِنْدَ اللهِ عَزَّ وَجَلَّ رَجُلٌ تَسَمَّى مَلِكَ الأَمْلاكِ » متفقٌ عليه .

قال سُفيانُ بنُ عُيَيْنَةَ : « مَلِكُ الأَمْلاكِ » مِثلُ شاهنشاه .

٣٢١ – باب النهي عن مخاطبة الفاسق والمبتدع ونحوهما بسيد ونحوه

١٧٢٥ – عن بُرَيْدَةَ رضي اللهُ عنهُ قَالَ : قَالَ رَسُولُ اللهِ ﷺ : « لا تَقُولُوا لِلْمُنَافِقِ سَيِّدٌ ، فَإِنَّهُ إِنْ يَكُ سَيِّداً ، فَقَدْ أَسْخَطْتُمْ رَبَّكُمْ عَزَّ وَجَلَّ » رواه أبو داود بإسنادٍ صحيح .

٣٢٢ – باب كراهة سب الحمى

١٧٢٦ – عَنْ جَابِرٍ رَضِيَ اللهُ عَنْهُ أَنَّ رَسُولَ اللهِ ﷺ دَخَلَ عَلَى أُمِّ السَّائِبِ ، أَوْ أُمِّ المُسَيَّبِ فَقَالَ : « مَالَكِ يَا أُمَّ السَّائِبِ ــ أَوْ يَا أُمَّ المُسَيَّبِ ــ تُزَفْزِفِينَ ؟ » قَالَتْ : الحُمَّى لا بَارَكَ اللهُ فِيهَا ! فَقَالَ : « لا تَسُبِّي الحُمَّى ، فَإِنَّهَا تُذْهِبُ خَطَايَا بَنِي آدَمَ ، كَمَا يُذْهِبُ الكِيرُ خَبَثَ الحَدِيدِ » رواه مسلم .

« تُزَفْزِفِينَ » أي : تَتَحَرَّكِينَ حَرَكَةً سَرِيعَةً ، وَمَعْنَاهُ : تَرْتَعِدُ ، وَهُوَ بِضَمِّ التَّاءِ وبِالزَّايِ المكررة ، والفاء المكررة ، ورُوِيَ أيضاً بالراءِ المكررة والقافين .

Kapitel 320
Das Verbot, jemanden mit König der Könige anzureden, denn dieser Titel gebührt allein Allāh

Hadith 1724 Abu Huraira(r) berichtete, dass der Prophet(s) gesagt hat: „Der schändlichste Name bei Allāh- erhaben und mächtig ist Er- ist der eines Mannes, der sich selbst König der Könige nennen läßt."
(Al-Bukhari und Muslim)
Sufyān ibn 'Uyaina sagt: „König der Könige ist wie Schahin -Schah."[205]

Kapitel 321
Die Untersagung, einen Abtrünnigen oder Frevler u.ä. mit „Herr" oder anderen ehrenhaften Titeln anzureden

Hadith 1725 Buraida(r) berichtete, dass der Gesandte Allāhs(s) gesagt hat: „Sagt nicht zu einem Heuchler „Herr!", denn wenn er ein Herr wäre, habt ihr euren Herrn - erhaben und mächtig ist Er - erzürnt."
(Abu Dāwūd mit einer starken Überlieferungskette)

Kapitel 322
Das Verabscheuen, den Fieber zu verfluchen

Hadith 1726 Jābir(r) berichtete, dass der Gesandte Allāhs(s) der Um As-Sāib - oder Um Al-Mussayyab - einen Krankenbesuch erstattete und sie fragte: „Warum zitterst du so heftig, o Um As-Sāib - oder Um Al-Mussayyab -?" Sie erwiderte: „Es ist das Fieber, Allāh segne es nicht!" Er sprach(s) zu ihr: „Verfluche das Fieber nicht, denn es tilgt die Sünde der Menschen so wie der Blasebalg die Unreinheiten vom Eisen beseitigt."
(Muslim)

٣٢٣ - باب النهى عن سب الريح وبيان ما يقال عند هبوبها

١٧٢٧ - عَنْ أَبِي المنذِرِ أُبَيِّ بْنِ كَعْبٍ رَضِيَ اللهُ عَنْهُ قَالَ : قَالَ رَسُولُ اللهِ ﷺ : « لا تَسُبُّوا الرِّيحَ ، فَإِذَا رَأَيْتُمْ مَا تَكْرَهُونَ ، فَقُولُوا : اللَّهُمَّ إِنَّا نَسْأَلُكَ مِنْ خَيْرِ هَذِهِ الرِّيحِ وَخَيْرِ مَا فِيهَا وَخَيْرِ مَا أُمِرَتْ بِهِ ، وَنَعُوذُ بِكَ مِنْ شَرِّ هَذِهِ الرِّيحِ وَشَرِّ مَا فِيهَا وَشَرِّ مَا أُمِرَتْ بِهِ » رواه الترمذى وقال : حديث حسن صحيح .

١٧٢٨ - وَعَنْ أَبِي هُرَيْرَةَ رَضِيَ اللهُ عَنْهُ قَالَ : سَمِعْتُ رَسُولَ اللهِ ﷺ يَقُولُ : « الرِّيحُ مِنْ رَوْحِ اللهِ ، تَأْتِي بِالرَّحْمَةِ ، وَتَأْتِي بِالعَذَابِ ، فَإِذَا رَأَيْتُمُوهَا فَلَا تَسُبُّوهَا ، وَسَلُوا اللهَ خَيْرَهَا ، وَاسْتَعِيذُوا بِاللهِ مِنْ شَرِّهَا » رواه أبو داود بإسناد حسن .

قوله ﷺ : « مِنْ رَوْحِ اللهِ » هو بفتح الراء : أى : رَحْمَتِهِ بِعِبَادِهِ .

١٧٢٩ - وَعَنْ عَائِشَةَ رَضِيَ اللهُ عَنْهَا قَالَتْ : كَانَ النَّبِيُّ ﷺ إِذَا عَصَفَتِ الرِّيحُ قَالَ : « اللَّهُمَّ إِنِّى أَسْأَلُكَ خَيْرَهَا ، وَخَيْرَ مَا فِيهَا ، وَخَيْرَ مَا أُرْسِلَتْ بِهِ ، وَأَعُوذُ بكَ مِنْ شَرِّهَا ، وَشَرِّ مَا فِيهَا ، وَشَرِّ مَا أُرْسِلَتْ بِهِ » رواه مسلم .

Kapitel 323
Die Untersagung, den Wind zu verfluchen und was bei dessen starkem Wehen zu sagen ist

Hadith 1727 Abul-Mun*d*ir Ubayy ibn Ka'b(r) berichtete, dass der Gesandte Allāhs(s) gesagt hat: „Verflucht nicht den Wind, und wenn ihr seht, was ihr hasst, dann sagt: »O Allāh! Wir erbitten Dich, uns etwas zu bescheren von dem Guten, was dieser Wind (*bringt*), um das Beste in ihm, und um das Beste von dem, was ihm befohlen wurde. Und wir suchen Zuflucht bei Dir vor dem Unheil, was dieser Wind (*bringt*), vor dem Unheil in ihm, und vor dem Unheil, was ihm befohlen wurde."
(At-Tirmi*d*i, mit dem Vermerk: Ein guter Hadith)

Hadith 1728 Abu Huraira(r) berichtete, dass er den Gesandten Allāhs(s) sagen hörte: „Der Wind ist vom Rau*h*[206] Allāhs, welcher Gnade und (*auch*) Bestrafung bringt, daher verflucht ihn nicht, wenn ihr ihn seht, sondern bittet Allāh um das Beste von ihm, und sucht Zufluch bei Allāh vor dessen Unheil!"
(Abu Dāwūd, mit einer guten Überlieferungskette)
Der Verfasser erklärt: „vom Rau*h* Allāhs" bedeutet von Seiner Barmherzigkeit gegen Seine Diener.

Hadith 1729 'Āischa(r) berichtete: Der Prophet(s) pflegte bei einem Windstoß zu bitten: »O Allāh! Ich bitte Dich um sein Bestes und das Beste von dem, womit er beauftragt wurde, und ich suche Zuflucht bei Dir vor seinem Unheil, vor dem Unheil in ihm und vor dem Unheil, womit er beauftragt wurde."
(Muslim)

٣٢٤ – باب كراهة سب الديك

١٧٣٠ – عَنْ زَيْدِ بْنِ خَالِدٍ الجُهَنِيِّ رَضِيَ اللهُ عَنْهُ قَالَ : قَالَ رَسُولُ اللهِ ﷺ : «لاَتَسُبُّوا الدِّيكَ ، فَإِنَّهُ يُوقِظُ لِلصَّلاَةِ» رواه أبو داود بإسناد صحيح .

٣٢٥ – باب النهي عن قول الإنسان : مطرنا بنوء كذا

١٧٣١ – عَنْ زَيْدِ بْنِ خَالِدٍ رَضِيَ اللهُ عَنْهُ قَالَ : صَلَّى بِنَا رَسُولُ اللهِ ﷺ صَلاَةَ الصُّبْحِ بِالحُدَيْبِيَةِ فِي إِثْرِ سَمَاءٍ كَانَتْ مِنَ اللَّيْلِ ، فَلَمَّا انْصَرَفَ أَقْبَلَ عَلَى النَّاسِ ، فَقَالَ : «هَلْ تَدْرُونَ مَاذَا قَالَ رَبُّكُمْ ؟» قَالُوا : اللهُ وَرَسُولُهُ أَعْلَمُ ، قَالَ : «أَصْبَحَ مِنْ عِبَادِي مُؤْمِنٌ بِي ، وَكَافِرٌ ، فَأَمَّا مَنْ قَالَ : مُطِرْنَا بِفَضْلِ اللهِ وَرَحْمَتِهِ ، فَذَلِكَ مُؤْمِنٌ بِي كَافِرٌ بِالكَوْكَبِ، وَأَمَّا مَنْ قَالَ : مُطِرْنَا بِنَوْءِ كَذَا وَكَذَا ، فَذَلِكَ كَافِرٌ بِي مُؤْمِنٌ بِالكَوْكَبِ» متفق عليه

وَالسَّمَاءُ هُنَا : المَطَرُ .

٣٢٦ – باب تحريم قوله لمسلم : يا كافر

١٧٣٢ – عَنِ ابْنِ عُمَرَ رَضِيَ اللهُ عَنْهُمَا قَالَ : قَالَ رَسُولُ اللهِ ﷺ : «إِذَا قَالَ الرَّجُلُ لأَخِيهِ : يَا كَافِرُ ، فَقَدْ بَاءَ بِهَا أَحَدُهُمَا ، فَإِنْ كَانَ كَمَا قَالَ وَإِلاَّ رَجَعَتْ عَلَيْهِ» متفق عليه .

Kapitel 324
Die Missbilligung, einen Hahn zu verfluchen

Hadith 1730 Zaid ibn Khālid Al-Juhani(r) berichtete, dass der Gesandte Allāhs(s) gesagt hat: „Verflucht nicht den Hahn, denn er weckt zum (Fadschr-) Gebet!"
(Abu Dāwūd, mit einer starken Überlieferungskette)

Kapitel 325
Untersagung der Aussage: „Wir verdanken dem Stern soundso *(diesen)* Regen."

Hadith 1731 Zaid ibn Khālid Al-Juhani(r) berichtete: Der Gesandte Allāhs(s) leitete uns beim Morgengebet in Al-*H*udaibia nach einem starken Regen in der Nacht. Beim Verlassen *(der Gemeinde)* wandte er sich zu den Leuten und sprach: „Wisst ihr, was euer Herr sagte?!" Sie erwiderten: „Allāh und Sein Gesandter wissen es am Besten!" Er(s) sagte: „Unter Meinen Dienern erwachten heute Morgen welche die an Mich glauben und Ungläubige. Derjenige, der sagt: „Wir bekamen den Regen durch Allāhs Wohltat und Gnade, der glaubt an Mich, und hat die Sterne zurückgewiesen. Derjenige, der aber sagt: „Wir bekamen den Regen durch den Stern soundso, der glaubt nicht an Mich, sondern an die Sterne."
(Al-Bukhari und Muslim)

Kapitel 326
Die Unzulässigkeit, einen Muslim mit „O Ungläubiger" anzureden

Hadith 1732 Ibn 'Umar(r) berichtete, dass der Gesandte Allāhs(s) gesagt hat: „Wenn ein Mann zu seinem Glaubensbruder sagt: „O Ungläubiger!", wird diese Bezeichnung auf einen der beiden zutreffen. Ist der Angesprochene tatsächlich so, dann trifft dies zu, andernfalls kehrt dies zu ihm zurück." (Al-Bukhari und Muslim)

١٧٣٣ - وعَنْ أبى ذَرٍّ رضى الله عنه أنه سمع رسولَ الله ﷺ يقول : « مَنْ دَعَا رَجُلاً بِالْكُفْرِ ، أَوْ قَالَ : عَدُوُّ الله ، وَلَيْسَ كَذلِكَ إلا حَارَ عَلَيْهِ » متفق عليه .

« حَارَ » : رجعَ .

٣٢٧ - باب النهى عن الفحش وبذاء اللسان

١٧٣٤ - عَنِ ابْنِ مَسْعُودٍ رضى الله عنه قال : قال رسولُ الله ﷺ : « لَيْسَ المؤمِنُ بِالطَّعَّانِ ، وَلا اللَّعَّانِ ، وَلا الفَاحِشِ ، وَلا البَذِىّ » رواه الترمذى وقال : حديث حسن .

١٧٣٥ - وَعَنْ أنسٍ ، رضى الله عنه ، قال : قال رسولُ الله ﷺ : « مَا كَانَ الفُحْشُ فى شَىءٍ إلا شَانَهُ ، وَمَا كَانَ الحَيَاءُ فى شَىءٍ إلا زَانَهُ » رواه الترمذى وقال : حديث حسن .

٣٢٨ - باب كراهة التقعير فى الكلام والتشدق فيه وتكلف الفصاحة واستعمال وحشى اللغة ودقائق الإعراب فى مخاطبة العوام ونحوهم

١٧٣٦ - عَنِ ابْنِ مَسْعُودٍ رضى الله عنه أن النبىَّ ﷺ قال : «هَلَكَ المُتَنَطِّعُونَ» قالها ثلاثاً . رواه مسلم .

« المُتَنَطِّعُونَ » : المبَالِغُونَ فى الأمورِ .

Hadith 1733 Abu *D*arr(r) berichtete, dass er den Gesandten Allāhs(s) sagen hörte: „Wer auch immer einen Menschen als ungläubig bezeichnet, oder zu ihm sagt: „O Allāhs Feind!" und es stimmt nicht, zu dem kehrt die (Verleumdung) zurück."
(Al-Bukhari und Muslim)

Kapitel 327
Untersagung der Unanständigkeit und der Unzüchtigkeit der Zunge

Hadith 1734 Ibn Mass'ūd(r) berichtete, dass der Gesandte Allāhs(s) gesagt hat: „Der (*wahre*) Muslim ist kein Verleumdner und kein Verflucher, und er ist weder unanständig noch unzüchtig."
(At-Tirmi*d*i, mit dem Vermerk: Ein guter Hadith)

Hadith 1735 Anas(r) berichtete, dass der Gesandte Allāhs(s) gesagt hat: „Die Unzüchtigkeit, wo auch immer sie ist, kann nur entwürdigen, während die Schamhaftig- keit, wo auch immer sie ist, kann nur würdigen."
(At-Tirmi*d*i, mit dem Vermerk: Ein guter Hadith)

Kapitel 328
Das Missfallen von Schwülstigkeit und Großsprecherei im Reden, von Vorspiegelung der Sprachgewandheit und von Verwendung komplizierter Ausdrücke im Sprechen mit der Allgemeinheit

Hadith 1736 Ibn Mass'ūd(r) berichtete, dass der Gesandte Allāhs(s) gesagt hat: „Mögen Al-Mutana*tt*i'ūn (d.h. diejenigen, die hochgestochene Reden führen) zugrunde gehen!" Diesen Satz hat er(s) dreimal hintereinander gesagt."
(Muslim)
Der Verfasser erklärt: Al-Mutana*tt*i'ūn sind diejenigen, die in allen Sachen

١٧٣٧ - وَعَنْ عَبْدِ اللهِ بْنِ عَمْرِو بْنِ العَاصِ رَضِيَ اللهُ عَنْهُمَا أَنَّ رَسُولَ اللهِ ﷺ قَالَ : « إِنَّ اللهَ يُبْغِضُ البَلِيغَ مِنَ الرِّجَالِ الَّذِي يَتَخَلَّلُ بِلِسَانِهِ كَمَا تَتَخَلَّلُ البَقَرَةُ » . رواه أبو داود ، والترمذى ، وقال : حديث حسن .

١٧٣٨ - وَعَنْ جَابِرِ بْنِ عَبْدِ اللهِ رَضِيَ اللهُ عَنْهُمَا أَنَّ رَسُولَ اللهِ ﷺ قَالَ : « إِنَّ مِنْ أَحَبِّكُمْ إِلَيَّ ، وَأَقْرَبِكُمْ مِنِّي مَجْلِسَاً يَوْمَ القِيَامَةِ ، أَحَاسِنَكُمْ أَخْلَاقاً ، وَإِنَّ أَبْغَضَكُمْ إِلَيَّ ، وَأَبْعَدَكُمْ مِنِّي يَوْمَ القِيَامَةِ ، الثَّرْثَارُونَ ، وَالمُتَشَدِّقُونَ ، وَالمُتَفَيْهِقُونَ » رواه الترمذى وقال : حديث حسن ، وقد سبق شرحه فى باب حُسْنِ الخُلُقِ .

٣٢٩ - باب كراهة قوله : خبثت نفسى

١٧٣٩ - عَنْ عَائِشَةَ رَضِيَ اللهُ عَنْهَا ، عَنِ النَّبِيِّ ﷺ قَالَ : « لَا يَقُولَنَّ أَحَدُكُمْ خَبُثَتْ نَفْسِي ، وَلَكِنْ لِيَقُلْ : لَقِسَتْ نَفْسِي » متفق عليه .

قَالَ العُلَمَاءُ : مَعْنَى خَبُثَتْ : غَثَيْتْ ، وَهُوَ مَعْنَى « لَقِسَتْ » وَلَكِنْ كَرِهَ لَفْظَ الخُبْثِ .

٣٣٠ - باب كراهة تسمية العنب كرما

١٧٤٠ - عَنْ أَبِي هُرَيْرَةَ رَضِيَ اللهُ عَنْهُ قَالَ : قَالَ رَسُولُ اللهِ ﷺ : « لَا تُسَمُّوا العِنَبَ الكَرْمَ ، فَإِنَّ الكَرْمَ المُسْلِمُ » متفق عليه . وهذا لفظ مسلم .

übertreiben.

Hadith 1737 'Abdullah ibn 'Amr ibn-ul-'Ās(r) berichtete, dass der Gesandte Allāhs(s) gesagt hat: „Allāh verabscheut den redegewandten Mann, der die Worte wiederkäut wie die Kuh (*das Futter*)."
(Abu Dāwūd, und At-Tirmidi, mit dem Vermerk: Ein guter Hadith)

Hadith 1738 Jābir ibn 'Abdillāh(r) berichtete, dass der Gesandte Allāhs(s) gesagt hat: „Diejenigen unter euch, die mir am liebsten sind und mir am Tage der Auferstehung am nächsten sitzen, sind diejenigen, die den besten Anstand haben. Und diejenigen von euch, die mir am meisten verhasst sind und von mir am Tage der Auferstehung am weitesten entfernt sind, sind die Schwätzer, die Großmäuler und die Schwülstigen."[207]
(At-Tirmidi, mit dem Vermerk: Ein guter Hadith)
(Vgl. Hadith Nr. 631)

Kapitel 329
Das Verabscheuen der Selbstverdammung mit dem groben Satz: Meine Seele ist verdorben

Hadith 1739 'Āischa(r) berichtete, dass der Prophet(s) gesagt hat: „Keiner von euch soll sagen: „Meine Seele ist verdorben, sondern er soll sagen: „Meine Seele ist schlecht geworden!"
(Al-Bukhari und Muslim)
Der Verfasser sagt: Die Gelehrten meinen, dass verdorben und schlecht Synonyme sind, aber der Prophet(s) verabscheute das (grobe) Wort „verdorben".

Kapitel 330
Es ist unerwünscht, die Weinrebe „Karm" zu nennen

Hadith 1740 Abu Huraira(r) berichtete, dass der Gesandte Allāhs(s) gesagt hat: „Nennt die Weinrebe nicht „Karm", denn „Karm" ist gewiss der

وفى رواية : « فَإِنَّمَا الكَرْمُ قَلْبُ المؤمنِ » وفى رواية للبخارى ومسلم : « يَقُولُونَ الكَرْمُ، إنَّمَا الكَرْمُ قَلْبُ المؤمنِ » .

١٧٤١ ـ وَعَنْ وَائِلِ بنِ حُجْرٍ رَضِيَ اللهُ عَنْهُ عَنِ النَّبِيِّ ﷺ قَالَ : « لا تَقُولُوا : الكَرْمُ، وَلَكِنْ قُولُوا : العِنَبُ، وَالحَبَلَةُ » رواه مسلم .

« الحَبَلَةُ » بفتح الحاء والباء ، ويقال أيضاً بإسكان الباء .

٣٣١ ـ باب النهى عن وصف محاسن المرأة لرجل إلا أن يحتاج إلى ذلك لغرض شرعى كنكاحها ونحوه

١٧٤٢ ـ عَنْ ابنِ مَسْعُودٍ رَضِيَ اللهُ عَنْهُ قَالَ : قَالَ رَسُولُ اللهِ ﷺ : « لا تُبَاشِرِ المرأةُ المرأةَ ، فَتَصِفَهَا لِزَوْجِهَا كَأَنَّهُ يَنْظُرُ إلَيْهَا » متفقٌ عليه .

٣٣٢ ـ باب كراهة قول الإنسان : اللهم اغفر لى إن شئت بل يجزم بالطلب

١٧٤٣ ـ عَنْ أبى هُرَيْرَةَ رَضِيَ اللهُ عَنْهُ أنَّ رَسُولَ اللهِ ﷺ قَالَ : « لا يَقُولَنَّ أحَدُكُمْ : اللَّهُمَّ اغْفِرْ لِى إنْ شِئْتَ ، اللَّهُمَّ ارْحَمْنِى إنْ شِئْتَ ، لِيَعْزِمِ المَسْألَةَ ، فَإنَّهُ لا مُكْرِهَ لَهُ» متفقٌ عليه .

Muslim."
(Al-Bukhari und Muslim, mit dem Wortlaut von Muslim)
In einer anderen Überlieferung steht: „denn „Karm" ist das Herz des Gläubigen", und in einer Überlieferung Muslims und Al-Bukharis steht: „Man sagt (*für die Weinrebe*) „Al-Karm", doch „Al-Karm ist nur des Muslims Herz."

Hadith 1741 Wā il ibn *H*ujr(r) berichtete, dass der Prophet(s) gesagt hat: „Sagt nicht „Al-Karm", sondern sagt: „Al-'Inab" und „Al-*H*abala!"[208]
(Muslim)

Kapitel 331

Es ist untersagt, einem Mann die Schönheit einer Frau zu beschreiben, außer im Falle eines legitimen Zwecks, wie Eheschließung u.ä.

Hadith 1742 Ibn Mass'ūd(r) berichtete, dass der Gesandte Allāhs(s) gesagt hat: „Die Frau soll nicht die (*Reize einer anderen*) Frau betrachten und sie dann ihrem eigenen Ehemann ausführlich schildern, als sehe er sie vor sich."
(Al-Bukhari und Muslim)

Kapitel 332

Das Missfallen des Bittgebetes: „O Allāh, vergib mir wenn Du willst!" Stattdessen soll man entschieden (*um Vergebung*) bitten.

Hadith 1743 Abu Huraira(r) berichtete, dass der Gesandte Allāhs(s) gesagt hat: „Keiner von euch soll bitten: „O Allāh, vergib mir, wenn Du willst! O Allāh, habe Erbarmen mit mir, wenn Du willst! Man soll entschieden das Bittgebet aussprechen, denn niemand kann Ihn zwingen!"
(Al-Bukhari und Muslim)

وفى رواية لمسلم : « وَلَكِنْ لِيَعْزِمْ ، وَلْيُعْظِمِ الرَّغْبَةَ ، فَإِنَّ اللهَ تَعَالى لا يَتَعَاظَمُهُ شَىْءٌ أَعْطَاهُ » .

١٧٤٤ ـ وَعَنْ أَنَسٍ ، رَضِيَ اللهُ عَنْهُ ، قَالَ : قَالَ رَسُولُ اللهِ ﷺ : « إذا دَعَا أحَدُكُمْ ، فَلْيَعْزِمِ ، المَسْأَلَةَ ، وَلا يَقُولَنَّ : اللَّهُمَّ إنْ شِئْتَ ، فَأَعْطِنى ، فَإنَّهُ لا مُسْتَكرِهَ لَهُ » متفقٌ عليه .

٣٣٣ ـ باب كراهة قول : ماشاء الله وشاء فلان

١٧٤٥ ـ عَنْ حُذَيْفَةَ بْنِ اليَمَانِ رَضِيَ اللهُ عَنْهُ عَنِ النَّبِيِّ ﷺ قَالَ : « لا تَقُولُوا: ما شَاءَ اللهُ وَشَاءَ فُلانٌ ، وَلَكِنْ قُولُوا : مَا شَاءَ اللهُ ، ثُمَّ شَاءَ فُلانٌ » رواه أبو داود بإسنادٍ صحيح .

٣٣٤ ـ باب كراهة الحديث بعد العشاء الآخرة

والمرادُ به الحديثُ الذى يكونُ مُباحاً فى غيرِ هذا الوقتِ ، وفعلُه وتَركُه سواءٌ ، فأَمَّا الْحَديثُ المُحَرَّمُ أو المكروهُ فى غيرِ هذا الوقتِ، فهوَ فى هذا الوقتِ أشَدُّ تحريماً وكراهَةً، وأمَّا الحديثُ فى الخيرِ كمُذَاكرةِ العلمِ وحكاياتِ الصَّالِحين ، ومكارمِ الأخلاقِ ، والحديث مَعَ الضيفِ ، وَمَعَ طَالبِ حاجةٍ ، وَنَحوَ ذَلكَ ، فلا كَراهَةَ فيهِ ، بل هُوَ مُستَحَبٌّ ، وكذا الحديثُ لِعُذرٍ وعـارضٍ لا كَراهَةَ فيهِ ، وقد تظـاهرَت الأحاديثُ الصحيحـةُ على كُلِّ مَا ذَكَرتُهُ .

In einer (*anderen*) Überlieferung Muslims steht: „Man soll aber entschieden erbitten, und das Begehren eindringlich versichern, denn nichts ist Allāh- erhaben ist Er - zu groß, es zu verleihen."

Hadith 1744 Anas(r) berichtete, dass der Gesandte Allāhs(s) gesagt hat: „Wenn jemand von euch Allāh bittet, so soll er um sein Anliegen entschieden bitten und niemals sagen: „O Allāh, wenn Du willst, gib mir (*soundso*), denn niemand kann Ihn zwingen!"
(Al-Bukhari und Muslim)

Kapitel 333
 Es ist unerwünscht, zu sagen: So Allāh will und Soundso will!

Hadith 1745 *Hu*daifa ibn-ul-Yamān(r) berichtete, dass der Prophet(s) gesagt hat: „Sagt nicht : „So Allāh will und Soundso will", sondern sagt: „So Allāh will und dann Soundso will!"
(Abu Dāwūd mit einer starken Überlieferungskette)

Kapitel 334
 Das Missfallen der Unterhaltung nach dem Verrichten des Nachtgebetes (*in der Moschee*)

Der Verfasser erklärt:
Gemeint ist die sonst zu einem anderen Zeitpunkt erlaubte Unterhaltung, deren Durchführung und Unterlassung egal ist. Was die unerlaubte oder verabscheute Unterhaltung betrifft, die man zu einem anderen Zeitpunkt durchführt, so ist sie in solcher Spätzeit noch strenger verboten und noch mehr verabscheuungswürdig. Was die Unterhaltung über wohltätige Zwecke betrifft, wie Wissensaustausch bzw. Lernen, Anekdoten der Frommen, tugendhafte Moral, Dialog mit dem Gast, mit dem Suchenden nach etwas usw., so ist diese nicht verabscheut sondern empfehlenswert. Ebenso ist die Unterhaltung wegen einer Not oder einer

١٧٤٦ - وَعَنِ ابْنِ عُمَرَ رَضِيَ اللهُ عَنْهُمَا أَنَّ رَسُولَ اللهِ ﷺ كَانَ يَكْرَهُ النَّوْمَ قَبْلَ العِشَاءِ وَالحَدِيثَ بَعْدَهَا . متفقٌ عليه .

١٧٤٧ - وَعَنِ ابْنِ عُمَرَ رَضِيَ اللهُ عَنْهُمَا أَنَّ رَسُولَ اللهِ ﷺ صَلَّى العِشَاءَ فِي آخِرِ حَيَاتِهِ ، فَلَمَّا سَلَّمَ ، قَالَ : « أَرَأَيْتَكُمْ لَيْلَتَكُمْ هَذِهِ ؟ فَإِنَّ عَلَى رَأْسِ مِائَةِ سَنَةٍ لَا يَبْقَى مِمَّنْ هُوَ عَلَى ظَهْرِ الأَرْضِ اليَوْمَ أَحَدٌ » متفقٌ عليه .

١٧٤٨ - وَعَنْ أَنَسٍ رَضِيَ اللهُ عَنْهُ أَنَّهُمْ انْتَظَرُوا النَّبِيَّ ﷺ فَجَاءَهُمْ قَرِيبًا مِنْ شَطْرِ اللَّيْلِ ، يَعْنِي العِشَاءَ ، فَصَلَّى بِهِمْ ، قَالَ : ثُمَّ خَطَبَنَا فَقَالَ : « أَلَا إِنَّ النَّاسَ قَدْ صَلَّوْا ، ثُمَّ رَقَدُوا ، وَإِنَّكُمْ لَنْ تَزَالُوا فِي صَلَاةٍ مَا انْتَظَرْتُمُ الصَّلَاةَ » رواه البخاري .

٣٣٥ - باب تحريم امتناع المرأة من فراش زوجها
إذا دعاها ولم يكن لها عذر شرعي

١٧٤٩ - عَنْ أَبِي هُرَيْرَةَ رَضِيَ اللهُ عَنْهُ قَالَ : قَالَ رَسُولُ اللهِ ﷺ : « إِذَا دَعَا الرَّجُلُ امْرَأَتَهُ إِلَى فِرَاشِهِ فَأَبَتْ ، فَبَاتَ غَضْبَانَ عَلَيْهَا ، لَعَنَتْهَا المَلَائِكَةُ حَتَّى تُصْبِحَ » متفقٌ عليه .

وفي رواية : « حَتَّى تَرْجِعَ » .

unvorhergesehenen Sache nicht verabscheuungswürdig. Die starken Hadithe bestätigen all dies, was ich hier erwähnt habe.

Hadith 1746 Ibn 'Umar(r) berichtete, dass der Gesandte Allāhs(s) das Schlafen vor dem Nachtgebet, sowie die Unterhaltung danach (*in der Moschee*) mißbilligte. (Al-Bukhari und Muslim)

Hadith 1747 Ibn 'Umar(r) berichtete: Einmal verrichtete der Gesandte Allāhs(s) das Nachtgebet am Ende seiner Lebzeit und sagte danach zu uns: „Was denkt ihr diese Nacht? Wahrlich wird keiner, der auf der Erde lebt, in hundert Jahren noch leben."[209]
(Al-Bukhari und Muslim)

Hadith 1748 Anas(r) berichtete, dass man (*einmal*) auf den Propheten(s) gewartet hat. Nachdem er schließlich kurz vor Mitternacht kam und mit uns (*das Nachtgebet*) gebetet hatte, sagte er: „Die (*anderen*) Leute haben wahrlich schon vor einiger Zeit gebetet und schlafen bereits. Ihr aber habt solange gebetet, wie ihr auf das Gebet gewartet habt."
(Al-Bukhari)

Kapitel 335
Die Untersagung der Ehefrau, sich ihrem Gatten zu verweigern, wenn sie dafür keinen legitimen Grund hat

Hadith 1749 Abu Huraira(r) berichtete, dass der Gesandte Allāhs(s) gesagt hat: „Wenn der Mann seine Frau auffordert, zu ihm ins Bett zu kommen, sie sich aber weigert, werden die Engel sie bis zum Morgengrauen verfluchen."
(Al-Bukhari und Muslim)
In einer anderen Überlieferung steht: „bis sie nachgibt."

٣٣٦ - باب تحريم صوم المرأة وزوجها حاضر إلا بإذنه

١٧٥٠ - عَنْ أبي هُرَيْرَةَ رضيَ اللهُ عَنْهُ أنَّ رَسُولَ اللهِ ﷺ قَالَ : « لا يَحِلُّ للمَرْأةِ أنْ تَصُومَ وزَوجُهَا شَاهدٌ إلا بإذنهِ ، ولا تَأذَنَ في بَيْتِهِ إلا بإذنهِ » متفقٌ عليه .

٣٣٧ - باب تحريم رفع المأموم رأسه من الركوع أو السجود قبل الإمام

١٧٥١ - عَنْ أبي هُرَيْرَةَ رضيَ اللهُ عَنْهُ أنَّ النَّبيَّ ﷺ قَالَ : « أمَا يَخْشَى أحَدُكُمْ إذا رَفَعَ رَأسَهُ قَبْلَ الإِمَامِ أنْ يَجْعَلَ اللهُ رَأسَهُ رَأسَ حِمَارٍ ! أوْ يَجعَلَ اللهُ صُورَتَهُ صُورَةَ حِمَارٍ » متفقٌ عليه .

٣٣٨ - باب كراهة وضع اليد على الخاصرة في الصلاة

١٧٥٢ - عَنْ أبي هُرَيْرَةَ رضيَ اللهُ عَنْهُ قَالَ : نُهِيَ عَنِ الخَصْرِ في الصَّلاةِ . متفقٌ عليه .

Kapitel 336
Die Untersagung des *(freiwilligen)* Fastens der Ehefrau in Anwesenheit ihres Mannes ohne seine Erlaubnis

Hadith 1750 Abu Huraira(r) berichtete, dass der Gesandte Allāhs(s) gesagt hat: „Die Frau darf nicht *(freiwillig)* fasten, wenn ihr Mann anwesend ist, außer mit seiner Erlaubnis. Ebenso darf sie niemandem gestatten, sein Haus zu betreten *(in seiner Abwesenheit)*, außer mit seiner Erlaubnis."
(Al-Bukhari und Muslim)

Kapitel 337
Die Untersagung, den Kopf noch vor dem Imām nach dem Rukū' (Beugen) und dem Sudschūd (Niederwerfung) zu heben

Hadith 1751 Abu Huraira(r) berichtete, dass der Prophet(s) gesagt hat: „Befürchtet etwa nicht derjenige von euch, der seinen Kopf noch vor dem Imam (Vorbeter) hebt, dass Allāh seinen Kopf zum Kopf eines Esels macht oder seiner Gestalt die Gestalt eines Esels gibt?"
(Al-Bukhari und Muslim)

Kapitel 338
Das Missfallen die Hände während des Gebetes in die Seite (Hüfte) zu stützen

Hadith 1752 Abu Huraira(r) berichtete, dass der Gesandte Allāhs(s) verboten hat, die Hände während des Betens auf die Hüfte zu stützen.
(Al-Bukhari und Muslim)

٣٣٩ ـ باب كراهة الصلاة بحضرة الطعام
ونفسه تتوق إليه
أو مع مدافعة الأخبثين : وهما البول والغائط

١٧٥٣ ـ عَنْ عَائِشَةَ رَضِيَ اللهُ عَنْهَا قَالَتْ : سَمِعْتُ رَسُولَ اللهِ ﷺ يَقُولُ : «لَا صَلَاةَ بِحَضْرَةِ طَعَامٍ ، وَلَا هُوَ يُدَافِعُهُ الأَخْبَثَانِ» رواه مسلم .

٣٤٠ ـ باب النهى عن رفع البصر إلى السماء فى الصلاة

١٧٥٤ ـ عَنْ أَنَسِ بْنِ مَالِكٍ رَضِيَ اللهُ عَنْهُ قَالَ : قَالَ رَسُولُ اللهِ ﷺ : «مَا بَالُ أَقْوَامٍ يَرْفَعُونَ أَبْصَارَهُمْ إِلَى السَّمَاءِ فِى صَلَاتِهِمْ !» فَاشْتَدَّ قَوْلُهُ فِى ذَلِكَ حَتَّى قَالَ : «لَيَنْتَهُنَّ عَنْ ذَلِكَ ، أَوْ لَتُخْطَفَنَّ أَبْصَارُهُمْ !» رواه البخارى .

٣٤١ ـ باب كراهة الالتفات فى الصلاة لغير عذر

١٧٥٥ ـ عَنْ عَائِشَةَ رَضِيَ اللهُ عَنْهَا قَالَتْ : سَأَلْتُ رَسُولَ اللهِ ﷺ عَنِ الالْتِفَاتِ فِى الصَّلَاةِ فَقَالَ : «هُوَ اخْتِلَاسٌ يَخْتَلِسُهُ الشَّيْطَانُ مِنْ صَلَاةِ العَبْدِ» رواه البخارى .

١٧٥٦ ـ وَعَنْ أَنَسٍ رَضِيَ اللهُ عَنْهُ قَالَ : قَالَ رَسُولُ اللهِ ﷺ : «إِيَّاكَ وَالالْتِفَاتَ فِى الصَّلَاةِ ؛ فَإِنَّ الالْتِفَاتَ فِى الصَّلَاةِ هَلَكَةٌ ، فَإِنْ كَانَ لَا بُدَّ ، فَفِى التَّطَوُّعِ لَا فِى الفَرِيضَةِ» . رواه الترمذى وقال : حديث حسن صحيح .

Kapitel 339
Die Verabscheuung, das Gebet abzuhalten, wenn bereits das Essen bereit steht und man hungrig ist oder wenn man dringend seine Notdurft verrichten muss

Hadith 1753 'Āischa(r) berichtete, dass sie den Prophet(s) sagen hörte: „Das Gebet ist nicht zu verrichten, wenn das Essen serviert wird und wenn man seine Notdurft verrichten muss." (Muslim)

Kapitel 340
Es ist untersagt, während des Gebetes gen Himmel zu blicken

Hadith 1754 Anas(r) berichtete, dass der Gesandte Allāhs(s) sagte: „Was ist mit jenen, die ihre Blicke gen Himmel richten während sie beten?!" Sein Schelten diesbezüglich war heftig, bis er(s) schließlich sagte: „Sie sollen damit aufhören, sonst wird ihnen das Augenlicht genommen!" (Al-Bukhari)

Kapitel 341
Es ist unerwünscht, sich während des Gebetes ohne zwingenden Grund nach rechts oder links zu wenden

Hadith 1755 Āischa(r) berichtete: Ich fragte den Gesandten Allāhs(s) nach dem Umherschauen beim Gebet, da sagte er(s): „Es ist eine heimliche Unterschlagung, die der Satan am Gebet des Knechtes (Allāhs) begeht." (Al-Bukhari)

Hadith 1756 Anas(r) berichtete, dass der Gesandte Allāhs(s) sagte: „Hüte dich vor dem Umherschauen beim Gebet, denn das Umherschauen beim Gebet ist ein Verderben. Sollte dies unvermeidlich sein, dann nur bei den freiwilligen und nicht bei den vorgeschriebenen Gebeten."
(At-Tirmiḏi, mit dem Vermerk: Ein guter bis starker Hadith)

٣٤٢ – باب النهى عن الصلاة إلى القبور

١٧٥٧ – عَنْ أبي مَرْثَدٍ كَنّازِ بْنِ الْحُصَيْنِ رَضِيَ اللهُ عَنْهُ قَالَ : سَمِعْتُ رَسُولَ اللهِ ﷺ يَقُولُ : « لا تُصَلُّوا إلى الْقُبُورِ ، ولا تَجْلِسُوا عَلَيْهَا » رواه مسلم .

٣٤٣ – باب تحريم المرور بين يدى المصلى

١٧٥٨ – عَنْ أبي الْجُهَيْمِ عَبْدِ اللهِ بْنِ الْحَارِثِ بْنِ الصِّمَّةِ الأنصَارِيَّ رَضِيَ اللهُ عَنْهُ قَالَ : قَالَ رَسُولُ اللهِ ﷺ : « لَوْ يَعْلَمُ الْمَارُّ بَيْنَ يَدَيِ الْمُصَلِّي مَاذَا عَلَيْهِ لَكَانَ أنْ يَقِفَ أرْبَعِينَ خَيْراً لَهُ مِنْ أنْ يَمُرَّ بَيْنَ يَدَيْهِ » قَالَ الرَّاوِي : لا أدْرِي قَالَ : أرْبَعِينَ يَوْمَاً ، أو أرْبَعِينَ شَهْراً ، أو أرْبَعِينَ سَنَةً . متفقٌ عليه .

٣٤٤ – باب كراهة شروع المأموم فى نافلة بعد شروع المؤذن فى إقامة الصلاة سواء كانت النافلة سنة تلك الصلاة أو غيرها

١٧٥٩ – عَنْ أبي هُرَيْرَةَ رَضِيَ اللهُ عَنْهُ عَنِ النَّبِيِّ ﷺ قَالَ : « إذا أُقِيمَتِ الصَّلاةُ، فَلا صَلاةَ إلا الْمَكْتُوبَةَ » رواه مسلم .

Kapitel 342
Die Untersagung des Gebetes in Richtung von Gräbern

Hadith 1757 Abu Mar*t*had Kannāz ibn -ul- *H*u*s*ain(r) berichtete, dass er den Gesandten Allahs(s) sagen hörte: „Betet nicht in Richtung der Gräber und setzt euch nicht auf dieselben!"
(Muslim)

Kapitel 343
Die Untersagung des Passierens vor dem Betenden

Hadith 1758 Abul-Juhaim 'Abdullah ibn-ul-*H*ārith ibn-u*s*-*S*imma Al-An*s*āri(r) berichtete, dass der Gesandte Allāhs(s) gesagt hat: „Wüßte derjenige der vor dem Betenden passiert, was er damit verbrochen hat, wäre es ihm lieber vierzig lang zu warten, als vor ihm vorbei- zulaufen. Der Überlieferer sagte: Ich weiß nicht, ob er gesagt hat: „Vierzig Tage, oder vierzig Monate oder vierzig Jahre."
(Al-Bukhari und Muslim)

Kapitel 344
Das Missfallen des Beginnens eines freiwilligen Gebetes (Nāfila), nach der Iqāma, auch wenn diese (Nāfila) zu diesem Gebet oder zu einem anderen Gebet gehören sollte

Hadith 1759 Abu Huraira(r) berichtete, dass der Prophet(s) gesagt hat: „Wenn die Iqāma[210] zum (*gemeinsamen*) Gebet erfolgt, dann ist kein anderes Gebet zu verrichten, außer das vorgeschriebene Gebet!"
(Muslim)

٣٤٥ ـ باب كراهة تخصيص يوم الجمعة بصيام
أو ليلته بصلاة من بين الليالى

١٧٦٠ ـ عَنْ أبى هُرَيْرَةَ رَضِىَ اللهُ عَنْهُ عَنِ النَّبِىِّ ﷺ قَالَ : « لا تَخُصُّوا لَيْلَةَ الجُمُعَةِ بِقِيَامٍ مِنْ بَيْنِ اللَّيَالِى ، وَلا تَخُصُّوا يَوْمَ الجُمُعَةِ بِصِيَامٍ مِنْ بَيْنِ الأَيَّامِ إلا أَنْ يَكُونَ فِى صَوْمٍ يَصُومُهُ أَحَدُكُمْ » رواه مسلم .

١٧٦١ ـ وَعَنْهُ قَالَ : سَمِعْتُ رَسُولَ اللهِ ﷺ يَقُولُ : « لا يَصُومَنَّ أَحَدُكُمْ يَوْمَ الجُمُعَةِ إلا يَوْماً قَبْلَهُ أَوْ بَعْدَهُ » متفقٌ عليه .

١٧٦٢ ـ وَعَنْ مُحَمَّدِ بْنِ عَبَّادٍ قَالَ : سَأَلْتُ جَابِراً رَضِىَ اللهُ عَنْهُ : أَنَهَى النَّبِىُّ ﷺ عَنْ صَوْمِ الجُمُعَةِ ؟ قَالَ : نَعَمْ . متفقٌ عليه .

١٧٦٣ ـ وَعَنْ أُمِّ المُؤْمِنِينَ جُوَيْرِيَةَ بِنْتِ الحَارِثِ رَضِىَ اللهُ عَنْهَا أَنَّ النَّبِىَّ ﷺ دَخَلَ عَلَيْهَا يَوْمَ الجُمُعَةِ وَهِىَ صَائِمَةٌ ، قَالَ : « أَصُمْتِ أَمْسِ ؟ » قَالَتْ : لا ، قَالَ : « تُرِيدِينَ أَنْ تَصُومِى غَداً ؟ » قَالَتْ : لا ، قَالَ : « فَأَفْطِرِى » رواه البخارى .

٣٤٦ ـ باب تحريم الوصال فى الصوم
وهو أن يصوم يومين أو أكثر ، ولا يأكل ولا يشرب بينهما

١٧٦٤ ـ عَنْ أبى هُرَيْرَةَ وَعَائِشَةَ رَضِىَ اللهُ عَنْهُمَا أَنَّ النَّبِىَّ ﷺ نَهَى عَنِ الوِصَالِ . متفقٌ عليه .

Kapitel 345
Es ist unerwünscht, freiwilliges Fasten auf den Freitag und freiwillige lange Gebete auf die Nacht zum Freitag festzusetzen

Hadith 1760 Abu Huraira(r) berichtete, dass der Prophet(s) gesagt hat: „Bestimmt nicht die Nacht zum Freitag für freiwillige, lange Gebete, und bestimmt nicht den Freitag zum Fasten, außer wenn er inmitten der Fastentage des Fastenden liegt."
(Muslim)

Hadith 1761 Abu Huraira(r) berichtete, dass er den Gesandten Allāhs(s) sagen hörte: „Keiner von euch hat den Freitag zu fasten, außer zusammen mit einem Tag davor oder danach !"
(Al-Bukhari und Muslim)

Hadith 1762 Muhammad ibn 'Abbād berichtete: Ich fragte Jābir(r): „Hat der Prophet(s) *(wirklich)* verboten, dass man den Freitag *(allein)* fastet?" Er sagte: „Ja!"
(Al-Bukhari und Muslim)

Hadith 1763 Die Mutter der Gläubigen, Juairiya(r) berichtete, dass der Prophet(s) sie an einem Freitag besuchte, während sie an jenem Tag fastete, da fragte er: „Hast du gestern gefastet?" Sie sagte: „Nein!" Er(s) erwiderte: „Willst du morgen *(auch)* fasten?" Sie sagte: „Nein!" Er(s) erwiderte: „Dann brich dein *(heutiges)* Fasten!"
(Al-Bukhari)

Kapitel 346
Die Untersagung des Dauerfastens, indem man zwei Tage oder mehr fastet, ohne dazwischen zu essen oder zu trinken

Hadith 1764 Abu Huraira(r) und 'Āischa(r) berichteten, dass der

١٧٦٥ - وَعَنِ ابْنِ عُمَرَ رَضِيَ اللهُ عَنْهُمَا قَالَ : نَهَى رَسُولُ اللهِ ﷺ عَنِ الوِصَالِ . قَالُوا : إِنَّكَ تُوَاصِلُ ؟ قَالَ : « إِنِّي لَسْتُ مِثْلَكُمْ ، إِنِّي أُطْعَمُ وَأُسْقَى » متفقٌ عليه ، وهذا لَفْظُ البُخَارِي .

Prophet(s) das Dauerfasten verboten hat.
(Al-Bukhari und Muslim)

Hadith 1765 Ibn 'Umar(r) berichtete, dass der Gesandte Allāhs(s) das Dauerfasten verboten hat. Als man zu ihm sagte: „Aber du fastest ununterbrochen!" erwiderte er: „Ich bin nicht wie ihr, denn ich werde genährt und getränkt!"[211]
(Al-Bukhari und Muslim, wobei die Überlieferung oben die von Bukhari ist)

٣٤٧ - باب تحريم الجلوس على القبر

١٧٦٦ - عَنْ أَبِي هُرَيْرَةَ رَضِيَ اللهُ عَنْهُ قَالَ : قَالَ رَسُولُ اللهِ ﷺ : « لأَنْ يَجْلِسَ أَحَدُكُمْ عَلَى جَمْرَةٍ ، فَتُحْرِقَ ثِيَابَهُ ، فَتَخْلُصَ إِلَى جِلْدِهِ خَيْرٌ لَهُ مِنْ أَنْ يَجْلِسَ عَلَى قَبْرٍ » رواه مسلم .

٣٤٨ - باب النهي عن تجصيص القبر والبناء عليه

١٧٦٧ - عَنْ جَابِرٍ رَضِيَ اللهُ عَنْهُ قَالَ : نَهَى رَسُولُ اللهِ ﷺ أَنْ يُجَصَّصَ القَبْرُ، وَأَنْ يُقْعَدَ عَلَيْهِ ، وَأَنْ يُبْنَى عَلَيْهِ . رواه مسلم .

٣٤٩ - باب تغليظ تحريم إباق العبد من سيده

١٧٦٨ - عَنْ جَرِيرٍ رَضِيَ اللهُ عَنْهُ قَالَ : قَالَ رَسُولُ اللهِ ﷺ : « أَيُّمَا عَبْدٍ أَبَقَ ، فَقَدْ بَرِئَتْ مِنْهُ الذِّمَّةُ » . رواه مسلم .

١٧٦٩ - وَعَنْهُ عَنِ النَّبِيِّ ﷺ : « إِذَا أَبَقَ العَبْدُ ، لَمْ تُقْبَلْ لَهُ صَلَاةٌ » رواه مسلم .

وفي رواية : « فَقَدْ كَفَرَ » .

Kapitel 347
Das Verbot, auf einem Grab zu sitzen

Hadith 1766 Abu Huraira(r) berichtete, dass der Gesandte Allāhs(s) gesagt hat: „Sollte einer von euch auf glühender Kohle sitzen, sodass seine Kleider verbrennen, und (*das Feuer*) an seine Haut gelangt, ist es besser für ihn als wenn er auf einem Grab sitzt."
(Muslim)

Kapitel 348
Die Untersagung der Überziehung des Grabes mit Gips bzw. Putzkalk und des Errichtens von Bauten darüber

Hadith 1767 Jābir(r) berichtete, dass der Gesandte Allāhs(s) verboten hat, dass man das Grab mit Verputzmitteln überzieht oder darauf sitzt oder darüber baut.
(Muslim)

Kapitel 349
Das ausdrückliche Verbot der Flucht des Sklaven vor seinem Herrn

Hadith 1768 Jarīr(r) berichtete, dass der Gesandte Allāhs(s) gesagt hat: „Wenn ein Sklave, wer auch immer er sei, seinem Herrn entflieht, dem wird kein Schutz gewährt."
(Muslim)

Hadith 1769 Jarīr(r) berichtete, dass der Prophet(s) gesagt hat: „Wenn ein Sklave seinem Herrn entflieht, werden seine Gebete nicht angenommen."
(Muslim)
In einer anderen Überlieferung steht: „dann ist er vom Islam abgefallen."

٣٥٠ ــ باب تحريم الشفاعة فى الحدود

قال الله تعالى : ﴿ الزَّانِيَةُ وَالزَّانِي فَاجْلِدُوا كُلَّ وَاحِدٍ مِنْهُمَا مِائَةَ جَلْدَةٍ وَلَا تَأْخُذْكُمْ بِهِمَا رَأْفَةٌ فِي دِينِ اللَّهِ إِن كُنتُمْ تُؤْمِنُونَ بِاللَّهِ وَالْيَوْمِ الآخِرِ ﴾ (النور: ٢) .

١٧٧٠ ــ وَعَنْ عَائِشَةَ رَضِيَ اللهُ عَنْهَا ، أَنَّ قُرَيْشاً أَهَمَّهُمْ شَانُ المَرْأَةِ المَخْزُومِيَّةِ التي سَرَقَتْ فَقَالُوا : مَنْ يُكَلِّمُ فِيهَا رَسُولَ اللهِ ﷺ ؟ فَقَالُوا : وَمَنْ يَجْتَرِئُ عَلَيْهِ إلا أُسَامَةُ بْنُ زَيْدٍ ، حِبُّ رَسُولِ اللهِ ﷺ ، فَكَلَّمَهُ أُسَامَةُ ، فَقَالَ رَسُولُ اللهِ ﷺ : «أَتَشْفَعُ فِى حَدٍّ مِنْ حُدُودِ اللهِ تَعَالَى ؟» ثُمَّ قَامَ فَاخْتَطَبَ ، ثُمَّ قَالَ : «إِنَّمَا أَهْلَكَ الَّذِينَ قَبْلَكُمْ أَنَّهُمْ كَانُوا إِذَا سَرَقَ فِيهِمُ الشَّرِيفُ تَرَكُوهُ ، وَإِذَا سَرَقَ فِيهِمُ الضَّعِيفُ ، أَقَامُوا عَلَيْهِ الحَدَّ ، وَايْمُ اللهِ لَوْ أَنَّ فَاطِمَةَ بِنْتَ مُحَمَّدٍ ﷺ سَرَقَتْ لَقَطَعْتُ يَدَهَا» متفق عليه .

وفى رواية : فَتَلَوَّنَ وَجْهُ رَسُولِ اللهِ ﷺ ، فَقَالَ : «أَتَشْفَعُ فِى حَدٍّ مِنْ حُدُودِ اللهِ!؟» فَقَالَ أُسَامَةُ : تَسْتَغْفِرْ لِى يَا رَسُولَ اللهِ ، قَالَ : ثُمَّ أَمَرَ بِتِلْكَ المَرْأَةِ ، فَقُطِعَتْ يَدُهَا .

Kapitel 350
Die Unterlassung der Fürbitte im Falle der Bestrafung für die Übertretung eines qur'anischen Verbotes[212]

Allāh- erhaben ist Er - spricht:
»Die Hure und den Hurer, geißelt jeden von beiden mit hundert Hieben, und nicht soll euch Mitleid erfassen zuwider dem Urteil Allāhs, so ihr an Allāh glaubt und an den Jüngsten Tag...«
Sura 24:2

Hadith 1770 'Āischa(r) berichtete: „Die Quraisch waren in großer Sorge um eine Frau aus (*dem Stamme*) Makhzūm[213], die sich eines Diebstahls schuldig gemacht hatte. Sie sagten: „Wer könnte beim Gesandten Allāhs(s) ein Wort für sie einlegen?" Man erwiderte: „Wer dürfte dies wagen, außer Usama ibn Zaid, dem Liebling des Gesandten Allāhs(s) ?" Als Usama ihn daraufhin ansprach, sagte der Gesandte Allāhs(s) : „Du legst Fürsprache ein in einem Fall, der nach der gesetzlichen Strafe Allāhs zu behandeln ist?!" Darauf erhob er(s) sich, wandte sich den Versammelten zu und sagte: „Ihr Leute! Die Menschen, die vor euch gelebt haben, sind zu Grunde gegangen, weil sie wahrlich bei dem vornehmen Menschen, der einen Diebstahl begangen hattte, von einer Bestrafung absahen, während sie den Schwachen wegen desselben Delikts bestraften! Ich schwöre bei Allāh ! Wenn Fa*t*ima, die Tochter Mu*h*ammads, sich eines Diebstahls schuldig machen würde, so würde ich ihr die Hand abschlagen (lassen)!"
(Al-Bukhari und Muslim)
In einer anderen Überlieferung steht: „da erblasste das Gesicht des Gesandten Allāhs(s) und er sagte: „Du legst Fürsprache ein in einem Fall, der nach der gesetzlichen Strafe Allāhs zu handeln ist?!" Darauf bat Usama: „Würdest du Allāh für mich um Vergebung bitten, o Gesandter Allāhs ?" Danach befahl er(s) (*das Urteil zu vollstrecken*), so wurde ihr die Hand abgeschlagen."

٣٥١ - باب النهى عن التغوط فى طريق الناس وظلهم وموارد الماء ونحوها

قال الله تعالى : ﴿ وَالَّذِينَ يُؤْذُونَ الْمُؤْمِنِينَ وَالْمُؤْمِنَاتِ بِغَيْرِ مَا اكْتَسَبُوا فَقَدِ احْتَمَلُوا بُهْتَانًا وَإِثْمًا مُبِينًا ﴾ (الأحزاب:٥٨) .

١٧٧١ - وَعَنْ أَبِى هُرَيْرَةَ رَضِيَ اللهُ عَنْهُ أَنَّ رَسُولَ اللهِ ﷺ قَالَ : « اتَّقُوا اللاعِنَيْنِ » قَالُوا : وَمَا اللاعِنَانِ ؟ قَالَ : « يَتَخَلَّى فِى طَرِيقِ النَّاسِ أَوْ فِى ظِلِّهِمْ » رواه مسلم .

٣٥٢ - باب النهى عن البول ونحوه فى الماء الراكد

١٧٧٢ - عَنْ جَابِرٍ رَضِيَ اللهُ عَنْهُ : أَنَّ رَسُولَ اللهِ ﷺ نَهَى أَنْ يُبَالَ فِى الْمَاءِ الرَّاكِدِ . رواه مسلم .

٣٥٣ - باب كراهة تفضيل الوالد بعض أولاده على بعض فى الهبة

١٧٧٣ - عَنِ النُّعْمَانِ بْنِ بَشِيرٍ رَضِيَ اللهُ عَنْهُمَا أَنَّ أَبَاهُ أَتَى بِهِ رَسُولَ اللهِ ﷺ فَقَالَ : إِنِّى نَحَلْتُ ابْنِى هَذَا غُلَامًا كَانَ لِى ، فَقَالَ رَسُولُ اللهِ ﷺ : « أَكُلَّ وَلَدِكَ نَحَلْتَهُ مِثْلَ هَذَا؟» فَقَالَ : لَا ، فَقَالَ رَسُولُ اللهِ ﷺ : « فَأَرْجِعْهُ » .

Kapitel 351
Die Untersagung des Verrichtens der Notdurft an Stellen, wo Menschen verkehren bzw. sich aufhalten, wie an Wasserquellen u.ä.

Allāh - erhaben ist Er - spricht:
»Und diejenigen, die den gläubigen Männern und Frauen Ungemach zufügen, ohne dass sie etwas begangen haben, laden gewisslich (die Schuld) der Verleumdung und offenkundige Sünde auf sich.«
Sura 33:58

Hadith 1771 Abu Huraira(r) berichtete, dass der Gesandte Allāhs(s) gesagt hat: „Hütet euch vor den beiden Verdammten!" Man fragte: „Was sind die beiden Verdammten?" Er(s) sagte: „Wer sich auf öffentlichen Wegen oder an schattigen Raststätten der Leute erleichtert."
(Muslim)

Kapitel 352
Das Verbot, in stille Gewässer zu urinieren

Hadith 1772 Jābir(r) berichtete, dass der Gesandte Allāhs(s) es verboten hat, in ein stilles Gewässer zu urinieren.
(Muslim)

Kapitel 353
Es ist unerwünscht, ein Kind den anderen bei Schenkungen vorzuziehen

Hadith 1773 An-Nu'mān ibn Baschīr(r) berichtete, dass sein Vater ihn dem Gesandten Allāhs(s) brachte und sagte: „Ich habe diesem (meinem Sohn) einen Sklaven, der mir gehörte, geschenkt!" Daraufhin fragte der Gesandte Allahs(s): „Hast du (*auch*) alle deine Kinder in gleicher Weise beschenkt?" Er erwiderte: „Nein!" Da sagte der Gesandte Allāhs(s) :

وفى روايةٍ : فقال رسولُ الله ﷺ : « أفَعَلْتَ هذا بوَلَدِكَ كُلِّهِمْ ؟ » قالَ : لا ، قالَ: « اتَّقُوا الله واعْدِلُوا فى أوْلادِكُمْ » فَرَجَعَ أبى ، فَرَدَّ تلكَ الصَّدَقَةَ .

وفى روايةٍ : فقالَ رسولُ الله ﷺ : « يا بَشيرُ ألَكَ ولَدٌ سِوَى هذا ؟ » قالَ : نَعَمْ ، قالَ : « أكُلَّهُمْ وَهَبْتَ لَهُ مِثْلَ هذا ؟ » قالَ : لا ، قالَ : « فَلا تُشْهِدْنى إذاً فإنِّى لا أشْهَدُ على جَوْرٍ » .

وفى روايةٍ : « لا تُشْهِدْنى عَلى جَوْرٍ » .

وفى روايةٍ : « أشْهِدْ عَلى هذا غَيْرى ! » ثمَّ قالَ : « أيَسُرُّكَ أنْ يَكُونُوا إلَيْكَ فى البِرِّ سَواءٌ ؟ » قالَ : بَلَى ، قالَ : « فَلا إذاً » متفقٌ عليه .

٣٥٤ _ باب تحريم إحداد المرأة على ميت فوق ثلاثة أيام إلا على زوجها أربعة أشهر وعشرة أيام

١٧٧٤ _ عَنْ زَيْنَبَ بِنْتِ أبى سَلَمَةَ رضىَ اللهُ عنهُما قالَتْ : دَخَلْتُ عَلى أمّ حَبيبَةَ رضىَ اللهُ عنها زوْجِ النَّبىِّ ﷺ حينَ تُوُفِّىَ أبُوها أبُو سُفْيانَ بنُ حَرْبٍ رضىَ اللهُ عنهُ، فَدَعَتْ بِطيبٍ فيهِ صُفْرَةُ خَلُوقٍ أوْ غَيْرِهِ ، فَدَهَنَتْ منهُ جارِيَةً ، ثمَّ مَسَّتْ بِعارِضَيْها . ثُمَّ قالَتْ : واللهِ مالى بِالطيبِ مِنْ حاجَةٍ ، غَيْرَ أنّى سَمِعْتُ رسولَ اللهِ ﷺ يَقُولُ على المِنْبَرِ: « لا يَحِلُّ لامْرَأةٍ تُؤْمِنُ بِاللهِ واليَوْمِ الآخِرِ أنْ تُحِدَّ عَلى مَيِّتٍ فَوْقَ ثَلاثِ لَيالٍ ، إلا عَلى زَوْجٍ أرْبَعَةَ

„Dann nimm ihn zurück!"
(Al-Bukhari und Muslim)

In einer anderen Überlieferung steht: „Da fragte der Gesandte Allāhs(s): „Hast du dies mit allen deiner Kinder getan?" Er sagte: „Nein!" Er(s) sagte: „Fürchtet euch vor Allāh, und seid gerecht zu euren Kindern!" Da kehrte mein Vater heim und nahm jenes Geschenk zurück."
In einer anderen Überlieferung steht: „Da sagte der Gesandte Allāhs(s) : „O Baschīr, hast du andere Kinder außer diesem?" Er sagte: „Ja!" Er(s) fragte: „Hast du ihnen allen das Gleiche geschenkt?!" Er sagte: „Nein!" Da sagte der Gesandte Allāhs(s): „Dann lass mich dies nicht bezeugen, denn ich bezeuge nicht die Ungerechtigkeit!"
In einer anderen Überlieferung steht: „Lass mich nicht die Ungerechtigkeit bezeugen!"
In einer anderen Überlieferung steht: „Such dir einen anderen außer mir, um dies zu bezeugen!" Dann fragte er(s): „Erfreut es dich nicht, wenn sie alle im Gehorsam dir gegenüber gleich sind?" Er sagte: „Jawohl!" Da sagte er(s): „Dann (tu es) nicht!"

Kapitel 354
Das Verbot der Trauer einer Frau um einen Mann, außer ihrem Ehegatten, für mehr als drei Tage. Die Trauer um den Ehegatten dauert vier Monate und zehn Tage

Hadith 1774 Zainab bint Abi Salama(r) berichtete: „Ich besuchte die Frau des Propheten(s) Um *H*abība(r) als ihr Vater Abu Sufyān ibn *H*arb(r) starb[214]. Sie ließ sich Parfüm, in welchem sich eine gelbliche Mischung von Duftstoffen befand, geben und rieb damit eine Sklavin ein, dann rieb sie ihre eigenen Wangen ein und sagte: „Bei Allāh! Ich habe nicht das Bedürfnis, mich zu parfümieren, aber ich hörte den Gesandten Allāhs(s) auf der Kanzel predigen: „Einer Frau, die an Allāh und den Jüngsten Tag glaubt, ist nicht erlaubt, länger als drei Tage um einen Toten zu trauern, es

أشهرٍ وَعَشْراً » قَالَت زَيْنَبُ : ثُمَّ دَخَلْتُ عَلَى زَيْنَبَ بِنْتِ جَحْشٍ رَضِيَ اللهُ عَنْهَا حِينَ تُوُفِّيَ أخُوهَا ، فَدَعَتْ بِطِيبٍ ، فَمَسَّتْ مِنْهُ ، ثُمَّ قَالَتْ : أمَا وَاللهِ مَالِي بِالطِّيبِ مِنْ حَاجَةٍ ، غَيْرَ أَنِّي سَمِعْتُ رَسُولَ اللهِ ﷺ يَقُولُ عَلَى المِنْبَرِ : « لا يَحِلُّ لامْرَأَةٍ تُؤْمِنُ بِاللهِ وَاليَوْمِ الآخِرِ أنْ تُحِدَّ عَلَى مَيِّتٍ فَوْقَ ثَلاثٍ إِلا عَلَى زَوْجٍ أرْبَعَةَ أشْهُرٍ وَعَشْراً » متفقٌ عليه .

٣٥٥ ــ باب تحريم بيع الحاضر للبادي وتلقي الركبان والبيع على بيع أخيه والخطبة على خطبته إلا أن يأذن أو يرد

١٧٧٥ ــ عَنْ أَنَسٍ رَضِيَ اللهُ عَنْهُ قَالَ : نَهَى رَسُولُ اللهِ ﷺ أنْ يَبِيعَ حَاضِرٌ لِبَادٍ وإِنْ كَانَ أخَاهُ لأبِيهِ وَأُمِّهِ . متفقٌ عليه .

١٧٧٦ ــ وَعَنِ ابْنِ عُمَرَ قَالَ : قَالَ رَسُولُ اللهِ ﷺ : « لا تَتَلَقَّوا السِّلَعَ حَتَّى يُهْبَطَ بِهَا إلى الأسْوَاقِ » متفقٌ عليه .

١٧٧٧ ــ وَعَنِ ابْنِ عَبَّاسٍ رَضِيَ اللهُ عَنْهُمَا قَالَ : قَالَ رَسُولُ اللهِ ﷺ : « لا تَتَلَقَّوا

sei denn, er war ihr Ehemann, da beträgt (*die Trauerzeit*) vier Monate und zehn Tage.«" Zainab bint Abi Salama berichtete weiter: „Dann besuchte ich Zainab bint Jahsch(r) als ihr Bruder starb. Sie ließ sich Parfüm geben und rieb sich damit ein und sagte: „Bei Allāhs(s)! Ich habe nicht das Bedürfnis, mich zu parfümieren, aber ich hörte den Gesandten Allāhs(s) auf der Kanzel predigen: „Einer Frau, die an Allāh und den Jüngsten Tag glaubt, ist es nicht erlaubt, länger als drei Tage um einen Toten zu trauern, es sei denn, er war ihr Ehemann, da beträgt (*die Trauerzeit*) vier Monate und zehn Tage.«"
(Al-Bukhari und Muslim)

Kapitel 355

Es ist nicht erlaubt, dass der Stadtbewohner an einen Nomaden[215] Ware verkauft und dass er einer Karawane entgegenreitet[216], um den Kauf derselben Ware anzustreben, die ein Bruder zu kaufen beabsichtigt hat. Ebenso ist es nicht erlaubt, um die Hand einer Frau anzuhalten, wenn ein Bruder dies bereits beabsichtigt hat, außer wenn der andere dies erlaubt oder im Falle dass die Verlobung zuvor aufgelöst wurde

Hadith 1775 Anas(r) berichtete, dass der Gesandte Allāhs(s) verboten hat, dass der Städter an Stelle eines Beduinen dessen Handelswaren veräußert, auch wenn er der eigene Bruder sein sollte.
(Al-Bukhari und Muslim)

Hadith 1776 Ibn 'Umar(r) berichtete, dass der Gesandte Allāhs(s) gesagt hat: „Erwerbt die Handelsware (*einer Karawane*) nicht, bis sie auf dem Markt angeboten wird."
(Al-Bukhari und Muslim)

Hadith 1777 Ibn 'Abbās(r) berichtete, dass der Gesandte Allāhs(s) gesagt hat: „Reitet keiner Karawane entgegen, und kein Städter soll an

الرُّكْبَانَ، وَلَا يَبِعْ حَاضِرٌ لِبَادٍ» فَقَالَ لَهُ طَاوُوسُ: مَا قَولُهُ: لَا يَبِيعُ حَاضِرٌ لِبَادٍ؟ قَالَ: لَا يَكُونُ لَهُ سِمْسَارًا. متفقٌ عليه.

١٧٧٨ ـ وَعَنْ أَبِي هُرَيْرَةَ رَضِيَ اللهُ عَنْهُ قَالَ: نَهَى رَسُولُ اللهِ ﷺ أَنْ يَبِيعَ حَاضِرٌ لِبَادٍ، وَلَا تَنَاجَشُوا وَلَا يَبِيعُ الرَّجُلُ عَلَى بَيْعِ أَخِيهِ، وَلَا يَخْطُبُ عَلَى خِطْبَةِ أَخِيهِ، وَلَا تَسْأَلُ المَرْأَةُ طَلَاقَ أُخْتِهَا لِتَكْفَأَ مَا فِي إِنَائِهَا.

وَفِي رِوَايَةٍ قَالَ: نَهَى رَسُولُ اللهِ ﷺ عَنِ التَّلَقِّي وَأَنْ يَبْتَاعَ المُهَاجِرُ لِلأَعْرَابِيِّ، وَأَنْ تَشْتَرِطَ المَرْأَةُ طَلَاقَ أُخْتِهَا، وَأَنْ يَسْتَامَ الرَّجُلُ عَلَى سَوْمِ أَخِيهِ، وَنَهَى عَنِ النَّجْشِ وَالتَّصْرِيَةِ. متفقٌ عليه.

١٧٧٩ ـ وَعَنِ ابْنِ عُمَرَ رَضِيَ اللهُ عَنْهُمَا، أَنَّ رَسُولَ اللهِ ﷺ قَالَ: «لَا يَبِعْ بَعْضُكُمْ عَلَى بَيْعِ بَعْضٍ، وَلَا يَخْطُبْ عَلَى خِطْبَةِ أَخِيهِ إِلَّا أَنْ يَأْذَنَ لَهُ» متفقٌ عليه وهذا لفظُ مسلم.

١٧٨٠ ـ وَعَنْ عُقْبَةَ بْنِ عَامِرٍ رَضِيَ اللهُ عَنْهُ أَنَّ رَسُولَ اللهِ ﷺ قَالَ: «المُؤْمِنُ أَخُو المُؤْمِنِ، فَلَا يَحِلُّ لِمُؤْمِنٍ أَنْ يَبْتَاعَ عَلَى بَيْعِ أَخِيهِ وَلَا يَخْطُبَ عَلَى خِطْبَةِ أَخِيهِ حَتَّى يَذَرَ» رواه مسلم.

Stelle eines Beduinen dessen Handelswaren veräußern!" *Tāwūs* fragte Ibn 'Abbās: „Was ist damit gemeint, dass kein Städter an Stelle eines Beduinen dessen Handelswaren veräußern soll?" Er erwiderte: „Er darf nicht der Zwischenhändler oder Makler des Beduinen sein!"
(Al-Bukhari und Muslim)

Hadith 1778 Abu Huraira(r) berichtete, dass der GesandteAllāhs(s) verboten hat, dass der Städter an Stelle eines Beduinen dessen Handelswaren veräußert und sagte: „Betreibt kein (*schändliches*) Scheingeschäft, und keiner von euch soll das Angebot seines Bruders überbieten, noch soll er um die Hand einer Braut werben, deren Verlobung mit seinem Glaubensbruder bevorsteht, und keine Frau soll sich für die Scheidung ihrer Glaubensschwester bemühen, um an ihrer Stelle zu sein."[217]
In einer anderen Überlieferung steht: „Der Gesandte Allāhs(s) hat verboten, einer Karawane entgegenzureiten und dass der Sesshafte an einen Nomaden (*Ware*) verkauft und dass die Frau[218] zur eigenen Eheschließung die Scheidung ihrer Glaubensschwester zur Bedingung macht und dass man den Kauf derselben Ware anstrebt, die sein Bruder zu kaufen beabsichtigt, und er(s) hat das (*schändliche*) Scheingeschäft und das Vortäuschen verboten."
(Al-Bukhari und Muslim)

Hadith 1779 Ibn 'Umar(r) berichtete, dass der Gesandte Allāhs(s) gesagt hat: „Keiner von euch soll das Angebot seines Bruders überbieten, noch soll er um die Hand einer Frau werben, deren Verlobung mit seinem Glaubensbruder bevorsteht, es sei denn, dass er ihm dies erlaubt."
(Al-Bukhari und Muslim. Die obige Überlieferung ist der Text Muslims)

Hadith 1780 'Uqba ibn 'Āmir(r) berichtete, dass der Gesandte Allāhs(s) gesagt hat: „Der Gläubige ist der Bruder eines jeden Gläubigen, so ist es ihm nicht erlaubt, das Angebot eines Bruders zu überbieten, sowie es ihm nicht erlaubt ist, um die Hand einer Frau anzuhalten, deren Verlobung mit

٣٥٦ - باب النهى عن إضاعة المال فى غير وجوهه التى أذن الشرع فيها

١٧٨١ - عَنْ أَبِى هُرَيْرَةَ رَضِىَ اللهُ عَنْهُ قَالَ : قَالَ رَسُولُ اللهِ ﷺ : « إِنَّ اللهَ تَعَالَى يَرْضَى لَكُمْ ثَلاثاً ، وَيَكْرَهُ لَكُمْ ثَلاثاً : فَيَرْضَى لَكُمْ أَنْ تَعْبُدُوهُ ، وَلاَ تُشْرِكُوا بِهِ شَيْئاً ، وَأَنْ تَعْتَصِمُوا بِحَبْلِ اللهِ جَمِيعاً وَلاَ تَفَرَّقُوا ، وَيَكْرَهُ لَكُمْ : قِيلَ وَقَالَ ، وَكَثْرَةَ السُّؤَالِ ، وَإِضَاعَةَ المَالِ » رواه مسلم ، وتقدَّم شرحه .

١٧٨٢ - وَعَنْ وَرَّادٍ كَاتِبِ المُغِيرَةِ بْنِ شُعْبَةَ قَالَ : أَمْلَى عَلَىَّ المُغِيرَةُ فِى كِتَابٍ إِلَى مُعَاوِيَةَ رَضِىَ اللهُ عَنْهُ ، أَنَّ النَّبِىَّ ﷺ كَانَ يَقُولُ فِى دُبُرِ كُلِّ صَلاةٍ مَكْتُوبَةٍ : « لاَ إِلَهَ إِلاَّ اللهُ وَحْدَهُ لاَ شَرِيكَ لَهُ ، لَهُ المُلْكُ وَلَهُ الحَمْدُ وَهُوَ عَلَى كُلِّ شَىْءٍ قَدِيرٌ ، اللَّهُمَّ لاَ مَانِعَ لِمَا أَعْطَيْتَ ، وَلاَ مُعْطِىَ لِمَا مَنَعْتَ ، وَلاَ يَنْفَعُ ذَا الجَدِّ مِنْكَ الجَدُّ » وَكَتَبَ إِلَيْهِ أَنَّهُ : كَانَ يَنْهَى عَنْ قِيلَ وَقَالَ ، وَإِضَاعَةِ المَالِ ، وَكَثْرَةِ السُّؤَالِ ، وَكَانَ يَنْهَى عَنْ عُقُوقِ الأُمَّهَاتِ ، وَوَأْدِ البَنَاتِ ، وَمَنْعٍ وَهَاتِ . متفقٌ عليه وسبق شرحه .

seinem Bruder bevorsteht, außer dass diese Verlobung vorher aufgelöst worden ist."
(Muslim)

Kapitel 356
Es ist untersagt, Gelde für Zwecke, die in der Schari'a (dem islamischen Recht) nicht erlaubt sind, auszugeben

Hadith 1781 Abu Huraira(r) berichtete, dass der Gesandte Allāhs(s) gesagt hat: „Allāh -erhaben ist Er - billigt von euch dreierlei und verabscheut von euch dreierlei: Er billigt, dass ihr Ihm dient, und Ihm nichts zur Seite setzt, dass ihr euch allesamt am Seile Allāhs festhaltet, und dass ihr euch nicht spaltet; und Er verabscheut von euch die Verbreitung von Gerüchten das lange Hin- und Herreden, die sinnlose Fragerei und das Verschwenden von Geld."
(Überliefert von Muslim und wurde vorher erklärt.)

Hadith 1782 Warrād -Schriftführer des Al-Mughīra ibn Schu'ba(r)- berichtete: In einem Schreiben Al-Mughīras an Mu'āwiya(r) diktierte er mir, dass der Prophet(s) am Ende jedes vorgeschriebenen Gebetes zu sagen pflegte: „Es gibt keinen Gott außer Allāh. Er ist allein Gott, ohne Teilhaber an Seiner Gottheit. Ihm allein ist die Herrschaft, und Ihm gebührt alles Lob, und Er ist über alle Dinge mächtig. O Allāhs! Es kann keiner vorenthalten, was Du beschert hast, und keiner kann geben, was Du vorenthalten hast, und dem Geschickten hilft nicht sein Geschick, denn von Dir allein kommt das Glück". Al-Mughīra schrieb auch an Mu'āwiya(r), dass der Prophet(s) die Verbreitung von Gerüchten[219], das Verschwenden des Geldes, die sinnlose Fragerei, die Vernachlässigung der Mütter, das Begraben von lebendigen kleinen Töchtern[220], anderen ihre Rechte vorenthalten und sich etwas unrechtmäßig anzueignen,(*immer*) verboten hat."
(Überliefert von Al-Bukhari und Muslim und wurde vorher erklärt)

٣٥٧ ـ باب النهى عن الإشارة إلى مسلم بسلاح ونحوه
سواء كان جادا أو مازحا ، والنهى عن تعاطى السيف مسلولا

١٧٨٣ ـ عَنْ أبى هُرَيْرَةَ رَضِىَ الله عَنْهُ عَنْ رَسُولِ الـلَّـهِ ﷺ قَالَ : « لا يُشِرْ أحَدُكُمْ إلى أخِيهِ بِالسِّلاحِ ، فإنَّهُ لا يَدْرِى لَعَلَّ الشَّيْطَانَ يَنْزِعُ فى يَدِهِ ، فَيَقَعُ فى حُفْرَةٍ مِنَ النَّارِ » متفقٌ عليه .

وفــى روايَةٍ لِـمُسْلِمٍ قَالَ : قَالَ أبُو القَاسِمِ ﷺ : « مَنْ أشَارَ إلى أخِيـهِ بِحَدِيدَةٍ فَإنَّ المَلائِكَةَ تَلْعَنُهُ حَتَّى يَنْزِعَ ، وَإنْ كَانَ أخَاهُ لأبيهِ وأُمِّهِ » .

قَوْلُهُ ﷺ : « يَنْزِعُ » ضُبِطَ بِالعَيْنِ المُهْمَلَةِ مَعَ كَسْرِ الزَّاى ، وبِالغَيْنِ المُعْجَمَةِ مع فتحها ومعناهما متَقَاربٌ ، وَمَعْنَاهُ بالمهْمَلَةِ يَرْمِى ، وبالمُعْجَمَةِ أيضاً يَرْمِى وَيُفْسِدُ ، وَأصْلُ النَّزْعِ : الطَّعْنُ وَالفَسَادُ .

١٧٨٤ ـ وَعَنْ جَابِرٍ ، رَضِيَ الـلَّـهُ عَنْهُ ، قَالَ : نَهَى رَسُولُ الـلَّـهِ ﷺ أنْ يُتَعَاطَى السَّيْفُ مَسْلُولاً . رَوَاهُ أبُو دَاودَ ، والترمذى وقال : حديثٌ حَسَنٌ .

٣٥٨ ـ باب كراهة الخروج من المسجد بعد الأذان
إلا لعذر حتى يصلى المكتوبة

١٧٨٥ ـ عَنْ أبى الشَّعْثَاءِ قال : كُنَّا قُعُوداً مَعَ أبى هُرَيْرَةَ رَضِيَ الله عَنْهُ فى المَسْجِدِ ، فَأذَّنَ المــؤَذنُ ، فَقَامَ رَجُلٌ مِنَ المــسْجِدِ يَمْشِى ، فَأتْبَعَهُ أبُو هُرَيْرَةَ بَصَرَهُ حَتَّى خَرَجَ مِنَ المسْجِدِ، فَقَالَ أبُو هُرَيْرَةَ : أمَّا هذَا فَقَدْ عَصَى أبَا القَاسِمِ ﷺ . رواه مسلم .

Kapitel 357
Die Untersagung, auf einen Muslim mit einer Waffe u.ä. im Spaß wie im Ernst zu zeigen und des Übergebens des gezückten Schwertes

Hadith 1783 Abu Huraira(r) berichtete, dass der Gesandte Allāhs(s) gesagt hat: „Keiner von euch darf auf seinen Bruder mit einer Waffe zeigen, denn er weiß nicht, ob der Satan seine Hand zum Verderben führt, und somit stolpert er in eine Grube des Höllenfeuers."
(Al-Bukhari und Muslim)
In einer Überlieferung Muslims steht: „Abul-Qāsim(s)[221] sagte: „Wer auf seinen Bruder mit einem eisernen Stab zeigt, den verfluchen die Engel bis er ihn wegwirft, auch wenn der andere sein leiblicher Bruder wäre."

Hadith 1784 Jābir(r) berichtete, dass der Gesandte Allāhs(s) verboten hat, dass man jemanden ein gezücktes Schwert übergibt."
(Abu Dāwūd und At-Tirmiḏi, mit dem Vermerk: ein guter Hadith)

Kapitel 358
Das Missfallen des Verlassens der Moschee nach dem Gebetsruf vor dem Verrichten des Pflichtgebetes ohne triftigen Grund

Hadith 1785 Abusch-Scha'thā berichtete: „Wir saßen einmal mit Abu Huraira(r) in der Moschee, als der Gebetsrufer zum Beten rief, da erhob sich ein Mann, um die Moschee zu verlassen. Abu Huraira folgte ihm mit seinem Blick, bis er die Moschee verließ, dann sagte er (*zu uns*): „Wahrlich dieser Mann hat Abul-Qāsim(s) (*d.h. dem Propheten*) nicht gehorcht!"
(Muslim)

٣٥٩ – باب كراهة رد الريحان لغير عذر

١٧٨٦ – عَنْ أَبِي هُرَيْرَةَ ، رَضِيَ اللهُ عَنْهُ ، قَالَ رَسُولُ اللهِ ﷺ : « مَنْ عُرِضَ عَلَيْهِ رَيْحَانٌ ، فَلَا يَرُدُّهُ ، فَإِنَّهُ خَفِيفُ المَحْمِلِ ، طَيِّبُ الرِّيحِ » رواه مسلم .

١٧٨٧ – وَعَنْ أَنَسِ بْنِ مَالِكٍ رَضِيَ اللهُ عَنْهُ أَنَّ النَّبِيَّ ﷺ كَانَ لَا يَرُدُّ الطِّيبَ . رواه البخاري .

٣٦٠ – باب كراهة المدح فى الوجه لمن خيف عليه مفسدة من إعجاب ونحوه ، وجوازه لمن أمن ذلك فى حقه

١٧٨٨ – عَنْ أَبِي مُوسَى الأَشْعَرِيِّ رَضِيَ اللهُ عَنْهُ قَالَ : سَمِعَ النَّبِيُّ ﷺ رَجُلًا يُثْنِي عَلَى رَجُلٍ وَيُطْرِيهِ فِي المِدْحَةِ ، فَقَالَ : « أَهْلَكْتُمْ ، أَوْ قَطَعْتُمْ ظَهْرَ الرَّجُلِ » متفق عليه .

و « الإِطْرَاءُ » : المُبَالَغَةُ فى المَدْحِ .

١٧٨٩ – وَعَنْ أَبِي بَكْرَةَ رَضِيَ اللهُ عَنْهُ أَنَّ رَجُلًا ذُكِرَ عِنْدَ النَّبِيِّ ﷺ ، فَأَثْنَى عَلَيْهِ رَجُلٌ خَيْرًا ، فَقَالَ النَّبِيُّ ﷺ : « وَيْحَكَ ! قَطَعْتَ عُنُقَ صَاحِبِكَ » يَقُولُهُ مِرَارًا « إِنْ كَانَ أَحَدُكُمْ مَادِحًا لَا مَحَالَةَ ، فَلْيَقُلْ : أَحْسِبُ كَذَا وَكَذَا إِنْ كَانَ يَرَى أَنَّهُ كَذَلِكَ وَحَسِيبُهُ اللهُ ، وَلَا يُزَكَّى عَلَى اللهِ أَحَدٌ » متفق عليه .

١٧٩٠ – وَعَنْ هَمَّامِ بْنِ الْحَارِثِ ، عَنِ الْمِقْدَادِ رَضِيَ اللهُ عَنْهُ أَنَّ رَجُلًا جَعَلَ يَمْدَحُ عُثْمَانَ رَضِيَ اللهُ عَنْهُ ، فَعَمَدَ الْمِقْدَادُ ، فَجَثَا عَلَى رُكْبَتَيْهِ ، فَجَعَلَ يَحْثُو فِي وَجْهِهِ الحَصْبَاءَ ، فَقَالَ لَهُ عُثْمَانُ : مَا شَأْنُكَ ؟ فَقَالَ : إِنَّ رَسُولَ اللهِ ﷺ قَالَ : « إِذَا رَأَيْتُمُ المَدَّاحِينَ ، فَاحْثُوا فِي وُجُوهِهِمُ التُّرَابَ » رَوَاهُ مسلم . فهذه الأحاديث فى النهى ، وجاء فى الإباحة أحاديث كثيرة صحيحة .

Kapitel 359
Das Missfallen der Zurückweisung des Basilikums ohne Grund

Hadith 1786 Abu Huraira(r) berichtete, dass der Gesandte Allāhs(s) gesagt hat: „Wem Basilikum geschenkt wird, der soll es nicht zurückweisen, denn es ist leicht zu tragen und hat einen guten Geruch."
(Muslim)

Hadith 1787 Anas(r) berichtete, dass der Gesandte Allāhs(s) nie ein Ge schenk von Parfüm zurückwies.
(Al-Bukhari)

Kapitel 360
Das Missfallen der Lobpreisung einer anwesenden Person, die dadurch verdorben oder eingebildet werden könnte und die Erlaubnis desgleichen, wenn diese Gefahr nicht besteht

Hadith 1788 Abu Mūsa Al-Asch'ari(r) berichtete, dass der Prophet hörte, wie ein Mann einen (*anwesenden*) Mann lobte und ihn dabei übertrieben pries, da sagte er(s): „Ihr habt des Mannes Rücken gebrochen" oder „ihn zugrunde gerichtet."
(Al-Bukhari und Muslim)

Hadith 1789 Abu Bakara(r) berichtete: Ein Mann wurde in Anwesenheit des Propheten(s) erwähnt, woraufhin ein Dritter den Mann sehr lobte, da sprach der Prophet(s): „Weh dir! Du hast die Kehle deines Freundes zerschnitten!" Er(s) wiederholte dies einige Male, dann sprach er: „Sollte jemand von euch jemanden unbedingt loben wollen, so hat er zu sagen: „Ich denke, er ist soundso, und Allāh führt Rechenschaft über ihn, und wahrlich keiner genügt zur Rechenschaft mehr als Allāh!"
(Al-Bukhari und Muslim)

قالَ العُلَماءُ : وطَريقُ الجَمْعِ بَيْنَ الأحاديثِ أنْ يُقالَ : إنْ كانَ الممدوحُ عندَهُ كمالُ إيمانٍ ويَقينٍ ، ورياضةُ نَفْسٍ ، ومَعْرِفةٌ تامَّةٌ بحيثُ لا يَفْتَتِنُ ، ولا يَغْتَرُّ بذلكَ ، ولاَ تَلْعَبُ بهِ نَفْسُهُ ، فَلَيْسَ بحَرامٍ ولا مَكْرُوهٍ ، وإنْ خِيفَ عَلَيْهِ شَيءٌ مِنْ هذهِ الأمورِ ، كُرِهَ مَدْحُهُ في وَجْهِهِ كَراهَةً شَديدَةً ، وعَلَى هذا التَّفْصيلِ تُنَزَّلُ الأحاديثُ المُخْتَلِفةُ في ذلكَ . ومِمَّا جاءَ في الإباحَةِ قَوْلُهُ ﷺ لأبى بكرٍ رضيَ اللهُ عَنْهُ : « أَرْجُو أَنْ تَكُونَ مِنْهُمْ » أى : مِنَ الَّذينَ يُدْعَوْنَ مِنْ جَميعِ أبْوابِ الجَنَّةِ لدُخُولِها ، وفى الحَديثِ الآخَرِ : « لَسْتَ مِنْهُمْ » أي لَسْتَ مثنَ الَّذينَ يُسْبِلُونَ أزْرَهُمْ خيلاءَ . وقالَ ﷺ لعُمَرَ رضيَ اللهُ عَنْهُ : « ما رآكَ الشَّيْطانُ سالكاً فَجّاً إلا سَلَكَ فَجّاً غَيْرَ فَجِّكَ » والأحاديثُ فـي الإباحَةِ كثيـــرَةٌ ، وقَدْ ذَكَرْتُ جُمْلَةً مِنْ أطْرافِها في كِتابِ : « الأذْكار » .

Hadith 1790 Abu Hammām ibnul-*H*āri*th*(r) berichtete: Al-Miqdād(r) berichtete, dass ein Mann (*in seiner Anwesenheit*) den 'U*th*mān(r)²²² (*übertrieben*) lobpreiste, da kniete sich Al-Miqdād hin und begann, in sein Gesicht Staub zu werfen. 'U*th*mān(r) fragte ihn: „Was ist mit dir los?" Er erwiderte, dass der Gesandte Allāhs(s) gesagt hat: „Wenn ihr die Lobredner seht, dann streut Sand in ihre Gesichter!"
(Muslim)
Es ist zu beachten, dass die obige Hadithe die Lobpreisung verbieten, wobei es auch über die Erlaubnis der Lobpreisung viele starke Hadithe gibt. Diesbezüglich sagten die Gelehrten: Um zwischen den Hadithen zu kombinieren, sollte man sagen: „Wenn der Gelobte über vollständige Frömmigkeit und Überzeugung, Selbstbeherrschung und gründliche Kenntnis verfügt, so dass er nicht in Versuchung kommt, eingebildet zu werden, und sich nicht dadurch täuschen lässt, dann ist so eine Lobpreisung erlaubt und erwünscht. Wenn aber befürchtet wird, dass die Lobpreisung zu einem dieser Mängel führen könnte, so ist die Lobpreisung in seiner Anwesenheit unerwünscht. An Hand dieser Klarstellung werden die (*scheinbar*) widersprüchlichen Hadithe behandelt. Zu solchen Hadithen, die die Lobpreisung erlauben, gehört die Äußerung des Gesandten Allāhs(s) zu Abu Bakr(r)²²³: „Ich hoffe, du bist einer von ihnen!", d.h. von den Gläubigen, die von allen Toren des Paradieses gerufen werden, um hineinzugehen; und seine Äußerung (zu Abu Bakr) in einem anderen Hadith: „Du bist keiner von ihnen!" d.h. von den Leuten, die das Gewand aus Hochmut hinunterhängen lassen. Ebenso die Äußerung des Gesandten Allāhs(s) zu 'Umar(r)²²⁴: „Immer wenn der Satan dich einen Weg beschreiten sieht, beschreitet er einen anderen als deinen!" Die Hadithe über die Erlaubnis der Lobpreisung sind zahlreich, und ich habe im Buch *Das Gedenken* Allāhs einige davon erwähnt.²²⁵

٣٦١ - باب كراهة الخروج من بلد وقع فيها البلاء فرارا منه وكراهة القدوم عليه

قَالَ تَعَالَى : ﴿ أَيْنَمَا تَكُونُوا يُدْرِكْكُمُ الْمَوْتُ وَلَوْ كُنتُمْ فِى بُرُوجٍ مُشَيَّدَةٍ ﴾ (النساء: ٧٨).
وقَالَ تَعَالَى : ﴿ وَلَا تُلْقُوا بِأَيْدِيكُمْ إِلَى التَّهْلُكَةِ ﴾ (البقرة: ١٩٥).

١٧٩١ - وَعَنِ ابْنِ عَبَّاسٍ رَضِيَ اللهُ عَنْهُمَا أَنَّ عُمَرَ بْنَ الْخَطَّابِ رَضِيَ اللهُ عَنْهُ خَرَجَ إِلَى الشَّامِ حَتَّى إِذَا كَانَ بِسَرْغَ لَقِيَهُ أُمَرَاءُ الأَجْنَادِ ـ أَبُو عُبَيْدَةَ بْنُ الْجَرَّاحِ وَأَصْحَابُهُ ـ فَأَخْبَرُوهُ أَنَّ الْوَبَاءَ قَدْ وَقَعَ بِالشَّامِ، قَالَ ابْنُ عَبَّاسٍ : فَقَالَ لِي عُمَرُ : ادْعُ لِي الْمُهَاجِرِينَ الأَوَّلِينَ ، فَدَعَوْتُهُمْ ، فَاسْتَشَارَهُمْ ، وَأَخْبَرَهُمْ أَنَّ الْوَبَاءَ قَدْ وَقَعَ بِالشَّامِ ، فَاخْتَلَفُوا ، فَقَالَ بَعْضُهُمْ : خَرَجْتَ لأَمْرٍ ، وَلَا نَرَى أَنْ تَرْجِعَ عَنْهُ ، وَقَالَ بَعْضُهُمْ : مَعَكَ بَقِيَّةُ النَّاسِ وَأَصْحَابُ رَسُولِ اللهِ ﷺ وَلَا نَرَى أَنْ تُقْدِمَهُمْ عَلَى هَذَا الْوَبَاءِ ، فَقَالَ : ارْتَفِعُوا عَنِّي ، ثُمَّ قَالَ : ادْعُ لِيَ الأَنْصَارَ ، فَدَعَوْتُهُمْ ، فَاسْتَشَارَهُمْ ، فَسَلَكُوا سَبِيلَ الْمُهَاجِرِينَ ، وَاخْتَلَفُوا كَاخْتِلَافِهِمْ ، فَقَالَ : ارْتَفِعُوا عَنِّي ، ثُمَّ قَالَ : ادْعُ لِيَ مَنْ كَانَ هَا هُنَا مِنْ مَشْيَخَةِ قُرَيْشٍ مِنْ مُهَاجِرَةِ الْفَتْحِ ، فَدَعَوْتُهُمْ ، عَلَى هَذَا الْوَبَاءِ ، فَنَادَى عُمَرُ رَضِيَ اللهُ عَنْهُ فِى النَّاسِ : إِنِّى مُصَبِّحٌ عَلَى ظَهْرٍ ، فَأَصْبِحُوا عَلَيْهِ ، فَقَالَ أَبُو عُبَيْدَةَ بْنُ الْجَرَّاحِ رَضِيَ اللهُ عَنْهُ : أَفِرَاراً مِنْ قَدَرِ

Kapitel 361
Das Missfallen der Flucht aus einem Ort, in dem eine Epidemie herrscht und das Missfallen des Betretens eines solchen

Allāh - erhaben ist Er - spricht:
»Wo ihr auch seid, wird der Tod euch doch einholen, und wäret ihr auch in festen Burgen.«
Sura 4:78
»..und stürzt euch nicht mit eigner Hand ins Verderben..«
Sura 2:195

Hadith 1791 Ibn 'Abbās(r) berichtete, dass 'Umar Ibnul-Khaṭṭāb(r) nach Damaskus aufbrach. Als er in Sargh eintraf, empfingen ihn die Oberkommandierenden des Heeres Abu 'Ubaida Ibnul-Jarrāh(r) und seine Gefährten und informierten ihn, dass die Pest in Damaskus ausgebrochen sei. Ibn 'Abbās berichtete: „Da sagte 'Umar zu mir: "Lass die ältesten Muhādschirīn zu mir kommen!" Und ich lud sie vor. Als sie bei ihm waren, erzählte er ihnen, dass die Pest in Damaskus ausgebrochen sei und fragte sie nach ihrer Meinung, (*ob sie dorthin reiten oder lieber darauf verzichten sollten*), da waren sie verschiedener Meinung. Einige sagten: „Du bist mit einem bestimmten Ziel aufgebrochen, und wir denken nicht, dass du (*wegen der Pest*) umkehren solltest." Andere sagten: „Viele Leute sind bei dir, darunter auch einige Gefährten des Gesandten Allāhs(s)! Wir glauben, du solltest sie nicht in dieses pestverseuchte Land führen!" 'Umar befahl: „Geht!" Dann sagte er zu mir: „Hol mir die Anṣār herbei!" Und ich lud sie vor. Auch sie fragte er nach ihrer Meinung, und sie waren wie die Muhādschirīn verschiedener Meinung. 'Umar befahl: „Geht!" Dann sagte er zu mir: „Hol mir die Anwesenden von den ältesten Quraisch, die im Jahr der Eroberung Mekka auswanderten und den Islam annahmen!" Da lud ich auch sie vor. Diese Männer waren alle einer Meinung. Sie sagten: „Wir glauben, du solltest mit den Leuten umkehren und nicht in dieses pestverseuchte Land führen! Darauf verkündete 'Umar(r) den Menschen

اللهِ ؟ فَقَالَ عُمَرُ رَضِيَ اللهُ عَنْهُ : لَوْ غَيْرُكَ قَالَهَا يَا أَبَا عُبَيْدَةَ ! ــ وَكَانَ عُمَرُ يَكْرَهُ خِلَافَهُ ــ نَعَمْ نَفِرُّ مِنْ قَدَرِ اللهِ إِلَى قَدَرِ اللهِ ، أَرَأَيْتَ لَوْ كَانَ لَكَ إِبِلٌ فَهَبَطَتْ وَادِياً لَهُ عُدْوَتَانِ إِحْدَاهُمَا خَصْبَةٌ ، وَالأُخْرَى جَدْبَةٌ، أَلَيْسَ إِنْ رَعَيْتَ الخَصْبَةَ رَعَيْتَهَا بِقَدَرِ اللـهِ ، وَإِنْ رَعَيْتَ الجَدْبَةَ رَعَيْتَهَا بِقَدَرِ اللهِ ؟ قَالَ : فَجَاءَ عَبْدُ الرَّحْمَنِ بْنُ عَوْفٍ رَضِيَ اللهُ عَنْهُ، وَكَانَ مُتَغَيِّباً فِي بَعْضِ حَاجَتِهِ ، فَقَالَ : إِنَّ عِنْدِي مِنْ هَذَا عِلْماً ، سَمِعْتُ رَسُولَ اللهِ ﷺ يَقُولُ : « إِذَا سَمِعْتُمْ بِهِ بِأَرْضٍ ، فَلَا تَقْدُمُوا عَلَيْهِ ، وَإِذَا وَقَعَ بِأَرْضٍ وَأَنْتُمْ بِهَا ، فَلَا تَخْرُجُوا فِرَاراً مِنْهُ » فَحَمِدَ اللهَ تَعَالَى عُمَرُ رَضِيَ اللهُ عَنْهُ وَانْصَرَفَ. متفقٌ عليه .

وَالعُدْوَةُ : جَانِبُ الوَادِي .

١٧٩٢ ــ وَعَنْ أُسَامَةَ بْنِ زَيْدٍ رَضِيَ الـلـهُ عَنْهُ عَنِ النَّبِيِّ ﷺ قَالَ : « إِذَا سَمِعْتُمُ الطَّاعُونَ بِأَرْضٍ فَلَا تَدْخُلُوهَا ، وَإِذَا وَقَعَ بِأَرْضٍ، وَأَنْتُمْ فِيهَا، فَلَا تَخْرُجُوا مِنْهَا»متفقٌ عليه .

٣٦٢ ــ باب التغليظ في تحريم السحر

قَالَ اللهُ تَعَالَى : ﴿ وَمَا كَفَرَ سُلَيْمَانُ وَلَكِنَّ الشَّيَاطِينَ كَفَرُوا يُعَلِّمُونَ النَّاسَ السِّحْرَ ﴾ (البقرة:١٠٢) .

(*seine Entscheidung*), in dem er sagte: „Morgen früh werde ich (*nach Medina*) umkehren, so macht euch auch dafür bereit!" Da wandte sich Abu 'Ubaida Ibnul-Jarrā*h*(r) an 'Umar und fragte: „Ist das nicht eine Flucht vor der Vorherbestimmung Allāhs?" 'Umar(r) erwiderte: „Dass ausgerechnet du das sagen musst, o Abu 'Ubaida! - denn 'Umar mochte nicht im Widerspruch mit Abu 'Ubaida stehen - 'Ja, wir fliehen vor der Vorherbestimmung Allāhs hin zur Vorherbestimmung Allāhs! Stell dir vor, du hast Kamele und sie gehen hinunter zu einem Flusslauf, dessen eines Ufer fruchtbar, das andere aber unfruchtbar ist. Wenn du deine Kamele auf der fruchtbaren Seite weiden lässt, entspricht das dann nicht genauso der Vorherbestimmung Allāhs, wie wenn du sie am unfruchtbaren Ufer weiden lässt?"
Ibn 'Abbās(r) berichtete: Kurz danach kam 'Abdurrahmān Ibn 'Auf(r), der etwas zu erledigen hatte (*und bei den vorangegangenen Gesprächen nicht dabei gewesen war*), und sagte: „Ich bin über diese Sache unterrichtet! Ich war dabei, als der Gesandte Allāhs(s) sagte: „Wenn ihr hört, dass die Pest in einem Land ausgebrochen ist, dann geht nicht in dieses Land! Und bricht sie in einem Land aus, wo ihr euch aufhaltet, dann bleibt da und flieht nicht vor ihr (*der Seuche*)!" „Allāh sei Lob!" rief 'Umar und brach (*mit den Leuten nach Medina*) auf."
(Al-Bukhari und Muslim)

Hadith 1792 Usāma Ibn Zaid(r) berichtete, dass der Prophet(s) gesagt hat: „Wenn ihr hört, dass die Pest in einem Land ausgebrochen ist, dann geht nicht in dieses Land! Und bricht sie in einem Land aus, wo ihr euch aufhaltet, dann bleibt da!"
(Al-Bukhari und Muslim)

<u>Kapitel 362</u>
Das absolute Verbot der Zauberei

Allāh - erhaben ist Er - spricht:
»..und Salomo war kein Ungläubiger, sondern es waren die Satane, die die

١٧٩٣ ـ وعَنْ أبي هُرَيْرَةَ رَضِيَ اللهُ عَنْهُ عَنِ النَّبِيِّ ﷺ قَالَ : « اجْتَنِبُوا السَّبْعَ المُوبِقَاتِ » قَالُوا : يَا رَسُولَ اللهِ وَمَا هُنَّ ؟ قَالَ : « الشِّرْكُ بِاللهِ ، وَالسِّحْرُ ، وَقَتْلُ النَّفْسِ التي حَرَّمَ اللهُ إلا بِالحَقِّ ، وَأَكْلُ الرِّبَا ، وَأَكْلُ مَالِ اليَتِيمِ ، وَالتَّوَلِّي يَوْمَ الزَّحْفِ ، وَقَذْفُ المُحْصَنَاتِ المؤمِنَاتِ الغَافِلَاتِ » متفقٌ عليه .

٣٦٣ ـ باب النهى عن المسافرة بالمصحف
إلى بلاد الكفار إذا خيف وقوعه بأيدى العدو

١٧٩٤ ـ عَنِ ابْنِ عُمَرَ رَضِيَ اللهُ عَنْهُمَا قَالَ : نَهَى رَسُولُ اللهِ ﷺ أَنْ يُسَافَرَ بِالقُرْآنِ إلى أَرْضِ العَدُوِّ . متفقٌ عليه .

٣٦٤ ـ باب تحريم استعمال إناء الذهب وإناء الفضة
فى الأكل والشرب والطهارة وسائر وجوه الاستعمال

١٧٩٥ ـ عَنْ أُمِّ سَلَمَةَ رَضِيَ اللهُ عَنْهَا أَنَّ رَسُولَ اللهِ ﷺ قَالَ : « الَّذِي يَشْرَبُ فِي آنِيَةِ الفِضَّةِ إِنَّمَا يُجَرْجِرُ فِي بَطْنِهِ نَارَ جَهَنَّمَ » متفقٌ عَلَيْهِ .

وفى روايةٍ لمسلم : « إنَّ الَّذِي يَأْكُلُ أَوْ يَشْرَبُ فِي آنِيَةِ الفِضَّةِ وَالذَّهَبِ » .

Menschen die Zauberei zu lehren pflegen.«
Sura 2:102

Hadith 1793 Abu Huraira(r) berichtete, dass der Prophet(s) gesagt hat: „Enthaltet Euch der sieben unheilvollen Sünden!" Man fragte: „Und welche sind diese, o Gesandter Allāhs ?" Er sagte: „Der Schirk (Allāh Partner beigesellen o.ä.), die Zauberei, das Töten der unantastbaren Seele außer mit einem rechten triftigen Grund, der Zinswucher, der Missbrauch des Eigentums der Waisen, die Flucht in der Schlacht, und die Verleumdung der unschuldigen, unachtsamen gläubigen Frauen."
(Al-Bukhari und Muslim)

Kapitel 363

Die Untersagung des Mitnehmens des Mushafs beim Reisen in die Länder der Ungläubigen, wenn befürchtet wird, dass er in die Hände des Feindes fallen könnte

Hadith 1794 Ibn 'Umar(r) berichtete, dass der Gesandte Allāhs verboten hat, den Koran mitzunehmen, wenn man in die Länder der Ungläubigen reist.
(Al-Bukhari und Muslim)

Kapitel 364

Das Verbot des Gebrauchs von Gold- und Silbergefäßen für Essen, Trinken, rituelle Reinigung und Waschung usw.

Hadith 1795 Umm Salama(r) berichtete, dass der Gesandte Allāhs gesagt hat: „Derjenige, der aus Silbergefäßen trinkt, der schluckt das Feuer der Hölle hinunter."
(Al-Bukhari und Muslim)
In einer Überlieferung Muslims steht: „Derjenige, der aus Gold- oder Silbergefäßen isst oder trinkt,......"

١٧٩٦ ـ وعَنْ حُذَيْفَةَ رَضِيَ اللهُ عَنْهُ قَالَ : إنَّ النَّبِيَّ ﷺ نَهَانَا عَنِ الحَرِيرِ ، وَالدِّيبَاجِ ، وَالشُّرْبِ فِي آنِيَةِ الذَّهَبِ وَالفِضَّةِ ، وقالَ : « هُنَّ لَهُمْ فِي الدُّنْيَا وَهِيَ لَكُمْ فِي الآخِرَةِ » مُتَّفَقٌ عَلَيْهِ .

وفي روايةٍ فِي الصحيحَيْنِ عَنْ حُذَيْفَةَ رَضِيَ اللهُ عَنْهُ : سَمِعْتُ رَسُولَ اللهِ ﷺ يقولُ: « لا تَلْبَسُوا الحَرِيرَ وَلا الدِّيبَاجَ ، وَلا تَشْرَبُوا فِي آنِيَةِ الذَّهَبِ وَالفِضَّةِ وَلا تَأْكُلُوا فِي صِحَافِهَا » .

١٧٩٧ ـ وَعَنْ أنَسِ بنِ سِيرِينَ قَالَ : كُنْتُ مَعَ أنَسِ بنِ مَالكٍ رَضِيَ اللهُ عَنْهُ عِنْدَ نَفَرٍ مِنَ المَجُوسِ ، فَجِيءَ بفَالُوذَجٍ عَلى إناءٍ مِنْ فِضَّةٍ ، فَلَمْ يَأْكُلْهُ ، فَقِيلَ لَهُ حَوِّلْهُ ، فَحَوَّلَهُ عَلى إناءٍ مِنْ خَلَنْجٍ ، وَجِيءَ بِهِ فَأَكَلَهُ . رواه البيهقي بإسْنَادٍ حَسَنٍ .

« الخَلَنْجُ » : الجَفْنَةُ .

٣٦٥ ـ باب تحريم لبس الرجل ثوبا مزعفرا

١٧٩٨ ـ عَنْ أنَسٍ رَضِيَ اللهُ عَنْهُ قَالَ : نَهَى النَّبِيُّ ﷺ أنْ يَتَزَعْفَرَ الرَّجُلُ . مُتَّفَقٌ عليه .

١٧٩٩ ـ وَعَنْ عبدِ اللهِ بنِ عَمْرِو بنِ العاصِ رَضِيَ اللهُ عَنْهُمَا قَالَ : رَأى النَّبِيُّ ﷺ عَلَيَّ ثَوْبَيْنِ مُعَصْفَرَيْنِ فَقَالَ : « أُمُّكَ أَمَرَتْكَ بِهذا ؟ » قلتُ : أغْسِلُهُمَا ؟ قَالَ : « بَلْ أحْرِقْهُمَا » .

وفي روايةٍ : فقَالَ : « إنَّ هذا مِنْ ثِيَابِ الكُفَّارِ فَلا تَلْبَسْهَا » رواه مسلم .

Hadith 1796 *Hu<u>d</u>*aifa(r) berichtete: Der Prophet(s) hat uns verboten, Seiden- und Seidenbrokatkleidung zu tragen und aus Gold- oder Silbergefäßen zu trinken, und er sagte: „Diese (*Güter*) sind für sie (die nichtmuslimischen Männer) in dieser Welt, und sie sind für euch im Jenseits bestimmt."
(Al-Bukhari und Muslim)
In einer Überlieferung der beiden Hadith-Sammlungen Al-Bukharis und Muslims berichtet *Hu<u>d</u>*aifa(r): Ich hörte den Gesandten Allāhs(s) sagen: „Ihr sollt weder Seide und Seidenbrokat tragen, noch aus Gold- und Silbergefäßen trinken oder essen!"

Hadith 1797 Anas Ibn Sirīn berichtete: Ich war zusammen mit Anas Ibn Mālik(r) bei Zarathustriern[226], als man ihm Falu<u>d</u>aj[227] auf einer Silberschale servierte, da aß er sie nicht. Daraufhin - auf Anweisung - wurde ihm diese Speise auf einer Khalang-Schale[228] serviert, da aß er sie.
(Al-Baihaqi, mit einer guten Überlieferungskette)

Kapitel 365
Das Verbot für Männer, mit Safran gefärbte Kleidung zu tragen

Hadith 1798 Anas(r) berichtete: Der Prophet(s) hat verboten, dass der Mann eine mit Safran gefärbte Kleidung trägt.
(Al-Bukhari und Muslim)

Hadith 1799 'Abdullah Ibn 'Amr Ibn-ul-'Ā*s*(r) berichtete: Als der Prophet(s) mich mit zwei mit Safran gefärbten Kleider angekleidet sah, fragte er mich: „Befahl dir deine Mutter, diese zu tragen?" Ich erwiderte: „Soll ich sie entfärben lassen?" Er sagte: „Nein, sondern verbrenne sie!"

In einer anderen Überlieferung steht: „Diese sind von der Kleidung der Ungläubigen, also ziehe sie nicht an!"
(Muslim)

٣٦٦ ـ باب النهى عن صمت يوم إلى الليل

١٨٠٠ ـ عَنْ عَلِيٍّ رضي اللّه عَنْهُ قالَ : حَفِظْتُ عَنْ رَسُولِ اللّه ﷺ : « لا يُتْمَ بَعْدَ احْتِلامٍ ، وَلا صُمَاتَ يَوْمٍ إلى اللَّيْلِ » رواه أبو داود بإسنادٍ حسن .

قالَ الخَطّابى فى تفسيرِ هذا الحديثِ : كَانَ مِنْ نُسُكِ الجَاهِلِيَّةِ الصُّمَاتُ ، فَنُهُوا فى الإسلامِ عَنْ ذلِكَ ، وأُمِرُوا بالذِّكْرِ والحَدِيثِ بالخَيْرِ .

١٨٠١ ـ وعَنْ قيسِ بنِ أبى حازِمٍ قالَ : دَخَلَ أَبُو بكرٍ الصِّدِيقُ رضيَ اللّهُ عَنْهُ على امرأةٍ مِنْ أحْمَسَ يُقَالُ لَهَا : زَيْنَبُ ، فَرَآهَا لا تَتَكَلَّمُ ، فقالَ : مَالَهَا لا تَتَكَلَّمُ ؟ فقالُوا : حَجَّتْ مُصْمِتَةً ، فقالَ لَهَا : تَكَلَّمِى فَإنَّ هذا لا يَحِلُّ ، هذا مِنْ عَمَلِ الجَاهِلِيَّةِ ! فَتَكَلَّمَتْ . رواه البخارى .

٣٦٧ ـ باب تحريم انتساب الإنسان إلى غير أبيه وتوليه إلى غير مواليه

١٨٠٢ ـ عَنْ سَعْدِ بنِ أبى وَقّاصٍ رضيَ اللّه عنه أن النَّبِىَّ ﷺ قالَ : « مَنِ ادَّعَى إلى غَيْرِ أَبِيهِ وَهُوَ يَعْلَمُ أَنَّهُ غَيْرُ أَبِيهِ ، فالجَنَّةُ عَلَيْهِ حَرَامٌ » متفقٌ عَلَيْهِ .

١٨٠٣ ـ وعَنْ أبى هُرَيْرَةَ رضيَ اللّه عَنْهُ عَنِ النَّبِىِّ ﷺ قالَ : « لاَ تَرْغَبُوا عَنْ آبَائِكُمْ ، فَمَنْ رَغِبَ عَنْ أَبِيهِ فَهوَ كُفْرٌ » متفقٌ عَلَيْهِ .

Kapitel 366
Es ist untersagt, tagsüber Stillschweigen zu geloben

Hadith 1800 'Ali(r) berichtete: Ich habe im Gedächtnis festgehalten, dass der Gesandte Allāhs(s) gesagt hat(s): „Keiner zählt als Waise nach der Pubertät, und kein Stillschweigen tagsüber ist zu geloben!"
(Abu Dāwūd, mit einer guten Überlieferungskette)
Bei der Erläuterung dieses Hadithes sagte Al-Khattabi: „Das Schweigen tagsüber gehörte zu den vorislamischen Riten, was der Islam verboten hat, und somit wurden die Muslime aufgefordert, Allāhs zu gedenken und nur Gutes zu erzählen."

Hadith 1801 Qais Ibn Abi Hāzim berichtete: Abu Bakr As-Siddīq(r) besuchte eine Frau namens Zainab aus dem (*Stamme*) Ahmas, da merkte er, dass sie nicht sprach. Er fragte: „Warum spricht sie nicht?" Man sagte: Sie pilgerte und verrichtet das Schweigegelübde!" Daraufhin sagte er zu ihr: „Du sollst reden, denn das Schweigegelübde ist nicht erlaubt, da es zu den Riten der vorislamischen Zeit gehört!" Daraufhin redete sie.
(Al-Bukhari)

Kapitel 367
Das Verbot der Angabe von falscher Abstammung und falschem Schutzverhältnis

Hadith 1802 Sa'd Ibn Abi Waqqās(r) berichtete, dass der Prophet(s) gesagt hat: „Wer wissentlich seine väterliche Abstammung einem Mann außer seinem Vater zuschreibt, dem ist das Paradies verwehrt."
(Al-Bukhari und Muslim)

Hadith 1803 Abu Huraira(r) berichtete, dass der Prophet(s) gesagt hat: „Wendet euch nicht von euren Vätern ab, denn den Vater zu verleugnen ist Unglauben."
(Al-Bukhari und Muslim)

١٨٠٤ ـ وَعَنْ يزيدَ بنِ شريكِ بنِ طَارِقٍ قَالَ : رَأَيْتُ عَلِيًّا رضي اللّهُ عنهُ على المِنْبَرِ يَخْطُبُ ، فَسَمِعْتُهُ يَقُولُ : لا وَاللهِ ما عِنْدَنا مِنْ كِتابٍ نَقْرَؤُهُ إلا كِتابَ اللّهِ ، وَما فى هـذِهِ الصَّحِيفَةِ ، فَنَشَرَها فَإذا فيها أسْنانُ الإبِلِ ، وأشْياءُ مِنَ الجِراحاتِ ، وفيها : قالَ رَسُولُ اللّهِ ﷺ : « المدينةُ حَرَمٌ ما بَيْنَ عَيْرٍ إلى ثَوْرٍ ، فَمَنْ أحْدَثَ فيها حَدَثاً ، أوْ آوى مُحْدِثاً ، فَعَلَيْهِ لَعْنَةُ اللّهِ وَالملائِكَةِ وَالنَّاسِ أجْمَعِينَ ، لا يَقْبَلُ اللّهُ مِنْهُ يَوْمَ القِيامَةِ صَرْفاً ولا عَدْلاً ، ذِمَّةُ المُسْلِمِينَ واحِدَةٌ ، يَسْعَى بها أدْناهُمْ ، فَمَنْ أخْفَرَ مُسْلِماً ، فَعَلَيْهِ لَعْنَةُ اللهِ والملائِكَةِ وَالنَّاسِ أجْمَعِينَ ، لا يَقْبَلُ اللّهُ مِنْهُ يَوْمَ القِيامَةِ صَرْفاً وَلا عَدْلاً ، وَمَنِ ادَّعَى إلى غَيْرِ أبيهِ ، أوِ انْتَمَى إلى غَيْرِ مَوَالِيهِ ، فَعَلَيْهِ لَعْنَةُ اللهِ و الملائكةِ وَالنَّاسِ أجْمَعِينَ ، لا يَقْبَلُ اللّهُ مِنْهُ يَوْمَ القِيامَةِ صَرْفاً ولا عَدْلاً » . متفقٌ عليه .

« ذِمَّةُ المُسْلِمِينَ » أيْ : عَهْدُهُمْ وَأماناتُهُمْ . وَ « أخْفَرَهُ » : نَقَضَ عَهْدَهُ . و«الصَّرْفُ» : التَّوْبَةُ ، وقِيلَ : الحِيلَةُ . وَ « العَدْلُ » : الفِداءُ .

١٨٠٥ ـ وَعَنْ أبي ذَرٍّ رضي اللّهُ عنهُ أنَّهُ سَمِعَ رسُولَ اللهِ ﷺ يَقُولُ : « لَيْسَ مِنْ رَجُلٍ ادَّعَى لِغَيْرِ أبيهِ وَهُوَ يَعْلَمُهُ إلا كَفَرَ ، وَمَنْ ادَّعَى ما لَيْسَ لَهُ ، فَلَيْسَ مِنَّا ، وَلْيَتَبَوَّأْ مَقْعَدَهُ مِنَ النَّارِ ، وَمَنْ دَعا رَجُلاً بِالكُفْرِ ، أوْ قالَ : عَدُوَّ اللهِ ، وَلَيْسَ كَذلِكَ إلا حارَ عَلَيْهِ » متفقٌ عَلَيْهِ ، وهذا لَفْظُ روايةِ مُسْلِمٍ .

Hadith 1804 Yazīd Ibn Scharīk Ibn *T*āriq berichtete: Ich sah und hörte Ali(r) auf der Kanzel predigen: „Nein, bei Allāh, wir haben kein Buch zu lesen außer dem Buch Allāhs und was diese Schriftrolle enthält. Er breitete diese aus, da waren in ihr einige Sachen erfasst, darunter Altersstufen[229] der Kamele, Verletzungen[230], und folgende Anweisung des Gesandten Allāhs(s) :„Die Medina - von 'Air bis *T*haur[231] - ist ein Heiligtum. Wer darin ein Verbrechen begeht oder einem Verbrecher Unterschlupf gewährt, der verdient den Fluch Allāhs, der Engel, und der Gesamtheit der Menschen und von ihm wird Allāh am Tage der Auferstehung weder Reue noch Schadensersatzzahlung annehmen[232]. Die (*kollektive*) Verantwortung der Muslime ist die Gleiche (*für jeden Muslim*), so dass der Einfachste unter ihnen sie gewähren soll. Wer den Bund mit einem Muslim bricht, der verdient den Fluch Allāhs, der Engel, und der Gesamtheit der Menschen und von ihm wird Allāhs am Tage der Auferstehung weder Reue noch Schadensersatzzahlung annehmen. Wer wissentlich seine väterliche Abstammung einem Mann außer seinem Vater zuschreibt oder einen falschen Schutzstamm[233] angibt, der verdient den Fluch Allāhs, der Engel, und der Gesamtheit der Menschen und von ihm wird Allāh am Tage der Auferstehung weder Reue noch Schadensersatzzahlung annehmen."
(Al-Bukhari und Muslim)

Hadith 1805 Abu *D*arr(r) berichtete, dass er den Gesandten Allāhs(s) sagen hörte: „Wer wissentlich seine väterliche Abstammung einem Mann außer seinem Vater zuschreibt, der begeht Untreue, und wer beansprucht, was ihm nicht zusteht, gehört nicht zu uns, und seinen Sitz in der Hölle wird er sicherlich einnehmen. Und wer zu einem Menschen sagt: „Du bist ungläubig" oder „ein Feind Allāhs", wobei diese (*Anschuldigung*) nicht stimmt, auf den fällt diese zurück."
(Muslim)

٣٦٨ - باب التحذير من ارتكاب ما نهى الله عز وجل أو رسوله صلى الله عليه وسلم عنه

قَالَ تَعَالَى : ﴿ فَلْيَحْذَرِ الَّذِينَ يُخَالِفُونَ عَنْ أَمْرِهِ أَنْ تُصِيبَهُمْ فِتْنَةٌ أَوْ يُصِيبَهُمْ عَذَابٌ أَلِيمٌ ﴾ (النور:٦٣) ، وقال تعالى : ﴿ وَيُحَذِّرُكُمُ اللَّهُ نَفْسَهُ ﴾ (آل عمران : ٣٠) ، وقال تعالى : ﴿ إِنَّ بَطْشَ رَبِّكَ لَشَدِيدٌ ﴾ (البروج : ١٢) ، وقال تعالى : ﴿ وَكَذَلِكَ أَخْذُ رَبِّكَ إِذَا أَخَذَ الْقُرَى وَهِيَ ظَالِمَةٌ إِنَّ أَخْذَهُ أَلِيمٌ شَدِيدٌ ﴾ (هود: ١٠٢) .

١٨٠٦ - وَعَنْ أَبِي هُرَيْرَةَ رَضِيَ اللَّهُ عنه أَنَّ النَّبِيَّ ﷺ قَالَ : « إنَّ اللَّهَ تَعَالَى يَغَارُ ، وَغَيْرَةُ اللَّهِ أَنْ يَأْتِيَ المَرْءُ مَا حَرَّمَ اللَّهُ عَلَيْهِ » متفقٌ عليه .

٣٦٩ - باب ما يقوله ويفعله من ارتكب منهيا عنه

قَالَ اللَّهُ تَعَالَى : ﴿ وَإِمَّا يَنْزَغَنَّكَ مِنَ الشَّيْطَانِ نَزْغٌ فَاسْتَعِذْ بِاللَّهِ ﴾ (فصلت:٣٦) ، وقال تعالى : ﴿ إِنَّ الَّذِينَ اتَّقَوْا إِذَا مَسَّهُمْ طَائِفٌ مِنَ الشَّيْطَانِ تَذَكَّرُوا فَإِذَا هُمْ مُبْصِرُونَ ﴾ (الأعراف: ٢٠١) ،

Kapitel 368
Die Warnung davor, etwas zu begehen, was Allāh oder Sein Gesandter(s) verboten hat

Allāh-erhaben ist Er - spricht:

»Aufpassen sollten diejenigen, die sich Allāhs Befehl widersetzen, dass sie nicht Drangsal befalle oder eine schmerzliche Strafe sie ereile.«
Sura 24:63
»Allāh warnt euch vor Seiner Strafe..«
Sura 3: 30
»Die Bestrafung deines Herrn ist wahrlich gewaltig«
Sura 85:12
»So ist die Bestrafung deines Herrn, wenn Er die ungerechten Städte erfasst. Wahrlich Seine Strafe ist schmerzhaft und streng.«
Sura 11:102

Hadith 1806 Abu Huraira(r) berichtete, dass der Prophet(s) gesagt hat: „Allāh - erhaben ist Er - ist wachsam, und Seine Wachsamkeit ist, dass Er nicht duldet, dass der Mensch das tut, was Allāh verboten hat.
(Al-Bukhari und Muslim)

Kapitel 369
Die Belehrung über das, was der Sünder zu sagen und zu tun hat

Allāh - erhaben ist Er - spricht:
»Und sollte dich ein Anreiz vom Satan reizen, so nimm deine Zuflucht zu Allāh.«
Sura 41:36
»Diejenigen, die gottesfürchtig sind, so sie eine satanische Versuchung berührt, gedenken Allāhs, und sie werden klarer sehen.«
Sura 7:201

وقال تعالى : ﴿ وَالَّذِينَ إِذَا فَعَلُوا فَاحِشَةً أَوْ ظَلَمُوا أَنْفُسَهُمْ ذَكَرُوا اللَّهَ فَاسْتَغْفَرُوا لِذُنُوبِهِمْ وَمَنْ يَغْفِرُ الذُّنُوبَ إِلَّا اللَّهُ وَلَمْ يُصِرُّوا عَلَى مَا فَعَلُوا وَهُمْ يَعْلَمُونَ . أُولَٰئِكَ جَزَاؤُهُمْ مَغْفِرَةٌ مِنْ رَبِّهِمْ وَجَنَّاتٌ تَجْرِي مِنْ تَحْتِهَا الْأَنْهَارُ خَالِدِينَ فِيهَا وَنِعْمَ أَجْرُ الْعَامِلِينَ ﴾ (آل عمران: ١٣٥، ١٣٦) ، وقال تعالى : ﴿ وَتُوبُوا إِلَى اللَّهِ جَمِيعًا أَيُّهَ الْمُؤْمِنُونَ لَعَلَّكُمْ تُفْلِحُونَ﴾ (النور: ٣١) .

١٨٠٧ ـ وَعَنْ أَبِي هُرَيْرَةَ رَضِيَ اللهُ عَنْهُ عَنِ النَّبِيِّ ﷺ قَالَ : « مَنْ حَلَفَ فَقَالَ فِي حَلِفِهِ : بِاللَّاتِ وَالْعُزَّى ، فَلْيَقُلْ : لَا إِلَهَ إِلَّا اللهُ ، وَمَنْ قَالَ لِصَاحِبِهِ : تَعَالَ أُقَامِرْكَ فَلْيَتَصَدَّقْ » متفقٌ عليه .

٣٧٠ ـ باب المنثورات والملح

١٨٠٨ ـ عَنِ النَّوَّاسِ بْنِ سَمْعَانَ رَضِيَ اللهُ عَنْهُ قَالَ : ذَكَرَ رَسُولُ اللهِ ﷺ الدَّجَّالَ ذَاتَ غَدَاةٍ ، فَخَفَّضَ فِيهِ ، وَرَفَّعَ حَتَّى ظَنَنَّاهُ فِي طَائِفَةِ النَّخْلِ ، فَلَمَّا رُحْنَا إِلَيْهِ ، عَرَفَ ذَلِكَ فِينَا ، فَقَالَ : « مَا شَأْنُكُمْ ؟ » قُلْنَا : يَا رَسُولَ اللهِ ذَكَرْتَ الدَّجَّالَ الغَدَاةَ ، فَخَفَّضْتَ فِيهِ وَرَفَّعْتَ ، حَتَّى ظَنَنَّاهُ فِي طَائِفَةِ النَّخْلِ فقالَ : « غَيْرُ الدَّجَّالِ أَخْوَفُنِي عَلَيْكُمْ؛ إِنْ يَخْرُجْ وَأَنَا فِيكُمْ ، فَأَنَا حَجِيجُهُ دُونَكُمْ ؛ وَإِنْ يَخْرُجْ وَلَسْتُ فِيكُمْ ، فَامْرُؤٌ حَجِيجُ نَفْسِهِ ، وَاللهُ خَلِيفَتِي

»Und diejenigen, die wenn sie eine Untat begehen oder wider sich selbst Unrecht tun, Allāhs gedenken und um Vegebung flehen für ihre Sünden - und wer außer Allāhs kann Sünden vergeben? - und die nicht wissentlich beharren in ihrem Tun. Für jene ist eine Belohnung von ihrem Herrn und Gärten, durch welche Ströme fließen, darin werden sie ewig bleiben; und wie schön ist der Lohn der (Wohl-) Täter.«
Sura 3:135-136
»Und kehrt zurück zu Allāh insgesamt, o ihr Gläubigen, auf dass ihr Erfolg findet!"
«Sura 24:31

Hadith 1807 Abu Huraira(r) berichtete, dass der Prophet(s) gesagt hat: „Wer schwört, und sich dabei verspricht, indem er die Al-Lāt und Al-'Uzzā[234] ausspricht, der soll sagen: „Es gibt keinen Gott außer Allāh!" Und wer zu seinem Freund sagt: „Lass mich mit dir ein Glücksspiel spielen," der hat Almosen zu geben!"
(Al-Bukhari und Muslim)

Kapitel 370
Anekdoten und wahre Erzählungen

Hadith 1808 An-Nawās Ibn Sam'ān(r) berichtete: Eines Morgens erwähnte der Gesandte Allāhs(s) den Dadschāl (den falschen Messias) und beschrieb sein Wesen und seine unheimliche Erscheinung, so dass wir dachten, er sei schon in dem (*nahegelegenen*) Palmenhain. Als wir (*am Nachmittag*) zu ihm kamen, wußte er, was mit uns war, und er fragte: „Was ist los mit euch?" Wir sagten: „O Gesandter Allāhs, du hast heute am Morgen den falschen Messias und sein Wesen und seine unheimliche Erscheinung beschrieben, sodass wir dachten, er sei schon in dem (*nahegelegenen*) Palmenhain." Er(s) erwiderte: „Etwas anderes als der Dadschāl macht mir Angst um euch. Sollte er erscheinen, während ich unter euch bin, dann werde ich ihm eine Abfuhr erteilen vor euch. Erscheint er aber, wenn ich nicht mehr unter euch bin, dann streitet jeder

على كُل مُسْلِمٍ ، إنَّه شابٌ قَطَطٌ ، عَينُهُ طَافِيَةٌ ، كأنِّي أُشبِّهُه بعَبْدِ العُزَّى بنِ قَطَنٍ ، فَمَنْ أَدْرَكَهُ مِنْكُمْ ، فَلْيَقْرَأْ عَلَيْهِ فَوَاتِحَ سُورَةِ الكَهْفِ ؛ إنَّه خارِجٌ خَلَّةً بَيْنَ الشَّامِ والعِرَاقِ ، فَعَاثَ يَمِيناً وعَاثَ شِمَالاً ، يَا عِبَادَ اللهِ فَاثْبُتُوا» قُلْنَا : يَا رسولَ اللهِ وَمَا لُبْثُه فِي الأرضِ ؟ قَالَ : «أرْبَعُونَ يَوْماً : يَوْمٌ كَسَنَةٍ ، وَيَوْمٌ كَشَهْرٍ ، وَيَوْمٌ كَجُمُعَةٍ ، وَسَائِرُ أَيَّامِه كَأَيَّامِكُمْ» قُلْنَا : يَا رسولَ اللهِ ، فَذَلِكَ اليَوْمُ الَّذِي كَسَنَةٍ ، أَتَكْفِينَا فِيهِ صَلَاةُ يَوْمٍ ؟ قَالَ: «لا ، اقْدُرُوا لَهُ قَدْرَهُ» قُلْنَا : يَا رَسُولَ اللهِ ، وَمَا إِسْرَاعُهُ فِي الأرضِ ؟ قَالَ : «كَالغَيْثِ اسْتَدْبَرَتْهُ الرِّيحُ ، فَيَأْتِي عَلَى القَوْمِ ، فَيَدْعُوهُمْ ، فَيُؤْمِنُونَ بِهِ ، وَيَسْتَجِيبُونَ لَهُ فَيَأْمُرُ السَّمَاءَ فَتُمْطِرُ ، وَالأَرْضَ فَتُنْبِتُ ، فَتَرُوحُ عَلَيْهِمْ سَارِحَتُهُمْ أَطْوَلَ مَا كَانَتْ ذُرى ، وَأَسْبَغَهُ ضُرُوعًا ، وأمَدَّهُ خَوَاطِيرَ ، ثُمَّ يَأْتِي القَوْمَ فَيَدْعُوهُمْ فَيَرُدُّونَ عَلَيْهِ قَوْلَهُ ، فَيَنْصَرِفُ عَنْهُمْ، فَيُصْبِحُونَ مُمْحِلِينَ لَيْسَ بِأَيْدِيهِمْ شَيْءٌ مِنْ أَمْوَالِهِمْ ، وَيَمُرُّ بِالخَرِبَةِ فَيَقُولُ لَهَا : أَخْرِجِي كُنُوزَكِ ، فَتَتْبَعُهُ كُنُوزُهَا كَيَعَاسِيبِ النَّحْلِ ، ثُمَّ يَدْعُو رَجُلاً مُمْتَلِئاً شَبَاباً فَيَضْرِبُهُ بِالسَّيْفِ ، فَيَقْطَعُهُ جُزْلَتَيْنِ رَمْيَةَ الغَرَضِ ، ثُمَّ يَدْعُوهُ ، فَيُقْبِلُ ، وَيَتَهَلَّلُ وَجْهُهُ يَضْحَكُ ، فَبَيْنَمَا هُوَ كَذَلِكَ إِذْ بَعَثَ اللهُ تَعَالَى المَسِيحَ ابْنَ مَرْيَمَ ﷺ ، فَيَنْزِلُ عِنْدَ المَنَارَةِ البَيْضَاءِ شَرْقِيَّ دِمَشْقَ بَيْنَ مَهْرُودَتَيْنِ ، وَاضِعاً كَفَّيْهِ عَلَى أَجْنِحَةِ مَلَكَيْنِ ، إِذَا طَأْطَأَ رَأْسَهُ ، قَطَرَ ، وَإِذَا رَفَعَهُ تَحَدَّرَ مِنْهُ جُمَانٌ كَاللُّؤْلُؤِ ، فَلَا يَحِلُّ لِكَافِرٍ يَجِدُ رِيحَ نَفَسِهِ إِلَّا مَاتَ، وَنَفَسُهُ يَنْتَهِي إِلَى حَيْثُ يَنْتَهِي طَرْفُهُ ، فَيَطْلُبُهُ حَتَّى يُدْرِكَهُ بِبَابِ لُدٍّ فَيَقْتُلُهُ ، ثُمَّ يَأْتِي عِيسَى ﷺ قَوْمًا قَدْ عَصَمَهُمُ اللهُ مِنْهُ ، فَيَمْسَحُ عَنْ وُجُوهِهِمْ،

für sich mit ihm, und Allāh ist mein (*einziger*) Vertrauter für jeden Muslim. Der Dadschāl erscheint in der Gestalt eines jungen Mannes, mit krausigem, kurzem Haar und einem hervorquellenden Auge[235], und er scheint mir dem 'Abdul-'Uzza Ibn Qaṯan ähnlich. Wer ihn von euch erleben sollte, soll ihn mit Rezitieren der ersten Versen der Surat-ul-Kahf bekämpfen. Er wird an einem Ort zwischen Syrien und Irak auftreten, und was rechts und was links ist, verwüsten. O Diener Allāhs, seid standhaft!" Wir fragten: „O Gesandter Allāhs, wie lange wird sein Aufenthalt auf Erden sein?" Er sagte: „Vierzig Tage: Ein Tag gleicht einem Jahr, ein Tag gleicht einem Monat, ein Tag gleicht einer Woche, und seine restlichen Tage sind wie eure Tage." Wir fragten: „O Gesandter Allāhs, an jenem wie ein Jahr langen Tag, genügt uns das Verrichten der (*fünf*) Pflichtgebete?" Er sagte: „Nein, berechnet die angemessene Zeit dafür!" Wir fragten: „O Gesandter Allāhs, wie ist seine Beschleunigung auf Erden?" Er sagte: „Wie vom Wind getriebene Regenwolken! Er wird bei der einen oder anderen Gemeinde auftauchen und sie einladen, ihm zu folgen. Glauben die Menschen an ihn und gehorchen ihm, so wird er dem Himmel befehlen zu regnen, und es wird augenblicklich regnen, die Erde wird augenblicklich (*üppige*) Pflanzen hervorbringen, sodass ihr Vieh am Abend zu ihnen, vollgesättigt und mit Milch gefüllten herunterhängenden Eutern zurückkehrt. Dann wird er bei der einen oder anderen Gemeinde auftauchen und sie einladen, ihm zu folgen. Lehnen sie seine Aufforderung ab, so wird er verschwinden, und sie werden am folgeden Morgen erleben, dass ihre Äcker unfruchtbar geworden sind und sie nichts mehr von ihrem Vermögen haben. Dann wird er an jeder Ruine vorbeigehen und befehlen: „Bring deine verborgenen Schätze hervor!" Und ihre Schätze werden ihm folgen, als wären sie männliche Bienenschwärme. Dann wird er einen vollkräftigen jungen Mann rufen und ihn mit dem Schwert mit einem Schlag in zwei Hälften teilen, jede Hälfte wird von der anderen weit entfernt wie ein Pfeilwurf sein, und er wird ihn zu sich rufen, da kommt er fröhlich mit lachendem Gesicht. Währenddessen wird Allāh den Messias, Sohn der Mariam(s) senden. dieser wird am weißen Minarett östlich von Damaskus erscheinen, gekleidet in zwei mit Safran gefärbten Tüchern.

ويحدثهم بدرجاتهم في الجنة ، فبينما هو كذلك إذ أوحى الله تعالى إلى عيسى ﷺ إني قد أخرجت عباداً لى لا يدان لأحدٍ بقتالهم ، فحرز عبادى إلى الطور ، ويبعث الله يأجوج ومأجوج وهم من كل حدبٍ ينسلون ، فيمر أوائلهم على بحيرة طبرية فيشربون ما فيها ، ويمر آخرهم فيقولون: لقد كان بهذه مرةً ماءٌ ، ويحصر نبى الله عيسى ﷺ وأصحابه حتى يكون رأس الثور خيراً لأحدهم من مائة دينارٍ لأحدكم اليوم ، فيرغب نبى الله عيسى ﷺ وأصحابه ، رضى الله عنهم ، إلى الله تعالى ،فيرسل الله تعالى عليهم النَّغَف فى رقابهم ، فيصبحون فَرْسى كموت نفسٍ واحدةٍ ثم يهبط نبى الله عيسى ﷺ وأصحابه رضى الله عنهم ، إلى الأرض ، فلا يجدون فى الأرض موضع شبرٍ إلا ملأه زهمهم ونتنهم ، فيرغب نبى الله عيسى ﷺ ، وأصحابه رضى الله عنهم إلى الله تعالى ، فيرسل الله تعالى طيراً كأعناق البخت ، فتحملهم ، فتطرحهم حيث شاء الله ، ثم يرسل الله عز وجل مطراً لا يكن منه بيت مدرٍ ولا وبرٍ ، فيغسل الأرض حتى يتركها كالزَّلَقة ، ثم يقال للأرض: أنبتى ثمرتك، وردى بركتك ، فيومئذٍ تأكل العصابة من الرُّمّانة ، ويستظلون بقحفها ، ويبارك فى الرِّسل حتى إن اللقحة من الإبل لتكفى الفئام من الناس ، واللقحة من البقر لتكفى القبيلة من الناس واللقحة من الغنم لتكفى الفخذ من الناس ، فبينما هم كذلك إذ بعث الله تعالى ريحاً طيبةً ، فتأخذهم تحت آباطهم ، فتقبض روح كل مؤمنٍ وكل مسلمٍ ؛ ويبقى شرار الناس يتهارجون فيها تهارج الحمر فعليهم تقوم الساعة » رواه مسلم.

قوله : « خلَّةٌ بَينَ الشَّامِ والعِراقِ » : أى طريقاً بينهما ، وقَوْلُهُ « عَاثَ » بالعَينِ المهملة والثاء المثلثة ، والعَيثُ : أشدُّ الفساد . و « الذُّرَى » : بضم الذَّال المعجمة وهو أعالى الأسنمة ، وهو جمعُ ذِرْوَةٍ بضم الذَّال وكسرها ، و « اليَعَاسِيبُ » : ذُكورُ النَّحْلِ ، و

Wenn er sein Haupt senkt oder hebt, fallen perlengroße silberne Wassertropfen herab. Jeder Ungläubige, der den Duft seines Atems wahrnimmt, muss sterben, wobei sein Atem bis dahin reicht, wo sein Blick endet. Dann wird er den Dadschāl jagen und ihn am Ludd-Tor stellen und töten, dann kommt 'Isā(s) zu einem Volk, das Allāh vor dem Dadschāl bewahrt hat, so wird er *(den Staub)* von ihren Gesichter wischen, und ihnen von ihren Rängen im Paradies erzählen. Währenddessen wird Allāh 'Isā(s) offenbaren: „O 'Isā, Ich habe bestimmte Diener von Mir freigelassen, und keiner ist mächtig genug, um sie zu bekämpfen. Geh nun und verschanze meine Diener *(vor ihnen)* auf dem Berg Sinai." So wird Allāh Gog und Magog[236] freilassen, sodass sie von allen Höhen herbeieilen. Wenn ihre Vorhut den See Genezareth[237] erreicht, wird sie ihn austrinken, sodass die Nachhut sagen wird: „Hier gab es einmal Wasser." Allāhs Prophet 'Isā(s) und die mit ihm verschanzten Gefährten werden in Not geraten, so dass ein Rinderkopf jedem von ihnen wertvoller als einhundert Dinar für jeden von euch heutzutage sein wird. Dann wird sich Allāhs Prophet 'Isā(s) und seine Gefährten Allāh demütig zuwenden, so wird Allāh - erhaben ist Er - ihre *(Gogs und Magogs)* Hälse mit bestimmten Würmern heimsuchen lassen, und sie werden alle tot umfallen. Danach werden Allāhs Prophet 'Isā(s) und seine Gefährten herabsteigen, doch gibt es keinen Fußbreit Erde, der nicht von ihrem *(Gogs und Magogs)* Gestank und von Verwesung frei ist, so dass Allāhs Prophet 'Isā(s) und seine Gefährten sich Allāh demütig zuwenden, so wird Allāh- erhaben ist Er - Riesenvögel mit Hälsen wie die der großen Kamele beauftragen, die Verwesten wegzutragen und dorthin zu werfen wo immer Allāh es will. Dann wird Allāh- erhaben ist Er - Regen schicken, vor welchem weder ein Haus noch ein Zelt Schutz bieten kann, und er wird die Erde gründlich reinigen, so dass der Boden spiegelglatt wird. Dann wird die Erde aufgefordert, ihre Früchte hervorzubringen und ihre segensreichen Gaben zurückzugeben. An diesem Tag wird eine Gruppe von Menschen nicht mal einen einzigen Granatapfel aufessen können, und im Schatten der Granatapfelschale werden sie sich gegen die Sonne schützen. Allāh wird auch die Milch segnen, so dass eine Kamelstute eine

«جِزْلَتَيْنِ» أى : قِطْعَتَيْنِ ، و «الْغَرَضُ» : الْهَدَفُ الَّذى يُرْمى إِلَيْهِ بِالنَّشَّابِ ، أىْ يَرْمِيهِ رَمْيَةً كَرَمْى النَّشَّابِ إِلَى الْهَدَفِ . و «الْمَهْرُودَةُ» بِالدَّالِ الْمُهْمَلَةِ وَالْمُعْجَمَةِ ، وَهِيَ : الثَّوْبُ الْمَصْبُوغُ ، قَوْلُهُ : « لَا يَدَانِ » أَىْ : لَا طَاقَةَ ، وَ «النَّغَفُ» : دُودٌ ، و «فَرْسَى» : جَمْعُ فَرِيسٍ ، وَهُوَ الْقَتِيلُ ، وَ «الزَّلَقَةُ» : بِفَتْحِ الزَّاى وَاللَّامِ وَبِالْقَافِ ، وَرُوِيَ « الزُّلْفَةُ » بِضَمِّ الزَّاى وَإِسْكَانِ اللَّامِ وَبِالْفَاءِ ، وَهِيَ الْمِرْآةُ ، و «الْعِصَابَةُ» : الْجَمَاعَةُ ، و «الرِّسْلُ» بِكَسْرِ الرَّاءِ : اللَّبَنُ ، و «اللَّقْحَةُ» ، و «الْفِئَامُ» بِكَسْرِ الْفَاءِ وَبَعْدَهَا هَمْزَةُ الْجَمَاعَةُ ، و «الْفَخِذُ» مِنَ النَّاسِ : دُونَ الْقَبِيلَةِ .

١٨٠٩ - وَعَنْ رِبْعِىِّ بْنِ حِرَاشٍ قَالَ : انْطَلَقْتُ مَعَ أَبِى مَسْعُودٍ الْأَنْصَارِىِّ إِلَى حُذَيْفَةَ بْنِ الْيَمَانِ رَضِيَ اللهُ عَنْهُمْ فَقَالَ لَهُ أَبُو مَسْعُودٍ : حَدِّثْنِى مَا سَمِعْتَ مِنْ رَسُولِ اللهِ ﷺ فِى الدَّجَّالِ قَالَ : « إِنَّ الدَّجَّالَ يَخْرُجُ ، وَإِنَّ مَعَهُ مَاءً وَنَارًا ؛ فَأَمَّا الَّذِى يَرَاهُ النَّاسُ مَاءً فَنَارٌ تُحْرِقُ، وَأَمَّا الَّذِى يَرَاهُ النَّاسُ نَارًا ، فَمَاءٌ بَارِدٌ عَذْبٌ ، فَمَنْ أَدْرَكَهُ مِنْكُمْ ، فَلْيَقَعْ فِى الَّذِى يَرَاهُ نَارًا ، فَإِنَّهُ مَاءٌ عَذْبٌ طَيِّبٌ » فَقَالَ أَبُو مَسْعُودٍ : وَأَنَا قَدْ سَمِعْتُهُ . مُتَّفَقٌ عَلَيْهِ .

١٨١٠ - وَعَنْ عَبْدِ اللهِ بْنِ عَمْرِو بْنِ الْعَاصِ رَضِيَ اللهُ عَنْهُمَا قَالَ : قَالَ رَسُولُ اللهِ ﷺ : « يَخْرُجُ الدَّجَّالُ فِى أُمَّتِى فَيَمْكُثُ أَرْبَعِينَ ، لَا أَدْرِى أَرْبَعِينَ يَوْمًا أَوْ أَرْبَعِينَ شَهْرًا ، أَوْ أَرْبَعِينَ عَامًا ، فَيَبْعَثُ اللهُ تَعَالَى عِيسَى ابْنَ مَرْيَمَ ﷺ فَيَطْلُبُهُ ، فَيُهْلِكُهُ ، ثُمَّ يَمْكُثُ النَّاسُ سَبْعَ سِنِينَ لَيْسَ بَيْنَ اثْنَيْنِ عَدَاوَةٌ ، ثُمَّ يُرْسِلُ اللهُ ، عَزَّ وَجَلَّ ، رِيحًا بَارِدَةً مِنْ قِبَلِ الشَّامِ ، فَلَا يَبْقَى عَلَى وَجْهِ الْأَرْضِ أَحَدٌ فِى قَلْبِهِ مِثْقَالُ ذَرَّةٍ مِنْ خَيْرٍ أَوْ إِيمَانٍ إِلَّا قَبَضَتْهُ ، حَتَّى لَوْ أَنَّ أَحَدَكُمْ دَخَلَ فِى كَبِدِ جَبَلٍ ، لَدَخَلَتْهُ عَلَيْهِ حَتَّى تَقْبِضَهُ ، فَيَبْقَى شِرَارُ النَّاسِ فِى خِفَّةِ الطَّيْرِ ، وَأَحْلَامِ

zahlreiche Menge versorgen wird, eine Milchkuh einen ganzen Stamm und ein Schaf einen Stammesteil. Währenddessen wird Allāh einen angenehmen Wind beauftragen, unter die Achselhöhlen der Gläubigen zu streichen und die Seele jedes Gläubigen und jedes Muslims zu Ihm zu bringen. Böse aber werden am Leben bleiben, und sie werden ihr Verlangen öffentlich wie Esel lüstern befriedigen, und das sind diejenigen, die der Jüngste Tag erfassen wird."
(Muslim)

Hadith 1809 Rib'i Ibn *H*irāsch berichtete: Ich ging mit Abu Mas'ūd Al-An*s*āri zu *H*u*d*aifa Ibn -ul- Yamān(r), da sagte Abu Mas'ūd zu ihm: „Erzähle mir bitte, was du von Allāhs Gesandtem(s) über den Dadschāl gehört hast!" Er antwortete: „Der Dadschāl wird auftreten, und er wird bei sich Wasser und Feuer haben. Was die Leute für Wasser halten, ist ein verbrennendes Feuer, und was die Leute für Feuer halten, ist ein süßes, kühles Wasser. Sollte jemand von euch ihn erleben, so soll er sich in das, was er für Feuer hält, stürzen; denn es ist ein süßes, gutes Trinkwasser!" Daraufhin sagte Abu Mas'ūd: „Ich habe dies ebenfalls (vom Propheten(s)) gehört.
(Al-Bukhari und Muslim)

Hadith 1810 'Abdullah Ibn 'Amr Ibn-ul-'Ā*s*(r) berichtete, dass der Gesandte Allāhs(s) gesagt hat: „Der Dadschāl wird in meiner Gemeinde auftreten und vierzig bleiben, und ich weiß nicht, vierzig Tage, Monate oder Jahre. Dann wird Allāh - erhaben ist Er - 'Isā(s), den Sohn Maryams senden, und er wird ihn jagen, stellen und töten. Dann werden die Menschen sieben Jahre in Frieden leben, ohne dass es zwischen zwei Menschen Feindschaft gibt. Dann wird Allāh- mächtig und erhaben ist Er - einen kühlen Wind von Syrien her wehen lassen, und er wird die Seele jedes Menschen, der im Herzen auch nur eines Stäubchens Gewicht Glauben oder Güte hat, *(friedlich zu* Allāh) nehmen. Sollte einer von euch sich im tiefsten Innern einer Höhle verstecken, so wird Er auch seine Seele nehmen. Nur die schlimmsten Menschen werden dann am Leben bleiben.

السِّبَاعِ لا يَعْرِفُونَ مَعْرُوفاً ، وَلا يُنْكِرُونَ مُنْكَراً ، فَيَتَمَثَّلُ لَهُمُ الشَّيْطَانُ ، فَيَقُولُ : أَلا تَسْتَجِيبُونَ ؟ فَيَقُولُونَ : فَمَا تَأْمُرُنَا ؟ فَيَأْمُرُهُمْ بِعِبَادَةِ الأَوْثَانِ ، وَهُمْ فِى ذَلِكَ دَارٌّ رِزْقُهُمْ ، حَسَنٌ عَيْشُهُمْ ، ثُمَّ يُنْفَخُ فِى الصُّورِ ، فَلا يَسْمَعُهُ أَحَدٌ إِلا أَصْغَى لِيتاً وَرَفَعَ لِيتاً ، وَأَوَّلُ مَنْ يَسْمَعُهُ رَجُلٌ يَلُوطُ حَوْضَ إِبِلِهِ فَيُصْعَقُ النَّاسُ ، ثُمَّ يُرْسِلُ اللهُ ــ أَوْ قَالَ : يُنْزِلُ اللهُ ــ مَطَراً كَأَنَّهُ الطَّلُّ أَوِ الظِّلُّ ، فَتَنْبُتُ مِنْهُ أَجْسَادُ النَّاسِ ، ثُمَّ يُنْفَخُ فِيهِ أُخْرَى فَإِذَا هُمْ قِيَامٌ يَنْظُرُونَ ، ثُمَّ يُقَالُ : يَا أَيُّهَا النَّاسُ هَلُمَّ إِلَى رَبِّكُمْ ، وَقِفُوهُمْ إِنَّهُمْ مَسْؤُولُونَ ، ثُمَّ يُقَالُ : أَخْرِجُوا بَعْثَ النَّارِ ، فَيُقَالُ : مِنْ كَمْ ؟ فَيُقَالُ : مِنْ كُلِّ أَلْفٍ تِسْعَمِائَةً وَتِسْعَةً وَتِسْعِينَ ؛ فَذَلِكَ يَوْمٌ يَجْعَلُ الوِلْدَانَ شِيباً ، وَذَلِكَ يَوْمٌ يُكْشَفُ عَنْ سَاقٍ » رواه مسلم .

« اللِّيتُ » صَفْحَةُ العُنُقِ ، وَمَعْنَاهُ : يَضَعُ صَفْحَةً عُنُقِهِ وَيَرْفَعُ صَفْحَتَهُ الأخْرَى .

١٨١١ ــ وَعَنْ أَنَسٍ رَضِيَ اللهُ عَنْهُ قَالَ : قَالَ رَسُولُ اللهِ ﷺ : « لَيْسَ مِنْ بَلَدٍ إِلا سَيَطَؤُهُ الدَّجَّالُ ، إِلا مَكَّةَ وَالمَدِينَةَ ؛ وَلَيْسَ نَقْبٌ مِنْ أَنْقَابِهِمَا إِلا عَلَيْهِ المَلائِكَةُ صَافِّينَ تَحْرُسُهُمَا ، فَيَنْزِلُ بِالسَّبْخَةِ ، فَتَرْجُفُ المَدِينَةُ ثَلاثَ رَجَفَاتٍ ، يُخْرِجُ اللهُ مِنْهَا كُلَّ كَافِرٍ وَمُنَافِقٍ » رواه مسلم .

١٨١٢ ــ وَعَنْهُ رَضِيَ اللهُ عَنْهُ أَنَّ رَسُولَ اللهِ ﷺ قَالَ : « يَتْبَعُ الدَّجَّالَ مِنْ يَهُودِ أَصْبِهَانَ سَبْعُونَ أَلْفاً عَلَيْهِمُ الطَّيَالِسَةُ » رَوَاهُ مسلم .

Sie werden eilig zu Missetaten stürzen wie Vögel mit Verstand von Bestien. Sie werden keine gute Taten (an) erkennen und keine Taten, die der Moral widersprechen, verabscheuen. Hier wird ihnen der Satan in menschlicher Gestalt erscheinen und sie fragen: „Wollt ihr mir etwa nicht gehorchen?", und sie werden sagen: „Was befiehlst du uns?" So wird er ihnen befehlen, den Götzen zu dienen, wobei sie üppigen Lebensunterhalt und Wohlstand genießen, dann wird plötzlich in die Posaune gestoßen, und wer auch immer sie hört, der wird in Schrecken versetzt und der Erste, der sie hört ist ein Mann, der damit beschäftigt ist, den Trog seiner Kamele zu verputzen, so werden die Menschen niederstürzen, dann wird Allāh einen bestimmten Regen senden - oder er sagte herabfallen lassen - als wäre er Tau oder Schatten, und er (*der Regen*) wird die Körper der Menschen aufrichten, dann wird sie (*die Posaune*) wiederum geblasen, und siehe, sie stehen auf und schauen aus[238]. Es wird dann aufgerufen: „O Leute, eilt zu euren Herrn! „Und stellt sie hin; denn sie werden zur Rechenschaft gezogen!"[239] Dann wird gesagt: „Stellt den Anteil der Hölle!" Man wird erwidern: „Wie hoch?", und es wird gesagt: „Von tausend sind es neunhundertneunundneunzig Personen!" Wahrlich ist jener ein Tag, der Kinder zu Greisen macht, ein Tag, an dem der Schenkel entblößt wird."c (Muslim)

Hadith 1811 Anas(r) berichtete, dass der Gesandte Allāhs(s) gesagt hat: „Es gibt keine Region, die der Dadschāl nicht heimsuchen wird, außer Mekka und Medina, und es wird keine Lücke bei ihnen (*Mekka und Medina*) geben, ohne dass Reihen von Engeln sie bewachen werden, dann wird er sich auf Salzboden (*außerhalb Medinas*) niederlassen und Medina wird dreimal beben, und Allāh wird jeden Ungläubigen und jeden Heuchler von ihr (*Medina*) vertreiben (Muslim)

Hadith 1812 Anas(r) berichtete, dass der Gesandte Allāhs(s) gesagt hat: „Siebzigtausend der Juden Isfahans, gekleidet in (*Kopf und Schultern bedeckenden*) Umhängen, folgen dem Dadschāl."(Muslim)

١٨١٣ - وعَنْ أُمِّ شَرِيكٍ رضيَ اللهُ عنها أنَّها سَمِعَتْ النبيَّ ﷺ يَقُولُ: «لَيَنْفِرَنَّ النَّاسُ مِنَ الدَّجَّالِ في الجِبَالِ». رَوَاهُ مُسْلِمٌ.

١٨١٤ - وعَنْ عِمْرَانَ بنِ حُصَيْنٍ رضيَ اللهُ عنهُمَا قَالَ: سَمِعْتُ رَسُولَ اللهِ ﷺ يَقُولُ: «مَا بَيْنَ خَلْقِ آدَمَ إِلَى قِيَامِ السَّاعَةِ أَمْرٌ أَكْبَرُ مِنَ الدَّجَّالِ». رواه مسلم.

١٨١٥ - وعَنْ أبي سَعيدٍ الخُدريِّ رضيَ اللهُ عنهُ عَنِ النبيِّ ﷺ قَالَ: «يَخْرُجُ الدَّجَّالُ فَيَتَوَجَّهُ قِبَلَهُ رَجُلٌ مِنَ المؤْمِنينَ فَيَتَلَقَّاهُ المَسَالِحُ: مَسَالِحُ الدَّجَّالِ، فَيَقُولُونَ له: إلى أَيْنَ تَعْمِدُ؟ فيقول: أَعْمِدُ إلى هذا الَّذي خَرَجَ، فَيَقُولُونَ له: أَوَ مَا تُؤْمِنُ بِرَبِّنَا؟ فيقول: ما بِرَبِّنَا خَفَاءٌ! فَيَقُولُونَ: اقْتُلُوهُ. فيقولُ بعضهُمْ لبعضٍ: أَلَيْسَ قَدْ نَهَاكُمْ رَبُّكُمْ أَنْ تَقْتُلُوا أَحَداً دُونَهُ، فَيَنْطَلِقُونَ بِهِ إلى الدَّجَّالِ، فَإِذَا رَآهُ المؤمنُ قَالَ: يَا أَيُّهَا النَّاسُ إِنَّ هذَا الدَّجَّالُ الَّذي ذَكَرَ رَسُولُ اللهِ ﷺ؛ فَيَأْمُرُ الدَّجَّالُ بِهِ فَيُشَبَّحُ؛ فَيَقُولُ: خُذُوهُ وَشُجُّوهُ، فَيُوسَعُ ظَهْرُهُ وبَطْنُهُ ضَرْباً، فيقولُ: أَوَ مَا تُؤْمِنُ بِي؟ فَيَقُولُ: أَنْتَ المَسيحُ الكَذَّابُ! فَيُؤْمَرُ بِهِ، فَيُؤْشَرُ بالمِنْشَارِ مِنْ مَفْرِقِهِ

Hadith 1813 Umm Scharīk(r) berichtete, dass sie den Propheten(s) sagen hörte: „Die Leute werden sicherlich vor dem Dadschāl in die Berge flüchten."
(Muslim)

Hadith 1814 'Imrān ibn *Hus*ain(r) berichtete, dass er den Gesandten Allāhs(s) sagen hörte: „Zwischen der Erschaffung Adams und dem Jüngsten Tag gibt es keine Sache, die schlimmer als der Dadschāl ist."
(Muslim)

Hadith 1815 Abu Sa'īd Al-Khudrī(r) berichtete, dass der Prophet(s) gesagt hat: „Der Dadschāl wird kommen und ein Gläubiger wird sich zu ihm begeben. Die Schergen des Dadschāls werden ihn empfangen und ihn fragen: „Wohin willst du?" Er wird sagen: „Zu diesem, der gekommen ist!" Sie werden ihn fragen: „Glaubst du etwa nicht an unseren Herrn?!" Er wird sagen: „Unser Herr ist unverkennbar!" Daraufhin werden einige sagen: „Tötet ihn!" Einige werden zueinander sagen: „Hat euer Herr euch nicht verboten, jemanden ohne sein Wissen zu töten?" und sie werden ihn dem Dadschāl vorführen. Sobald der Gläubige ihn sieht, wird er ausrufen: „O Leute! Dieser ist der Dadschāl, den der Gesandte Allāhs erwähnt hat!" Daraufhin wird der Dadschāl befehlen, ihn auf den Bauch zu Boden zu werfen, dann wird er sagen: „Packt ihn und schlagt auf ihn ein!" Man wird seinen Rücken und seinen Bauch schwer verprügeln, dann wird der Dadschāl ihn fragen: „Willst du nicht an mich glauben?" Er wird sagen: „Du bist doch der falsche Messias!", so wird befohlen, ihn mit der Säge ab seinem Scheitel in zwei Hälften zu teilen, dann wird der Dadschāl zwischen die beiden Teilen gehen und zu ihm sagen: „Steh auf!" und er wird sofort aufstehen. Dann wird er ihn fragen: „Glaubst du *nun* an mich?" Daraufhin wird er sagen: „Nun weiß ich mehr Bescheid über dich!" und er wird sagen: „O ihr Leute! Er soll keinen Menschen nach mir irreführen!" Daraufhin wird der Dadschāl ihn packen, um ihn zu schlachten, doch Allāh wird ihn (an *dieser Stelle*) von seiner Kehle bis zum Schlüsselbein in Messing verwandeln, so dass er ihn nicht überwältigen kann. Dann wird er

حتى يُفرَّقَ بينَ رجليهِ ، ثم يمشي الدجالُ بينَ القطعتينِ ، ثم يقولُ لهُ : قُمْ ، فيستوي قائماً ، ثم يقولُ لهُ : أتُؤمِنُ بي ؟ فيقولُ : ما ازددتُ فيكَ إلا بصيرةً ، ثم يقولُ : يا أيُّها النَّاسُ إنَّهُ لا يفعلُ بعدي بأحدٍ من النَّاس ، فيأخذُهُ الدَّجالُ ليذبحَهُ ، فيجعلُ اللهُ ما بينَ رقبتِه إلى ترقُوَتِه نُحاساً ، فلا يستطيعُ إليهِ سبيلاً ، فيأخذُه بيدَيه ورجليه فيقذفُ بهِ ، فيحسِبُ النَّاسُ أنَّما قذفَهُ إلى النَّار ، وإنَّما ألقيَ في الجنَّة » فقالَ رسولُ اللهِ ﷺ : «هذا أعظمُ النَّاسِ شهادةً عندَ ربِّ العالمينَ » رواه مسلم . وروى البخاري بعضَهُ بمعناه .

« المَسالحُ » : هُمُ الخُفَراءُ والطَّلائعُ .

١٨١٦ — وعن المغيرةِ بن شُعبةَ رضيَ اللهُ عنهُ قالَ : ما سألَ أحدٌ رسولَ اللهِ ﷺ عنِ الدَّجالِ أكثرَ ممَّا سألتُهُ ؛ وإنَّهُ قالَ لي : « ما يضرُّكَ ؟ » قلتُ : إنَّهم يقولونَ : إنَّ معهُ جبلَ خُبزٍ ونهرَ ماءٍ ! قالَ : « هو أهونُ على اللهِ من ذلكَ » متفقٌ عليه .

١٨١٧ — وعنْ أنسٍ رضيَ اللهُ عنهُ قالَ : قالَ رسولُ اللهِ ﷺ : « ما من نبيٍّ إلا وقد أنذَرَ أمَّتَهُ الأعورَ الكذَّابَ ، ألا إنَّهُ أعورُ ، وإنَّ ربَّكُم عزَّ وجلَّ ليسَ بأعورَ ، مكتوبٌ بينَ عينَيهِ ك ف ر » متفقٌ عليه .

١٨١٨ — وعنْ أبي هريرةَ رضيَ اللهُ عنهُ قالَ : قالَ رسولُ اللهِ ﷺ : « ألا أُحدِّثُكُم حديثاً عن الدَّجَّالِ ما حدَّثَ بهِ نبيٌّ قومَهُ ! إنَّهُ أعورُ ، وإنَّهُ يجيءُ معَهُ بمثالِ الجنَّةِ والنَّارِ ، فالتي يقولُ إنَّها الجنَّةُ هيَ النَّارُ » متفقٌ عليه .

١٨١٩ — وعن ابن عمرَ رضيَ اللهُ عنهما أنَّ رسولَ اللهِ ﷺ ذكرَ الدَّجَّالَ بينَ ظهرانَي النَّاسِ فقالَ : « إنَّ اللهَ ليسَ بأعورَ ، ألا إنَّ المسيحَ الدَّجَّالَ أعورُ العينِ اليُمنى ، كأنَّ عينَهُ عنبةٌ طافيةٌ » متفقٌ عليه .

ihn an seinen Händen und Füßen packen und ihn fortwerfen. Die Leute werden denken, er habe ihn in das Feuer geworfen, währen er in Wirklichkeit ins Paradies geworfen wurde. Dann sagte der Gesandte Allāhs(s) : „Dieser wird den höchsten Märtyrertod bei dem Herrn der Welten erfahren."
(Muslim, und zum Teil von Al-Bukhari sinngemäß überliefert)

Hadith 1816 Al-Mughīra ibn Sch'uba(r) berichtete: Keiner fragte den Gesandten Allāhs(s) nach dem Dadschāl mehr als ich ihn fragte, doch er erwiderte: „Fürchtest du dich sehr davor?[240] Ich sagte: „Man erzählt, dass er über einen Berg von Brot und einen Fluss (*süßen Wassers*) verfügen wird!" Er(s) erwiderte: „Er ist bei Allāh viel zu geringfügig (als dass er die Gläubigen täuschen kann) !"[241]
(Al-Bukhari und Muslim)

Hadith 1817 Anas(r) berichtete, dass der Gesandte Allāhs(s) gesagt hat: „Es gab keinen Propheten vor mir, der seine Gemeinde nicht vor dem einäugigen velogenen Heuchler Dadschāl gewarnt hat. Er ist wahrlich einäugig, währen euer Herr - gepriesen und mächtig ist Er - mit Sicherheit nicht einäugig ist , und es steht zwischen seinen Augen (K-F-R)!"[242]
(Al-Bukhari und Muslim)

Hadith 1818 Abu Huraira(r) berichtete: Der Gesandte Allāhs(s) hat gesagt: „Wollt ihr nicht, dass ich euch etwas über den Dadschāl erzähle, was kein Prophet vor mir seiner Gemeinde erzählte? Er ist einäugig, und er verfügt über zwei Sachen gleich Paradies und Hölle. Die eine, die er als Paradies darstellt ist die Hölle."
(Al-Bukhari und Muslim)

Hadith 1819 Ibn 'Umar(r) berichtete: Der Gesandte Allāhs(s) erwähnte den Dadschāl in Anwesenheit der Leute und sagte u.a.: „Wahrlich Allāh ist nicht einäugig. Der Dadschāl jedoch ist blind auf dem rechten Auge welches einer hervorquellenden Weintraube gleicht."

١٨٢٠ - وعَنْ أبي هُرَيْرَةَ رضي اللهُ عنهُ أنَّ رَسُولَ اللهِ ﷺ قَالَ : « لا تَقُومُ السَّاعَةُ حَتَّى يُقَاتِلَ المُسْلِمُونَ اليَهُودَ ، حَتَّى يَخْتَبِئَ اليهودِيُّ مِنْ وَرَاءِ الحَجَرِ والشَّجَرِ ، فَيَقُولُ الحَجَرُ والشَّجَرُ : يَا مُسْلِمُ هذا يَهودِيٌّ خَلْفِي تَعَالَ فَاقْتُلْهُ ، إلا الغَرْقَدَ فَإنَّهُ مِنْ شَجَرِ اليَهُودِ » متفق عليه .

١٨٢١ - وعنهُ رضي اللهُ عنهُ قالَ : قالَ رَسُولُ اللهِ ﷺ : « والذي نَفْسِي بِيَدِه لا تَذْهَبُ الدُّنْيَا حَتَّى يَمُرَّ الرَّجُلُ بِالقَبْرِ ، فَيَتَمَرَّغَ عَلَيْهِ ، فَيَقُولُ : يَا لَيْتَنِي مَكَانَ صَاحِبِ هذا القَبْرِ ، ولَيسَ بِهِ الدِّينُ ، ومَا بِهِ إلا البَلاءُ » متفقٌ عليه .

١٨٢٢ - وعنهُ رضي اللهُ عنهُ قالَ : قالَ رَسُولُ اللهِ ﷺ : « لا تَقُومُ السَّاعَةُ حَتَّى يَحْسِرَ الفُرَاتُ عَنْ جَبَلٍ مِنْ ذَهَبٍ يُقْتَتَلُ عَلَيْهِ ، فَيُقْتَلُ مِنْ كُلِّ مِائَةٍ تِسْعَةٌ وتِسْعُونَ ، فَيَقُولُ كُلُّ وَاحِدٍ مِنْهُمْ : لَعَلِّي أنْ أكُونَ أنَا أنْجُو » . وفي رواية : « يُوشِكُ أنْ يَحْسِرَ الفُرَاتُ عَنْ كَنْزٍ مِنْ ذَهَبٍ ، فَمَنْ حَضَرَهُ فَلا يَأْخُذْ مِنْهُ شَيْئًا » متفقٌ عليه .

١٨٢٣ - وعنهُ قالَ : سَمِعْتُ رَسُولَ اللهِ ﷺ يَقُولُ : « يَتْرُكُونَ المدينةَ عَلَى خَيْرِ مَا كَانَتْ ، لا يَغْشَاهَا إلا العَوَافِي - يُرِيدُ : عَوَافِيَ السِّبَاعِ والطَّيْرِ - وآخِرُ مَنْ يُحْشَرُ رَاعِيَانِ مِنْ مُزَيْنَةَ يُرِيدَانِ المدينةَ يَنْعِقَانِ بِغَنَمِهِمَا فَيَجِدَانِهَا وُحُوشًا ، حَتَّى إذا بَلَغَا ثَنِيَّةَ الوَدَاعِ خَرَّا عَلَى وُجُوهِهِمَا » متفقٌ عليه .

Hadith 1820 Abu Huraira(r) berichtete: Der Gesandte Allāhs(s)) sagte: „Die Stunde wird nicht kommen bis die Muslime wider die Juden *solange* kämpfen, bis sich der Jude hinter dem Stein oder dem Baum versteckt, sodass der Baum und der Stein rufen: „O du Muslim! Dieser ist ein Jude, der sich hinter mir verseckt, so eile und töte ihn, bis auf den Gharqad-Baum, denn er ist einer der Judenbäume!"
(Al-Bukhari und Muslim)

Hadith 1821 Abu Huraira(r) berichtete, dass der Gesandte Allāhs(s) gesagt hat: „Bei Dem, in Dessen Hand mein Leben ist, die Welt vergeht nicht, bis sich der Passant, der an einem Grab vorbeigeht, sich *jämmerlich* auf das Grab wälzt und sagt: „Ich wünschte, ich wäre an Stelle des in diesem Grab Ruhenden!" Dies ist nicht wegen des Glaubens, sondern wegen der Heimsuchung."
(Al-Bukhari und Muslim)

Hadith 1822 Abu Huraira(r) berichtete, dass der Gesandte Allāhs(s) gesagt hat: „Die Stunde wird nicht schlagen bis der Euphrat austrocknet und einen Berg aus Gold freilegt, um den sich die Menschen umbringen werden, sodass von hundert (*Menschen*) neunundneunzig getötet werden, denn jeder von ihnen sagt zu sich: „Vielleicht werde ich verschont bleiben!" In einer anderen Version steht: „Bald wird der Euphrat austrocknen und einen Schatz aus Gold freigeben. Sollte jemand dabei anwesend sein, so soll er nichts davon nehmen."
(Al-Bukhari und Muslim)

Hadith 1823 Abu Huraira(r) berichtete: Ich hörte den Gesandten Allāhs(s) sagen: „Man wird Medina in bester Ordnung verlassen und niemand außer den zur Tränke kommenden Raubtieren und den Greifvögeln wird zu hierher kommen. Die letzten, die (am Tage der Auferstehung) versammelt werden, sind zwei Schäfer aus dem Stamme Muzaina, die mit ihren Schafen nach Medina kommen wollen, doch sie stellen fest, dass es hier nur wilde Tiere gibt. (*so dass sie fortgehen*).

١٨٢٤ — وعَنْ أبي سَعيدٍ الخُدريّ رضيَ اللهُ عَنْهُ أنَّ النَّبيَّ ﷺ قال : « يكُونُ خَليفَةٌ مِنْ خُلَفَائكُمْ في آخرِ الزَّمَانِ يحْثُو المالَ ولا يَعُدُّهُ » رواه مسلم .

١٨٢٥ — وعَنْ أبي مُوسَى الأشعَريّ رضيَ اللهُ عَنْهُ أنَّ النَّبيَّ ﷺ قال : «لَيَأتِينَّ عَلى النَّاسِ زَمَانٌ يَطُوفُ الرَّجُلُ فيهِ بالصَّدَقَةِ مِنَ الذَّهَبِ ، فَلا يجِدُ أحَداً يأخُذُهَا مِنْهُ ، ويَرَى الرَّجُلُ الوَاحِدُ يَتْبَعُهُ أرْبَعُونَ امْرَأةً يَلْذْنَ بِهِ مِنْ قلَّةِ الرِّجَالِ وكَثْرَةِ النِّسَاءِ » رواه مسلم .

١٨٢٦ — وعَنْ أبي هُرَيْرَةَ رضيَ اللهُ عَنْهُ عَنِ النَّبيِّ ﷺ قالَ : « اشْتَرَى رجُلٌ مِنْ رَجُلٍ عَقَاراً ، فَوَجَدَ الَّذِي اشْتَرَى العَقَارَ في عَقَارِهِ جَرَّةً فيهَا ذَهَبٌ ، فقالَ لَهُ الَّذِي اشْتَرَى العَقَارَ : خُذْ ذَهَبَكَ ، إنَّما اشْتَرَيْتُ مِنْكَ الأرْضَ ، ولَمْ أشْتَرِ الذَّهَبَ ، وقالَ الَّذِي لَهُ الأرْضُ : إنَّما بِعْتُكَ الأرْضَ وَما فيهَا ، فَتَحَاكَما إلى رَجُلٍ ، فقالَ الَّذِي تَحَاكَما إلَيْهِ : ألكُمَا وَلَدٌ ؟ قالَ أحَدُهُمَا : لي غُلامٌ ، وقالَ الآخرُ : لي جَارِيَةٌ ، قالَ : أنكحَا الغُلامَ الجَارِيَةَ وأنْفِقُوا عَلى أنْفُسِهِما مِنْهُ وتَصَدَّقَا » متفقٌ عليه .

١٨٢٧ — وعَنْهُ رضيَ اللهُ عَنْهُ أنَّهُ سَمِعَ رسُولَ اللهِ ﷺ قال : « كانَتْ امْرَأتانِ مَعَهُمَا ابْنَاهُمَا ، جَاءَ الذِّئْبُ فَذَهَبَ بِابْنِ إحْدَاهُمَا ، فقالَتْ لِصَاحِبَتِها : إنَّما ذَهَبَ بِابنِكِ ، وقالت

Sobald sie den Bergpfad *Thaniyat-ul-Wadā'* erreichen, werden sie ohnmächtig auf ihre Gesichter fallen."
(Al-Bukhari und Muslim)

Hadith 1824 Abu Sa'īd Al-Khudri(r) berichtete, dass der Prophet(s) sagte: „Am Ende der Zeit wird ein Herrscher von euch das Geld rauswerfen, ohne es zu zählen."
(Muslim)

Hadith 1825 Abu Mūsa Al-Asch'ari(r) berichtete, dass der Prophet(s) sagte: „Wahrlich wird eine Zeit kommen, in der der Mensch mit seiner Zakat-Abgabe aus Gold umhergehen wird, ohne einen Menschen zu finden, der sie von ihm abnehmen wird. Man wird auch sehen, wie der Mann von vierzig Frauen gefolgt wird, um Schutz bei ihm zu suchen, aufgrund von Mangel an Männern und Überfluss an Frauen."
(Muslim)

Hadith 1826 Abu Huraira(r) berichtete, dass der Prophet(s) gesagt hat: „Ein Mann kaufte ein Anwesen und stiess darauf auf einen Tonkrug mit Gold. Da sagte der Käufer zum Verkäufer: „Nimm dein Gold zurück, denn ich habe das Grundstück und nicht das Gold geauft!" Der Besitzer des Grundstückes erwiderte: „Ich verkaufte dir doch das Grundstück samt Inhalt!" Sie ließen einen Mann zwischen ihnen beiden richten, und dieser fragte: „Habt ihr Nachkommen?" Der eine sprach: „Ich habe einen Sohn" und der andere sprach: „Ich habe eine Tochter." So entschied er: „Verheiratet den Jungen mit dem Mädchen, nehmt für sie davon (dem Gold) und gebt Almosen ab!"
(Al-Bukhari und Muslim)

Hadith 1827 Abu Huraira(r) berichtete: Ich hörte den Gesandten Allāhs(s) sagen: „Zwei Frauen hatten ihre zwei kleinen Söhne bei sich, als der Wolf sie überfiel und den Sohn einer von ihnen nahm und verschwand. Sie sagte zu ihrer Freundin: „Er hat doch deinen Sohn genommen", worauf

الأخرى: إنما ذهب بابنك، فتحاكما إلى داود ﷺ فقضى به للكبرى، فخرجتا على سليمان بن داود ﷺ، فأخبرتاه. فقال: ائتوني بالسكين أشقه بينهما. فقالت الصغرى: لا تفعل، رحمك الله، هو ابنها. فقضى به للصغرى» متفق عليه.

١٨٢٨ - وعن مرداس الأسلمي رضي الله عنه قال: قال النبي ﷺ: «يذهب الصالحون الأول فالأول، وتبقى حثالة كحثالة الشعير أو التمر، لا يباليهم الله بالة» رواه البخاري.

١٨٢٩ - وعن رفاعة بن رافع الزرقي رضي الله عنه قال: جاء جبريل إلى النبي ﷺ قال: ما تعدون أهل بدر فيكم؟ قال: «من أفضل المسلمين» أو كلمة نحوها، قال: «وكذلك من شهد بدراً من الملائكة» رواه البخاري.

١٨٣٠ - وعن ابن عمر رضي الله عنهما قال: قال رسول الله ﷺ: «إذا أنزل الله تعالى بقوم عذاباً أصاب العذاب من كان فيهم، ثم بعثوا على أعمالهم» متفق عليه.

١٨٣١ - وعن جابر رضي الله عنه قال: كان جذع يقوم إليه النبي ﷺ، يعني في الخطبة، فلما وضع المنبر، سمعنا للجذع مثل صوت العشار حتى نزل النبي ﷺ، فوضع يده عليه فسكن.

die andere erwiderte: „Nein, er hat deinen Sohn genommen". Sie ließen David zwischen ihnen richten, und er sprach den Sohn der Älteren zu. Sie gingen zu Sulaiman und erzählten ihm die Geschichte. Er sagte: „Holt mir das Messer, so dass ich ihn zwischen den beiden aufteile!" Die Jüngste bat: „Tu das bitte nicht, Allāh erbarme sich deiner! Er ist ihr Sohn!" Daraufhin sprach er der Jüngeren den Sohn zu!"[243]
(Al-Bukhari und Muslim)

Hadith 1828 Mirdās Al-Aslami(r) berichtete, dass der Prophet(s) gesagt hat: „Die aufrichtigen Tugendhaften verschwinden, einer nach dem anderen und es bleiben Unwürdige, wie Abfall von Gerste oder Datteln. Diesen schenkt Allāh nicht die geringste Aufmerksamkeit."[244]
(Al-Bukhari)

Hadith 1829 Rifā'a ibn Rāfi' Az-Zuraqi(r) berichtete, dass der Erzengel Gabriel(s) zum Propheten(s) kam und fragte: „Wie betrachtet ihr die Leute von Badr[245] unter euch?" Er(s) sagte: „Sie zählen zu den besten Muslimen" - oder was ähnliches. Gabriel(s) erwiderte: „Ebenso zählen die Engel, die an der Schlacht von Badr teilgenommen haben."
(Al-Bukhari)

Hadith 1830 Ibn 'Umar(r) berichtete: Der Gesandte Allāhs(s) hat gesagt: „Wenn Allāh einem Volk eine strenge Strafe auferlegt, trifft die Strafe alle Anwesenden, doch am Tage der Auferstehung wird jeder von ihnen gemäß seiner Werke beurteilt."
(Al-Bukhari und Muslim)

Hadith 1831 Jābir(r) berichtete: *(In der Moschee)* war ein Palmenstumpf, auf den sich der Prophet(s) bei der Predigt zu stützen pflegte. Als man *(dem Propheten)* dafür die Kanzel errichtete, hörten wir das Stöhnen des Palmenstumpfes, als wäre es die klagende Stimme einer im zehnten Monat trächtigen Kamelstute, so dass der Prophet(s) die Kanzel hinabstieg und seine Hand auf ihn legte, dann wurde er still. In einer anderen

وفى رواية : فَلَمَّا كَانَ يَوْمُ الجُمُعَةِ قَعَدَ النَّبِيُّ ﷺ على المِنْبَرِ ، فصَاحَتِ النَّخْلَةُ الَّتى كَانَ يَخْطُبُ عِنْدَهَا حَتَّى كَادَتْ أنْ تَنْشَقَّ .

وفى رواية : فَصَاحَتْ صِيَاحَ الصَّبِيِّ ، فَنَزَلَ النبىُّ ﷺ ، حَتَّى أخَذَهَا فَضَمَّهَا إلَيْهِ ، فَجَعَلَتْ تَئِنُّ أنِينَ الصَّبِيِّ الَّذى يُسَكَّتُ حَتَّى اسْتَقَرَّتْ ، قَالَ : « بَكَتْ على ما كَانَتْ تسمَعُ مِنَ الذِّكْرِ » رَوَاهُ البخارى .

١٨٣٢ ـ وعَنْ أبِى ثَعْلَبَةَ الخُشَنِى جُرْثُومِ بنِ ناشِرٍ رَضِيَ اللهُ عَنْهُ عَنْ رَسُولِ اللهِ ﷺ قَالَ : « إنَّ اللهَ تَعَالَى فَرَضَ فَرَائِضَ فَلَا تُضَيِّعُوهَا، وحَدَّ حُدُوداً فَلَا تَعْتَدُوهَا، وحَرَّمَ أشْيَاءَ فَلَا تَنْتَهِكُوهَا ، وسَكَتَ عَنْ أشْيَاءَ رَحْمَةً لَكُمْ غَيْرَ نِسْيَانٍ فَلَا تَبْحَثُوا عَنْهَا » حَدِيثٌ حَسَنٌ ، رواه الدَّارَقُطْنى وَغَيْرُهُ .

١٨٣٣ ـ وعَنْ عَبْدِ اللهِ بنِ أبِى أوْفى رضِي اللهُ عَنْهُمَا قالَ : غَزَوْنَا مَعَ رَسُولِ اللهِ ﷺ سَبْعَ غَزَواتٍ نَأكُلُ الجَرَادَ .

وفى رواية : نَأكُلُ مَعَهُ الجَرَادَ ، متفقٌ عليه .

١٨٣٤ ـ وعَنْ أبِى هُرَيْرَةَ رضِي اللهُ عَنْهُ أنَّ النَّبِيَّ ﷺ قَالَ : « لَا يُلْدَغُ المُؤْمِنُ مِنْ جُحْرٍ وَاحِدٍ مَرَّتَيْنِ » متفقٌ عليه .

١٨٣٥ ـ وَعَنْهُ قَالَ : قَالَ رَسُولُ اللهِ ﷺ : « ثَلَاثَةٌ لَا يُكَلِّمُهُمُ اللهُ يَوْمَ القِيَامَةِ وَلَا

Überlieferung steht: Als es Freitag war, saß der Prophet(s) (*bei der Predigt*) auf der Kanzel, da schrie die Palme, auf der sich der Prophet(s) während der Predigt zu stützen pflegte, so dass sie sich beinah spaltete.
In einer anderen Überlieferung steht: Sie (*die Palme*) klagte wie ein Kind, so dass der Prophet(s) die Kanzel hinabstieg und sie (die Palme) umarmte, da schluchzte sie, wie ein Kind, das man zu beruhigen versucht, bis sie schließlich still wurde. Daraufhin sagte der Prophet(s): „Sie weinte wegen der Vorenthaltung dessen, was sie von der Ermahnung zu hören pflegte."
(Al-Bukhari)

Hadith 1832 Abu *Th*a'laba Al-Khuschani Ju*th*ūm ibn Nāschir (r) berichtete, dass der Gesandte Allāhs(s) gesagt hat: „Allāh- erhaben ist Er - hat euch bestimmte Pflichten auferlegt, drum sollt ihr sie nicht missachten, und Er hat euch bestimmte Schranken gesetzt, drum sollt ihr sie nicht übertreten, und Er hat euch bestimmte Dinge verboten, drum sollt ihr sie nicht begehen, und Er hat euch bestimmte Dinge, aus Barmherzigkeit und nicht aus Unachtsamkeit, verschwiegen, drum sollt ihr nicht danach forschen!"
(Ein guter *H*adith, welchen Ad-Daraqu*t*ni und andere überlieferten)

Hadith 1833 'Abdullah ibn Abi Aufā(r) berichtete: Wir nahmen an sieben Schlachten mit dem Gesandten Allāhs(s) teil, und dabei aßen wir Heuschrecken."
In einer anderen Überlieferung steht: „...und dabei aßen wir zusammen mit ihm Heuschrecken."
(Al-Bukhari und Muslim)

Hadith 1834 Abu Huraira(r) berichtete: Der Prophet(s) hat gesagt: „Der Gläubige soll darauf achten, nicht vom selben (*Schlangen-*) Loch zweimal gebissen zu werden!"
(Al-Bukhari und Muslim)

Hadith 1835 Abu Huraira(r) berichtete: Der Gesandte Allāhs(s) hat

يَنْظُرُ إِلَيْهِمْ وَلَا يُزَكِّيهِمْ وَلَهُمْ عَذَابٌ أَلِيمٌ : رَجُلٌ عَلَى فَضْلِ مَاءٍ بِالفَلَاةِ يَمْنَعُهُ مِنِ ابنِ السَّبِيلِ ، وَرَجُلٌ بَايَعَ رَجُلًا ، سِلْعَةً ، بَعْدَ العَصْرِ ، فَحَلَفَ بِاللهِ لَأَخَذَهَا بِكَذَا وَكَذَا، فَصَدَّقَهُ وَهُوَ عَلَى غَيْرِ ذَلِكَ ، وَرَجُلٌ بَايَعَ إِمَامًا لَا يُبَايِعُهُ إِلَّا لِدُنْيَا ، فَإِنْ أَعْطَاهُ مِنْهَا وَفَى ، وَإِنْ لَمْ يُعْطِهِ مِنْهَا لَمْ يَفِ » مُتَّفَقٌ عَلَيهِ .

١٨٣٦ ـ وَعَنْهُ عَنِ النَّبِيِّ ﷺ قَالَ : « بَيْنَ النَّفْخَتَيْنِ أَرْبَعُونَ » قَالُوا : يَا أَبَا هُرَيْرَةَ ، أَرْبَعُونَ يَوْمًا ؟ قَالَ : أَبَيْتُ ، قَالُوا : أَرْبَعُونَ سَنَةً ؟ قَالَ : أَبَيْتُ ، قَالُوا : أَرْبَعُونَ شَهْرًا ؟ قَالَ : أَبَيْتُ « وَيَبْلَى كُلُّ شَيْءٍ مِنَ الإِنْسَانِ إِلَّا عَجْبَ الذَّنَبِ ، فِيهِ يُرَكَّبُ الخَلْقُ ، ثُمَّ يُنَزِّلُ اللهُ مِنَ السَّمَاءِ مَاءً ، فَيَنْبُتُونَ كَمَا يَنْبُتُ البَقْلُ » مُتَّفَقٌ عَلَيْهِ .

١٨٣٧ ـ وَعَنْهُ قَالَ : بَيْنَمَا النَّبِيُّ ﷺ فِي مَجْلِسٍ يُحَدِّثُ القَوْمَ ، جَاءَ أَعْرَابِيٌّ فَقَالَ : مَتَى السَّاعَةُ ؟ فَمَضَى رَسُولُ اللهِ ﷺ ، يُحَدِّثُ ، فَقَالَ بَعْضُ القَوْمِ : سَمِعَ مَا قَالَ ، فَكَرِهَ مَا قَالَ ، وَقَالَ بَعْضُهُمْ : بَلْ لَمْ يَسْمَعْ ، حَتَّى إِذَا قَضَى حَدِيثَهُ قَالَ : « أَيْنَ السَّائِلُ عَنِ السَّاعَةِ ؟ » قَالَ : هَا أَنَا يَا رَسُولَ اللهِ ، قَالَ : « إِذَا ضُيِّعَتِ الأَمَانَةُ فَانْتَظِرِ السَّاعَةَ » قَالَ : كَيْفَ إِضَاعَتُهَا ؟ قَالَ : « إِذَا وُسِّدَ الأَمْرُ إِلَى غَيْرِ أَهْلِهِ فَانْتَظِرِ السَّاعَةَ » رَوَاهُ البُخَارِي .

gesagt: „Drei (*Typen von Menschen*) wird Allāh am Tag der Auferstehung nicht ansprechen, nicht anschauen und nicht läutern, und für sie ist eine schmerzliche Strafe: Ein Mann, der in einer wasserlosen Wüste über Wasserüberfluss verfügt und dem Reisenden es verweigert, ein Mann, der einem anderen Mann nachmittags eine Ware verkauft und dabei bei Allāh schwor, er habe sie zuvor für soundso gekauft, so dass der Käufer ihm glaubt während dies nicht stimmt, und ein Mann, der dem Herrscher den Treueeid leistet zwecks weltlichem Vorteil; wenn der Herrscher ihm davon gibt, hält er die Treue, und wenn er ihm nichts gibt, hält er die Treue nicht."
(Al-Bukhari und Muslim)

Hadith 1836 Abu Huraira(r) berichtete: Der Prophet(s) hat gesagt: „Zwischen den beiden Stößen in die Posaune sind vierzig." - Man fragte: „Abu Huraira, vierzig Tage?" Er sagte: „Ich bin nicht sicher!" Man fragte: „Abu Huraira, vierzig Jahre?" Er sagte: „Ich bin nicht sicher!" Man fragte: „Abu Huraira, vierzig Monate?" Er sagte: „Ich bin nicht sicher!" - „Und alles an dem Menschen wird zu Staub außer dem Steißbein, denn in ihm erfolgt die Zusammensetzung der menschlichen Gestalt, dann wird Allāh es regnen lassen, und sie (*die Menschen*) werden sprießen wie grüne Pflanzen."
(Al-Bukhari und Muslim)

Hadith 1837 Abu Huraira(r) berichtete: Während der Prophet(s) in einer Sitzung zu den Leuten sprach, trat ein Beduine zu ihm und fragte: „Wann ist die Stunde des Gerichts?" Der Gesandte Allāhs(s) aber setzte seine Rede unbeirrt fort. Einige Zuhörer sagten: „Er(s) hat die Frage gehört, doch er hat sie wohl nicht leiden können." Andere versicherten: „Er(s) hat die Frage nicht gehört!" Als der Prophet(s) seine Rede beendet hatte, fragte er: „Wo ist der Mann, der sich nach der Stunde erkundigt hat?" Der Beduine rief: „Hier bin ich, o Gesandter Allāhs !" Er(s) sagte: „Wenn die Verantwortung nicht getragen wird, kannst du die Stunde in Kürze erwarten!" Der Beduine fragte: „Aber wie kann sie nicht getragen

١٨٣٨ ــ وعنه أنَّ رسولَ اللهِ ﷺ قال : « يُصلُّونَ لَكُمْ ، فإنْ أصابُوا فَلَكُمْ ولهم ، وإنْ أخْطَؤُوا فَلَكُمْ وَعَلَيهِمْ » رواه البُخاريُّ .

١٨٣٩ ــ وعنهُ رضيَ اللهُ عنهُ : ﴿ كُنتُمْ خَيْرَ أُمَّةٍ أُخْرِجَتْ للنَّاسِ ﴾ قال : خَيرُ النَّاسِ للنَّاسِ يَأْتُونَ بِهِمْ في السَّلاسِلِ في أعْنَاقِهِمْ حَتَّى يَدْخُلُوا في الإسْلامِ .

١٨٤٠ ــ وعنهُ عن النبيِّ ﷺ قال : « عَجِبَ اللهُ عَزَّ وَجَلَّ مِنْ قَوْمٍ يَدْخُلُونَ الجَنَّةَ في السَّلاسِلِ » رواهما البُخاري .

معناهُ : يُؤسَرُونَ ويُقَيَّدُونَ ، ثُمَّ يُسْلِمُونَ ، فَيَدْخُلُونَ الجَنَّةَ .

١٨٤١ ــ وعنهُ عَنِ النبيِّ ﷺ قال : « أحبُّ البِلادِ إلى اللهِ مَساجِدُها ، وأبْغَضُ البِلادِ إلى اللهِ أسْوَاقُهَا » رواهُ مُسلِم .

١٨٤٢ ــ وعَنْ سَلْمَانَ الفَارسِيّ رضيَ اللهُ عنهُ مِنْ قَوْلِهِ قال : لا تَكُونَنَّ إنِ اسْتَطَعْتَ أوَّلَ مَنْ يَدْخُلُ السُّوقَ ، ولا آخِرَ مَنْ يخرُجُ مِنْهَا ، فَإنَّهَا مَعْرَكَةُ الشَّيْطَانِ ، وَبِهَا يَنْصُبُ رَايَتَهُ . رواهُ مسلم هكذا .

werden?" Er(s) sagte: „Wenn man die Führung in die Hände von ungeeigneten Leuten geraten lässt, kannst du die Stunde in Kürze erwarten!" (Al-Bukhari)

Hadith 1838 Abu Huraira(r) berichtete, dass der Gesandte Allāhs(s) gesagt hat: „Sie (eure Imame) leiten euch im Gebet, wenn sie es richtig verrichten, werden beide, ihr und sie, belohnt, und wenn sie es verfehlen, werdet ihr belohnt, und sie werden zur Rechenschaft gezogen."
(Al-Bukhari)

Hadith 1839 Abu Huraira(r) rezitierte: - »Ihr seid die beste Gemeinde, die für die Menschen erstand, solange ihr gebietet, was Rechtens ist und verbietet, was Unrecht ist und an Allāh glaubt« und er kommentierte: Es ist besser für die Menschen, dass man sie am Hals gekettet führt, bis sie den Islam annehmen.

Hadith 1840 Abu Huraira(r) berichtete, dass der Prophet(s) sagte: „Allāh- erhaben und mächtig ist Er - staunt über Männer, die in Ketten in den Paradiesgarten hineingehen." (Al-Bukhari)

Der Verfasser sagt: Das bedeutet, dass jene Männer im Krieg gefangen genommen und angekettet werden, dann nehmen sie den Islam an, und somit kommen sie ins Paradies.

Hadith 1841 Abu Huraira(r) berichtete, dass der Prophet(s) sagte: „Die Orte, die Allāhs am liebsten sind, sind die Moscheen, und am meisten verhasst sind Ihm die Märkte." (Muslim)

Hadith 1842 Salmān Al-Fārisi(r) hat Folgendes aufgetragen: Sei, wenn es dir möglich ist, weder der erste Mensch, der den Markt betritt, noch der letzte, der ihn verlässt, denn er ist das Schlachtfeld des Satans, der in ihm seine Flagge hisst.
(Muslim hat dies in dieser Form überliefert)

ورواه البرقاني في صحيحه عن سلمان قال : قال رسول الله ﷺ : « لا تَكُنْ أوَّلَ مَنْ يَدْخُلُ السُّوقَ ، وَلا آخِرَ مَنْ يَخْرُجُ مِنْهَا ، فِيهَا بَاضَ الشَّيْطَانُ وَفَرَّخَ » .

١٨٤٣ ــ وَعَنْ عاصِمٍ الأحْوَلِ عَنْ عَبْدِ الله بْنِ سَرْجِسَ رضِيَ اللهُ عَنْهُ قال : قُلْتُ لِرَسُولِ الله ﷺ : يَا رَسُولَ الله غَفَرَ اللهُ لَكَ ، قَالَ : « وَلَكَ » قالَ عاصِمٌ : فَقُلْتُ لَهُ : اسْتَغْفَرَ لَكَ رَسُولُ الله ﷺ ؟ قَالَ : نَعَمْ وَلَكَ ، ثُمَّ تَلا هذِهِ الآيَةَ : ﴿ وَاسْتَغْفِرْ لِذَنْبِكَ وَلِلْمُؤْمِنِينَ وَالْمُؤْمِنَاتِ ﴾ (محمد:١٩) ، رواهُ مسلم .

١٨٤٤ ــ وَعَنْ أبِي مَسْعُودٍ الأنْصاريِّ رضِيَ اللهُ عَنْهُ قال : قَالَ النبيُّ ﷺ : «إنَّ مِمَّا أدْرَكَ النَّاسُ مِنْ كَلامِ النُّبُوَّةِ الأُولى : إذا لَمْ تَسْتَحِ فاصْنَعْ مَا شِئْتَ » رواه البُخاري .

١٨٤٥ ــ وَعَنْ ابْنِ مَسْعُودٍ رضِيَ اللهُ عَنْهُ قال : قَالَ النبيُّ ﷺ : « أوَّلُ مَا يُقْضى بَيْنَ النَّاسِ يَوْمَ القِيَامَةِ فِي الدِّمَاءِ » متَّفقٌ عَلَيْهِ .

١٨٤٦ ــ وَعَنْ عائِشَةَ رضِيَ اللهُ عَنْهَا قَالَتْ : قَالَ رَسُولُ الله ﷺ : «خُلِقَتِ الملائِكَةُ مِنْ نُورٍ ، وَخُلِقَ الجانُّ مِنْ مارِجٍ مِنْ نارٍ ، وَخُلِقَ آدَمُ مِمَّا وُصِفَ لَكُمْ » .

١٨٤٧ ــ وَعَنْهَا رضِيَ اللهُ عَنْهَا قَالَتْ : كانَ خُلُقُ نَبيِّ اللهِ ﷺ القُرْآنَ . رواهُ مسلم في جُمْلَةِ حَديثٍ طَويلٍ .

Al-Barqāni hat ihn (*diesen Hadith*) in seiner *Sahīh*-Sammlung wie folgt überliefert: Salmān Al-Fārisi(r) berichtete, dass der Gesandte Allāhs(s) gesagt hat: „Sei weder der erste Mensch, der den Markt betritt, noch der letzte, der ihn verlässt, denn in ihm hat der Satan seine Eier gelegt und sie schlüpfen lassen."

Hadith 1843 'Āsim Al-Ahwal berichtete: 'Abdullah ibn Sarjis(r) berichtete, dass er zu dem Gesandten Allāhs(s) sagte: „O Gesandter Allāhs! Möge Allāh dir vergeben!" Da sagte er(s): „Und dir auch!" 'Āsim fuhr fort: Ich fragte ihn: „Bat der Gesandte Allāhs(s) für dich um Vergebung?" Er erwiderte: „Ja, und für dich auch", dann rezitierte er: »Und bitte um Vergebung für deine Fehler und für die gläubigen Männer und die gläubigen Frauen.«[246]
(Muslim)

Hadith 1844 Abu Mas'ūd Al-Ansāri(r) berichtete, dass der Prophet(s) gesagt hat: „Von den Worten des früheren Prophetentums, was die Menschen noch behalten haben, ist folgender Ausspruch: »Wenn du keine Schamhaftigkeit kennst, dann mache was du willst!«"
(Al-Bukhari)

Hadith 1845 Ibn Mas'ūd(r) berichtete, dass der Gesandte Allāhs(s) gesagt hat: „Das Blutvergießen ist das erste, was am Tag der Auferstehung zwischen den Menschen gerichtet wird."
(Al-Bukhari und Muslim)

Hadith 1846 'Āischa(r) berichtete, dass der Gesandte Allāhs(s) gesagt hat: „Die Engel sind aus Licht geschaffen, die Dschinnen aus Feuer, und Adam aus dem, was euch bereits beschrieben wurde."

Hadith 1847 'Āischa(r) berichtete, dass die moralische Vorgehensweise des Propheten Allāhs(s) dem Qur'ān entsprach. Dies u.a. überlieferte Muslim in einem langen Hadith.

١٨٤٨ - وعَنها قالتْ : قال رسولُ اللهِ ﷺ : « مَنْ أحبَّ لقاءَ اللهِ أحبَّ اللهُ لقاءَهُ ، ومَنْ كرِهَ لقاءَ اللهِ كرِهَ اللهُ لقاءَهُ » فقلتُ : يا رسولَ اللهِ ، أكراهيةَ الموتِ ؟ فكلُّنا نكرهُ الموتَ ! قال : « ليس كذلكَ ، ولكنَّ المؤمنَ إذا بُشِّرَ برحمةِ اللهِ ورضوانِهِ وجنَّتهِ أحبَّ لقاءَ اللهِ ، فأحبَّ اللهُ لقاءَهُ ، وإنَّ الكافرَ إذا بُشِّرَ بعذابِ اللهِ وسخطِهِ ، كرِهَ لقاءَ اللهِ ، وكرِهَ اللهُ لقاءَهُ » رواه مسلم .

١٨٤٩ - وعن أمِّ المؤمنينَ صفيةَ بنتِ حُيَيٍّ رضي اللهُ عنها قالتْ : كان النبيُّ ﷺ معتكفاً ، فأتيتُهُ أزورُهُ ليلاً ، فحدَّثتُهُ ثمَّ قمتُ لأنقلبَ ، فقام معي ليقلِبَنِي ، فمرَّ رجلانِ من الأنصارِ رضي اللهُ عنهما ، فلمَّا رأيا النبيَّ ﷺ أسرعا ، فقال ﷺ : « على رِسْلِكُما إنَّها صفيةُ بنتُ حُيَيٍّ » فقالا : سبحانَ اللهِ يا رسولَ اللهِ ! فقال : « إنَّ الشيطانَ يجري من ابنِ آدمَ مجرى الدَّمِ ، وإنِّي خشيتُ أنْ يقذفَ في قلوبِكُما شرًّا ـ أو قال ـ شيئاً » متفقٌ عليه .

١٨٥٠ - وعَنْ أبي الفضلِ العبَّاسِ بنِ عبدِ المطَّلبِ رضي اللهُ عنه قال : شهدتُ مع رسولِ اللهِ ﷺ يومَ حُنَيْنٍ فلزمتُ أنا وأبو سفيانَ بنُ الحارثِ بنِ عبدِ المطَّلبِ رسولَ اللهِ ﷺ ، فلم نفارقْهُ ورسولُ اللهِ ﷺ على بغلةٍ له بيضاءَ ، فلمَّا التقى المسلمونَ والمشركونَ ولَّى المسلمونَ مدبرينَ ، فطفقَ رسولُ اللهِ ﷺ يركضُ بغلتَهُ قِبَلَ الكفَّارِ ، وأنا آخذٌ بلجامِ بغلةِ رسولِ اللهِ ﷺ ، أكفُّها إرادةَ أنْ لا تُسرعَ ، وأبو سفيانَ آخذٌ بركابِ رسولِ اللهِ ﷺ ، فقال رسولُ اللهِ ﷺ : « أيْ عبَّاسُ نادِ أصحابَ السَّمُرَةِ » ، قال العبَّاسُ ، وكان رجلاً

Hadith 1848 'Āischa(r) berichtete, dass der Gesandte Allāhs(s) sagte: „Wer sich die Begegnung mit Allāh wünscht, Allāh wünscht sich die Begegnung mit ihm, und wer die Begegnung mit Allāh verabscheut, dessen Begegnung verabscheut Allāh." So fragte ich ihn: „O Gesandter Allāhs ! Geht es um Todeshass? Wir alle hassen den Tod!" Er(s) sagte: „Es ist nicht so, sondern der Gläubige, dem Allāhs Barmherzigkeit, Seine Billigung und Sein Paradies verheißen werden, der liebt die Begegnung mit Allāh, und somit liebt Allāh die Begegnung mit ihm, während der Ungläubige, dem Allāhs schmerzhafte Strafe und Seine Missbilligung verheißen werden, der hasst die Begegnung mit Allāh, und Allāh ist die Begegnung mit ihm verhasst."
(Muslim)

Hadith 1849 Die Mutter der Gläubigen Safiya bint Huyay(r) berichtete: Als sich der Prophet(s) in die Moschee zurückzog[247], besuchte ich ihn nachts. Ich unterhielt mich mit ihm, dann stand ich auf, um heimzukehren. So stand er mit mir auf, um mich zu begleiten, als zwei Männer von den Al-Ansār vorbeikamen. Als sie den Propheten(s) sahen, eilten sie (*um sich zu entfernen*). Daraufhin sagte er(s) zu ihnen: „Gemach! Sie ist (*meine Frau*) Safiya bint Huyay!" Sie erwiderten: „Gepriesen sei Allāh, o Gesandter Allāhs!" Er sagte: „Gewiss der Satan fährt in den Körper des Menschen wie das Blut (*in den Adern*) fließt, und ich fürchtete, dass er in euren Herzen Böses hegt - oder er(s) sagte: etwas in euren Herzen hinterlässt."
(Al-Bukhari und Muslim)

Hadith 1850 Abul-Fadl Al-'Abbās ibn 'Abdul-Muttalib(r) berichtete: Ich nahm mit dem Gesandten Allāhs(s) an der Schlacht von Hunain[248] teil. So blieben wir, Abu Sufyān ibn-ul-Hārith ibn 'Abdul-Muttalib und ich, dicht bei dem Gesandten Allāhs(s), während der Gesandte Allāhs(s) sein weißes Maultier ritt. Als die Muslime und die Heiden aufeinander trafen, kehrten die Muslime ihnen den Rücken, da begann er(s) sein Maultier gegen die Heiden anzutreiben. Während ich die Zügel des Maulesels des Gesandten

صَيِّتًا: فَقُلْتُ بِأَعْلَى صَوْتِي: أَيْنَ أَصْحَابُ السَّمُرَةِ فَوَاللهِ لَكَانَ عَطْفَتُهُمْ حِينَ سَمِعُوا صَوْتِي عَطْفَةَ البَقَرِ عَلَى أَوْلَادِهَا، فَقَالُوا: يَا لَبَّيْكَ يَا لَبَّيْكَ، فَاقْتَتَلُوا هُمْ وَالكُفَّارُ، وَالدَّعْوَةُ فِي الأَنْصَارِ يَقُولُونَ: يَا مَعْشَرَ الأَنْصَارِ، يَا مَعْشَرَ الأَنْصَارِ، ثُمَّ قُصِرَتِ الدَّعْوَةُ عَلَى بَنِي الحَارِثِ بْنِ الخَزْرَجِ، فَنَظَرَ رَسُولُ اللهِ ﷺ وَهُوَ عَلَى بَغْلَتِهِ كَالْمُتَطَاوِلِ عَلَيْهَا إِلَى قِتَالِهِمْ فَقَالَ: «هَذَا حِينَ حَمِيَ الوَطِيسُ».

ثُمَّ أَخَذَ رَسُولُ اللهِ ﷺ حَصَيَاتٍ، فَرَمَى بِهِنَّ وُجُوهَ الكُفَّارِ، ثُمَّ قَالَ: «انْهَزَمُوا وَرَبِّ مُحَمَّدٍ»، فَذَهَبْتُ أَنْظُرُ فَإِذَا القِتَالُ عَلَى هَيْئَتِهِ فِيمَا أَرَى، فَوَاللهِ مَا هُوَ إِلَّا أَنْ رَمَاهُمْ بِحَصَيَاتِهِ، فَمَا زِلْتُ أَرَى حَدَّهُمْ كَلِيلًا، وَأَمْرَهُمْ مُدْبِرًا. رَوَاهُ مُسْلِمٌ.

«الوَطِيسُ»: التَّنُّورُ، وَمَعْنَاهُ: اشْتَدَّتِ الحَرْبُ. وَقَوْلُهُ: «حَدَّهُمْ» هُوَ بِالحَاءِ المُهْمَلَةِ، أَيْ: بَأْسَهُمْ.

١٨٥١ - وَعَنْ أَبِي هُرَيْرَةَ رَضِيَ اللهُ عَنْهُ قَالَ: قَالَ رَسُولُ اللهِ ﷺ: «أَيُّهَا النَّاسُ إِنَّ اللهَ طَيِّبٌ لَا يَقْبَلُ إِلَّا طَيِّبًا، وَإِنَّ اللهَ أَمَرَ المُؤْمِنِينَ بِمَا أَمَرَ بِهِ المُرْسَلِينَ، فَقَالَ تَعَالَى: ﴿يَا أَيُّهَا الرُّسُلُ كُلُوا مِنَ الطَّيِّبَاتِ وَاعْمَلُوا صَالِحًا﴾ وَقَالَ تَعَالَى: ﴿يَا أَيُّهَا الَّذِينَ آمَنُوا كُلُوا مِنْ طَيِّبَاتِ مَا رَزَقْنَاكُمْ﴾ ثُمَّ ذَكَرَ الرَّجُلَ يُطِيلُ السَّفَرَ أَشْعَثَ أَغْبَرَ يَمُدُّ يَدَيْهِ إِلَى السَّمَاءِ: يَا رَبِّ يَا رَبِّ، وَمَطْعَمُهُ حَرَامٌ، وَمَشْرَبُهُ حَرَامٌ، وَمَلْبَسُهُ حَرَامٌ وَغُذِّيَ بِالحَرَامِ، فَأَنَّى يُسْتَجَابُ لِذَلِكَ؟!». رَوَاهُ مُسْلِمٌ.

١٨٥٢ - وَعَنْهُ رَضِيَ اللهُ عَنْهُ قَالَ: قَالَ رَسُولُ اللهِ ﷺ: «ثَلَاثَةٌ لَا يُكَلِّمُهُمُ الـ

Allāhs(s) festhielt, damit er nicht fortlief und Abu Sufyān den Steigbügel hielt, sprach der Gesandte Allāhs(s) zu mir: „O 'Abbās! Ruf mir die Leute von As-Samura herbei!" Al-'Abbās - ein Mann mit volltönender lauter Stimme - berichtete: Ich rief mit lautester Stimme: „Wo sind die Leute von As-Samura?[249]", worauf sie bei Allāh eilig zurückkehrten, wie die Kühe zu ihren Kälbern und dabei riefen: „Hier sind wir! Hier sind wir!" und gegen die Ungläubigen kämpften. Zugleich riefen die Anführer der Al-Ansār ihre Leute zum Kampf: „O Ansār! O Ansār!", dann wurde der Appell auf die Sippe von Banu Al-*H*ārith ibn Al-Khazraj beschränkt. Da schaute der Gesandte Allāhs(s), als strecke er sich auf seinem Maultier, und er(s) sagte: „Jetzt wird es heiß!"[250] Danach nahm der Gesandte Allāhs(s) einige Steinchen, warf sie in die Gesichter der Ungläubigen, und sagte dabei: „Sie haben verloren, bei Mu*h*ammads Herrn!" Ich schaute und stellte fest, dass der Kampf wie vorher unverändert war, meiner Meinung nach. Aber bei Allāh, kaum dass er(s) sie mit den Steinchen bewarf, ließ ihre Stärke nach[251] und ihre Lage war verloren.
(Muslim)

Hadith 1851 Abu Huraira(r) berichtete, dass der Gesandte Allāhs(s) gesagt hat: „Ihr Leute! Allāh ist gut und nimmt nur Gutes an. Er hat den Gläubigen befohlen, was Er den Gesandten schon befohlen hat, so spricht Seine Erhabenheit: »O ihr Gesandten! Esst von den guten Dingen und verrichtet Gutes«[252] und Seine Erhabenheit spricht: »O ihr Gläubigen! Esst von den guten Dingen, die Wir euch gegeben haben..«[253] Dann erwähnte er(s) „dass der Mensch lange Reisen macht, mit ungepflegten zerzausten Haaren, staubbedeckt und mit zum Himmel gestreckten Händen bittet: „O Herr! O Herr!" Dabei ist seine Nahrung vom Verbotenen, sein Trank vom Verbotenen, seine Kleider vom Verbotenen, und vom Verbotenen wurde er ernährt. Wie kann solch ein Mann erhört werden?!"
(Muslim)

Hadith 1852 Abu Huraira(r) berichtete, dass der Gesandte Allāhs(s) gesagt hat: „Drei (*Typen von Menschen*) wird Allāh am Tag der

يَوْمَ القِيَامَةِ، وَلَا يُزَكِّيهِمْ، وَلَا يَنْظُرُ إِلَيْهِمْ، وَلَهُمْ عَذَابٌ أَلِيمٌ: شَيْخٌ زَانٍ، وَمَلِكٌ كَذَّابٌ وَعَائِلٌ مُسْتَكْبِرٌ » رواه مسلم.

« العَائِلُ » : الفَقِيرُ.

١٨٥٣ ـ وَعَنْهُ رَضِيَ اللهُ عَنْهُ قَالَ : قَالَ رَسُولُ اللهِ ﷺ : « سَيْحَانُ وَجَيْحَانُ وَالفُرَاتُ وَالنِّيلُ كُلٌّ مِنْ أَنْهَارِ الجَنَّةِ » رواه مسلم.

١٨٥٤ ـ وَعَنْهُ قَالَ : أَخَذَ رَسُولُ اللهِ ﷺ بِيَدِي فَقَالَ : « خَلَقَ اللهُ التُّرْبَةَ يَوْمَ السَّبْتِ، وَخَلَقَ فِيهَا الجِبَالَ يَوْمَ الأَحَدِ، وَخَلَقَ الشَّجَرَ يَوْمَ الإِثْنَيْنِ، وَخَلَقَ المَكْرُوهَ يَوْمَ الثُّلَاثَاءِ، وَخَلَقَ النُّورَ يَوْمَ الأَرْبِعَاءِ، وَبَثَّ فِيهَا الدَّوَابَّ يَوْمَ الخَمِيسِ، وَخَلَقَ آدَمَ ﷺ بَعْدَ العَصْرِ مِنْ يَوْمِ الجُمُعَةِ فِي آخِرِ الخَلْقِ فِي آخِرِ سَاعَةٍ مِنَ النَّهَارِ فِيمَا بَيْنَ العَصْرِ إِلَى اللَّيْلِ » رواه مسلم.

١٨٥٥ ـ وَعَنْ أَبِي سُلَيْمَانَ خَالِدِ بْنِ الوَلِيدِ رَضِيَ اللهُ عَنْهُ قَالَ : لَقَدِ انْقَطَعَتْ فِي يَدِي يَوْمَ مُؤْتَةَ تِسْعَةُ أَسْيَافٍ، فَمَا بَقِيَ فِي يَدِي إِلَّا صَفِيحَةٌ يَمَانِيَّةٌ. رواه البخاري.

١٨٥٦ ـ وَعَنْ عَمْرِو بْنِ العَاصِ رَضِيَ اللهُ عَنْهُ أَنَّهُ سَمِعَ رَسُولَ اللهِ ﷺ يَقُولُ: « إِذَا حَكَمَ الحَاكِمُ، فَاجْتَهَدَ، ثُمَّ أَصَابَ، فَلَهُ أَجْرَانِ، وَإِذَا حَكَمَ وَاجْتَهَدَ، فَأَخْطَأَ، فَلَهُ أَجْرٌ » متفقٌ عليه.

١٨٥٧ ـ وَعَنْ عَائِشَةَ رَضِيَ اللهُ عَنْهَا أَنَّ النَّبِيَّ ﷺ قَالَ : « الحُمَّى مِنْ فَيْحِ جَهَنَّمَ فَأَبْرِدُوهَا بِالمَاءِ » متفقٌ عليه.

Auferstehung nicht ansprechen, nicht anschauen und nicht läutern, und für sie ist eine schmerzliche Strafe: Ein alter Ehebrecher, ein verlogener König (*bzw. Herrscher*) und ein hochmütiger Bedürftiger."
(Muslim)

Hadith 1853 Abu Huraira(r) berichtete, dass der Gesandte Allāhs(s) gesagt hat: „Sai*h*ān, Jai*h*ān, Al-Furāt und der Nil zählen alle zu den Strömen des Paradieses."
(Muslim)

Hadith 1854 Abu Huraira(r) berichtete: Der Gesandte Allāhs(s) hielt meine Hand und sagte: „Allāh schuf die Erde am Samstag, machte die Berge in ihr am Sonntag, schuf die Pflanzen am Montag, schuf das Unheil am Dienstag, schuf das Licht am Mittwoch, schuf die Tiere am Donnerstag, und schuf Adam(s) am Nachmittag des Freitags in der letzten Stunde zwischen dem späten Nachmittag und der Abenddämmerung."
(Muslim)

Hadith 1855 Abu Sulaimān Khālid ibn-ul-Walīd(r) berichtete: In der Schlacht von Mu'ta[254] zerbrachen in meiner Hand neun Schwerter und nur ein kleines jemenitisches Schwert blieb in meiner Hand.
(Al-Bukhari)

Hadith 1856 'Amr ibn-ul-'Āṣ(r) berichtete, dass er den Gesandten Allāhs(s) sagen hörte: „Wenn der Herrscher[255] nach eigenem Ermessen[256] ein Urteil fällt, und das Rechte trifft, wird er seinen Lohn zweimal bekommen, und wenn er nach eigenem Ermessen ein Urteil fällt, und das Rechte nicht trifft, wird er einen Lohn bekommen."
(Al-Bukhari und Muslim)

Hadith 1857 'Āischa(r) berichtete, dass der Prophet(s) sagte: „Das Fieber ist eine Ausdünstung der Hölle! Kühlt es mit Wasser!"
(Al-Bukhari und Muslim)

١٨٥٨ ـ وَعَنْهَا رَضِيَ اللهُ عَنْهَا عَنِ النَّبِيِّ ﷺ قَالَ : « مَنْ مَاتَ وَعَلَيْهِ صَوْمٌ صَامَ عَنْهُ وَلِيُّهُ » متفقٌ عليه .

والمختارُ جوازُ الصومِ عَمَّن ماتَ وعَلَيهِ صَومٌ لهذا الحديثِ ، والمرادُ بالوَلِيِّ: القَرِيبُ وارِثاً كانَ أو غَيرَ وارِثٍ .

١٨٥٩ ـ وَعَنْ عَوْفِ بنِ مَالِكِ بنِ الطُّفَيْلِ أنَّ عَائِشَةَ رَضِيَ اللهُ عَنْهَا حُدِّثَتْ أَنَّ عَبْدَ اللهِ بنَ الزُّبَيْرِ رَضِيَ اللهُ عَنْهُمَا قَالَ فِي بَيْعٍ أَوْ عَطَاءٍ أَعْطَتْهُ عَائِشَةُ رَضِيَ اللهُ تَعَالَى عَنْهَا : واللهِ لَتَنْتَهِيَنَّ عَائِشَةُ ، أَوْ لأَحْجُرَنَّ عَلَيْهَا ؛ قَالَتْ : أَهُوَ قَالَ هَذَا ؟ قَالُوا : نَعَمْ ، قَالَتْ : هُوَ للهِ عَلَيَّ نَذْرٌ أَنْ لا أُكَلِّمَ ابنَ الزُّبَيْرِ أَبَداً ، فَاسْتَشْفَعَ ابنُ الزُّبَيْرِ إِلَيْهَا حِينَ طَالَتِ الهِجْرَةُ ، فَقَالَتْ : لا وَاللهِ لا أُشَفِّعُ فِيهِ أَبَداً ، وَلا أَتَحَنَّثُ إِلَى نَذْرِي ، فَلَمَّا طَالَ ذَلِكَ عَلَى ابنِ الزُّبَيْرِ كَلَّمَ المِسْوَرَ بنَ مَخْرَمَةَ ، وَعَبْدَ الرَّحْمَنِ بنَ الأَسْوَدِ بنِ عَبْدِ يَغُوثَ وَقَالَ لَهُمَا : أَنْشُدُكُمَا اللهَ لَمَا أَدْخَلْتُمَانِي عَلَى عَائِشَةَ رَضِيَ اللهُ عَنْهَا ، فَإِنَّهَا لا يَحِلُّ لَهَا أَنْ تَنْذِرَ قَطِيعَتِي ، فَأَقْبَلَ بِهِ المِسْوَرُ ، وَعَبْدُ الرَّحْمَنِ حَتَّى اسْتَأْذَنَا عَلَى عَائِشَةَ ، فَقَالا : السَّلامُ عَلَيْكِ وَرَحْمَةُ اللهِ وَبَرَكَاتُهُ ، أَنَدْخُلُ ؟ قَالَتْ عَائِشَةُ : ادْخُلُوا ، قَالُوا : كُلُّنَا ؟ قَالَتْ : نَعَم ادْخُلُوا كُلُّكُمْ ، وَلا تَعْلَمُ أَنَّ مَعَهُمَا ابنَ الزُّبَيْرِ ، فَلَمَّا دَخَلُوا ، دَخَلَ ابنُ الزُّبَيْرِ الحِجَابَ ، فَاعْتَنَقَ

Hadith 1858 'Āischa(r) berichtete, dass der Prophet(s) sagte: „Wer stirbt und noch ein Fasten zu leisten hat, für den soll sein naher Verwandter an seiner Stelle fasten."²⁵⁷
(Al-Bukhari und Muslim)
Der Verfasser kommentiert: Die meistvertretene Meinung ist, dass der nahe Verwandte des Verstorbenen, sei er erbberechtigt oder nicht, an seiner Stelle fasten darf.

Hadith 1859 'Auf ibn Mālik ibn A*t*-*T*ufail(r) berichtete, dass man 'Āischa(r) erzählt hat, dass 'Abdullah ibn Az-Zubair(r) über den Verkauf oder das Verschenken einer Gabe, die ihr gegeben wurde, sagte: „Bei Allāh muss 'Āischa damit aufhören, sonst werde ich sie mit Sicherheit entmündigen lassen." Da fragte sie: „Hat er dies wirklich gesagt?" Man antwortete: „Ja!" Sie sagte: „Dann lege ich hiermit ein Gelübde vor Allāh ab, dass ich nie mehr mit Ibn Az-Zubair rede!" Danach, nachdem dies sehr lange andauerte, schickte Ibn Az-Zubair ihr Fürsprecher, doch 'Āischa(r) versicherte: „Nein, bei Allāh ich werde jede Fürsprache für ihn (immer) ablehnen, und ich werde mich nicht wegen meines Gelübdes versündigen." Als Ibn Az-Zubair diese lange Zeit unerträglich wurde, sprach er zu Al-Miswar ibn Makhrama und 'Abd -ur- Ra*h*mān ibn Al-Aswad ibn 'Abd Yaghūth und bat sie: „Ich beschwöre euch bei Allāh, mich zu 'Āischa hineinzubringen, denn es ist ihr nicht erlaubt, mein Meiden als Gelübde abzulegen." Daraufhin begleiteten ihn Al-Miswar und 'Abd-ur-Ra*h*mān und baten um Erlaubnis, vor 'Āischa erscheinen zu dürfen, so sagten sie: „Friede sei mit dir und Gnade und der Segen Allāhs! Dürfen wir eintreten?" 'Āischa sagte: „Tretet ein!" Sie fragten: „Wir alle?" Sie sagte: „Ja, tretet ein!" Sie wusste nicht, dass Ibn Az-Zubair mit ihnen war. Als sie hereinkamen, trat Ibn Az-Zubair durch den Vorhang ein, und er umarmte 'Āischa(r) (die seine Tante war) und begann, sie bei Allāh zu beschwören und zu weinen. Darauf begannen Al-Miswar und 'Abd-ur- Ra*h*mān, sie bei Allāh zu beschwören, mit ihm zu sprechen und seine Entschuldigung anzunehmen und ihr zu sagen: „Du weißt, dass der Prophet(s) solch eine Trennung verboten hat, und dass es dem Muslim verboten ist, seinen

عَائِشَةَ رَضِيَ اللهُ عَنْهَا ، وَطَفِقَ يُنَاشِدُهَا وَيَبْكِي ، وَطَفِقَ الْمِسْوَرُ ، وَعَبْدُ الرَّحْمنِ يُنَاشِدَانِهَا إِلَّا كَلَّمَتْهُ وَقَبِلَتْ مِنْهُ ، وَيَقُولَانِ : إِنَّ النَّبِيَّ ﷺ نَهَى عَمَّا قَدْ عَلِمْتِ مِنَ الْهِجْرَةِ ، وَلَا يَحِلُّ لِمُسْلِمٍ أَنْ يَهْجُرَ أَخَاهُ فَوْقَ ثَلَاثِ لَيَالٍ ، فَلَمَّا أَكْثَرُوا عَلَى عَائِشَةَ مِنَ التَّذْكِرَةِ والتَّحْرِيجِ ، طَفِقَتْ تُذَكِّرُهُمَا وَتَبْكِي ، وَتَقُولُ : إِنِّي نَذَرْتُ وَالنَّذْرُ شَدِيدٌ ، فَلَمْ يَزَالَا بِهَا حَتَّى كَلَّمَتِ ابْنَ الزُّبَيْرِ ، وَأَعْتَقَتْ فِي نَذْرِهَا ذَلِكَ أَرْبَعِينَ رَقَبَةً ، وَكَانَتْ تَذْكُرُ نَذْرَهَا بَعْدَ ذَلِكَ فَتَبْكِي حَتَّى تَبُلَّ دُمُوعُهَا خِمَارَهَا . رَوَاهُ الْبُخَارِي .

١٨٦٠ - وَعَنْ عُقْبَةَ بْنِ عَامِرٍ رَضِيَ اللهُ عَنْهُ أَنَّ رَسُولَ اللهِ ﷺ خَرَجَ إِلَى قَتْلَى أُحُدٍ ، فَصَلَّى عَلَيْهِمْ بَعْدَ ثَمَانِي سِنِينَ كَالْمُوَدِّعِ لِلْأَحْيَاءِ وَالْأَمْوَاتِ ، ثُمَّ طَلَعَ إِلَى الْمِنْبَرِ ، فَقَالَ : « إِنِّي بَيْنَ أَيْدِيكُمْ فَرَطٌ وَأَنَا شَهِيدٌ عَلَيْكُمْ ، وَإِنَّ مَوْعِدَكُمُ الْحَوْضُ ، وَإِنِّي لَأَنْظُرُ إِلَيْهِ مِنْ مَقَامِي هَذَا ، أَلَا وَإِنِّي لَسْتُ أَخْشَى عَلَيْكُمْ أَنْ تُشْرِكُوا ، وَلَكِنْ أَخْشَى عَلَيْكُمُ الدُّنْيَا أَنْ تَنَافَسُوهَا » قَالَ : فَكَانَتْ آخِرَ نَظْرَةٍ نَظَرْتُهَا إِلَى رَسُولِ اللهِ ﷺ . مُتَّفَقٌ عَلَيْهِ .

وَفِي رِوَايَةٍ : « وَلَكِنِّي أَخْشَى عَلَيْكُمُ الدُّنْيَا أَنْ تَنَافَسُوا فِيهَا ، وَتَقْتَتِلُوا فَتَهْلِكُوا كَمَا هَلَكَ مَنْ كَانَ قَبْلَكُمْ » قَالَ عُقْبَةُ : فَكَانَ آخِرَ مَا رَأَيْتُ رَسُولَ اللهِ ﷺ عَلَى الْمِنْبَرِ .

وَفِي رِوَايَةٍ قَالَ : « إِنِّي فَرَطٌ لَكُمْ وَأَنَا شَهِيدٌ عَلَيْكُمْ ، وَإِنِّي وَاللهِ لَأَنْظُرُ إِلَى حَوْضِي الْآنَ ، وَإِنِّي أُعْطِيتُ مَفَاتِيحَ خَزَائِنِ الْأَرْضِ ، أَوْ مَفَاتِيحَ الْأَرْضِ ، وَإِنِّي وَاللهِ مَا أَخَافُ عَلَيْكُمْ أَنْ تُشْرِكُوا بَعْدِي لَكِنْ أَخَافُ عَلَيْكُمْ أَنْ تَنَافَسُوا فِيهَا » .

وَالْمُرَادُ بِالصَّلَاةِ عَلَى قَتْلَى أُحُدٍ : الدُّعَاءُ لَهُمْ ، لَا الصَّلَاةُ الْمَعْرُوفَةُ .

Bruder länger als drei Tage zu meiden. Als sie damit nicht aufhörten, 'Āischa zu ermahnen und in Verlegenheit zu bringen, begann sie weinend sich zu erinnern und zu sagen: „Ich habe ein Gelübde abgelegt, und das Gelübde ist verbindend und schwerwiegend." Doch die beiden gaben nicht auf, bis sie wieder mit Ibn Az-Zubair sprach. Danach ließ sie vierzig Sklaven frei, als Buße für (das Nichteinhalten) jenes Gelübdes. Später pflegte sie ihr Gelübde zu erwähnen und deswegen bitterlich zu weinen, bis ihre Tränen ihren Gesichtsschleier nass machten.
(Al-Bukhari)

Hadith 1860 'Uqba ibn 'Āmir(r) berichtete, dass der Gesandte Allāhs(s) die Gefallenen der Schlacht von Uhud acht Jahre danach besuchte und ein Bittgebet für sie sprach, als wollte er(s) Abschied von den Toten und den Lebenden nehmen, dann bestieg er die Kanzel und sagte: „Ich stehe vor euch als Führer und Zeuge, und euer Treffpunkt ist das Wasserbecken im Paradies, welches ich gewiss von meiner dieser Stelle betrachten kann. Fürwahr fürchte ich nicht für euch, dass ihr ungläubig werdet, doch fürchte ich, dass ihr euch dem Diesseits hingebt." 'Uqba sagte: Dies war das letzte Mal, dass ich auf den Gesandten Allāhs(s) blickte."
(Al-Bukhari und Muslim)

In einer anderen Version steht: „„...doch fürchte ich, dass ihr euch dem Diesseits hingebt, so dass ihr euch gegenseitig umbringt und somit zugrunde geht, wie es denjenigen (*Gemeinden*) vor euch auch geschah." 'Uqba sagte: Das war das letzte Mal, dass ich den Gesandten Allāhs(s) auf der Kanzel (stehen) sah, oder das Letzte, was ich erblickte, war der Gesandte Allāhs(s) auf der Kanzel."

In einer anderen Version steht: „Ich stehe vor euch als Führer und Zeuge, und bei Allāh, ich betrachte jetzt mein Wasserbecken im Paradies. Es wurden mir die Schlüssel für die Schatzkammern der Erde gegeben - oder er sagte die Schlüssel für die Erde- und bei Allāh, ich fürchte nicht für euch, dass ihr nach meinem Tod ungläubig werdet, doch fürchte ich, dass

١٨٦١ - وعن أبى زيد عمرو بن أخطب الأنصارى رضى الله عنه قال صلى بنا رسول الله ﷺ الفجرَ ، وصعِدَ المنبر ، فخطبنا حتى حضرت الظهر ، فنزلَ فصلى ، ثم صعِدَ المنبر حتى حضرت العصر ، ثم نزلَ فصلى ، ثم صعِدَ المنبر حتى غربتِ الشمسُ ، فأخبرنا ما كان وما هو كائن ، فأعلمُنا أحفظُنا . رواه مسلم .

١٨٦٢ - وعن عائشة رضى الله عنها قالت : قال النبى ﷺ : « مَنْ نَذَرَ أنْ يُطِيعَ اللهَ فليُطِعْهُ ومَنْ نَذَرَ أن يعصيَ اللهَ فلا يعصِه » رواه البخارى .

١٨٦٣ - وعن أم شريك رضى الله عنها أنَّ رسولَ الله ﷺ أمرَها بقتلِ الأوزاغِ ، وقال : « كان ينفخُ على إبراهيمَ » متفق عليه .

١٨٦٤ - وعن أبى هريرة رضى الله عنه قال : قال رسول الله ﷺ : « مَنْ قَتَلَ وَزَغَةً فى أوَّلِ ضَرْبَةٍ ، فَلَهُ كَذا وكَذا حَسَنَةً ، وَمَنْ قَتَلَها فى الضَّرْبَةِ الثَّانِيَةِ ، فَلَهُ كَذا وكَذا حَسَنَةً دُونَ الأولى ، وإنْ قَتَلَها فى الضَّرْبَةِ الثَّالِثَةِ ، فَلَهُ كَذا وكَذا حَسَنَةً » .

وفى رواية : « مَنْ قَتَلَ وَزَغاً فى أوَّلِ ضَرْبَةٍ ، كُتِبَ لَهُ مائةُ حَسَنَةٍ ، وفى الثانيةِ دُونَ

ihr euch dem Diesseits hingebt."

Hadith 1861 Abu Zaid 'Amr ibn Akh*t*ab Al-Ansāri(r) berichtete: „Der Gesandte Allāhs(s) leitete das Morgengebet, dann bestieg er die Kanzel und predigte, bis das Mittagsgebet fällig war, dann stieg er hinab und verrichtete mit uns das Mittagsgebet, dann bestieg er die Kanzel und predigte, bis das Nachmittagsgebet fällig war, dann stieg er hinab und verrichtete mit uns das Nachmittagsgebet, dann bestieg er die Kanzel und predigte, bis die Sonne unterging. Er sagte uns Bescheid über was einst geschah und über das, was geschehen wird. Somit ist derjenige unter uns, der am besten Bescheid weiß, derjenige, der seine Worte am besten im Gedächtnis behalten hat.
(Muslim)

Hadith 1862 'Āischa(r) berichtete, dass der Prophet(s) sagte: „Wer ein Gelübde abgelegt hat, Allāh zu gehorchen, der soll Ihm gehorchen, und wer ein Gelübde abgelegt hat, sich Allāh zu widersetzen, der soll dies nicht tun."
(Al-Bukhari)

Hadith 1863 Umm Scharīk(r) berichtete, dass der Gesandte Allāhs(s) ihr befahl, den riesigen Mauergecko zu töten, und dass er(s) gesagt habe: „Er hat auf Ibrāhim(s) geblasen!"[258]
(Al-Bukhari und Muslim)

Hadith 1864 Abu Huraira(r) berichtete, dass der Gesandte Allāhs(s) gesagt hat: „Wer einen riesigen Mauergecko mit dem ersten Schlag tötet, bekommt soundso Belohnung von Allāh, wer ihn mit dem zweiten Schlag tötet, bekommt soundso weniger Belohnung, und wer ihn mit dem dritten Schlag tötet, bekommt soundso weniger Belohnung."
In einer anderen Version steht: „Wer einen riesigen Mauergecko mit dem ersten Schlag tötet, bekommt Belohnung für hundert gute Taten von Allāh, wer ihn mit dem zweiten Schlag tötet, bekommt soundso weniger

ذلكَ، وفي الثَّالثَة دُونَ ذلكَ » . رواهُ مسلم .

قالَ أهْلُ اللُّغَةِ : الوَزَغُ : العِظامُ مِنْ سامّ أبْرَصَ .

١٨٦٥ – وعَنْ أبي هُرَيْرَةَ رَضيَ اللهُ عنْهُ أن رَسُولَ اللهِ ﷺ قَالَ : « قَالَ رجُلٌ لأَتَصَدَّقَنَّ بِصَدَقَةٍ ، فَخرَجَ بِصَدَقَتِهِ ، فَوَضَعَهَا في يَدِ سَارِقٍ ، فَأَصْبَحُوا يَتَحَدَّثُونَ : تُصُدِّقَ اللَّيْلَةَ عَلَى سَارِقٍ ! فَقَالَ : اللَّهُمَّ لَكَ الحمْدُ لأَتَصَدَّقَنَّ بِصَدَقَةٍ ، فَخرَجَ بِصَدَقَتِهِ ، فَوَضَعَهَا في يَدِ زَانِيَةٍ ، فَأَصْبَحُوا يَتَحَدَّثُونَ : تُصُدِّقَ اللَّيْلَةَ عَلَى زَانِيَةٍ ! فَقَالَ : اللَّهُمَّ لَكَ الحمْدُ عَلَى زَانِيَةٍ ! لأَتَصَدَّقَنَّ بِصَدَقَةٍ ، فَخرَجَ بِصَدَقَتِهِ ، فَوَضَعَهَا في يَدِ غَنِيٍّ ، فَأَصْبَحُوا يَتَحَدَّثُونَ : تُصُدِّقَ عَلَى غَنِيٍّ ! فَقَالَ : اللَّهُمَّ لَكَ الحمْدُ عَلَى سَارِقٍ ، وعَلَى زَانِيَةٍ ، وعَلَى غَنِيٍّ ! فَأُتِيَ فَقيلَ لَهُ : أمَّا صَدَقَتُكَ عَلَى سَارِقٍ ، فَلَعَلَّهُ أنْ يَسْتَعِفَّ عَنْ سَرِقَتِهِ ، وأمَّا الزَّانِيَةُ فَلَعَلَّهَا تَسْتَعِفُّ عَنْ زِنَاهَا ، وأمَّا الغَنِيُّ فَلَعَلَّهُ أنْ يَعْتَبِرَ ، فَيُنْفِقَ مِمَّا آتَاهُ اللهُ » رواهُ البُخارِيُّ بلفْظِهِ ، ومُسْلِمٌ بمعناه .

١٨٦٦ – وعَنْهُ قَالَ : كُنَّا معَ رسُولِ اللهِ ﷺ في دعْوَةٍ ، فَرُفِعَ إلَيْهِ الذِّرَاعُ ، وكانَتْ تُعْجِبُهُ ، فَنَهَسَ مِنْهَا نَهْسَةً وقَالَ : « أنا سَيِّدُ النَّاسِ يوْمَ القيامةِ ، هلْ تَدْرُونَ مِمَّ ذاكَ: يَجْمَعُ اللهُ الأوَّلِينَ والآخِرِينَ في صَعِيدٍ واحدٍ ، فَيُبْصِرُهُمُ النَّاظِرُ، ويُسْمِعُهُمُ الدَّاعِي، وتَدْنُو منْهُمْ

Belohnung, und wer ihn mit dem dritten Schlag tötet, bekommt noch weniger Belohnung."
(Muslim)

Hadith 1865 Abu Huraira(r) berichtete, dass der Gesandte Allāhs(s) gesagt hat: „Ein Mann sagte zu sich: „Heute werde ich Almosen geben". So verließ er sein Haus mit seinem Almosen und legte es in die Hand eines Diebes. Am Morgen redeten die Leute: „Vergangene Nacht hat man einem Dieb ein Almosen gegeben!" Er aber sagte: „O Allāh! Dir allein gehört aller Preis, heute werde ich ein Almosen geben." So verließ er sein Haus mit seinem Almosen und legte es in die Hand einer Dirne. Am Morgen redeten die Leute: „Vergangene Nacht hat man einer Dirne ein Almosen gegeben!" Er aber sagte: „O Allāh! Dir allein gehört aller Preis, auch wenn sie eine Dirne ist! Ich werde heute ein Almosen geben." So verließ er sein Haus mit seinem Almosen und legte es in die Hand eines reichen Mannes. Am Morgen redeten die Leute: „Vergangene Nacht hat man einem Reichen ein Almosen gegeben!" Er aber sagte: „O Allāh! Dir allein gehört aller Preis, auch wenn jene[259] ein Dieb, eine Dirne, und ein reicher Mann sind!" Im Traum wurde ihm aber gesagt: „Was deine fromme Gabe an den Dieb betrifft, so könnte dies ihn veranlassen, anständig zu werden und aufhören zu stehlen. Was deine fromme Gabe an die Hure betrifft, so könnte dies sie veranlassen, anständig zu werden und aufhören zu huren, und was deine fromme Gabe an den Reichen betrifft, so könnte dies ihn veranlassen, nachzudenken und Almosen zu geben von dem, was Allāh ihm reichlich schenkte."
(Al-Bukhari überliefert diesen Hadith wörtlich, während Muslim ihn sinngemäß überliefert)

Hadith 1866 Abu Huraira(r) berichtete: Wir waren gemeinsam mit dem Gesandten Allāhs(s) bei einer Einladung, als ihm das Vorderbein eines Schafes angeboten wurde. Er(s) aß etwas davon und sagte: „Ich bin der Beste unter den Menschen am Tag der Auferstehung. Wisset ihr weshalb? Allāh wird alle Menschen, den ersten und den letzten Menschen an einem

الشَّمْسُ، فَيَبْلُغُ النَّاسُ مِنَ الغَمِّ وَالكَرْبِ مَا لا يُطِيقُونَ وَلا يَحْتَمِلُونَ، فَيَقُولُ النَّاسُ: أَلا تَرَوْنَ إلى مَا أَنْتُمْ فِيهِ إلى مَا بَلَغَكُمْ، أَلا تَنْظُرُونَ مَنْ يَشْفَعُ لَكُمْ إلى رَبِّكُمْ؟ فَيَقُولُ بَعْضُ النَّاسِ لِبَعْضٍ: أَبُوكُمْ آدَمُ، فَيَأْتُونَهُ فَيَقُولُونَ: يَا آدَمُ أَنْتَ أَبُو البَشَرِ، خَلَقَكَ اللهُ بِيَدِهِ، وَنَفَخَ فِيكَ مِنْ رُوحِهِ، وَأَمَرَ الملائكةَ، فَسَجَدُوا لَكَ وَأَسْكَنَكَ الجَنَّةَ، أَلا تَشْفَعُ لَنَا إلى رَبِّكَ؟ أَلا تَرَى مَا نَحْنُ فِيهِ، وَمَا بَلَغَنَا؟ فَقَالَ: إِنَّ رَبِّى غَضِبَ اليومَ غَضَبًا لَمْ يَغْضَبْ قَبْلَهُ مِثْلَهُ، وَلا يَغْضَبُ بَعْدَهُ مِثْلَهُ، وَإِنَّهُ نَهَانِى عَنِ الشَّجَرَةِ، فَعَصَيْتُ، نَفْسِى نَفْسِى نَفْسِى، اذْهَبُوا إلى غَيْرِى، اذْهَبُوا إلى نُوحٍ، فَيَأْتُونَ نُوحًا، فَيَقُولُونَ: يَا نُوحُ، أَنْتَ أَوَّلُ الرُّسُلِ إلى الأرضِ، وَقَدْ سَمَّاكَ اللهُ عَبْدًا شَكُورًا، أَلا تَرَى إلى مَا نَحْنُ فِيهِ، أَلا تَرَى إلى مَا بَلَغَنَا أَلا تَشْفَعُ لَنَا إلى رَبِّكَ؟ فَيَقُولُ: إِنَّ رَبِّى غَضِبَ اليَوْمَ غَضَبًا لَمْ يَغْضَبْ قَبْلَهُ مِثْلَهُ، وَلَنْ يَغْضَبَ بَعْدَهُ مِثْلَهُ، وَإِنَّهُ قَدْ كَانَتْ لِى دَعْوَةٌ دَعَوْتُ بِهَا عَلَى قَوْمِى، نَفْسِى نَفْسِى نَفْسِى، اذْهَبُوا إلى غَيْرِى، اذْهَبُوا إلى إِبْرَاهِيمَ، فَيَأْتُونَ إِبْرَاهِيمَ، فَيَقُولُونَ: يَا إِبْرَاهِيمُ، أَنْتَ نَبِىُّ اللهِ وَخَلِيلُهُ مِنْ أَهْلِ الأرضِ، اشْفَعْ لَنَا إلى رَبِّكَ، أَلا تَرَى إلى مَا نَحْنُ فِيهِ؟ فَيَقُولُ لَهُمْ: إِنَّ رَبِّى قَدْ غَضِبَ اليَوْمَ غَضَبًا لَمْ يَغْضَبْ قَبْلَهُ مِثْلَهُ، وَلَنْ يَغْضَبَ بَعْدَهُ مِثْلَهُ، وَإِنِّى كُنْتُ كَذَبْتُ ثَلاثَ كَذَبَاتٍ، نَفْسِى نَفْسِى نَفْسِى، اذْهَبُوا إلى غَيْرِى، اذْهَبُوا إلى مُوسَى، فَيَأْتُونَ مُوسَى، فَيَقُولُونَ: يَا مُوسَى، أَنْتَ

einzigen Platz versammeln. Jeder, der sehen kann, wird sie sehen und der Rufer wird sie auf sich aufmerksam machen können. Die Sonne wird ihnen so nah sein, dass sie in höchstem Kummer und Bedrücktheit, welche sie weder ertragen noch verkraften können, sind. Daraufhin werden die Leute (*zueinander*) sagen: „Seht ihr denn nicht, was ihr erleidet und was euch zugestoßen ist? Wollt ihr denn nicht jemanden suchen, der für euch Fürsprache bei eurem Herrn einlegen würde?"[260] Manche werden zueinander sagen: „Geht zu eurem Vater Adam!" Sie kommen zu ihm, und sie sagen: „O Adam! Du bist der Menscheit Vater, Allāh hat dich mit Seiner Hand geschaffen, und Er hat von Seinem Geist in dich eingehaucht und die Engel sich vor dir niederwerfen lassen, und Er ließ dich das Paradies bewohnen. Willst du nicht für uns Fürsprache bei Deinem Herrn einlegen! Siehst du nicht, was wir erleiden und was uns zugestoßen ist?" Da sagt er: „Heute zürnt Allāh sehr. Nie zuvor war Sein Zorn wie heute, und Er wird auch zukünftig nicht wie heute sein. (*Ich bin nicht gut für die Fürsprache, denn*) Er verbot mir, von jenem Baum zu essen, und ich gehorchte nicht. Mich muss ich retten! Mich muss ich retten! Mich muss ich retten! Aber geht zu einem anderen außer mir! Geht zu Nūḥ!" Sie kommen zu Nūḥ[261] und sie sagen: „O Nūḥ! Du bist der erste Gesandte zur Erde, und Allāh nannte dich einen dankbaren Menschen. Siehst du nicht, was wir erleiden und was uns zugestoßen ist? Willst du nicht für uns Fürsprache bei Deinem Herrn einlegen! Da sagt er: „Heute zürnt Allāh sehr. Nie zuvor war Sein Zorn wie heute, und Er wird auch zukünftig nicht wie heute sein. (*Ich bin nicht gut für die Fürsprache, denn*) ich habe mein Volk verwünscht. Mich muss ich retten! Mich muss ich retten! Mich muss ich retten! Aber geht zu einem anderen außer mir! Geht zu Ibrāhim![262]" Sie kommen zu Ibrāhim[263] und sie sagen: „O Ibrāhim! Du bist der Prophet und der innige Freund Allāhs unter den Bewohnern der Erde. Lege für uns eine Fürsprache bei Deinem Herrn ein! Siehst du nicht, was wir erleiden und was uns zugestoßen ist? Willst du nicht für uns Fürsprache bei Deinem Herrn einlegen! Da sagt er: „Heute zürnt Allāh sehr. Nie vorher war Sein Zorn wie heute, und Er wird auch zukünftig nicht wie heute sein. (*Ich bin nicht gut für die Fürsprache, denn*) ich habe drei Fehltritte

رَسُولُ اللهِ فَضَّلَكَ اللهُ بِرِسَالَاتِهِ وَبِكَلَامِهِ عَلَى النَّاسِ ، اشْفَعْ لَنَا إلَى رَبِّكَ ، ألَا تَرَى إلَى مَا نَحْنُ فِيهِ ؟ فَيَقُولُ : إنَّ رَبِّي قَدْ غَضِبَ الْيَوْمَ غَضَبًا لَمْ يَغْضَبْ قَبْلَهُ مِثْلَهُ ، وَلَنْ يَغْضَبَ بَعْدَهُ مِثْلَهُ ، وَإنِّى قَدْ قَتَلْتُ نَفْسًا لَمْ أُومَرْ بِقَتْلِهَا ، نَفْسِى نَفْسِى نَفْسِى ، اذْهَبُوا إلَى غَيْرِى ، اذْهَبُوا إلَى عِيسَى ، فَيَأْتُونَ عِيسَى ، فَيَقُولُونَ : يَا عِيسَى ، أنْتَ رَسُولُ اللهِ وَكَلِمَتُهُ ألْقَاهَا إلَى مَرْيَمَ وَرُوحٌ مِنْهُ ، وَكَلَّمْتَ النَّاسَ فِي الْمَهْدِ ، اشْفَعْ لَنَا إلَى رَبِّكَ ، ألَا تَرَى إلَى مَا نَحْنُ فِيهِ ؟ فَيَقُولُ عِيسَى : إنَّ رَبِّي قَدْ غَضِبَ الْيَوْمَ غَضَبًا لَمْ يَغْضَبْ قَبْلَهُ مِثْلَهُ ، وَلَنْ يَغْضَبَ بَعْدَهُ مِثْلَهُ وَلَمْ يَذْكُرْ ذَنْبًا ، نَفْسِى نَفْسِى نَفْسِى ، اذْهَبُوا إلَى غَيْرِى ، اذْهَبُوا إلَى مُحَمَّدٍ ﷺ » .

وَفِى رِوَايَةٍ : « فَيَأْتُونِى فَيَقُولُونَ : يَا مُحَمَّدُ ، أنْتَ رَسُولُ اللهِ ، وَ خَاتَمُ الأنْبِيَاءِ ، وَقَدْ غَفَرَ اللهُ لَكَ مَا تَقَدَّمَ مِنْ ذَنْبِكَ وَمَا تَأخَّرَ ، اشْفَعْ لَنَا إلَى رَبِّكَ ، ألَا تَرَى إلَى مَا نَحْنُ فِيهِ ؟ فَأَنْطَلِقُ ، فَآتِى تَحْتَ الْعَرْشِ ، فَأَقَعُ سَاجِدًا لِرَبِّى ، ثُمَّ يَفْتَحُ اللهُ عَلَيَّ مِنْ مَحَامِدِهِ ، وَحُسْنِ الثَّنَاءِ عَلَيْهِ شَيْئًا لَمْ يَفْتَحْهُ عَلَى أحَدٍ قَبْلِى ثُمَّ يُقَالُ : يَا مُحَمَّدُ ارْفَعْ رَأسَكَ ، سَلْ تُعْطَهُ ، وَاشْفَعْ تُشَفَّعْ ، فَأرْفَعُ رَأسِى ، فَأقُولُ أُمَّتِى يَا رَبِّ ، أُمَّتِى يَارَبِّ ، أُمَّتِى يَارَبِّ فَيُقَالُ : يَا مُحَمَّدُ ، أدْخِلْ

begangen. Mich muss ich retten! Mich muss ich retten! Mich muss ich retten! Aber geht zu einem anderen außer mir! Geht zu Mūsā!" Sie kommen zu Mūsā und sie sagen: „O Mūsā![264] Du bist der Gesandte Allāhs, und Er hat dich über die Menschen erhöht durch Seine Botschaften und Sein Reden zu dir. Lege für uns Fürsprache bei Deinem Herrn ein! Siehst du nicht, was wir erleiden und was uns zugestoßen ist? Da sagt er: „Heute zürnt Allāh sehr. Nie zuvor war Sein Zorn wie heute, und Er wird auch zukünftig nicht wie heute sein. *(Ich bin nicht gut für die Fürsprache, denn)* ich habe einen Menschen getötet, ohne dass es mir befohlen wurde, ihn zu töten. Mich muss ich retten! Mich muss ich retten! Mich muss ich retten! Aber geht zu einem anderen außer mir! Geht zu 'Īsā! " Sie kommen zu 'Īsā und sie sagen: „O 'Īsā! Du bist der Gesandte Allāhs und Sein Wort, das Er zu Mariam herabsandte und ein eingehauchter Geist von Ihm, und du sprachst zu den Leuten in der Wiege![265] Lege für uns Fürsprache bei Deinem Herrn ein! Siehst du nicht, was wir erleiden und was uns zugestoßen ist? Da sagt er: „Heute zürnt Allāh sehr. Nie zuvor war Sein Zorn wie heute, und Er wird auch zukünftig nicht wie heute sein. *(Ich bin nicht gut für die Fürsprache)*- und er erwähnt keinen Fehltritt- Mich muss ich retten! Mich muss ich retten! Mich muss ich retten! Aber geht zu einem anderen außer mir! Geht zu Mu*h*ammad(s)!"

In einer anderen Version steht:

Sie kommen zu Muhammad und sie sagen: „O Mu*h*ammad! Du bist der Gesandte Allāhs und der letzte Prophet und Allāh vergab dir, was von deinen Verfehlungen vorausging und später kam! Lege für uns Fürsprache bei Deinem Herrn ein! Siehst du nicht, was wir erleiden und was uns zugestoßen ist? Da mache ich mich auf, und ich bitte meinen Herrn vor Seinem Thron und ich werfe mich vor Ihm nieder, und dann erfahre ich von Seiner Lobpreisung und Herrlichkeit, was Er keinen vor mir erfahren ließ, dann wird gesagt: „O Muhammad, erhebe dein Haupt! Sprich, es wird erfüllt, und lege Fürsprache ein, es wird gewährt!" So erhebe ich mein Haupt, und ich bitte: „Meine Gemeinde, o Herr! Meine Gemeinde, o Herr! Meine Gemeinde, o Herr!" Und es wird gesprochen: „O Mu*h*ammad, lass durch das rechte Tor in den Paradiesgarten von deiner Gemeinde

مَنْ أُمَّتِكَ مَنْ لا حِسَابَ عَلَيْهِمْ مِنَ الْبَابِ الأَيْمَنِ مِنْ أَبْوَابِ الْجَنَّةِ وَهُمْ شُرَكَاءُ النَّاسِ فِيمَا سِوَى ذَلِكَ مِنَ الأَبْوَابِ » ثُمَّ قَالَ : « وَالَّذِى نَفْسِى بِيَدِهِ ، إِنَّ مَا بَيْنَ الْمِصْرَاعَيْنِ مِنْ مَصَارِيعِ الْجَنَّةِ كَمَا بَيْنَ مَكَّةَ وَهَجَرَ ،أَوْ كَمَا بَيْنَ مَكَّةَ وَبُصْرَى » مُتَّفَقٌ عَلَيْهِ .

١٨٦٧ - وَعَنِ ابْنِ عَبَّاسٍ رَضِيَ اللهُ عَنْهُمَا قَالَ : جَاءَ إِبْرَاهِيمُ ﷺ بِأُمِّ إِسْمَاعِيلَ وَبِابْنِهَا إِسْمَاعِيلَ وَهِيَ تُرْضِعُهُ حَتَّى وَضَعَهَا عِنْدَ الْبَيْتِ عِنْدَ دَوْحَةٍ فَوْقَ زَمْزَمَ فِى أَعْلَى الْمَسْجِدِ وَلَيْسَ بِمَكَّةَ يَوْمَئِذٍ أَحَدٌ وَلَيْسَ بِهَا مَاءٌ ، فَوَضَعَهُمَا هُنَاكَ ، وَوَضَعَ عِنْدَهُمَا جِرَاباً فِيهِ تَمْرٌ ، وَسِقَاءً فِيهِ مَاءٌ ، ثُمَّ قَفَّى إِبْرَاهِيمُ مُنْطَلِقاً ، فَتَبِعَتْهُ أُمُّ إِسْمَاعِيلَ فَقَالَتْ : يَا إِبْرَاهِيمُ أَيْنَ تَذْهَبُ وَتَتْرُكُنَا بِهَذَا الْوَادِى الَّذِى لَيْسَ فِيهِ أَنِيسٌ وَلاَ شَىْءٌ ؟ فَقَالَتْ لَهُ ذَلِكَ مِرَاراً ، وَجَعَلَ لاَ يَلْتَفِتُ إِلَيْهَا ، قَالَتْ لَهُ : آللهُ أَمَرَكَ بِهَذَا ؟ قَالَ : نَعَمْ ، قَالَتْ : إِذاً لاَ يُضَيِّعُنَا ، ثُمَّ رَجَعَتْ ، فَانْطَلَقَ إِبْرَاهِيمُ ﷺ ، حَتَّى إِذَا كَانَ عِنْدَ الثَّنِيَّةِ حَيْثُ لاَ يَرَوْنَهُ ، اسْتَقْبَلَ بِوَجْهِهِ الْبَيْتَ ، ثُمَّ دَعَا بِهَؤُلاَءِ الدَّعَوَاتِ ، فَرَفَعَ يَدَيْهِ فَقَالَ : ﴿ رَبَّنَا إِنِّى أَسْكَنْتُ مِنْ ذُرِّيَّتِى بِوَادٍ غَيْرِ ذِى زَرْعٍ ﴾ حَتَّى بَلَغَ ﴿ يَشْكُرُونَ ﴾ وَجَعَلَتْ أُمُّ إِسْمَاعِيلَ تُرْضِعُ إِسْمَاعِيلَ ، وَتَشْرَبُ مِنْ ذَلِكَ الْمَاءِ ، حَتَّى إِذَا نَفِدَ مَا فِى السِّقَاءِ ، عَطِشَتْ ، وَعَطِشَ ابْنُهَا ، وَجَعَلَتْ تَنْظُرُ إِلَيْهِ يَتَلَوَّى - أَوْ قَالَ: يَتَلَبَّطُ - فَانْطَلَقَتْ كَرَاهِيَةَ أَنْ تَنْظُرَ إِلَيْهِ ، فَوَجَدَتِ الصَّفَا أَقْرَبَ جَبَلٍ فِى الأَرْضِ يَلِيهَا ،

diejenigen, die nicht zur Rechenschaft gezogen werden, hineingehen. Der Rest der Gemeinde geht in den Paradiesgarten hinein mit den anderen Menschen durch die übrigen Tore." Dann sagte er(s): „Bei Dem, in Dessen Hand meine Seele ist! Die Entfernung zwischen den beiden Flügeln eines Paradiestores ist wie zwischen Mekka und Hadschara oder Mekka und Busra!"
(Al-Bukhari und Muslim)

Hadith 1867 Ibn 'Ābbās(r) berichtete: Ibrāhīm(s) führte Umm Ismā'īl und ihren Sohn Ismā'īl, während sie ihn noch stillte, bis er sie bei der Ka'ba an einem großen Baum beim Brunnen Zamzam am oberen Teil der Moschee brachte und zurückließ. Damals bewohnte kein Mensch Mekka und es gab dort auch kein Wasser. Er ließ bei ihnen einen Sack mit Datteln und einen Schlauch mit Wasser und ging fort. Umm Ismā'īl folgte ihm und sagte: „O Ibrāhīm, wo gehst du hin und lässt uns in diesem Tal, in welchem keine Menschenseele und nichts ist? Sie sagte ihm dies mehrmals, aber er drehte sich nicht zu ihr um . Da fragte sie ihn: „Hat Allāh dir etwa befohlen, dies zu tun?" Er sagte: „Ja!" Sie erwiderte: „Dann wird Er uns nicht verloren gehen lassen." Sie kehrte ihm den Rücken, während Ibrāhīm(s) weiterging. Als er den (Berg-)Pass erreichte, wo sie ihn nicht mehr sehen konnte, wandte er sich mit dem Gesicht zur Ka'ba und sprach folgendes Gebet, während er seine Hände (er) hob: »Unser Herr! Ich habe einen Teil meiner Nachkommenschaft in einem unfruchtbaren Tal nahe bei Deinem Heiligen Haus angesiedelt. O unser Herr, auf dass sie das Gebet verrichten mögen, so mache die Herzen der Menschen ihnen zugeneigt und versorge sie mit Früchten, damit sie dankbar seien!«Umm Ismā'īl begann Ismā'īl zu stillen und von dem Wasser zu trinken. Als kein Wasser mehr im Schlauch war, wurde sie durstig und ihr Sohn ebenso. Sie sah, wie er sich leidend krümmte - oder er (der Überlieferer) sagte: mit den Füßen stampfte - da ging sie fort, weil sie es nicht ertragen konnte, dies mitanzusehen. Sie fand, dass As-Safa der nächste Berg von ihr war, und sie bestieg ihn und schaute ins Tal, in der Hoffnung jemanden zu sehen, doch sie sah niemanden. Sie stieg von As-Safa hinunter bis sie ins Tal kam, da hob sie den Saum ihres

فَقَامَتْ عَلَيْهِ ، ثُمَّ اسْتَقْبَلَتِ الْوَادِيَ تَنْظُرُ إِلَيْهِ ، هَلْ تَرَى أَحَداً ؟ فَلَمْ تَرَ أَحَداً ، فَهَبَطَتْ مِنَ الصَّفَا حَتَّى إِذَا بَلَغَتِ الْوَادِيَ ، رَفَعَتْ طَرَفَ دِرْعِهَا ، ثُمَّ سَعَتْ سَعْيَ الإِنْسَانِ الْمَجْهُودِ حَتَّى جَاوَزَتِ الْوَادِيَ ، ثُمَّ أَتَتِ الْمَرْوَةَ ، فَقَامَتْ عَلَيْهَا ، فَنَظَرَتْ هَلْ تَرَى أَحَداً ، فَلَمْ تَرَ أَحَداً ، فَفَعَلَتْ ذَلِكَ سَبْعَ مَرَّاتٍ . قَالَ ابْنُ عَبَّاسٍ رَضِيَ اللهُ عَنْهُمَا : قَالَ النَّبِيُّ : « فَذَلِكَ سَعْيُ النَّاسِ بَيْنَهُمَا » ، فَلَمَّا أَشْرَفَتْ عَلَى الْمَرْوَةِ سَمِعَتْ صَوْتاً ، فَقَالَتْ : صَهْ ـ تُرِيدُ نَفْسَهَا ـ ثُمَّ تَسَمَّعَتْ ، فَسَمِعَتْ أَيْضاً فَقَالَتْ: قَدْ أَسْمَعْتَ إِنْ كَانَ عِنْدَكَ غَوَاثٌ ، فَإِذَا هِيَ بِالْمَلَكِ عِنْدَ مَوْضِعِ زَمْزَمَ ، فَبَحَثَ بِعَقِبِهِ ـ أَوْ قَالَ بِجَنَاحِهِ ـ حَتَّى ظَهَرَ الْمَاءُ ، فَجَعَلَتْ تُحَوِّضُهُ وَتَقُولُ بِيَدِهَا هَكَذَا ، وَجَعَلَتْ تَغْرِفُ الْمَاءَ فِي سِقَائِهَا وَهُوَ يَفُورُ بَعْدَ مَا تَغْرِفُ . وَفِي رِوَايَةٍ : بِقَدْرِ مَا تَغْرِفُ . قَالَ ابْنُ عَبَّاسٍ رَضِيَ اللهُ عَنْهُمَا: قَالَ النَّبِيُّ ﷺ : « رَحِمَ اللهُ أُمَّ إِسْمَاعِيلَ لَوْ تَرَكَتْ زَمْزَمَ ـ أَوْ قَالَ : لَوْ لَمْ تَغْرِفْ مِنَ الْمَاءِ ـ لَكَانَتْ زَمْزَمُ عَيْناً مَعِيناً » قَالَ : فَشَرِبَتْ ، وَأَرْضَعَتْ وَلَدَهَا ، فَقَالَ لَهَا الْمَلَكُ : لا تَخَافُوا الضَّيْعَةَ فَإِنَّ هَهُنَا بَيْتاً لله يَبْنِيهِ هَذَا الْغُلاَمُ وَأَبُوهُ ، وَإِنَّ اللهَ لا يُضَيِّعُ أَهْلَهُ ، وَكَانَ الْبَيْتُ مُرْتَفِعاً مِنَ الأَرْضِ كَالرَّابِيَةِ تَأْتِيهِ السُّيُولُ ، فَتَأْخُذُ عَنْ يَمِينِهِ وَعَنْ شِمَالِهِ ، فَكَانَتْ كَذَلِكَ حَتَّى مَرَّتْ بِهِمْ رُفْقَةٌ مِنْ جُرْهُمٍ ، أَوْ أَهْلُ بَيْتٍ مِنْ جُرْهُمٍ مُقْبِلِينَ مِنْ طَرِيقِ كَدَاءَ، فَنَزَلُوا فِي أَسْفَلِ مَكَّةَ ، فَرَأَوْا طَائِراً عَائِفاً فَقَالُوا : إِنَّ هَذَا الطَّائِرَ لَيَدُورُ عَلَى مَاءٍ لَعَهْدُنَا بِهَذَا الْوَادِي وَمَا فِيهِ مَاءٌ ، فَأَرْسَلُوا جَرِيّاً أَوْ جَرِيَّيْنِ ، فَإِذَا هُمْ بِالْمَاءِ . فَرَجَعُوا ، فَأَخْبَرُوهُمْ ، فَأَقْبَلُوا وَأُمُّ إِسْمَاعِيلَ عِنْدَ الْمَاءِ ، فَقَالُوا : أَتَأْذَنِينَ لَنَا أَنْ نَنْزِلَ عِنْدَكِ ، قَالَتْ : نَعَمْ وَلَكِنْ لاَ حَقَّ لَكُمْ فِي الْمَاءِ ، قَالُوا : نَعَمْ . قَالَ ابْنُ عَبَّاسٍ :

Kleides (Hemdes) und ging im Laufschritt eines erschöpften Menschen, bis sie das Tal durchlief, dann kam sie *(zum Berg)* Al-Marwa und bestieg ihn umd schaute sich um, in der Hoffnung jemanden zu sehen, doch sie sah niemanden. Sie wiederholte dies sieben Mal. Ibn 'Ābbās(r) berichtete: Der Prophet(s) sagte: „Daher kommt der Laufschritt der Pilger zwischen den beiden." Als sie dann (nach dem siebten Mal) den Berg Marwa erreichte, vernahm sie eine Stimme und sie sprach zu sich: „Nur ruhig bleiben!" und lauschte gespannt, als sie es wieder hörte. "(Wer immer du auch bist) Ich kann dich hören. Kannst du mir helfen?" Plötzlich sah sie einen Engel, und er stieß mit seiner Ferse - oder er sagte mit seinen Flügeln - auf den Boden, bis Wasser entsprang, und sie begannmit ihrer Hand einen Wall aus Erde zu formen und füllte dann ihren Schlauch, und danach hörte es nicht mehr auf zu sprudeln.

In einer anderen Überlieferung steht: soviel wie sie davon schöpfte. Ibn 'Ābbās(r) berichtete: Der Prophet(s) sagte: „Allāh erbarme Sich Umm Ismā'īl! Hätte sie Zamzam frei fließen lassen - oder er(s) sagte: hätte sie nicht von dem Wasser geschöpft - wäre Zamzam eine strömende Wasserquelle (Fluss) geworden." Er (Ibn 'Ābbās) sagte: So trank sie und stillte ihren Sohn. Daraufhin sagte der Engel zu ihr: „Habe keine Sorge, denn hier entsteht ein Haus für Allāh, welches dieser Junge und sein Vater errichten werden, und Allāh lässt Seine Leute nicht verloren gehen!"

Die Ka'ba wurde auf einer Anhöhe wie ein Hügel errichtet, so dass die Regenfluten rechts und links von ihr herabflossen. Es verging einige Zeit bis eine Gruppe oder eine Sippe aus dem Stamm Jurhum, aus der Richtung Kadā am Ort vorbei kam und unterhalb Mekkas Rast machte. Als sie einen Vogel kreisend fliegen sahen, sagten sie (zueinander): „Dieser Vogel umkreist eine Wasserstelle, doch wir wussten immer, dass es in diesem Tal kein Wasser gibt!" Sie schickten einen oder zwei Kundschafter, und sie sahen das Wasser, da kehrten sie zurück und informierten sie. Sie kamen, als Umm Ismā'īl bei dem Wasser war, und fragten sie: „Erlaubst du, dass wir uns in deinem Revier niederlassen?" Sie sagte: „Ja, aber ohne Ansprüche auf das Wasser." Sie sagten: „Ja!" Ibn 'Ābbās(r) berichtete: Der Prophet(s) sagte: „Dies war Umm Ismā'īl recht, denn sie wollte

قَالَ النَّبِيُّ ﷺ : «فَأَلْفَى ذَلِكَ أُمَّ إِسْمَاعِيلَ ، وَهِيَ تُحِبُّ الأُنْسَ» فَنَزَلُوا ، فَأَرْسَلُوا إِلَى أَهْلِيهِمْ فَنَزَلُوا مَعَهُمْ ، حَتَّى إِذَا كَانُوا بِهَا أَهْلَ أَبْيَاتٍ ، وَشَبَّ الغُلَامُ وَتَعَلَّمَ العَرَبِيَّةَ مِنْهُمْ وَأَنْفَسَهُمْ وَأَعْجَبَهُمْ حِينَ شَبَّ ، فَلَمَّا أَدْرَكَ ، زَوَّجُوهُ امْرَأَةً مِنْهُمْ ، وَمَاتَتْ أُمُّ إِسْمَاعِيلَ ، فَجَاءَ إِبْرَاهِيمُ بَعْدَ مَا تَزَوَّجَ إِسْمَاعِيلُ يُطَالِعُ تَرِكَتَهُ فَلَمْ يَجِدْ إِسْمَاعِيلَ ، فَسَأَلَ امْرَأَتَهُ عَنْهُ فَقَالَتْ : خَرَجَ يَبْتَغِي لَنَا ــ وَفِي رِوَايَةٍ : يَصِيدُ لَنَا ــ ثُمَّ سَأَلَهَا عَنْ عَيْشِهِمْ وَهَيْئَتِهِمْ فَقَالَتْ : نَحْنُ بِشَرٍّ ، نَحْنُ فِي ضِيقٍ وَشِدَّةٍ ، وَشَكَتْ إِلَيْهِ ، قَالَ : فَإِذَا جَاءَ زَوْجُكِ، اقْرَئِي عَلَيْهِ السَّلَامَ ، وَقُولِي لَهُ يُغَيِّرْ عَتَبَةَ بَابِهِ، فَلَمَّا جَاءَ إِسْمَاعِيلُ كَأَنَّهُ آنَسَ شَيْئًا فَقَالَ : هَلْ جَاءَكُمْ مِنْ أَحَدٍ ؟ قَالَتْ : نَعَمْ ، جَاءَنَا شَيْخٌ كَذَا وَكَذَا ، فَسَأَلَنَا عَنْكَ ، فَأَخْبَرْتُهُ ، فَسَأَلَنِي : كَيْفَ عَيْشُنَا ، فَأَخْبَرْتُهُ أَنَّا فِي جَهْدٍ وَشِدَّةٍ، قَالَ : فَهَلْ أَوْصَاكِ بِشَيْءٍ ؟ قَالَتْ : نَعَمْ أَمَرَنِي أَنْ أَقْرَأَ عَلَيْكَ السَّلَامَ وَيَقُولُ : غَيِّرْ عَتَبَةَ بَابِكَ ، قَالَ : ذَاكَ أَبِي وَقَدْ أَمَرَنِي أَنْ أُفَارِقَكِ، الْحَقِي بِأَهْلِكِ ، فَطَلَّقَهَا ، وَتَزَوَّجَ مِنْهُمْ أُخْرَى ، فَلَبِثَ عَنْهُمْ إِبْرَاهِيمُ مَا شَاءَ اللهُ ثُمَّ أَتَاهُمْ بَعْدُ ، فَلَمْ يَجِدْهُ ، فَدَخَلَ عَلَى امْرَأَتِهِ ، فَسَأَلَ عَنْهُ ، قَالَتْ : خَرَجَ يَبْتَغِي لَنَا ، قَالَ : كَيْفَ أَنْتُمْ ؟ وَسَأَلَهَا عَنْ عَيْشِهِمْ وَهَيْئَتِهِمْ ، فَقَالَتْ : نَحْنُ بِخَيْرٍ وَسَعَةٍ وَأَثْنَتْ عَلَى اللهِ تَعَالَى ، فَقَالَ : مَا طَعَامُكُمْ ؟ قَالَتْ: اللَّحْمُ ، قَالَ : فَمَا شَرَابُكُمْ : قَالَتِ: المَاءُ ، قَالَ : اللَّهُمَّ بَارِكْ لَهُمْ فِي اللَّحْمِ وَالمَاءِ . قَالَ النَّبِيُّ ﷺ : «وَلَمْ يَكُنْ لَهُمْ يَوْمَئِذٍ حَبٌّ وَلَوْ كَانَ لَهُمْ دَعَا لَهُمْ فِيهِ » قَالَ: فَهُمَا لَا يَخْلُو عَلَيْهِمَا أَحَدٌ بِغَيْرِ مَكَّةَ إِلَّا لَمْ يُوَافِقَاهُ .

Gesellschaft haben." So ließen sie sich nieder, sandten Boten zu ihrer Sippe, die zu ihnen stieß, wurden sesshaft, und vermehrten sich. Währenddessen wuchs Ismāʿīl (unter ihnen) als ihr Liebling heran, lernte das Arabische von ihnen und gefiel ihnen sehr. Als er reif wurde, verheirateten sie ihn mit einer von ihren Frauen, und etwas später starb Umm Ismail.

Nach Ismāʿīls Heirat kam Ibrahim(s), um nach seiner Hinterlassenschaft zu schauen, und er fand Ismāʿīl nicht. Als er dessen Frau nach ihm fragte, sagte sie: „Er ist auf der Suche nach Nahrung für uns - in einer anderen Version steht: auf der Jagd für uns -, dann fragte er sie nach ihrem Lebensunterhalt und Zustand; sie sagte: „Es geht uns schlecht! Wir (leben) in Knappheit und Not!" und sie beklagte sich bei ihm. Er sagte zu ihr: „Wenn dein Mann heimkommt, richte ihm meinen Gruß aus und sage zu ihm, er soll seine Türschwelle auswechseln!" Als Ismāʿīl heimkam spürte er etwas, da fragte er: „Kam jemand zu euch?" Sie sagte: „Ja, ein alter Mann, der mich nach dir fragte, und ich antwortete ihm. Er fragte mich nach unserem Lebensunterhalt und Zustand, da sagte ich zu ihm, dass wir in Knappheit und Not sind!" Ismāʿīl fragte: „Hat er dir etwas aufgetragen?" Sie sagte: „Ja! Er sagte zu mir: „Wenn dein Mann kommt, richte ihm meinen Gruß aus und sage zu ihm, er soll seine Türschwelle auswechseln!" Ismāʿīl sagte: "Jener war mein Vater, und er befahl mir, dich zu verlassen. Nun geh zu deiner Sippe zurück!" Er ließ sich von ihr scheiden, und er heiratete eine andere Frau von ihnen. (dem Stamm Jurhum). Nachdem sich Ibrahim von ihnen solange fernhielt, wie Allāh es wollte, kam er wieder zu ihnen, und auch dieses Mal fand er Ismāʿīl nicht. Stattdessen fand er dessen Frau und fragte nach ihm. Sie sagte: „Er ist ausgegangen, um Nahrung für uns zu besorgen." Er fragte: „Wie geht es euch?" und erkundigte sich nach ihrem Unterhalt und Zustand. Sie sagte: „Uns geht es sehr gut, wir leben im Wohlergehen!"und sie lobpreiste Allāh. Er fragte: „Was ist eure Nahrung?" Sie erwiderte: „Fleisch." Er fragte: „Was ist euer Trank?" Sie erwiderte: „Wasser." Er sagte: „O Allāh! Segne für sie das Fleisch und das Wasser!" Der Prophet(s) sagte: „Sie hatten damals keine Hülsenfrüchte (bzw. kein Korn), denn wenn sie solche

وفى رواية : فجاء فقال : أين إسماعيلُ ؟ فقالت امرأته : ذَهَبَ يصيدُ ، فقالت امرأته : ألا تَنزِلُ ، فتَطعَمَ وتَشرَبَ ؟ قال : وما طعامُكم وما شرابُكم ؟ قالت : طعامُنا اللَّحمُ ، وشرابُنا الماءُ ، قال : اللَّهُمَّ باركْ لهم فى طعامِهِم وشرابِهِم ــ قال : فقال أبو القاسِمِ ﷺ : « بركةُ دعوةِ إبراهيمَ ﷺ » ، قال : فإذا جاء زَوجُكِ ، فاقرئى عليه السَّلامَ ومُريه يُثَبِّتْ عَتبَةَ بابِهِ ، فلمَّا جاء إسماعيلُ ، قال : هل أتاكُم من أحدٍ ؟ قالت : نعم ، أتانا شيخٌ حسنُ الهيئةِ ، وأثنتْ عليه ، فسألنى عنكَ ، فأخبرتُه ، فسألنى كيف عيشُنا ، فأخبرتُه أنا بخَيرٍ ، قال : فأوصاكِ بشىءٍ ؟ قالت : نعم ، يقرأُ عليك السَّلامَ ، ويأمرُكَ أن تُثَبِّتَ عَتَبَةَ بابِكَ ، قال : ذاكَ أبى ، وأنتِ العَتَبةُ أمرنى أن أُمسِكَكِ ، ثم لبِثَ عنهم ما شاء اللهُ ، ثم جاء بعد ذلك وإسماعيلُ يَبرى نَبلًا له تحتَ دوحةٍ قريبًا من زمزمَ ؛ فلمَّا رآه قام إليه ، فصنع كما يصنعُ الوالِدُ بالوَلَدِ ، والولدُ بالوالدِ قال : يا إسماعيلُ ، إنَّ اللهَ أمرنى بأمرٍ ، قال : فاصنعْ ما أمركَ ربُّكَ . قال : وتعينُنى ؟ قال : وأُعينُكَ ، قال : فإنَّ اللهَ أمرنى أن أبنى بيتًا ههنا ، وأشار إلى أكمةٍ مرتفعةٍ على ما حَولَها ، فعند ذلك رفع القواعدَ من البَيتِ ، فجعل إسماعيلُ يأتى بالحجارةِ ، وإبراهيمُ يَبنى حتَّى إذا ارتفع البناءُ، جاء بهذا الحجرِ فوضَعَهُ له فقامَ عليه ، وهو يبنى وإسماعيلُ يناوِلُهُ الحجارةَ وهما يقولان: ربَّنا تَقَبَّلْ منَّا إنَّكَ أنتَ السَّميعُ العَليمُ .

hätten, hätte er für sie um Allāhs Segen gebeten." Ibn 'Ābbās(r) berichtete: Darum bekommt keinem Menschen außer in Mekka die alleinige Ernährung von den beiden (Wasser und Fleisch)!.

In einer anderen Version steht:

Er kam (zu seiner Frau) und fragte: „Wo ist Ismā'īl?" Sie sagte: „Er ist auf der Jagd. Willst du nicht absteigen und etwas essen und trinken?" Er fragte: „Was ist eure Nahrung und euer Trank?" Sie erwiderte: „Unsere Nahrung ist das Fleisch und unser Trank ist das Wasser." Er sagte: „O Allāh! Segne sie in ihrer Nahrung und in ihrem Trank!" - Der Prophet(s) sagte dazu: „Der Segen (in ihnen) ist dank des Bittgebetes Ibrahim(s)!" - Dann sagte Ibrahim(s) zu ihr: „Wenn dein Mann heimkommt, richte ihm meinen Gruß aus und sage zu ihm, er soll seine Türschwelle befestigen!" Als Ismā'īl heimkam, spürte er etwas und er fragte: „Kam jemand zu euch?" Sie sagte: „Ja, es kam ein gutaussehender alter Mann, der mich nach dir fragte, und ich sagte zu ihm, dass es uns gut geht. Ismā'īl fragte: „Hat er dir etwas aufgetragen?" Sie sagte: „Ja! Er sagte zu mir: „Wenn dein Mann heimkommt, richte ihm meinen Gruß aus und sage zu ihm, er soll seine Türschwelle befestigen!" Ismā'īl sagte: „Jener war mein Vater, und du bist die Türschwelle, und er befahl mir, dich zu behalten." Nachdem sich Ibrāhim von ihnen solange fernhielt, wie es Allāh wollte, kam er wieder zu ihnen, während Ismā'īl unter einem großen Baum nahe Zamazam saß und seine Pfeile spitzte. Als er ihn sah, stand er auf und ging auf ihn zu. Sie begrüßten einander wie es ein Sohn mit dem Vater tut, dann sagte Ibrāhim: „O Ismā'īl, Allah hat mir etwas befohlen!" Er antwortete: „Dann tu, was dein Herr dir befohlen hat!" Er fragte: „Würdest du mir dabei behilflich sein?" Er antwortete: „Ja, ich werde dir helfen!" Er sagte: „Allāh befahl mir, hier ein Haus zu errichten - und er zeigte auf eine Anhöhe, die die Umgebung überragte." So begann er die Grundmauern des Hauses zu errichten, in dem Ismā'īl die Steine brachte und Ibrāhim baute, bis das Gemäuer höher (als er) wurde, dann brachte er ihm diesen Stein, worauf Ibrāhim stand, während Ismā'īl ihm die Steine nach und nach reichte, und dabei sprachen beide: „O unser Herr, nimm es an von uns, denn Du bist der Allhörende, der Allwissende!"

وفى رواية : إنَّ إبراهيمَ خرجَ بإسماعيلَ وأمَّ إسماعيلَ ، معهمْ شنَّةٌ فيها ماءٌ ، فجعلتْ أمُّ إسماعيلَ تشربُ من الشنَّةِ ، فيدرُّ لبنُها على صبيِّها حتى قدمَ مكةَ ، فوضعَها تحتَ دوحةٍ، ثم رجعَ إبراهيمُ إلى أهلهِ ، فاتَّبعتْهُ أمُّ إسماعيلَ حتى لمَّا بلغوا كَداءَ ، نادتْهُ من ورائهِ : يا إبراهيمُ إلى من تَتركُنا ؟ قال : إلى اللهِ ، قالتْ : رضيتُ باللهِ ، فرجعتْ ، وجعلتْ تشربُ من الشنَّةِ ، ويدرُّ لبنُها على صبيِّها حتى لمَّا فنى الماءُ قالتْ : لو ذهبتُ ، فنظرتُ لعلَّى أُحسُّ أحداً ، قال : فذهبتْ فصعدتْ الصَّفا ، فنظرتْ ونظرتْ هل تُحسُّ أحداً ، فلمْ تُحسَّ أحداً ، فلمَّا بلغتِ الوادى ، سعتْ وأتتِ المروةَ ، وفعلتْ ذلك أشواطاً ، ثمَّ قالتْ: لو ذهبتُ فنظرتُ ما فعلَ الصبيُّ ، فذهبتْ ونظرتْ ، فإذا هو على حالهِ كأنَّهُ ينشغُ للموتِ، فلمْ تُقرَّها نفسُها ، فقالتْ : لو ذهبتُ ، فنظرتُ لعلَّى أُحسُّ أحداً ، فذهبتْ فصعدتْ الصَّفا ، فنظرتْ ونظرتْ ، فلم تُحسَّ أحداً حتى أتمَّتْ سبعاً ، ثمَّ قالتْ: لو ذهبتُ ، فنظرتْ ما فعلَ ، فإذا هى بصوتٍ ، فقالتْ : أغثْ إنْ كان عندكَ خيرٌ ، فإذا جبريلُ ﷺ فقال بعقبهِ هكذا ، وغمزَ بعقبهِ على الأرضِ ، فانبثقَ الماءُ فدهشتْ أمُّ إسماعيلَ ، فجعلتْ تحفنُ – وذكرَ الحديثَ بطولهِ . رواه البخارى بهذه الروايات كلها.

« الدَّوْحةُ » : الشجرةُ الكبيرةُ . قوله : « قَفَّى » أى : ولَّى . و « الجَرِىُّ » : الرسولُ . و « ألفى » معناه : وجدَ . قولُه : « ينْشَغُ » أى : يشْهقُ .

١٨٦٨ – وعنْ سعيدِ بنِ زيدٍ رضى اللهُ عنهُ قال : سمعتُ رسولَ اللهِ ﷺ يقولُ : «الكَمْأةُ من المَنِّ ، وماؤُها شفاءٌ للعينِ » متفقٌ عليه .

In einer anderen Version steht:
Ibrāhīm(s) führte Umm Ismā'īl und ihren Sohn Ismā'īl, und sie hatten bei sich einen Schlauch mit Wasser. Umm Ismā'īl trank ab und zu aus dem Schlauch, und dies ließ ihre Milch für ihren Sohn fließen, bis sie in Mekka ankamen. Er ließ sie unter einem großen Baum zurück und machte sich auf die Heimreise. Umm Ismā'īl lief hinter ihm her, bis sie zu Kadā kamen, da rief sie ihn: „O Ibrāhīm, bei wem lässt du uns zurück? Er sagte: „Bei Allāh!" Sie erwiderte: „Mit Allāh bin ich zufrieden!" Sie kehrte ihm den Rücken und begann von dem Schlauch zu trinken, und dies ließ ihre Milch für ihren Sohn fließen, bis kein Wasser mehr im Schlauch war. Sie sprach zu sich: „Ich sollte herumgehen und mich umschauen, vielleicht finde ich ja jemanden!" Ibn 'Ābbās(r) berichtete: Sie ging fort, bestieg den (Berg) As-Safa und schaute umher in der Hoffnung jemanden zu sehen, doch sie sah niemanden. Als sie ins Tal kam, ging sie im Laufschritt zum *(Berg)* Al-Marwa, und dies tat sie mehrmals. Dann sprach sie zu sich: „Ich sollte mal schauen, was der Junge getan hat!" Sie ging fort und fand ihn in der selben Lage, als röchelte er im Todeskampf, so dass es ihr keine Ruhe ließ. Sie sprach (erneut) zu sich: „Ich sollte herumgehen und mich umschauen, vielleicht kann ich ja jemanden finden!" Sie ging fort, bestieg den (Berg) As-Safa und schaute umher, in der Hoffnung jemanden zu sehen, doch sie sah niemanden. Dies tat sie siebenmal, dann sprach sie zu sich: „Ich sollte mal nachschauen, was der Junge getan hat", als sie eine Stimme vernahm. Da sagte sie: „Hilf, falls du Gutes leisten kannst!" Plötzlich sah sie den Engel, und er stieß mit seiner Ferse auf den Boden, bis Wasser entsprang. Umm Ismā'īl staunte und begann, von dem Wasser mit den Händen zu schöpfen, und danach hörte es nicht mehr auf zu sprudeln.... (Der Rest ist wie in den obigen Überlieferungen.)
(Al-Bukhari hat alle obigen Überlieferungen festgehalten)

Hadith 1868 Sa'īd ibn Zaid(r) berichtete: Ich hörte den Gesandten Allāhs(s) sagen: „Die Trüffel sind von den Gaben Allāhs (Al-Mann)[266] und ihr Wasser ist heilsam für das Auge."
(Al-Bukhari und Muslim)

كتاب الاستغفار

٣٧١ - باب الاستغفار

قال اللهُ تَعَالى : ﴿ وَاسْتَغْفِرْ لِذَنْبِكَ وَلِلْمُؤْمِنِينَ وَالْمُؤْمِنَاتِ ﴾ (محمد: ١٩) ، وقَالَ تَعَالَى : ﴿ وَاسْتَغْفِرِ اللَّهَ إِنَّ اللَّهَ كَانَ غَفُوراً رَحِيماً ﴾ (النساء: ١٠٦) ، وقالَ تَعَالَى : ﴿ فَسَبِّحْ بِحَمْدِ رَبِّكَ وَاسْتَغْفِرْهُ إِنَّهُ كَانَ تَوَّاباً ﴾ (النصر: ٣) ، وقالَ تَعَالى : ﴿ لِلَّذِينَ اتَّقَوْا عِنْدَ رَبِّهِمْ جَنَّاتٌ تَجْرِي ﴾ إلى قوله عزَّ وجلَّ : ﴿ وَالْمُسْتَغْفِرِينَ بِالْأَسْحَارِ ﴾ (آل عمران: ١٥ ـ ١٧)، وقالَ تَعَالَى : ﴿ وَمَنْ يَعْمَلْ سُوءاً أَوْ يَظْلِمْ نَفْسَهُ ثُمَّ يَسْتَغْفِرِ اللَّهَ يَجِدِ اللَّهَ غَفُوراً رَحِيماً ﴾ (النساء: ١١٠)، وقالَ تَعَالَى : ﴿ وَمَا كَانَ اللَّهُ لِيُعَذِّبَهُمْ وَأَنْتَ فِيهِمْ وَمَا كَانَ اللَّهُ مُعَذِّبَهُمْ وَهُمْ يَسْتَغْفِرُونَ ﴾ (الأنفال: ٣٣) ، وقالَ تَعَالَى : ﴿ وَالَّذِينَ إِذَا فَعَلُوا فَاحِشَةً أَوْ ظَلَمُوا أَنْفُسَهُمْ ذَكَرُوا اللَّهَ فَاسْتَغْفَرُوا لِذُنُوبِهِمْ وَمَنْ يَغْفِرُ الذُّنُوبَ إِلَّا اللَّهُ وَلَمْ يُصِرُّوا عَلَى مَا فَعَلُوا وَهُمْ يَعْلَمُونَ ﴾ (آل عمران: ١٣٥) والآيات في الباب كثيرة مَعْلُومة .

Buch XVI

Das Bitten um Vergebung

Kapitel 371
Bittgebete zur Vergebung

Allāh- hocherhaben ist Er- spricht:
»...und bitte um Vergebung für deine Verfehlung und für die gläubigen Männer und die gläubigen Frauen.«
Sura 47:19
»Dann lobpreise Deinen Herrn und bitte Ihn um Vergebung. Wahrlich, Er ist allein vergebend.«
Sura 110:3
»..und bitte Allāh um Vergebung. Wahrlich, Allāh ist allverzeihend, barmherzig.«
Sura 4:106
»..Für jene, die Allāh fürchten, sind Gärten bei ihrem Herrn, durcheilt von Bächen, ewig darinnen zu verweilen, und reine Gattinnen und Allāhs Wohlgefallen; und Allāh weiß Bescheid über Seine Diener. Die da sprechen: „Unser Herr, siehe wir glauben; drum vergib uns unsere Sünden und hüte uns vor der Strafe des Feuers. Die Standhaften und die Wahrhaftigen und die Andachtsvollen und die Spendenden und die im Morgengrauen um Vergebung Flehenden.«
Sura 3:15-17
»..und wer eine Missetat begeht oder gegen sich sündigt und dann Allāh um Vergebung bittet, findet Allāh verzeihend und barmherzig.«
Sura 4:110
»Doch Allāh wollte sie nicht bestrafen, weil du unter ihnen bist, und Allāh wollte sie nicht bestrafen, während sie um Verzeihung bitten.«
Sura 8:33
»Und diejenigen, die, wenn sie etwas Schändliches getan oder wider sich gesündigt haben, Allāhs gedenken und für ihre Sünden um Vergebung flehen; und wer vergibt die Sünden, wenn nicht Allāh ?« Sura 3:135

١٨٦٩ – وعَنِ الأغَرِّ المُزَنِي رضِيَ اللهُ عنْهُ أنَّ رسولَ اللهِ ﷺ قَالَ : « إنَّهُ لَيُغَانُ عَلَى قَلْبِي ، وَإنِّي لَأسْتَغْفِرُ اللهَ فِي اليَوْمِ مِائَةَ مَرَّةٍ » رواه مسلم .

١٨٧٠ – وعَنْ أبِي هُرَيْرَةَ رضِيَ اللهُ عنْهُ قَالَ : سَمِعْتُ رسولَ اللهِ ﷺ يَقُولُ : « واللهِ إنِّي لَأسْتَغْفِرُ اللهَ وَأتُوبُ إلَيْهِ فِي اليَوْمِ أكْثَرَ مِنْ سَبْعِينَ مَرَّةً » رواه البخاري .

١٨٧١ – وَعَنْهُ رضِيَ اللهُ عَنْهُ قَالَ : قَالَ رَسُولُ اللهِ ﷺ : « وَالَّذِي نَفْسِي بِيَدِهِ لَوْ لَمْ تُذْنِبُوا ، لَذَهَبَ اللهُ تَعَالَى بِكُمْ ، وَلَجَاءَ بِقَوْمٍ يُذْنِبُونَ فَيَسْتَغْفِرُونَ اللهَ تَعَالَى فَيَغْفِرُ لَهُمْ » رواه مسلم .

١٨٧٢ – وَعَنِ ابْنِ عُمَرَ رضِيَ اللهُ عنْهُمَا قَالَ : كُنَّا نَعُدُّ لِرَسُولِ اللهِ ﷺ فِي المجلسِ الوَاحِدِ مِائَةَ مَرَّةٍ : « رَبِّ اغْفِرْ لِي ، وَتُبْ عَلَيَّ إنَّكَ أنْتَ التَّوَّابُ الرَّحِيمُ » .
رواه أبو داود ، والترمذي وقال : حديث صحيح .

١٨٧٣ – وَعَنِ ابْنِ عَبَّاسٍ رضِيَ اللهُ عنْهُمَا قَالَ : قَالَ رَسُولُ اللهِ ﷺ : « مَنْ لَزِمَ الاسْتِغْفَارَ ، جَعَلَ اللهُ لَهُ مِنْ كُلِّ ضِيقٍ مَخْرَجاً ، وَمِنْ كُلِّ هَمٍّ فَرَجاً ، وَرَزَقَهُ مِنْ حَيْثُ لَا يَحْتَسِبُ » رواه أبو داود .

١٨٧٤ – وَعَنِ ابْنِ مَسْعُودٍ رضِيَ اللهُ عنْهُ قَالَ : قَالَ رَسُولُ اللهِ ﷺ : « مَنْ قَالَ : أسْتَغْفِرُ اللهَ الَّذِي لَا إلَهَ إلَّا هُوَ الحَيَّ القَيُّومَ وَأتُوبُ إلَيْهِ ، غُفِرَتْ ذُنُوبُهُ وَإنْ كَانَ قَدْ فَرَّ مِنَ

Hadith 1869 Al-Agharr Al-Muzani(r) berichtete, dass der Gesandte Allāhs(s) gesagt hat: „Es kommt vor, dass mein Herz der Erinnerung an Allah achtlos wird²⁶⁷, so bitte ich Allāh um Vergebung hundertmal am Tag."
(Muslim)

Hadith 1870 Abu Huraira(r) berichtete, dass er den Gesandten Allāhs(s) sagen hörte: „Bei Allāh! Ich bitte Allāh um Vergebung und kehre mich Ihm mehr als siebzigmal am Tag reuig zu."
(Al-Bukhari)

Hadith 1871 Abu Huraira(r) berichtete, dass der Gesandte Allāhs(s) gesagt hat: „Bei Dem in Dessen Hand meine Seele ist, wenn ihr nicht sündigen würdet, würde Allāh euch hinwegnehmen und ein (neues) Volk hervorbringen, das sündigt und Seine Erhabenheit um Vergebung bittet, und (siehe) Er wird ihm vergeben."
(Muslim)

Hadith 1872 Ibn 'Umar(r) berichtete: Gewöhnlich zählten wir dem Gesandten Allāhs(s) in einer einzigen Sitzung hundertmal sein Bittgebet: „O Herr! Vergib mir, und kehre Dich mir zu, denn Du bist der Sich oft gnädig Zuwendende, der Barmherzige!"
(Abu Dawūd, At-Tirmi*d*i. At-Tirmi*d* vermerkt: ein starker *H*adi*th*)

Hadith 1873 Ibn 'Abbās(r) berichtete, dass der Gesandte Allāhs(s) gesagt hat: „Wer an das Vergebungsbittgebet festhält, dem bereitet Allāh einen Ausweg aus jeder Not und eine Erleichterung nach jeder Sorge, und Er wird ihn versorgen, von wo er es nicht vermutet."
(Abu Dawūd)

Hadith 1874 Ibn Mass'ūd(r) berichtete, dass der Gesandte Allāhs(s) gesagt hat: „Wer (reumütig und aufrichtig) erbittet: »Ich bitte Allāh um Vergebung, dem einzigen Gott, dem Ewiglebenden, dem aus Sich Selbst

الزَّحْفِ » رواه أبو داود والترمذى والحاكم ، وقال : حديثٌ صحيحٌ على شرطِ البخاريّ ومسلم .

١٨٧٥ ـ وعن شدَّادِ بنِ أوسٍ رضي اللهُ عنه عن النبيِّ ﷺ قال : « سيدُ الاستغفار أن يقولَ العبدُ : اللهمَّ أنتَ ربّي ، لا إلهَ إلا أنتَ خَلَقْتَني وأنا عبدُكَ ، وأنا على عهدِكَ ووعدِكَ ما استطعتُ أعوذُ بكَ من شرِّ ما صنعتُ ، أبوءُ لك بنعمتِك عليَّ ، وأبوءُ بذنبي فاغفرْ لي ؛ فإنَّه لا يغفرُ الذنوبَ إلا أنتَ . مَن قالها من النهارِ موقناً بها ، فماتَ من يومِه قبلَ أن يُمسي فهو من أهلِ الجنةِ ، ومَن قالها من الليلِ وهو موقنٌ بها قبلَ أن يصبحَ ، فهو من أهلِ الجنةِ » رواه البخاري .

« أبوءُ » بياءٍ مضمومةٍ ثم واوٍ وهمزةٍ ممدودةٍ ، ومعناه : أقرُّ وأعترفُ .

١٨٧٦ ـ وعن ثوبانَ رضي اللهُ عنه قال : كان رسولُ اللهِ ﷺ إذا انصرفَ من صلاتِه ، استغفرَ اللهَ ثلاثاً وقال : « اللهمَّ أنتَ السلامُ ، ومنكَ السلامُ ، تباركتَ يا ذا الجلالِ والإكرامِ » قيل للأوزاعيِّ ـ وهو أحدُ رواتِه ـ كيف الاستغفار ؟ قال : يقولُ : أستغفرُ اللهَ ، أستغفرُ اللهَ . رواه مسلم .

١٨٧٧ ـ وعن عائشةَ رضي اللهُ عنها قالت : كان رسولُ اللهِ ﷺ يكثرُ أن يقولَ قبل موتِه : « سبحانَ اللهِ وبحمدِه ، أستغفرُ اللهَ ، وأتوبُ إليه » متفق عليه .

Seienden und Allerhaltenden, und ich kehre mich Ihm reumütig zu!«, dem werden seine Sünden vergeben, selbst wenn er in der Schlacht mit dem Feind entflohen war."268
(Abu Dawūd, At-Tirmi*d*i und Al-*H*akim, der vermerkt: ein starker *H*adi*t*h nach den Kriterien Al-Bukharis und Muslims)

Hadith 1875 Schaddād ibn Aus(r) berichtete, dass der Prophet(s) gesagt hat: Das beste Bittgebet zur Vergebung des Dieners (Allāhs) lautet: „O Allāh, Du allein bist mein Herr! Es gibt keine Gottheit außer Dir! Mich hast Du geschaffen, so bin ich Dein Diener, und ich halte fest an dem Bund und der Verheißung mit Dir, wie es mir möglich ist! Ich suche Zuflucht bei Dir vor dem Bösen, was ich begangen habe! Ich trage Dir gegenüber die Verpflichtung, Deine Gnade zu erkennen, und ich trage (die Last) meiner Sünde, so erbitte ich Dich, mir zu vergeben; denn keiner kann die Sünden tilgen, außer Du allein!" Wer dies aus Überzeugung reumütig am Tage erbittet und dann stirbt bevor es Abend ist, kommt ins Paradies! Wer dies aus Überzeugung reumütig in der Nacht erbittet und dann stirbt bevor es Morgen ist, kommt ins Paradies!"
(Al-Bukhari)

Hadith 1876 *T*haubān(r) berichtete: Der Gesandte Allāhs(s) pflegte nach dem Verrichten seines Gebetes dreimal um Allāhs Vergebung zu bitten und anschließend zu sagen: „O Allāh! Du bist der Frieden, und von Dir kommt der (Seelen-) Frieden! Segenreich bist Du, o Herr der Erhabenheit und Ehre!" (Muslim)
Man fragte Al-Auzā'i, einen der Überlieferer dieses *H*adi*t*hes: „Wie soll diese Vergebung lauten?" Er sagte: „Man sagt: »Ich bitte Allāh um Vergebung! Ich bitte Allāh um Vergebung!«"

Hadith 1877 'Āischa(r) berichtete: Der Gesandte Allāhs(s) pflegte vor seinem Tod oft zu sagen: „Heilig sei Allāh, und aller Preis gebührt Ihm! Ich bitte Allāh um Verzeihung und wende mich Ihm in Reue zu!"269
(Al-Bukhari und Muslim)

١٨٧٨ - وَعَنْ أَنَسٍ رَضِيَ اللهُ عَنْهُ قَالَ: سَمِعْتُ رَسُولَ اللهِ ﷺ يَقُولُ: «قَالَ اللهُ تَعَالَى: يَا بْنَ آدَمَ إِنَّكَ مَا دَعَوْتَنِي وَرَجَوْتَنِي غَفَرْتُ لَكَ عَلَى مَا كَانَ مِنْكَ وَلَا أُبَالِي، يَا بْنَ آدَمَ لَوْ بَلَغَتْ ذُنُوبُكَ عَنَانَ السَّمَاءِ، ثُمَّ اسْتَغْفَرْتَنِي، غَفَرْتُ لَكَ وَلَا أُبَالِي، يَا بْنَ آدَمَ إِنَّكَ لَوْ أَتَيْتَنِي بِقُرَابِ الْأَرْضِ خَطَايَا، ثُمَّ لَقِيتَنِي لَا تُشْرِكُ بِي شَيْئاً، لَأَتَيْتُكَ بِقُرَابِهَا مَغْفِرَةً» رَوَاهُ التِّرْمِذِيُّ وَقَالَ: حَدِيثٌ حَسَنٌ.

«عَنَانَ السَّمَاءِ» بِفَتْحِ الْعَيْنِ: قِيلَ: هُوَ السَّحَابُ، وَقِيلَ: هُوَ مَا عَنَّ لَكَ مِنْهَا، أَيْ ظَهَرَ، وَ«قُرَابُ الْأَرْضِ» بِضَمِّ الْقَافِ، وَرُوِيَ بِكَسْرِهَا، وَالضَّمُّ أَشْهَرُ، وَهُوَ مَا يُقَارِبُ مِلْأَهَا.

١٨٧٩ - وَعَنِ ابْنِ عُمَرَ رَضِيَ اللهُ عَنْهُمَا أَنَّ النَّبِيَّ ﷺ قَالَ: «يَا مَعْشَرَ النِّسَاءِ تَصَدَّقْنَ، وَأَكْثِرْنَ مِنَ الِاسْتِغْفَارِ؛ فَإِنِّي رَأَيْتُكُنَّ أَكْثَرَ أَهْلِ النَّارِ» قَالَتِ امْرَأَةٌ مِنْهُنَّ: مَالَنَا أَكْثَرَ أَهْلِ النَّارِ؟ قَالَ: «تُكْثِرْنَ اللَّعْنَ، وَتَكْفُرْنَ الْعَشِيرَ مَا رَأَيْتُ مِنْ نَاقِصَاتِ عَقْلٍ وَدِينٍ أَغْلَبَ لِذِي لُبٍّ مِنْكُنَّ» قَالَتْ: مَا نُقْصَانُ الْعَقْلِ وَالدِّينِ؟ قَالَ: «شَهَادَةُ امْرَأَتَيْنِ بِشَهَادَةِ رَجُلٍ، وَتَمَكُّثُ الْأَيَّامَ لَا تُصَلِّي» رَوَاهُ مُسْلِمٌ.

٣٧٢ - باب بيان ما أعد الله للمؤمنين في الجنة

قَالَ اللهُ تَعَالَى: ﴿إِنَّ الْمُتَّقِينَ فِي جَنَّاتٍ وَعُيُونٍ. ادْخُلُوهَا بِسَلَامٍ آمِنِينَ. وَنَزَعْنَا مَا فِي صُدُورِهِمْ مِنْ غِلٍّ إِخْوَانًا عَلَى سُرُرٍ مُتَقَابِلِينَ. لَا يَمَسُّهُمْ فِيهَا نَصَبٌ وَمَا هُمْ مِنْهَا بِمُخْرَجِينَ﴾

Hadith 1878 Anas(r) berichtete, dass er den Gesandten Allāhs(s) sagen hörte: Allāh - hocherhaben ist Er - spricht: »O Sohn Adams! Solange du mich anflehst und auf Mich hoffst, verzeihe Ich dir, trotz der von dir (begangenen Sünden), und es macht Mir nichts aus! O Sohn Adams! Wenn auch deine Sünden bis zu in die Wolken reichen und du Mich dann um Vergebung bittest, verzeihe Ich dir, und es macht Mir nichts aus! O Sohn Adams! Wenn du Mir Sünden vorlegen würdest, nahezu gleich der ganzen Erdenfläche und Mich dann antriffst, ohne Mir Teilhaber an Meiner Göttlichkeit zuzugesellen, so würde ich dir gewiss gleichermaßen Vergebung entgegenbringen!«[270]
(At-Tirmi*d* mit dem Vermerkt: ein guter *H*adi*t*h)

Hadith 1879 Ibn 'Umar(r) berichtete, dass der Prophet(s) sagte: „Ihr Frauen! Ihr sollt Almosen geben und oft um Allāhs Vergebung erbitten; denn wahrlich ich sah, dass die Mehrheit der Höllenbewohner von euch ist!" Ein Frau von ihnen fragte: „Wieso bilden wir die Mehrheit der Höllenbewohner?!" Er(s) sagte: „Ihr flucht zuviel und dem Ehemann gegenüber seid ihr undankbar, und ich sah keinen, der einen vernünftigen Mann besiegen kann wie ihr, trotz eures Mangels an Gelassenheit und am Glaubenspraktizieren!" Sie erwiderte: „Was ist unser Mangel an Gelassenheit und am Glaubenspraktizieren!" Er(s) sagte: „Die Zeugenaussage zweier Frauen entspricht der Zeugenaussage eines Mannes[271], und die Frau verbringt einige Tage, ohne bestimmte Gebete zu verrichten!"[272]

Kapitel 372
Was Allāh für die Gläubigen im Paradies vorbereitet

Allāh - hocherhaben sei Er - spricht:
»Wahrlich, die Rechtschaffenen (kommen) in Gärten und Quellen: „Tretet darein in Frieden, geborgen!" Und Wir nehmen aus ihrer Brust, was an Groll ist, als Brüder sitzend auf Polstern einander gegenüber. Müdigkeit soll sie darin nicht berühren, noch sollen sie von dort vertrieben werden.«

(الحجر: ٤٥: ٤٨) .

وَقَالَ تَعَالَى : ﴿ يَا عِبَادِ لَا خَوْفٌ عَلَيْكُمُ الْيَوْمَ وَلَا أَنتُمْ تَحْزَنُونَ . الَّذِينَ آمَنُوا بِآيَاتِنَا وَكَانُوا مُسْلِمِينَ . ادْخُلُوا الْجَنَّةَ أَنتُمْ وَأَزْوَاجُكُمْ تُحْبَرُونَ . يُطَافُ عَلَيْهِم بِصِحَافٍ مِّن ذَهَبٍ وَأَكْوَابٍ وَفِيهَا مَا تَشْتَهِيهِ الْأَنفُسُ وَتَلَذُّ الْأَعْيُنُ وَأَنتُمْ فِيهَا خَالِدُونَ . وَتِلْكَ الْجَنَّةُ الَّتِي أُورِثْتُمُوهَا بِمَا كُنتُمْ تَعْمَلُونَ . لَكُمْ فِيهَا فَاكِهَةٌ كَثِيرَةٌ مِّنْهَا تَأْكُلُونَ﴾ (الزخرف: ٦٨ـ٧٣) .

وَقَالَ تَعَالَى : ﴿ إِنَّ الْمُتَّقِينَ فِي مَقَامٍ أَمِينٍ . فِي جَنَّاتٍ وَعُيُونٍ . يَلْبَسُونَ مِن سُندُسٍ وَإِسْتَبْرَقٍ مُّتَقَابِلِينَ . كَذَلِكَ وَزَوَّجْنَاهُم بِحُورٍ عِينٍ . يَدْعُونَ فِيهَا بِكُلِّ فَاكِهَةٍ آمِنِينَ . لَا يَذُوقُونَ فِيهَا الْمَوْتَ إِلَّا الْمَوْتَةَ الْأُولَى وَوَقَاهُمْ عَذَابَ الْجَحِيمِ . فَضْلًا مِّن رَّبِّكَ ذَلِكَ هُوَ الْفَوْزُ الْعَظِيمُ ﴾ (الدخان: ٥١ ـ ٥٧) .

وَقَالَ تَعَالَى : ﴿ إِنَّ الْأَبْرَارَ لَفِي نَعِيمٍ . عَلَى الْأَرَائِكِ يَنظُرُونَ . تَعْرِفُ فِي وُجُوهِهِمْ نَضْرَةَ النَّعِيمِ . يُسْقَوْنَ مِن رَّحِيقٍ مَّخْتُومٍ . خِتَامُهُ مِسْكٌ وَفِي ذَلِكَ فَلْيَتَنَافَسِ الْمُتَنَافِسُونَ . وَمِزَاجُهُ مِن تَسْنِيمٍ . عَيْنًا يَشْرَبُ بِهَا الْمُقَرَّبُونَ ﴾ [المطففين ٢٢ ـ ٢٨] والآياتُ في البابِ كثيرةٌ معلومةٌ .

١٨٨٠ ـ وَعَنْ جَابِرٍ رَضِيَ اللهُ عَنهُ قَالَ : قَالَ رَسُولُ اللهِ ﷺ : « يَأْكُلُ أَهْلُ الْجَنَّةِ فِيهَا ، وَيَشْرَبُونَ ، وَلَا يَتَغَوَّطُونَ ، وَلَا يَمْتَخِطُونَ ، وَلَا يَبُولُونَ ؛ وَلَكِنْ طَعَامُهُمْ ذَلِكَ جُشَاءٌ كَرَشْحِ المِسْكِ ، يُلْهَمُونَ التَّسْبِيحَ وَالتَّكْبِيرَ ، كَمَا يُلْهَمُونَ النَّفَسَ » رواه مسلم .

Sura 15:45-48

»O Meine Diener, keine Furcht soll auf euch sein an diesem Tage, noch sollt ihr trauern, (Ihr,) die an Unsere Zeichen glaubtet und euch ergabt. Tretet ein in den Garten, ihr und eure Gefährten, geehrt, glückselig! Schüsseln von Gold und Becher werden unter ihnen kreisen, und darin wird alles sein, was die Seelen begehren und (woran) die Augen sich ergötzen - und ewig sollt ihr darinnen weilen. Das ist der Garten, zu dessen Erben ihr berufen wurdet um dessentwillen, was ihr zu tun pflegtet. Darinnen sind Früchte für euch in Fülle, von denen ihr essen könnt.«
Sura 43:68-73

»Wahrlich, die Rechtschaffenen werden in einer Stätte der Sicherheit sein. Unter Gärten und Quellen. Gekleidet in feine Seide und schweren Brokat, einander gegenüber sitzend. So (wird es sein), und Wir vermählen sie mit herrlichen großäugigen Huris. Sie werden dort nach Früchten jeder Art rufen, in Frieden und Sicherheit. Den Tod werden sie dort nicht kosten, außer dem ersten Tod. Und Er wird sie vor der Strafe des flammenden Feuers bewahren. Als eine Gnade von deinem Herrn. Das ist die höchste Glückseligkeit.«
Sura 44:51-57

»Wahrlich, die Tugendhaften werden in Wonne sein. Auf hohen Ehrensitzen werden sie zuschauen. Erkennen wirst du auf ihren Gesichtern den Glanz der Seligkeit. Ihnen wird ein reiner, versiegelter Trank gegeben, dessen Siegel Moschus ist - und dies mögen die Begehrenden erstreben -, und es wird aus Tasnīm beigemischt, einem Quell, aus der die Erwählten trinken werden.«
Sura 83:22-28

Hadith 1880 Jābir(r) berichtete, dass der Gesandte Allāhs(s) gesagt hat: „Die Bewohner des Paradieses speisen und trinken in ihm, und sie verrichten keine Notdurft, weder schneuzen noch urinieren sie, aber ihre Nahrung (hinterlässt ein duftendes) Aufstoßen, wie die Spuren des Moschus. Die Lobpreisung und die Verherrlichung Allāhs üben sie instinktiv aus, wie sie die Atmung instinktiv ausüben." (Muslim)

١٨٨١ - وَعَنْ أَبِي هُرَيْرَةَ رَضِيَ اللهُ عَنْهُ قَالَ : قَالَ رَسُولُ اللهِ ﷺ : « قَالَ اللهُ تَعَالَى : أَعْدَدْتُ لِعِبَادِيَ الصَّالِحِينَ مَا لا عَيْنٌ رَأَتْ ، وَلا أُذُنٌ سَمِعَتْ ، وَلا خَطَرَ عَلَى قَلْبِ بَشَرٍ ، وَاقْرَؤُوا إِنْ شِئْتُمْ : ﴿ فَلَا تَعْلَمُ نَفْسٌ مَا أُخْفِيَ لَهُمْ مِنْ قُرَّةِ أَعْيُنٍ جَزَاءً بِمَا كَانُوا يَعْمَلُونَ ﴾ (السَّجْدَة: ١٧) » متفقٌ عَلَيْهِ .

١٨٨٢ - وَعَنْهُ قَالَ : قَالَ رَسُولُ اللهِ ﷺ : « أَوَّلُ زُمْرَةٍ يَدْخُلُونَ الجَنَّةَ عَلَى صُورَةِ القَمَرِ لَيْلَةَ البَدْرِ ، ثُمَّ الَّذِينَ يَلُونَهُمْ عَلَى أَشَدِّ كَوْكَبٍ دُرِّيٍّ فِي السَّمَاءِ إِضَاءَةً : لا يَبُولُونَ وَلا يَتَغَوَّطُونَ ، وَلا يَتْفُلُونَ ، وَلا يَمْتَخِطُونَ ، أَمْشَاطُهُمُ الذَّهَبُ ، وَرَشْحُهُمُ المِسْكُ ، وَمَجَامِرُهُمُ الأَلُوَّةُ ـ عُودُ الطِّيبِ ـ أَزْوَاجُهُمُ الحُورُ العِينُ ، عَلَى خَلْقِ رَجُلٍ وَاحِدٍ ، عَلَى صُورَةِ أَبِيهِمْ آدَمَ سِتُّونَ ذِرَاعًا فِي السَّمَاءِ » متفقٌ عَلَيْهِ .

وَفِي رِوَايَةٍ لِلْبُخَارِيِّ وَمُسْلِمٍ : « آنِيَتُهُمْ فِيهَا الذَّهَبُ ، وَرَشْحُهُمُ المِسْكُ ، وَلِكُلِّ وَاحِدٍ مِنْهُمْ زَوْجَتَانِ يُرَى مُخُّ سُوقِهِمَا مِنْ وَرَاءِ اللَّحْمِ مِنَ الحُسْنِ ، لا اخْتِلافَ بَيْنَهُمْ ، وَلا تَبَاغُضَ ، قُلُوبُهُمْ قَلْبٌ وَاحِدٌ ، يُسَبِّحُونَ اللهَ بُكْرَةً وَعَشِيًّا » .

قَوْلُهُ : « عَلَى خَلْقِ رَجُلٍ وَاحِدٍ » رَوَاهُ بَعْضُهُمْ بِفَتْحِ الخَاءِ وَإِسْكَانِ اللَّامِ ، وَبَعْضُهُمْ بِضَمِّهِمَا ، وَكِلَاهُمَا صَحِيحٌ .

١٨٨٣ - وَعَنِ المُغِيرَةِ بنِ شُعْبَةَ رَضِيَ اللهُ عَنْهُ عَنْ رَسُولِ اللهِ ﷺ قَالَ : « سَأَلَ مُوسَى ﷺ رَبَّهُ ، مَا أَدْنَى أَهْلِ الجَنَّةِ مَنْزِلَةً ؟ قَالَ : هُوَ رَجُلٌ يَجِيءُ بَعْدَ مَا أُدْخِلَ أَهْلُ الجَنَّةِ الجَنَّةَ ، فَيُقَالُ لَهُ : ادْخُلِ الجَنَّةَ ، فَيَقُولُ : أَيْ رَبِّ كَيْفَ وَقَدْ نَزَلَ النَّاسُ مَنَازِلَهُمْ ، وَأَخَذُوا

Hadith 1881 Abu Huraira(r) berichtete, dass der Gesandte Allāhs(s) gesagt hat: „Allāh - hocherhaben sei Er - spricht: »Ich habe für Meine tugendhaften Diener vorbereitet, was kein Auge (irgendwann) sah und kein Ohr (irgendwann) hörte und keinem Herzen eines Menschen (irgendwann) in den Sinn kam!« Wenn ihr wollt -(sagte der Überlieferer)- dann lest (Sura 32:17):»So weiß keine (Menschen-) Seele, was ihnen an Augenfreude verborgen ist, als Belohnung für ihr Tun.«
(Al-Bukhari und Muslim)

Hadith 1882 Abu Huraira(r) berichtete, dass der Gesandte Allāhs(s) gesagt hat: „Die erste Schar, die in den Paradiesgarten hineingeht, wird leuchten wie der Vollmond, und diejenigen, die ihr nachfolgen, werden leuchten wie die leuchtenden Sterne, die am stärksten (nach dem Vollmond) leuchten. Sie (die Bewohner des Paradieses) urinieren nicht, verrichten keine Notdurft, spucken nicht und schneuzen sich nicht. Ihre (Haar-) Kämme sind aus Gold, ihr Schweiß ist (wie) Moschus, ihre Räucher- gefäße sind aus Aloeholz, ihre Ehefrauen sind die holdseligen, großäugigen Schönheiten[273], und sie werden alle ein Abbild ihres Vaters Adam in einer Körpergröße von sechzig Ellenlängen, das in den Himmel ragt, sein."
(Al-Bukhari und Muslim)

In einer anderen Version Al-Bukharis und Muslims steht:
„Ihre Gefäße sind aus Gold, ihr Schweiß ist (wie) Moschus, und für jeden von ihnen gibt es zwei Ehefrauen, so schön (weiß), dass man die Adern in ihren Waden hinter der Fleisch- masse durchsieht, und zwischen ihnen gibt es weder Differenzen noch Hass, ihre Herzen sind ein Herz eines einzigen Mannes und sie lobpreisen Allāh am Morgen und am Abend."

Hadith 1883 Al-Mughīra ibn Schu'ba(r) berichtete, dass der Gesandte Allāhs(s) gesagt hat: „Musā(s) fragte seinen Herrn: „Was ist der niedrigste Rang im Paradies?" Allāh -Seine Erhabenheit - sprach: „Es ist der eines Mannes, der ankommt nachdem Ich die Bewohner des Paradieses

أَخَذَاتِهِمْ ؟ فَيُقَالُ لَهُ : أَتَرْضَى أَنْ يَكُونَ لَكَ مِثْلُ مُلْكِ مَلِكٍ مِنْ مُلُوكِ الدُّنْيَا ؟ فَيَقُولُ : رَضِيتُ رَبِّ ، فَيَقُولُ : لَكَ ذَلِكَ وَمِثْلُهُ وَمِثْلُهُ وَمِثْلُهُ وَمِثْلُهُ ، فَيَقُولُ فِى الْخَامِسَةِ : رَضِيتُ رَبِّ، فَيَقُولُ : هَذا لَكَ وَعَشَرَةُ أَمْثَالِهِ ، وَلَكَ مَا اشْتَهَتْ نَفْسُكَ ، وَلَذَّتْ عَيْنُكَ ، فَيَقُولُ : رَضِيتُ رَبِّ ، قَالَ : رَبِّ فَأَعْلَاهُمْ مَنْزِلَةً ؟ قَالَ : أُولَئِكَ الَّذِينَ أَرَدْتُ ؛ غَرَسْتُ كَرَامَتَهُمْ بِيَدِى ، وَخَتَمْتُ عَلَيْهَا ، فَلَمْ تَرَ عَيْنٌ ، وَلَمْ تَسْمَعْ أُذُنٌ ، وَلَمْ يَخْطُرْ عَلَى قَلْبِ بَشَرٍ » رواه مسلم.

١٨٨٤ ــ وَعَنِ ابْنِ مَسْعُودٍ رَضِيَ اللهُ عَنْهُ قَالَ : قَالَ رَسُولُ اللهِ ﷺ : « إِنِّى لَأَعْلَمُ آخِرَ أَهْلِ النَّارِ خُرُوجاً مِنْهَا ، وَآخِرَ أَهْلِ الْجَنَّةِ دُخُولاً الْجَنَّةَ ، رَجُلٌ يَخْرُجُ مِنَ النَّارِ حَبْواً ؛ فَيَقُولُ اللهُ عَزَّ وَجَلَّ لَهُ : اذْهَبْ فَادْخُلِ الْجَنَّةَ ، فَيَأْتِيهَا ، فَيُخَيَّلُ إِلَيْهِ أَنَّهَا مَلْأَى ، فَيَرْجِعُ ، فَيَقُولُ : يَارَبِّ وَجَدْتُهَا مَلْأَى فَيَقُولُ اللهُ عَزَّ وَجَلَّ لَهُ : اذْهَبْ فَادْخُلِ الْجَنَّةَ ، فَيَأْتِيهَا ، فَيُخَيَّلُ إِلَيْهِ أَنَّهَا مَلْأَى ، فَيَرْجِعُ ، فَيَقُولُ : يَارَبِّ وَجَدْتُهَا مَلْأَى ! فَيَقُولُ اللهُ عَزَّ وَجَلَّ لَهُ : اذْهَبْ فَادْخُلِ الْجَنَّةَ ، فَإِنَّ لَكَ مِثْلَ الدُّنْيَا وَعَشَرَةَ أَمْثَالِهَا أَوْ إِنَّ لَكَ مِثْلَ عَشَرَةِ أَمْثَالِ الدُّنْيَا ، فَيَقُولُ : أَتَسْخَرُ

hineingehen liess. Ihm wird gesagt: „Geh hinein ins Paradies!" Er wird sagen: „O mein Herr, wie soll ich hineingehen, während alle Leute ihren Platz nahmen und ihre Belohnungen erhielten?" Ihm wird gesagt: „Bist du zufrieden mit einem Besitz, wie dem eines Königs des Diesseits?" Er wird sagen: „Ich bin (damit) zufrieden, o Herr!" Allāh - Seine Erhabenheit - sagt zu ihm: „Du kriegst das Gleiche, und noch das Gleiche, und noch das Gleiche, und noch das Gleiche!" Er wird beim fünften Mal sagen: „Ich bin (damit) zufrieden, o Herr!" Allāh- Seine Erhabenheit- sagt zu ihm: „Du kriegst das Gleiche, und noch das Zehnfache, und noch dazu was deine Seele begehrt und deine Augen erfreut!" Er wird sagen: „Ich bin (damit) zufrieden, o Herr!" Musā fragte: „O Herr, wer hat unter ihnen den höchsten Rang?" Allāh - Seine Erhabenheit - sprach: „Es sind diejenigen, deren Würde Ich mit Meiner Hand gepflanzt und versiegelt habe, für sie ist was kein Auge (irgendwann) sah und kein Ohr (irgendwann) hörte und keinem Herzen eines Menschen (irgendwann) in den Sinn kam!"« (Muslim)

Hadith 1884 Ibn Mas'ūd(r) berichtete, dass der Gesandte Allāhs(s) gesagt hat: „Ich weiß, wer der Letzte unter den Höllenbewohnern ist, der aus ihr herauskommt, und wer der Letzte unter den Paradiesgartenbewohnern ist, der in ihn hineingeht: Es ist ein Mann, der die Hölle kriechend verlässt. Allāh - hocherhaben und mächtig sei Er - wird ihm sagen: „Geh in den Paradiesgarten hinein!" Er wird hineingehen, dann wird er ihn betreten und denken, dass er überfüllt ist, so kehrt er zurück und wird sagen: „O Herr, ich fand ihn überfüllt!" Allāh -hocherhaben und mächtig sei Er- wird ihm sagen: „Geh in den Paradiesgarten hinein!" Er wird hineingehen, dann wird er ihn betreten und denken, dass er überfüllt ist, so kehrt er zurück und sagen: „O Herr, ich fand ihn überfüllt!" Allāh - hocherhaben und mächtig sei Er - wird ihm sagen: „Geh in den Paradiesgarten hinein, denn du kriegst soviel wie die Welt und darüberhinaus noch das Zehnfache - oder Er sagte: du kriegst das Zehnfache der Welt!" Der Mann wird entgegnen: „Verhöhnst Du mich - oder er wird sagen: „Lachst Du mich aus -, wobei Du der König bist?!" Ibn Mas'ūd(r) sagte dazu: Wahrlich ich sah

بِي ، أَوْ تَضْحَكُ بِي وَأَنْتَ الْمَلِكُ » قَالَ : فَلَقَدْ رَأَيْتُ رَسُولَ اللهِ ﷺ ضَحِكَ حَتَّى بَدَتْ نَوَاجِذُهُ فَكَانَ يَقُولُ : « ذَلِكَ أَدْنَى أَهْلِ الْجَنَّةِ مَنْزِلَةً » مُتَّفَقٌ عَلَيْهِ .

١٨٨٥ ـ وَعَنْ أَبِي مُوسَى رَضِيَ اللهُ عَنْهُ أَنَّ النَّبِيَّ ﷺ قَالَ : « إِنَّ لِلْمُؤْمِنِ فِي الْجَنَّةِ لَخَيْمَةً مِنْ لُؤْلُؤَةٍ وَاحِدَةٍ مُجَوَّفَةٍ طُولُهَا فِي السَّمَاءِ سِتُّونَ مِيلاً ، لِلْمُؤْمِنِ فِيهَا أَهْلُونَ ، يَطُوفُ عَلَيْهِمُ الْمُؤْمِنُ فَلَا يَرَى بَعْضُهُمْ بَعْضًا » مُتَّفَقٌ عَلَيْهِ .

« الْمِيلُ » : سِتَّةُ آلَافِ ذِرَاعٍ .

١٨٨٦ ـ وَعَنْ أَبِي سَعِيدٍ الْخُدْرِيِّ رَضِيَ اللهُ عَنْهُ عَنِ النَّبِيِّ ﷺ قَالَ : « إِنَّ فِي الْجَنَّةِ لَشَجَرَةً يَسِيرُ الرَّاكِبُ الْجَوَادَ الْمُضَمَّرَ السَّرِيعَ مِائَةَ سَنَةٍ مَا يَقْطَعُهَا » مُتَّفَقٌ عليه .

وَرَوَيَاهُ فِي « الصَّحِيحَيْنِ » أَيْضًا مِنْ رِوَايَةِ أَبِي هُرَيْرَةَ رَضِيَ اللهُ عَنْهُ قَالَ : « يَسِيرُ الرَّاكِبُ فِي ظِلِّهَا مِائَةَ سَنَةٍ مَا يَقْطَعُهَا » .

١٨٨٧ ـ وَعَنْهُ عَنِ النَّبِيِّ ﷺ قَالَ : « إِنَّ أَهْلَ الْجَنَّةِ لَيَتَرَاءَوْنَ أَهْلَ الْغُرَفِ مِنْ فَوْقِهِمْ كَمَا تَتَرَاءَوْنَ الْكَوْكَبَ الدُّرِّيَّ الْغَابِرَ فِي الْأُفُقِ مِنَ الْمَشْرِقِ أَوِ الْمَغْرِبِ لِتَفَاضُلِ مَا بَيْنَهُمْ » قَالُوا: يَا رَسُولَ اللهِ ، تِلْكَ مَنَازِلُ الْأَنْبِيَاءِ لَا يَبْلُغُهَا غَيْرُهُمْ ؟ قَالَ : « بَلَى وَالَّذِي نَفْسِي بِيَدِهِ رِجَالٌ آمَنُوا بِاللهِ وَصَدَّقُوا الْمُرْسَلِينَ » . مُتَّفَقٌ عَلَيْهِ .

den Gesandten Allāhs(s) lachen, bis seine Backenzähne sichtbar wurden, und er(s) wiederholte: „Dieser ist der Letzte unter den Paradiesgartenbewohnern!"
(Al-Bukhari und Muslim)

Hadith 1885 Abu Mūsā(r) berichtete, dass der Gesandte Allāhs(s) gesagt hat: „Für jeden Gläubigen im Paradies ist ein Zelt aus einer einzigen ausgehölten Perle, dessen Höhe sechzig Meilen hoch in den Himmel ragt. In jenem Zelt hat der Gläubige seine Frauen[274], wo er unter ihnen die Runde macht, ohne dass sie sich gegenseitig sehen (bzw. stören) werden."
(Al-Bukhari und Muslim)

Hadith 1886 Abu Sa'īd Al-Khudri(r) berichtete, dass der Prophet(s) gesagt hat: „Wahrlich gibt es im Paradiesgarten einen Baum, worunter der Reiter eines gut trainierten, schellen Rennpferdes einhundert Jahre reitet, ohne den Umfang des Baumes durchreiten zu können.
(Al-Bukhari und Muslim)
In der anderen Version Al-Bukharis und Muslims - nach Abu Huraira(r) steht: „in dessen Schatten der Reiter einhundert Jahre reitet, ohne ihn durchreiten zu können."

Hadith 1887 Abu Sa'īd Al-Khudri(r) berichtete, dass der Gesandte Allāhs(s) gesagt hat: „Die Einwohner des Paradiesgartens werden zu den Einwohnern der oberen Gemächer (des Paradiesgartens) hinaufschauen, wie ihr zu dem weitentfernten glitzernden Stern am Horizont im Osten oder Westen hinaufblickt, wegen der Rangdifferenz unter ihnen!" Man fragte ihn: „O Gesandter Allāhs, sind jene Gemächer nur für die Propheten bestimmt, so dass keiner außer ihnen sie erreichen kann?" Er(s) erwiderte: „Nein bei Dem in Dessen Hand meine Seele ist! Sie sind auch für die Menschen, die an Allāh glauben und die Wahrheit der Gesandten bestätigen."
(Al-Bukhari und Muslim)

١٨٨٨ - وَعَنْ أَبِي هُرَيْرَةَ رَضِيَ اللهُ عَنْهُ أَنَّ رَسُولَ اللهِ ﷺ قَالَ : « لَقَابُ قَوْسٍ فِي الْجَنَّةِ خَيْرٌ مِمَّا تَطْلُعُ عَلَيْهِ الشَّمْسُ أَوْ تَغْرُبُ » مُتَّفَقٌ عَلَيْهِ .

١٨٨٩ - وَعَنْ أَنَسٍ رَضِيَ اللهُ عَنْهُ أَنَّ رَسُولَ اللهِ ﷺ قَالَ : « إِنَّ فِي الْجَنَّةِ سُوقاً يَأْتُونَهَا كُلَّ جُمُعَةٍ ، فَتَهُبُّ رِيحُ الشَّمَالِ ، فَتَحْثُو فِي وُجُوهِهِمْ وَثِيَابِهِمْ ، فَيَزْدَادُونَ حُسْناً وَجَمَالاً ، فَيَرْجِعُونَ إِلَى أَهْلِيهِمْ ، وَقَدِ ازْدَادُوا حُسْناً وَجَمَالاً ، فَيَقُولُ لَهُمْ أَهْلُوهُمْ : وَاللهِ لَقَدِ ازْدَدْتُمْ حُسْناً وَجَمَالاً ! فَيَقُولُونَ : وَأَنْتُمْ وَاللهِ لَقَدِ ازْدَدْتُمْ بَعْدَنَا حُسْناً وَجَمَالاً ! » رَوَاهُ مُسْلِمٌ .

١٨٩٠ - وَعَنْ سَهْلِ بْنِ سَعْدٍ رَضِيَ اللهُ عَنْهُ أَنَّ رَسُولَ اللهِ ﷺ قَالَ : « إِنَّ أَهْلَ الْجَنَّةِ لَيَتَرَاءَوْنَ الْغُرَفَ فِي الْجَنَّةِ كَمَا تَتَرَاءَوْنَ الْكَوْكَبَ فِي السَّمَاءِ » مُتَّفَقٌ عَلَيْهِ .

١٨٩١ - وَعَنْهُ رَضِيَ اللهُ عَنْهُ قَالَ : شَهِدْتُ مِنَ النَّبِيِّ ﷺ مَجْلِساً وَصَفَ فِيهِ الْجَنَّةَ حَتَّى انْتَهَى ، ثُمَّ قَالَ فِي آخِرِ حَدِيثِهِ : « فِيهَا مَا لَا عَيْنٌ رَأَتْ ، وَلَا أُذُنٌ سَمِعَتْ ، وَلَا خَطَرَ عَلَى قَلْبِ بَشَرٍ » ، ثُمَّ قَرَأَ : ﴿ تَتَجَافَى جُنُوبُهُمْ عَنِ الْمَضَاجِعِ ﴾ إِلَى قَوْلِهِ تَعَالَى : ﴿ فَلَا تَعْلَمُ نَفْسٌ مَا أُخْفِيَ لَهُمْ مِنْ قُرَّةِ أَعْيُنٍ ﴾ . رَوَاهُ الْبُخَارِيُّ .

١٨٩٢ - وَعَنْ أَبِي سَعِيدٍ وَأَبِي هُرَيْرَةَ رَضِيَ اللهُ عَنْهُمَا أَنَّ رَسُولَ اللهِ ﷺ قَالَ: « إِذَا

Hadith 1888 Abu Huraira(r) berichtete, dass der Gesandte Allāhs(s) gesagt hat: „Sicherlich ist (eine Fläche wie) die Spanne eines Bogens im Paradies besser als worüber die Sonne auf- oder untergeht."
(Al-Bukhari und Muslim)

Hadith 1889 Anas(r) berichtete, dass der Gesandte Allāh(s) gesagt hat: „Im Paradies gibt es einen Wochenmarkt, auf welchen die Gläubigen jeden Freitag gehen. Dann weht der Nordwind und sprüht (Duftstoffe) in ihre Gesichter und über ihre Kleider, so dass sie dadurch noch schöner und prächtiger werden. Wenn sie zu ihren Angehörigen heimkehren, sagen diese zu ihnen: „Bei Allāh, ihr seid noch viel schöner und prächtiger geworden!" Daraufhin erwidern sie: „Und ihr auch! Bei Allāh, ihr seid nach unserem Weggang noch viel schöner und prächtiger geworden!"
(Muslim)

Hadith 1890 Sahl ibn Sa'd(r) berichtete, dass der Gesandte Allāhs(s) gesagt hat: „Die Einwohner des Paradiesgartens werden zu den oberen Gemächer (des Paradiesgartens) hinaufschauen, wie ihr zu den Sternen am Himmel hinaufblickt." (Al-Bukhari und Muslim)

Hadith 1891 Sahl ibn Sa'd(r) berichtete: Ich erlebte den Gesandten Allāhs(s), als er(s) in einer Versammlung das Paradies beschrieben hat. Am Ende seiner Rede sagte er: „In ihm ist, was kein Auge (irgendwann) sah und kein Ohr (irgendwann) hörte und keinem Herzen eines Menschen (irgendwann) in den Sinn kam!« Dann rezitierte er: »Ihre Seiten halten sich fern von den Betten; sie rufen ihren Herrn an in Furcht und Hoffnung und spenden von dem, was Wir ihnen gegeben haben. Doch keine Seele weiß, welcher Augentrost für sie verborgen ist als Belohnung für ihr Tun.«
Sura 32:16-17
(Al-Bukhari)

Hadith 1892 Abu Sa'id und Abu Huraira(r) berichteten, dass der Gesandte Allāhs(s) gesagt hat: „Wenn die Einwohner des Paradiesgartens

دَخَلَ أَهْلُ الجَنَّةِ الجَنَّةَ يُنَادِي مُنَادٍ : إِنَّ لَكُمْ أَنْ تَحْيَوْا ، فَلا تَمُوتُوا أَبَداً ، وَإِنَّ لَكُمْ أَنْ تَصِحُّوا ، فَلا تَسْقَمُوا أَبَداً ، وَإِنَّ لَكُمْ أَنْ تَشِبُّوا فَلا تَهْرَمُوا أَبَداً ، وَإِنَّ لَكُمْ أَنْ تَنْعَمُوا، فَلا تَبَأسُوا أَبَداً » رَوَاهُ مُسْلِمٌ .

١٨٩٣ ـ وَعَنْ أَبِي هُرَيْرَةَ رَضِيَ اللهُ عَنْهُ أَنَّ رَسُولَ اللهِ ﷺ قَالَ : « إِنَّ أَدْنَى مَقْعَدِ أَحَدِكُمْ مِنَ الجَنَّةِ أَنْ يَقُولَ لَهُ : تَمَنَّ ، فَيَتَمَنَّى ويتمنى ، فَيَقُولُ لَهُ : هَلْ تَمَنَّيْتَ ؟ فَيَقُولُ: نَعَمْ ، فَيَقُولُ لَهُ : فَإِنَّ لَكَ مَا تَمَنَّيْتَ وَمِثْلَهُ مَعَهُ » رَوَاهُ مُسْلِمٌ .

١٨٩٤ ـ وَعَنْ أَبِي سَعِيدٍ الخُدْرِيِّ رَضِيَ اللهُ عَنْهُ أَنَّ رَسُولَ اللهِ ﷺ قَالَ : « إِنَّ اللهَ عَزَّ وَجَلَّ يَقُولُ لأَهْلِ الجَنَّةِ : يَا أَهْلَ الجَنَّةِ ،فَيَقُولُونَ :لَبَّيْكَ رَبَّنَا وَسَعْدَيْكَ ، وَالخَيْرُ فِي يَدَيْكَ ، فَيَقُولُ : هَلْ رَضِيتُمْ؟ فَيَقُولُونَ : وَمَا لَنَا لَا نَرْضَى يَا رَبَّنَا وَقَدْ أَعْطَيْتَنَا مَا لَمْ تُعْطِ أَحَداً مِنْ خَلْقِكَ ! فَيَقُولُ : أَلَا أُعْطِيكُمْ أَفْضَلَ مِنْ ذَلِكَ فَيَقُولُونَ : وَأَيُّ شَيْءٍ أَفْضَلُ مِنْ ذَلِكَ ؟ فَيَقُولُ : أُحِلُّ عَلَيْكُمْ رِضْوَانِي ، فَلَا أَسْخَطُ عَلَيْكُمْ بَعْدَهُ أَبَداً » . مُتَّفَقٌ عَلَيْهِ .

١٨٩٥ ـ وَعَنْ جَرِيرِ بْنِ عَبْدِ اللهِ رَضِيَ اللهُ عَنْهُ قَالَ : كُنَّا عِنْدَ رَسُولِ اللهِ ﷺ فَنَظَرَ إِلَى القَمَرِ لَيْلَةَ البَدْرِ ، وَقَالَ : « إِنَّكُمْ سَتَرَوْنَ رَبَّكُمْ عِيَاناً كَمَا تَرَوْنَ هَذَا القَمَرَ ، لَا تُضَامُّونَ فِي رُؤْيَتِهِ » مُتَّفَقٌ عَلَيْهِ .

ihn betreten, verkündet ein Rufer: „Euch ist vorbestimmt, ewig zu leben ohne zu sterben, gesund zu sein und niemals zu erkranken, jung zu bleiben und niemals zu altern, und seelig zu sein, und niemals zu leiden!"
(Muslim)

Hadith 1893 Abu Huraira(r) berichtete, dass der Gesandte Allāh s(s) gesagt hat: „Der niedrigste Rang eines von euch im Paradies ist, dass ihm gesagt wird: „Wünsche, was du willst!" so wird er soundso wünschen und soundso wünschen. Dann wird ihm gesagt: „Hast du dir alles gewünscht?" Er wird sagen: „Ja!" Dann wird ihm gesagt: „Nun hast du, was du dir gewünscht hast und das Gleiche noch einmal!"
(Muslim)

Hadith 1894 Abu Sa'īd Al-Khudri(r) berichtete, dass der Gesandte Allāhs(s) gesagt hat: „Wahrlich wird Allāh - hocherhaben und mächtig sei Er - zu den Einwohnern des Paradieses sagen: „Ihr Einwohner des Paradieses!" Sie werden antworten: „Hier sind wir, die Diener Deiner Erhabenheit, und alle Güte ist in Deinen Händen!" Seine Erhabenheit wird fragen: „Seid ihr nun zufrieden?" Sie werden antworten: „Wieso nicht, unser Herr, wo Du uns doch gegeben hast, was Du keinem Deiner Schöpfung gabst!" Seine Erhabenheit wird fragen: „Soll Ich euch nicht was Besseres als dies schenken?" Sie werden antworten: „Was könnte besser als dies sein?!" Seine Erhabenheit wird fragen: „Dass Ich euch mit Meiner Gnade (und Wohlgefallen) bedecke, so dass Ich euch niemals zürne!"
(Al-Bukhari und Muslim)

Hadith 1895 Jarīr ibn 'Abdullāh(r) berichtete: Eines Abends waren wir bei den Gesandten Allāhs(s), da betrachtete er den Mond, und es war eine Vollmondnacht, und sagte: „Ihr werdet wahrlich euren Herrn sehen, wie ihr jetzt diesen Mond seht, ohne beeinträchtigt zu sein in Dessen Sicht."
(Al-Bukhari und Muslim)

١٨٩٦ ـ وَعَنْ صُهَيْبٍ رضي اللهُ عنه أنَّ رَسُولَ اللهِ ﷺ قَالَ : « إذا دَخَلَ أهْلُ الجَنَّةِ الجَنَّةَ يقُولُ اللهُ تَبَارَكَ وتعَالَى : تُرِيدُونَ شَيْئاً أزِيدُكُمْ ؟ فَيَقُولُونَ : ألَمْ تُبَيِّضْ وُجُوهَنا ؟ ألَمْ تُدْخِلْنا الجَنَّةَ وتُنجِّنا مِنَ النَّارِ ؟ فَيَكْشِفُ الحِجَابَ ، فَما أعْطُوا شَيْئاً أحَبَّ إلَيْهِمْ مِنَ النَّظَرِ إلَى رَبِّهِمْ » رواهُ مُسْلِمٌ .

قَالَ اللهُ تَعَالَى : ﴿ إنَّ الَّذِينَ آمنُوا وعَمِلُوا الصَّالِحَاتِ يَهْدِيهِمْ رَبُّهُمْ بإيمانِهِمْ تَجْرِى مِنْ تَحْتِهِمُ الأنْهَارُ فى جنَّاتِ النَّعيمِ . دَعْوَاهُمْ فِيها سُبْحَانَكَ اللَّهُمَّ وتَحِيَّتُهُمْ فِيها سلامٌ وَآخِرُ دَعْوَاهُمْ أنِ الْحَمْدُ لله رَبِّ الْعَالَمينَ ﴾ (يونس: ٩، ١٠) .

الْحَمْدُ لله الَّذِى هَدَانا لِهذَا وَمَا كُنَّا لِنَهْتَدِىَ لَوْلاَ أنْ هَدَانَا اللهُ . اللَّهُمَّ صَلِّ عَلَى مُحَمَّدٍ وَعَلَى آلِ مُحَمَّدٍ ، كَمَا صَلَّيْتَ عَلَى إبْرَاهِيمَ وَعَلَى آلِ إبْراهيمَ ، وبَارِكْ عَلَى مُحَمَّدٍ، وعَلَى آلِ مُحَمَّدٍ ، كَمَا بَارَكْتَ عَلَى إبْرَاهِيمَ وَعَلَى آلِ إبْراهيمَ ، إنَّكَ حَمِيدٌ مَجِيدٌ.

قَالَ مُؤَلِّفُهُ يَحْيَى النَّوَاوِىُّ غَفَرَ اللهُ لَهُ : « فَرَغْتُ مِنْهُ يَوْمَ الاثْنَيْنِ رَابِعَ عَشَرَ رَمَضَانَ سَنَةَ سَبْعِينَ وَسِتِّمَائَةٍ » .

نهاية

Hadith 1896 Suhaib(r) berichtete, dass der Gesandte Allāhs(s) gesagt hat: „Wenn die Einwohner des Paradieses das Paradies betreten, wird Allāh - hocherhaben und mächtig sei Er - zu ihnen sagen: „Braucht ihr noch etwas, das ich euch gebe?" Sie werden sagen: „Hast Du nicht unsere Gesichter hell gemacht? Hast Du uns nicht ins Paradies geführt und vor der Hölle gerettet?!" Dann wird Seine Erhabenheit den Schleier enthüllen, und es steht für sie fest, dass nichts ihnen lieber ist, das sie haben könnten, als ihren Herrn schauen zu dürfen."
(Muslim)

Allāh -hocherhaben sei Er- spricht:
»Jene doch, die da glauben und Gutes verrichten, wird ihr Herr leiten um ihres Glaubens willen. Ströme werden unter ihnen hinfließen in den Gärten der Wonne. Ihre Begrüßung dort wird „Frieden!" sein. Und zuletzt werden sie rufen: „Aller Preis gehört Allāh, dem Herrn der Welten.«
Sura 10:9-10

Aller Lobpreis gebührt Allāh, Der uns zu diesem rechtgeleitet hat, denn wir wären nicht rechtgeleitet, hätte Allāh uns nicht geleitet! O Allāh, schenke Muhammad Heil und der Familie Muhammads, so wie Du auch Ibrāhīm und der Familie Ibrāhīms Heil geschenkt hast. Und segne Muhammad und die Familie Muhammads, so wie Du auch Ibrāhīm und die Familie Ibrāhīms gesegnet hast, denn Du allein bist preiswürdig hocherhaben!

Der Verfasser -Imām Yahya An-Nawāwi- möge Allāh ihm seine Verfehlungen vergeben: „Am Montag, den 14. Ramadan des Jahres 670 n.H. bin ich fertig geworden."

Anmerkungen

1 Der Nießende soll sagen: "Al-*H*amdu Lillāh!", d.h.: Lob sei Allah!; daraufhin soll der Anwesende zu ihm sagen: "Yarhamukumullah!", d.h. Allah erbarme sich eurer! (Anm. des Übers.)

2 Das veraltete Verb kharafa خَرَفَ mit dem Verbalsubstantiv خَرْف bedeutet: die hochwertigen Früchte gegen Ende des Herbstes خَرِيف ernten. Das zutreffende Wort dafür wäre Spätling bzw. die spät im Jahr vollreifende Frucht" (Anm. des Übers.)

3 Abul-Qāsim ist ein bekannter Beiname des Propheten(s).(Anm. des Übers.)

4 Ist die kranke Person weiblich, dann ist *ki* an Stelle von *ka* zu sagen, d.h. yaschfīki, arqīki, yu*d*īki.(Anm. des Übers.)

5 Der fehlende Rest des Hadiths lautet: "Da sagte 'Umar (r) zu ihm: "O Gesandter Allahs! Du betest für sie, obwohl sie Unzucht begangen hat?" Er antwortete: "Sie hat solch eine aufrichtige Reue gezeigt. Würde diese Reue auf siebzig (Sünder) der (Stadt) Madina verteilt, hätte sie sie alle umfassen können. Findest du etwa eine bessere Reue, als dass sie ihr eigenes Leben für Allah, den Mächtigen und Erhabenen, aufgeopfert hat?!" (Muslim)

فقال له عمر: تُصَلِّي عليها يارسولَ الله وقد زَنَت؟ قال: «لقد تابَت توبةً لو قُسِمَت بين سبعين من أهل المدينة لَوَسِعَتْهُم ، وهل وَجَدْتَ توبةً أفضلَ مِن أن جادت بنفسها لله عزَّ وجلَّ؟» (Anmerkung des Übersetzers)

6 Der Rest des Hadiths lautet: "Ich sagte: "Ist es so, weil du zweifachen Lohn bekommst?" Er sagte: "So ist es. Auch wenn ein Muslim verletzt wird, durch einen Stachel oder gar noch kleiner, ver- gibt ihm Allah einiges, dass die Sünden von ihm abfallen, wie ein Baum , der seine (verwelkten) Blätter abwirft."

قلت ذلك أنَّ لك أجرين؟ قال: «أجل ذلك، كذلك ما من مسلم يصيبه أذى، شوكةٌ فمافوقها إلاّ كفَّرَ الله بها سيئاته، وحُطَّت عنه ذنوبُه كما تَحُطُّ الشجرةُ ورقها متفقٌ عليه.

7 Anm. des Üb.: Der Rest des *H*adiths lautet: "Sollte ich nicht zwei Drittel meines Vermögens als Al- mosen geben?" Er sagte: "Nein." Ich sagte: "O Gesandter Allahs, dann die Hälfte?" Er sagte: "Nein." Ich sagte: "O Gesandter Allahs, aber den drittel Teil?" Er sagte: "Ein Drittel, obwohl ein Drittel mehr als genug ist. Es ist viel besser, wenn du deine Angehörigen als Wohlhabende zurücklässt, als wenn sie arm sind und die Menschen um Gaben anbetteln müssen. Und alle Ausgaben, die du um Allahs willen spen- dest, werden dir belohnt werden, sogar jeder einzelne Bissen, den du deiner Frau in den Mund steckst." ▶

Ich fragte: "O Gesandter Allahs! Wie könnte ich, im Gegensatz zu meinen Gefährten, zurückgelassen werden?" Du wirst nie zurückgelassen werden, denn was auch immer du um Allahs willen leistest, wird dich in Rang und Stellung erhöhen. Vielleicht solltest du zurückgelassen werden(d.h. sie überleben), um einen Freud, und der anderen Leid zu sein. O Allah! Nimm die Auswanderung meiner Gefährten (zu Dir) an, und lasse sie nicht auf ihren Fersen umkehren! Verloren ist aber Sa d ibn Khaula." So bedauerte der Gesandte Allahs (s), dass jener Sa d daheim in Mekka starb." Der Rest des Hadiths auf Arabisch:

أفأتصدَّقُ بثُلُثَيْ مالي؟ قال:لا، قلتُ: فالشَّطرُ يارسولَ الله؟ فقال: لا، قلتُ:فالثُلُثُ يارسولَ الله؟ قال: «الثلث والثلث كثير ـ أو كبير ـ إنك أن تذر ورثتك أغنياء خيرٌ من أن تذرهم عالةً يتكففون الناسَ، وإنك لن تنفق نفقةً تبتغي بها وجه الله إلاَّ أُجِرْتَ عليها حتى ما تجعل في في امرأتِك» قال: فقلت يارسول الله أُخَلَّفُ بعد أصحابي؟ قال: «إنك لن تُخَلَّفَ فتعمل عملا تبتغي به وجه آلله إلاَّ ازددت به درجةً ورفعةً ، ولعلَّكَ أن تُخَلَّفَ حتى ينتفع بك أقوامٌ ويُضَرَّ بك آخرون . اللهم أمض لأصحابي هجرتهم، ولا تردَّهم على أعقابهم، لكن البائس سعدبن خولة» يرثي له رسول الله ﷺ أن مات بمكَّةَ . مُتَّفقٌ عليه

8 Anm. d. Üb.: Der Rest des Hadiths lautet: Da sagte der Prophet(s): Beklage dich, wenn ich noch am Leben bin, dass ich Allah bitte, dir zu vergeben oder dass ich für dich bete!" Da sagte 'Āischa: "Ich, die Ärmste! Bei Allah denke ich, du hättest es gerne, dass ich gestorben sei. Wäre es so, dann hättest du den Rest deines Tages mit einer deiner Gattinnen verbracht. Daraufhin sagte der Prophet(s): "Ich erst recht kann sagen: "O mein Kopf!". Beinah hätte ich Abu Bakr und seinen Sohn rufen lassen, damit ich meinen Nachfolger bestimme, doch fürchtete ich das Gerede mancher, oder das Trachten anderer, so sprach ich (zu mir selbst): "Allah erlaubt dies nicht, und die Muslime werden es auch ablehnen (oder: Allah verbietet es, und die Muslime werden es auch bekämpfen)."

«قالتْ عائشة: وارأساه، فقال رسول الله ﷺ : ذاك لو كان وأناحيٌّ فأستغفرَ لكِ وأدعوَ لكِ، فقالتْ عائشة: واثُكلِياهْ: والله إنِّي لأُظنُّكَ تحبُّ موتي، ولو كان ذلكَ لَظَلِلتَ آخِرَ يومِكَ مُعَرِّساً ببعض أزواجِكَ. فقال النبيُّ ﷺ : بل أنا وارأساه ، لقد هَمَمْتُ أو أردتُ أن أرسِلَ إلى أبي بكر وابنهِ فأعهَدَ أن يقولَ القائلون أو يتمنَّى المتمنُّون، ثمَّ قلتُ: يأبى اللهُ ويدفعُ المؤمنون، أو يدفعُ الله ويأبى المؤمنون» البخاري ج ٧ ص ٣٨٧.

9 Muslim berichtete, er sei nicht sicher, ob er (s) "den Kranken" oder "den Toten" gesagt habe. Abu Dāwud und die übrigen Überlieferer betonen, er (s) habe sicherlich " den Toten" gesagt.

Anmerkungen

10 Der Rest des *H*adiths lautet: Erneut schickte sie zu ihm Im Namen Allahs solle er zu ihr kommen. So machte er sich zu ihr auf, und es begleiteten ihn Sa'd ibn 'Ubāda, Mu‘ād ibn Dschabal, Ubaiy ibn Ka'b, Zaid ibn Thābit und andere tugendhafte Gefährten(r). Man reichte dem Gesandten Allahs(s) das Kind und er nahm es auf seinen Schoß, während es im Todeskampf röchelte, da flossen seine Tränen. Daraufhin sagte Sa'd: "O Gesandter Allahs, was soll das sein?" Er antwortete: "Das ist die Barmherzigkeit, die Allah, der Erhabene, in die Herzen Seiner Diener gelegt hat." Nach einer anderen Überlieferung sagte er(s): "Das ist die Barmherzigkeit, die Allah, der Erhabene, in das Herz dessen legt, den Er von seinen Dienern auserwählt hat, denn Allah hat gewiss Barmherzigkeit mit Seinen barmherzigen Dienern.."

فأرسلَت إليه تقسم عليه لَيَأتيّنها . فقام ومعه سعدبن عبادة، ومعاذبن جبل، وأُبيُّ بن كعب، وزيد بن ثابت، ورجال رضي الله عنهم، فُرفع إلى رسول الله ﷺ الصبيُّ، فأقعده في حجره ونفسُه تقعقعُ، ففاضت عيناه فقال سعد: يارسول الله ماهذا؟ فقال: « هذه رحمة جعلها الله تعالى في قلوب عبا ده» وفي رواية :« في قلوب من شاء من عباده، وإنّما يرحم الله من عباده الرُّحماءَ » . مُتَّفَقٌ عليه

11 Der Rest des *H*adiths lautet: Erneut schickte sie zu ihm, im Namen Allahs solle er zu ihr kommen. So machte er sich zu ihr auf, und es begleiteten ihn Sa'd ibn 'Ubāda, Mu‘ād ibn Dschabal, Ubaiy ibn Ka'b, Zaid ibn Thābit und andere tugendhafte Gefährten(r). Man reichte dem Gesandten Allahs(s) das Kind und er nahm es auf seinen Schoß, während es im Todeskampf röchelte, da flossen seine Tränen. Daraufhin sagte Sa'd: "O Gesandter Allahs, was soll das sein?" Er antwortete: "Das ist die Barmherzigkeit, die Allah, der Erhabene, in die Herzen Seiner Diener gelegt hat." Nach einer anderen Überlieferung sagte er(s): "Das ist die Barmherzigkeit, die Allah, der Erhabene, in das Herz dessen legt, den Er von seinen Dienern auserwählt hat, denn Allah hat gewiss Barmherzigkeit mit Seinen barmherzigen Dienern.."

فأرسلَت إليه تقسم عليه لَيَأتيّنها . فقام ومعه سعدبن عبادة، ومعاذبن جبل، وأُبيُّ بن كعب، وزيد بن ثابت، ورجال رضي الله عنهم، فُرفع إلى رسول الله ﷺ الصبيُّ، فأقعده في حجره ونفسُه تقعقعُ، ففاضت عيناه فقال سعد: يارسول الله ماهذا؟ فقال: « هذه رحمة جعلها الله تعالى في قلوب عبا ده» وفي رواية :« في قلوب من شاء من عباده، وإنّما يرحم الله من عباده الرُّحماءَ » . مُتَّفَقٌ عليه

12 Vermerk des Übers.: Ein Qīrāt (griechisch kerátion) ist ein Längenmaß (Zoll), ein Gewichtmaß (0,195 g), ein Trockenhohlmaß (0,0641 Liter) und ein Flächenmaß, welches 175,035 m² beträgt. Das letzte ist hier gemeint.

13 Vermerk des Übers.: Im Aufrechtstehen, ohne Rukuu' oder Sujud, direkt hinter der Bahre, die normalerweise quer zur Qibla-Wand in der Moschee mit dem Gesicht des Toten nach rechts geneigt in Gebetsrichtung weisend aufgestellt wird, spricht der Imam die erste Takbīra (Allahu Akbar) laut. Die Anwesenden erheben die Hände und wiederholen leise (Allahu Akbar) und rezitieren leise Al-Fātiha... Bei den folgenden drei Takbīrat erhebt jeder die Hände wie in der ersten Takbīrat Al-Ihraam.

14 Vermerk des Übers.: d.h. A'udu billaahi minasch-Schaitaanir-Rajiem: Ich suche Zuflucht bei Allah vor dem Satan, dem Verworfenen).

15 Vermerk des Üb.: Nach dem Bittgebet nach der vierten Takbīra beendet man das Gebet mit dem Imam zusammen durch den Tasliem (Asslaamu alaikum wa Rahmatullah) zur rechten Seite; in der schafiitischen Rechtsschule ist der Tasliem zur rechten und zur linken Seite wie beim normalen Gebet üblich..

16 Das arab. Bittgebet lautet: "Allaahummaghfir **lahu**(*) war*h*amhu, wa'āfihi, wafu **'anhu**, wa akrim Nuzul**ahu**, wa wassi' Mudkhal**ahu**, waghsil**hu** bilmā i , wath-Thalji, wa naqqi**hi** minal Khatāya kamaa naqqaitath-Thaubal- abyada minad-Danasi, wa abdil**hu** Dāran khairan min Dāri**hi**, wa Ahlan khairan min Ahli**hi**, wa Zaujan khairan min Zauji**hi**, wa adkhilhul.Jannata, wa ʿ a'id**hu** min 'Adabil-Qabri, wamin 'Adabin-Nār!" (*) Für **Feminin lahā, hā, hā, 'anhā, lahā, lahā, hā, hā, hā, hā, hā, hal**-Jannata, **hā**.

17 Vermerk des Übersetzers: Das Allerbeste könnte das Paradies oder die Rechtleitung bedeuten. Der Rest des *H*adiths laut Bukhari endet mit Ayāt 5-10 der 92. Sura, und lautet:

فقال «ما منكم من أحد ، ما من نفس منفوسة إلا كتب مكانها من الجنَّة والنار، وإلا قد كتبت شقيةٌ أو سعيدة»
رجل: «يارسول الله، أفلا نتَّكِل على كتابنا وندع العمل؟ فمن كان منَّا من أهل السَّعادة فسيصير إلى عمل أهل السعادة . وأما من كان منَّا من أهل الشَّقاوة فسيصير إلى عمل أهل الشقاوة» قال: أما أهل السعادة فيُيَسَّرُون لعمل السعادة، وأما أهل الشقاوة فيُيَسَّرُون لعمل الشقاوة . ثم قرأ ﴿فأما من أعطى واتَّقى * وصدَّق بالحسنى* فسنيسره لليسرى* وأما من بخلَ وآستغنى * وكذَّب بالحسنى* فسنيسره للعسرى﴾ الليل ٥ - ١٠.

18 Vermerk des Übersetzers: Der Qurʾān versichert: Gläubige werden von der Hölle weit entfernt bleiben, sogar ihr Geräusch werden sie nicht hören. Vgl. 21:10-103; 92:16-19

19 Vermerk des Übersetzers: Im 7. Monat des Jahres 10 nach Hijra (= 632) im Hochsommer erfolgte die Unterwerfung der Gassaniden beim Feldzug von Tabūk.

20 Vermerke des Verfassers: Ihr Anteil am Boden bedeutet das milde Treiben der Tiere, sodass sie während des Treibens grasen können.

21 schont ihr Gehirn bedeutet das zügige Antreiben der Kamele, um das Ziel zu erreichen, bevor ihr Gehirn durch Erschöpfung geschädigt wird.

22 Muhammad Nāṣiruddīn Al-Albāni kommentiert: In der Überlieferungskette dieses *H*adiths ist ein Mangel; also ein schwacher *H*adith.

23 Der Verfasser fügt zu: Al-Khattābi sagt: "Die Ortsbewohner" hier bedeutet die Dschinnen, und mit "Vater und Nachkommen" sind vermutlich der Satan und seine Nachkommen gemeint.

24 Ein Mahram ist ein für die Frau nicht heiratbarer Blutsverwandter, wie Sohn, Bruder, Onkel usw: Anm. des Übersetzers.

25 Anm. des Übersetzers: Zederatzitrone (Ethrogzitrone): Utrujj, Utrunjj, turunjj; liban. Kabbād zählt zu den Wunderstammpflanzen der arabischen Heilkunde. Das Kauen ihrer Blätter vertreibt den Geruch von Knoblauch u.ä.. Die Schale soll die Schmerzen bei den Nachwehen mildern, die mit der Raute gemischten Kerne fördern die Menstruation, die Frucht verbreitet einen angenehmen Duft, wovor die Dschinnen fliehen usw. Dies kann man seit Ibn Sīnā (gest. 1037) belegen, aber auch dem Lehrgedicht des im Jahre 1736 in San'ā verstorbenen Scha'bān ibn Sālim As-San'āni entnehmen (Vgl. A. Schopen/ O. Kahl: Eine jemenitische Gesundheitsfibel aus dem frühen 18. Jh., Harrassowitz 1993, S. 32-33):

نتائجُ ٱلْفِكَرِ ٱلْمُعرِبُ عن تَفاضُلِ ٱلثَّمَر تأليف شعبان بن سالم بن عثمان ضياء الدين الحِمَكيّ الروميّ الصَّنعانيّ

أوراقُهُ يمضُغُها ٱلَّذي أَكَـلَ من ٱلبقولِ ٱلثَّومَ أيضـا وٱلبَصَلَ ... وَهْوَ مع الطّيبِ شديدُ ٱلعِطرِ يُؤثِّرُ ٱلعَرْفَ بكلِّ قَطرِ حُمَاضُهُ

يفعل كالتِّرياق فَكُلُّ سُمٍّ مـا لـهُ مِن راق ... لكنَّمـا تَهرُبُ منـهُ ٱلجِنُّ يَمنَعُهـا بِسِرِّهِ أن تَدنو

26 Vermerk: Freiwilliges Gebet in der Nacht.

27 Sura 2:255

28 Ad-Dajjal bedeutet u.a. Schwindler; gemeint hier der falsche Messias.

29 D.h. Die Menschen mit hellglänzenden Schönheitsflecken)

30 Die Version des Imām At-Tirmidi enthält die Zufügung: "O Allah, mach mich zu einem der Reumütigen und mach mich zu einem derjenigen, die sich reinigen!"

31 Tahjīr ist die Tageshitze, was das Mittagsgebet und auch das Nachmittagsgebet bedeutet: Anmerkung des Übersetzers.

32 Das Morgengebet in der Morgendämmerung und das Nachmittagsgebet.

33 Das arabische Wort: Nuzul/Pl. Anzal bedeutet u.a.: Haus; segenreiches Essen; Gabe.. Anm. des Übersetzers

34 Vermerk des Üb.: 'Abdullāh(r) bat den Propheten(s) um die Erlaubnis, zu Hause zu beten. Da er aber den Gebetsruf hören konnte, weil er nicht weit entfernt von der Moschee wohnte, befahl der Prophet(s) ihm, mit der Gemeinde zusammen in der Moschee zu beten.

35 Das Haus Allāhs, d.h. die Ka'ba in der heiligen Moschee zu Makka.

36 *H*a*d*af ist eine Bezeichnung für kleine schwarze Schafe im Jemen.

37 Anm. des Üb.: Wörtlich: Maqsūra, ein abgetrennter Teil der Moschee)

38 Kommentar des Verfassers: Das Verrichten des Witr-Gebetes vor dem Schlafen ist zu empfehlen, für denjenigen der nicht sicher ist, im späteren Teil der Nacht aufzustehen. Ist er aber sicher, im späteren Teil der Nacht aufzustehen, dann ist das Beten zu einem späteren Zeitpunkt besser.

39 Anmerk des Üb.: Die Moschee war zu jener Zeit nicht mit Teppichen ausgestattet, sondern mit Kieselsteinen belegt. Das Gebet desjenigen, der während der Predigt redet bzw. die anderen stört oder ablenkt, zählt nicht, da er sich dadurch eines Vergehens schuldig gemacht hat.

40 Anm. des Üb.: Ghusl bedeutet heute ein Duschbad oder ein Bad nehmen.

41 Der Verfasser erklärt: **Obligatorisch** bedeutet hier nicht eine vorgeschriebene Pflicht.

42 Anm. des Üb.: Wörtlich: zur ersten Stunde.. zur zweiten Stunde... zur fünften Stunde; **Stunde** hier ist nicht wörtlich zu verstehen.

43 Anm. des Üb.: Das heißt im Grabe; vgl. diesbeüglich den vollständigen Hadith Nr. 1399

44 Anmerk des Üb.: Qunūt bedeutet der (dauerhafte) Gehorsam gegenüber Allāh; hier bedeutet Qunūt das freiwillige mitten in der Nacht im Stehen verrichtete demütige Gebet. Das Qunūt-Bittgebet ist die Anflehung Allāhs im Gebet, vor allem im Witr-Gebet, wie es Imām Al-Hassan Ibn 'Ali(r), Enkel des Propheten(s) überliefert hat. (Vgl. Abu Dawūd)

45 Vermerk des Üb.: Das Stehgebet bedeutet, dass die Qur ān-Lesung im Stehen viel länger als die Lesung im Gemeinschaftsgebet dauert.

46 Anm. des Üb.: Nicht zwölf Rak'as am Stück, sondern jeweil zwei und zwei Rak'as.

47 Anmerk des Üb. Das heißt, Allāh bereitet ihnen herrlichen Lohn. Vgl. Sura 33:35

48 Anm. des Üb.: im Verrichten aller freiwilligen Gebete in der Nacht u.a.

49 Anm. des Üb.: Anm. des Übersetzers: Zähne putzen mit dem Zahnputzholz "Siwak oder Miswak". Wären Zahnbürsten und Zahnpasten z.Z. des Propheten(s) bekannt, hätte er diese auch benutzt.

50 Anm. des Üb.: Gemeint sind die bekannten fünf Säulen bzw. Eckpfeiler; arabisch: Arkān: أركان

51 Anm. des Üb.: Das arabische Wort bedeutet *hier* ein weibliches Zieglein oder Lämmlein.

52 Anm. des Üb.: ein Paar bedeutet hier zwei Pferde, oder zwei Sklaven oder zwei Kamele.Vgl. صحيح مسلم بشرح النَّوَوِي ، الجزء السابع ص ١٦٢ في باب الزكاة

53 Anm. des Üb.: *Raiyān*, fem. *rayyā* ist eine Intensivform, abgeleitet von dem Verb رَوِيَ seinen Durst stillen, sich satt trinken; getränkt werden; üppig; üppig grünend usw.

54 Anm. des Üb.: Die wörtliche vorislamische Redewendung lautet: Mögen mein Vater und meine Mutter dir geopfert werden.

55 Anm. des Üb.: Wenn man den Neumond am 29. Scha'bān nicht sehen kann, soll man am folgenden Tag (30. Scha'bān) nicht fasten. Wird trotzdem gefastet, weil es die Meinung gibt, dass jener (30.) Tag der 1. Tag des Monates Ramadān sein könnte, so wurde er am erwähnten Tag des Zweifels entgegen der Anweisung des Propheten(s) gefastet.

56 Anm. des Üb.: *Abul-Qāßim* ist ein Beiname des Propheten(s).

57 Anm. des Üb.: Gemeint zwischen dem Ende der Sa*h*ūr-Mahlzeit und dem Beginn des Fajrgebetes vor dem Tagesanbruch.

58 Anm. des. Üb.: mindestens 15 Minuten.

59 Anm. des Üb.: Solche erwähnten Bittgebete nach dem Fastenbrechen fehlen!

60 Anm. des Üb.: d.h. verunreinigt.

61 Anm. des Üb.: ".. *nicht auf Grund eines Traumes*.." bedeutet *auf Grund des Beischlafes,* was auch in der Nacht des Fastens erlaubt ist; wie es im Qur ān steht (2:187)

62 Anm. des Üb.: Das heißt, dass er(s) ein Bad nahm, das Morgengebet verrichtete und wie gewohnt fastete.

63 Anm. des Üb.: Die vier heiligen Monate, in denen seit der vorislamischen Zeit jede Fehde ruhte, sind: Al-Mu*h*arram, Radschab, *D*ul-Qa'da und *D*ul-*H*ijja. Wenn diese Monate verflossen waren, gab es keine Sicherheit mehr für verfeindete Parteien.

64 Anm. des Üb.: Es versteht sich, dass der Monat Rama*d*ān ausgeschlossen wird, denn es handelt sich hier um freiwilliges Fasten.

65 Anm. des Üb.: Al-Albāni vermerkt in seinem Vorwort auf Seite 11, dass die Überlieferungskette in diesem Hadith schwach ist."

66 Anm. des Üb.: Gemeint ist das ganze Jahr.

67 Anm. des Üb. Das Haus "Ka'ba" in der heiligen Moschee zu Mekka (*historisch* im Tal Bakka).

68 Anm. des Üb.: Der vollständige Text lautet: "Al-Fa*d*l Ibn 'Abbās war hinter dem Propheten(s) auf (*seinem Reittier*) aufgesessen, als eine Frau vom Stamm Khath'am zu ihnen trat, *um mit dem Propheten(s) zu sprechen*). Al-Fa*d*l musterte die Frau, und sie betrachtete ihn, da befahl ihm der Prophet(s), sich von ihr abzuwenden. Darauf sagte die Frau zum Gesandten Allāhs(s). Er(s) antwortete: "Ja!" Dies geschah während der Abschiedswallfahrt." Die arabische Überlieferung lautet:

"كان الفضلُ رَدِيفَ رسولِ ٱلله ﷺ فجاءتِ امرأةٌ من خَثْعَمَ ، فجعل ٱلفضل ينظر إليها وتنظر إليه ، وجعل ٱلنبيُّ ﷺ يصرِف وجهَ ٱلفضل إلى ٱلشِّقِّ ٱلآخَر ، فقالت : " يارسول ٱلله إنَّ فريضة ٱلله على عباده في الحجِّ . . " قال : " نعم " ، وذلك في حَجَّةِ ٱلوَداع ِ"

69 Anm. des Üb.: Zāmila ist ein Tier als Lastträger. Die Bescheidenheit des Propheten(s) wird dadurch hier ausgedrückt.

70 Anm. des Üb.: Ein Ort, 36 Meilen von Madina entfernt.

71 Anm. des Üb.: Gemeint ist die Befragung des prüfenden Engels hinsichtlich des Glaubens im Grab.

72 Anm. des Üb.: Wörtlich: Für die Zeit zwischen dem Zusammenfalten der Faust und dem Spreizen der Finger, um eine Kamelstute zu melken.

73 Anm. des Üb.: Badr ist eine Ortschaft zwischen Mekka und Medina, in welcher den Muslimen der erste große Sieg im 2. Jahr nach Hijra (624 nach greg. Zr.) gegen die Mekkaner, trotz geringer Zahl und Bewaffnung, gelang (Vgl. Sura 3:123).

74 Anm. des Üb.: Das veraltete arabische Wort "Qaran" bedeutet der für die Pfeile bestimmte Köcher, wo es für Proviant, wie Datteln, nur wenig Platz gibt.

75 Anm. des Üb.: A*s*-*S*uffa war ein kostenloses Quartier und gleichzeitig eine Qurānschule in der Propheten-Moschee in Medina für Mittellose und Reisende.

76 Anm. des Üb.: Die vollständige Version lautet: Als der Prophet(s) die Klagerufe einer Frau hörte -<es soll die Tochter oder die Schwester von 'Amr gewesen sein>-, sagte er zu

ihr: "Warum weinst du?" -<oder er sagte: "Weine nicht! Die Engel spenden ihm mit ihren Flügeln Schatten!"

(فنهاني قومي، فَسَمِعَ ﷺ صوتَ نائحةٍ، فَقِيلَ آ بنةُ عَمْرٍو أو أُخْتُ عمرٍو، فقال ﷺ : لِمَ تَبكي ؟ أوْ: لا تبكي ، مازالتِ آلملائكة تُظِلُّهُ بأجنحتِها)

77 Anm. des Üb.: Wörtlich: mit deren Stirnlocken ist das Gute behaftet..

78 Anm. des Üb.: Wörtlich: das Futter.... in dessen Waagschalen (*als gute Taten schwer wiegen*).

79 Anm. des Üb.: Vgl. Sura 8:60

80 Anm. von Al-Albāni: Die Überlieferungskette dieses Hadiths weist eine Schwäche auf (vgl. Fiqhu-us-Sīra, Seite 225)

81 Anm. des Üb.: Laut 1. Mose 21, 20-21: "Und Gott war mit dem (13 jährigen) Knaben: (Ismael) : **er(s) wuchs als ein Bogenschütze heran**. Er wohnte in der Wüste Paran, und seine Mutter nahm ihm ein Weib aus dem Lande Ägypten."

82 In einer anderen Version: ".. oder um später mit ihrer Tapferkeit prahlen zu können, oder aus Parteilichkeit", in einer anderen Version: "aus Ereiferung und Wut.."

83 Anm. des Üb.: Wörtlich: Der dafür kämpft, damit allein das Wort Allāhs das Höchste wird, der ist auf dem Weg Allāhs.

84 Anm. des Üb.: Der Wortlaut der Überlieferung von *Al-Bukhari* ist wie folgt: "Der König der Perser wird zugrunde gehen, und nach ihm wird es keinen Perserkönig mehr geben. Und der Kaiser von Byzanz wird zugrunde gehen, und nach ihm wird es keinen byzantinischen Kaiser mehr geben, und ihre Schätze werden für die Sache Allāhs bestimmt sein. Er(s) *bezeichnete* den Krieg als bewussteTäuschung." Arabisch:

(هلك كِسرى ثمَّ لا يكونُ كِسرى بعده وقيصرٌ لَيَهْلِكَنَّ ثُمَّ لا يكون قيصرٌ بعده ، وَلَتُقْسَمَنَّ كنوزهما في سبيل الله ، و سَمَّى الحربَ خُدعــة)

85 Anm. des Üb.: gemeint ist an einer Seuche, wie die Pest.

86 Anm. des Üb.: Gemeint ist jede Krankheit.

87 Anm. des Üb.: gemeint ist an einer Seuche, wie die Pest.

88 Anm. des Üb.: Gemeint ist jede Krankheit.

89 Anm. des Üb.: Der Weg zum Paradies ist mühevoll. Viele Erleichterungen sind aber für jeden Menschen, nach dessen Möglichkeiten, gewährleistet, z.B. durch Beten, Fasten, Gutes tun, Almosen geben, Einsatz für die Sache Allāhs, Bekämpfung des Unrechts, Befreiung der Sklaven oder der Gefangenen (Nacken auf arabisch ist: رَقَبَة/رقاب raqaba/Pl. riqāb)

90 Anm. des Üb.: Gemeint sind die Sklaven und die Sklavinnen, die in vielen Gesellschaften als Eigentum galten, was der Islam nicht *sofort* abschaffen konnte.

91 Anm. des Üb.: Sie war eine Sklavin.

92 Anm. des Üb.: Dies ist die Version von Al-Bukhari; auf Arabisch:

كان لرجلٍ على النبيِّ ﷺ سِنٌّ مِنَ الإبل فجاءَهُ يتقاضاهُ ٠٠ فقال: «أعطُوهُ!» ، فَطَلَبُوا سِنَّهُ فلم يجدوا له إلا سِنًّا فوقَها ٠٠ فقال ﷺ: «أعطُوه !» فقال: «أوفَيتَني أوفى الله بك!» ، فقال النبيُّ ﷺ: «إنَّ خيارَكم أحسنُكم قضاءً ٠»

93 Anm. des Üb.: Die vollständige Version lautet: Am Tag von Khaibar sagte der Prophet(s) :„Morgen werde ich die Fahne einem Mann übergeben, dem Allāh den Sieg über die Feinde verleihen wird. Dieser Mann liebt Allāh und Seinen Gesandten, und Allāh und Sein Gesandter lieben ihn!" Die Gefährten gingen schlafen, und in der Nacht machten sie sich darüber Gedanken, wen der Prophet(s) wohl gemeint hatte, und alle hofften, selbst gemeint zu sein. Am nächsten Morgen fragte der Prophet(s): „ Wo ist 'Ali Ibn Abi Tālib?" Man antwortete ihm: „Er hat ein Augenleiden." Der Prophet(s) befahl, 'Ali herbeizuholen. Er spuckte ihm in die Augen und rief Allāh für ihn an, da waren 'Alis Augen wieder gesund, als hätte ihnen nie etwas gefehlt. Anschließend übergab der Prophet(s) 'Ali die Fahne. 'Ali fragte: „Sollen wir gegen sie (die Feinde) kämpfen, bis sie den Islam annehmen?" Der Prophet(s) erwiderte: „Geh ihnen langsam entgegen! Fordere sie auf, zum Islam zu übertreten, und erzähle ihnen, welche Pflichten ein Muslim gegenüber Allāh hat! Und, bei Allāh, wenn Allāh durch dich auch nur einen einzigen Mann auf den rechten Weg führt, so ist das besser für dich als der Besitz von roten Kamelen!" Arabische Version:

قال ﷺ يوم خيبر: «لأعطينَّ هذه الراية غدًا رجلاً يفتحُ الله على يديه، يحبُّ الله ورسولَه ويُحِبُّه اللهُ ورسولُه»، فبات الناس يَدوكونَ ليلتَهم أيُّهم يُعطاها. فلما أصبحَ الناسُ غَدَوْا على **رسول الله** ﷺ كلُّهم يرجو أن يُعطاها، فقال ﷺ: «أين عليُّ بنُ أبي طالبٍ؟» فقيل: «يارسولَ الله هو يشتكي في عينيه»، قال: «فأَرسِلوا إليه!»، فأُتِيَ به، فبصقَ رسول الله ﷺ في عينيه ودعا له فَبَرِئَ حتَّى كأن لم يكن به وجع فأعطاه الرّاية. قال علي رضي الله عنه: «يارسول الله أُقاتِلُهم حتَّى يكونوا مثلنا؟» فقال ﷺ: «انفُذ على رَسلِكَ حتَّى تنزل بساحتهم ثم ادعُهم إلى الإسلام وأخبرهم بما يجب عليهم من حقِّ الله تعالى فيه، فواللهِ لأَنْ يَهدي الله بك رجلاً واحدًا خَيرٌ لك من حُمْرِ النَّعَم!»

94 Anm. des Üb.: Vollständige Überlieferung in Sahih Muslim T. 17, S. 34-35: «Wer einem Gläubigen eine Sorge von den Sorgen dieser Welt nimmt, dem nimmt Allāh eine Sorge von den Sorgen des Tages der Auferstehung. Wer es einem Menschen in Bedrängnis erleichtert, dem wird es Allāh in dieser Welt und im Jenseits erleichtern. Allāh ist dem Diener Beistand, solange dieser seinem Nächsten (wörtlich: Bruder) Beistand ist. *Wer einen Weg beschreitet, um Wissen zu erlangen, dem wird Allāh deswegen einen Weg zum Paradies leicht machen.* Keine Leute versammeln sich in einer Moschee, um den Qurān vorzutragen und ihn miteinander zu studieren, ohne dass auf sie die innere Ruhe herabsteigt, Erbarmen sie umschließt, die Engel sie umgeben, und Allāh sie denen gegenüber erwähnt, die bei Ihm sind. Wer durch seine Taten *(auf dem Weg zum Paradies)* gehindert wird, der wird durch seine Herkunft nicht beschleunigt.» Arabisch:

«من نفَّس عن مؤمن كُربة من كرب الدنيا، نفَّس الله عنه كربة من كرب يوم القيامة، ومن يسَّر على معسر، يَسَّر الله عليه في الدنيا والآخرة، ومن سترالله مُسلمًا ستَرَه الله في الدنيا والآخرة، والله في عون العبد ماكان العبد في عون أخيه، ومن سلك طريقا يلتمس فيه علما، سهَّل الله له به طريقًا إلى الجنة، وما اجتمع قومٌ في بيت من بيوت الله، يتلون متاب الله ويتدارسونه بينهم، إلا نزلت عليهم السكينة وغشيتهم الرحمة، وحفَّتهم الملائكة، وذكرهم الله فيمن عنده، ومن بطَّأ به عملُه، لم يُسرع به نَسَبُه»

95 Wiederholung von Nr. 949

96 Verm. des Üb.: Al-Albāni versichert das Gegenteil: Ein schwacher Hadith.

97 Verm. des Üb.: Al-Albāni versichert das Gegenteil: Ein schwacher Hadith.

98 Verm. des Üb.: Al-Albāni versichert das Gegenteil: Ein schwacher Hadith.

Anmerkungen

99 Wiederholung von Nr. 922

100 Anm. des Üb.: Das Bittgebet ist geläufiger mit der Ergänzung nach *Hamdu*: «*yuḥyī wa yumītu* = Er gibt Leben und lässt sterben.)

101 Anm. des. Üb.: *wa bihamdihi* bedeutet wörtlich: und durch Seine Lobpreisung; d.h. und dank Seiner Gottheit lebe ich oder handle ich usw.

102 Anm. des Üb.: Laut einer anderen Version (vgl. Al-Albāni) steht: In dem er - d.h. der Prophet(s) - zu sagen pflegte: «*Astaghfirullāh! Astaghfirullāh!*»-

103 Anm. des Üb.: Taslīm bedeutet, den Friedensgruß am Ende des Gebetes auszusprechen, indem der Betende den Kopf zunächst nach rechts dreht und dabei laut sagt: «Assalāmu 'alaikum waraḥmatullāh: Friede und Gnade Allāhs auf euch!», dann dreht er den Kopf nach links und wiederholt den selben Friedensgruß.

104 Anm. des Üb.: Das heißt: Nicht der Reichtum bietet dem Reichen Zuflucht vor Dir, sondern Deine Gnade und seine guten Taten; oder: Dem Reichen nutzt nicht (sein Reichtum), denn von Dir kommt der Reichtum.

105 Anm. des Üb.: Vgl. Sura 27: 21

106 Anm. des Üb.: Die Versuchung im Dieseits erfolgt durch das Böse, das Gute, die Reichtümer, die Kinder usw. ; vgl. z.B.: Sura 21:35 und Sura 8:28

107 Anm. des Üb.: Gemeint ist die Befragung durch die zwei zuständigen Engel, die im Grab den Verstorbenen nach seinem Glauben u.a. fragen werden.

108 Anm. des Üb.: Gemeint ist: Du bist allein Der, Der schaltet und waltet wie Er will.

109 Anm. des Üb.: Die Wohnung von 'Āischa(r) war nur einige Schritte weit entfernt von der Moschee des Propheten(s). Das Wort Masjid bedeutet Moschee, Niederwerfung, Zeit- oder Ort der Niederwerfung. Die letzte Bedeutung ist *hier* gemeint.

110 Mufarridūn ist abgeleitet von tafarrada تَفَرَّدَ d.h. sich von der Welt zurückziehen; sich gründlich beschäftigen mit der Religion, im Sinne von تَفَقَّهَ

111 Anm. des Üb.: Aller Lobpreisung gebührt Allāh, und Dank Seiner Herrlichkeit (*lebe ich*) Diese fehlende durch den Kontext vermutete Ergänzung oder etwas ähnliches, nach *bi-Hamdihi*, ist üblich im Arabischen.

112 Anm. des Üb.: Vgl. Sura 39:42 und 6:60

113 Anm. des Üb.: *Vgl. Fußnote zu Hadith Nr. 1412*

114 Deutscher Wortlaut des arabischen Bittgebetes: «Allāhumma Fatiras-Samāwāti wal-Ardi, 'Ālimal-Ghaibi wasch-Schahādati! Rabba Kulli Schai in wa Malīkahu! Aschhadu alla Ilāha illā Anta! A'udu bika min Scharri Nafssi, wa Scharrisch-Schaitāni wa Schirkihi!»

115 Sura 112

116 Die letzten zwei Suren: 113-114

117 d.h. sprecht (*Allāhu Akbar*)

118 sprecht (*Subhānallāh*) und sprecht

119 (*Al-Hamdu lillāh*).

120 sprecht (*Subhānallāh*) und sprecht

121 d.h. sprecht (*Allāhu Akbar*)

122 Wörtlich: mit seinem Lendentuch; da nicht jeder Muslim damals ein Tuch o.ä. besaß.

123 Anm. des. Üb.: d.h. Wenn Du sie freigibst bis zu ihrer bestimmten Frist der Abberufung bzw. des Todes.

124 Arab. Aussprache: «Bissmika Rabbi wada'tu Dschanbi, wa bika arfa'uhu! In amssakta Nafssi far-hamhā, wa in arssaltahā fah-fazhā bimā tahfazu bihi 'Ibādakas-Sālihīn»

125 Arab. Aussprache: «Allāhumma asslamtu Nafssi ilaika, wa fauwaddtu Amrī ilaika, wa aldscha- atu Zahri ilaika, Raghbatan wa Rahbatan ilaika! Lā Maldsch- a walā Mandschā minka illā ilaika! Āmantu bi Kitābikalladi anzalta, wa bi Nabiyikalladi ▶

arssalta!»

126 <Arab. Aussprache: «Al-*H*amdu lillāhilla*d*i at 'amanā, wa saqānā, wa kafānā, wa āwānā! Fakam mimman lā Kāfiya lahu, walā Mu‑wya!»

127 Arab. Aussprache: «Allāhumma, Innī ass‑ alukal-Hudā, wat-Tuqā, wal-'Afāfa, wal-Ghinā!»

128 Arab. Aussprache: «Allāhummaghfir li, war-*h*amni, wahdini, wa 'āfini, war-zuqni!»

129 Arab. Aussprache: «Allāhumma, Mu*s*arrifal-Qulubi, *s*arrif Qulūbanā 'alā *T*ā'atika!»

130 Arab. Aussprache: «a'ū*d*u billāhi, min Dschahdil.Balā i, wa Darakisch-Schaqā i, wa Sū il Qa*d*ā i, wa Schamātatil-A'dā i!»

131 Arabisch: «Allāhumma, a*s*li*h* li Dīniyal-la*d*ī Huwa 'I*s*matu Amrī! Wa a*s*li*h* li Dunyayal-latī fīhā Ma'āschī, wa a*s*li*h* li Ākhiratil-latī fīhā Ma'ādī, wadsch'alil-*H*ayāta Ziyādatan lī fī Kulli Khair, wadsch'alil-Mauta Ra*h*atan lī min Kulli Scharr!»

132 Arabisch: «Allāhummah-dinī, wa saddidnī!» (7) «Allāhumma, Innī ass-alukal-Hudā, was-Sadāda!»

133 Arabisch: «Allāhumma! Innī a'ū*d*u bika minal-'Adschzi, wal-Kassali, al-Dschubni, wal-Harami, wal- Bukhli. Wa a'ū*d*u bika min 'Adābil-Qabri, a a' ū*d*u bika min Fitnatil-Ma*h*ya wal-Mamāti!» 2. Version: «wa *D*ala'id-Daini, wa Ghalabatir-Ridschāli!»

134 Arabisch: «Allāhumma! Innī *z*alamtu Nafssī Zulman kathiran, kabīran, wa lā yaghfiru*d*-*D*unūba illa Anta, faghfir lī Maghfiratan min 'indika, war*h*amnī, innaka Antal-Ghafūrur-Ra*h*īm!»

135 Arabisch: «Allāhummaghfir lī Kha*t*ī ati, wa Dschahlī, wa Isrāfī fī Amrī, wa mā Anta A'lamu bihi minnī! Allāhummaghfir lī Dschaddī, wa Hazlī, wa Kha*t*a ī, wa 'Amdī, wa Kullu *D*ālika 'indī! Allāhummaghfir lī mā qaddamtu wamā akh-khartu, wa mā asrartu, wa mā a'lantu, Antal-Muqaddimu, wa Antal-Mu akh-khiru, wa Anta 'alā Kulli Schai in Qadīr.»

136 Arabisch: «Allāhumma! Innī a'ū*d*u bika min Scharri mā 'amiltu, wa min Scharri mā

lam a'mal.»

137 Arabisch: « Allāhumma! Innī a'uḏu bika min Zawāli Ni'matika, wa Taḥauwulli 'Āfiyatika, wa Fudschā ati Niqmatika, wa Dschamī 'i Sakhaṭika!»

138 Allahumma...

139 Allahumma...

140 Allahumma...

141 A*s-S*uffa war eine Schattendachecke am Ende der Prophetenmoschee in Madina, welche der Prophet(s) für fremde Obdachlose errichten ließ.
142 Er könnte ihn tadeln, seinen Pflichten als Gastgeber nicht nachgekommen zu sein.

143 Anm. des Üb.: Allāh offenbart Menschen (vgl. Sura 42:51), ohne Propheten sein zu müssen, sowie anderen Geschöpfen (vgl. 16:68; 41:12; 99:5) wie, wo und wann Er will. Einige solcher Menschen waren unter den Kindern Israels bekannt.

144 Anm. des Üb.: Gemeint ist, dass er ein Feigling war, so dass er keinen Kriegszug auf dem Wege Allāhs geführt haben wollte.

145 Sa'd(r) ist einer der zehn glücklichen, redlichen Gefährten des Propheten(s), denen Allāh das Paradies verheißen hat. Es ist bekannt, dass seine Bittgebete in Erfüllung gingen.

146 Anm. des Üb.: Gemeint ist der Umaiyādenkalif Marwān I. (684-85)

147 Anm. des Üb.: Die Redewendung : "ilā sab'i Araḏīn" bedeutet auch: ihm wird das als Halsband umgelegt, dass es ihn bis zur siebten Erde niedersenken lässt.Vgl. 28:81

148 Anm. des Üb.: Ein von Anas(r) überlieferter Hadith lautet: «Uns wurde ans Herz gelegt, dass wir vierzig Nächte nicht verstreichen lassen, ohne den Schnurbart zu schneiden, die Nägel zu schneiden, die Haare unter den Achselhöhlen zu entfernen und die Scham zu scheren.»

149 Arabische Aussprache: «Allāhumm a*hs*ihim 'Adadā, waqtulhum Badadā, walā tubqi
▶

minhum A*hadā*!»

150 Wörtlich: «das Hören, das Sehen und das Herz..»

151 Wörtlich: «das Hören, das Sehen und das Herz..»

152 Anm. des Üb.: Zwei Engel sitzen zur rechten und zur linken Seite des Menschen, so werden seine Taten und Aussagen aufgezeichnet. Vgl. Sura 50:17

153 Anm. d. Üb. : Sura 32:16-17. Im Text steht: von «Ihre Seiten halten sich fern von den Betten» bis «tun». Man geht davon aus, dass der Muslim das Rezitierte auswendig kennt.

154 Anm. des Üb. Die vorislamische arabische Redewendung bedeutet wörtlich: Deine Mutter verliere dich durch den Tod; gemeint ist das Gegenteil: Achtung, dass sie dich nicht verliert bzw. dass kein Verderben auf dich kommt!

155 Anm. des Üb.: Siehe Nr. 1570, die vollständige Übersetzung des Hadith!

156 Anm. d. Üb.: Das heißt: Wen soll ich heiraten. Er(s) meinte, sie soll selber wissen und entscheiden, denn jeder der beiden Freier hat wohl bekannte Mängel und Nachteile.

157 Anm. d. Üb. : In jenem Feldzug sagte er zu den anderen Heuchlern: „boykottiert solche, damit sie verschwinden und Mu*h*ammad(s) verlassen, dann ist er auch ohne Gefolge und ohne Unterstützung!"

158 Anm. d. Üb.: Er meinte damit die Muslime.

159 Der Verfasser vermerkt: Dies ist eine Version von Al-Bukhari. Die (*meisten*) Gelehrten sagten, jene zwei Toten denken, man bestraft sie wegen einer nicht großen Sünde. Andere (*Gelehrte*) sagten, gemeint ist, es wäre nicht so schwer gewesen für jene beiden Toten, die von ihnen begangenen Sünden zu unterlassen.

160 Anm. d. Üb.: D.h. mit ihren geheimen Absichten und Taten, weil sie Feige sind.

161 Anm. d. Üb.: D.h. weil sie unwissend sind, oder weil sie nicht an Ihn glauben.

162 Anm. des Üb.: Das arabische Wort lautet: Scha'ira شَعِيرَة , was **hier** "ein Gerstenkorn" bedeutet. Wäre es Schu'aira شُعَيرَة gewesen, dann wäre die Bedeutung: "ein einzelnes Haar".

163 Der Verfasser erklärt: Man erzählt, ich sah im Traum Soundso, obwohl er nichts davon sah.

164 Anm. d. Üb.: gemeint ist das Gleichnis des Menschen, der dies tut.

165 Anm. d. Üb.: gemeint ist, dass er nicht nach ihm lebt und dessen Gebote und Verbote nicht achtet.

166 Anm. des Üb.: gemeint ist indem er die Pflichtgebete **absichtlich** vernachlässigt.

167 Anm. des Üb.: Laut einem bekannten Hadith wird jedes Kind mit der Fi*t*ra geboren. Die Fi*t*ra ist die natürliche Veranlagung Allāh ergeben zu sein. Das gilt für alle Geschöpfe, die Allāh lobpreisen, jedes in seiner Sprache und auf seine bestimmten Art und Weise.

168 Um sich zum Lügner zu machen, reichet es einem, alles, was er hört weiterzu erzählen (Nadim)

169 Anm. des Üb.: Wörtlich: „ich sei gesättigt von meinem Mann."

170 Anm. des Üb.: Es waren die Gefährten des Propheten(s), die ihm den Treueid bei *H*udaibia im Jahre 618, unter dem in Sura 48:19 erwähnten Baum, schworen schon gesehen!

171 d.h.: zwischen den Bewohnern des Paradieses und der Hölle: Anm. des Übersetzers

172 Dies beschränkt sich nur auf welche, die die anderen verleiten bzw. die sich oder andere dadurch Schaden zufügen: Anmerkung des Übersetzers

173 Dies beschränkt sich nur auf welche, die die anderen verleiten bzw. die sich oder andere dadurch Schaden zufügen: Anmerkung des Übersetzers

174 Dies beschränkt sich nur auf welche, die die anderen verleiten bzw. die sich oder andere dadurch Schaden zufügen: Anmerkung des Übersetzers

175 Anm. des Üb.: Vgl. Sura 3:30. Es könnte auch feige, ungerecht und anmaßend sein, diejenigen, die sich nicht verteidigen können, ohne triftigen Grund zu beleidigen.

176 Gemeint sind die Nichtmuslime, die den Arabern nicht gönnen, dass Allah ihnen den Propheten Muhammad gesandt hat. Sie dachten, dass das Prophetentum auf sie beschränkt sein wird. Anm. des Übersetzers

177 Anm. d. Üb.: Dies erinnert an den Hadith über die beste Form von Jihād, nämlich, dass man dem ungerechten Herrscher die Wahrheit sagt. Es erfordert Mut, den ungerechten Herrscher zurechtzuweisen, daher warnt der Hadith jenen Unterdrücker vor der Untreue.

178 Anm. d. Üb.: Gemeint u.a. die Verletzung der unantastbaren Würde durch Wort oder Tat.

179 Anm. des Übersetzers: Vgl. Sura 3:77

180 Sohn des Weges bedeutet den Reisenden, der auf Unterstützung der Mitmenschen angewiesen ist. Dies gilt auch für Obdachlose u.a: (Anmerkung des Übersetzers.)

181 Anm. des Üb.: Das arabische Wort (*H*ummaira) bedeutet: ein kleiner roter Vogel. Eine Wachtel bzw. ein kleiner Hühnervogel oder eine Lerchenart sind nicht ausgeschlossen.

182 Anm. des Üb. d.h. Die Unantastbarkeit ihres Vermögens und die Förderung ihrer gerechten Interessen ist am besten zu verwirklichen durch die Gütertrennung und die gewissenhaften Verwaltung ihres Vermögens.

183 Anm. des Üb.: Das arabische Wort Schirk bedeutet u.a. Götzen -oder Heiligendienerei, jemanden Allah zugesellen als Partner, sei es ein Sohn, eine Frau oder ein Geist.

184 Anm. des Üb.: d.h. lasst vom Wucher ab sofort und zukünftig für immer.

185 Der Verfasser sagt: „At-Tirmi*d*i und andere Hadithsammler fügen hinzu: sowie die beiden Wucherzeugen und den Schreiber, der den Wucher aufschreibt."

186 Das heißt in dem sie dies durchführen oder nicht: Anmerkung des Übersetzers

187 Anm. des Üb.: Gemeint ist die Āya 33:59.

188 Gemeint sind die Frauen des Propheten(s). Das arabische Wort (Hidschāb) bedeutet u.a.: Schleier; Trennwand. Hier werden die Achtung und die Unantastbarkeit der Frau, vor allem der Frauen des Propheten(s) betont: Anm. des Übersetzers

189 Gemeint ist, dass der heimtückische Verwandte wie der Tod sein könnte.

190 Der Ma*h*ram ist ein Verwandter, welchen die Frau nicht heiraten darf.

191 Anm. des Üb.: Geweihten Tiere schnitten vorislamische Heiden ins Ohr und verboten, dass sie geritten werden. Eine Entstellung, die der Islam verbietet.

192 Anm. des Üb.: Das Klonen von Lebewesen in jeder Hinsicht ist heute eine Tatsache geworden.

193 Der Verfasser erklärt: Die Verbinderin ist diejenige, die ihr eigenes Haar oder das Haar einer anderen Frau mit fremden Haar verknüpft. In einer anderen Version steht: „ sowie diejenige, die sich das Haar verlängern lässt."Āischa hat auch eine ähnliche Version überliefert. (Al-Bukhari und Muslim)

194 Der Verfasser weist daraufhin, dass manche dies bei Unglück machen.

195 Anm. des Üb.: Zum Treueid gehörte, dass sie nichts Allahs zur Seite stellen, keinen Ehebruch begehen, ihre Kinder nicht töten, keine Verleumdung vorbringen, und dem Propheten nicht ungehorsam sein werden, in dem, was recht ist...Vgl.: Sura 60:12

196 Anm. des Üb.: Tābi'iy hier bedeutet ein Muslim aus der zweiten Generation im Frühislam. Vgl.: Sura 60:12

197 Anm. des Üb.: Das heißt, dass der Muslim dies als schmutziges, verbotenes Geld, das er zu meiden hat, betrachten soll.

198 Anm. des Üb.: Gemeint ist der Bildhauer bzw. der Maler, der Gestallten von Menschen, Tieren, Engeln usw. als Götzen herstellt, und damit die Götzendienerei unterstützt.

199 Anm. des Üb.: Gemeint ist jeder Ort, in welchem der Mensch weilen kann.

200 Ein Qirāṭ bedeutet: Karat; ein Flächenmaß von 175,035 qm oder ein Trockenholmaß

▶

0,064 Liter oder ein Gewichtseinheit 0,195 g. Anmerkung des Übersetzers.

201 Er(s) meinte den Knoblauch bzw. eine übelriechende Pflanze.: Anm. des Üb.

202 Die große Wallfahrt nach Mekka wird in den ersten zwei Wochen des Monates Dul-Hijja durchgeführt. Nach dem Schlachten der Opfertiere in Mina (bei Mekka) am 10. des Dul-Hijja lassen sich die Pilger Haare und Nägel schneiden, danach umkreisen sie die Ka'ba. Ab dem 12. Dul-Hijja verlassen die Pilger Mina, kehren nach Mekka zurück, und umkreisen die Ka'ba: (Anm. d. Üb.)

203 Manche schwören: „Wenn ich lügen sollte, dann bin ich kein Muslim!" (Anm. d. Üb.)

204 Die Wurzeln und die Zweige des Arāk-Strauches (Salvadore persica) sind im Islam für das Reinigen und Polieren die Zähne bekannt. Aus diesem Strauch stellt man eine mir bekannte, angenehme Zahnpasta her (Anm. des Üb.)

205 Schahin-Schah war der Titel der Herrscher Persiens (Anm. des Üb.)

206 Rauh bedeutet auch Linderungshauch; Vgl. Suren 12,87, 56,89: Anm. d. Übersetzers.

207 Dre Rest dieses Hadith (vgl. Hadith Nr. 631) lautet: Man fragte: „O Gesandter Allahs, wir wissen schon was Schwätzer und Großmäuler bedeutet, aber was bedeutet „die Schwülstiger?" Er(s) sagte: „Die Arroganten!" (Vgl. Hadith Nr. 631)

208 Habala bzw. Habla bedeutet ein Weinstock bzw. eine Weinrebe (Anm. des Übersetzers)

209 Gemeint ist keiner der Anwesenden: Anm. des Üb.

210 Zweiter Gebetsruf (Anm. des Üb.)

211 Das bedeutet, dass Allah dem Propheten(s) die Kraft gibt, einige Tage fasten zu können, ohne essen und trinken zu müssen: Anm. des Übersetzers

212 Gemeint sind schwere Straftaten wie Ehebruch bzw. unerlaubter Geschlechtsverkehr,

Verleumdung einer Frau, sich dieses Vergehens schuldig gemacht zu haben, der Genuss alkoholischer Getränke, Diebstahl und räuberische Überfälle (Anm. des Übersetzers)

213 Makhzum war ein angesehener und reicher Stamm in Mekka (Anm. des Übersetzers)

214 Dies geschah drei Tage nach dem Tod des Abu Sufyān in Damaskus (Anm. des Üb.)

215 Gemeint ist das Geschäft außerhalb des Markts, wo der unerfahrene Nomade vor Missbrauch des erfahrenen Stadtbewohners nicht geschützt werden könnte (Anm. d. Üb.)

216 Gemeint ist der Aufkauf ihrer Handelsware bevor diese auf dem Markt angeboten wird, so dass der Käufer die Kunden nicht mißbrauchen kann (Anm. des Übersetzers)

217 Wörtlich steht: „um den Inhalt ihres Gefäßes zu verschütten." Anm. des Übersetzers

218 D.h. die neue Frau, die ein verheirater Mann heiraten möchte: Anm. des Übersetzers

219 Al Qīl wal-Qāl bedeutet auch das lange Hin- und Herreden (Anm. des Übersetzers)

220 Den vorislamische Brauch, neugeborene oder kleine **Mädchen** lebendig zu begraben, aus Furcht vor Schande oder Armut, hat der Qurʾān ausdrücklich verboten; vgl. Sura 81: 8,9; 6:151; 17:31,31 (Anmerkung des Übersetzers)

221 Al-Qāsim war einer der drei in Kindheit verstorbenen Söhne des Propheten(s)(Anmerkung des Übersetzers)

222 Der dritte rechtgeleitete Kalif, ermordet im Jahre 656: (Anm. des Übersetzers)

223 Der erste rechtgeleitete Kalif, starb im Jahre 634: (Anm. des Übersetzers)

224 Der zweite rechtgeleitete Kalif, ermordet im Jahre 644: Anm. des Übersetzers

225 Das ist das 15. Buch bzw. Kapitel 244-249 in diesem Band: Anm. des Übersetzers

226 Das arabische Wort Majūs bedeutet: Anhänger des Mazdaglaubens, Feueranbeter, Zarathustrier; Magier (Anm. des Übersetzers)

227 Das arabische Wort ist eine Entlehnung aus dem persischen Palude: eine Süßspeise aus Mehl und Honig; heute wird Götterspeise Bāuẓa bzw. Fāluḏaj genannt (Anm. des Üb.)

228 Khalang, aus dem Persischen, ist Heidekraut

229 Die Altersstufen der Kamele sind wichtig für die Abgabe der Zakat-Steuer u.a. (Anm. des Übersetzers)

230 Gemeint ist die Wiedervergeltung von Wunden; Vgl. Sura 5:45: Anm. des Übersetzers

231 D.h. von dem Berg 'Air bei Medina bis zum Berg *T*haur bei Mekka (Anm. des Üb.)

232 Vgl. Die Verfassung von Medina (Al-Madina), in Sirat An-Nabiy(s) von Ibn Hischām Bd. II, S. 119-123 ; Aufl. Muhammad Muhiyiddin Abdul-Hamid, Kairo (Anm. des Üb.)

233 Die freigelassenen Sklaven und die nichtarabischen Freien, die den Islam annahmen, wurden in die arabischen Stämme aufgenommen. Es war eine Art der anerkannten Einbürgerung (Anm. des Übersetzers)

234 Allāt und Al-'Uzzā gehörten zu den zweiundzwanzig Gottheiten der vorislamischen Zeit, die in Sirat An-Nabiy(s) von Ibn Hischām erwähnt sind; Bd. IV, S. 444; vgl. auch Sura 53:19 : Anm. des Übersetzers

235 Der Verfasser erklärt: Tāfiya bedeutet ein blindes oder hervorquellendes Auge, in welchem nur ein Schimmer vom Licht ist

236 Vgl. Sura 18:90-99 und 21:96

237 Arabisch: **T**abariyya (Tiberias)

238 Vgl. Sura 39:68: Anm. des Übersetzers)

239 Vgl. Sura 37:24: Anm. des Übersetzers)

240 Es steht wörtlich: „Was schadet dir das?": Anm. des Üb.

241 Das heißt: Der Dajjāl ist Allah geringfügiger als das Allah ihm erlaubt, die Gläubigen
▶

irrezuführen: Anm. des Üb.

242 Die Wurzeln K-F-R bedeuten u.a. ungläubig sein oder werden; nicht an Allah glauben; undankbar sein oder werden: Anm. des Üb.

243 Anm. des Üb.: Vgl. das berühmte „salomonische" Urteil im Streitfall zweier Dirnen um ein Neugeborenes (1 Könige 3,16-28): „Damals kamen zwei Dirnen zum König Salomo und traten vor ihn... Dann gebot er: Holt mir ein Schwert... und sprach: „Schneidet das lebende Kind entzwei und gebt dieser die eine Hälfte und jener die andere Hälfte...Da entschied er: Die gesagt hat: „Gebt ihr das lebende Kind, nur tötet es nicht!" - die ist die Mutter........."

244 Vgl. Sura 18:103-105: Anm. des Übersetzers

245 Allah hat den Muslimen bei Badr zum Sieg über die Quraisch von Mekka am Freitag, den 17 Ramadān des 2. Jahres nach Hidschra/ März 624 verholfen; Vgl. Sura 3:121-123 und Sieratun-Nabi, B. 2, S. 266 ff .: Anm. des Übersetzers

246 Sura 47:19: Anm. des Übersetzers

247 In den letzten zehn Tagen des Monats Ramadan, zog sich der Prophet(s) in der Moschee zurück. Nach seinem Tod zogen sich seine Frauen in den letzten zehn Tagen des Monats Ramadan zurück: Anm. des Übersetzers

248 *H*unain ist etwa 30 km südöstlich von Mekka entfernt. Im 8. Jahr nach der Hijra schlugen die Muslime die mächtigen Heiden Arabiens, nachdem sie zuerst den Heiden den Rücken kehren mussten; vgl. Sura 9:25: Anm. des Übersetzers

249 As-Samura ist der in Sura 48:18 erwähnte Baum. Im März 618 gelobten Gläubige dem Propheten(s) die Treue unter jenem Baum (Abkommen von Al-*H*udaibiya oder Ar-Ridwān Abkommen): Anm. des Übersetzers

250 Das bedeutet: Jetzt erreicht der Krieg die heißesten Phase: Anm. des Übersetzers

251 Wörtlich: ihre Schwertklingen wurden stumpf: Anm. des Übersetzers

252 Sura 23:51

253 Sura 2: 172

254 Gegen die Byzantiner im Jahre 629 bzw. 8 nach der Hijra: Anm. des Übersetzers

255 Das arabische Wort Al-*H*ākim bedeutet auch Richter im Libanesisch-Arabischen: Anm. des Übersetzers

256 und bestem Wissen und Gewissen: Anm. des Übersetzers

257 Der *H*adith-Gelehrte Mu*h*ammad Nāsir-ud-Dīn Al-Albāni erklärt, dass dies **nicht** für das Fasten im Monat Ramadan gilt, sondern für freiwilliges Fasten: Anm. des Übersetzers

258 Man versteht hier, dass der Mauergecko ins Feuer geblasen hat, damit die Flammen Abraham schneller erfassen. Als Kommentar zu Sura 21:69 ff. sagt Kurt Rudolph: Im angeführten Midrasch (Anm. 15) heißt es: „Abraham wurde in den glühenden Kalkofen geworfen, aber daraus errettet." Siehe M. Hennings Übersetzung mit Anmerkungen von Kurt Rudolph, Seite 301, Fußnote 18: Anm. des Übersetzers

259 Das heißt jene, die die fromme Gabe entgegennahmen: Anm. des Übersetzers

260 Anm. des Üb: so dass Er euch bzw. uns alle von dieser schmerzlichen Strafe erlöst.

261 Anm. des Üb: Noah; Vgl. Sura 17:3 und 71:26

262 Anm. des Üb: Abraham; Vgl. Sura 6:77, 78 und 2:260

263 Anm. des Üb: Abraham; Vgl. Sura 6:77, 78 und 2:260

264 Anm. des Üb: Moses; Vgl. 28:19

265 Anm. des Üb: Jesus und Maria; Vgl. Sura 4:171 und 3:46

266 Anm. des Übersetzers: Das arabische Wort für Trüffel ist (Kam a: كَم ءأكَمأة / أكمٔو) Al-**Mann** bedeutet u.a. Wohltat; Geschenk; Honigtau und Manna bzw. Volksnamen: Eschenmanna und Himmelsbrot, ein in Sizilien, in der Krim, im Kaukasus und in Australien beheimatetes Ölbaumgewächs, ein acht bis zehn Meter hoher Baum mit gelblich-weißen Blüten. Da der Trüffel nicht zur Gattung **Manna** gehört, ist diese

▶

Bedeutung auszuschließen. Für 1kg dieser frischen Pilze (aus Südfrankreich) zahlt man heute zwischen 4.000 und 10.000 DM. In Arabien schätzte man die Trüffel, wie es uns durch die vorislamische arabische Dichtung bekannt ist. So sagte ein Dichter:

ولقد جنيتُكَ أكمؤًا وعساقلاً ولقد نهيتُكَ عن بناتِ الأوبرِ

Ich habe dich mit kleinen und großen wertvollen Trüffeln verwöhnt, und ich habe dir verboten, die Ungenießbaren zu essen, doch du hast nicht auf mich gehört:

267 Al-Qāḍi 'Iyāḍ erklärt: Der Prophet(s) pflegte Allāhs immer zu gedenken. Wenn er(s) dies aus irgeneinem Grund nicht tun konnte, betrachtete er dies als Sünde und bat Allāh um Vergebung: Anm. des Übersetzers

268 Selbst das Überlaufen zum Feind, eine der sieben schwerwiegenden Sünden, kann Allah vergeben, wem Er will, die aufrichtige Reue vorausgesetzt : Anm. des Übersetzers

269 Anm. des Übersetzers: Der Prophet(s) pflegte beim Verlassen einer Sitzung zu erbitten: „O Allah! Heilig bist Du, und aller Preis gebühret Dir! Ich bezeuge, dass es keine Gottheit außer Dir gibt! Ich bitte Dich um Deine Verzeihung und wende mich Dir in Reue zu!": „Sub*h*ānakallāhumma wa *BiH*amdika! Asch-hadu alla Ilāha illa Anta! Astaghfiruka wa atūbu ilaika!" Arabisch:

﴿ سُبحانَكَ ٱللَّهُمَّ وَ بِحَمدِكَ! أشهَدُ ألاَّ إلـهَ إلاَّ أنتَ! أستَغفِرُكَ وَأتوبُ إلَيكَ! ﴾

270 Vgl. Sura 2:282 dazu: Bavaria Verlag (Die Bedeutung des Qurʔāns) S. 121: Die Anweisung, dass zwei Frauen anstelle eines Mannes Zeugenschaft ablegen können, hat nichts mit den ethischen oder intellektuellen Fähigkeiten der Frau zu tun; sie ist vielmehr darauf zurückzuführen, dass Frauen in der Regel weniger vertraut sind mit Geschäftsvorgängen als Männer, wodurch es leichter geschehen kann, dass sie diesbezüglich einem Irrtum anheimfallen (Mu*h*ammad Asad). Zur praktischen Anwendung dieser Regelung in der islamischen Rechtsgeschichte siehe Anwar Ahmad Qadri: Islamic Jurisprudence in the Modern World, Lahore 1981

271 Dies ist ein **heiliger *H*adi*th***; d.h. der Text stammt von dem Propheten(s), der mit **eigenen Worten** den **Sinn der Offenbarung Allahs** wiedergibt. Damit unterscheidet sich ein **heiliger *H*adi*th*** vom Wort Mu*h*ammads(s) bzw. prophetischem *H*adi*th* und von dem **Wort Allahs** - hocherhaben ist Er - **nämlich dem Qur-ʔān**: Anm. des Übersetzers

272 Vgl. Sura 2:222 und die jüdischen strengen Gesetze sowie die noch strengeren christlichen Gesetze diesbezüglich (Leviticus 15:19-21); dazu Bavaria Ver. (Die Bedeutung des Qurʔāns) S. 90

273 Vgl. Sura 44:54; 52:20; 55:72; 56:22

274 Anm. des Übersetzers: Das Wort (Ahlūn) bedeutet u.a. (einheimische) Bevölkerung; Bewohner, Einwohner; Familie; Familienangehörige, Angehörige; Leute; Sippe; Freunde, wird **bis heute** noch metonymisch für **Ehefraue(n)** gebraucht. Der berühmte vorislamische Dichter **Asch-Schanfarā** sagt zu seinem Stamm: **Gesellen** find ich außer euch, den Panther mit der Mähne, den Wolf den abgehärteten, die struppige Hyäne; Die Freunde, die ein anvertaut Geheimnis nicht verraten, und ihren Freund nicht geben preis für seine Freveltaten (F. Rückert: *H*amāsa, Stuttgart 1846, B.1., S. 181):
Lāmiyat-ul-'Arab: وَلِي دُونَكُم أَهْلُونَ : سِيدٌ عَمَلَّسٌ وَأَرْقَطُ ذُهْلُولٌ و عَرفَاءُ جَيَالُ